Islam in der Gesellschaft

Reihe herausgegeben von

Rauf Ceylan, Institut für Islamische Theologie, Universität Osnabrück, Düsseldorf, Nordrhein-Westfalen, Deutschland

Naika Foroutan, Empirische Integrations & Migrationsfors, Humboldt-Univ zu Berlin, Berliner Int, Berlin, Berlin, Deutschland

Michael Kiefer, Zentrale Poststelle (Geb. 15), Universität Osnabrück, Osnabrück, Niedersachsen, Deutschland

Andreas Zick, Institut für interdisziplinäre Konflikt-, Bielefeld University, Bielefeld, Nordrhein-Westfalen, Deutschland

Die Reihe *Islam in der Gesellschaft* publiziert theoretische wie empirische Forschungsarbeiten zu einem international wie national aktuellem Gegenstand. Der Islam als heterogene und vielfältige Religion, wie aber auch kulturelle und soziale Organisationsform, ist ein bedeutsamer Bestandteil von modernen Gesellschaften. Er beeinflusst Gesellschaft, wird zum prägenden Moment und erzeugt Konflikte. Zugleich reagieren Gesellschaften auf den Islam und Menschen, die im angehören bzw. auf das, was sie unter dem Islam und Muslimen verstehen. Der Islam prägt Gesellschaft und Gesellschaft prägt Islam, weil und wenn er in Gesellschaft ist. Die damit verbundenen gesellschaftlichen Phänomene und Prozesse der Veränderungen sind nicht nur ein zentraler Aspekt der Integrations- und Migrationsforschung. Viele Studien und wissenschaftlichen Diskurse versuchen, den Islam in der Gesellschaft zu verorten und zu beschreiben. Diese Forschung soll in der Reihe *Islam in der Gesellschaft* zu Wort und Schrift kommen, sei es in Herausgeberbänden oder Monografien, in Konferenzbänden oder herausragenden Qualifikationsarbeiten.

Die Beiträge richten sich an unterschiedliche Disziplinen, die zu einer inter- wie transdisziplinären Perspektive beitragen können:
– Sozialwissenschaften, Soziologie
– Islamwissenschaft
– Integration- und Migrationsforschung
– Bildungswissenschaft
– Sozialpsychologie
– Kulturwissenschaften
– Geschichtswissenschaft und
– weitere Wissenschaften, die Forschungsbeiträge zum Thema aufweisen

Betül Karakoç

Imaminnen und Doing Gender

Kollektive Orientierungen im transnationalen Bildungsraum

Springer VS

Betül Karakoç
Steinbach, Deutschland

Diese Studie wurde am Fachbereich Erziehungswissenschaften der Johann Wolfgang Goethe-Universität (Frankfurt am Main) unter dem Namen „Betül Kafkas" und dem Titel „Imaminnen und Doing Gender im transnationalen Bildungsraum. Eine rekonstruktive Studie zu den kollektiven Orientierungen und Modi der Bearbeitung" als Dissertation angenommen.
1. Gutachter: Prof. Dr. Harry Harun Behr
2. Gutachter: Prof. Dr. Dr. Mathias Rohe
3. Gutachterin: Prof. Dr. Yasemin Karakaşoğlu
Datum der Disputation: 24.10.2023
Siegelziffer D.30

ISSN 2569-6203   ISSN 2569-6211 (electronic)
Islam in der Gesellschaft
ISBN 978-3-658-45742-6   ISBN 978-3-658-45743-3 (eBook)
https://doi.org/10.1007/978-3-658-45743-3

Die Deutsche Nationalbibliothek verzeichnet diese Publikation in der Deutschen Nationalbibliografie; detaillierte bibliografische Daten sind im Internet über https://portal.dnb.de abrufbar.

© Der/die Herausgeber bzw. der/die Autor(en), exklusiv lizenziert an Springer Fachmedien Wiesbaden GmbH, ein Teil von Springer Nature 2024

Das Werk einschließlich aller seiner Teile ist urheberrechtlich geschützt. Jede Verwertung, die nicht ausdrücklich vom Urheberrechtsgesetz zugelassen ist, bedarf der vorherigen Zustimmung des Verlags. Das gilt insbesondere für Vervielfältigungen, Bearbeitungen, Übersetzungen, Mikroverfilmungen und die Einspeicherung und Verarbeitung in elektronischen Systemen.
Die Wiedergabe von allgemein beschreibenden Bezeichnungen, Marken, Unternehmensnamen etc. in diesem Werk bedeutet nicht, dass diese frei durch jede Person benutzt werden dürfen. Die Berechtigung zur Benutzung unterliegt, auch ohne gesonderten Hinweis hierzu, den Regeln des Markenrechts. Die Rechte des/der jeweiligen Zeicheninhaber*in sind zu beachten.
Der Verlag, die Autor*innen und die Herausgeber*innen gehen davon aus, dass die Angaben und Informationen in diesem Werk zum Zeitpunkt der Veröffentlichung vollständig und korrekt sind. Weder der Verlag noch die Autor*innen oder die Herausgeber*innen übernehmen, ausdrücklich oder implizit, Gewähr für den Inhalt des Werkes, etwaige Fehler oder Äußerungen. Der Verlag bleibt im Hinblick auf geografische Zuordnungen und Gebietsbezeichnungen in veröffentlichten Karten und Institutionsadressen neutral.

Planung/Lektorat: Daniel Rost
Springer VS ist ein Imprint der eingetragenen Gesellschaft Springer Fachmedien Wiesbaden GmbH und ist ein Teil von Springer Nature.
Die Anschrift der Gesellschaft ist: Abraham-Lincoln-Str. 46, 65189 Wiesbaden, Germany

Wenn Sie dieses Produkt entsorgen, geben Sie das Papier bitte zum Recycling.

Meinen Eltern...

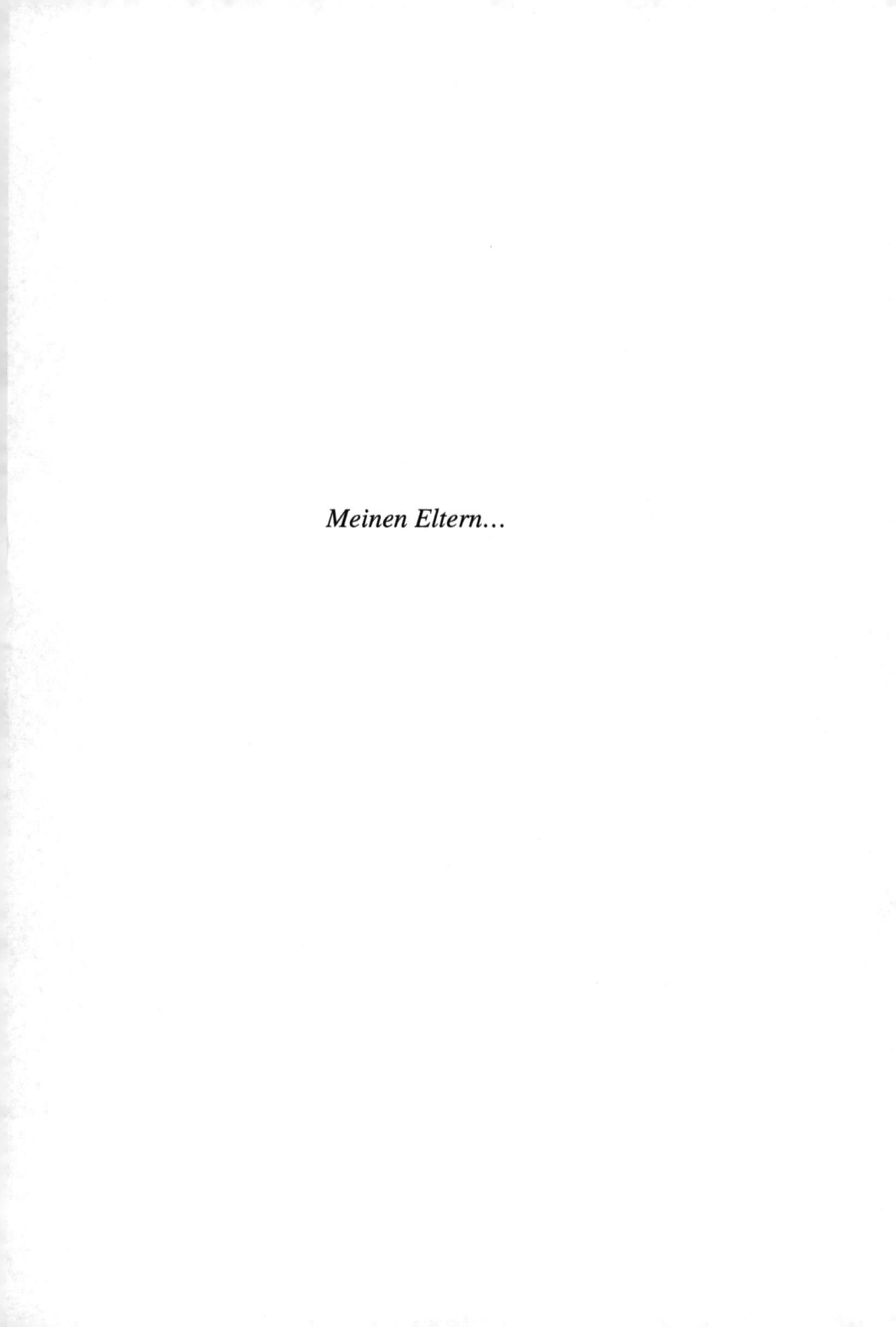

Danksagung

Dissertationen erwecken primär den Anschein eine allein verfasste Schrift zu sein, ohne dass diejenigen zur Geltung kommen, die einen auf diesem Weg eng begleitet haben: An erster Stelle gilt mein Dank meinem Doktorvater *Prof. Dr. Harry Harun Behr*, der mir nicht nur Türen in der Wissenschaft eröffnet hat, sondern auch stets beratend zur Seite stand. Ohne die enge Betreuung und das Vertrauen wäre die Fertigstellung dieser Studie nicht möglich gewesen. Auch möchte ich meinem Zweitgutachter Herrn *Prof. Dr. Mathias Rohe* für die Bereitschaft danken, mich zu begleiten. Die ermutigenden Worte und der Weitblick haben mich in diesem Prozess gestärkt. *Prof.in Dr. Yasemin Karakaşoğlu* danke ich für die Erstellung des Drittgutachtens. Zudem gilt mein außerordentlicher Dank meinen Kolleginnen *Dr.in Merle Hinrichsen, Dr.in Iva Hradská, Dr.in Saskia Terstegen, Prof.in Dr. Meltem Kulaçatan* und *Déborah Kathleen Grün*. Mit ihren kritischen Rückfragen und dem fruchtbaren Austausch haben sie mich nicht nur inhaltlich, sondern auch emotional begleitet.

Ich bedanke mich für die Einblicke und Auseinandersetzungen mit der dokumentarischen Methode in der Forschungswerkstatt von *Prof.in Dr. Barbara Asbrand* und *Prof. Dr. Matthias Martens* sowie die gemeinsamen Rekonstruktionen von Interviewsequenzen in den von *Prof.in Dr. Merle Hummrich* und *Dr.in Merle Hinrichsen/Dr.in Saskia Terstegen* geleiteten Werkstätten. Allen Beteiligten gilt meine Wertschätzung für ihre Perspektiven auf das empirische Material.

Prof. Dr. Bülent Uçar, Prof. Dr. Ömer Özsoy, Prof. Dr. Dr. Rauf Ceylan, Prof.in Dr. Fahimah Ulfat, Prof. Dr. Arndt Michael Nohl und *Prof.in Dr. Ingrid Miethe* möchte ich für ihre Zeit danken mir bei methodischen, theologischen bzw. erziehungswissenschaftlichen Fragestellungen zur Seite gestanden zu haben. Die wertvollen Ratschläge haben mich in vielerlei Hinsicht vorangebracht. Herrn *Prof. Ali Dere*, *Prof. Nurullah Altaş*, *Prof. Cemal Tosun*, *Prof.in Dr. Remziye Ege* und *Prof. Hasan Onat* (†) sowie allen anderen Wissenschaftler*innen an den Universitäten Ankara, Konya und Istanbul, die mich während der Forschungsaufenthalte begleitet haben und für Interviews zur Verfügung standen, bin ich ebenfalls zutiefst verbunden. Nicht zuletzt danke ich *Prof.in Dr. Gerd Marie Ådna* und *Prof.in Dr. Masooda Bano*, die mir mit den Lehraufträgen an der Universität in Stavanger (Norwegen) und dem Forschungsaufenthalt an der Oxford-University die Möglichkeiten gegeben haben, auch für diese Studie den wissenschaftlichen Blick zu schärfen.

Mein Dank gebührt allen mutigen Interviewpartner*innen, die mir trotz der politischen Spannungen, ihr Vertrauen schenkten. Ihre Zeit und Offenheit trugen maßgeblich zur Realisierung dieser Studie bei.

Schließlich möchte ich meiner *Familie* und meinen *Freund*innen* danken, die mich in diesem Prozess emotional begleitet haben und mir immer verständnisvoll begegnet sind. Widmen möchte ich diese Arbeit meinen *Eltern*, denn ohne ihren Weitblick, ihre Ermutigung und ihr Vertrauen hätte ich diesen Weg in der Wissenschaft nicht gehen können.

Inhaltsverzeichnis

1	**Einleitung**	1
1.1	Imamin: Zur begrifflichen Problematik und Festlegung	6
1.2	Aufbau der Arbeit	15

Teil I Theoretische Perspektiven

2	**Feministische Perspektiven auf Geschlecht und Geschlechterverhältnisse**	19
2.1	Zur sozialen Konstruktion von „Geschlecht": Ethnomethodologischer Konstruktivismus und Doing Gender	21
2.2	Geschlechterstereotype	24
3	**Transnationalisierung in der Perspektive der Erziehungswissenschaft**	29
3.1	Transnationalisierung, Transnationalität und transnationale soziale Räume	29
3.2	Transnationale Bildungsräume	36
3.3	Transnationale Bildungsorganisationen	40

Teil II Annäherungen, Forschungsstand und Gegenstandsbestimmung

4	**Moscheen und Imam*innen in erziehungswissenschaftlicher Perspektive**	47

	4.1	Moscheen und ihre Konstruktion(en) von Erziehungs- und Bildungsräumen	50
		4.1.1 Historische Betrachtung	52
		4.1.2 Selbstverständnisse und Generationen im Wandel	62
		4.1.3 Angebote in non-formaler und informeller Rahmung	64
		4.1.4 Imam*innen als (pädagogische) Orientierungspersonen	68
	4.2	DITIB und Diyanet: Transnationale (Bildungs-)Akteure und Konstruktionen von transnationalen (Bildungs-) Räumen	83
		4.2.1 DITIB- Türkisch-Islamische Anstalt für Religion e. V	84
		4.2.2 Diyanet – Das Religionspräsidium in der Türkei	93
		4.2.3 DITIB-Imam*innen im Fokus	102
		4.2.4 UIP – Das internationale Theologieprogramm	106
	4.3	(Diskursive) Konstruktionen von Geschlechterräumen	116
		4.3.1 Präsenz, Engagement und Rollen von Frauen in Moscheen	116
		4.3.2 Weibliche „Autoritätspersonen" und Lehrende in Moscheen	122
		4.3.3 Diyanet als Konstrukteur von Geschlecht(erverhältnissen)	125
5	**Zusammenfassung und Präzisierung der Forschungsfragen**		131

Teil III   Methodisch-methodologische Rahmung

6	**Qualitativ-rekonstruktive Anlage**		137
7	**Vorgehensweise im Forschungsprozess**		141
	7.1	Feldzugang und ‚theorie- und erfahrungsgeleitete Suchstrategie'	143
	7.2	Datenerhebung: Narrativ-Leitfadengestützte Interviews	146
	7.3	Auswertung: Dokumentarische Methode	154
8	**Reflexion des Forschungsprozesses**		165
	8.1	Rahmenbedingungen und Feldzugang	166
	8.2	Datenerhebung	168
	8.3	Datenauswertung	171

Teil IV Empirische Rekonstruktionen

9 Kollektive Orientierungen und Modi der Bearbeitung in den Geschlechterkonstruktionen 177
- 9.1 Orientierung an räumlicher Differenzerfahrung 179
  - 9.1.1 ... im Modus der ortsbezogenen Adaptation 179
  - 9.1.2 ... im Modus der Transformation 213
  - 9.1.3 ... im Modus der kontrastierenden Gegenüberstellung 234
- 9.2 Orientierung an religiösen Glaubensinhalten 293
  - 9.2.1 ... im Modus der Verifizierung 294
  - 9.2.2 ... im Modus der Hingabe 304
  - 9.2.3 ... im Modus der Ablehnung 318
  - 9.2.4 ... im Modus der Falsifizierung 332
  - 9.2.5 ... im Modus der Einschränkung 348
  - 9.2.6 ... im Modus des Hinterfragens 358
- 9.3 Orientierung an Organisationsstrukturen 368
  - 9.3.1 ... im Modus der Beibehaltung 368
  - 9.3.2 ... im Modus der Reproduktion traditioneller Geschlechterrollen 388
  - 9.3.3 ... im Modus der Relativierung von Entwicklungen 396
  - 9.3.4 ... im Modus der kritischen Balancierung 402
  - 9.3.5 ... im Modus der Kritik und Hervorhebung des Menschseins 442
  - 9.3.6 ... im Modus der Selbstermächtigung 450
- 9.4 Orientierung an geschlechterbezogenen Fremderwartungen 477
  - 9.4.1 ... im Modus der Annahme 478
  - 9.4.2 ... im Modus der Kritik 495
  - 9.4.3 ... im Modus der (kontextbezogenen) Abwägung 521

Teil V Zusammenfassende Betrachtungen

10 Zusammenfassung und Abstraktion der empirischen Befunde 531
- 10.1 Zusammenfassende Darstellung der kollektiven Orientierungen und Modi der Bearbeitung 531
- 10.2 Erste Abstraktionsebene: Konjunktive Erfahrungsräume 543

10.3 Zweite Abstraktionsebene: Transnationale konjunktive
     Erfahrungsräume 546
10.4 Dritte Abstraktionsebene: Transnationaler Bildungsraum
     als Möglichkeitsraum 548
10.5 Vierte Abstraktionsebene: Doing Gender im
     transnationalen Bildungsraum und Gender als
     interdependente Kategorie 551

**11 Anstöße für die Erziehungswissenschaft und Islamische
Religionspädagogik** 555

**12 Konsequenzen für die pädagogische Praxis – ein Bewusstsein
über die eigene Mittäterschaft** 569

Literaturverzeichnis 571

Abbildungsverzeichnis

Abb. 1.1	Zwei Gruppen von Imaminnen in dieser Studie	5
Abb. 1.2	Bezeichnungen in der Moscheepraxis für Frauen in pädagogischen Leitungsfunktionen	7
Abb. 1.3	Übersetzungen von „Imam" in der Fachliteratur	11
Abb. 4.1	Bezugspunkte für die Darstellung des Forschungsstandes	49
Abb. 4.2	Bundesweit organisierte Islamische (Dach-)Verbände	60
Abb. 4.3	Aufgabenbereiche der Imame (in Anlehnung an Ceylan, 2008, S. 68–73; Sarıkaya, 2010, S. 244; Schmid et al., 2012, S. 264–267)	69
Abb. 4.4	Beschäftigungsformen	70
Abb. 4.5	Qualifikationsarten	72
Abb. 4.6	Tätigkeitsbereiche der DITIB (in Anlehnung an die Auflistung der DITIB 2021)	90
Abb. 4.7	Abteilungen des Religionspräsidiums Diyanet (in Anlehnung an Diyanet, 2020c)	100
Abb. 4.8	Beschäftigungsformen (Hervorhebung der aus der Türkei entsandten DITIB-Imam*innen)	103
Abb. 4.9	Migrationsverlauf türkischer DITIB-Imam*innen	104
Abb. 4.10	Migrationsverlauf deutsch-türkischer Studierender des Internationalen Theologieprogramms	115
Abb. 4.11	Handlungsfelder von Frauen in Moscheen	119
Abb. 4.12	Rollen muslimischer Frauen in Moscheen (in Anlehnung an Karakoç, i.E.-b)	121

Abb. 7.1	Zirkuläres und iteratives Vorgehen für die empirische Studie	142
Abb. 7.2	Schritte der Datenerhebung nach Ort und zeitlicher Abfolge	143
Abb. 7.3	Überblick zu den Interviewpartnerinnen der Studie	146
Abb. 7.4	Zu verhindernde Markierung im Vorfeld	149
Abb. 7.5	Demarkierung und Offenheit für mögliche In-Bezug-Setzungen der Orientierungen zu den Organisationen (DITIB, theologische Fakultät)	149
Abb. 9.1	Kollektive Orientierungen in den Geschlechterkonstruktionen im Überblick	177
Abb. 9.2	Orientierung an räumlicher Differenzerfahrung und Modi der Bearbeitung im Überblick	179
Abb. 9.3	Orientierung an religiösen Glaubensinhalten und Modi der Bearbeitung im Überblick	294
Abb. 9.4	Orientierung an Organisationsstrukturen und Modi der Bearbeitung im Überblick	368
Abb. 9.5	Orientierung an geschlechterbezogenen Fremderwartungen und Modi der Bearbeitung im Überblick	478
Abb. 11.1	Anstöße für die Erziehungswissenschaft und Islamische Religionspädagogik auf der theoretischen (TE) und kontextuellen Ebene (KE)	556

Tabellenverzeichnis

Tab. 1.1	Rahmungen und Übersetzungen des Imam-Begriffs	10
Tab. 2.1	Eine Taxonomie von Geschlechterstereotypen (Eckes, 2010, S. 182)	26
Tab. 3.1	Typen transnationaler sozialer Räume (Faist & Bilecen, 2020, S. 162)	32
Tab. 3.2	Nationale, internationale, transnationale Bildungsräume (Adick, 2008, S. 174)	37
Tab. 3.3	Typen transnationaler Bildungsorganisationen (Adick, 2008, S. 183)	42
Tab. 4.1	Nicht religiöse Angebote der Gemeinden (% aller befragten Gemeinden, Mehrfachnennungen) (Halm et al., 2012, S. 77)	65
Tab. 4.2	Religiöse Angebote der Gemeinden (Prozentwerte, Mehrfachnennungen, ohne Aleviten) (Halm et al., 2012, S. 74)	65
Tab. 4.3	Struktur und Abteilungen des Dachverbandes (DITIB, 2020e)	88
Tab. 4.4	Studierende und Absolvent*innen des Internationalen Theologiestudiums (alphabetisch sortiert nach Ländern und in Anlehnung an UİP, 2020b)	113
Tab. 7.1	Aufbau eines Leitfadens und Funktion der einzelnen Phasen im Überblick (Misoch, 2017, S. 71)	150
Tab. 7.2	Aspekte des Leitfadeninterviews	153

Tab. 7.3	Analyseschritte der dokumentarischen Interpretation (Nohl, 2017, S. 30; Erg. d. Verf.)	158
Tab. 10.1	Ergebnisse im Überblick	532

Einleitung

> „Vor einer geschlechtergemischten Gruppe zu predigen widerspricht der Natur der Frau."
> (Angehende deutsch-türkische Imamin)

> „Unsere Männer predigen ständig darüber, wie eine Frau zu sein hat. [...] Ich würde sie gerne in dieser Hinsicht belehren wollen."
> (Türkische Imamin)

Subjekte sind Konstrukteure[1] von Wirklichkeit (Berger & Luckmann, 1977); Subjekte sind so auch Konstrukteure von Geschlecht und Geschlechterverhältnissen. Doch was ist leitend, wenn sie

---

[1] In dieser Studie werden häufig die Begriffe *Konstruktion* und *Rekonstruktion*, in wenigen Fällen auch *Dekonstruktion* und *Ko-Konstruktion* angeführt. Ohne in eine tiefgreifende begrifflich-theoretische Auseinandersetzung übergehen zu können, sollen sie an dieser Stelle kurz erläutert werden: Der angeführte Konstruktionsbegriff wird in Anlehnung an erkenntnistheoretische Überlegungen verstanden. Ausgangspunkt ist dabei die Annahme, dass „Sachverhalte in der Welt nicht einfach gegeben, sondern vielmehr [...] in menschliche Bedeutungshorizonte eingebettet sind [...]" (Babka & Posselt, 2016, S. 67); somit ist das, was wir erkennen, „Produkt bzw. eine „Konstruktion" unseres eigenen kognitiven Systems" (Arnold & Lermen, 2010, S. 10). Diese *Konstruktionen* werden – um es in einer Logik der konstruktivistischen Pädagogik auszudrücken – durch die *Rekonstruktionen* entdeckt (Reich, 2010, S. 119) und wiedergegeben. In dieser Annäherung an die Forschungsfrage werden somit die Konstruktionen bestimmter Räume und Diskurse – um der Systematisierung des Forschungsstandes willen – zu rekonstruieren versucht. *Dekonstruktion* meint – ebenfalls vor dem Hintergrund einer konstruktivistischen Pädagogik – das Enttarnen der konstruierten Wirklichkeit oder des Entdeckten (also des Rekonstruierten), es geht nun um das Hinterfragbar-Machen des als selbstverständlich Angenommenen, die kritische Auseinandersetzung und das „Verschieben der Blickwinkel" (Reich, 2010, S. 121). Mit Blick auf theoretische Auseinandersetzungen im Rahmen des interaktionistischen Konstruktivismus wird *Ko-Konstruktion* als eine „gemeinsame Hervorbringung von Interaktion" (Pustički & Schmitt, 2015, S. 184) oder „Kooperation" (Sutter, 2009, S. 204) verstanden.

© Der/die Autor(en), exklusiv lizenziert an Springer Fachmedien Wiesbaden GmbH, ein Teil von Springer Nature 2024
B. Karakoç, *Imaminnen und Doing Gender*, Islam in der Gesellschaft,
https://doi.org/10.1007/978-3-658-45743-3_1

geschlechterbezogene[2] Aspekte thematisieren? Auf diese Frage verweisen die oben angeführten Zitate aus den Interviews mit (angehenden und bereits tätigen) *Imaminnen*[3], sobald sie mit einer konstruktivistischen Perspektive gelesen werden. Sind es Geschlechterstereotype, Fremderwartungen oder Geschlechterstrukturen ihrer Moscheegemeinden, die in dem Herstellungsprozess bedeutsam werden? Oder ist etwa ihre Bildungs- bzw. Berufsmigration ein wichtiger Bezugspunkt für die Konstruktionsleistung? Mit einem rekonstruktiven Zugang wird es möglich, Orientierungen und Modi herauszuarbeiten, die für die Herstellung von Geschlecht(erverhältnissen) leitend sind. Genau dieser Frage widmet sich die Studie. Aber warum ist es so wichtig, Imaminnen und ihre Orientierungen zu untersuchen?

Der Gegenstand wird aus erziehungswissenschaftlicher Sicht bedeutsam, denn Moscheen eröffnen pädagogische Räume. Sie sind außerschulische Lernorte und konstruieren durch die religiösen und pädagogischen Handlungsfelder der Imam*innen Bildungs- und Erziehungsräume in non-formaler und informeller Rahmung.[4] Forschungen legen nahe, dass Imame als religiöse Orientierungspersonen eine wichtige lehrende und begleitende Funktion einnehmen (Ceylan, 2011, 2014). Wissenschaftliche und politische Auseinandersetzungen in den

---

[2] Es wird fortlaufend von „geschlechterbezogenen Aspekten" und nicht von „geschlechterspezifischen Aspekten" gesprochen, da „spezifisch" Eigenschaften suggeriert, die bestimmten sozial konstruierten Geschlechterkategorien zugeschrieben werden und somit Geschlechterstereotype reproduzieren (Baar, Budde, Kampshoff, & Messerschmidt, 2019, S. 12).

[3] Wie in dieser Studie die Bezeichnung gefasst wird und welche begrifflichen Problematiken damit verbunden sind, wird im Laufe dieser Einleitung genauer beschrieben (in Abschnitt 1.1.).

[4] Bildungstheoretisch werden Begriffe wie formale, informelle und non-formale Bildungssettings differenziert. *Formale Bildungssettings* (beispielsweise *Schule, Hochschule* und *Ausbildung*) charakterisieren sich durch ihre „planmäßig organisierte[n] [...] Rahm[ungen]" (Dohmen, 2001, S. 18); das Lernen in formalen Bildungssettings ist „vorbereitet, nach definierten Regeln und rechtlichen Vorgaben strukturiert, ihr Erfolg wird zu messen versucht, [...] [und somit] überprüft und zertifiziert." (Rohlfs, 2011, S. 37; Erg. d. Verf.) Im Unterschied dazu findet Lernen in *non-formalen* Settings außerhalb des formalen Bildungssystems statt; es hat freiwilligen Charakter und zielt nicht auf bestimmte Zertifizierungen. In diesen Settings werden Lernen oder Bildung intendiert und durch die Begleitung von Professionellen pädagogisch gerahmt. Non-formale Bildungsorte können beispielsweise Jugend- oder Weiterbildungseinrichtungen sein (Bonus & Vogt, 2018, S. 26 f.). In *informellen* Bildungssettings erfolgt Lernen implizit und unbewusst; es handelt sich um Orte, die nicht pädagogisch oder institutionell gerahmt sind. Informelles Lernen kann beispielsweise in Peer-Gruppen oder im öffentlichen Raum erfolgen (Deinet & Derecik, 2016, S. 17). Somit konstruieren Moscheen Bildungs- und Erziehungsräume durch ihre Angebote, Lern- und Lehrformate in non-formaler und informeller Rahmung. Auf diese Angebote wird in Teil II kurz eingegangen.

1 Einleitung

letzten Dekaden, die lediglich Imame in Moscheen in den Blick genommen haben, trugen aber auch dazu bei, dass Frauen*[5] als Orientierungspersonen immer unsichtbarer gemacht wurden. Imaminnen nehmen als pädagogisch Professionelle und theologisch Qualifizierte eine wichtige Rolle in der Erziehung und Bildung von muslimischen[6] Mädchen und Frauen ein. Sie agieren in den Frauenbereichen der Moschee (als binär codierte Binnenräume[7]) und bieten ihren Schülerinnen und Gemeindebesucherinnen emotionale Unterstützung und religiöse Orientierung. Dennoch zeigen Auseinandersetzungen – selbst durch Publikationstitel wie „Imame und Frauen in Moscheen im Integrationsprozess" (Borchard & Ceylan, 2011) –, dass nur männliche Imame als Führungspersonen in den Vordergrund gerückt werden und der Versuch, Frauen sichtbar zu machen, lediglich auf Gemeindebesucherinnen und aktive Gemeindemitglieder beschränkt wird. Solche diskursiven Figuren verweisen auf die kontinuierliche Reproduktion der Geschlechterdysbalance im Kontext von Führungskräften in Moscheen. Vor diesem Hintergrund versteht sich diese rekonstruktive Studie, die in Deutschland erstmals Imaminnen unter die Lupe nimmt, als Novum; sie versucht das sichtbar zu machen, was bislang unsichtbar geblieben ist. Gleichzeitig kann das Sichtbarmachen von Frauen in männlich dominierten Settings Empowermentprozesse anstoßen. Daher wird neben der erziehungswissenschaftlichen Bedeutung zugleich die feministische Relevanz sichtbar. Die Bedeutung

---

[5] Eine Studie, die auf Geschlecht als soziale Konstruktion blickt, versteht auch Frausein als Konstruktionsleistung. Auf diesen Konstruktionsaspekt verweist das Gendersternchen. Wenn in dieser Studie von Frauen die Rede ist, dann ist ein Gendersternchen mitzudenken. Die Frauen, die in dieser Studie befragt wurden, positionieren sich alle als Frauen. Fortan wird daher der Lesbarkeit halber auf das Gendersternchen verzichtet.

[6] Wenn von Muslim*innen die Rede ist, dann geht es um Subjekte, die als „muslimisch" gelesen werden und sich als „muslimisch" verstehen. Die Studie nimmt Frauen in den Blick, die sich als „muslimisch" beschreiben.

[7] Erziehungswissenschaftliche Untersuchungen zu Geschlechterverhältnissen betrachten Ungleichheitsverhältnisse, aber blicken in diesem Zusammenhang nicht auf binär kodierte Binnenräume und ihre Akteur*innen. Mit dem Fokus auf Imaminnen und der Darstellung des thematisch zusammenhängenden Forschungsstandes zu Moscheen und ihren Strukturen werden solche Binnenräume in den Vordergrund gerückt: Diese Kombination macht sichtbar, dass neben den strukturellen und organisatorisch fundierten Dysbalancen die Mikroebene mit Blick auf ihre Akteur*innen bedeutsam ist. Denn „das Geschlechterverhältnis macht die notwendige Verbindung von Mikro- und Makroperspektive besonders dringlich, da es nicht nur durch historisch fundierte und sozialstrukturell fixierte Ungleichheiten, sondern auch durch kulturell und biographisch wandelbare Emotionen, Erwartungen und Stereotype gekennzeichnet ist" (Bilden, 2006, S. 283).

dieser Analyseperspektive verstärkt sich zusätzlich durch die mangelnde Berücksichtigung von Religion, religiösen Räumen und Spiritualität in der feministischen Theoriebildung. Die feministisch-erziehungswissenschaftliche Grundlegung ist nicht nur auf die Auswahl der erforschten Gruppe zurückzuführen, sondern auch auf den inhaltlichen Fokus und die Analyseperspektive: Geschlechterrelevante Aspekte in den Vordergrund zu rücken und die dahinterliegenden sozialen Konstruktionen zu untersuchen, wird vor allem aufgrund der Bedeutung von Imam*innen für die Geschlechtererziehung in Moscheen bedeutsam. Denn Imaminnen verfestigen durch ihre religiösen und pädagogischen Handlungsfelder Geschlechtervorstellungen und wirken so an der Konstruktion und Konstitution von Geschlecht mit. Durch die Untersuchung ihrer Orientierungen und der Modi der Bearbeitung werden handlungsleitende Aspekte beschreibbar und bestimmte Lernverläufe in der Geschlechtererziehung tiefgreifend verstehbar. Erkenntnisse in dieser Form decken bestimmte Dimensionen von Lern- und Lehrprozessen in Moscheen auf und lassen auf dieser Grundlage Erweiterungsanstöße für die Geschlechtererziehung zu. Die Rekonstruktionen der handlungsleitenden Aspekte verweisen zudem auf ihre Bedeutungen für die Lebenswelten der Gemeindebesucher*innen: In religiösen Settings verhandeln teilhabende Subjekte Normativität. Die handlungsleitenden Aspekte in den Geschlechterkonstruktionen der Imaminnen können so im weiteren Sinne auch auf das Handeln und die Konstruktionen von Subjekten außerhalb ihrer Moscheen wirken.

Der Fokus in dieser Studie liegt auf Imaminnen, die mit DITIB-Moscheen in Deutschland in Verbindung stehen: Einerseits sind es türkische Imaminnen, die vonseiten des Religionspräsidiums Diyanet in die DITIB-Gemeinden nach Deutschland entsandt werden – andererseits werden auch deutsch-türkische Theologiestudentinnen als angehende Imaminnen berücksichtigt, die für den Dienst in DITIB-Gemeinden an den theologischen Fakultäten in der Türkei ausgebildet werden (siehe Abbildung 1.1).

1 Einleitung

```
                    ┌─────────────┐
                    │  Imaminnen  │
                    └──────┬──────┘
                  ┌────────┴────────┐
        ┌─────────┴────┐      ┌─────┴──────────┐
        │ bereits tätige│      │angehende deutsch-│
        │türkische Imaminnen│   │türkische Imaminnen│
        └───────┬───────┘      └────────┬────────┘
                │                       │
           ┌────┴───┐              ┌────┴───┐
           │ Türkei │              │ Türkei │
           └────────┘              └────────┘

         ┌───────────┐            ┌───────────┐
         │Deutschland│            │Deutschland│
         └───────────┘            └───────────┘
```

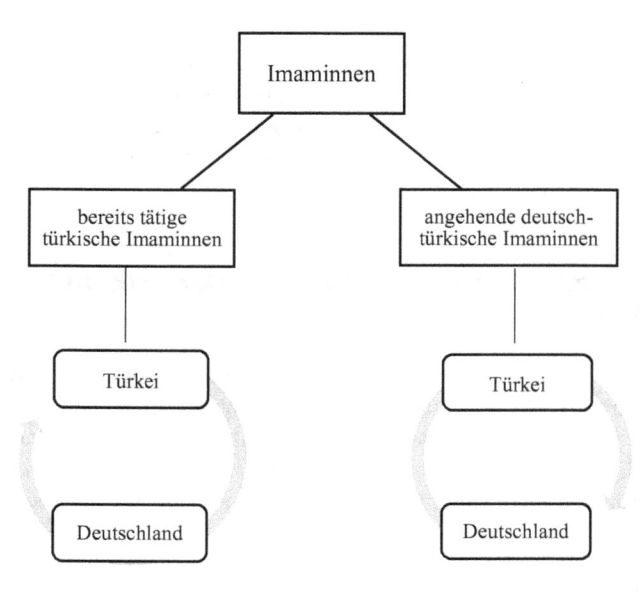

Abb. 1.1 Zwei Gruppen von Imaminnen in dieser Studie

Die Perspektive neben den bereits tätigen auf die angehenden Imaminnen zu erweitern, erweist sich insbesondere aufgrund der Entwicklungen in DITIB-Moscheen als bedeutsam, in denen Stellen von Lehrenden mit Personen besetzt werden, die in Deutschland aufgewachsen sind und in der Türkei studiert haben. Beide Gruppen, die im Dienste des Religionspräsidiums Diyanet in der Türkei und der DITIB-Gemeinden in Deutschland stehen, stellen theologisch qualifizierte und professionelle Personen dar und werden daher – im Gegensatz zu allen anderen Lehrenden – in dieser Studie in der Kategorie der Imaminnen subsumiert. Eine weitere Gemeinsamkeit ist, dass sie für ihren (angestrebten) Beruf migrieren: Türkische Imaminnen bewegen sich für den Dienst von der Türkei aus nach Deutschland – deutsch-türkische Theologiestudentinnen migrieren für das Studium von Deutschland aus in die Türkei und reisen dann für den Dienst in den Gemeinden wieder zurück. Es handelt sich also um einen antizyklischen Migrationsverlauf. Wenngleich Migrationsforscher*innen deutsch-türkische Theologiestudentinnen als *Bildungsmigrantinnen* oder türkische Imaminnen als *Arbeits- oder Diasporamigrantinnen* bezeichnen würden, ist eine eindeutige Benennung aufgrund der Diversität der Biographien und ihrer Migrationserfahrungen, die über ihre Bildungswege oder Berufstätigkeiten hinausgehen, nicht möglich. Um die Befragten nicht in eine Kategorie einzuengen, wird auf eine solche Festlegung verzichtet. Doch allen Interviewpartnerinnen ist gemein, dass sie „zirkuläre Wanderungsverläufe" (Stahl, 2010, S. 101) aufweisen und nicht zuletzt dadurch grenzoffene Räume konstruieren. Mit ihren Handlungen im Rahmen der transnationalen Bildungsorganisationen DITIB und Diyanet spannen sie diese Räume grenzüberschreitend auf.

1.1 Imamin: Zur begrifflichen Problematik und Festlegung

Wenn in verschiedenen Werkstattberichten, Artikeln oder im Rahmen von Tagungsvorträgen jeweils verschiedene Bezeichnungen für die interviewten Frauen* verwendet werden („theologisch ausgebildete Frauen" in Karakoç, 2019; „Imamin" in Karakoç, 2020c; oder „türkische Religionsbedienstete" in Karakoç, 2022, oder im internationalen Raum „female hoca", „female religious representatives" oder „female authorities"), dann liegt das nicht an den unterschiedlich zu fokussierenden Rollen; vielmehr spiegeln sich darin die Unstimmigkeiten und die begriffliche Problematik wider, die diese Studie bis zur Fertigstellung der Verschriftlichung begleiteten. Am Ende bedarf es einer begrifflichen Festlegung, mit der nun die thematische Annäherung erfolgen soll.

Der Versuch, den Forschungsgegenstand zu benennen und zu fokussieren, begleitet Forschungsprozesse in unterschiedlichen Ausprägungen. Wissenschaftler*innen, die zu Lehrer*innen an Schulen forschen (Rendtorff, 2005), werden den Forschungsgegenstand eindeutig benennen können, denn die Gruppe ist benennbar – ihre Berufsbezeichnung[8] steht im Einklang mit der alltäglichen Begriffsverwendung. Sowohl für die dienstliche Rahmung als auch für die Eltern- und Schüler*innenschaft sind es *Lehrerinnen* und *Lehrer*. Subkategorien – wie etwa Grund-, Haupt- oder Realschullehrer*innen – verweisen auf die entsprechenden Zielgruppen oder Schwerpunkte im Rahmen ihrer Berufsausübung; dennoch lassen sie sich in die Kategorie der *Lehrer*innen* subsumieren. Die Bezeichnung *Lehrer*in* kann außerhalb des institutionalisierten (formalen) Lernorts *Schule* auch in non-formalen Bildungssettings Gebrauch finden; Letzteres bezieht sich beispielsweise auf Nachhilfe*lehrer*innen*, und dies auch ohne eine notwendige amtliche Berufung. Dennoch handelt es sich im Kontext von Schule um einen

---

[8] Der Begriff „Lehrer*in" spiegelt auch eine Statusgruppe wider. Sie verfügen über einen Beamtenstatus und sind Teil der Exekutive. Vor diesem Hintergrund entsteht die Frage, ob Imam*innen eine Statusgruppenidentität aufweisen und wie sich diese Statusgruppenbildung im Migrationskontext verhält.

1.1 Imamin: Zur begrifflichen Problematik und Festlegung

geschützten Titel, dessen Amts- und Alltagsbezeichnung übereinstimmen. Die Bezeichnung für die erforschten Frauen in dieser Studie in einer solchen Denklogik zu konkretisieren, stößt an seine Grenzen: Zurückzuführen ist dies einerseits auf die Informalität des Lernorts Moschee sowie ihrer Strukturen und der damit verbundenen nicht-amtlichen bzw. inoffiziellen Bezeichnungen ihrer Lehrenden. Andererseits stehen verschiedene offizielle Bezeichnungen und Alltagsbezeichnungen im Raum, die allerdings unterschiedliche Rollen und Handlungsfelder evozieren[9] (siehe Abbildung 1.2).

- Religionsbeauftragter (tr. *din görevlisi*)
- Predigerin (tr. *vaize*)
- Koranlehrerin (tr. *kuran kurs öğreticisi*)
- Weibliche Religionsbedienstete, religionsbeauftragte Frau (tr. *bayan din görevlisi*)
- Imamin (tr. *imam*)
- Ältere Schwester (tr. *abla*)
- Lehrerin (tr. *hoca*)

Abb. 1.2 Bezeichnungen in der Moscheepraxis für Frauen in pädagogischen Leitungsfunktionen

Religionsbeauftragte (tr. *din görevlisi*) oder *religionsbeauftragte Frau* (tr. *bayan din görevlisi*) verweisen auf Amtsbezeichnungen im Rahmen des Religionspräsidiums[10]. Daneben haben sich weitere wie Predigerin (tr. *vaize*) oder Koranlehrerin (tr. *kuran kurs ögretisici*) etabliert, die jeweils unterschiedliche Arbeitsbereiche implizieren. Während die *Religionsbeauftragte* qua Bezeichnung auf mehrere Schwerpunkte in ihrer Tätigkeit verweist, scheinen *Predigerinnen* und *Koranlehrerinnen* speziell für die Tätigkeiten des Predigens bzw. Lehrens des Koran abgeordnet zu werden. All diese offiziellen Dienstbezeichnungen finden im Moscheealltag jedoch weniger Verwendung. Vielmehr zeigen Untersuchungen,

---

[9] Dabei werden nur Bezeichnungen berücksichtigt, die in türkischen Moscheegemeinden festgehalten werden können. Mit türkischen Moscheen sind in dieser Studie jene gemeint, die als „türkisch" gelesen werden und die sich laut Eigenbeschreibung als „türkische" oder „türkisch-deutsche" Moschee bezeichnen. Daher wird nun im weiteren Verlauf der Studie auf solche Bezeichnungen wie „als türkisch markierte" oder „als türkisch gelesene" verzichtet.

[10] Näheres zum Religionspräsidium in Teil II.

die unter anderem auch türkische Moscheen in den Blick nehmen (wie beispielsweise Akça, 2020; Bayrak, 2022; Rückamp, 2021), dass sich im Alltagsgebrauch die Bezeichnung „*Hoca*" vorfinden lässt. Sie lässt sich allerdings als Ansprache für männliche und weibliche Lehrende und als *allgemeine* Bezeichnung für wissende, weise und wegweisende Menschen[11] (Karakurt, 2017, S. 133) verstehen, die im türkischen Sprachraum an jene Menschen gerichtet wird, denen in gewisser Weise das (offizielle oder inoffizielle) Expert*innen-Sein zugeschrieben werden soll. Während „*Öğretmen*" für die offizielle Ansprache der Lehrer*innen im türkischen Sprachgebrauch steht, findet die Bezeichnung *Hoca* oder *Hocam* (mein Lehrer) sowohl in Bildungsinstitutionen (bspw. Schule, Universität, Moschee oder Nachhilfezentrum) als auch außerhalb solcher formellen Kontexte als Expertenbezeichnung Verwendung (Karakurt, 2017, S. 335).[12] Sie ist somit gekennzeichnet durch einen informellen Charakter und eine breite Alltagsverwendung, unter der jegliche Lehrende in Moscheen subsumiert werden können. Zudem lässt sich die Bezeichnung „*ältere Schwester*" (tr. *abla*) beim Untersuchen der Forschungsliteratur[13] finden (Amirpur, 2020; Kıpçak, 2022); sie meint aber in Lern- und Lehrkontexten in Moscheen diejenige, die aufgrund ihrer Erfahrung für die Wissensvermittlung an jüngere Gemeindemitglieder als kompetent eingestuft wird und nicht zwangsläufig eine Qualifikation aufweist.

Wie lässt sich dann die fokussierte Expertinnengruppe in dieser Studie bezeichnen?

Der Versuch, die erforschte „*weibliche, theologisch ausgebildete Expertinnengruppe*" mit solchen Bezeichnungen zu fokussieren, scheitert. Denn zum einen schränken die amtlichen Bezeichnungen (wie *Predigerin* oder *Koranlehrerin*) die Handlungsfelder der Frauen ein – sie sind in der Berufsausübung in deutschen Moscheen breiter angelegt, als dass es solche Berufsbezeichnung treffen würde. Die offiziell-amtliche Bezeichnung *Religionsbeauftragte* oder *religionsbeauftragte Frau* heranzuziehen fokussiert nur die bereits entsandten türkischen Frauen. Doch wissenschaftliche Auseinandersetzungen zeigen, dass die Gruppe der theologisch ausgebildeten Expert*innen in DITIB-Moscheen bei Weitem nicht nur auf die türkischen Religionsbediensteten zu beschränken ist. Breiter angelegte informelle Bezeichnungen wie *Schwester* oder *Hoca* erweisen sich als

---

[11] Original: „İnsanlara yol gösteren, bilgelik ve hikmet sahibi kişilerdir." (Karakurt, 2011, S. 133).

[12] Original: „Türk kültürü içerisinde tecrübeyi ve bir işin özünü anlamış olacak kadar bilgili, bilinçli, ustalaşmış, uzmanlaşmış, teknik bilginin ötesinde bir anlayışa sahip kişiyi ifade etmekte kullanılan bir sıfat veya doğal bir unvandır." (Karakurt, 2017, S. 335).

[13] Sie wird in Teil II dieser Studie näher skizziert.

1.1 Imamin: Zur begrifflichen Problematik und Festlegung

unspezifisch. Denn sie zeichnen eine – um es mathematisch auszudrücken – Implikationsrichtung: Jede Schwester, die eine lehrende Funktion in der Moschee innehat, oder jede Predigerin und Koranlehrerin ist eine *Hoca* per definitionem, *aber* – und daher die Implikation und keine Äquivalenz – nicht jede Hoca ist eine Predigerin, eine Koranlehrerin oder Religionsbedienstete im amtlich-offiziellen Sinne. Daher wird für die Zwecke dieser Arbeit der Begriff „Imamin" bevorzugt.

Imaminnen als theologisch ausgebildete Expertinnen, Religionslehrerinnen und religiöse Orientierungspersonen in Moscheen[14]

Zunächst zur Etymologie: Der Begriff „*Imam*" stammt aus dem arabischen Sprachraum[15]; somit bezeichnet Imam allgemein jene Person, die vorne steht. Theologen greifen für die Definitionen neben der Etymologie auf den Koran zurück:

> „Und wir machten welche von ihnen zu Vorbildern, die (ihre Gefolgschaft) nach unserem Befehl leiteten, nachdem sie sich geduldig erwiesen hatten und von unseren Zeichen überzeugt waren" (32:24).[16]

> „Und (damals) als Abraham von seinem Herrn mit Worten auf die Probe gestellt wurde! Und er erfüllte sie. Er sagte: Ich will dich zu einem Vorbild für die Menschen machen" (2:124).[17]

Den Begriff „Imam" im letzten Vers übersetzen Bobzin (2019, p. 23) mit *Leitbild*, Henning (2010, p. 20) wiederum mit *Leiter, Führer* und *Vorbeter*, in einer früheren Auflage (Henning, 1999, S. 40) zusätzlich mit *Vorsteher* und Khoury (2007) mit *Vorbild*. Werden zusätzlich Lexikoneinträge nach dem Begriff durchsucht, zeigen sich folgende Beschreibungen unterschiedlicher Natur (siehe Tabelle 1.1).

---

[14] Einige Darstellungen von Begriffsdefinitionen wurden bereits in (Karakoç, 2020c) versucht.

[15] Die arabische Vokabel *imām* entstammt dem Wortfeld *amma* für *vorausgehen, aufsuchen, sich begeben*, für Schiffe auch *einen Hafen anlaufen*. Es hat, ebenso wie im Falle von *umma* für *Nation, Gemeinschaft*, in der arabischen Prosodie übrigens eine weibliche Konnotation, und zwar über die Wortfeldverwandtschaft zu *umm* für Mutter, was aber auch so viel bedeutet wie *das Ursprüngliche, das Wahre* oder *das Eigentliche*. Die weibliche Konnotation wird durch den Koran verstärkt, wenn er in 17:70 darauf verweist, dass Gott die Menschen *trägt* – die dortige Wortwahl *hammala* bedeutet eigentlich *austragen, pukken, halten*, aber auch *beruhigen*.

[16] Übersetzung nach Paret (2014, p. 291).

[17] Übersetzung nach Paret (2014, p. 23).

Tab. 1.1 Rahmungen und Übersetzungen des Imam-Begriffs

Definitorisch	Begriffsgenetisch	Differenztheoretisch
„Imam kann mehrere Bedeutungen haben. Bei den Sunniten ist der Imam der Vorbeter beim rituellen Gemeinschaftsgebet […]. Er ist ein religiöser Beamter wie der „Khatib" (Prediger beim Freitagsgottesdienst), „Qadi" (Richter), „Muallim (Lehrer an einer Koranschule)" […] oder der „Mufti" […]. Imam kann auch das geistige Oberhaupt von Richtungen oder Schulen sein." (Tworuschka & Tworuschka, 1992, S. 66)	„Der Begriff Imam hat seit den Anfängen des Islams einen mehrfachen Bedeutungswandel durchlaufen. In der islamischen Literatur wird er hauptsächlich verwendet für Staatsoberhäupter, ebenso für Religionsgelehrte, die in Fragen der Rechtsauslegung Bahnbrechendes geleistet haben, ferner für Anführer religiöser und sozialer Bewegungen und für die Vorbeter einer Gemeinde bei dem Gebetsritual. Die zwei häufigsten Verwendungen beziehen sich indessen auf den Imam in den Bedeutungen Staatsoberhaupt und Vorbeter. […][18]." (Esen, 2013a, S. 347 f.)	„[Die Funktion des Imam] ist es lediglich, dafür zu sorgen, daß die Gemeinde der Betenden die verschiedenen Teile des Gebets möglichst gemeinsam durchführt. Er zeichnet sich weder durch eine bestimmte Kleidung noch durch ein anderes Zeichen aus. In kleinen Gemeinden wird er aus der Gruppe der Betenden heraus formlos gewählt. Die Wahl wird als Ehre angesehen. Für seine Aufgabe benötigt der Imam keine besondere Ausbildung. Er muß lediglich in der Lage sein, das Gebet korrekt durchzuführen. Dazu muß er ausreichend Arabisch sprechen. Auch ein Sprachfehler hindert an der Erfüllung dieser Aufgabe, desgleichen körperliche Gebrechen. […] Ihre Aufgabe ist es nicht nur, das Gebet zu leiten. Sie haben darüber hinaus noch eine Vielzahl weiterer Aufgaben im religiösen und rechtlichen Bereich, für deren Erfüllung sie auch bezahlt werden. […] [Der Imam ist auch] Leiter der Gemeinde aller Muslime. […] politische[r] Leiter [und] zugleich auch deren religiöser Führer." (Heine, 2001, S. 378–380)

---

[18] Weiterhin schreibt Esen: „Da die Bezeichnung Imam sowohl für das Staatsoberhaupt als auch für den Vorbeter im Laufe der Zeit zu Missverständnissen führte, wurde im Arabischen für Ersteren der Begriff Großimam geprägt, und die Funktion des Vorbeters wurde nunmehr als Kleinimamat bezeichnet. Die Schiiten haben eine andere Auffassung von einem Imam. Sie bezeichnen Ali, den Schwiegersohn Muhammads, und seine Nachkommen als Imame und schreiben ihnen hohe Bedeutung zu. Es wird angenommen, dass sie vor jeglichen Fehlern geschützt und frei von Sünden seien. Im Unterschied dazu wird in der sunnitischen

1.1 Imamin: Zur begrifflichen Problematik und Festlegung

Auch in wissenschaftlichen Traktaten fallen in den Definitionen die Begriffe *Verwalter, Staatspräsident, Führungsperson* (E. Aslan, 2012, S. 5), *Vorbild* (H. H. Behr, 2014, S. 79) oder *Gebieter in religiösen Angelegenheiten* (Ceylan, 2011, S. 32), auch dann, wenn in empirischen Einblicken die breiten Handlungsfelder der Imame aufgezeigt werden.[19] Somit lässt sich mit dem Rückgriff auf die unterschiedlichen Begriffsdefinitionen das semantische Feld wie folgt visualisieren (siehe Abbildung 1.3).

Vorbild	Prediger	Verwalter	Vorbeter
Staatsoberhaupt	Begleiter		Leiter der Gemeinde
Anführer religiöser und sozialer Bewegungen			Führungsperson
Lehrer einer Koranschule	Richter		Staatspräsident
Gebieter in religiösen Angelegenheiten			Religionsgelehrte
Geistiges Oberhaupt von Richtungen und Schulen			

Abb. 1.3 Übersetzungen von „Imam" in der Fachliteratur

Es zeigen sich neben der deskriptiven Dimension der Begriffsdefinitionen auch soziale, religiöse oder politische Rollenzuschreibungen. Daneben unterstreicht die Begriffssammlung die Bandbreite der Rolle des Imams jenseits des Vorbetens. Aber der Fokus auf die Vorbeterfunktion scheint die Ursache für die Irritation zu sein, die hervorgerufen wird, wenn es um den Begriff *Imamin* geht (Karakoç, 2020c, S. 256 f.). Dass der Begriff „Imam" im Alltag zunächst mit dem Vorbeter in Verbindung gebracht wird und Frauen diese Rolle selten in Moscheen wahrnehmen, fördert die Assoziationen dahingehend, dass mit Imaminnen diejenigen assoziiert werden, die – jenseits der Mehrheitsausrichtung innerhalb islamischer

---

Rechtslehre der Begriff Imam im Sinne von Vorbeter verwendet; das Amt wird als Imamat bezeichnet." (Esen, 2013a, S. 347 f.).

[19] Die für die Studie relevante Forschungsliteratur wird im Laufe der Arbeit skizziert. Siehe für die Handlungsfelder der Imam*innen Teil II.

Glaubenspraxis – als Vorbeterin (insbesondere vor geschlechtergemischten Gruppen) fungieren (Akça, 2020, S. 241). Diese Assoziationen werden angestoßen durch Beispiele aus der Praxis. Die Diskurse verstärken dann die Fokussierung der Rolle von Imam*innen auf das Vorbeten. In diesem Zusammenhang lässt sich die Irritation dann auf folgende theologische Diskurse zurückführen:

> „In der Regel wird das Amt des Vorbeters von Männern ausgefüllt. Frauen nehmen dieses Amt wahr, wenn nur Frauen die Gemeinde der Beter bilden. An großen Moscheen wird das Amt des Vorbeters heute von einem oder mehreren Männern ausgeübt, die eine theologische und juristische Ausbildung genossen haben." (Heine, 2001, S. 378)

Auch Esen schreibt:

> „In der Gegenwart gibt es in jeder Moschee einen Mann als Imam, da die klassische Rechtslehre besagt, dass Frauen in einer geschlechtlich gemischten Gemeinde nicht als Imame fungieren dürfen. Es gibt allerdings Berichte darüber, dass der Prophet Muhammad Frauen als Imame berufen habe, wenn Gemeinden nur aus Frauen bestanden […]. Heute wird eine Diskussion darüber geführt, ob auch Frauen als Imame gemischter Gemeinden fungieren dürfen, da dies in Einzelfällen bereits vorkommt. Die Verfahrensweise bei der Qualifizierung, Berufung und Beauftragung der Imame variiert in der islamischen Welt von Land zu Land. Grundsätzlich muss ein Imam den Koran korrekt und wohlklingend rezitieren können; er muss auch in der Lage sein, in der Gemeinde das rituelle Gebet zu leiten und die Freitagspredigt zu halten. Pflichten, die darüber hinausgehen, werden in der jeweiligen Gesellschaft unterschiedlich definiert." (Esen, 2013a, S. 347 f.)

Die von Esen angedeuteten historischen Beispiele für Frauen, die zur Zeit des Propheten als Vorbeterinnen sichtbar waren, beschreibt die Religionswissenschaftlerin Decker (2012) und nennt religiöse weibliche Autoritätsfiguren und Zeitzeuginnen Muhammads (wie Aisha und Umm Salama), die

> „über umfangreiche Kenntnisse über die Offenbarung und Praxis verfügten. Wenn sie […] als ‚Vorbeterinnen' fungiert haben, dann im Sinne religiöser Vorbilder, die eine absolut korrekte Durchführung des Gebets, Integration und Solidarität in der Gemeinschaft und vielleicht auch eine gewünschte Kontemplation des Einzelnen garantierten. Es bleibt fraglich, wie weitreichend diese Funktion innerhalb der Gemeinschaft gewesen war und was genau unter ihr zu verstehen ist […]. Da die Überlieferungen nicht erwähnen, welche und wie viele Frauen an den Gebeten teilnahmen, bleibt ebenfalls offen, ob sich die zweite Überlieferung zu Umm Salama, in der gesagt wird, sie habe die Frauen angeführt, nur auf das Gemeinschaftsgebet der Frauen beschränkt, oder andere religiöse Praktiken impliziert. Eventuell haben die beiden Frauen nur vor den

1.1 Imamin: Zur begrifflichen Problematik und Festlegung

Prophetenfrauen und vielleicht noch den eng mit diesen zusammenlebenden Frauen vorgebetet." (Decker, 2012, S. 343 f.)

Auf der anderen Seite benennen Wissenschaftler*innen auf der Grundlage bestimmter religiöser Überlieferungen Beispiele von Frauen, die auch vor geschlechtergemischten Gruppen als Vorbeterinnen fungiert haben sollen. Exemplarisch wird hier Umm Waraqa angeführt, die vor einer gemischten Gruppe vorgebetet habe, allerdings wird auch hier bei Nennung des Beispiels die Uneindeutigkeit markiert (Calderini, 2021, S. 101; Decker, 2012, 2021; Hammer, 2012; Stöckli, 2020, S. 70; A. Yaşar, 2013, S. 85). Die verbreitete Auffassung und Praxis in Moscheen sei aber die unhinterfragte Annahme, dass Frauen nicht als Vorbeterinnen fungieren; es bestehe mehrheitlich auch gar nicht der Wunsch einer solchen Praxis. Vielmehr würde diese Erwartung an die Moscheen herangetragen werden (Akça, 2020, S. 199). Petersen (2019, p. 2) beobachtet, dass Frauen, wenn sie einen Imam-Titel tragen, diesen auf unterschiedliche Weise ausüben: Manche Imaminnen führen religiöse Führungsaufgaben wie Beraten und Unterrichten aus, beten nicht vor, sind aber per Fremd- und Eigenbezeichnung Imaminnen. Andere wiederum verstehen darunter die Freitagspredigt und die Leitung des Gebets, während es hier auch solche Frauen gebe, die diese Aufgaben verrichten, ohne sich dabei als Imamin zu verstehen. Darüber hinaus zeigen sich jüngere Versuche von DITIB-Akteur*innen, ihre weiblichen Religionsbediensteten „Imaminnen" zu nennen, damit den Begriff (neu) zu besetzen und möglicherweise dadurch die Deutungshoheit über das Begriffsverständnis zu übernehmen (DITIB Essen, 2020). Obwohl der Begriff eine Bedeutungsvielfalt aufweist, zeigt die Praxis dennoch eine mehrheitliche Verwendung des Imambegriffs, der (primär) auf die Vorbeterfunktion fokussiert. Die Festlegung, die Erforschten folglich Imaminnen zu nennen, lässt sich auf drei verschiedene Begründungsdimensionen zurückführen:

- **Begriffliche Dimension**:
  Werden die multiplen Übersetzungen vor Augen geführt, lässt sich eine Begriffsbestimmung vornehmen, die bestimmte Funktionen ein- und ausklammert.[20] Da die vorliegende Studie den Fokus *nicht* auf Imaminnen setzt, die die Gebetsleitung in ihren Gemeinden übernehmen oder diese zu ihren (zukünftigen) Handlungsfeldern zählen, wird bei Verwendung des Begriffs diese Bedeutungsebene ausgeklammert; die Festlegung basiert auf einem

---

[20] In einem Interview mit dem Religionspädagogen Uçar (WDR, 2021) wird auf die Frage, ob Frauen auch Imaminnen werden dürfen, mit dem Verweis auf ein nicht eindeutiges Begriffsverständnis reagiert und die Funktion des Vorbetens ausgeklammert.

erweiterten Verständnis der Bezeichnung Imamin jenseits des Vorbetens: Sie versteht angehende und bereits tätige Imaminnen als diejenigen *Expertinnen*, die in ihren Gemeinden *Führungsaufgaben* übernehmen, die Gemeinde *leiten und verwalten*, die Gemeindebesucherinnen *begleiten*, die *Lehre* übernehmen und *predigen*, *Gebieter in religiösen Angelegenheiten* und *Religionsgelehrte* sind. Auch wenn in der Praxis der Begriff Imamin unterschiedliche Verständnisse und Verwendungen findet, werden hier diese Funktionen eingeklammert und das Vorbeten ausgeklammert, da sich die befragten Frauen in einer solchen Rolle nicht wiederfinden. Auf die Alltagsbezeichnung „hoca" wird verzichtet, da sie (wie geschildert) die Gesprächspartnerinnen qua Bezeichnung zu wenig mit ihrem Expertin-Sein spezifiziert.

- **Feministische Dimension:**
  Wenn also der Imam und die Bezeichnungen nicht auf das Vorbeten reduziert werden können und Imame in Moscheen diejenigen Lehrenden sind, die die Gruppe der theologisch qualifizierten Experten darstellen, die mit ihren verschiedenen Rollen unter der Bezeichnung Imam subsumiert werden, dann erscheint es auch aus feministischer Perspektive bedeutsam, das Expertinsein der Imaminnen nicht mit anderen Begrifflichkeiten abzuschwächen, sondern eine Bezeichnung auf Augenhöhe zwischen Imamen und Imaminnen zuzulassen.

- **Dimension der Neubesetzung in der Praxis:**
  Dass in der Praxis die Bezeichnung nicht mehr nur auf das Vorbeten angewandt, sondern auch darüber hinaus in Anspruch genommen wird, verweist auf eine sich abzeichnende Öffnung und das Neujustieren des Begriffs für die Moscheepraxis. Dabei wird vor allem auf den jüngsten Versuch der DITIB-Akteur*innen Bezug genommen, den Begriff im Kontext ihrer Organisation neu zu besetzen und ihre Religionsbediensteten mit einem Titel „Unsere Imaminnen und Imame" (zumindest) begrifflich gleichzustellen.

1.2 Aufbau der Arbeit

In fünf Teilen wird die Fragestellung der vorliegenden Arbeit systematisch bearbeitet:

- Im *ersten Teil* (Theoretische Perspektiven) werden die theoretischen Rahmungen beschrieben, die in dieser Studie (sowohl in der Systematisierung des Forschungsstandes als auch in der empirischen Rekonstruktion) angelegt wurden. Die erste Rahmung, die in dieser Studie vorgenommen wird, blickt aus einer feministischen Perspektive auf Geschlecht(erverhältnisse). Die Frage nach den Geschlechterkonstruktionen und den in diesem Prozess rekonstruierbaren Orientierungen und Modi macht es erforderlich, ethnomethodologische Überlegungen zur sozialen Konstruktion von Geschlecht und das Konzept des Doing Gender (2.1.) heranzuziehen. Um die Geschlechtervorstellungen zu verstehen, die für die Orientierungen und Modi leitend sein können, ist der theoretische Blick auf Geschlechterstereotypen aufschlussreich (2.2.).

  Da in diesem Kontext sowohl auf der Makro- bzw. Mesoebene (die Ebene der für den Forschungskontext relevanten Organisationsstrukturen von DITIB und Diyanet) als auch auf der damit zusammenhängenden Mikroebene (Bildungs- und Arbeitsmigration der Erforschten) Transnationalität und Transnationalisierung eine wichtige Rolle spielen, ist es naheliegend, die Bedeutung des (konstruierten) transnationalen Bildungsraums für die Geschlechterkonstruktionen zu berücksichtigen. Daher wird in einem zweiten theoretischen Rahmen die erziehungswissenschaftliche Perspektive auf Transnationalisierung fokussiert: Leitend sind die Konzepte zu *transnationalen Bildungsräumen* und *transnationalen Bildungsorganisationen*. Die theoretische Fundierung transnationaler Bildungsorganisationen wird für die thematische Annäherung (in Teil II) relevant; hingegen ist das Konzept der transnationalen Bildungsräume sowohl für diese Annäherung als auch für die theoretische Einordnung, die im Rahmen der empirischen Studie (in Teil IV) angelegt wird, bedeutsam. Daher werden zunächst die Begriffe *Transnationalisierung, Transnationalität* und *transnationale soziale Räume* näher betrachtet (3.1.), um transnationale Bildungsräume (3.2.) und transnationale Bildungsorganisationen (3.3.) näher beschreiben zu können.

- Im *zweiten Teil* (Annäherungen, Forschungsstand und Gegenstandsbestimmung) erfolgt die Befassung mit dem Forschungsgegenstand auf der Grundlage der Forschungsliteratur. Mit einer erziehungswissenschaftlichen Rahmung werden zunächst Moscheen und ihre Konstruktionen von Erziehungs- und Bildungsräumen dargestellt (4.1.), anschließend relevante Organisationen wie

DITIB und Diyanet und wissenschaftliche Erkenntnisse zu Imamen skizziert, damit sich die Fragestellung der Studie kontextualisieren lässt. In diesem Teil werden die Konstruktionen von transnationalen Bildungsräumen durch die transnationalen Bildungsorganisationen DITIB und Diyanet in den Blick genommen (4.2.). Da im Rahmen dieser Studie auf Geschlechterkonstruktionen fokussiert wird, ist es von Bedeutung, die (diskursiven) Konstruktionen von Geschlechterräumen darzustellen, die sich in wissenschaftlichen und politischen Auseinandersetzungen rekonstruieren lassen. Bedeutsam sind für die Studie Diskurse zur Sichtbarkeit und Rolle von Frauen in Moscheen, zur Rolle von Imaminnen sowie die Bedeutung der Geschlechterkategorie im Kontext des Religionspräsidiums Diyanet (4.3.). Mit diesen Sortierungen der Forschungsliteratur wird es dann möglich, die Forschungsfrage zu präzisieren (5.).

- Der *dritte Teil* dient zur methodisch-methodologischen Rahmung der Studie: Zunächst wird die qualitativ-rekonstruktive Anlage der Studie beschrieben (6.) und anschließend die methodische Vorgehensweise im Forschungsprozess dargelegt (7.). Dadurch und mithilfe der Reflexionen des Forschungsprozesses (8.) wird es möglich, die herangezogenen Werkzeuge zu verstehen und teilweise hinter die Kulissen zu blicken.
- Im *vierten Teil* der Studie folgen die empirischen Rekonstruktionen (9.). Die herausgearbeiteten Orientierungen und Modi der Bearbeitung, die sich in den Geschlechterkonstruktionen der Imaminnen und Studentinnen zeigen, stellen das Kernstück der vorliegenden Studie dar und lassen sich durch die intensiven Rekonstruktionen nachvollziehen.
- Der abschließende *fünfte Teil* beginnt mit einer Verdichtung, Zusammenfassung und Abstraktion der Ergebnisse (10.). Vor dem Hintergrund der empirischen Befunde werden Anstöße für die Erziehungswissenschaft und die Islamische Religionspädagogik gegeben (11.) und Konsequenzen für die pädagogische und soziale Praxis abgeleitet (12.).

Teil I
Theoretische Perspektiven

Feministische Perspektiven auf Geschlecht und Geschlechterverhältnisse

2

Geschlechterbezogene Fragestellungen sind Gegenstand diverser erziehungswissenschaftlicher Forschungen: Fragestellungen zu „Geschlecht" im Kontext von Schule, Unterricht (Höblich, 2010; Jäckle, 2009) oder Bildungsinstitutionen (beispielsweise in Klinger, 2014; Rendtorff & Moser, 1999b) sowie der geschlechterreflektierten Professionalisierung in pädagogischen Berufen (Baar, Hartmann, & Kampshoff, 2019), der gesellschaftlichen Einbindung und Förderung von Frauen und Mädchen (Bönold, 2005, S. 89), Familienerziehung (Oswald, 2011; Veil, 2011), Frauen im Kontext von Migration und Bildungsprozessen (beispielsweise Beiträge in Diehm & Messerschmidt, 2013) oder Männlichkeitsbildern und Konstrukten (Forster & Rieger-Ladich, 2004) sind wenige Bespiele für die vorhandene Aufmerksamkeit auf *Geschlecht* und *Geschlechterverhältnisse* in der Erziehungswissenschaft.[1] In diesem Zusammenhang werden vor dem Hintergrund feministischer Überlegungen, die auch in solchen Diskursen Eingang gefunden haben, *Ungleichheitsverhältnisse* fokussiert und auf eine *Geschlechterhierarchie* in unterschiedlichen Settings verwiesen. Bedeutsam wird in feministischen Auseinandersetzungen die Forderung, Frauen kulturell nicht mehr als „das natürlich Andere" zu begreifen, sondern sie als „gleichwertig und gleichermaßen kompetent" (Löw, 2001, S. 111) anzuerkennen und Männern gleichzustellen

---

[1] Die Versuche, die Geschlechterforschung in der Erziehungswissenschaft zu verorten, werden in solchen Diskursen und Verschiebungen von der Geschlechterforschung in der Erziehungswissenschaft hin zu einer erziehungswissenschaftlichen Frauen- und Geschlechterforschung sichtbar (Baar, Budde, et al., 2019; Maier, 2019). Während Rendtorff (2005) von den Strukturproblemen der Erziehungswissenschaft mit Blick auf die Geschlechterforschung spricht, schreiben Maier (2019) und Baar, Budde, et al. (2019) über die Relevanz der erziehungswissenschaftlichen Forschung zur Geschlechterkategorie.

© Der/die Autor(en), exklusiv lizenziert an Springer Fachmedien Wiesbaden GmbH, ein Teil von Springer Nature 2024
B. Karakoç, *Imaminnen und Doing Gender*, Islam in der Gesellschaft,
https://doi.org/10.1007/978-3-658-45743-3_2

(Micus-Loos, 2004, S. 113). Auf dieser Grundlage beschäftigen sich Wissenschaftler*innen seit Jahrzehnten mit der Frage nach *Gleichheit* oder *Differenz*[2] der Geschlechter und versuchen dabei die kritisierte hierarchische Ordnung zu entschlüsseln. Indem in den Diskursen das Verständnis von Geschlecht immer wieder ausgehandelt wird, zeigt sich (immer noch) die Geschlechterbinarität (Mann-Frau) als unhinterfragte und selbstverständliche Grundlage. Rendtorff und Moser beschreiben dies treffend, indem sie von „Zweigeschlechtlichkeit als kulturelle[m] System" sprechen, in dem Sinne, dass „die abendländische Denktradition in ihren elementaren Strukturen eine Binarität behauptet und dabei ständig selbst den Druck erzeugt, sich und die anderen zuzuordnen und stimmig zu machen" (Rendtorff & Moser, 1999a, S. 21). Entgegen einem solchen binären Geschlechterverständnis wurde in weiteren feministischen Perspektiven zwischen dem biologischen Geschlecht (*sex*) und Geschlecht als sozialem Konstrukt (*gender*) unterschieden (Kerner, 2007, S. 6). Sex

> „[...] meint den im Prinzip sozial unveränderlichen, aber auch sozial nicht kausal determinierenden biologischen Rohstoff des Weiblichen/Männlichen. Davon wird seitdem „Gender" unterschieden, die in Praxis gestaltbare, historisch variable, gleichermaßen identitätsrelevante wie sozialstrukturelle Dimension von Geschlechtlichkeit. Diese englischsprachige Unterscheidung von Sex und Gender wird international, aber auch im deutschsprachigen Raum verwendet, weil der Begriff ‚Geschlecht' hier nicht unterscheidet und damit zu unspezifisch ist." (Villa, 2019, S. 23)

Die Neujustierung des Geschlechterbegriffs durch die Trennung zwischen *sex* und *gender* beabsichtigte die hierarchischen Geschlechterordnungen zu entziffern und die nicht hinterfragte Zweigeschlechtlichkeit aufzuschlüsseln. Doch auch mit einer solchen Unterscheidung und dem Aufwertungsversuch durch die Betonung der Eigenschaften von Frauen zeigte sich erneut die Reduzierung auf das

---

[2] An diese *Gleichheitsperspektive*, die sich in den Anfängen der Frauenforschung niederschlägt (Löw, 2001, S. 111), richtet sich die Kritik an der „Orientierung am Mann als Norm, an der sich die Gleichheit misst" (Moser, 2010, S. 34). Dabei würden die Fähigkeiten von Frauen ausgeblendet (Biermann, 2015, S. 122). Mit einer *Differenzperspektive* und der Forderung einer „Gleichheit ohne Angleichung" (Gerhard, 1990) wird in weiteren feministischen Diskursen die Andersheit der Geschlechter anerkannt. Die Markierung der sexuellen Geschlechterdifferenz würde hingegen die traditionellen Geschlechterrollen verfestigen (Maihofer, 1998, S. 163). Gleichzeitig monieren Differenzfeminist*innen, dass „jede Gleichheitsaussage [...] einen Vergleich von an sich Verschiedenem in Beziehung zu einem *tertium comparationis* [enthält], d. h. sie setzt Differenz voraus, aus der heraus Gleichheit erst gesucht werden muss. Die Forderung der Gleichberechtigung von Frauen beinhaltet denknotwendig den Aspekt der Differenz der Geschlechter." (Micus-Loos, 2004, S. 113).

biologische Geschlecht (Gildemeister, 2021, S. 171). Dabei wird jedoch vergessen, dass Geschlecht und Geschlechterwissen menschlich konstruiert sind und „es sich auch bei Naturwissenschaften [die solche Benennungen vornehmen] um gesellschaftliche Unternehmungen handelt" (C. Küppers, 2012). Auf diese Kritik verweisen jüngere feministische Auseinandersetzungen, indem sie die Bedeutung eines Geschlechterverständnisses als *sozial hergestellte Kategorie* betonen. Dieser Studie wird ein solches Begriffsverständnis von „*Geschlecht*" zugrunde gelegt. Die im Folgenden herangezogenen theoretischen Konzepte basieren auf dieser Vorstellung.

2.1 Zur sozialen Konstruktion von „Geschlecht": Ethnomethodologischer Konstruktivismus und Doing Gender

Konstruktivistische Perspektiven folgen der erkenntnistheoretischen Annahme, dass „gesellschaftliche Wirklichkeit […] eine durch soziale Handlungen innerhalb von Interaktionsprozessen kollektiv hervorgebrachte Sozialordnung" (Micus-Loos, 2004, S. 115) ist. Somit sei Wirklichkeit konstruiert, beobachterabhängig (Jäckle, 2009, S. 320) und beeinflussbar:

> „Wirklichkeit entsteht […] im Gefüge der Gesellschaft – und das heißt, dass der Einzelne als eine durch diese Gesellschaft und die ihn umgebende Kultur formbare Entität gesehen werden muss. Er beobachtet mit den Augen seiner Gruppe, sieht die Welt vor dem Hintergrund seiner Herkunft, ist eben gerade keine Monade, sondern in jedem Fall beeinflussbar, extrem empfänglich für Außeneindrücke." (Pörksen, 2015, S. 10)

Die Perspektive einer konstruierten Wirklichkeit auf Geschlecht zu projizieren macht die Annahme verständlich, dass auch Geschlechter konstruiert sind. Mit diesem Blick wird in der Analyse geschlechterrelevanter Aspekte die biologische Komponente in den Hintergrund gerückt und Geschlecht als sozial hergestellte *Kategorie* verstanden (Kerner, 2007, S. 7). Geschlecht als analytische Kategorie zu fassen, ermöglicht es die Frage zu verfolgen, wie Geschlecht und Geschlechterverhältnisse hergestellt werden (Breitenbach, 2005, S. 77), um binäre Codierungen aufzuschlüsseln und Ungleichheitsverhältnisse zu analysieren. Denn: „Solange das Geschlechterverhältnis ein soziales Ungleichheitsverhältnis ist, solange Menschen sich als Frauen und Männer entwerfen, brauchen wir die Kategorie ‚Frau' zur Erforschung gesellschaftlicher Macht-, Herrschafts- und Lebensverhältnisse" (Micus-Loos, 2004, S. 122). Die Bedeutung lässt sich auch dann erkennen, wenn die Ordnungsfunktion der Kategorie Geschlecht vor Augen geführt wird:

> „Gegenstände oder Personen werden nach bestimmten Kriterien unterschieden und (ein)geordnet, um den Individuen Orientierung zu ermöglichen. Ohne solche Orientierungen können wir uns nicht zurechtfinden – sie dienen der Unterscheidung ebenso wie der Verständigung mit anderen. Je autoritärer strukturiert, je unsicherer über sich selbst jemand ist, desto ‚sicherer', fester wünscht er sich die Grenzen dieser Orientierung, desto klarer formuliert er seine Vorgaben und desto strenger wird er die vermeintlichen idealen Notwendigkeiten seines Handelns festlegen. [...] ‚Geschlecht' als eine Kategorie zu bezeichnen, unterstellt also, daß ihre Ordnungsfunktion, nämlich die Unterscheidung zwischen Frauen und Männern, männlich und weiblich, vor allem der Orientierung dient, der Einordnung und Klassifizierung, der Unterscheidung und der Verständigung über die jeweilige Bedeutung innerhalb der Gesellschaft. Es wird also der konstruierende Aspekt gegenüber dem naturhaften betont." (Rendtorff & Moser, 1999a, S. 16 f.)

Der Geschlechterkategorie eine soziale Konstruiertheit zuzuschreiben, ist der gemeinsame Ausgangspunkt verschiedener konstruktivistischer Positionen. Der ethnomethodologische Konstruktivismus (Garfinkel, 1967; Goffman, 1994), der dem Sozialkonstruktivismus (Berger & Luckmann, 1977) zugeordnet wird, sucht „den *empirischen* Nachweis über soziale Konstruiertheit gesellschaftlicher Tatbestände, während der Sozialkonstruktivismus ihre Konstruiertheit *theoretisch* unterstellt" (Micus-Loos, 2004, S. 115). Wenn nun also diese theoretische Überlegung herangezogen wird, dann wird mit der ethnomethodologischen Perspektive die Frage nach dem *Wie* bestimmter Herstellungsprozesse gestellt. Denn es geht

> „[...] um eine Neuerung von Sinnverstehen und Sinndeutungen jenseits von festschreibenden Essenzen oder Naturalisierungen und um die Frage nach Sinn- und Bedeutungskonstitutionen jenseits von ontologisierenden Wahrheitsansprüchen. Für den ethnomethodologischen Konstruktivismus ist die Frage der Unterscheidung selbst, die Frage nach der Konstituierung von Differenz erkenntnisleitend. In dieser Forschungsperspektive steht also die Frage nach dem Modus bzw. nach dem Vorgang des Unterscheidens, also wie überhaupt unterschieden wird, im Vordergrund und wird nicht als Ausgangspunkt oder Voraussetzung gehandhabt." (Wartenpfuhl, 2000, S. 86)

2.1 Zur sozialen Konstruktion von „Geschlecht" ...

Mit dem Blick auf den Vorgang des Unterscheidens prägen Ethnomethodolog*innen (West & Zimmerman) das Konzept des „Doing Gender", in dem sie die soziale Interaktion bzw. das „Tun" in den Fokus der Betrachtung rücken. Ethnomethodologisch wird das Tun als performative Herstellung, als alltägliche Inszenierung verstanden, die immer und überall stattfindet (Hagemann-White, 1984; Hirschauer, 2001). Geschlecht ist dieser Auffassung nach nicht etwas, „das eine Person ein für alle Mal hat, sondern eine in sozialer Interaktion immer wieder aufs Neue herzustellende Leistung, an der alle Interaktionspartner beteiligt sind. Ein Geschlecht hat man nicht einfach, man muß es ‚tun', um es zu haben." (Behnke & Meuser, 1999)

West und Zimmerman (1987) unterscheiden zwischen *sex*, *sex category* und *gender* als drei Ebenen, auf denen sich dieses Tun – das *Doing Gender* – vollzieht: *Sex* beschreiben sie als eine von der Gesellschaft vorgenommene Klassifikation (als männlich oder weiblich) entlang angenommener biologischer Merkmale wie beispielsweise den Genitalien. *Sex category* meint die Zuordnung in eine Kategorie, durch die Anwendung des Kriteriums. Entsprechen beispielsweise die Handlungen des Subjekts der *sex category*, in die sie gesellschaftlich zugeordnet wird (*accountability*)? Das Management von Alltagssituationen, um der *sex category* zu entsprechen, bezeichnen sie dann wiederum als *gender*. Mit dieser Differenzierung zeigen sie die Perspektive in der Ethnomethodologie, das Naturalisierende in der vorherigen Sex-Gender-Differenzierung zu verlassen und stattdessen auf allen drei Ebenen (*sex*, *sex category* und *gender*) die „kulturelle Deutung von Natur" (Lutz, 2017, S. 18) zu untersuchen.

Für die kulturelle Deutung und den Herstellungsprozess werden gesellschaftliche Strukturen wirkmächtig (Gildemeister, 1988; Hagemann-White, 1984). Während durch das Alltagshandeln bestimmte Männlichkeits- und Weiblichkeitsvorstellungen (re)produziert werden (Gildemeister, 2010, S. 140), geschieht dies zum einen auf der Grundlage bestimmter kultureller Leitbilder, die auf die *Geschlechterkulturen* wirken. Sie beeinflussen die Vorstellungen von „Weiblichkeit" und „Männlichkeit" (Pfau-Effinger, 1997, S. 517). Auf der anderen Seite wirken auch Institutionen und ihre Rahmenbedingungen (Lutz, 2017, S. 17) auf die Konstruktion und Konstitution von Geschlecht(erverhältnissen). Die institutionell verankerten *Geschlechterordnungen* und *Geschlechterkulturen* stehen in einer Wechselwirkung und beeinflussen „soziale Aushandlungsprozesse" bzw. *Geschlechterarrangements* (Goffman, 1994; Pfau-Effinger, 1997, S. 518). Wenn *Geschlechterordnungen*, *Geschlechterkulturen* und *Geschlechterarrangements* soziales Handeln prägen (Connell, 2013, S. 30) und für die bzw. in der Konstitution von Geschlecht so wirkmächtig sind, dann lässt sich passend die Frage formulieren: „*Can't we ever not do gender?*" (West & Zimmerman,

1987, S. 137)[3]. Aus ethnomethodologischer Perspektive sind einerseits Subjekte „kompetente Konstrukteure von Wirklichkeit" (Behnke & Meuser, 1999, S. 40) und Geschlecht – andererseits sind es auch die Forschenden, die durch das Adressieren von Frauen und Männern Gender mitkonstruieren und somit zu Mittäter*innen dieses Herstellungsprozesses werden (Behnke & Meuser, 1999, S. 42 f.).

Die soziale Konstruktion von Geschlecht im Rahmen des *Doing Gender*-Konzepts wird auch in der Wechselwirkung mit anderen Herstellungsprozessen untersucht: Inwiefern durch Raumkörperpraktiken Raum- und Geschlechterkonstruktionen geschaffen werden und wie sie sich gegenseitig beeinflussen und verändern (*Doing Space while Doing Gender*) (Gottschalk, Kersten, & Krämer, 2018), wie sich Geschlechterkonstruktionen in und durch Religion und religiöse Narrative vollziehen (*Doing Gender und Doing Religion*) (Beiträge in Eisen, Gerber, & Standhartinger, 2013) oder welche Dynamiken zwischen Gender und Migrationsprozessen bestehen (*Doing Gender und Doing Migration*) (Lutz & Amelina, 2017) sind wenige Beispiele dafür.

2.2 Geschlechterstereotype

Im *Doing Gender* und in Kategorisierungsversuchen greifen die Konstrukteure auf stereotype Geschlechtervorstellungen – auf ein *gender belief system* (Kite & Deaux, 1987; Valved, Kosakowska-Berezecka, Besta, & Martiny, 2021) – zurück. Durch sie entsteht die „Zuweisung bestimmter Attribute" (Hannover & Wolter, 2019, S. 202), die geschlechter*spezifisch* sind und somit durch die (zugeschriebene) Geschlechtszugehörigkeit naturalisiert werden. Eckes beschreibt Geschlechterstereotype als

> „kognitive Strukturen, die sozial geteiltes Wissen über die charakteristischen Merkmale von Frauen und Männern enthalten. [...] Nach dieser Definition gehören Geschlechterstereotype [...] einerseits zum individuellen Wissensbesitz, andererseits bilden sie den Kern eines konsensuellen, kulturell geteilten Verständnisses von den je typischen Merkmalen der Geschlechter. Hierin liegt die duale Natur von Geschlechterstereotypen." (Eckes, 2010, S. 178)

---

[3] Während sie diese Frage verneinen, interveniert Hirschauer, indem er auf die Möglichkeiten des Ausblendens bzw. Neutralisierens der Geschlechterkategorie verweist und somit ein *undoing gender* fokussiert. Weiterführende Literatur dazu findet sich bei (Hirschauer, 2001).

2.2 Geschlechterstereotype

Dabei werden *deskriptive* und *präskriptive* Anteile unterschieden: *Deskriptive* Anteile beziehen sich auf jene Eigenschaften, die Frauen „*haben*" oder wie Frauen „*sind*". Ein vielfach angeführtes Beispiel für solche stereotypen Vorstellungen sind Äußerungen wie „Frauen sind emotional und feinfühlig, Männer sind rational und oberflächlich" (Eckes, 2010, S. 178). Auf der anderen Seite beziehen sich die *präskriptiven* Anteile auf jene normativen Vorstellungen oder Erwartungen, wie Frauen oder Männer sein sollen (Männer sollen stark, Frauen geduldig sein). Auch wenn Überraschungen entstehen oder Erwartungen nicht eintreffen, beschreibt Eckes, dass „Geschlechterstereotype [...] in hohem Maße änderungsresistent" (Eckes, 2010, S. 178) und gesellschaftlich etabliert sind. Denn auf Geschlechterstereotype zurückzugreifen vereinfacht die komplexe Welt (*Vereinfachungsfunktion*) und hilft, bestimmte bestehende Strukturen zu rechtfertigen (*Rationalisierungsfunktion*) (Steffens & Ebert, 2016, S. 17 f.). Während der Begriff *Geschlechterstereotype* also auf das vorhandene Wissen über solche Stereotype verweist, bezeichnen *Stereotypisierungen* das direkte und oftmals unbewusste Anwenden solcher stereotypen Geschlechtervorstellungen (Eckes, 2010, S. 178). Hannover und Wolter beschreiben die frühe Konfrontation mit bzw. die Aneignung von Geschlechterstereotypen durch Kleinkinder – der „ontogenetische Erwerb" zeigt sich nicht zuletzt in der Unterscheidung von Spielzeug für Mädchen und Jungen oder der Zuordnung von Farben (Hannover & Wolter, 2019, S. 204 f.). Solche und tiefgreifende multiperspektivische Untersuchungen der letzten Dekade zeigen, dass sich bestimmte Geschlechterstereotype entwickelt haben, die in und durch die Geschlechterunterscheidung (Mann-Frau) insbesondere „Frauen zumeist eine inferiore Position zuweisen. Frauen werden über einen Muttertrieb, hohe Emotionalität und feinmotorische Kompetenzen definiert, die sie für assistierende oder häusliche Tätigkeiten zu qualifizieren scheinen." (Löw, 2001, S. 111 f.) Sie werden häufig mit Wärme und Expressivität (*Femininität*), Männer wiederum mit Kompetenz und Instrumentalität (*Maskulinität*) in Verbindung gebracht (Eckes, 2010, S. 179). Diese Unterscheidungen zwischen Wärme und Kompetenz gehen auf Untersuchungen zurück, die festhalten, dass Frauen eher Wärme und weniger Kompetenz, Männern hingegen mehr Kompetenz und dafür weniger Wärme zugeschrieben wurde (Fiske, Cuddy, Glick, & Xu, 2002). Auf dieser Grundlage bilden Forscher*innen eine Taxonomie von Geschlechterstereotypen (siehe Tabelle 2.1).

Tab. 2.1 Eine Taxonomie von Geschlechterstereotypen (Eckes, 2010, S. 182)

Kompetenz		
Wärme	Niedrig	Hoch
Hoch	Paternalistische Stereotype *niedriger Status, kooperative Interdependenz* (z. B. die Hausfrau; der Softie)	Bewundernde Stereotype *hoher Status, kooperative Interdependenz* (z. B. die Selbstbewusste; der Professor)
Niedrig	Verachtende Stereotype *niedriger Status, kompetitive Interdependenz* (z. B. die Spießerin; der Prolet)	Neidvolle Stereotype *hoher Status, kompetitive Interdependenz* (z. B. die Karrierefrau; der Yuppie)

In den Ergebnissen der Studie beschreiben Fiske et al. *paternalistische Stereotype* für Frauen oder Männer, die als warm aber weniger kompetent beschrieben werden. *Bewundernde Stereotype* richten sich demgegenüber eher an Menschen, denen sowohl Wärme als auch Kompetenz zugeschrieben wird. Solche, die weniger Wärme und Inkompetenz suggerieren, beschreiben sie als *verachtende Stereotype*. *Neidvolle Stereotype* richten sich dann an Frauen und Männer, die weniger Wärme, aber mehr Kompetenz aufweisen (würden). Laut Eckes deuten *paternalistische Stereotype* darauf, „wie Frauen aus männlicher Sicht sein sollten" (Eckes, 2010, S. 182). In dieser positiven Rahmung der Wärme und ihrer Zuschreibung an Frauen sieht er die Verstärkung der traditionellen Rollenübernahme durch Frauen (Eckes, 2010, S. 182). Auf der anderen Seite verstärken *neidvolle Stereotype* die Beibehaltung der Geschlechterhierarchie und werden zur „Rechtfertigung für die Diskriminierung von Frauen" herangezogen. Eckes exemplifiziert dies anhand des Beispiels von Frauen in „Männerberufen", die in solchen Kontexten als „bedrohliche und unfaire Konkurrentinnen wahrgenommen [werden], die in ihre Schranken zu verweisen seien" (Eckes, 2010, S. 182).

Solche Geschlechterstereotype werden in sozialen Interaktionen immer wieder (re)produziert. Sie beeinflussen einerseits die Annahmen und Erwartungen mit Blick auf Andere – andererseits wirken sie auch auf die eigenen Darstellungsformen, die dann beispielsweise an die Erwartungen der Anderen geknüpft

2.2 Geschlechterstereotype

sein können (Eckes, 2010, S. 185). Die Untersuchung, inwiefern Subjekte solche Stereotype und die damit verbundene Geschlechterhierarchie (re)produzieren *oder* sich diesen entziehen und ihnen kritisch entgegenwirken können – inwiefern sie also solchen strukturell verankerten Phänomenen gegenüber mächtig oder ohnmächtig sind –, verweist auf die in den Geschlechterforschungen geführte Auseinandersetzung zu Macht und Ohnmacht (Meyer & Schälin, 2019) sowie Selbstermächtigung.

Transnationalisierung in der Perspektive der Erziehungswissenschaft

3.1 Transnationalisierung, Transnationalität und transnationale soziale Räume

Die Frage, ob „Transnationalisierung ein Modebegriff oder seriöses Forschungsprogramm" ist, stellt der Soziologe Ludger Pries in seinem Band „Transnationalisierung" (Pries, 2010b, S. 9) und verweist dabei nicht auf eine Infragestellung des damit verbundenen Konzepts, sondern auf eine immer mehr zunehmende Unklarheit darüber, wie sich der Begriff fassen und verstehen lässt. Seit drei Dekaden finden Begriffe wie *transnationaler Raum, transnationale Migration* und *transnationale Organisation* immer mehr Verwendung und geraten dabei häufig in eine Verwechselung oder eher unklare Abgrenzung zu Begriffen wie *Globalisierung* oder *Internationalisierung*. Allen drei Ansätzen (Globalisierung, Internationalisierung und Transnationalisierung) ist gemein, dass bestimmte Phänomene über nationalstaatliche Grenzen hinweg betrachtet werden, doch mit „dem Konzept der Globalisierung [ist] häufig die Vorstellung verbunden […][, dass] die räumlichen Bindungen und nationalstaatlichen ‚Einfriedungen' des Zusammenlebens der Menschen immer mehr an Bedeutung [verlören]" (Pries, 2010b, S. 10 f.; Erg. d. Verf.). Pries beschreibt in diesem Zusammenhang, dass hinter solchen Konzepten eine Vorstellung von „soziale[n] Beziehungen und Verhältnisse[n]" existiert, die nicht mehr nationalstaatlich zuzuordnen sind – der Blick „über die Grenzen hinweg" (Pries, 2010b, S. 10) meint hier somit eher eine „Verflüssigung", „De-Nationalisierung" bzw. „Enträumlichung" (Pries, 2010b, S. 10). Auch wenn Globalisierung und Internationalisierung häufig synonym verwendet werden (Kessler, 2016, S. 58), wird in genaueren begrifflich-theoretischen Auseinandersetzungen *Internationalisierung* (in Abgrenzung zu Globalisierung) als eine „zunehmende grenzüberschreitende Interaktion" (Kessler, 2016, S. 52) beschrieben, in der die nationalen Grenzen weiterhin bestehen bleiben (Teichler, 2003, S. 20).

„[...] [B]ei aller zunehmenden Internationalisierung sind die konkreten alltäglichen Lebenswelten der Menschen doch immer an konkrete *Orte* und *Regionen* [gebunden] – sie sind nicht ‚de-lokalisiert' [...]. Für viele Aspekte von Internationalisierung [...] hat der ‚Containerraum' des *Nationalstaates* noch immer eine erhebliche und zum Teil sogar noch wachsende Bedeutung." (Pries, 2011, S. 32)

In Internationalisierungsprozessen stehen Nationalstaaten und ihre Akteur*innen im Vordergrund (Homfeldt, Schweppe, & Schröer, 2006, S. 12; Hornberg, 2010, S. 18). Internationale Beziehungen sind dann (beispielsweise) Beziehungen zwischen Personen oder Organisationen, die eindeutig aus ihren jeweiligen Standpunkten oder Ländern heraus betrachtet werden. Während in Globalisierungsansätzen Phänomene grenzauflösend betrachtet werden, werden sie in Internationalisierungskonzepten mit der Beibehaltung von Grenzen, in den entsprechenden Verortungen und Nationalstaaten gedacht.

Fortführend differenziert Pries sieben Idealtypen der Internationalisierung von Vergesellschaftungsbezügen[1] und beschreibt dabei *Transnationalisierung* als einen Idealtypus. Er geht dabei weiterhin

„von einer fortdauernden Prägekraft von Raumbezügen und von Nationalgesellschaften aus: Transnationales ist eben nicht ‚De-lokalisiertes' oder das Ergebnis der ‚Auflösung' von Nationalgesellschaften, sondern ein in dieser Art und diesem Umfang historisch neuer Vergesellschaftungsmodus *über* die Grenzen von – weiterhin bestehenden und bedeutsamen – nationalen Gesellschaften hinweg." (Pries, 2010b, S. 10)

Mit einer erweiterten Perspektive beabsichtigt er den methodologischen Nationalismus zu überwinden, der Nationalstaaten und die eindeutige Verortung der Menschen in diesen als „natürliche Bezugseinheiten für die Untersuchung der menschlichen Lebenszusammenhänge" (Pries, 2010b, S. 10) betrachte. Hingegen werden in einer transnationalen Perspektive „Sozialphänomene und soziale[] Beziehungen [betrachtet,] die sich über mehrere lokale Einheiten in unterschiedlichen Nationalgesellschaften hinaus erstrecken, die relativ dauerhaft sind und vergleichsweise dichte Interaktionen beinhalten" (Pries, 2010b, S. 10; Erg. d. Verf.). In dieser Perspektive wird somit jenseits von Nationalstaaten die „Ebene

---

[1] Pries nennt insgesamt folgende Idealtypen der Internationalisierung von Vergesellschaftungsbezügen: (1) Inter-Nationalisierung, (2) Re-Nationalisierung, (3) Supra-Nationalisierung, (4) Globalisierung, (5) Glokalisierung, (6) Diaspora-Internationalisierung und (7) Transnationalisierung (ausführlicher in Pries, 2008).

3.1 Transnationalisierung, Transnationalität ...

nichtstaatlicher Akteure" (Pries, 2016, S. 447) in den Vordergrund gerückt. Ähnlich führt auch Faist (2000) den Begriff „transstaatliche Räume" an und beschreibt ihn als „verdichtete ökonomische, politische und kulturelle Beziehungen zwischen *Personen und Kollektiven*, die Grenzen von souveränen Staaten überschreiten. Sie verbinden *Menschen, Netzwerke und Organisationen* in mehreren Orten über die jeweiligen Staatsgrenzen hinweg (Faist, 2000, S. 10; Herv. d. Verf.). Somit geht es – sowohl bei Faist als auch bei Pries – in transnationalen Ansätzen nicht nur um das Grenzüberschreitende, sondern auch um das, was

> „grenzüberschreitend entwickelt und aufrechterhalten [wird]. Der Begriff Transnationalität bezeichnet *Verflechtungen* im ökonomischen, politischen, kulturellen und sozialen Bereich sowie die hierauf bezogenen Organisationsformen, die gesellschaftliche Formationen hervorbringen, die quer zu nationalstaatlichen und -gesellschaftlichen Grenzen verlaufen." (Homfeldt et al., 2006, S. 7; Erg. u. Herv. d. Verf.)

In diesen „Beziehungs- und Verflechtungszusammenhängen" (Reutlinger, 2011, S. 38) spannen Menschen in ihrem „Lebensumfeld [und mit ihren] sozialen Praktiken" (Pries, 2016, S. 448) *transnationale soziale Räume* auf (Faist, 2000; Pries, 2008). Der Sozialraum gewinnt an Bedeutung durch menschliche Aktivitäten und soziale Praxis (Pries, 2008, S. 91); er existiert in einem Flächenraum, der verstanden wird als „physikalisch-geometrische Extension" (Pries, 2008, S. 91) oder als geographischer Raum. In einem „geographischen oder Flächenraum [können somit] verschiedene Sozialräume existieren [...,] andererseits [kann sich] ein Sozialraum auch über verschiedene Flächenräume hinweg [...] aufspannen" (Pries, 2016, S. 448 f.). Somit sind transnationale Sozialräume nicht ortsgebunden; sie sind „pluri-lokal".

Beispielsweise entstehen transnationale Sozialräume, sobald Afrika in Nottingham durch afrikanische Karnevals inszeniert wird; es entsteht „etwas Neues, Drittes" (Beck, 2007, S. 56), etwas, was nicht auf den einen Ort zurückgeführt wird, sondern sich in der Verflechtung formt. Es sind Telefonate mit Familienangehörigen im Ausland, Emailkommunikation oder allgemein formuliert „grenzüberschreitende Transaktionen" (Faist & Bilecen, 2020, S. 157). Solche Transaktionen „werden als Prozesse gesehen, also als *Transnationalisierung*, die sich auf Bindungen, Ereignisse und Aktivitäten über die Grenzen mehrerer Nationalstaaten hinweg" (Faist & Bilecen, 2020, S. 157; Herv. d. Verf.) bezieht. Die transnationalen sozialen Räume, die sich in Transnationalisierungsprozessen befinden und Produkte solcher sind, werden verstanden als „Verkettung der grenzüberschreitenden Praktiken" (Faist & Bilecen, 2020, S. 166). In welchen Bereichen zeigen sich diese Verkettungen von Praktiken und die Konstruktionen von transnationalen sozialen Räumen? Faist und Bilecen beschreiben vier Idealtypen transnationaler sozialer Räume (Faist & Bilecen, 2020, S. 162–166) (siehe Tabelle 3.1).

Tab. 3.1 Typen transnationaler sozialer Räume (Faist & Bilecen, 2020, S. 162)

(1) *Diffusion*: z. B. Felder des Austausches von Waren, Kapital, Personen, Informationen, Ideen und sozialen Praktiken	(2) *Verwandtschaftsgruppen:* z. B. Haushalte, Familien
(3) *Themenbezogene Netzwerke:* z. B. Netzwerke von Geschäftsleuten, epistemische Netzwerke, Lobbynetzwerke	(4) *Gemeinschaften und Organisationen:* z. B. religiöse Gruppen, politische Parteien, Unternehmen

Die vier Idealtypen beschreiben sie im Genaueren – hier werden sie verkürzt wiedergegeben:

(1) *„Diffusion in Kontaktfeldern*: In diese Kategorie fallen Prozesse wie der Austausch von Gütern, Kapital und Dienstleistungen zwischen Unternehmen oder soziale Praktiken von Gruppen. [Sie] stehen nicht notwendigerweise in fortdauerndem oder engem Kontakt miteinander. […] Grenzüberschreitende Verbindungen zwischen Individuen und Organisationen mögen auch zu sprachlicher Diffusion führen, z. B. wenn Fachbegriffe einer Sprache entliehen und in eine andere integriert werden […].

(2) *Kleingruppen und Verwandtschaftssysteme*: Hochgradig formalisierte, grenzüberschreitende Beziehungen innerhalb kleiner Gruppen wie Haushalte und Familien sind typisch für viele Migrant*innen. Familien mögen an unterschiedlichen Orten leben, weil ein oder mehrere Mitglieder im Ausland einen Arbeitsvertrag haben […] oder für multinationale Konzerne im Ausland tätig sind […]. Haushalte und Familien sind durch ein hohes Maß an Verbundenheit zum gemeinsamen Herkunftsort gekennzeichnet […] [, beispielsweise durch] Schattenhaushalte […] [oder] Überweisungen von den Herkunfts- in die Zielländer […], um bspw. Migrant*innen beim Erwerb einer Arbeits- und Aufenthaltsgenehmigung zu unterstützen […] oder die Studiengebühren von Kindern zu finanzieren […].

(3) *Themenbezogene Netzwerke*: Hierbei handelt es sich um Verbindungen zwischen Personen und Organisationen, die Informationen und Dienste austauschen, um ein Ziel zu erreichen. Solche Verbindungen mögen sich zu Lobbygruppen (z. B. für Menschenrechte), geschäftlichen Netzwerken oder

wissenschaftlichen Netzwerken […] verdichten. […]. Das weltweit bei weitem größte System transnationaler Netzwerke – ein System miteinander verbundener lokaler, nationaler und regionaler Netzwerke – ist jenes von Geschäftsleuten aus China, die Handel betreiben, indem sie unter Nutzung ihrer translokalen und ethnischen Verbindungen Informationen über Märkte sowie über Beratung und Dienstleistungen bei der Besetzung von Arbeitsstellen weitergeben […].
(4) *Transnationale Gemeinschaften und Organisationen*: […].
– *Transnationale Gemeinschaften* umfassen enge beständige Verflechtungen, die durch ein hohes Maß an Vertrautheit, emotionaler Tiefe, moralischer Verpflichtungen und sozialer Kohäsion gekennzeichnet sind. […] [Beispielsweise investieren Mitglieder dörflicher Gemeinschaften,] die im Ausland leben oder zurückgekehrt sind, […] in öffentliche oder private Projekte zugunsten der jeweiligen Gemeinschaft. Die zentrale Form transnationaler Gemeinschaften bilden größere, grenzüberschreitende religiöse Gruppen und Kirchen […].
– *Transnationale Organisationen*: Eine Frühform transnationaler Organisationen […] entwickelte sich aus themenbezogenen Netzwerken wie dem Roten Kreuz, Amnesty International und Greenpeace. Im Gegensatz dazu stehen Organisationen, die in einem bestimmten Land angesiedelt sind, deren Einflussbereich sich aber auch ins Ausland erstreckt […]." (Faist & Bilecen, 2020, S. 162–166)

In dieser Systematisierung wird deutlich, in welchen Bereichen sich transnationale Sozialräume aufspannen können. In der Hervorhebung der Bedeutung von Organisationen, Netzwerken, Wanderungsprozessen, Gemeinschaften und des Kontakts zu Familien und Gruppen über mehrere nationalstaatliche Grenzen hinweg wird gleichzeitig markiert, dass die Konstruktionen von transnationalen Sozialräumen nicht allein als Resultat von Wanderungsprozessen im physikalischen Sinne gesehen werden können (Faist & Bilecen, 2020, S. 168). Transnationale soziale Räume spannen sich auch in transnationalen Lebenswelten auf, und diese Verflechtungen von grenzüberschreitenden Transaktionen wirken auf die Akteur*innen. Daher bezeichnet *Transnationalität* gleichsam

„die *Ausprägung dieser Bindungen und Praktiken* auf der Ebene der Akteur*innen. Transnationalität bezieht sich auf die *Intensität* von grenzüberschreitenden Bindungen [und sozialen Aktivitäten] zwischen Individuen, Gruppen oder Organisationen […] [über nationalstaatliche Grenzen hinweg]." (Faist & Bilecen, 2020, S. 166 f.; Herv. d. Verf.)

Die Ausprägung und Intensitäten in all ihren Variationen machen Transnationalität zu einem Heterogenitätsmerkmal, wie beispielsweise Geschlecht, Alter und Sprache (Baumgärtner, 2015; Duscha, 2019, S. 26; Faist & Bilecen, 2020, S. 166–169; Sienkiewicz, 2015, S. 358). Das Heterogenitätsmerkmal zeigt sich beispielsweise in den *transnationalen Lebenswelten* unter anderem von *Transmigrant*innen*[2]. Sie migrieren zwischen mehreren Staaten dauerhaft (beispielsweise aufgrund von Berufstätigkeit im Ausland), haben „zu Herkunfts- und Aufenthaltsgesellschaften unterschiedlichste Verbindungen [und somit eine] doppelte Eingebundenheit in zwei (oder mehr[ere]) Gesellschaften [; dadurch] schaffen sie pluri-lokale Wirklichkeiten" (Pusch, 2013, S. 13; Erg. d. Verf.). Mit einer erweiterten Definition von Transmigrant*innen zeichnen sie sich – im Gegensatz zu anderen Idealtypen grenzüberschreitender Wanderung – dadurch aus,

> „dass sie keinen eindeutigen Präferenzort in ihrem transnationalen Lebensentwurf definieren (wollen). Sie erfahren das Hin- und Hergerissen-Sein zwischen unterschiedlichen klimatischen, geographischen, kulturellen, politischen, wirtschaftlichen und sozialen Kontexten ebenso wie die anderen Typen von Wanderern teilweise als Belastung. Während sich jene aber für einen bestimmten sozial-räumlichen Ort als Zentrum ihres Lebens entschieden haben, bleibt diese Frage für Transmigranten offen. Wenn sie gefragt werden, wo sie sich denn eigentlich ‚tatsächlich' und ‚letztendlich' hingezogen und zu Hause fühlen, antworten sie mit einem ‚sowohl als auch' statt mit einem ‚entweder oder'." (Pries, 2010b, S. 67)

---

[2] Pries unterscheidet vier Idealtypen grenzüberschreitender Wanderung (Pries, 2010b, S. 59–62): (1) *Emigration/Immigration* bezeichnet eine Migrationsform, in der sich Migrant*innen auf das Ankunftsland einstellen und sich in die Aufnahmegesellschaft integrieren bzw. assimilieren. Demgegenüber zeichnet sich (2) *Rückkehr-Migration* durch einen „zeitlich befristeten Landeswechsel" (Pries, 2010b, S. 60) aus. Dies gilt beispielsweise für Menschen, die nach einem befristeten Arbeitsverhältnis die Absicht verfolgen, wieder in ihre Heimat zurückzukehren. (3) *Diaspora-Migration* beschreibt Pries als „Wanderung [, die] in erster Linie religiös, politisch oder/und durch starke Loyalitäts- und organisationale Abhängigkeitsbeziehungen (wie z. B. bei Kirchen, diplomatischen Korps, transnationalen Unternehmen, internationalen Stiftungen etc.) bestimmt [ist]. Ein Diaspora-Migrant richtet sich physisch-räumlich und vielleicht auch wirtschaftlich, aber nur in einem sehr begrenzten Grade sozial und politisch in der Ankunftsgesellschaft ein." (Pries, 2010b, S. 60 f.) (4) *Transmigration* bezeichnet eine mehrmalige Ein- und Auswanderung, die „im Extremfall zu einem Normalzustand wird. Für den Transmigranten spannt sich der alltagsweltliche Lebensraum pluri-lokal über Ländergrenzen hinweg zwischen verschiedenen Orten auf." (Pries, 2010b, S. 61).

3.1 Transnationalisierung, Transnationalität ...

Sie verorten sich nicht eindeutig in einem Herkunfts- oder Ankunftsland und konstruieren durch ihre Bezüge, Kontakte, Sprachen und weitere grenzüberschreitende Realitäten transnationale Lebensräume (Pries, 2013, S. 77).[3] Solche pluri-lokalen Wirklichkeiten in transnationalen Lebenswelten zeigen sich in Analysen rund um Familiennetzwerke über mehrere nationalstaatliche Grenzen hinweg, transnationale Solidaritätskonstruktionen und Unterstützungssysteme, in den Konstruktionen von transnationalen Lebenswelten durch die Beziehungen über Social Media und diversen Zugehörigkeitskonstruktionen und Heimatverständnissen (ausführlicher in Bender, Hollstein, Huber, & Schweppe, 2015).

Die Konstruktionen von transnationalen Lebenswelten treten somit nicht nur bei ständig Ein- und Auswandernden, bei hochqualifizierten Auswander*innen (Aydın, 2013; Fauser & Reisenauer, 2013) oder bei „Rückkehrer*innen" bzw. „Remigrant*innen" (Baraulina & Kreienbrink, 2013) auf, die alle weiterhin Kontakte pflegen, sondern auch bei jenen, die nicht unbedingt ständig ein- und auswandern, sondern durch ihre Lebenswelten und Bezüge zu anderen Nationalstaaten und Kulturen transnationale Sozialräume aufspannen. Dies zeigt sich nicht zuletzt in transnationalen Netzwerken und Vereinen (beispielsweise in türkischen Sportvereinen in Deutschland (Stahl, 2013)), aber auch durch transnationale Bildungsorganisationen. Durch ihre Handlungsfelder konstruieren solche Bildungsorganisationen transnationale Bildungsräume. Erziehungswissenschaftliche Perspektiven auf Transnationalität und Transnationalisierung – beispielsweise im Kontext von transnationalen Bildungsräumen oder Bildungsorganisationen – werden vermehrt in den letzten zwei Dekaden zum Thema (beispielsweise in Adick, 2005, 2008, 2012; Fürstenau, 2015; Hinrichsen & Hummrich, 2021; Hinrichsen & Paz Matute, 2018; Hinrichsen & Terstegen, 2021; Hummrich, 2018; Schroeder, 2009). Unabhängig davon, ob Transnationalisierungsprozesse und Transnationalität im Kontext von Schule, Bildungsorganisationen oder außerschulischen Settings untersucht werden, spannen grenzüberschreitende Verflechtungen überall transnationale Bildungsräume auf.

---

[3] In diesem Zusammenhang erwähnt Pries das Beispiel der Deutsch-Türk*innen oder Türkisch-Deutschen. Sie verorten sich nicht nur in Deutschland oder in der Türkei, sie haben sich nicht entschieden auszuwandern, aber auch nicht dauerhaft in Deutschland zu bleiben (Pries, 2013, S. 77).

3.2 Transnationale Bildungsräume

Das Konzept der transnationalen Bildungsräume fußt auf den oben beschriebenen theoretischen Überlegungen von Transnationalisierung und transnationalen sozialen Räumen und nimmt insbesondere in erziehungs- und bildungswissenschaftlichen Auseinandersetzungen einen Platz ein. Indem Adick von einem „nationalstaatlichen Paradigma" in der Erziehungswissenschaft spricht, beschreibt sie, dass Bildung und Erziehung *ausschließlich* als „nationalstaatlich organisierte Wirklichkeitsbereiche" (Adick, 2005, S. 244) verstanden und untersucht werden. Dahingegen wird die Bedeutung einer Betrachtung von transnationalen Lebenswelten in oder der Internationalisierung von Schule und weiteren Bildungssettings immer präsenter. Schulische und außerschulische Lernorte, Lebenswelten und Bildungsprozesse sollen ferner nicht (nur) mit einem Verständnis von einem nationalen Containerraum gedacht und analysiert werden. Daher werden nun mit dem Konzept der Transnationalisierung und des transnationalen sozialen Raums *transnationale Bildungsräume* von einem Verständnis von Containerräumen losgelöst in den Blick genommen (Adick, 2005, 2008, 2012; Fürstenau, 2004, 2016; Gogolin & Pries, 2004; und weitere Beiträge in A. Küppers, Pusch, & Uyan Semerci, 2016). Während *nationale Bildungsräume* „nationalstaatlich organisiert [und] durch Gesetze reguliert" (Adick, 2012, S. 85) werden (beispielsweise Pflichtschulsystem, Hochschulwesen oder Lehrerbildung (Adick, 2008, S. 174)), zeichnen sich *internationale Bildungsräume* durch die „zwischenstaatlich organisierte Bildung" (Adick, 2012, S. 85) aus – beispielsweise durch zwischenstaatliche Schüler-, Jugend- und Studierendenaustauschprogramme (Adick, 2008, S. 174). Internationale Bildungsräume kommen durch die Kooperation von Regierungsvertreter*innen oder durch die gegenseitige Anerkennung von Qualifikationen und Diplomen auf internationaler Ebene zustande (Adick, 2008, S. 174; 2012, S. 85). Adick fasst folgendermaßen zusammen und grenzt nationale, internationale und transnationale Bildungsräume voneinander ab (siehe Tabelle 3.2).

3.2 Transnationale Bildungsräume

Tab. 3.2 Nationale, internationale, transnationale Bildungsräume (Adick, 2008, S. 174)

	nationale Bildungsräume	Internationale Bildungsräume	Transnationale Bildungsräume
Beispiele	Pflichtschulsystem Hochschulwesen Lehrerbildung	zwischenstaatliche Schüler-, Jugend- und Studierendenaustauschprogramme Programme zur internationalen Erziehung (z. B. die UN-Dekade,Bildung für nachhaltige Entwicklung') das Associated Schools Project Netzwerk der Unesco-Schulen	transnationale Bildungsunternehmen (z. B. die Benedict- und die Inlingua-Sprachenschulen) transnationale Studienangebote (Export, Franchising, Dependancen) transnationale religiöse (z. B. islamische) Bildungsangebote im Migrationsbereich
Steuerung	staatliche Bildungsministerien und -administration staatlich kontrollierte Organisationen	intergouvernementale internationale Organisationen (z. B. UNESCO oder Europarat)	Marktmechanismen (Wettbewerb, Profit) General Agreement on Trade in Services (GATS)
Legitimation	öffentliche Wohlfahrt Chancengleichheit kompetente und loyale Staatsbürger	internationale Kooperation und Verständigung gegenseitige Anerkennung von Qualifikationen und Diplomen Förderung weltbürgerlichen Bewusstseins und Handelns	Unternehmertum, Innovation liberaler Weltmarkt globale Wissensgesellschaft globale Zivilgesellschaft

Neben nationalen und internationalen Bildungsräumen entstehen *transnationale Bildungsräume* durch Privatinitiative und sind nicht staatlich organisiert (Hornberg, 2010, S. 75); sie werden beispielsweise durch „Gebühren, Spenden oder Subventionen" finanziert (Adick, 2012, S. 85). Während in internationalen und nationalen Bildungsräumen das Containerraum-Verständnis erhalten bleibt, sind transnationale Bildungsräume – im Sinne einer nicht erforderlichen Übereinstimmung von Flächen- und Sozialraum – nicht an einen Ort gebunden (Ozil, 2016, S. 241). Indem Menschen grenzüberschreitend mobil sind, spannen sie durch „ihr lebensweltliches Handeln" transnationale Bildungsräume auf. Fürstenau spricht hier von einer „*Transnationalisierung von unten*" (Fürstenau, 2004, S. 34); demgegenüber „sind es die Organisationen und ihre Programme, die grenzüberschreitend mobil sind, die damit aber ebenfalls, so könnte man postulieren, einen ‚transnationalen Bildungsraum' schaffen" (Adick, 2005, S. 262) und auf eine „*Transnationalisierung von oben*" deuten. Somit wird neben der Migration ebenfalls die Teilnahme an transnationalen Bildungsangeboten bedeutsam; sie spannen alle transnationale Bildungsräume auf und stoßen Bildungsprozesse an.

> „Ein ‚transnationaler Bildungsraum' bezeichnet ferner grenzüberschreitende Bildungsprozesse leibhaftig mobiler Menschen, ihre Lernprozesse und ihren Erwerb von Qualifikationen und Zertifikaten in transnationalen Sozialräumen. Ein ‚transnationaler Bildungsraum' ist schließlich [auch] das, was transnationale Anbieter als Bildungsmaßnahme anbieten, wodurch die Lernenden ‚transnational' anerkannte Zertifikate erwerben und ihre Chancen auf virtuelle wie auch leibhaftige grenzüberschreitende Kommunikation und Mobilität erhöhen." (Adick, 2005, S. 264; Erg. d. Verf.)

„*Transnationalisierung von unten*" und „*Transnationalisierung von oben*" ist eine Form der Unterscheidung. Daneben werden transnationale Bildungsräume auf einer *Mikro-*, *Meso-* und *Makroebene* differenziert, die vor allem auf die Grundlage der Differenzierung mikro-, meso- und makroanalytischer Sozialraumtypen[4] (Pries, 2010b, S. 160–170) zurückzuführen sind. Mit gleichzeitiger Anwendung auf den Bildungsraum lässt sich beschreiben, dass sich die Mikroebene auf

---

[4] Diese Sozialraumanalyse geht auf den ökologischen Ansatz des Sozialpsychologen Bronfenbrenner (1976) zurück. Er beschreibt das Mikrosystem, Mesosystem, Exosystem und Makrosystem als vier verschiedene Arten von Systemen, die eine Gesellschaft strukturiert (Bronfenbrenner, 1976, S. 31). Sichtbar wird in dieser Aufteilung eine hierarchische Gliederung der Systeme, in der das Makrosystem als das Allumfassende und auf alle anderen Systeme wirkend gedacht wird. Allerdings stellt sich die Frage, inwiefern solche Systeme verschwimmen, wenn beispielsweise durch soziale Medien das Mikrosystem (das Individuum) und das Meso- und Makrosystem konvergieren und keine eindeutige Zuordnung mehr möglich ist. Hingewiesen sei hier auf Imam*innen, die auf einer sozialen Plattform (wie Instagram oder Youtube) predigen und in diesem Moment solche Systeme ineinandergreifen. Zudem zeichnet Bronfenbrenner ein traditionelles Familienbild nicht zuletzt durch die Beschreibung des Vaters als Erwerbstätiger und die Mutter in der häuslichen Umgebung und als Zuständige für die Erziehung des Kindes.

3.2 Transnationale Bildungsräume

transnationale Bildungsbiographien bezieht. Der Fokus liegt hierbei auf den alltäglichen Lebenswelten des Individuums, den Bildungsprozessen, die sich in solchen transnationalen Bildungsräumen gestalten und durch diese angestoßen werden (Adick, 2008, S. 177; Fürstenau, 2004, 2015; Lutz, 2004).[5] In erweiterter Perspektive werden Biographien als Orte transnationaler Räume markiert, denn

> „transnationale Räume [sind] keine geographischen Orte oder Verkehrsverbindungen […], sondern unsichtbare Strukturen vielfach vernetzter staatlicher, rechtlicher und kultureller Übergänge, an denen die Individuen sich biographisch orientieren und in die sie zugleich als Erfahrungskollektiv verstrickt sind" (Apitzsch, 2003, S. 69).

Demgegenüber richtet sich auf der Makroebene transnationaler Bildungsräume der Blick auf die Transnationalisierung von Bildungsinstitutionen – Makrostrukturen und Systeme (beispielsweise politische Strukturen und Migrationsregimes) stehen hier im Vordergrund (Bauschke-Urban, 2006, S. 124; Pries, 2010b, S. 108).

> „Mit den beschriebenen Mikro- und Makro-Ebenen transnationaler Bildungsräume ist jedoch das soziale Ensemble von transnational sozialisierten *Individuen in Bildungsinstitutionen*, die ebenfalls transnationalen Transformationsprozessen unterliegen, noch nicht berücksichtigt. Diese Dimension kann als Meso-Ebene innerinstitutioneller Transnationalisierung von Bildungsorganisationen und von Bildungsprozessen beschrieben werden." (Bauschke-Urban, 2006, S. 125; Herv. d. Verf.)

Als Beispiel für die Meso-Ebene transnationaler Bildungsräume werden Migrant*innenorganisationen erwähnt (Adick, 2008, 2012; Pries, 2010a, 2010b; 2018, S. 37; Pries & Sezgin, 2010, S. 7). Adick (2012, S. 88) beschreibt in diesem Zusammenhang die Bedeutung von Moscheeverbänden als eine Form der Migrant*innenorganisationen; sie stellt dabei die Frage, ob in solchen Fällen nicht von „transnationalen Koranschulen" gesprochen werden könnte, und markiert gleichzeitig die bislang fehlende Erforschung dieser Räume mit einer solchen Perspektive.

Neben der Unterscheidung von Mikro-, Meso- und Makroebenen transnationaler Bildungsräume zeigen Forschungen, dass sich nicht immer eine scharfe Trennlinie ziehen lässt: Alle Ebenen sind in einem „wechselseitigen Beeinflussungsverhältnis" (Pries, 2010b, S. 108) und (können) miteinander verwoben (sein) (Somalingam, 2017, S. 271). In dieser Studie werden alle drei Ebenen herangezogen: Für die theoretische Perspektive im Rahmen der Rekonstruktionen (im

---

[5] Solche Bildungsprozesse lassen sich beispielsweise von Subjekten in Migrantenselbstorganisationen untersuchen, die sich vor allem durch ihre Selbststeuerung auszeichnen (Hradská, 2022).

empirischen Teil der Studie) wird die Mikro- und Mesoebene relevant – für die Rahmung des Forschungsstandes insbesondere durch die Beschreibung der Organisationen wird die Makroebene bedeutsam.

3.3 Transnationale Bildungsorganisationen

Zunächst lassen sich nach einer bereits vorgenommenen begrifflichen Unterscheidung von Internationalisierung, Globalisierung und Transnationalisierung nun mit Blick auf Organisationen jene unterscheiden, die als internationale oder transnationale Organisationen verstanden werden. Definiert werden Organisationen

„[…] als relativ dauerhafte Kooperationsgefüge von Menschen […], die sich durch drei Besonderheiten von anderen ‚Gesellungsformen' wie etwa der Familie, einer sozialen Bewegung wie der Umweltbewegung oder den Zugehörigkeitserfahrungen zu einer nationalen, ethnischen oder kulturellen Bezugsgruppe unterscheiden. Organisationen haben erstens mehr oder weniger klar definierte Ziele und Zwecke, die in der Regel im Laufe der Zeit durch die Mitglieder verändert werden. Organisationen zeichnen sich zweitens durch Ein- und Austritts- bzw. Mitgliedschaftsregeln und somit durch ein Innen-Außen-Verhältnis bzw. eine Organisation-Umwelt-Definition aus. Schließlich haben sie mehr oder weniger bewusst gestaltete und gestaltbare Strukturen, Funktionen und Prozesse (von Arbeitsteilung, vertikaler und horizontaler Koordination, Verantwortungen und Kompetenzen etc.)." (Pries, 2010b, S. 73)

„Organisationen zeichnen sich durch eine vergleichsweise hohe Langlebigkeit und durch formale Strukturen (formale Mitgliedschaft, proklamierte Ziele, Aufgabenstrukturen, Regeln) aus und sind dadurch von Familienverbänden, Netzwerken und sozialen Bewegungen abgrenzbar." (Adick, 2008, S. 178)

Internationale Bildungsorganisationen werden in Internationale Regierungsorganisationen (kurz IGOs) und Internationale Nichtregierungsorganisationen (kurz INGOs) unterschieden (Adick, 2012). IGOs beschreiben Andersen und Woyke kurz als „eine durch völkerrechtlichen Vertrag geschaffene Staatenverbindung […], die eine multilaterale Zusammenarbeit auf politischem und/oder militärischem, ökonomischem, sozialem und kulturellem Gebiet anstrebt" (Andersen & Woyke, 1995, S. VI). Neben diesen staatlich gegründeten Organisationen (Freistein & Leininger, 2015, S. 198) agieren INGOs als „Institutionen des internationalen Privatrechts" (Andersen & Woyke, 1995, S. VI). Solche Organisationen (beispielsweise *amnesty international* oder *Greenpeace*) „[…] treten oft als Vermittler zwischen Organisationen und nationalstaatlichen Gesellschaften auf […]

3.3 Transnationale Bildungsorganisationen

[und] sensibilisieren und mobilisieren für relevante gesellschaftspolitische Themen, um sie auf die Agenda internationaler Politik zu setzen" (Freistein & Leininger, 2015, S. 199). Wesentlich ist, dass INGOs – im Gegensatz zu IGOs – nicht von staatlicher Seite aus gegründet werden und im Interesse „unabhängiger gesellschaftlicher Kräfte" agieren (Furtak, 2015, S. 15). Wenn an dieser Stelle nicht immer eine scharfe Abgrenzung zwischen INGOs und IGOs vorgenommen werden kann, geht die Betrachtung mit Blick auf transnationale Organisationen einen Schritt weiter, indem die nichtstaatliche Ebene im Vordergrund steht. Diese Ebene wird auch in den INGOs bedeutsam; was unterscheidet dann noch internationale und transnationale Organisationen voneinander? Sie grenzen sich dadurch ab, dass ihnen unterschiedliche Raumkonzepte zugrunde liegen. Während ein Verständnis von dem – bereits angeführten – Containerraum in der Betrachtung von internationalen Organisationen präsent ist (*essentialistisches oder absolutes Raumkonzept*) (Adick, 2012, S. 85; Pries, 2008; 2010b, S. 22), unterscheiden sich transnationale Organisationen darin, dass auf der Grundlage eines *relationalen oder relativistischen Raumverständnisses* der Flächen- und Sozialraum nicht zwangsläufig zusammenfallen (Adick, 2012, S. 85; Pries, 2008, S. 80). Somit

> „basieren [IGOs] auf [dem] Gedanken [eines absoluten Raumkonzepts]; denn es werden – bildlich gesprochen – Verträge zwischen nationalen ‚Containern' geschlossen. Transnationale Organisationen operieren dagegen auf der Basis einer Entkoppelung von Flächen- und Sozialräumen; denn sie erstrecken sich über mehrere Flächenräume und agieren damit – wiederum bildlich gesprochen – jenseits, neben, unter- oder oberhalb oder quer zu nationalen ‚Containern'." (Adick, 2012, S. 85; Erg. d. Verf.)

In transnationalen Organisationen agieren Akteur*innen somit grenzüberschreitend; die „dezentrale Verteilungsstruktur" (Pries, 2008, S. 188) beispielsweise von Ressourcen und das Fehlen eines klaren Zentrums (im Sinne einer „Zentrum-Peripherie-Struktur") zeichnen solche Organisationen aus (Pries, 2010b, S. 81). Die „innerinstitutionelle Transnationalisierung von Bildungsorganisationen" (Bauschke-Urban, 2006; 2010, S. 48) verweist auf die Mesoebene transnationaler Bildungsräume (Adick, 2008, 2012). Möglich ist, dass transnationale Bildungsorganisationen als solche markiert werden, da sie durch ihre grenzüberschreitenden (Bildungs-)Aktivitäten und Transaktionen transnationale Bildungsräume aufspannen. Andererseits ließe sich ebenfalls nach transnationalen sozialen Räumen und Bildungsräumen suchen, die sich in transnationalen Bildungsorganisationen zeigen und die sie letztendlich zu solchen Organisationen machen. Eine derartige Suche führt Adick zu folgenden Typen transnationaler Bildungsorganisationen (siehe Tabelle 3.3).

Tab. 3.3 Typen transnationaler Bildungsorganisationen (Adick, 2008, S. 183)

1. Transnationale Bildungsunternehmen	• University of Phoenix (Apollo-Group, NASDAQ notiert) • Jones International University, Ltd. • German University of Cairo • Sylvan Learning Center (NASDAQ notiert)
2. Transnationale Bildungsorganisationen in Bildungswesen eigener Art	• Lufthansa School of Business • International Schools Association (ISA) • International Baccalaureat Office (IBO) • European Council of International Schools (ECIS)
3. Transnationale Bildungsorganisationen im Migrationsbereich	• Organisationen, die grenzüberschreitend religiöse Erziehung anbieten (z. B. Koranschulen in Europa) • Fethullah Gülen als transnational operierende türkisch-islamische Bildungsbewegung
4. Transnationale advokatorische Bildungsorganisationen	• OXFAM International • das Aktionsbündnis ‚globale Bildungskampagne'

Ein *transnationales Bildungsunternehmen* zeichnet sich dadurch aus, dass es „Bildung [...] grenzüberschreitend gegen Gebühr vermarktet"; hier steht Bildung(-sangebot) mit einem wirtschaftlichen Interesse in Zusammenhang, und zwar im Sinne einer „Ware", für die das Prinzip von „Angebot und Nachfrage" bedeutsam wird (Adick, 2008, S. 184). Beispielhaft für transnationale Bildungsunternehmen sind Privat- und Fernuniversitäten, die Lehrende aus unterschiedlichen Ländern für Studierende auf der ganzen Welt einsetzen und somit ihr Angebot grenzüberschreitend expandieren. Daneben subsumiert Adick unter *transnationalen Bildungsorganisationen in Bildungswesen eigener Art* solche, die ihre Bildungsangebote nicht „nach außen" vermarkten, sondern Angebote in Form von Weiter- und Fortbildungen für das eigene Personal anbieten. Etabliert werden in und durch solche Unternehmen dann auch Studiengänge, beispielsweise in der Lufthansa School of Business. International Schools, die im allgemeinen Schulwesen eingebunden sind, stellen durch ihre Angebote und Schwerpunktsetzungen ebenfalls transnationale Bildungsorganisationen eigener Art dar (Adick, 2008, S. 187 f.). Im Kontext von *transnationalen Bildungsorganisationen im Migrationsbereich* werden Migrant*innenorganisationen oder religiöse Organisationen (Koranschulen) genannt (Adick, 2008, S. 189 f.), die durch ihre grenzüberschreitenden Bezüge und Verbindungen transnationale Bildungsräume

3.3 Transnationale Bildungsorganisationen

konstruieren. Den Typus *transnationale advokatorische Bildungsorganisationen* beschreibt Adick als solche, „die eine grenzüberschreitende Vermittlung von Bildung unter Berufung auf allgemeine Menschenrechte – hier: das universale Recht auf Bildung – betreiben" (Adick, 2008, S. 191). Als Beispiel werden in diesem Zusammenhang Unternehmen in Industrieländern genannt, die vor dem Hintergrund der genannten Berufung auf die Menschenrechte Bildungsangebote für Entwicklungsländer offerieren (bspw. die Dachorganisation OXFAM, die in 13 Ländern Tochtergesellschaften hat und grenzüberschreitend agiert) (Adick, 2008, S. 192).

Für diese Studie wird insbesondere der Typ „transnationale Bildungsorganisationen im Migrationsbereich" mit besonderem Blick auf „Koranschulen" (bzw. Moscheen) in den Blick genommen.

Teil II
Annäherungen, Forschungsstand und Gegenstandsbestimmung

4 Moscheen und Imam*innen in erziehungswissenschaftlicher Perspektive

Schule und Lehrer*innen, Moschee und Imam*innen – diese Wortkoppelungen erscheinen wie analoge Begriffspaare: Sie verweisen auf Lernorte mit erforderlichen Lehrenden, die nicht voneinander entkoppelt zu denken wären. Vor diesem Hintergrund ist für eine Studie, die Imaminnen in den Fokus der Betrachtung rückt, nicht nur die Darstellung der beruflichen Rahmenbedingungen und ihres Berufsfeldes relevant; ebenfalls ist es bedeutsam, die damit zusammenhängenden Institutionen, ihre Strukturen sowie die in diesem Kontext stehenden (geschlechterrelevanten) Diskurse zu skizzieren. Die Beschreibung des Forschungsstandes zieht Literatur und Diskurse aus unterschiedlichen Fachdisziplinen heran, die hier im Speziellen mit einer erziehungswissenschaftlichen Brille gesichtet und gerahmt werden. Mit einem solchen Sortierungsversuch der (für die Forschungsfrage bedeutsamen) Forschungsliteratur zeigen sich dann die Konstruktionen von Erziehungs- und Bildungsräumen, transnationalen Räumen und Geschlechterräumen[1], die sich in den (wissenschaftlichen und politischen) Auseinandersetzungen

---

[1] Sobald in diesem Teil der Studie von *Erziehungs- und Bildungsräumen, transnationalen Räumen* oder *Geschlechterräumen* die Rede ist, werden verschiedene Raumbegriffe zugrunde gelegt, die sich auf drei Ebenen bewegen: *Erstens* versteht sich Raum im *physikalischen Sinne* als Ort (der Unterrichts-, Gebets- und Frauenraum in der Moschee oder der transnationale Raum, der sich durch Migrationsbewegungen von A nach B und von B nach A aufspannt); der Raum wird hier (mit einem absolutistischen Verständnis) mit einem „Behälterraum" oder „Container" mit (möglichen) Grenz(ziehung)en verglichen (Löw, 2013, S. 24). „Dieser Raum besteht auch unabhängig von Menschen und dem Interaktionsgeschehen; „der Raum bleibt ein Behälter, der mit verschiedenen Elementen angefüllt werden kann, jedoch auch als ‚leerer Raum' existent bleibt" (Löw 1997, 25). Nach diesem Verständnis bleiben der Unterrichtsraum in der Moschee und der Frauenbereich auch ohne die Interaktion der Teilhabenden in diesen Räumen bestehen. *Zweitens* (und davon geht Löw

manifestieren. Für die Darstellung der erziehungswissenschaftlichen Relevanz der Arbeit, die Kontextualisierung der Studie und für die Einordnung der Fragestellung scheinen diese Bezugspunkte, insbesondere für die Skizzierung des Forschungsstandes, relevant (siehe Abbildung 4.1).[2]

---

in ihrem *relationalen Ansatz* aus) sind Räume nicht „starr", „unbeweglich und aus dem Handlungskontext herausgelöst" (Löw, 2013, S. 130) zu denken: Räume entstehen einerseits durch das *Spacing* – also das Anordnen, Platzieren und Kenntlich-Machen. Der Frauenbereich einer Moschee wird zu einem Frauenbereich durch die Markierung des Raums als solcher und durch die Geschlechtertrennung in dem Raum „ein Positionieren in Relation zu anderen Platzierungen" (Löw, 2013, S. 159). Mit einer *Syntheseleistung* werden durch die „Wahrnehmungs-, Vorstellungs- oder Erinnerungskulturen […] Güter und Menschen zu Räumen zusammen[ge]faßt" (Löw, 2013, S. 159) – die Moscheebesucher*innen nehmen diesen Frauenbereich auf der Grundlage ihrer Erinnerungen und Erfahrungen in diesen Räumen als solchen wahr. Somit entstehen Räume – im relationalen Sinne – in einer „Wechselwirkung zwischen Handeln und Strukturen" (Löw, 2013, S. 158). Das bedeutet, dass sich neben dem physikalischen Ort der Raum mit der Dimension der Handlungen und Wahrnehmungen der teilhabenden Subjekte konstituiert (Löw, 2016, S. 80). Diese Dimension lässt sich (nicht zuletzt) mit Blick auf die Handlungs- und Tätigkeitsfelder in Moscheen beschreiben. *Drittens* gilt es der diskursiven Konstruktion von Räumen Aufmerksamkeit zu schenken. Diese Betrachtung bedeutet aber auch gleichzeitig die Auswirkung solcher Diskurse auf den physikalischen Raum zu berücksichtigen – es meint also eine Betrachtung der Wechselwirkung von Raum und Diskurs (Bauriedl, 2008, S. 279). Zur Verdeutlichung denke man an integrationspolitische Diskurse und Erwartungen im Kontext der Radikalisierungsprävention, die an Akteur*innen in Moscheen gerichtet werden. Werden folglich auf der Grundlage solcher Auseinandersetzungen Präventionsprojekte in Moscheen etabliert, zeigt sich, dass diese konstruierten Diskursräume auf den physikalischen Raum und auch auf das Interaktionsgeschehen und Handeln der Akteur*innen wirken. Gleichzeitig wirken solche Projekte auf den geführten Diskurs über diese Räume. Ergo werden in der Annäherung an den Forschungsgegenstand die Konstruktionen von Räumen (1.) im physikalischen Sinne, (2.) im relationalen Sinne zwischen Handlung und Struktur und (3.) mit Blick auf die Wirkung bzw. den Zusammenhang von Diskurs und Raum betrachtet.

[2] Diese Bezugsrahmen sind nicht als einzelne bzw. trennbare Themenkomplexe zu verstehen. Sie stehen in Zusammenhang und sind miteinander verwoben. In diesem Fall enthalten Geschlechterräume bildungsrelevante Aspekte, Erziehungs- und Bildungsräume haben transnationale Bildungsbezüge und so weiter.

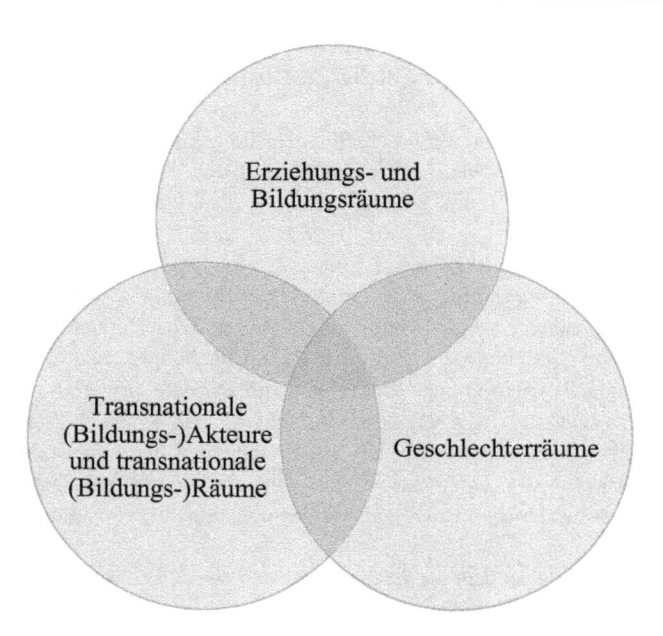

Abb. 4.1 Bezugspunkte für die Darstellung des Forschungsstandes

Moscheen konstruieren seit ihrer Entstehungsgeschichte durch ihre Handlungsfelder, Tätigkeitsbereiche und ihre Lehrenden *Erziehungs- und Bildungsräume*. Mit dieser Darstellung (in 4.1. Konstruktion(en) von Bildungs- und Erziehungsräumen) erfolgt somit der erste thematische Annäherungsschritt. Darauf folgt der fokussierte Blick auf die relevanten Organisationen DITIB und Diyanet als transnationale (Bildungs-)Akteure. Durch das Entsendungssystem der Imam*innen und das Internationale Theologiestudium werden transnationale (Bildungs-)Räume konstruiert, die in diesem zweiten Annäherungsschritt (in 4.2. DITIB und Diyanet: Transnationale (Bildungs-)Akteure und Konstruktion(en) von transnationalen (Bildungs-)Räumen) betrachtet werden. Die in der Forschungsfrage angelegte Bedeutung der Kategorie Geschlecht verweist auf die Notwendigkeit, die in diesem Kontext bedeutsamen Geschlechterdiskurse darzustellen (in 4.3. Diskursive Konstruktion(en) von Geschlechterräumen). Anhand dieser thematischen Rahmungen erfolgt eine Darstellung der Forschungsliteratur und die Erörterung der Forschungsfrage.

4.1 Moscheen und ihre Konstruktion(en) von Erziehungs- und Bildungsräumen

Auch wenn Moscheen und ihre Lehrenden bislang kaum bildungs- und erziehungstheoretisch untersucht wurden[3] ist eine solche Perspektive naheliegend. Denn hierfür reicht es (zunächst), ausgewählte Definitionsversuche der – für die Pädagogik leitenden – Begriffe *Erziehung* und *Bildung* heranzuziehen[4]: *Erziehung* lässt sich im klassischen Sinne als eine gezielte Verhaltensveränderung der oder die Förderung von „erwünschten Haltungen" (P. Vogel, 2019, S. 69) beim Heranwachsenden durch das Agieren bzw. Handeln der Erwachsenen verstehen (Reichenbach, 2011, S. 21). Unabhängig davon, ob es sich um intentionale (bewusste) oder funktionale (unbewusste) Erziehung (Schelten, 2020, S. 21) handelt – die Dynamik besteht in der Konstellation zwischen den festgelegten Erziehungszielen, den Zu-Erziehenden und den Erzieher*innen (Kergel, 2020, S. 30). Oder um es mit der oft angeführten Definition des Erziehungswissenschaftlers Bokelmann zusammenzufassen: Erziehung ist

> „dasjenige Handeln, in dem die Älteren (*Erzieher*) den Jüngeren (*Edukanden*) im Rahmen gewisser Lebensvorstellungen (*Erziehungsnormen*) und unter konkreten Umständen (*Erziehungsbedingungen*) sowie mit bestimmten Aufgaben (*Erziehungsgehalten*) und Maßnahmen (*Erziehungsmethoden*) in der Absicht einer Veränderung (*Erziehungswirkungen*) zur eigenen Lebensführung verhelfen [...]" (Bokelmann, 1970, S. 185; Herv. d. Verf.).

Wer diese letzte Definition schablonenartig auf die Moschee zu legen versucht, wird erkennen: Mit Imam*innen als *Erzieher*innen*, den Schüler*innen des Religionsunterrichts als *Edukanden*, den religiösen Glaubensinhalten als *Erziehungsnormen*, den **Unterrichtsmethoden** und den Zielen wie (beispielsweise) der Verinnerlichung religiöser Glaubensinhalte und der Überführung in die Glaubenspraxis und ihren Lebensalltag als gewünschte *Erziehungswirkung* werden Moscheen zu *Orten* der Erziehung (im physikalischen Sinne) und konstituieren durch ihre Handlungen *Erziehungsräume* (im funktionalen und relationalen

---

[3] Es existieren diverse Untersuchungen zu Moscheen und Imamen, die im Laufe der Studie angerissen werden. Allerdings erfolgen diese Untersuchungen nicht aus einer erziehungs- oder bildungswissenschaftlichen Perspektive.

[4] Ein Versuch, den Erziehungs- und Bildungsbegriff eindeutig zu definieren und voneinander abzugrenzen, wird scheitern. Die seit Jahren andauernden und fortlaufenden begrifflichen Auseinandersetzungen in der Erziehungswissenschaft verweisen auf diverse und zum Teil sogar auf kontroverse Begriffsdefinitionen. Da dies nicht im Fokus der Studie steht, wird hier nicht näher darauf eingegangen.

4.1 Moscheen und ihre Konstruktion(en) …

Sinne). Insbesondere für die Unterweisung im Rahmen des *Unterrichts* als das von Imam*innen steuerbare Geschehen, mit ihrer Fachdidaktik und den inhaltlichen Festlegungen, gewinnen die Aspekte Erziehung und Bildung für das hier gegebene Untersuchungsfeld an Bedeutung.

Unabhängig davon, ob es sich um bewusst bzw. explizit erzieherisch intendierte oder unbewusst bzw. implizit lernend und lehrend angelegte Angebotsformate (Göhlich, 1999, S. 167; Karakoç, 2019, S. 109) in Moscheen handelt: Es entsteht ein Raum, „in dem dem Sich-Bilden Raum gegeben wird" (Girmes, 1999, S. 90), in dem „Lernen, Bildung und Erziehung […] als Prozesse im Raum [geschehen] und [dadurch] den Raum [konstituieren]" (Göhlich, 2016, S. 36; Erg. d. Verf.).

Moscheen mit ihren Akteur*innen und Imam*innen erziehen und unterrichten nicht nur – sie *bilden* gleichzeitig. Während Erziehung einen edukativen Prozess meint, in dem durch Lehrende und pädagogisch Professionelle „erzieherische Maßnahmen *angestoßen* und *initiiert*" (Benner, 2015, S. 482) werden, beschreibt *Bildung*

> „[…] die Auseinandersetzung des Einzelnen mit als allgemein oder universell geltenden Bestimmungen von Welt, Vernunft, Sittlichkeit oder Humanität. In der Regel wird mit Bildung daher die Verschränkung von Individualität und Kultur, von Eigenheit und Humanität, von Selbst und Welt verstanden, wobei Kultur, Humanität und Welt als objektive Seite, Individualität, Eigenheit und Selbst als subjektive Seite der Bildung gelten. Bildung meint einen differenzierten, intensiven und reflektierten Umgang mit sich und der Welt, der zur Ausformung eines selbstbestimmten kultivierten Lebensstils führt." (Zirfas, 2011, S. 13)

Für einen selbstbestimmten kultivierten Lebensstil werden durch *Bildung* Kenntnisse und Fertigkeiten angeeignet, die zu einer Veränderung der Haltung beitragen (Raithel, Dollinger, & Hörmann, 2009, S. 36 ff.) und „körperliche und geistige Merkmale [ausformieren]" (P. Vogel, 2019, S. 78; Erg. d. Verf.). Daher ist auch die Rede von einer Bildung des Bewusstseins und dem Einfluss auf die Mensch- bzw. Subjektwerdung (Bernhard, 2011). Moscheen lassen sich somit nicht nur durch die religiöse Wissensvermittlung im Religionsunterricht als erzieherische und bildende Räume beschreiben; auch vor dem Hintergrund vielfältiger Zielsetzungen, Angebote und Handlungsfelder werden Vergemeinschaftungs- und Lernprozesse angestoßen; somit sind Moscheen einerseits Erziehungs- und Bildungsräume *und* konstruieren andererseits solche Räume durch Handlungen und ihre Strukturen. Mit dieser Blickrichtung lassen sich die Konstruktionen von Bildungs- und Erziehungsdimension auch in der historischen Entwicklungslinie von Moscheen (seit den Anfängen bis zu ihrer Etablierung und Weiterentwicklung in Deutschland), ihren Strukturen sowie den festgelegten Tätigkeitsbereichen und Handlungsfeldern der Akteur*innen nachzeichnen.

4.1.1 Historische Betrachtung

Die etymologische Annäherung an den Begriff *Moschee* deutet bereits auf die bildende, erziehende und soziale Funktion: Aus dem Arabischen (*masğid*) und angelehnt an das Spanische (*mezquita*) lässt sich Moschee als „Ort der Niederwerfung" übersetzen (H. H. Behr, 2014, S. 79 f.; Beinhauer-Köhler & Leggewie, 2009, S. 10; Karakoç, 2017, S. 12). Neben einer weiter gefassten Definition von der Moschee als Ort der Niederwerfung im Sinne jenes Gebetsortes auf der Erde, an dem Muslim*innen beten können (Özdil, 2002, S. 29), wird darunter im engeren Sinne das architektonische und sakrale Gebetshaus verstanden.[5] Mit Blick auf die türkische Bezeichnung „Cami" für die Moschee lässt sich durch ihre Übersetzung „die Versammelnde" (Ceylan, 2006, S. 126) neben der religiösen Bedeutung der Moschee auch die soziale und bildende Dimension verdeutlichen. Diese Dimensionen, die der Etymologie bereits zugrunde liegen, zeigen sich auch in den historischen Anfängen von Moscheen und ihren Entwicklungslinien (in Deutschland).

Prophetenmoschee
Indem die „*Prophetenmoschee*" (*Masjid al-Nabawi*) in Medina (die erste Moschee im architektonischen Sinne) als Ort der Erziehung, der Eheschließung, des Handels sowie der Rechts- und Militärangelegenheiten (Bayraktar, 2006; Işıkdoğan & Korukçu, 2015; Karakoç, 2022; Kurum, 2016; E. Şimşek, 2017) oder als Zufluchtsort für die Prophetengefährten beschrieben wird, zeigt sich in dieser Multifunktionalität der Handlungsfelder die soziale, pädagogische, bildende und erziehende Dimension. Nicht nur in impliziter Form lässt sich die Bedeutung von Erziehung und Bildung ableiten – die Forschungsliteratur nennt die Prophetenmoschee *explizit* als Bildungs- und Erziehungsstätte und als Erziehungsort der sogenannten Schüler (*aṣḥāb aṣ-ṣuffa*) und Schülerinnen (*ṣuffa an-nisā*) der Suffa[6] (Bouamrane, 1988;

---

[5] Demnach besteht die Ansicht, dass Muslim*innen überall beten können, wo es sauber ist (E. Şimşek, 2017, S. 109–112).

[6] Die Bezeichnung geht auf die im nördlichen Teil der Moschee gelegene Schattendachecke (ṣuffa) zurück.

Kurum, 2016, S. 57; Tosun, 2013, S. 168; Zengin, 2017, S. 27). Religionspädagogische Forschungen (insbesondere im türkischsprachigen Raum) beschreiben in diesem Zusammenhang den Propheten und die (von dem Propheten) Beauftragten als *Lehrende* (A. Akın, 2016; Gözütok, 2002, S. 137 ff.) sowie den *Unterricht* mit entsprechenden *Lehr- und Lernformen*. Diese Rückverfolgung der „Tradition(en)" wird dabei als Vergleich für den heutigen Unterricht sowie die Erziehung und Bildung in Moscheegemeinden herangezogen[7] (A. Çelik, 2013; Köylü, 2017; E. Şimşek, 2017; Zengin, 2016a, 2017). Sowohl in der expliziten Benennung der Prophetenmoschee als Ort der Erziehung als auch implizit durch die Beschreibungen der Tätigkeitsfelder dieser Moschee lässt sich die Konstruktion von Erziehungs- und Bildungsräumen rekonstruieren.

Erster preußischer Gebetsraum

Die Errichtung des *ersten* – in der Forschungsliteratur bekannten – *architektonischen Gebetsraums* in Deutschland wird auf das 18. Jahrhundert datiert; der preußische König Friedrich Wilhelm I. stellte muslimischen Kriegsgefangenen einen Gebetsraum „im königlichen Waisenhaus" in Potsdam zur Verfügung[8] (Beinhauer-Köhler & Leggewie, 2009, S. 12; Lemmen, 2017, S. 309; Tosun, 1992, S. 173). Die Nutzung durch die (tatarischen) Gefangenen habe nicht lange Zeit angehalten, da sie kurze Zeit später wieder entlassen wurden (Beinhauer-Köhler & Leggewie, 2009, S. 12). Doch die Beschreibungen, dass der Gebetsraum – insbesondere für Freitagsgebete – Verwendung fand (Beinhauer-Köhler & Leggewie, 2009, S. 12) verweisen auf die Funktion der Vergemeinschaftung durch den religiösen Raum. Auch wenn die Forschungsliteratur bereits auf eine frühere Präsenz von Muslim*innen (Beinhauer-Köhler & Leggewie, 2009; Rohe, 2001, 2016) vor diesem historischen Ereignis deutet (die Tataren sind somit nicht die ersten Muslim*innen in Deutschland), wird dieser Gebetsraum als erste symbolische und architektonische Sichtbarkeit festgehalten (Beinhauer-Köhler & Leggewie, 2009; Hohage, 2013; Hüttermann, 2011; Lauterbach & Lottermoser, 2009; Leggewie, Jost, & Rech, 2002; Rohe, 2001; Schmitt, 2003). Die Bildungsdimension in diesem preußischen Gebetsraum wird nicht zuletzt durch die Funktion der Versammlung und der damit zusammenhängenden Bildung des Bewusstseins bedeutsam – sie zeigt sich auch in dem Einfluss des Raums auf die Mensch- bzw. Subjektwerdung (Bernhard, 2011, S. 133).

---

[7] Mit Narrativen wie „back to the roots" oder „die Moschee war schon immer ein Bildungszentrum und ein Ort der Vergemeinschaftung" werden mit einer historischen Rückbindung die bildenden und erziehenden Handlungsfelder der Moschee markiert (Ceylan, 2014, S. 290).

[8] Näheres zu den historischen Entwicklungen bei (Lemmen, 2017; Rohe, 2016).

Erste Moschee in Deutschland und die Zeit nach dem ersten Weltkrieg
Nach der ersten erbauten Moschee in Schwetzingen in Deutschland, die im Jahre 1782 vom Kurfürsten von der Pfalz lediglich aus ästhetischen und repräsentativen Gründen und nicht für religiöse Zwecke gebaut wurde (Beinhauer-Köhler & Leggewie, 2009, S. 18), gilt die im Jahre 1915 in Wünsdorf bei Berlin erbaute Moschee als *erste Moschee* auf „deutschem Boden" (Lemmen, 2017, S. 309). Anders als die Schwetzinger Moschee stand sie für religiöse Zwecke zur Verfügung (Schmitz & Seibert, 2007, S. 13). Für Muslime, die während des ersten Weltkriegs für die britische Armee kämpften und in Wünsdorf als Kriegsgefangene interniert wurden, diente die Moschee mit Minarett zur Ausübung religiöser Praxis (Leggewie et al., 2002, S. 26).[9] Der erste preußische Gebetsraum und die erste Moschee in Wünsdorf bei Berlin stehen somit vor dem Entstehungshintergrund eines Krieges und unter dem Einfluss externer politischer Großmächte. Neben dieser politischen Ebene zeigt sich die Bildungsdimension durch die Bereitstellung eines Versammlungsortes: Durch das Bilden *einer Gemeinschaft* wird der Bildung *in dieser* Gemeinschaft Raum gegeben. Nicht nur Versammlungen stoßen so Vergemeinschaftungs- und Bildungsprozesse an, sondern auch die Eigeninitiative der Akteur*innen in der Etablierung von Moscheegemeinden: Erstmals wird diese Initiative im Jahre 1922 durch die Vereinsgründung der Islamischen Gemeinde zu Berlin sichtbar. Aus der Satzung (§7a) lässt sich die Zielsetzung des Vereins entnehmen, zu der die „Förderung der religiösen Pflichten und Vorschriften sowie Errichtung öffentlichen Gottesdienstes und Religionsunterrichts" (Beinhauer-Köhler & Leggewie, 2009, S. 21) gehören. Gefolgt von der zweiten Vereinsgründung in Wilmersdorf durch den Moscheebau der Ahmadiyya-Gemeinde im Jahre 1924 (Beinhauer-Köhler & Leggewie, 2009, S. 22) lassen sich religiöse Wissenstradierung und Vergemeinschaftung als Funktionen der Moschee rekonstruieren. Es wird davon ausgegangen, dass vor dem zweiten Weltkrieg ca. 1800 Muslim*innen in Deutschland lebten (Şen & Aydın, 2002, S. 11), während mit dem Anstieg der Anzahl und der Präsenz nach dem zweiten Weltkrieg die Phase der breiten und strukturellen Organisation beginnt.

Moscheen nach dem zweiten Weltkrieg: Die Entstehung von (Dach-) Verbänden
Mit dem Anwerbeabkommen in den 1960er Jahren[10] für den (wirtschaftlichen) Wiederaufbau, der daraus resultierenden Zuwanderung von „Gastarbeiter*innen" und dem Familiennachzug nach dem Anwerbestopp 1973 beginnt die strukturelle

---

[9] Näheres zur ersten Moschee in Wünsdorf bei Berlin unter (Höpp, 1997).
[10] 1961 mit der Türkei, 1963 mit Marokko, 1965 mit Tunesien, 1968 mit Jugoslawien (Rohe, 2016, S. 67).

4.1 Moscheen und ihre Konstruktion(en) ...

Etablierung der Moscheegemeinden (Rohe, 2016, S. 67) durch Anmietungen von Räumlichkeiten und Lagern, die zu Moscheen umfunktioniert werden. Schätzungen zufolge liegt die Anzahl der in Deutschland zur Zeit des Anwerbeabkommens lebenden Muslim*innen bei rund 30 000 – 50 000 (Heimbach, 2001, S. 60), worauf bis 1987 ein Anstieg auf 1,65 Millionen folgte (Rohe, 2016, S. 67).[11] Die (Vor-) Überlegung, als *Gast*arbeiter*in vorübergehend zu bleiben und später in die Heimatländer zurückzukehren, nahm eine andere Wende (Aysel, 2018, S. 37; Schiffauer, 2015, S. 136). Die Rückkehr wurde von Seiten der Gastarbeiter*innen (beispielsweise) aufgrund der Wirtschaftskrise in der Türkei 1973, anderen politischen oder familiären Gründen verschoben (Schiffauer, 2015, S. 136), so dass eine immer stärker werdende Verwurzelung alltäglicher, kultureller und persönlicher Bedürfnisse in der deutschen Gesellschaft vorangetrieben und auf verschiedenen Ebenen sichtbar wurde.[12] Rohe (2016, S. 67) spricht von dem einheimisch werdenden Islam. Daran gekoppelt ist das Verlangen nach gemeinsamen kulturellen und religiösen Räumen, geleitet durch die Suche nach emotionalem Halt und religiöser – im wörtlichen Sinne – *Rückbindung* (Karakoç, 2022; Leggewie et al., 2002, S. 27). Moscheen werden auch als Orte der „Wahrung nationaler Identitäten" (Ceylan, 2006, S. 56) beschrieben: Die Angst vor dem Kulturverlust „in der Fremde", vor der Distanzierung von religiösen Normvorstellungen und Glaubensinhalten oder den religiös und kulturell begründeten Verhaltensmustern bzw. – aus den Herkunftsländern internalisierten – Habitualisierungen wurde durch das Aufsuchen solcher Räume kompensiert; Eltern und ihre Kinder suchten somit Moscheegemeinden als religiöse Erziehungs- und Bildungsorte auf (Aşıkoğlu, 1993, S. 41; Ceylan, 2008, S. 57). Nicht nur (aber eben auch) aus diesen Motiven heraus werden Moscheegemeinden gegründet und soziale, bildende, erziehende, religiöse und kulturelle Räume konstruiert.

---

[11] Für das Jahr 2015 wird die Anzahl der in Deutschland lebenden Muslim*innen auf rund 4,4–4,7 Millionen hochgerechnet. Darunter wird der Anteil türkischsprachiger Muslime auf 50,6 % geschätzt (DIK, 2016). Da es allerdings keine amtlichen Einträge und offiziellen Erfassungen für die Anzahl der Muslim*innen gibt, lassen sich die Zahlen nur schwer bestimmen. (Stichs, 2016, S. 8) Dies wird (unter anderem) darauf zurückgeführt, dass Muslim*innen „nicht Mitglied in einer Moscheegemeinde sein müssen, um zur Glaubensgemeinschaft zu zählen." (Talhout, 2019, S. 14) Für die Hochrechnungen werden die Religionszugehörigkeiten auf die Herkunft zurückgeführt und zusätzlich mit der Anzahl der im Haushalt lebenden Menschen hochgerechnet. (Stichs, 2016, S. 8)

[12] Sichtbar wird diese Verwurzelung nicht zuletzt in der Gründung und Eröffnung türkischer Restaurants und Cafés durch türkische Inhaber*innen (Aysel, 2018, S. 159; Klückmann, 2013, S. 113).

Durch die Anmietung von Räumen – überwiegend in Industriegebieten oder versteckten Räumen in Innenstädten – entstanden sogenannte „Hinterhofmoscheen"[13] (Beinhauer-Köhler & Leggewie, 2009, S. 26). Diese Moscheeräume dienten zunächst als „Sammelbecken für Gleichgesinnte mit Selbsthilfecharakter"; so entstanden türkische, kurdische, marokkanische, tunesische, afghanische, albanisch-bosnische, pakistanische oder iranische Gruppierungen (Heimbach, 2001, S. 71). Es entstehen also unterschiedliche Formen der Vergemeinschaftung auf der Grundlage geteilter Erfahrungen, kultureller Zugehörigkeiten und religiöser Orientierungen. Mit späteren Vereinseintragungen werden Bemühungen angestrebt, Professionalisierungsstrukturen aufzubauen (Leggewie et al., 2002, S. 28). Durch die Gründung von Vereinen (oder Migrant*innenorganisationen) entstehen regionale, landesweite und bundesweite Zusammenschlüsse. Bundesweite Dachverbände bilden sich entweder durch die Initiative der Ortsgemeinden (im kommunalen Raum), gefolgt von einem Zusammenschluss auf Landes- und anschließend auf Bundesebene (Bottom-Up Prozess); oder (entgegengesetzt), indem Moscheegemeinden sich einem bereits gegründeten Dachverband eingliedern (Top-Down Prozess) (Ceylan & Kiefer, 2016, S. 132 f.).[14] Schiffauer (2015, S. 146) nennt letzteren Prozess als solchen, in dem „Deutungsmuster" an Moscheegemeinden herangetragen werden und diese sich im

---

[13] Die Anführungsstriche sind mehr als eine kritische Markierung zu lesen. Ich plädiere vielmehr dafür, auf den Begriff „Hinterhofmoschee" zu verzichten. Dies hängt nicht nur damit zusammen, dass sich die als solche bezeichneten Moscheen nicht immer in Hinterhöfen (im architektonischen Sinne) befinden, sondern der Begriff heute für eine Reihe von Moscheen verwendet wird, die keine „repräsentative" Moscheearchitektur (äußerlich sichtbar und mit Minaretten und Kuppel) aufweisen. Viel wichtiger sogar: Die Bezeichnung rekurriert auf Stereotype wie die fehlende Transparenz, Unsichtbarkeit, versteckte und uneinsehbare Räume, die in den politischen Auseinandersetzungen mit Moscheen in Verbindung gebracht werden. Somit wirkt die Bezeichnung pauschalisierend und aufgrund der negativen Konnotation diskriminierend. Die Dynamik zeigt sich vor allem in der Verschiebung der Konnotation mit dem Begriff „Hinterhof": Der Blick auf die Berliner Hinterhöfe (Feyerabend, 2016; Haddenhorst & Friedrich, 2000) verdeutlicht diese Verschiebung. Während solche Hinterhöfe als etwas Attraktives und Sehenswertes beschrieben werden, scheinen sich im Kontext von Moscheen eher Narrative wie „Raus aus den Hinterhöfen" durchgesetzt zu haben (siehe hierfür beispielsweise Schäfers (2013)). Diese Verschiebung verdeutlicht die Bedeutung der Diskurse und ihre Wirkmächtigkeit mit Blick auf die Fremdwahrnehmung, die Selbstbetrachtung und den Bedeutungsgehalt von Begriffen.

[14] Diese Art der Darstellung wird bei genauerer Betrachtung den soziologischen und theologischen Dynamiken nicht gerecht. Denn die Trennung zwischen dem Bottom-Up Prozess und dem Top-Down Prozess ist nicht immer haltbar. Sie können auch gleichzeitig verlaufen. So kann beispielsweise ein Perspektivenwandel innerhalb und außerhalb einer Moschee Grund für ihre Etablierung sein, die sich nicht unbedingt auf den Top-Down oder Bottom-Up Prozess zurückführen lässt. Die Unterteilung in Top-Down- und Bottom-Up-Prozesse greift daher zu kurz und spiegelt nicht die Breite der Entwicklungen wider.

4.1 Moscheen und ihre Konstruktion(en) ...

Falle einer Identifizierung dem Dachverband eingliedern. Darin spiegeln sich die Entstehungszusammenhänge und -hintergründe bestimmter Dachverbände[15] wider, die beim ersten Blick auf die Verbandsbezeichnungen auf unterschiedliche ethnische oder religiöse Ausrichtungen zurückzuführen zu sein scheinen – bei genauerem Eruieren zeigt sich jedoch, dass ihre Entstehungszusammenhänge (über die ethnischen Zugehörigkeiten hinaus) vor dem Hintergrund unterschiedlicher politischer Ausrichtungen stehen, und dies insbesondere im Falle der „türkischen" Dachverbände: Die 1970er-Jahre und der Militärputsch 1980 in der Türkei waren gekennzeichnet durch politische Unruhen und Gewalttaten (Al-Rebholz, 2013, S. 114; Ataç, Odman, & Tuncer, 2000) – angespannte Auseinandersetzungen zwischen rechten und linken sowie die Zersplitterung und die immer tiefer werdende Kluft zwischen religiösen Gruppierungen (Gorzewski, 2015, S. 9 f.) sind die Umstände dieser Zeit. Diese Spannungen wirken sich auf die Migrant*innen in Deutschland aus, sodass sich mit den Jahren neben der (im „türkischen" Kontext) eher mystisch orientierten Gemeinschaft des Dachverbandes VIKZ[16] (1973) (Halm et al., 2012, S. 37) vor dem Hintergrund verschiedener politischer Strömungen die Dachverbände ATIB[17]

---

[15] Im Folgenden werden muslimische bzw. islamische Organisationen skizziert, die Moscheegemeinden unter einem Dach vereinen. Andere Jugend-, Student*innen- und Frauenorganisationen oder Zusammenschlüsse wie beispielsweise die AABF (die alevitische Gemeinde Deutschland e. V. wurde 1989 gegründet und unterscheidet sich in ihren religiösen Glaubensinhalten, und ihrer Organisation und religiösen Praxis in Cem-Häusern (cem evleri) von allen anderen Verbänden (näheres unter Sökefeld, 2008a, 2008b)) werden nicht aufgeführt, da sie nicht in Zusammenhang mit der Organisation von Moscheegemeinden stehen. Dasselbe gilt für den im Jahre 2010 gegründeten Liberal Islamischen Bund (kurz LIB). (Für einen Überblick islamischer Organisationen in Deutschland siehe Chbib, 2017; Mediendienst Integration, 2019b).

[16] Mit Sitz in Köln gilt der Verband Islamischer Kulturzentren e. V. (VIKZ) als erster, der sich für die bundesweite Etablierung bereits in den 1960er-Jahren einsetzte (Halm, Sauer, Schmidt, & Stichs, 2012, S. 37). Seine Mitglieder verfolgen die Lehren des Süleyman Hilmi Tunahan (näheres zu der Biographie und der religiösen Bewegung in Jonker, 2002, S. 49–78) und werden „Süleymancilar" genannt – diese Bezeichnung lehnen sie selbst jedoch ab, da sie eine blinde Verehrung des Gelehrten Süleyman Hilmi Tunahan impliziere, sie jedoch seine Lehren lediglich als Anreiz für ihre religiöse und mystische Orientierung wahrnehmen würden (Blätte, 2014, S. 127). Bekannt ist der VIKZ für die „strenge" Lehre des Koran und islamischer Glaubensinhalte, sein „hierarchisches Schüler-Lehrer-Verhältnis" und seine Lernformate und Angebote in Schüler*innenwohnheimen (Blätte, 2014, S. 128, Anm. d. Verf.). Dass (unter anderem) erfahrene und ältere Schüler*innen Jüngere unterrichten, charakterisiert die Lehrform der VIKZ-Gemeinden (Blätte, 2014, S. 128 f.).

[17] Die Union der Türkisch-Islamischen Kulturvereine in Europa e. V. (ATIB) mit Sitz in Köln wird als Verband mit nationalistischer Ausrichtung beschrieben, der versucht, eine türkisch-nationalistische und islamische Synthese zu schaffen. Dem Verband gehören 100 Moscheegemeinden in Deutschland an (Halm, 2008, S. 34).

(1987) und IGMG[18] (1995) herausbilden. Angesichts dieser politischen und religiösen Spaltungen in der Türkei und deren Auswirkungen auf die im Ausland lebenden Türk*innen war es im Interesse des Präsidiums für Religionsangelegenheiten der Türkei (*Diyanet İşleri Başkanlığı*)[19], sowohl im In- als auch im Ausland für eine Einheit unter ihren Bürger*innen zu sorgen (Gorzewski, 2015, S. 9 f.). Andererseits werden der Wunsch und das Verlangen der in Deutschland lebenden Türk*innen nach einer Unterstützung in Form religiöser Dienste durch die Entsendung von Religionsbediensteten durch das Religionspräsidium beschrieben (Altıkulaç, 2016, S. 398; Beilschmidt, 2015, S. 48). Folglich entsteht 1984 mit der Unterstützung des Religionspräsidiums der Türkei der bundesweite Dachverband DITIB[20].

Statistisch werden somit türkische Moscheeverbände in Deutschland bedeutsam. Diese Bedeutungszuschreibung spiegelt sich in der Auseinandersetzung im internationalen Raum wider (Coştu & Ceyhan, 2015; Tosun, 1992). Neben den genannten türkischsprachigen Zusammenschlüssen (VIKZ, IGMG, ATIB, DITIB, AABF) organisieren sich bosnisch-sprachige Gemeinden innerhalb des Dachverbands IGBD[21] (1994), des Weiteren entstehen der Zentralrat der Marokkaner in Deutschland (ZRMD)[22] (2008), der albanisch-sprachige Verband UIAZD[23] (2007)

---

[18] Die Islamische Gemeinschaft Milli Görüş e. V. (IGMG) hat ihren Sitz ebenfalls in Köln und gilt als Ableger der politischen Partei „Refah Partisi" in der Türkei mit dem damaligen und mittlerweile verstorbenen Vorsitzenden Necmettin Erbakan (Blätte, 2014, S. 105; Olgun, 2015, S. 177). Der Verband zeige mittlerweile eine Veränderung mit den neueren Generationen und widme sich, losgelöst von der Orientierung an der Partei in der Türkei, den gesellschaftlichen Aspekten und Relevanzen in Deutschland. Dadurch könnte die ursprünglich als orthodox bezeichnete Gemeinde – laut el-Menouar (2016, S. 258) – heute dem Neo-Reformismus zugeschrieben werden. Des Weiteren ist der Verband bemüht, die religiösen Erziehungs- und Bildungsformate mit Hilfe schriftlicher und aufeinander aufbauender Inhaltsbestimmungen in Form von Lehrplänen für verschiedene Altersgruppen zu professionalisieren (beispielsweise IGMG, 2017a, 2017b, 2017c, 2017d, 2017e).

[19] Näheres zum Religionspräsidium Diyanet folgt in Abschnitt 4.2.2.

[20] Türkisch-Islamische Union der Anstalt für Religion e. V.; Näheres zum Verband folgt in Abschnitt 4.2.1.

[21] Mit Sitz in Wiesbaden gehören der Islamischen Gemeinschaft der Bosniaken in Deutschland e. V. (IGBD) bundesweit 76 Moscheegemeinden an (Stand 2016) (Rohe, 2016, S. 142).

[22] Der Zentralrat der Muslime in Deutschland (ZRMD) wurde 2008 mit Sitz in Offenbach gegründet. Er vertrete 50 Moscheen und sei mit 150 Moscheegemeinden bundesweit vernetzt. Zu seinen Schwerpunkten gehören unter anderem religiöse Bildungs- und Erziehungsangelegenheiten (Rohe, 2016, S. 142).

[23] Der Union der Islamisch-Albanischen Zentren in Deutschland e. V. (UIAZD) mit Sitz in Düsseldorf gehören 37 Gemeinden an (näheres unter UIAZD Homepage).

4.1 Moscheen und ihre Konstruktion(en) ...

und die IGS[24] (2009) (Rohe, 2016; Riem Spielhaus, 2016); letztere als Zusammenschluss schiitischer Gemeinden in Deutschland, die sich von allen anderen sunnitisch positionierten Verbänden durch ihre *schiitische* Glaubensausrichtung unterscheiden.[25] Die in Deutschland seit 1923 aktive Ahmadiyya Bewegung[26] organisiert sich bundesweit als Ahmadiyya Muslim Jamaat (AMJ) und genießt seit 2013 als einzige Religionsgemeinschaft in Hessen und Hamburg den Status als Körperschaft des öffentlichen Rechts[27] (Riem Spielhaus, 2016, S. 54). Zusammenfassend etablierten sich in den Jahren 1973–2009 folgende (bundesweite) Islamische (Dach-)verbände, die Moscheegemeinden unter sich vereinen (siehe Abbildung 4.2).

---

[24] Die Islamische Gemeinschaft der Schiitischen Gemeinden Deutschlands e. V. mit Sitz in Hamburg umfasst mehr als 140 Gemeinden (Stand 2016) deutschlandweit (Rohe, 2016, S. 143).

[25] Lemmen (2017, S. 321) schreibt von der „konfessionellen Differenzierung" in „Sunniten und Schiiten" innerhalb des Islam, die sich in den Ausrichtungen der Dachverbände widerspiegeln würde. So werden in theologischen Diskursen Unterschiede markiert und diskutiert, die Esen (2013b) für Sunniten und Tan (2013) für Schiiten kurz und einführend anreißen. Für weiterführende theologische Literatur siehe S. Aslan (2018).

[26] Die Ahmadiyya-Gemeinden gehören zu den ältesten in Deutschland. Rohe schreibt, dass die Ahmadiyya-Gemeinden „auf den Reformer Mirza Ghulam Ahmad zurück[gehen], der im späten 19. Jahrhundert im damaligen Britisch-Indien an die Öffentlichkeit trat. Sein Anspruch, als ‚Sekundärprophet' (Zilli Nabi) und Mahdi (Messias) Empfänger göttlicher Offenbarung zu sein, wurde außerhalb seiner Gemeinde als nicht vereinbar mit dem islamischen Glauben abgelehnt. [...]. Während die Ahmadiyya in der Vorkriegszeit erfolgreich verschiedene islamische Richtungen organisatorisch zusammenführen konnte, wurde sie in der Nachkriegszeit von anderen Glaubensströmungen überwiegend abgelehnt. Inhaltlich finden sich zwischen der Lehre der Ahmadiyya und den anderen muslimischen Gruppierungen [jedoch] weitreichende Übereinstimmungen [...]. In Hessen ist sie überdies neben DİTİB Kooperationspartnerin des Landes für den als ordentliches Schulfach eingerichteten Religionsunterricht. [...]. Wie die anderen Organisationen engagiert sich die AMJ in Jugend-, Sozial und Öffentlichkeitsarbeit sowie im interreligiösen Dialog." (Rohe, 2016, S. 143 ff.)

[27] In Anlehnung an Art. 140 GG i.V.m. Art. 136 Abs. 6 WRV werden durch die Erlangung des Körperschaftsstatus einer Religionsgemeinschaft verschiedene Vorteile ermöglicht; beispielsweise das Recht Steuern zu erheben oder Beamt*innen einzustellen. Dies würde Moscheegemeinden insbesondere aus finanzieller Sicht unterstützen, da sie sich i. d. R. durch Mitgliedschaftsbeiträge und Spenden finanzieren und die Organisation durch ehrenamtliches Engagement getragen wird. Seit Jahren bestehen Bemühungen seitens verschiedener Verbände, durch Antragstellungen den Körperschaftsstatus des Öffentlichen Rechts zu erhalten, die aus unterschiedlichen Gründen jedoch scheiterten. Bis heute ist die Ahmadiyya Muslim Jamaat in Hessen die einzige islamische Religionsgemeinschaft, die diesen Status genießt. Näheres zu den Diskursen bei (Muckel, 2016).

DITIB Türkisch-Islamische Union der Anstalt für Religion e.V. **960**

ZRMD Zentralrat der Marokkaner in Deutschland **100**

VIKZ Verband der Islamischen Kulturzentren e.V. **300**

IGS Islamische Gemeinschaft der Schiitischen Gemeinden Deutschlands e.V. **180**

Bundesweit organisierte (Dach-)Verbände

ATIB Union der Türkisch-Islamischen Kulturvereine e.V.

UIAZD Union der Islamisch-Albanischen Kulturzentren e.V. **37**

IGMG Islamische Gemeinschaft Milli Görüş e.V. **323**

IGBD Islamische Gemeinschaft der Bosniaken in Deutschland e.V. **76**

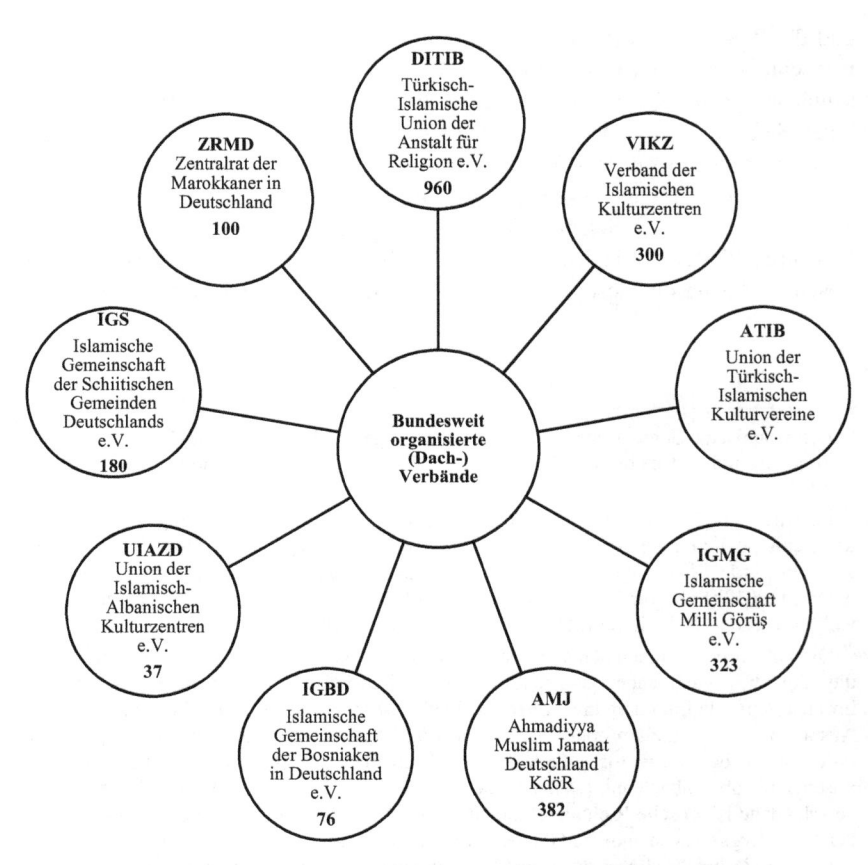

AMJ Ahmadiyya Muslim Jamaat Deutschland KdöR **382**

Abb. 4.2 Bundesweit organisierte Islamische (Dach-)Verbände[28,29]

---

[28] Angelehnt an die Auflistung von Spielhaus (2016, S. 52–55) sowie Mediendienst Integration (2019b) und ergänzt anhand der Skizzierung von Rohe (2016, S. 141).

[29] Die Anzahl der ATIB-Moscheegemeinden ist nicht bekannt. Der Verband habe 100.000 Mitglieder in Deutschland (Mediendienst Integration, 2019b, S. 139).

4.1 Moscheen und ihre Konstruktion(en) ...

Diese bundesweiten Dachverbände sind in (jeweils) unterschiedlichem Ausmaß auf Landes- und ortsregionaler Ebene organisiert. Auch wenn die Anzahl der Moscheegemeinden in Deutschland schwer zu erfassen ist – da sie beispielsweise als (Kultur-)Verein eingetragen sind und der Name nicht immer auf eine Moscheegemeinde deutet –, gehen Schätzungen von rund 2350 Moscheegemeinden und zusätzlich 180 Moscheebauten in Deutschland aus (Mediendienst Integration, 2019b, S. 120). Von diesen Moscheegemeinden sind 70 % in den oben angeführten Dachverbänden oder Spitzenverbänden[30] organisiert; ca. 30 % der Moscheegemeinden gehören keinem Verband an (Riem Spielhaus, 2016, S. 46–49). Letzteres betrifft (unter anderem) jüngere Moscheegemeinden, die sich mit Blick auf ihr (religiöses) Selbstverständnis durch keinen Dachverband oder Spitzenverband repräsentiert fühlen. Dazu gehören beispielsweise Moscheegemeinden, die sich als ethnisch gemischt oder deutsch verstehen (oder als solche markiert werden) und von den ethnisch orientierten Dachverbänden und Gemeinden zu unterscheiden versuchen (Rohe, 2016, S. 125 f.).

Zusammenfassung
Wird diese skizzierte historische Entwicklung von Moscheen (in Deutschland) nun mit den eingangs angeführten Definitionen von Erziehung und Bildung fokussiert zusammengefasst, lassen sich folgende Befunde festhalten:

- Bereits der Etymologie (Moschee als Ort der Niederwerfung und Versammlung) liegt eine soziale und gemeinschaftsstiftende Dimension zugrunde.
- Die Prophetenmoschee legt als erste Moschee den Grundbaustein dafür, ein Ort der Erziehung und Bildung zu sein; dies zeigen unterschiedliche Funktionen sowie Lehr- und Lernformate, die dieser Moschee zugeschrieben werden.
- Die vor und nach dem ersten Weltkrieg zur Verfügung gestellten oder angemieteten Gebetsräume ermöglichen Versammlungen, sind somit gemeinschaftsstiftend und durch die Predigten erziehend und bildend angelegt. Auch die Lernformate, die zur Verfügung gestellt wurden, sind wichtige Anzeichen dafür, dass durch dieses Handeln explizit Erziehungs- und Bildungsräume konstruiert wurden.

---

[30] Um eine breitere Repräsentativität zu erreichen, haben sich in der Vergangenheit verschiedene Dachverbände und Moscheegemeinden, die keinem Verband angehören, zu Spitzenverbänden zusammengeschlossen, um für die Belange der in Deutschland lebenden Muslim*innen sprechen und für Bund oder Länder als Ansprechpartner (beispielsweise für die Etablierung des Islamischen Religionsunterrichts) fungieren zu können. (Für einen Überblick islamischer Organisationen in Deutschland siehe Mediendienst Integration, 2019b; Riem Spielhaus, 2016).

- Nach dem zweiten Weltkrieg werden mit der organisierten Vereinsgründung im ersten Schritt Bildungsprozesse angestoßen; zum einen gestalten sie sich auf der Grundlage von Geteiltem (bspw. religiöse Orientierung, ethnische Zugehörigkeit oder kulturelle Komponenten), regen Vergemeinschaftungsprozesse an und entfalten durch die Tätigkeiten identitätsstiftende Wirkungen; zum anderen werden Moscheen durch gesteuerte Lern- und Lehrformate wie beispielsweise den Religionsunterricht oder die Predigt zu Bildungs- und Erziehungsräumen.

4.1.2 Selbstverständnisse und Generationen im Wandel

Nach ungefähr 70 Jahren Gastarbeiter*innenmigration scheint die Beschreibung von Moscheen primär als Orte für die „Wahrung nationaler Identitäten" (Ceylan, 2006, S. 56) oder für die emotionale Rückbindung an Herkunftsländer nicht mehr haltbar zu sein. Bisherige Forschungen – aber auch die Selbstdarstellungen von Moscheevereinen – implizierten eine gedankliche Äquivalenz zwischen „Religion und Religiosität" und „Nationalität und ethnische Zugehörigkeit" (kritische Auseinandersetzung in Karakoç, 2019). Mit dieser Perspektive wurden bislang religiöse Lehr- und Lerninhalte untersucht und ihre Angemessenheit[31] hinterfragt (bspw. Ceylan, 2006, 2008, 2009, 2014). In diesen Auseinandersetzungen schienen die berücksichtigten Gemeindebesucher*innen die Generation der Gastarbeiter*innen und ihrer Kinder zu sein. Die *Vielfalt* zeigt sich dahingehend eher auf der Ebene der politischen und religiösen Positionierungen, die vor dem Hintergrund der Ausrichtungen der etablierten Dachverbände betrachtet werden.

Doch mit dem Generationenwechsel und den damit verbundenen Verschiebungen in den Selbstverständnissen der Muslim*innen setzt auch eine Verschiebung der Analyseperspektive an: Dominant wirken in der Forschungslandschaft nun Vorstellungen von einer *Migrationsgesellschaft* (Mecheril, 2014; Mecheril, Andresen, Hurrelmann, Palentien, & Schröer, 2010; Spetsmann-Kunkel & Frieters-Reermann, 2013), geprägt durch die *Diversität der Lebenswelten* (Karakaşoğlu & Öztürk, 2007; Öztürk, 2007; Salzbrunn, 2014), die hybriden Identitäten als das neue Transformierte, das auf der Grundlage mehrerer Bezugspunkte entsteht (beispielsweise „Herkunfts- und […] Ankunftsregion" (Pries, 2000, S. 418))[32] oder

---

[31] Die Kritik in wissenschaftlichen und politischen Auseinandersetzungen richtet sich insbesondere an Imame aus dem Ausland; mehr dazu in Abschnitt 4.2.3.

[32] Somit können sich hybride – also durchkreuzte und vermischte – Identitäten auf der Grundlage verschiedener Kulturen und über die Grenzen hinweg – im transnationalen Raum – formen (Pries, 2000, S. 418).

4.1 Moscheen und ihre Konstruktion(en) …

die Diversität der Zugänge zu Religion und Religiosität (E. Aslan, Kolb, & Yildiz, 2017; Karakaşoğlu & Öztürk, 2007). Zu dieser Perspektive haben eben auch Forschungen beigetragen, die Neuformulierungen von Identitätsverständnissen unter jungen Muslim*innen in den Blick genommen haben (Haddad, 2017, S. 50–55; Kulaçatan, Behr, & Agai, 2017, S. 6). Solche Erkenntnisse finden auch in den Diskursen zu Moscheen Eingang: Sowohl in der Forschung als auch auf der Akteur*innen- und Multiplikator*innenebene zeigt sich vermehrt die Einsicht, dass Moscheen nicht mehr nur als Orte ethnisch-separierter Zugehörigkeiten und kollektiv-religiöser Orientierungen zu verstehen sind. Dieser Ansatz zeigt sich auch in den jüngst erarbeiteten Handreichungen und Arbeitsmaterialien für Moscheegemeinden mit dem Fokus auf kulturelle und transkulturelle Bildung (Singendonk, 2016), in denen das Ziel auf die Förderung von Diversität und Multiperspektivität gelegt wird. Solche diskursiven Verschiebungen zeigen sich auch in den Tätigkeiten des Liberal Islamischen Bundes (LIB), in dem beispielsweise diversitäts- und genderbezogene Themen bearbeitet werden (Drechsler, 2019).[33]
Daneben zeigen Forschungen immer mehr, inwiefern sich die diversen Lebenswelten der Muslim*innen auf die Organisationsstrukturen auswirken (Chbib, 2017). Neben den strukturellen und inhaltlichen Verschiebungen wird die Auseinandersetzung mit Normen- und Wertekollisionen, insbesondere für die Arbeit mit Jugendlichen in Moscheen, bedeutsam (nähere Gedanken dazu in Karakoç, 2020a). Denn es bestehen bereits Erkenntnisse darüber, dass muslimische Identitäten und Zugehörigkeiten (in einem Spannungsfeld) zwischen „Selbstidentifikation und Fremdzuschreibung" (Riem Spielhaus, 2011) und einer Trias zwischen elterlichen Erwartungen, Fremdzuschreibung und gemeindeinterner Erwartung verhandelt werden (Karakaşoğlu & Öztürk, 2007).

Mit Blick darauf eruieren Wissenschaftler*innen nun neue Wege für die (religions-)pädagogische Arbeit in Moscheen (Akca, 2022; H. H. Behr, 2022) und fragen nach notwendigen Schwerpunktsetzungen. Die Dekonstruktionen etablierter Strukturen, religiös-normativer Vorstellungen und von Relevanzsetzungen zeigen sich auch in Auseinandersetzungen mit muslimischer Jugendarbeit, die zum einen aus der Binnenperspektive (A. Şimşek, 2022) oder aus wissenschaftlichen Betrachtungen heraus (Greschner, 2020; Tosun, 2022) formuliert werden. Darüber hinaus zeigen sich ebenfalls Verschiebungen in den Selbstverständnissen

---

[33] Der Liberal Islamische Bund versucht durch seine Selbstdarstellung solche Themen zu besetzen (Kaddor, 2020). Die eindeutig scheinenden Platzanweisungen von „liberalen" und – konträr dazu – „konservativen" Muslim*innen lässt die Zuschreibungen in Frage stellen, da die Komplexität und Diversität der Muslim*innen und der Gemeinden (auch gemeindeintern) durch solche Platzanweisungen ausgeblendet werden.

der Akteur*innen, die nun auf die erforderlichen Veränderungen in einer hiesigen Gesellschaft für eine situationsangemessene und fundierte soziale Arbeit in Moscheen eingehen (Elemenler, 2022; Nas, 2022).

4.1.3 Angebote in non-formaler und informeller Rahmung

Die Multifunktionalität der Moschee ist in der Forschungsliteratur mehrfach skizziert (Beinhauer-Köhler & Leggewie, 2009; Karakoç, 2022; Munsch & Herz, 2022; Sajak, 2018; Stöckli, 2020). Sofern aber mit einer erziehungs- und bildungswissenschaftlichen Brille die Konstruktionen von Bildungs- und Erziehungsräumen durch die Angebote in Moscheen gesichtet werden, lassen sich Angebote in non-formaler und informeller Rahmung[34] beschreiben: Die Studie *„Islamisches Gemeindeleben in Deutschland"*, die im Auftrag der Deutschen Islam Konferenz[35] (kurz DIK) (Halm et al., 2012) erstellt wurde, skizziert mithilfe statistischer Erhebungen die Strukturen und Tätigkeitsbereiche der befragten Moscheen.[36] Die Angebote und Aktivitäten werden in der Umfrage in „religiöse und nicht religiöse Angebote der Moscheegemeinden" differenziert (siehe Tabelle 4.1 und 4.2).

---

[34] Zur begrifflichen Differenzierung siehe in der Einleitung der Studie.

[35] Die Deutsche Islam Konferenz (DIK) wurde 2006 von dem damaligen Bundesinnenminister Wolfgang Schäuble ins Leben gerufen. Sie dient als Kommunikationsplattform zwischen Muslim*innen (Akteur*innen, Multiplikator*innen und Wissenschaftler*innen) und dem Staat, in der mit Blick auf den Islam rechtlich und politisch relevante Fragen ausgehandelt werden (Goltz & Busch, 2014, S. 1165). So begleiten die Deutsche Islam Konferenz in verschiedenen Legislaturperioden unterschiedliche Themenschwerpunkte und Fragestellungen, die sich beispielsweise im Kontext des islamischen Religionsunterrichts, der Gemeindestrukturen, des Gemeindelebens, des Moscheebaus oder der islamischen Wohlfahrtspflege und Seelsorge bewegen (DIK, 2019). Im Auftrag der Deutschen Islam Konferenz sind verschiedene Studien entstanden (beispielsweise Halm et al., 2012; Stichs & Rotermund, 2017; Volkert & Risch, 2017), durch die eine Skizzierung und Erfassung des Status Quo islamrelevanter Themenkomplexe angestrebt wurde.

[36] Im Rahmen der Studie wurden 1141 Moscheegemeinden (inklusive alevitische Gemeinden) deutschlandweit befragt (Halm et al., 2012, S. 16).

4.1 Moscheen und ihre Konstruktion(en) …

Tab. 4.1 Nicht religiöse Angebote der Gemeinden (% aller befragten Gemeinden, Mehrfachnennungen) (Halm et al., 2012, S. 77)

Nicht religiöse Angebote der Gemeinden	Für Jugendliche	Für Erwachsene
Sport/Bewegung	72,2	25,6
Gesellschaftskunde/Exkursionen	66,5	48,2
Interreligiöser Dialog	65,2	60,4
Hausaufgabenhilfe	57,3	–*
Sprachkurse Deutsch	31,0	23,5
Musik, Kultur, Tanz, Folklore	31,0	11,1
Sprachkurse Herkunftssprache	29,8	12,4
Computer, EDV	27,7	15,2
Handarbeiten, Basteln, Kochen	19,2	14,6
Integrationskurse […]	–*	20,2
Einzelhandel, Friseur etc.	–*	10,3
Teestube	–*	83,8
Gesundheitsberatung	–*	36,5
Erziehungsberatung	–*	43,0
Sozialberatung	–*	43,2
Sonstiges	3,2	1,8
Keine Angebote	6,1	1,7

Tab. 4.2 Religiöse Angebote der Gemeinden (Prozentwerte, Mehrfachnennungen, ohne Aleviten) (Halm et al., 2012, S. 74)

Religiöse Angebote der Gemeinden	
Korankurse/Islamunterricht für Kinder und Jugendliche	95,8
Iftar-Essen für Gemeinde	91,8
Feiern heiliger Nächte	85,1
Hadsch/Wallfahrt	81,0
Begräbnisse	80,3
Spendensammlung/Zekat	79,9

(Fortsetzung)

Tab. 4.2 (Fortsetzung)

Religiöse Angebote der Gemeinden	
Beschneidungsfeiern	69,7
Eheschließung	68,5
Vermittlung Tieropfer/Opferfest	66,0
Geburtsfeiern	50,0
Sonstiges	2,9

Die (in der DIK-Studie) als *religiös* und *nicht-religiös* markierten[37] Angebote in Moscheen verweisen nicht nur auf die Konstruktion(en) von (religiösen) Bildungsräumen – bildungswissenschaftlich deuten sie zudem auf ihre non-formalen und informellen Rahmungen hin. Das am häufigsten genannte religiöse Angebot *Korankurs/Islamunterricht für Kinder und Jugendliche* (95,8 %) sowie Gesellschaftskunde (im Sinne von veranstalteten Seminaren und Vorträgen), Hausaufgabenhilfe, die Sprachkurse oder Computerkurse, Integrationskurse, Beratungen, Exkursionen und interreligiöser Dialog (als Angebote, die in die Kategorie der nicht religiösen Angebote subsumiert werden) bilden Räume für non-formales Lernen; sie sind lernintendiert angelegt und werden (pädagogisch-)professionell begleitet. Hingegen geschieht informelles und implizites Lernen im Rahmen der Angebote wie Sport, Handarbeiten, Basteln, Kochen, Musik, Tanz, Folklore – sie würden zwar non-formale und explizit lernintendierte Charakteristika aufweisen, allerdings verbleibt das Lernen auf impliziter und unbewusster Ebene, falls sie nicht in Form von Kursen oder Workshops gerahmt sind. Informelle Bildung kann außerdem in Räumen wie Teestube, Einzelhandel und Friseursalons oder – im Bereich religiöser Angebote – innerhalb von Feiern oder Eheschließungen geschehen. Die Bildungsdimension in informellen Rahmungen bleibt für die teilnehmenden Subjekte implizit; dies zeigt sich verstärkt darin, dass diese Orte nicht mit bestimmten Lern- oder Bildungsintentionen verbunden werden. Somit zeigt sich, dass durch die geplanten Angebote und Handlungsfelder die Moschee zu Bildungsräumen in non-formalen und informellen Rahmungen konstruiert wird.

---

[37] Die Markierungen der Angebote als „religiös" und „nicht religiös" diskutiere ich kurz in (Karakoç, 2022). Dabei geht es u. a. um die Diskussion, welche religiösen Dimensionen sich in nicht religiös markierten Angeboten verbergen, und vice versa. Es ist darauf hinzuweisen, dass die Markierungen in der zitierten DIK-Studie von den Autor*innen und Mitwirkenden dieser Studie vorgenommen wurden. Allerdings sind ähnliche Typisierungen der Angebote auch in den Eigenbeschreibungen der Dachverbände (beispielsweise auf der DITIB-Homepage (DITIB, 2021)) rekonstruierbar.

4.1 Moscheen und ihre Konstruktion(en) ...

Sowohl in den non-formalen Bildungsangeboten als auch in den aufgelisteten informellen Bildungssettings wird Lernen gemeinsam mit den – an den Angeboten – Teilnehmenden ko-konstruiert[38]; der Bildungs- und Erziehungsraum gestaltet sich in Moscheen also in einer Kooperation. Diese Perspektive auf Moscheen rekurriert gleichzeitig auf Fragen zur Wirkmächtigkeit der Funktionen und Ziele auf den Bildungsraum – bislang fehlen hier empirische Befunde. Allerdings lässt sich rekonstruieren, dass in wissenschaftlichen Auseinandersetzungen diese Frage aufgegriffen und die Effektivität der Angebote hinsichtlich ihrer Zielgruppenorientiertheit und Situationsangemessenheit in Frage gestellt wird (Ceylan, 2014). Auch in den Auseinandersetzungen der Akteur*innen in diesen Räumen oder von Diskutant*innen in politischen Diskursen werden – an religiös-normativen Vorstellungen oder integrationspolitischen Leitideen gemessen – (Miss-)Erfolge im Rahmen beabsichtigter Ziele oder die Erreichbarkeit von Zielgruppen hinterfragt (Ballnus, 2011; Ceylan, 2008, 2009, 2011, 2019). Beispielhaft ist hierfür die Infragestellung der pädagogisch-didaktischen Angemessenheit der Unterrichtsform im Religionsunterricht in Moscheegemeinden (RUM) (Ceylan, 2014; Karakoç, 2019; S. Yaşar, 2021) oder der Orientierung an den Lebensrealitäten der hierzulande lebenden Muslim*innen beispielsweise in den Themensetzungen im Rahmen der Gesprächsrunden und Predigten (H. H. Behr, 2022; Tosun, 2022). Nicht zuletzt werden solche Auseinandersetzungen auch von integrationspolitischen Erwartungen geleitet.[39] Sichtbar wird in diesem Zusammenhang, dass Moscheeakteur*innen solche Diskurse aufgreifen, die Relevanzsetzungen in den Bildungs- und Erziehungsräumen kritisch reflektieren (Nas, 2022; A. Şimşek, 2022) und dadurch die Strukturen sowie Normen- und Wertevorstellungen dekonstruieren.

---

[38] Zur Erinnerung: Die Begriffe Konstruktion, Rekonstruktion, Dekonstruktion und Ko-Konstruktion wurden in der Einleitung aufgegriffen.

[39] Man denke dabei an die integrationspolitischen Auseinandersetzungen im Kontext von Moscheegemeinden, beispielsweise in Sachbüchern wie „Inside Islam. Was in Deutschlands Moscheen gepredigt wird" (Schreiber, 2017) oder „Die Macht der Moschee. Scheitert die Integration am Islam?" (Wagner, 2018). Während hier bestimmte normative Vorstellungen von Integration und gesellschaftlicher Teilhabe der Betrachtung zugrunde gelegt werden, scheint es einen Konsens in dem Diskurs darüber zu geben, dass die (Bildungs-)Räume über eine bestimmte Wirkmächtigkeit verfügen. Auf der Grundlage dieser impliziten Annahmen werden folglich Fragen um eine „hemmende" oder „fördernde" Wirkung dieser Räume diskutiert.

4.1.4 Imam*innen als (pädagogische) Orientierungspersonen

Imam*innen und weitere Lehrende fungieren im Rahmen der non-formalen und informellen Angebote in Moscheen als pädagogische Orientierungspersonen; sie leiten solche Angebote oder begleiten die daran Teilnehmenden. Die *Lehrenden* werden hier bewusst getrennt von den *Imam*innen* angeführt, denn alle Imam*innen sind Lehrende, aber nicht alle Lehrenden sind Imam*innen qua Bezeichnung und vor dem Hintergrund der Begriffsdefinition („*Imam*in*"), die dieser Studie zugrunde gelegt wird.[40] Als Lehrende werden jene verstanden, die – außerhalb der Gruppe theologisch ausgebildeter Imam*innen – solche Angebote leiten und dadurch eine pädagogische Funktion innehaben. Somit lassen sich Imam*innen und weitere Lehrende in die Gruppe der pädagogischen Orientierungspersonen in Moscheen subsumieren. Während solche Lehrende in den Forschungen selten Beachtung finden (Karakoç, 2019), werden in politischen und wissenschaftlichen Diskursen Imame[41] in den Vordergrund gerückt, sobald die Lehrenden in den Blick genommen werden. Das erweckt einerseits den Anschein, dass Imame die einzigen pädagogischen Orientierungspersonen in Moscheen seien – andererseits wird eine scheinbar homogene „Berufsgruppe" suggeriert. Doch bei genauerem Blick auf die Forschungsliteratur wird erkennbar, dass sich die Vorstellung einer homogenen „Berufsgruppe" mit denselben Qualifikationen oder Handlungsfeldern nicht durchhalten lässt.

Handlungsfelder und Rollen
Ausschließlich mit dem Fokus auf Imame als Lehrende werden in der Forschungsliteratur die (pädagogischen) Handlungsfelder und die unterschiedlichen Rollen, die sie in diesen Feldern einnehmen, skizziert (zum Beispiel in Ceylan, 2008, S. 68–73; Sarıkaya, 2010, S. 244; Schmid, Akca, & Barwig, 2012, S. 264–267). Die „Aufgaben der Imame" (so werden sie in diesen Untersuchungen bezeichnet) werden in soziale, kulturelle und religiöse Aufgabenfelder unterteilt. Da allerdings eine solche Kategorisierung nicht bevorzugt wird,[42] werden die Felder ohne diese eindimensionalen Markierungen skizziert (siehe Abbildung 4.3).

---

[40] Für die Begriffsdefinition und ihre Einbettung siehe in der Einleitung der Studie.

[41] An dieser Stelle werden Imaminnen bewusst ausgelassen, da sie in den bisherigen Forschungen und Diskursen kaum Beachtung gefunden haben.

[42] Denn mit einer erweiterten Perspektive können alle Bereiche religiöse, soziale und kulturelle Dimensionen beinhalten. Eine Trennung dieser Dimensionen ist nicht haltbar. Näheres zu der kritischen Auseinandersetzung mit einer solchen Differenzierung in (Karakoç, 2022).

4.1 Moscheen und ihre Konstruktion(en) …

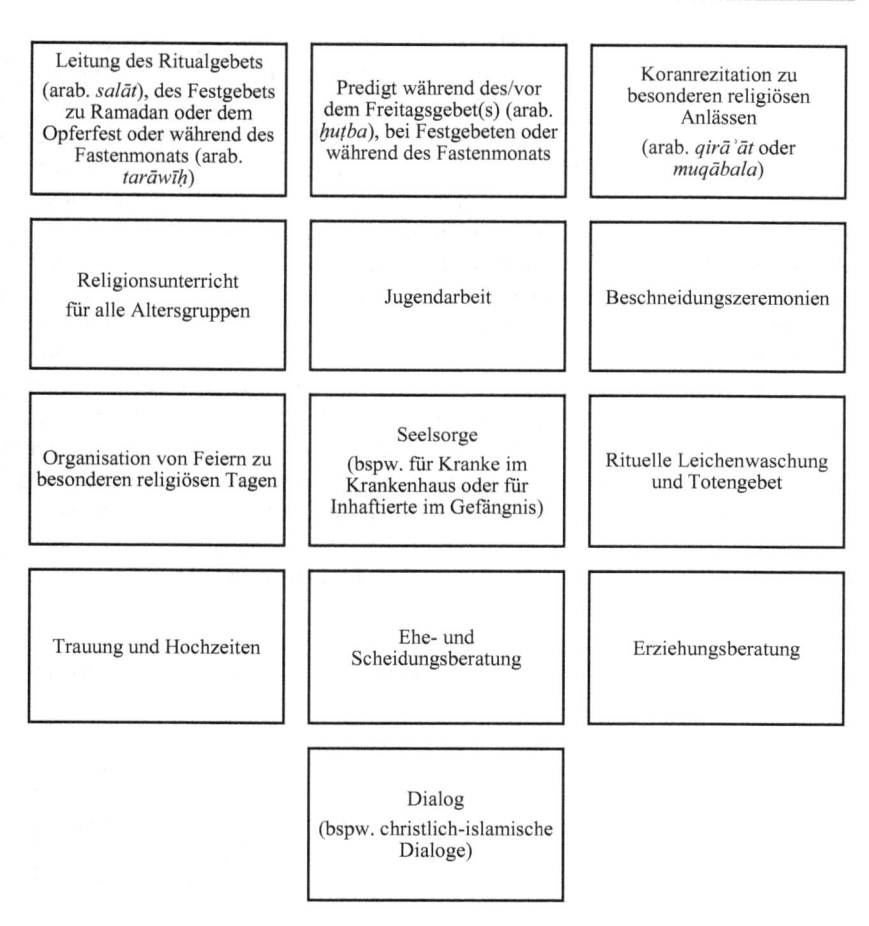

Leitung des Ritualgebets (arab. *salāt*), des Festgebets zu Ramadan oder dem Opferfest oder während des Fastenmonats (arab. *tarāwīḥ*)	Predigt während des/vor dem Freitagsgebet(s) (arab. *ḫuṭba*), bei Festgebeten oder während des Fastenmonats	Koranrezitation zu besonderen religiösen Anlässen (arab. *qirāʾāt* oder *muqābala*)
Religionsunterricht für alle Altersgruppen	Jugendarbeit	Beschneidungszeremonien
Organisation von Feiern zu besonderen religiösen Tagen	Seelsorge (bspw. für Kranke im Krankenhaus oder für Inhaftierte im Gefängnis)	Rituelle Leichenwaschung und Totengebet
Trauung und Hochzeiten	Ehe- und Scheidungsberatung	Erziehungsberatung
	Dialog (bspw. christlich-islamische Dialoge)	

Abb. 4.3 Aufgabenbereiche der Imame (in Anlehnung an Ceylan, 2008, S. 68–73; Sarıkaya, 2010, S. 244; Schmid et al., 2012, S. 264–267)

Neben Aufgaben wie der Leitung des Gebets, der Predigt, Koranrezitation und des Religionsunterrichts, die sich zunächst auf moscheeinterne Tätigkeiten beziehen, weiten sich die Handlungsfelder auch außerhalb der Moscheen aus (beispielsweise interreligiöse Dialogveranstaltungen, Trauungen außerhalb der Moscheen, Seelsorge im Krankenhaus oder für Inhaftierte im Gefängnis). Ein zusätzlicher Beleg hierfür ist, dass die Lehrpersonen nicht immer in nur einer

Moschee tätig sind (Rückamp, 2021, S. 242). Darüber hinaus lässt sich aus solchen Auflistungen der Handlungsfelder die Diversität der Rollen rekonstruieren, die die Imame innerhalb und außerhalb von Moscheen einnehmen. So wird neben der zunächst primär assoziierten Funktion des Imams als Vorbeter und Religionslehrer im weitesten Sinne die Rolle des Begleiters, Leiters, Seelsorgers, Organisators und Koordinators sichtbar. Damit verbunden zeigen sich psychologische, religiöse, pädagogische, kulturelle und soziale Dimensionen, die in den entsprechenden Handlungsfeldern miteinander verwoben sind, wodurch sich die Kategorisierung der Aufgabenfelder – wie sie bislang in der Forschungsliteratur versucht wurde – nicht durchhalten lässt. Gleichzeitig wird durch diese Dimensionen und die Breite der Handlungsfelder deutlich, dass Imame durch ihre Arbeit eine wichtige Rolle in der lebensweltlichen und religiösen Orientierung der Moscheebesucher*innen einnehmen können – sie *können* als pädagogische Orientierungsperson fungieren.

Obwohl in der Literatur diese Multifunktionalität primär den *Imamen* zugeordnet wird, deuten einige wenige Untersuchungen darauf hin, dass sich weibliche Religionsbedienstete (Beinhauer-Köhler, 2008) oder ehrenamtlich Tätige (Schiffauer, 2015; Schmid et al., 2012, S. 31) ebenfalls in diesen Segmenten bewegen. Dennoch scheinen diese Bereiche zunächst nur auf Imame beschränkt zu sein.

Beschäftigungsformen
Der informelle Charakter und die fehlende Einheitlichkeit spiegeln sich nicht zuletzt in den Beschäftigungsformen der Lehrenden wider (siehe Abbildung 4.4).

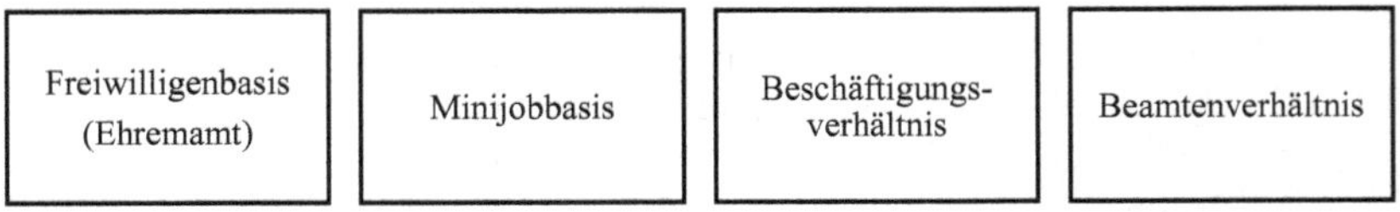

Freiwilligenbasis (Ehremamt)	Minijobbasis	Beschäftigungsverhältnis	Beamtenverhältnis

Abb. 4.4 Beschäftigungsformen

Neben dem – für das Gemeindeleben bedeutsamen – ehrenamtlichen Engagement der Besucher*innen ist die Aktivität der Lehrenden auf einer Freiwilligenbasis ein wichtiger Bestandteil (Akça, 2020, S. 86; Karakoç, 2020b, S. 126; Schmid et al., 2012, S. 31). Einige der Lehrenden scheinen „unentgeltlich oder gegen eine Aufwandsentschädigung" (z. B. für die Fahrtkosten)" (Rückamp, 2021, S. 242) den Religionsunterricht zu erteilen. Inwiefern Lehrende auf Minijob-Basis honoriert (E. Aslan, Erşan Akkılıç, & Kolb, 2015, S. 96, 304) oder in einem Beschäftigungsverhältnis von der Moschee eingestellt werden (Ceylan, 2014, S. 187), scheint eine Frage der vorhandenen Ressourcen und Bedarfe zu sein (Schiffauer, 2015).

4.1 Moscheen und ihre Konstruktion(en) ...

Forschungen verweisen dabei auf die niedrige Entlohnung, die sie auf die ehrenamtlichen Strukturen und die Knappheit finanzieller Ressourcen zurückführen. Anders verhält es sich bei Imamen, die in einem Beamtenverhältnis stehen. In diesem Fall handelt es sich um eine Entsendung durch das Religionspräsidium Diyanet in der Türkei, wodurch Lehrende bzw. Imam*innen den Beamt*innenstatus und eine daran geknüpfte Entlohnung genießen (Ceylan, 2011, S. 33; Gorzewski, 2015, S. 27).[43]

Qualifikationen
Die Auseinandersetzung um eine „adäquate" Ausbildung von Lehrenden in Moscheegemeinden ist kein deutsches Phänomen – im internationalen Raum finden solche Diskurse seit geraumer Zeit statt (Bušatlić, 2010; Fazlic, 2010; Ghaly, 2010; Gündüz, 2010; Leirvik, 2010; Sözeri, Altinyelken Kosar, & Volman, 2019). Aber auch die Frage nach den Möglichkeiten, im Rahmen eines islamischen Theologiestudiums an einer deutschen Universität Imame auszubilden, wurde (und wird immer noch) mit einem Bewusstsein über die damit verbundenen Herausforderungen diskutiert (bspw. Bochinger, 2010; Mazyek, 2010; Yüksel, 2013, S. 47): Das Fehlen einer praktischen Ausbildungsphase im Anschluss an das Theologiestudium (Altiner, 2010), die finanzielle Ressourcenknappheit der Moscheen für die Vergütung einer/s akademisch qualifizierten Theologieabsolvent*in, die damit verbundene Frage der möglicherweise fehlenden Bereitschaft eines/r Absolvent*in, nach dem Studium als Imam*in angestellt zu werden (de Wall, 2010, S. 59), und das Interesse der Moscheen an einem Ausbildungsort ihrer Imam*innen, der durch eine staatliche Behörde – in diesem Fall das Religionspräsidium Diyanet – kontrolliert wird (Beilschmidt, 2015, S. 183), zeichnen sich als Diskurslinien ab. Letzteres steht eben auch in Zusammenhang mit den unterschiedlichen Strömungen innerhalb des Islams und dem fehlenden Vertrauen in die Ausrichtung(en) der Lehre innerhalb der Islamischen Theologie an deutschen Universitäten (Bochinger, 2010; Özdil, 2011b; Özsoy, 2015).

Mit einem Blick auf die aktuelle Forschungsliteratur lassen sich folgende Qualifikationsformen, die unter den Lehrenden in Moscheen vorzufinden sind, rekonstruieren (siehe Abbildung 4.5).[44]

---

[43] Neben diesen Beschäftigungsformen, die in der Forschungsliteratur angeführt werden, entsteht zudem die Frage nach der Bedeutung der Selbstständigkeit von Imam*innen und ihrer Auswirkung auf die Etablierung von Moscheevereinen. Diese Frage gilt es weiterhin zu verfolgen.

[44] Eine Zusammenfassung der Beschäftigungs- und Qualifikationsformen wurde vorher in (Karakoç, 2020b, S. 126) versucht.

```
┌─────────────────┐  ┌──────────────────────────┐  ┌──────────────────────────┐
│                 │  │                          │  │                          │
│  Selbststudium  │  │ Weiterbildungsangebote   │  │ Theologische Fakultäten  │
│                 │  │       der Gemeinden      │  │       im Ausland         │
└─────────────────┘  └──────────────────────────┘  └──────────────────────────┘

┌─────────────────────┐  ┌──────────────────────┐
│ Imam*innenausbildung│  │  Religiöse Schulen   │
│  durch die Gemeinden│  │     im Ausland       │
└─────────────────────┘  └──────────────────────┘
```

Abb. 4.5 Qualifikationsarten[45]

- *Selbststudium*: Die ehrenamtlichen Strukturen sowie das langjährige Fehlen professioneller Gemeindestrukturen und finanzieller Ressourcen legten eine Grundlage für die Qualifikation bestimmter Lehrender durch das Selbststudium. Diese informellen Lehrenden (Kuppinger, 2012, S. 328) eignen sich das religiöse Wissen „autodidaktisch" an (Ceylan, 2010b, S. 299). Sie weisen (aus der Sicht der Gemeinde) ausreichende Kenntnisse auf, gelten daher als Expert*innen und werden im Rahmen der religiösen Wissensvermittlung eingesetzt (Karakoç, 2020b). In diesem Zusammenhang sprechen Ö. Çelik and Leidinger (2017, p. 171 f.) von der „Großer-Bruder-Methode"; ältere Gemeindeschüler*innen, die im Religionsunterricht der Gemeinde fortgeschrittener sind, erteilen den jüngeren Gemeindeschüler*innen Unterricht. Obwohl hier eine Unterrichts*methode* beschrieben wird, lässt sich implizit diese Qualifikationsform rekonstruieren.
- *Weiterbildungsangebote der Gemeinden*: Des Weiteren nehmen Lehrende Weiterbildungsangebote in Deutschland oder im Ausland wahr, in denen beispielsweise pädagogische Kenntnisse nachgeholt (Rückamp, 2021, S. 242) oder landeskundliche Schulungen durchgeführt werden. Dies gilt auch für bereits

---

[45] Zusammenfassend geben die Einblicke in die Forschungsliteratur die nachfolgend beschriebenen Qualifikationsarten wieder, allerdings sind die Abschlüsse komplexer und diverser, als sie hier der Einfachheit halber anhand dieser Abbildung dargestellt werden. Neben den theologischen Studiengängen oder solchen Bildungswegen zeigen sich zudem fachfremde oder fachnahe Abschlüsse. Letzteres verweist insbesondere darauf, dass ihre Einordnung in die Kategorie „Selbststudium" ihre Expertise und Hintergründe verschwimmen lässt. An dieser Stelle bedarf es ebenfalls einer genaueren Untersuchung.

4.1 Moscheen und ihre Konstruktion(en) ...

theologisch ausgebildete Imam*innen, die solche Angebote vor der Entsendung oder während des Dienstes in Deutschland wahrnehmen (Ceylan, 2011).

- *Imam*innenausbildung durch die Gemeinden*: Neben den niedrigschwelligen Weiterbildungsformaten zeigen sich formale Bildungsformate wie das Ausbildungsprogramm des Verbandes Islamischer Kulturzentren (VIKZ) (Pürlü, 2010). Nach einer vierjährigen Ausbildungsdauer[46] werden die Studierenden für den Dienst als religiöses Betreuungspersonal (Prediger*innen bzw. Imam*innen) (Ceylan, 2019, S. 6) befähigt. Dieser Ausbildung, der Imam*innenausbildung der Ahmadiyya Muslim Jamaat (AMJ) (Olgun, 2015, S. 255; Rohe, 2014, S. 274) oder der Islamischen Gemeinschaft Milli Görüş (IGMG) (Vladi, 2010, S. 179) ist gemein, dass sie religiöses Personal, Religionslehrer*innen bzw. Imam*innen für die Moscheegemeinden ausbilden, die dem eigenen Verband angegliedert sind. Durch bestimmte Schwerpunkte und Strukturen in ihren Ausbildungsprogrammen setzen die Verbände ihren jeweils eigenen Fokus. Aktuelle Entwicklungen zeigen, dass auch der Verband DITIB an neuen Wegen der Ausbildung von Imamen in Deutschland interessiert ist.[47] Zentral ist hierbei, dass die Lehrenden *von den Gemeinden aus* in die entsprechenden Ausbildungsstätten entsandt werden. Anders verhält es sich im Falle der Entsendung von Religionsbediensteten, die aus dem Ausland entsandt werden und zuvor an religiösen Schulen ausgebildet wurden.
- *Religiöse Schulen*: Nach einem Schulabschluss an *Imam- und Prediger-Schulen* (tr. „İmam-Hatip-okulları) in der Türkei können sich die Absolvent*innen (unter bestimmten Voraussetzungen) für den Dienst im Ausland bewerben. Diese Schulen zeichnen sich in der Türkei als eine spezielle Form der Mittel- und Oberstufe aus, die sich von den Regelschulen durch die Schwerpunktsetzung auf religiöse Glaubensinhalte unterscheiden. Schüler*innen werden nach dem Besuch dieser Schule zu Prediger*innen, Koranlehrer*innen bzw. Imam*innen ausgebildet (Baykal, 2012, S. 65; Muratovic, 2012, S. 105; Özdil, 2011b, S. 89). Daneben zeigen sich Ausbildungsformen von Imamen in den religiösen Schulen in Bosnien-Herzegowina (den sogenannten „*medresa*") unter den Lehrenden in bosnischen Moscheen (E. Aslan, Erşan Akkılıç, & Kolb, 2015, S. 73 f.; Fazlic, 2010; Jacobs & Lipowsky, 2019, S. 3) oder in Skopje (Mazedonien) und im Kosovo in

---

[46] Diese von den VIKZ-Gemeinden angebotene Ausbildung zum Religionslehrer bzw. Imam besteht aus einer einjährigen Grundausbildung, einem zweijährigen Hauptstudium mit dem theoretischen Teil und den islamischen Fächern sowie einem einjährigen Praktikum in einer Gemeinde (Pürlü, 2010, S. 327).

[47] Im Laufe der Studie werden (in Teil II) tiefere Einblicke in die verschiedenen Ausbildungsformen und die damit zusammenhängenden Entwicklungen im Kontext des Verbandes DITIB gegeben.

der Gruppe der albanischen Lehrenden (E. Aslan, Erşan Akkılıç, & Kolb, 2015, S. 75).

- *Theologiestudium im Ausland*: Neben diesen Schulungen, Weiterbildungen und religiösen Schulen als Ausbildungsorten lässt sich – angelehnt an die Forschungsliteratur – rekonstruieren, dass das Theologiestudium eine weitere Qualifikationsform der Lehrenden darstellt. Abhängig davon, um welche Dachverbände und ethnischen Ausrichtungen der Moscheegemeinden es sich handelt, wird in diesem Kontext die Relevanz der theologischen Fakultäten im Ausland als Ausbildungsort bedeutsam. Arabische Moscheegemeinden verweisen u. a. auf ihre Lehrenden, die das Theologiestudium an der *Al-Azhar-Universität in Kairo* absolviert haben (E. Aslan, Erşan Akkılıç, & Kolb, 2015, S. 249; Özdil, 2011a, S. 73); für bosnische Moscheen ist die theologische Ausbildung der Lehrenden an der „Faculty of Islamic Studies in Sarajevo", der „Islamic Pedagogical Faculty" in Zenica oder Bihać (Karić, 2012, S. 73–81) in Bosnien und Herzegowina relevant. Auch für die türkischsprachigen Moscheegemeinden – insbesondere für DITIB-Gemeinden[48] – sind die theologischen Fakultäten an den Universitäten in der Türkei von großer Bedeutung (Arslan, 2012, S. 299 ff.; Özdil, 2011b, S. 88). In diesem Fall scheinen die Prediger- und Imamschulen in der Türkei eine vorbereitende Vorstufe für das Studium zu sein, allerdings sind sie hierfür nicht obligatorisch.

Imame in empirischen Studien und Untersuchungen: Einblicke in Lebenswelten, religiöse Positionierungen und Orientierungen
Die Erkenntnisse über die Rahmenbedingungen der Berufsausübung sowie die Rollen und Handlungsfelder der Imame wurden auch aus Beobachtungen und empirischen Studien zu Imamen abgeleitet. Erste tiefgreifende Einblicke ermöglicht die Lektüre „Die Prediger des Islam. Imame – wer sie sind und was sie wirklich wollen" (Ceylan, 2010a). Der Forscher bewegt sich hierfür in DITIB-Gemeinden, IGMG-Gemeinden, den Vereinen FTDIE[49], ATIB-Gemeinden,

---

[48] Mehr zu DITIB-Imam*innen folgt in Teil II.
[49] Der türkisch-politische Verein „*Almanya Demokratik Ülkücü Türk Dernekleri Federasyonu*" (*kurz*: ADÜTDF) wird von Ceylan in der Lektüre übersetzt „Die Föderation der Türkisch-Demokratischen Idealistenvereine in Europa" (*kurz*: FTDIE) genannt (Ceylan, 2010a, S. 47). Der Verein steht der türkischen Partei MHP (tr. Milliyetçi Hareket Partisi) nahe. Die Partei wird als rechts-nationalistisch eingestuft.

4.1 Moscheen und ihre Konstruktion(en) ...

Nakschibendi-Gemeinden[50] und Moschee- und „Kultur"-Vereinen der Extremisten[51] (Ceylan, 2010a, S. 45–49). In der Neuausgabe führt er zudem die „unabhängigen Moscheegemeinden" an (Ceylan, 2010a, S. 55). Im Rahmen dieser Untersuchung führte der Forscher über 200 Vorgespräche und mit über vierzig Imamen Interviews. Die Interviewform wird hingegen nicht präzisiert. Auch beschreibt Ceylan in seinem Methodenkapitel keine Auswertungsmethode. Vielmehr nennt er als Ziel die Typenbildung, mit der er die „Imame mit gemeinsamen Mustern zu Gruppen zusammengefasst" (Ceylan, 2010a, S. 49) habe. In seiner Untersuchung kommt Ceylan auf fünf Imam-Typen und fasst sie folgendermaßen zusammen (Ceylan, 2019)[52]:

- *„Traditionell-konservativ:* Imame diesen [sic!] Typs lassen sich durch folgende Merkmale charakterisieren: Sie repräsentieren ein gemäßigtes Verständnis von Volksreligiosität, die sich seit Jahrhunderten in vielen islamisch geprägten Ländern – oft durch Symbiose mit lokalen Traditionen und Bräuchen – entwickelt hat. Sie sind einer dogmatischen, liturgischen Tradition verbunden, sind obrigkeitsgläubig, weisen eine Gottesfurcht bei religiöser Toleranz auf, und Patriotismus zum jeweiligen Herkunftsland spielt eine große Rolle.
- *Fundamentalistisch*[53]: Diese Imame stammen überwiegend aus dem neosalafistischen Milieu. Seit den 2000er Jahren haben sich diese Prediger im islamisch-religiösen Feld in Deutschland eine Position erkämpft und prägen den Islamdiskurs massiv mit. Ihr fundamentalistisches Weltbild vermitteln sie

---

[50] Die auch als „*Menzilciler*" bekannte religiöse Gemeinde ist eine mystische Bewegung innerhalb des Islam (Ceylan, 2010a, S. 48).

[51] Eine solche Vereinigung gibt es nicht. Ceylan führt in seiner Lektüre diese Bezeichnung an (Ceylan, 2010a, S. 48), um damit die Moscheegemeinden zu kategorisieren, die nach seinen Ergebnissen in eine solche Kategorie (Extremisten) gehören.

[52] Um hier eine Rekonstruktion der Rekonstruktion des Forschungsergebnisses von Ceylan zu vermeiden, wird die direkte Wiedergabe der Zusammenfassung des Forschers bevorzugt. Allerdings ist kritisch anzumerken, dass durch eine solche Typenbildung unterschiedliche kontextabhängige Positionierungen der Imame und ihre biographischen Bezüge unsichtbar bleiben. Die Bezeichnungen wie „intellektuell" oder „fundamentalistisch" suggerieren vielmehr eine eindeutige Markierung, die statisch, nicht wandelbar und untereinander nicht vereinbar scheinen. Die „Merkmale" (um es mit den Worten Ceylans zu beschreiben) des „traditionell-defensiven" Imams scheinen somit von den Eigenschaften der „intellektuellen" Imame abgrenzbar zu sein. Eine weitere Schwierigkeit besteht in der Verortung und Rahmung der Begriffe „intellektuell", „fundamentalistisch" oder „konservativ". Eine theoretische Auseinandersetzung mit den für die Typenbildung leitenden Begriffen kommt in der Studie zu kurz.

[53] Sowohl in der Erstfassung als auch in der Neuauflage nennt der Autor diesen Typ „*neosalafistische Imame*".

vor allem jungen Menschen, weil sie nicht nur sehr gut die deutsche Sprache beherrschen, sondern es zugleich verstehen, den Islam in eine populäre Form zu gießen. Innerhalb dieser Gruppe ist nochmals zwischen puristischen, politischen und gewalttätigen Predigern zu unterscheiden.

- *Intellektuell-offensiv*: Diese Imame zeichnen sich durch einen rationalen und intellektuellen Zugang zu den religiösen Quellen aus. Anders als die unten dargestellten intellektuell-konservativen Imame halten sie allerdings nicht an Tradition in der Ausdeutung der Quellen fest, sondern versuchen diese neu zu interpretieren. Zugleich sind eine hohe Identifikation mit rechtsstaatlicher Säkularität, ein modernes Rollenverständnis, eine zeitgemäße Koraninterpretation und eine positive Einstellung zur Mehrheitsgesellschaft zu verzeichnen.
- *Intellektuell-konservativ*[54]: Im Gegensatz zu den traditionell-konservativen Imamen halten Imame dieses Typs zwar an konservativen Werten wie dem Verbot vorehelicher Beziehungen fest, versuchen aber die Relevanz dieser Werte intellektuell zu begründen. Es sind überwiegend in Deutschland studierte und sozialisierte junge Männer, die in einigen Gemeinden eine Anstellung gefunden haben. Sie vertreten zwar damit oft eine ähnliche Position wie die traditionell-konservativen Imame, können diese aber eher intellektuell reflektieren.
- *Traditionell-defensiv*: Imame dieser Kategorie zeichnen sich durch ihr apokalyptisches Weltbild, ihren Glauben an eine Geheimlehre, den praktizierten Okkultismus bzw. Exorzismus, ihren Antiintellektualismus, ihren Irrationalismus sowie ihre apolitische Grundorientierung aus. Zugleich treten sie für eine Unterordnung der Frauen ein." (Ceylan, 2019, S. 12)

Auch geben Aslan, Erşan Akkılıç und Kolb in der Studie „Imame und Integration" (E. Aslan, Erşan Akkılıç, & Kolb, 2015) Einblicke in Positionierungen von Imamen in Österreich; hier wird zunächst auf die religiöse Orientierung und anschließend auf „die Rolle der [typisierten] Imame mit Blick auf die Integration der muslimischen Gemeindemitglieder" (E. Aslan, Erşan Akkılıç, & Kolb, 2015, S. 79; Erg. d. Verf.) geblickt. Die Autor*innen erheben qualitative Leitfadeninterviews in 43 Moscheegemeinden und werten sie angelehnt an die Grounded-Theory-Methode aus. Es werden vier Typen herausgearbeitet, die die Autor*innen so zusammenfassen:[55]

---

[54] *Intellektuell-konservative Imame*: Dieser Imam-Typ erscheint in der überarbeiteten Neuausgabe (2021); in der Erstfassung (2010) wurden die restlichen vier Imam-Typen aufgeführt.

[55] Auch hier möchte ich die zusammenfassenden Worte der Autor*innen wiedergeben.

4.1 Moscheen und ihre Konstruktion(en) ...

- *Imame mit islah[56]-Mission*: „Gemeinsam ist den ‚Imamen mit islah-Mission' ihre Beurteilung der Moscheegemeinden in Österreich als religiös unwissend und fehlgeleitet – ein Missstand, den sie zu beheben trachten. Sie halten es für die ihnen auferlegte Pflicht, die Gläubigen auf den ‚richtigen Pfad' oder zum ‚wahren Islam' zurückzuführen. Dieses Sendungsbewusstsein bezieht sich jedoch nicht auf die gesamte in Österreich lebende muslimische Bevölkerung, sondern nur auf die jeweilige Moscheegemeinde, in der sie tätig sind, in Ansätzen auch auf die ethnische Gruppe, der sie selbst angehören." (E. Aslan, Erşan Akkılıç, & Kolb, 2015, S. 95)
- *Imame als Brückenbauer*: „Gemeinsam ist ihnen, dass sie sowohl Einbindungsprozesse der Gemeindemitglieder in den österreichischen Aufnahmekontext als auch die Pflege des Bezugs zum Herkunftskontext fördern. Diese Aktivitäten gehen oftmals mit einem kritischen Blick auf Migrationsfragen und -probleme und einer intensiven Auseinandersetzung mit dem muslimischen Alltag in Migrationskontexten einher. Ihre Funktion als Brückenbauer nehmen diese Imame auf praktischer Ebene in der Regel dergestalt wahr, dass sie besonders in ihrer sozialarbeiterischen Beratungstätigkeit Gemeindemitgliedern Wege zeigen, mit der österreichischen Mehrheitsgesellschaft in Interaktion zu treten und sich in Alltagsangelegenheiten an öffentliche Institutionen und Stellen zu wenden. Zudem öffnen sie ihre Moscheen für Integrationsangebote öffentlicher Einrichtungen, ein Schritt, der keinesfalls selbstverständlich ist." (E. Aslan, Erşan Akkılıç, & Kolb, 2015, S. 152)
- *Hüter der religiösen Identität und Tradition*: „Die dritte Gruppe der in Österreich wirkenden Imame bilden jene, die als ‚Hüter der religiösen Identität und Tradition' agieren. Bezeichnend für die ‚Hüter der religiösen Identität und Tradition' ist, dass sie die Moschee und die Einrichtungen, die zum Moscheeverein gehören, als Hort der Identität begreifen. Ihre Tätigkeiten im Rahmen dieses Schutzortes haben den Charakter einer Verteidigung der ethnischen und religiösen Identität und der damit verbundenen Traditionen. Dabei nimmt der Bereich des Religiösen gegenüber der kulturellen und ethnischen Identität nicht unbedingt eine Vorrangstellung ein – eher bildet die Religion einen Bestandteil der zu bewahrenden Herkunft. Oft werden in diesem Zusammenhang patriotische oder nationale Positionen vertreten. Die betreffenden Imame stehen für die unveränderte Weitergabe eines traditionellen Religionsverständnisses." (E. Aslan, Erşan Akkılıç, & Kolb, 2015, S. 213)

---

[56] Iṣlāḥ übersetzen die Autor*innen mit „Reform" (E. Aslan, Erşan Akkılıç, & Kolb, 2015, S. 95).

- *Imame mit begrenztem Handlungsraum*: „Die vierte Gruppierung innerhalb der Typologie von Imamen in Österreich bezeichnen wir als ‚Imame mit begrenztem Handlungsraum'. Deren zentrales Charakteristikum besteht darin, dass für sie Tätigkeiten, die im Zusammenhang mit integrativen Prozessen der Gemeindemitglieder stehen, keine Rolle in ihrer Funktion als Imame spielen. Von diesen Imamen wird in den Moscheegemeinden keine der relevanten Dimensionen von Integration – ob auf kognitiver, identifikativer, sozial-interaktiver oder struktureller Ebene – thematisiert, da sie diese Bereiche nicht ausfüllen können. Die Gründe dafür sind unterschiedlich." (E. Aslan, Erşan Akkılıç, & Kolb, 2015, S. 270)

Die Imame, die jeweils in denselben Typus zugeordnet wurden, vergleichen die Autor*innen dann noch (in dem jeweiligen Typus) mit Blick auf die biographischen Hintergründe, strukturellen Bedingungen, die Tätigkeitsbereiche und den Umgang der Imame mit Integration. Beiden Studien ist gemein, dass sie primär die (rekonstruierten bzw. interpretativ typisierten) religiösen Orientierungen in den Blick nehmen. Zugleich ordnen die Wissenschaftler*innen beider Studien Imame nur einem Typus zu – das bedeutet, dass die inhaltliche Verwobenheit der herausgearbeiteten Aspekte weniger zum Vorschein kommt.[57] Diese Untersuchungen lösten kritische Auseinandersetzungen aus. In diesem Kontext lassen sich die Spannungsfelder und Erwartung(shaltung)en rekonstruieren und diskursive Verschiebungen genauer einordnen.

Spannungsfelder und Erwartung(shaltung)en
Wenn der Religionspädagoge Özdil fragt, ob Imame Allrounder sind,[58] verbirgt sich in dieser ironischen Frage bereits der Verweis auf die überfrachteten Erwartungshaltungen, die mit Blick auf die Rollen und Handlungsfelder von Imamen formuliert werden. Auf eine solche Haltung rekurriert auch der Religionspädagoge Uçar mit der

---

[57] Ceylan scheint sich der Schwierigkeiten einer solchen Typenbildung bewusst zu sein, denn er schreibt in seiner Lektüre: „Sicherlich ist es immer heikel, Menschen in eine Kategorie und damit womöglich ein Schema zu pressen. Allerdings sind solche Systematisierungen für die Praxis sehr wichtig. Wir brauchen Kategorien für die Orientierung und Intervenierung [sic!] in diesem Feld." (Ceylan, 2010a, S. 50) Die Herangehensweise in dieser Studie, die sich methodisch-methodologisch darin unterscheidet, wird im Methodenkapitel (Typenbildung) genauer beschrieben.
[58] Diese Frage notiert Özdil in der Titelzeile seines Beitrags; genauer: Imame = Allrounder? (Özdil, 2011a).

Aussage „ein Imam ist kein Superman" (WDR, 2021).[59] Ceylan rekurriert darüber hinaus zusätzlich auf eine normative Vorstellung und eindeutige Beschreibbarkeit dessen, wie genau „der Imam" sein soll, indem er in seiner Lektüre die Frage „welche Imame wollen wir" (Ceylan, 2010a) stellt. Es wird deutlich, dass die Diskurse die gesellschaftliche Entwicklung mit Blick auf die Etablierung und Wahrnehmung des Islam in einer Migrationsgesellschaft betrachten und vor diesem Hintergrund Erwartungen an Imame richten. Daneben dokumentiert sich die Bedeutungszuschreibung über die Rolle der Imame in Auseinandersetzungen um die Radikalisierungsprävention (im Bereich des Islamismus) (E. Aslan, Erşan Akkılıç, & Hämmerle, 2018; Blätte, 2014, S. 142; Ceylan, 2014; Ceylan & Kiefer, 2013, 2018) oder Integration (E. Aslan, Erşan Akkılıç, & Kolb, 2015); Imame könnten oder sollten auch in diesen Bereichen eine Schlüsselfunktion einnehmen. Die Diskurse gestalten sich somit zwischen zwei Polen: Einerseits werden das Repräsentationspotenzial (Buyrukçu, 1995) und die Wirkung der Imame auf ihre Gemeindemitglieder beschrieben – andererseits stehen sie „unter Professionalisierungsdruck" (Rückamp, 2021, S. 241), der mit folgenden Spannungsfeldern in Zusammenhang steht:

Kritik an der Entsendung und Finanzierung der Imame aus dem Ausland
Der verbreitete „Import"[60] von Imamen aus dem Ausland (Ceylan, 2010a; Schmid et al., 2012, S. 260 f.; Stöckli, 2020, S. 64) und die damit einhergehende Qualifikation in diesen Ländern verweisen auf Spannungsfelder, die seit rund zwei Dekaden die politischen und wissenschaftlichen Diskurse um Moscheegemeinden leiten. Neben Erkenntnissen über die schwierigen Rahmenbedingungen für die Berufsausübung (von der Organisation der Unterkunft über die geringe Finanzierung, die lange Orientierungsphase aufgrund der Fremdheit in dem Land, bis hin zur Überforderung aufgrund der Fremderwartungen, die genannten Handlungsfelder gleichermaßen abzudecken; Rückamp 2021, S. 324), werden besonders bestimmte Problemfelder diskursiv hervorgebracht: Dazu gehören nicht zuletzt die fehlenden Sprachkenntnisse solcher Imame (Gorzewski, 2015, S. 83; Schmid et al., 2012, S. 170) und die damit zusammenhängenden sprachlichen Hürden für den interreligiösen Dialog auf Augenhöhe unter den Dialogpartner*innen (Erpenbeck, 2011, S. 68; Heimbach, 2010, S. 380). Diese fehlenden Sprachkenntnisse – in unserem Kontext das

---

[59] Diese Aussage scheint sich als Narrativ durchgesetzt zu haben. Siehe weiterführend auch (Schmid, 2020).

[60] Wird auf die aktuellen Diskurse geblickt, so scheint sich die Bezeichnung „Import von Imamen" als ein Narrativ etabliert zu haben. Ich setze diese Bezeichnung bewusst in Anführungsstriche. Denn sie verweist – ähnlich wie „Import von Gastarbeiter*innen" – auf eine Entmenschlichung qua Begriff.

Fehlen der Deutschkenntnisse – spannen ein Problemfeld mit Blick auf die nichtdeutschsprachigen Predigten auf (Ceylan, 2009, 2021); dadurch scheint der Inhalt der Predigt intransparent zu sein. Neben dieser Dimension wird vor dem Hintergrund von pädagogisch relevanten Aspekten die fehlende Nähe zu den Lebensrealitäten der Moscheebesucher*innen genannt (Ceylan, 2011, S. 32).[61] Dies scheint sich einerseits durch die Verschiebung der Zugänge der Kinder zur Herkunftssprache ihrer Eltern abzuzeichnen (Stöckli, 2020, S. 188) – andererseits wird diese fehlende Nähe mit einem geringen Verständnis für die hiesigen gesellschaftlichen Probleme und die erfahrenen Normen- und Wertekollisionen in Zusammenhang gebracht. Den „Import" von Imamen aus dem Ausland führen Wissenschaftler*innen auf die fehlenden finanziellen Ressourcen *und* die fehlende Qualifikation von Imam*innen im Inland zurück, sodass die personelle Unterstützung aus dem Ausland eine unumgängliche Notwendigkeit darstelle (Muckel & Hentzschel, 2018). Auf der anderen Seite kann beispielsweise eine staatliche Kontrolle des Religionspräsidiums in der Türkei – die in der hiesigen Diskussion als Problemfeld benannt wird – für Gemeindebesucher*innen eine Vertrauensebene schaffen. Damit verbunden ist auch das Vertrauen in die theologische Expertise der Imame aus dem Ausland (Beilschmidt, 2015, S. 183).

Kritik an den Lehr-und Lernformaten
Seit rund zwei Dekaden stehen die Lehr- und Lernformate in Moscheen in der Kritik. In den Skizzierungen der Unterrichtsformate und -inhalte werden die Schwierigkeiten des Frontalunterrichts als üblicher Lehrform und das Memorieren als verbreitete Lernmethode hervorgehoben (Ceylan, 2014, S. 181). Dabei stellen sich Fragen nach der Bedeutung von didaktisch-methodischen Kenntnissen für den Religionsunterricht in Moscheegemeinden (RUM[62]) – in der Forschungsliteratur häufig

---

[61] Mit Blick darauf beschreiben auch die Religionspädagogen Ege und Uğurlu die Herausforderungen und Chancen von Imamen in interkulturellen Kontexten (Ege & Uğurlu, 2022).

[62] Die Abkürzung *RUM* für den Religionsunterricht in Moscheegemeinden wähle ich erstmals in einer vergleichenden Betrachtung des Islamischen Religionsunterrichts in Schulen (IRU) und des Religionsunterrichts in Moscheegemeinden in (Karakoç, 2019) und später in (Karakoç, 2022). Implizit und explizit wird die Verwendung des Begriffs „Koranunterricht" und die Reduzierung religiösen Lernens (in Moscheegemeinden) auf den Koranunterricht, die innerhalb der bisherigen Forschungslandschaft darauf beschränkt bleibt, kritisch reflektiert und mit Verwendung einer weiter gefassten Betrachtung religiöser und pädagogischer Räume einem Versuch der Neuformulierung unterzogen. Darin spiegelt sich gleichzeitig die Kritik daran wider, dass durch den Begriff die Annahme des alleinigen Lernens des Koran innerhalb des sogenannten „Koranunterrichts" und die fehlende Berücksichtigung anderer

als „Koranunterricht" beschrieben (Ceylan, 2006, 2008, 2009, 2011, 2014; Jonker, 1999, S. 31 ff.; Kiefer, 2005, S. 201; Wunn, 2007, S. 52) –, die aufgrund der fehlenden pädagogischen Ausbildung von Imamen zu kurz kämen (Akça, 2020; Ballnus, 2011; Ceylan, 2008, 2009; Karakoç, 2019). Diese Infragestellungen in der Forschung scheinen in der Praxis Wirkung zu zeigen, sodass mittlerweile kritische Stimmen von Moscheeakteur*innen über ihre eigenen Lern- und Lehrformate hörbar (Rückamp, 2021, S. 243) und alternative Lernmaterialien auf der Grundlage didaktisch-methodischer Grundüberlegungen konzipiert werden.[63] Darüber hinaus lösen Predigten (arab. ḫuṭba) nicht nur aufgrund der Herkunftssprache (denn mittlerweile würden viele Predigten in Moscheen auch bilingual angeboten), sondern auch aufgrund der festgelegten Inhalte, der Art und Weise wie gepredigt wird und der fehlenden Nähe zu den Lebensrealitäten der Menschen (Ceylan, 2019, S. 18) Skepsis aus. Demgegenüber zeigen sich Professionalisierungsversuche durch das Konzipieren von Lehrplänen oder das Erarbeiten von Arbeitsbüchern, -heften und -materialien in türkischer und deutscher Sprache (beispielsweise DITIB, 2018), um so didaktische Konzepte zu entwickeln und dieser Kritik entgegenzuwirken. Der Versuch, die Unterrichtsprozesse zu professionalisieren, spiegelt sich ebenfalls in der Handreichung für die Lehrenden (beispielsweise DITIB, 2017) wider, die analog zu den Arbeitsbüchern konzipiert wurden.

Diskursive Verschiebungen und Entwicklungen
Neben den neuen konzipierten Lernmaterialien scheinen strukturelle Veränderungen auch eine diskursive Verschiebung zu bewirken. Das betrifft zum einen die Imamausbildung in Deutschland und zum anderen die Seelsorgearbeit:

Imamausbildung in Deutschland
Die Erkenntnis, dass Gemeinden nun Lehrende brauchen, die mit den hiesigen Strukturen und gesellschaftlichen Problemen vertraut sind, hat verschiedene Konzepte und Einrichtungen für eine Imamausbildung in Deutschland angestoßen:

- Seit 2012 ermöglicht die *Ahmadiyya Muslim Jamaat (AMJ)* Abiturabsolventen[64] eine siebenjährige Imamausbildung – bestehend aus einem theologisch-wissenschaftlichen und praktischen Teil – in Riedstadt zu absolvieren (AMJ,

---

Lerninhalte in diesem Rahmen suggeriert wird. (Detaillierter über die kritische(n) Reflexion(en) in Karakoç, 2022).
[63] Dazu gehören die neu erstellten Unterrichtsbücher der Gemeinden, auf die Karakoç (2022) näher eingeht.
[64] Es ist nicht klar, ob diese Ausbildung auch für Abiturabsolventinnen angeboten wird. Aus der Eigendarstellung geht dieser Aspekt nicht hervor.

2012). Die Gemeinde gibt 2012 in der Eigendarstellung an, dass dadurch „das bundesweit erste Institut für die Ausbildung von Imamen" (AMJ, 2012) etabliert wurde.

- Die *Islamische Gemeinschaft Milli Görüş (IGMG)* bietet seit 2014 die Ausbildung zum Imam, Rezitator*in, zur Prediger*in oder religionspädagogischen Fachkraft an. Mit dem Grundwissen aus der Gemeinde können sie eine vierjährige Ausbildung (bestehend aus einem Vorbereitungsjahr und drei Jahren Hauptausbildung) absolvieren. Schulabsolventen haben die Möglichkeit, die Ausbildung an der „Berufsfachschule für muslimische Führungskräfte" (BeMuF) in Mainz (Rheinland-Pfalz) und Schulabsolventinnen an der Bildungsakademie Bergkamen (NRW) anzutreten (DIK, 2020, S. 2).
- Die *Türkisch-Islamische Anstalt für Religion e. V. (DITIB)* hat neben der verbreiteten Form der Entsendung von Religionsbediensteten aus dem Ausland zwei weitere Wege für die Imamausbildung eröffnet. Das internationale Theologieprogramm in der Türkei ist einer davon (Näheres zu diesem Programm folgt weiter unten). Seit 2020 bietet die Gemeinde zudem das Ausbildungsprogramm „Religionsbeauftragte für Moscheegemeinden" an. Beabsichtigt wird durch das Ausbildungsprogramm nach einem Theologiestudium für den praktischen Teil auszubilden. Dabei geht es um eine praktische Ausbildung zum Imam, Muezzin (dt. Gebetsrufer), Prediger*in und Gemeindeseelsorger*in. Die zweijährige Ausbildung findet ihn Dahlem/Eifel (NRW) statt (DIK, 2020, S. 3).
- Nach langen Auseinandersetzungen über die Notwendigkeit einer Imamausbildung in Deutschland (Bochinger, 2010; Bušatlić, 2010; Ceylan, 2019; de Wall, 2010; Ghaly, 2010; Leirvik, 2010; Mazyek, 2010; Pürlü, 2010; Ucar, 2010) wurde 2019 das Islamkolleg Deutschland (IKD) mit Sitz in Osnabrück ins Leben gerufen. Beabsichtigt wird hier, Theologieabsolvent*innen die Möglichkeit für eine praktische Ausbildungsphase zu geben, somit deutschsprachige Imame, Seelsorger*innen und religiöses Personal für Moscheegemeinden auszubilden und diese Berufsgruppen zu professionalisieren (IKD, 2020). Verschiedene muslimische Verbände stehen hier in einer Kooperation. Diese Entwicklung stößt auf Seiten bestimmter Verbände auf Kritik, da einerseits die Ausbildung von Imamen als Aufgabe der Verbände verstanden und andererseits ein staatlicher Einfluss auf die Ausbildung befürchtet wird (Aysel, 2022, S. 467; Hidalgo, Zapf, Cavuldak, & Hildmann, 2014, S. 8).[65] Allerdings wäre die staatliche finanzielle Unterstützung für das Konzept notwendig, ohne die die Verwirklichung erschwert wäre (de Wall, 2010).

---

[65] Damit hängt das fehlende Vertrauen der Verbände in die Theologie an deutschen Universitäten zusammen.

Imame und die Bedeutung der Seelsorgearbeit
Eine weitere Entwicklung scheinen die Professionalisierungsversuche im Bereich der islamischen Seelsorge zu sein. Mit einer wachsenden Zahl von Forschungsarbeiten in diesem Themenfeld (E. Aslan & Lux, 2013; E. Aslan, Modler El-Abdaoui, & Charkasi, 2015; Badawia, Erdem, & Abdallah, 2020; Şahinöz, 2018; Ucar & Blasberg-Kuhnke, 2013; Wenz & Kamran, 2012) richtet sich die Aufmerksamkeit immer mehr in diese Richtung. Das Bestreben, auch in diesem Bereich (innerhalb und außerhalb der Moscheen) die Arbeit in der Seelsorge zu professionalisieren, wird beispielsweise in Zusammenhang mit den Erfordernissen der Seelsorge in Haftanstalten gebracht (Krekel, 2018).

4.2 DITIB und Diyanet: Transnationale (Bildungs-) Akteure und Konstruktionen von transnationalen (Bildungs-)Räumen

Die Fokussierung auf DITIB-Imaminnen in dieser Studie macht es unumgänglich, das damit zusammenhängende Religionspräsidium Diyanet in der Türkei zu beschreiben sowie genauer auf die Strukturen der DITIB-Gemeinden, des Präsidiums und auf das Entsendungssystem zu blicken, in die die für diese Studie erfassten Imaminnen eingebunden sind. Der multidisziplinären Forschungsliteratur ist gemein, dass sie mit Blick auf DITIB-Gemeinden die *Binationalität* (Türkei-Deutschland) hervorhebt. Diese zeigt sich in der Gründungsgeschichte, in den Strukturen und Tätigkeitsbereichen. Gleichzeitig fragen Forschungen zu DITIB-Gemeinden nach dem *Einfluss der türkischen Regierung* (Gorzewski, 2015), sie markieren DITIB als Akteur „in Deutschland *mit Beziehungen zur Türkei*" (Rosenow, 2010), „*zwischen der Türkei und Deutschland*" (A. Yaşar, 2012; Herv. d. Verf.) oder allgemein *für* in Deutschland lebende türkischsprachige Muslim*innen. Unabhängig davon, ob dieses *Für*, *Mit* oder *Zwischen* untersucht wird: In allen Analyseperspektiven lässt sich festhalten, dass sich durch Interaktionen grenzüberschreitende Lebensräume und transnationale soziale Räume aufspannen und somit auch transnationale Bildungsräume konstruiert werden. Dieses Grenzüberschreitende oder Grenzen-Überspannende (Pries & Sezgin, 2010) in und zwischen dem Präsidium Diyanet und den DITIB-Gemeinden macht beide Organisationen zu einem/r *transnationalen Akteur*in*.[66] Es ist naheliegend, aus

---
[66] Beilschmidt spricht in ihrer Studie von DITIB und Diyanet als transstaatlichen Organisationen (Beilschmidt, 2015).

der erziehungswissenschaftlichen Perspektive und dem Konzept der transnationalen Bildungsorganisationen und Bildungsräume im Sinne Adicks (Adick, 2008, 2012)[67] die Forschungsliteratur zu DITIB und Diyanet, ihren Zielsetzungen, Handlungsfeldern und Strukturen fokussiert zu beschreiben.[68]

4.2.1 DITIB- Türkisch-Islamische Anstalt für Religion e. V

Die Türkisch-Islamische Anstalt für Religion e. V. (kurz DITIB[69]) wurde 1984 als bundesweiter Dachverband mit Hauptsitz in Köln gegründet. Ihre Gründung geht vor allem auf die Ereignisse im Jahre 1980 in der Türkei zurück. Nach dem damaligen Militärputsch dort beabsichtigte die neue Militärregierung, nicht nur die inländischen Türk*innen, sondern auch Diaspora-Türk*innen (insbesondere in Deutschland) zu organisieren, um eine türkisch-islamische Einheit zu schaffen (Ceylan, 2014, S. 238). Durch diese Gründung in Deutschland sollte außerdem die zunehmende Entstehung islamisch-türkischer Organisationen und die damit einhergehende Gefahr der Spaltung unter den türkischen Gastarbeiter*innen verhindert werden.[70] Somit beginnt die systematische Versorgung der Gemeinden, indem unter anderem Imam*innen aus der Türkei in die DITIB-Moscheegemeinden (ins Ausland) entsandt werden.[71] Bis heute spielt DITIB

---

[67] Zu den theoretischen Konzepten ausführlicher in Teil I der Studie.

[68] Auch wenn diese Analyseperspektive in den Forschungen zu Moscheen eine neue zu sein scheint, kann ihre Bedeutung bereits mit Blick auf die skizzierte historische Entwicklungslinie – insbesondere nach der Gastarbeiter*innenmigration und der strukturellen Etablierung der Verbände – nachvollzogen werden. Moscheen konstruierten bereits durch ihre Bezüge zu anderen Ländern (sei es die gesprochene Sprache, organisierte Hilfsprojekte oder die Pilgerfahrt) transnationale Bildungsräume.

[69] Die türkische Schreibweise unterscheidet zwischen dem „i" als Starkes (Aussprache wie İgel oder empirisch) und „ı" (ohne Punkt, Aussprache wie das zweite „e" in „gehen") als Dumpfes und Schwaches. Für die deutsche Schreibweise ist „DITIB" gängig; in der Literatur ist ebenfalls die türkische Schreibweise „DİTİB" vorzufinden. In dieser Studie wird die deutsche Schreibweise bevorzugt.

[70] Daneben entsteht die Frage, inwiefern durch die türkischen Vereinsgründungen Interessen vonseiten der deutschen Politik verfolgt wurden, die sich beispielsweise auf die Gewährleistung eines homogenen Raums für die „Gastarbeiter*innen" beziehen. Diese – bislang nicht ausreichend berücksichtigte – Dimension gilt es genauer zu untersuchen.

[71] Genau an dieser Stelle muss sich die Organisation bis heute der Kritik stellen, eine enge strukturelle und personelle Bindung an das türkische Präsidium für Religionsangelegenheiten (kurz Diyanet) zu haben. Dagegen setzt sich der Verband mit dem Argument zu Wehr, dass die Bindung nur in der Entsendung der Religionsbediensteten aus der Türkei (Imam*innen) bestehe, darüber hinaus aber keine inhaltliche Abhängigkeit vorhanden sei.

4.2 DITIB und Diyanet: Transnationale (Bildungs-) ...

mit ihrer nationalen Verbundenheit mit dem türkischen Staat und als Kooperationspartner in Deutschland eine tragende Rolle für die hierzulande lebenden türkischstämmigen Muslim*innen. Die Bedeutung des Verbands geht auch auf seine – im Verhältnis zu anderen Verbänden – hohe Anzahl der Ortsgemeinden zurück: Mit rund 960 Moscheegemeinden stellt DITIB den größten bundesweiten (islamischen) Dachverband in Deutschland dar. Bereits im Gründungsjahr hatte der Dachverband – laut Eigendarstellung – 135 dazugehörige Moscheevereine (DITIB, 2020e). Aktuell sind die Ortsgemeinden in 15 Landesvertretungen organisiert und dem Dachverband angegliedert.[72]

DITIB gibt an, 70 % der in Deutschland lebenden Muslim*innen zu vertreten (DITIB, 2020e). Jedoch lässt sich dieser Repräsentationsanspruch nicht überprüfen, da die Zahl der Muslim*innen in Deutschland aufgrund von fehlenden Registern schwer zu erfassen ist. In seiner Eigendarstellung bezeichnet sich der Verband als „mitgliederstärkste *Migranten*organisation" (DITIB, 2020e, Herv. d. Verf.), wodurch er gleichzeitig auf das Grenzüberschreitende verweist. Sichtbar wird dieser transnationale Bezug auch in den rückblickenden Beschreibungen über die Entstehungsgeschichte des Verbandes. Der in den Jahren 1976–1987 amtierende Vorsitzende des Religionspräsidiums schreibt in seiner Autobiographie „*Zorlukları Aşarken*" (dt. „Beim Überwinden der Herausforderungen") über den Prozess der Gründung von Gemeinden und des Dachverbands in Deutschland:

> „In Europa waren es Millionen unserer Menschen, die auf unsere Dienste warteten. Es mussten Formeln entwickelt und Organisationen etabliert werden, um die religiösen

---

Trotz der Kritik und den politischen Diskursen (Spionagevorwurf an DITIB-Imame) ist der Verband seit Jahren auf Bundes- und Landesebene ein wichtiger Kooperationspartner für Bundesländer, Kommunen, Kirchengemeinden und Behörden. Sie agieren als Partner in interreligiösen Dialogen sowie als Ansprechpartner in Fragen zur Sicherheit und zur Integration (Gorzewski, 2015, S. 1). Hinzu kommt ihre Kooperation bei der Mitgestaltung der Inhalte für den bekenntnisorientierten Islamischen Religionsunterricht an Schulen, und zwar (bislang in dieser Form nur im Bundesland Hessen) gemäß Art. 7. Abs. 3 des Deutschen Grundgesetzes, das den Religionsunterricht als gemeinsame Verantwortung von Staat und Religionsgemeinschaft (res mixta) beschreibt und den Staat somit auf eine Kooperation mit den Religionsgemeinschaften verweist. Ferner erteilt die DITIB die Lehrbefugnis (*idschaza*) für den bekenntnisorientierten Islamischen Religionsunterricht und das *nihil obstat* im Zuge der Berufung auf Professuren für islamische Theologie oder islamische Religionspädagogik.

[72] Landesverbände sind nicht in allen Bundesländern vertreten: Während in Schleswig-Holstein, Mecklenburg-Vorpommern, Brandenburg, Sachsen-Anhalt, Sachsen und Thüringen keine Landesverbände gegründet wurden (was nicht bedeutet, dass in diesen Bundesländern keine DITIB-Moscheegemeinden vorhanden wären), sind in Nordrhein-Westfalen vier sowie in Bayern und Baden-Württemberg jeweils zwei Landesverbände vertreten.

Bedürfnisse dieser Leute und ihrer Kinder – die in hohem Maße vorhanden waren – durch eine ausreichende Entsendung von Religionsbeauftragten zu befriedigen. Es bestand kein Zweifel daran, dass die Gründung von Nichtregierungsorganisationen einen Beitrag für die [religiöse] Arbeit in diesen Ländern leisten würde. Aufgrund dessen mussten zivile Organisationen wie die Diyanet Stiftung der Türkei entwickelt werden. [...]. In einem Gespräch mit dem [mittlerweile] verstorbenen Ecevit[73] äußerte ich ihm gegenüber meine diesbezüglichen Feststellungen und Gedanken. Ich klärte ihn darüber auf, dass aufgrund des Fehlens der benötigten Religionsarbeit für Millionen unserer Bürger[*innen] und der religiösen Erziehung ihrer Kinder Dilettanten diese Aufgaben [sich zu eigen machten und] leiteten, die Moscheen sich vor Ort deshalb voneinander trennten und es zu traurigen Vorfällen in den Gebetseinrichtungen kam." (Altıkulaç, 2016, S. 398, sinng. Erg. d. Verf.)[74]

Aus dieser Erfahrungsschilderung lässt sich der Modus rekonstruieren, in dem sich der Gründungs- und Etablierungszusammenhang bewegt: Die In-Verhältnissetzung der Gastarbeiter*innen als „*unsere* Menschen" (tr. insanlarımız) und „*unsere* Bürger*innen" (tr. vatandaşlarımız) verweist auf die Grundhaltung des Vorsitzenden, die zudem für die Initiative des Präsidiums im Ausland handlungsleitend zu sein scheint. Die Bedürfnisse dieser Menschen, die „*ohne Zweifel*" (tr. şüphe yoktu) benannt werden können und „in *hohem* Maße vorhanden waren" (tr. ihtiyaç büyüktü), deuten auf die vorherige Auseinandersetzung des (damaligen) Vorsitzenden. Dass dabei die politischen Spannungen und Zersplitterung[en] von religiösen und gesellschaftlichen Gruppen in den 1970er und 80er Jahren in der Türkei und das Verlangen des Präsidiums, eine Kontrolle und Vergemeinschaftung sowohl in der Türkei als auch im Ausland zu erreichen, als leitende Motive für die Gründung des Dachverbands in Deutschland im Hintergrund stehen, ist *eine* Dimension in der historischen Betrachtung. Eine andere scheinen der Bedarf und die Erwartungshaltung der Gastarbeiter*innen zu sein, die (nicht nur, aber auch) in der Erfahrungsschilderung von

---

[73] Bülent Ecevit war der damalige Ministerpräsident der Türkei.

[74] Original: "Avrupa ülkelerinde bizden hizmet bekleyen milyonlarca insanımız vardı. Onların ve çocuklarının dini ihtiyaçlarını karşılayacak sayıda din görevlisi gönderebilmek için çeşitli hizmet formüllerini uygulamaya koymaya çalışmakla birlikte, ihtiyaç büyüktü ve bu hizmetleri destekleyecek sivil kuruluşlar kurmanın bu ülkelerdeki çalışmalara farklı bir ivme kazandıracağında şüphe yoktu. O halde Türkiye Diyanet Vakfı'na benzer sivil hizmet modelleri bu ülkelerde de oluşturmalıydı. [...] merhum Ecevit'le yaptığım görüşmede bu konudaki tesbitlerimi [sic!] ve düşüncelerimi kendilerine arzettim [sic!]. Yurt dışında sayıları milyonları aşan vatandaşlarımızın ihtiyacı olan din hizmetinin yerine getirilmemesi ve çocuklarının din eğitimi ihtiyaçlarının karşılanmaması yüzünden bu ülkelerdeki camilerin bölündüğünü, buralardaki hizmetlerin niteliksiz kimseler tarafından yürütüldüğünü ve ibadethanelerde müessif olayların yaşandığını izah ettim." (Altıkulaç, 2016, S. 398) Übersetzt von B.K.

Altıkulaç thematisiert werden; denn es sind die Gastarbeiter*innen im Ausland, die auf die Unterstützung des Präsidiums „warteten" (tr. bizden hizmet bekleyen). Religionsbedienstete aus der Türkei, die eine akademische Ausbildung genossen, sollten durch ihre Entsendung im Rahmen eines „pädagogische[n] Format[s]" (Lemmen, 2002, S. 26) diesen beschriebenen (scheinbar religiösen und pädagogisch-professionellen) Bedarf decken. Gleichzeitig wird in dieser Kontrolle und Koordination durch das Religionspräsidium eine Professionalisierung der bis dahin aufgebauten verbands- und gemeindeinternen Strukturen gesehen, die – im Unterschied zu anderen Verbänden – ein Zurückgreifen auf die akademisch-theologische Expertise der Religionsbediensteten und ein staatlich kontrolliertes Präsidium ermöglichte. Aufgrund der Ängste türkischer Eltern vor Kulturverlust und dem negativen „Einfluss des Fremden" erschien die religiöse und kulturelle Unterweisung ihrer Kinder durch pädagogisch-theologische Expert*innen, die von einer (aus ihrer Perspektive) vertrauenswürdigen Institution bzw. Behörde entsandt wurden, unausweichlich (Tosun, 2010, S. 140 ff.; A. Yaşar, 2012, S. 63). Die handlungsleitende Orientierung des Religionspräsidiums wird somit zwischen den Legitimationen *„wir* wollen das" und *„sie* brauchen das" verhandelt und begründet. Ferner wird bereits in dieser kurzen historischen Betrachtung deutlich, dass sich die Gründung der DITIB-Gemeinden und des Dachverbandes einerseits im Modus des Bleibens und andererseits im Modus des Zurückkehrens gestaltet. Der Rückbezug auf die „Herkunft" und das Nicht-Vergessen-Wollen kultureller und religiöser Werte und Normen scheinen relevante Motive für die Gründung und Etablierung der Gemeinden zu sein. In der Wechselwirkung dieser Modi und Motive spiegeln sich im Kontext von DITIB-Gemeinden die grenzüberschreitenden Dimensionen und transnationalen Verflechtungen wider; und auch der Blick auf die Struktur und die Handlungsfelder des Verbandes verweist darauf, dass er als transnationale Bildungsorganisation gerahmt werden kann und transnationale Bildungsräume konstruiert.

Struktur und Tätigkeitsbereiche
Verbandsstrukturen deuten auf die Handlungsfelder und die Schwerpunktsetzungen, die durch Rahmensetzungen formalisiert werden. Sie *organisieren, strukturieren* und *professionalisieren* ihre Tätigkeiten. Neben den Organen (den Mitgliederversammlungen, dem Vorstand und dem Beirat) gibt die DITIB in ihrer Eigendarstellung folgende Abteilungen für ihre Struktur des Dachverbandes wieder (siehe Tabelle 4.3).

Tab. 4.3 Struktur und Abteilungen des Dachverbandes (DITIB, 2020e)

Abteilung für das Persönliche Büro des Vorsitzenden, Medien und Öffentlichkeitsarbeit
a. Persönliches Büro und Geschäftsführung
b. Büro für Medien und Öffentlichkeitsarbeit
c. Büro für Strategische Planung
d. Büro für Übersetzungen

- *Abteilung für Beratungs- und Aufsichtsdienste*
  a. Büro für Beratung und Aufsicht
  b. Büro für Rechtsberatung
  c. Büro für die Koordinierung der Landesverbände

- *Abteilung für Religionsdienste und religionspädagogische Praxis*
  a. Büro für Religionsdienste, religiöse Weisung und Aufklärung sowie Moscheeführungen
  b. Büro für Moscheepädagogik und ihre Praxis
  c. Büro für Wohlfahrtswesen

- *Abteilung für Außenbeziehungen*
  a. Büro für die Zusammenarbeit mit Religionsgemeinschaften
  b. Büro für die Zusammenarbeit mit Ämtern und Zivilorganisationen

Abteilung für Pilgerfahrtswesen (Hadsch und Umra)

- *Abteilung für Familie und soziale Dienste*
  a. Büro für Familienarbeit
  b. Büro für soziale Dienste
  c. Büro für Seelserge [sic!]

- *Abteilung für Bildung, Forschung und Publikationsdienste*
  a. Büro für Entwicklung von Curricula
  b. Büro für Bibliotheksdienste
  c. Büro für Forschung und Publikationsdienste (DITIB Akademie)
  d. Büro für islamisch-religionspädagogische Koordinierung (Kompetenzzentrum)
  e. Büro für Schulen, Studentenangelegenheiten und Stipendien (Schulreferat)
  f. Büro für allgemeine Bildungs- und Kulturdienste (Bildungswerk)

- *Abteilung für Verwaltung und Finanzdienste*
  a. Büro für Buchhaltung und Beschaffung
  b. Büro für Dokumente und Archiv
  c. Büro für Datenverarbeitung
  d. Büro für hygienische und technische Dienste

Abteilung für Humanressourcen (Personal)

Abteilung für Bauwesen und Liegenschaften

Wenn auch in allen Abteilungen insbesondere in der praktischen Umsetzung und mit den daran Teilnehmenden (auf der Mikroebene) transnationale soziale Räume und Bildungsräume aufgespannt werden (können), wird bereits auf den ersten Blick sichtbar, dass in der Struktur des Verbandes die grenzüberschreitenden Interaktionen explizit benannt werden: Die Abteilung für Außenbeziehungen und die Abteilung für Pilgerfahrtswesen (Hadsch und Umra) verweisen auf die regelmäßig aufrechterhaltenen grenzüberschreitenden Transaktionen. Der Verband zeigt somit bereits auf dieser Mesoebene der Betrachtung, dass er als transnationale Bildungsorganisation agierend transnationale Bildungsräume eröffnet. Diese Verweise zeigen sich mit Blick auf die Tätigkeitsfelder. Allgemein führt DITIB in der Eigendarstellung die Arbeitsschwerpunkte (1) Bildung und Kultur, (2) Jugend, (3) Frauen sowie (4) Interkultureller und Interreligiöser Dialog an und subsumiert darunter unterschiedliche Tätigkeitsfelder (DITIB, 2021). Die Tätigkeitsfelder scheinen eine Anwendung auf der Bundesebene zu finden; die Variationen und das Ausmaß der Tätigkeiten hängen jedoch von den Bedarfen und Ressourcen der jeweiligen Ortsgemeinden ab (Karakoç, 2022; Mediendienst Integration, 2018, S. 2). Die aufgelisteten Tätigkeitsbereiche lassen sich wie folgt skizzieren (siehe Abbildung 4.6).[75]

---

[75] Die Tätigkeitsbereiche werden zusammengefasst und gebündelt wiedergegeben. Für ausführliche Beschreibungen siehe unter (DITIB, 2021).

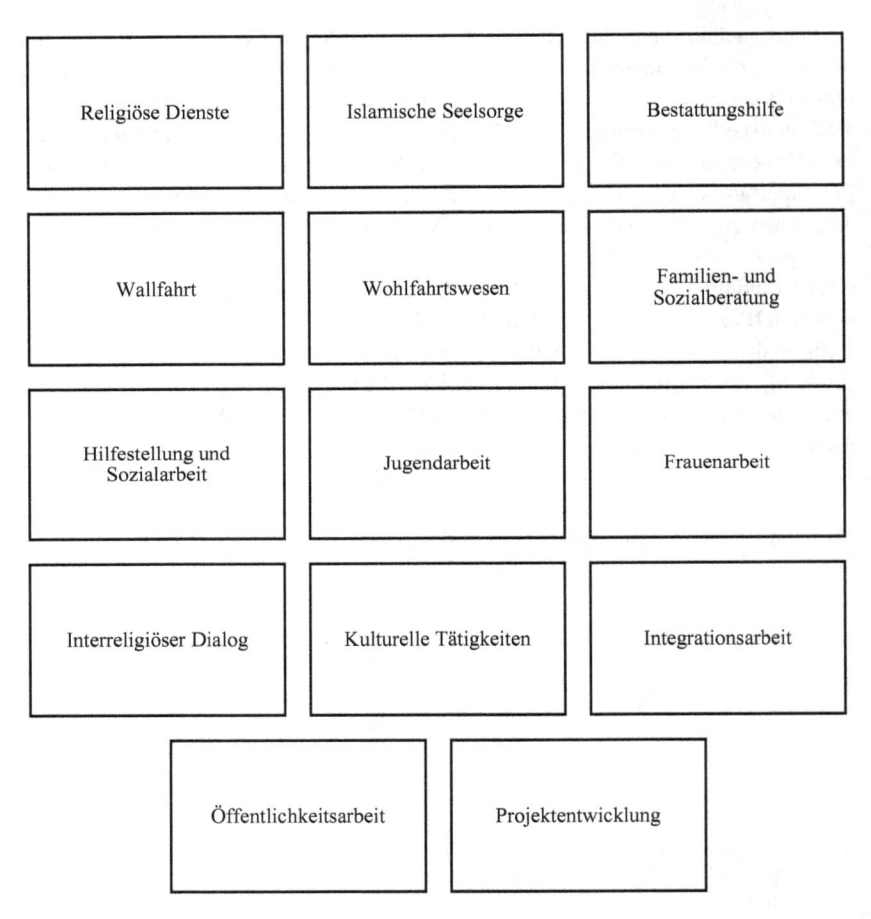

Religiöse Dienste	Islamische Seelsorge	Bestattungshilfe
Wallfahrt	Wohlfahrtswesen	Familien- und Sozialberatung
Hilfestellung und Sozialarbeit	Jugendarbeit	Frauenarbeit
Interreligiöser Dialog	Kulturelle Tätigkeiten	Integrationsarbeit
	Öffentlichkeitsarbeit	Projektentwicklung

Abb. 4.6 Tätigkeitsbereiche der DITIB (in Anlehnung an die Auflistung der DITIB 2021)

Zu den *religiösen Diensten* zählt DITIB in der Eigendarstellung (u. a.) die gemeinschaftlichen rituellen und festlichen Gebete, die Gestaltung von Seminaren und Vorträgen mit religiösem Bezug, das Feiern religiöser Feste und die „seelsorgerische und religiöse Betreuung von Inhaftierten in den Justizvollzugsanstalten" sowie von Muslim*innen im Rahmen von Trauungen, Todes- und Krankheitsfällen (DITIB, 2020k). Die Gemeinden halten somit an der Funktion der religiösen (und kulturellen) Unterweisung innerhalb dieses Tätigkeitsfeldes bis heute fest; deutlich zeigt sich dies insbesondere in der Beschreibung des Handlungsfeldes „religiöse

4.2 DITIB und Diyanet: Transnationale (Bildungs-) ...

Unterweisung [...] für alle Altersklassen" (DITIB, 2020k). Neben dieser klaren Bildungs- und Erziehungsintention des Verbandes zeigt sich durch die inhaltlichen Schwerpunktsetzungen in den (Freitags-)Predigten, Vorträgen und Seminaren[76] der Bezug zu grenzüberschreitenden Phänomenen religiöser, kultureller oder politischer Natur. Die Lehrenden und Teilnehmenden konstruieren so gemeinsam transnationale Bildungsräume. Diese Konstruktionen deuten sich auch bei den *kulturellen Tätigkeiten* an, in denen beispielsweise Theatervorstellungen und Kunstausstellungen mit Bezügen zur Türkei vorbereitet oder Mal- und Gedichtwettbewerbe sowie Kunst- und Musikaktivitäten organisiert werden. Insbesondere durch die Bildungsreisen ins Ausland spannen sie transnationale Bildungsräume auf, die durch DITIB geleitet und gefördert werden: Man denke dabei an eine Bildungsreise nach Bosnien und Herzegowina, gemeinsam mit einem türkischsprachigen Imam, der die deutsch-türkische Gruppe leitet. Die zunächst religiös gerahmte Reise eröffnet durch die multinationalen Zusammenhänge transnationale Bildungsräume. Dies geschieht auch, wenn in den Formaten „folkloristische Erziehung und Darbietungen" oder „mystische Musik (Sufimusik)", als Teil der kulturellen Tätigkeiten, grenzüberschreitende Bezüge hergestellt werden (DITIB, 2020i). Richtet sich der Blick auf das Tätigkeitsfeld *Islamische Seelsorge,* so zeigt sich, dass darunter Gefängnis-, Krankenhaus-, Notfall- oder Militärseelsorge gefasst werden. DITIB strebt an dieser Stelle eine Professionalisierung durch Weiterbildungen des Personals an (DITIB, 2020g). Darüber hinaus werden *Bestattungen* (in der Türkei) für die Mitglieder des DITIB-Beerdigungshilfe-Fonds übernommen (DITIB, 2020a) und die *Wallfahrt* nach Mekka ermöglicht (DITIB, 2020l). Dadurch pflegt DITIB als transnationale Bildungsorganisation dauerhaft grenzüberschreitende Beziehungen und lässt ihre Mitglieder an solchen Bildungsräumen – wie die Pilgerfahrt – teilhaben. Grenzüberschreitende Trans- und Interaktionen werden auch durch das *Wohlfahrtswesen* und die Organisation von Hilfskampagnen für die Unterstützung von Bedürftigen im Ausland oder die internationale Kooperation für die Finanzierung eines Moscheebaus (DITIB, 2020m) aufrechterhalten.[77] Ferner schreibt sich der Verband eine beratende Funktion zu; Konflikte mit Blick auf Familie, Ehe, Trennung, Schule, Erziehung, sexuellen Missbrauch, Diskriminierung oder Suchtproblematik nennt er (u. a.) als bestimmte Problemfelder, die über eine telefonische Beratung oder in der *Familien- und Sozialberatung* (DITIB, 2020c) oder im Rahmen der *Hilfestellung und Sozialarbeit* (DITIB, 2020f) abgedeckt werden könnten. Dass

---

[76] Siehe hierfür auf der DITIB-Homepage die jeweiligen Ankündigungen.
[77] In diesem Zusammenhang zeigen sich auch jüngere Unterstützungskampagnen unter anderem auch für ukrainische Flüchtlinge, die in wissenschaftlichen Untersuchungen bislang unsichtbar geblieben sind.

der Verband als Bildungsorganisation fungiert, zeigt sich auch mit der organisierten *Jugendarbeit*. Eine strukturelle Rahmung findet diese Arbeit vor allem durch den bundesweit organisierten „Bund der muslimischen Jugend" (BDMJ), der sich als Vertretung der DITIB-Jugend versteht und bundesweit ca. 850 Jugendgruppen organisiert (DITIB, 2020h). Bildungsaktivitäten, Förderung gesellschaftlicher Teilhabe und „Geschlechtergerechtigkeit für Mädchen und Jungen" sind wenige Zielsetzungen, die dabei genannt werden (H. H. Behr & Kulaçatan, 2022; DITIB, 2020h).

Als weiteres gruppenspezifisches Handlungsfeld zeichnet sich die *Frauenarbeit* aus; sie organisiert sich ähnlich wie der Bund der muslimischen Jugend im Rahmen des Bundes der muslimischen Frauen (BDMF) auf Bundesebene und zielt auf die Stärkung des gesellschaftlichen Engagements muslimischer Frauen sowie die „gesellschaftliche Anerkennung und ihre Gleichberechtigung" (DITIB, 2020b). Für Frauen werden konkret Beratungen für die Beteiligung an gesellschaftlichen Projekten, Unterstützung für das Engagement in sozialen Projekten (beispielsweise in Patenschaftsprojekten für Flüchtlinge), Kulturreisen, Workshops und Fortbildungsangebote „zu frauenspezifischen Themen" angeboten (DITIB, 2020b). Damit zeigt sich, dass transnationale Bildungsräume auch in geschlechterspezifischen Gruppen konstruiert werden.

Durch verschiedene *Projektentwicklungen* finden Familien zu diversen Erziehungsfragen ihrer Kinder Beratung und Unterstützung. In diesem Kontext formuliert DITIB ein Empowerment-Anliegen, die Kompetenzstärkung sowie Früh- und Lernförderung von Eltern und Kindern (DITIB, 2020j). Den Bildungsauftrag schreibt sich der Dachverband auch im Rahmen seiner *Integrationsarbeit* zu, die er durch Sprach-, Hausaufgaben- und Weiterbildungskurse zu vollziehen versucht. Sprachkurse (beispielsweise Arabisch- oder Türkischkurse) sind Orte, in denen transnationale soziale Lebensräume aufgespannt werden. Die *Öffentlichkeitsarbeit* und Berichterstattungen und die darin enthaltenen Positionierungen zu Geschehnissen im Ausland dokumentieren die Herstellung dauerhafter grenzüberschreitender Bezüge und ihre Wirkung. Solche transnationalen Zusammenhänge zeigen sich auch im *interreligiösen Dialog,* in dem die Interaktionen grenzüberschreitende (kulturelle und religiöse) Phänomene einbeziehen. Auf der Meso- und Mikroebene deutet DITIB somit darauf, dass sie als transnationale Bildungsorganisation agiert und transnationale Bildungsräume konstruiert. Diese Ebene zeigt sich auch in dem Verhältnis des Verbandes zum Religionspräsidium Diyanet in der Türkei.

4.2.2 Diyanet – Das Religionspräsidium in der Türkei

Die starke Anbindung an das Religionspräsidium in der Türkei *Diyanet* beschreibt Beilschmidt (2015, S. 39), indem sie es „Mutterorganisation" des Verbandes DITIB nennt. Die Etablierung des Religionspräsidiums Diyanet[78] (tr. *Diyanet İşleri Başkanlığı,* kurz DİB) geht auf historische Ereignisse und strukturell-politische Veränderungen und Reformen in der Türkei zurück: Mit der Abschaffung des Sultanats (1922) (Gözaydın, 2016, S. 19)[79], der Gründung der türkischen Republik (1923) durch Mustafa Kemal Atatürk, der Abschaffung des Kalifats (1924) und der neuen Verfassung aus dem Jahre 1924 (Aydemir, 2019, S. 40) greifen Veränderungen, die – nicht nur, aber auch – insbesondere das Verhältnis zwischen Staat und Religion tangieren. Im Osmanischen Reich wurden religiöse Angelegenheiten (wie beispielsweise die Abordnungen der Imame und Muftis und das Erlassen von islamischen Rechtsgutachten) durch das Amt des *Şeyhülislam*[80] geleitet; dieses Amt scheint als religiöse Autorität und mit den

---

[78] Der türkische Begriff *Diyanet* wird mit *Frömmigkeit* übersetzt. Bardakoğlu (ehemaliger Präsident des Religionspräsidiums) schreibt: „Die klassische religiöse Literatur benutzt den Begriff *Diyanet* als ein Antonym für den Ausdruck *Kaza*. Das Wort *Kaza* wird als Oberbegriff für das Justizwesen verwendet. Es beschreibt, auf welche Weise die rechtlichen, politischen und administrativen Beziehungen aller Menschen durch weltliche Institutionen mittels säkularer Sanktionen geregelt werden, wohingegen sich der Begriff *Diyanet* eher auf höhere Werte wie zum Beispiel spirituelle und moralische Aspekte des Lebens bezieht. Anders formuliert bedeutet der Ausdruck *Kaza* im modernen Sinn eine richterliche Entscheidung, wohingegen *Diyanet* einen Vorgang beschreibt, bei dem der Mensch innerlich seine eigenen Taten abwägt und bewertet und sich dabei auch seiner Verantwortung Gott gegenüber gewahr wird. Manchmal jedoch stellen richterliche Entscheidungen die Bevölkerung nicht zufrieden. Deren Vorstellungen decken sich oft nicht mit den äußerlichen strikten und normativen Vorgaben der Justiz, oder sie gehen darüber hinaus. Deshalb umschreibt der Begriff Diyanet eher innere Werte, wie zum Beispiel die Integrität und Frömmigkeit der Person. Also kann die Wahl des Wortes Diyanet – anstatt des Ausdrucks „religiöse Angelegenheiten" (din işleri) – als ein Versuch gewertet werden, Religiosität auf einer moralischen Grundlage zu etablieren. Man kann dies auch anders beurteilen, ich aber ziehe diese Interpretation vor." (Bardakoğlu, 2008, S. 11; Herv. i. Orig.)

[79] Original: "1 Kasım 1922'de saltanat kaldırıldı […]" (Gözaydın, 2016, S. 19).

[80] *Şeyhülislam* war die höchste religiöse Instanz. Im Original: „[…] ‚ulemanın reisi' olarak gösterilen Şeyhülislam, başkent müftüsüdür. […] bu unvan, İlmiye Sınıfı'nın en yüksek makamında bulunan zevata verilen ve resmi bit niteliğe haiz olan bir özellik arz etmektedir." (Taş, 2002, S. 68) Die Hauptaufgabe der Şeyhülislam (im eigentlichen Sinne der Muftis) ist es, an sie gerichtete Fragen mit Blick auf diverse Themen durch das Erstellen religiöser Rechtsgutachten zu beantworten. Im Original: "[…] esas itibariyle müftü olan Şeyhülislamların temel görevi, kendisine sorulan çeşitli meseleler hakkında dinin hükmünü açıklayan fetvalar vermesidir." (Taş, 2002, S. 71).

Erstellungen von Rechtsgutachten für beispielsweise politische Entscheidungen der Sultane entscheidend gewesen zu sein (Taş, 2002, S. 72).[81] Der Einfluss des Amtes reichte so weit, dass durch die religiösen Rechtsgutachten eine Absetzung von Sultanen begründet werden und resultieren konnte (Taş, 2002, p. 75).[82] Folglich hatte das „auf Ministeriumsebene angesiedelte" (Aydemir, 2019, S. 55) Amt des Şeyhülislam neben einer *religiösen* ebenfalls politische und juristische Wirkungs- und Handlungsmacht inne (Gözaydın, 2016, S. 15).[83] Dieses Verhältnis zwischen Staat und Religion nimmt später eine andere Wende: Gegen Ende des Osmanischen Reiches – insbesondere ab 1923 – greifen verschiedene Modernisierungs- und Säkularisierungsversuche, in denen die Trennung staatlicher Strukturen von religiösen Angelegenheiten angestrebt wurden (Gözaydın, 2016, S. 62 ff.; Taş, 2002, S. 85 ff.; A. Yaşar, 2012, S. 24 ff.). Die „umfangreichen Kompetenzen des Şeyhülislam in der Verwaltung, im Religions-, Bildungs- und Justizsystem wurden [folglich] auf verschiedene Ministerien aufgeteilt" (Gorzewski, 2015, S. 24; Erg. d. Verf.), sodass 1920 (noch vor der Gründung der Republik) das Ministerium für Scharia[84] und Stiftungswesen ([tr.] *Şer'iye ve Evkaf Vekâleti*) gegründet wurde (A. Yaşar, 2012, S. 24). Anders als der Şeyhülislam war das Şer'iye ve Evkaf Vekâleti nur (noch) für religiöse Angelegenheiten zuständig (Gözaydın, 2016, S. 15)[85]; dennoch war er auf der Ebene

---

[81] Original: „Şeyhülislamlık müessesesinin en önemli fonksiyonu, siyasi otorite ve iktidarı, Padişahlık makamını ve yaptıklarını, devlet yönetiminin izlediği siyaseti ve aldığı kararları dini açıdan meşrulaştırmasıdır. Bunun için Padişahlar, savaş ve barış kararlarını almak, önemli kanunnameleri çıkarmak, gerek görülen şahısların siyaseten katli gibi birçok siyasi ve idari konularda Şeyhülislamların fetvalarına başvurmuşlardır." (Taş, 2002, S. 72).

[82] Original: „Osmanlı Devleti'nin son dönemlerinde Padişahlık makamından Şeyhülislam'ın fetvası ile "hal olunan" birkaç Padişah vardır." (Taş, 2002, S. 75).

[83] Original: „Şeyhülislam dini işlerden sorumlu olduğu kadar hukuki, adli, ilmi, idari ve siyasi görevlere de haiz […]" (Gözaydın, 2016, S. 15).

[84] Während eine kurze Beschriebung des komplexen theologischen Begriffs *Scharia* unmöglich und nicht Ziel der disziplinären Betrachtung dieser Studie ist, sei zur Verständlichkeit die kurze Definition des Theologen Aslan (İ. Aslan, 2013, S. 611) angeführt: „Der Begriff Scharia kann verschiedene Bedeutungen haben: a) die je nach Gesellschaft und Zeit unterschiedlichen Ausformungen göttlicher Gebote, die den Propheten offenbart wurden; b) das auf islamischen Prinzipien und Regeln basierende Rechtswesen, durch das das gesellschaftliche Leben geordnet wird; c) die zeitgemäße, dem gesellschaftlichen Kontext entsprechende Auslegung und Anwendung von religiösen Prinzipien."

[85] Original: „[…] Şer'iye ve Evkaf Vekaleti sadece dini işlerden ve vakıflardan sorumlu […]." (Gözaydın, 2016, S. 15).

4.2 DITIB und Diyanet: Transnationale (Bildungs-) ...

des Ministeriums verankert (Kara, 2000, S. 37)[86]. Diese Übergangsphase, in der die Aufgabenfelder des neu gegründeten Amtes nicht immer benannt und schwer voneinander abgrenzt werden konnten (Taş, 2002, S. 83 ff.),[87] führt nach der Gründung der Republik (1923) im darauffolgenden Jahr zur Etablierung des türkischen Religionspräsidiums Diyanet (1924), dem nun die Befugnisse in breiten Handlungsfeldern (wie sie das Şeyhülislam innehatte) entzogen wurden und das nicht mehr (wie das Şer'iye ve Evkaf Vekâleti) auf der Ministeriumsebene agierte. Somit handelt es sich um eine Untergliederung des Präsidiums unter das Staatswesen (Aydemir, 2019, S. 55). Dem liegt der Wunsch nach einem laizistischen Systemverständnis (tr. *laiklik*) zugrunde, das sich von dem französischen Laizismusverständnis (fr. *laïcité*) und der Trennung staatlicher und religiöser Angelegenheiten darin unterscheidet, dass es sich nicht um die *strikte* Trennung, sondern eine Untergliederung und staatliche Kontrolle religiöser Angelegenheiten handelt (Beilschmidt, 2015, S. 40). Eine strikte Entkoppelung religiöser Angelegenheiten vom Staatswesen erwies sich als ungeeignet, da die Bedeutung von und das Bedürfnis nach religiösen Diensten für die Bevölkerung weiterhin vorhanden waren (Gorzewski, 2015, S. 25). Insbesondere vor dem Hintergrund der Zersplitterung religiöser Gruppierungen und der damit zusammenhängenden Unruhen waren staatlich kontrollierte, von religiösen Expert*innen koordinierte religiöse Angelegenheiten und die damit angestrebte „Türkisch-Islamische Synthese" (Aydemir, 2019) von Bedeutung (Akyüz, Gürsoy, & Çapçıoğlu, 2006, S. 33)[88]. 1924 verlagerte die Regierung religiöse Angelegenheiten an das Religionspräsidium und hielt ihre Bindung und Kontrolle im Gesetzestext Nr. 429 der

---

[86] Im Original: „[...] Şer'iye ve Evkaf Vekâlet'inin statüsü, görev ve yetkileri şeyhülislâmlığa göre sınırlı bir hale gelmiş olmasına rağmen yine de bakanlık düzeyinde bir kurumdur".

[87] Dem lägen unter anderem, neben den Herausforderungen der neuen Umstrukturierung, auch die gesellschaftlichen Schwierigkeiten bedingt durch die Kriegssituation zugrunde. Im Original: „[...] vazifelerinin ne olduğunu, nasıl çalışacağı ve hangi sahalara bakacağı tam olarak belirlenmemiştir [...] [ve] bazı görevlerden ibaret kalmıştır. [...] Kurtuluş Savaşı'nın zor şartları altında Şer'iye ve Evkaf Vekâleti görev sahaları olan; din hizmetleri, din eğitimi ve dini yayın alanlarında önemli hizmetler görmüştür." (Taş, 2002, S. 83 ff.; Erg. d. Verf.)

[88] Original: „[...] din hizmetleri devletin denetiminde tek elden yürütülecek, böylece; din işlerinde yaşanan dağınıklık ve kötüye kullanımların önüne geçilmiş olacaktır. Yine, yeni toplum felsefesiyle örtüşmede ve uyumda güçlükler görülen kurum ve anlayışlar tasfiye edilecek; böylece toplum içerisindeki çok başlılık ve siyasal, kültürel ve dinsel çatışma zeminleri ortadan kaldırılmış olacaktır. Tesis edilecek merkezi din hizmetleri kurumu, aynı zamanda İslam'ın kurumsallaşmış bilgi birikimlerinin topluma doğru aktarılmasını da sağlayacaktır." (Akyüz et al., 2006, S. 33)

türkischen Verfassung fest (Kara, 2000, S. 39)[89]. Mit Sitz in Ankara agiert das Religionspräsidium bis heute als religiöse Autorität (mit Bezug auf den sunnitischen Islam) und hat als höchste religiöse Instanz in der Türkei die Koordination und Leitung religiöser Angelegenheiten inne. Dem Präsidium wird – im Gegensatz zu manchen anderen Präsidien in der Türkei – ein hohes Budget[90] durch den Staat zur Verfügung gestellt.[91] Zudem gibt das Präsidium an, insgesamt 102 081 Menschen zu beschäftigen (Diyanet, 2020b).[92] Dazu zählen unter anderem Muftis (tr. *Müftü*), Mufti-Vertreter*innen (tr. *Müftü yardımcıları*), Gebetsrufer (tr. *Müezzin- Kayyım*), Prediger*innen (tr. *vaiz*eler*), Koranlehrer*innen (tr. *Kur'an Kursu Öğreticisi*) und weiteres Personal.

Tätigkeitsfelder und Struktur des Diyanet

Das Religionspräsidium als transnationalen Bildungsakteur zu begreifen und seine Konstruktionen von transnationalen Bildungsräumen darzustellen erfordert auch hier den Blick auf die Tätigkeitsbereiche und die Struktur des Präsidiums: 1965 wird der Gesetzestext Nr. 633 erlassen und es werden die konkreten Aufgabenbereiche des Präsidiums deklariert („Gesetz zu der Gründung und den Aufgaben des Diyanet", tr. „Diyanet İşleri Başkanlığı Kuruluş ve Görevleri Hakkında Kanun")[93] (Türkiye Cumhuriyeti, 1965). Daraus abgeleitet spannen sich die Tätigkeitsfelder auf, die auf verschiedenen Ebenen sichtbar werden. Angelehnt an den Gesetzestext (und weitere Gesetzesgrundlagen, in denen die Aufgaben des Diyanet genannt werden) klassifiziert Gözaydın (2016, S. 113–151) die Aufgabenfelder[94] in fünf Bereiche:

---

[89] Original: „Türkiye Cumhuriyetinde mu'amelât-ı nâsa dair olan ahkâmın teşri ve infazı Türkiye Büyük Millet Meclisi ile onun teşkil ettiği hükümete ait olup, din-i mübîn-i İslâmın bundan mââda itikadât ve ibadâta dair bütün ahkâm ve mesâlihinin tedviri ve müessesât-ı diniyenin idaresi için Cumhuriyet'in makarrında bir Diyanet İşleri Reisliği makamı tesis edilmiştir" (Kara, 2000, S. 39).

[90] 2019 habe das Religionspräsidium über 10 Milliarden TL (Türkische Lira) Haushaltsmittel verbraucht (Diyanet, 2020b).

[91] Für den Vergleich des durch den türkischen Staat für das Jahr 2020 zur Verfügung gestellten Budgets für weitere Präsidien siehe unter (Strateji ve Bütçe Başkanlığı, 2020, S. 38).

[92] Die Zahlen beziehen sich auf den Stand ab 31.12.2019 (Diyanet, 2020b).

[93] Für die genauen Zuordnungen der Aufgabenfelder und der Gesetzestexte (Türkiye Cumhuriyeti, 1965) sowie die historische Entwicklung der Aufgabenzuschreibungen siehe (Gözaydın, 2016, S. 113–151).

[94] GözaydıN schreibt konkret von den *Aufgaben* (tr. *görev*) des Präsidiums (Gözaydın, 2016, S. 113). Der Begriff *görev* ließe sich auch als Verpflichtung oder Dienst übersetzen. Die Aufgabenbereiche werden auf der Grundlage der in den Satzungen festgehaltenen Verpflichtungen formuliert und reflektiert.

1. *Die Aufklärung der Gesellschaft mit Blick auf religiöse Themen*[95]: Die Aufklärung der Gesellschaft soll durch die Beantwortung der an das Präsidium gerichteten Fragen sowie die Bereitstellung religiöser Quellen und Texte und deren Publikation erfolgen.[96] Neben der schriftlichen Form der Veröffentlichung soll in Form von Fernsehsendungen und Radio die Wissensvermittlung und Aufklärung in visueller und auditiver Form erfolgen.[97] Zudem sollen Forschungen zu religiösen Fragen ermöglicht und vorangetrieben werden.[98]

2. *Dienste im Kontext von Gebeten und Gottesdiensten*[99]: Zu den religiösen Diensten und Gottesdiensten, die durch das Präsidium ermöglicht und geschützt werden sollen, gehören unter anderem die Begleitung der Bau- und Etablierungsprozesse von Moscheen, die Sicherstellung des „richtigen" Drucks und der „richtigen" Lesart des Koran, die Erfassung und Verkündung der Gebetszeiten und religiöser Festtage sowie die Begleitung und Organisation der Pilgerfahrt für Muslim*innen.[100]

3. *Religiöse Bildung und Erziehung*[101]: Die Gestaltung und die Bereitstellung der Rahmenbedingungen für die religiöse Bildung und Erziehung (von jüngeren und älteren Menschen) in „Korankursen" (tr. *Kur'an kursları*) obliegt der Verantwortung des Präsidiums. Im Kontext von religiöser Bildungsorganisation ist dies ein wichtiger Bestandteil der Tätigkeitsfelder. Teilnehmende erhalten die Möglichkeit, im Rahmen eines längeren Programms (32 Wochen) (tr. *uzun süreli Kur'an kursları*) am Kurs teilzunehmen; Kinder, die die Grundschule absolviert haben, können an den Sommerkursen (zwei Monate) (tr. *yaz Kur'an kursları*)

---

[95] Original: „Dini konularda toplumu aydınlatma" (Gözaydın, 2016, S. 113).

[96] Original: „Dini konularda toplumu aydınlatma görevi […] 1937 tarihli ve 7647 sayılı […] Nizamname'den beri, bir yandan kendisine yöneltilen soruları yanıtlama, öte yandan da yayın faaliyetlerinde bulunma şeklinde yerine getirilmektedir." (Gözaydın, 2016, S. 113).

[97] Original: "Dini konularda basılı, sesli ve görüntülü yayınlar yapmak veya yaptırmak; radyo ve televizyon programları hazırlamak, bu konularda Türkiye Radyo ve Televizyon Kurumu ve diğer basın yayın kuruluşları ile işbirliği yapmak." (Gözaydın, 2016, S. 117).

[98] Original: „Dini konularda inceleme ve araştırma yapmak veya yaptırmak […]" (Gözaydın, 2016, S. 117).

[99] Original: „İbadetle ilgili hizmetler" (Gözaydın, 2016, S. 119).

[100] Original: „[…] Cami ve mescitlerin ibadete açılış izinlerini vermek ve hakiki veya hükmi şahısların mülkiyetinde bulunan bütün cami ve mescitleri yönetmek, […] Mushafların hüsnü hattını muhafaza etmek ve doğru basılmasını, sesli ve görüntülü yayınlarda doğru okunmasını sağlamak, […] Namaz vakitlerinin ve dini günlerin tespit ve ilanını sağlamak, […] Hac ve umre ibadetlerini dini esaslara uygun olarak, sağlık ve güvenlik şartları içinde yapılmasını sağlamak […]." (Gözaydın, 2016, S. 119 f.)

[101] Original: „Din eğitimi" (Gözaydın, 2016, S. 129).

teilnehmen.[102,103] Durch die Entsendungen von Prediger*innen und die vorbereiteten Predigten werden Lerninhalte (in den Moscheen) flächendeckend durch das Präsidium bestimmt.

4. *Internationale Tätigkeiten*[104]: Seit 1971 ergreift das Präsidium die Initiative, seine Dienste nicht nur im In-, sondern auch im Ausland zu ermöglichen. Dem Präsidium stellt sich die Aufgabe, die religiösen Dienste im Ausland zu ermöglichen, zu koordinieren und zu leiten, die Entwicklungen in Bezug auf religiöse Angelegenheiten in den jeweiligen Ländern zu beobachten, das ins Ausland zu entsendende Personal einer Prüfung zu unterziehen, weiterzubilden, sie sprachlich und beruflich zu qualifizieren und ihre Entsendungen zu koordinieren, Seminare und Konferenzen im Ausland zu organisieren sowie die jährlichen Arbeitsprogramme der Berater*innen und Attachés zu überprüfen

---

[102] Original: „2008 sonu itibariyle din eğitimi ile ilgili faaliyetler, Diyanet İsleri Başkanlığı Görev ve Çalışma Yönergesi'nin 34. Maddesi gereği Din Eğitimi Dairesi Başkanlığı tarafından, 3 Mart 2000 tarihli ve 23982 sayılı *Resmi Gazete'de* yayınlamış olan „Diyanet İşleri Başkanlığı Kur'an Kursları İle Öğrenci Yurt ve Pansiyonları Yönetmenliği" gereğince yürütülmektedir. [...] Kur'an kursları, Diyanet İşleri Başkanlığı'nın yürütmekte olduğu yaygın din eğitimi faaliyetlerinin önemli bir kısmını oluşturmaktadır.[...] Bu kurslar, ilköğretimi tamamlayanların devam edebildiği 32 haftalık uzun süreli Kur'an kursları ve ilköğretimin beşinci sınıfını tamamlayanların da katılabildiği iki ay süreli yaz Kur'an kursları şeklinde yürütülmektedir." (Gözaydın, 2016, S. 135; Herv. i. Org.)

[103] An dieser Stelle ist hinzuzufügen, dass in der Beschreibung dieses Aufgabenfeldes durch Gözaydın ein Aspekt außer Acht gelassen wird: Die religiösen Erziehungssettings, die in der Organisation des Diyanet stehen, werden in religionspädagogischen Diskursen in „Kur'an Kurse" (tr. *Kur'an Kursları*) und die „religiöse Erziehung in Moscheen" (tr. *Cami eksenli din eğitimi*) unterschieden (für weiterführende Literatur dazu Ayhan, 2014; Cebeci, 2015; Keyifli, 2017; Koç, 2017; Korkmaz, 2016; H. Yılmaz, 2016). Während Ersteres in nonformaler Rahmung stattfindet und lernintendiert angelegt ist, verweist Letzteres auf informelles Lernen beispielsweise in Predigen (tr. *vaaz, hutbe*).

[104] Original: „Uluslararası faaliyetler" (Gözaydın, 2016, S. 136).

4.2 DITIB und Diyanet: Transnationale (Bildungs-) ...

und zu evaluieren.[105] Zudem sollen die Korankurse in den Moscheen gefördert und Tätigkeiten und Forschungen im Kontext des interreligiösen Dialogs vorangetrieben werden.[106]

5. *Tätigkeiten für die eigene Organisation*[107]: Die innere Koordination bzw. Strukturbildung des Präsidiums gehört ebenfalls zu den Aufgabenbereichen. Dazu zählt auch die finanzielle Unterstützung (in Form von Stipendien) und die Organisation von Weiterbildungen des Personals.[108]

Somit verweist die zusammenfassende Beschreibung von Gözaydın bereits auf grenzüberschreitende Transaktionen und die ins Ausland hinausgreifenden Handlungsfelder des Präsidiums. Die in den Gesetzestexten formulierten Aufgabenfelder verweisen – explizit oder implizit – auf die notwendigen Abteilungen für die Ausübung. Die folgenden 13 Abteilungen des Präsidiums strukturieren die Tätigkeiten (siehe Abbildung 4.7).

---

[105] Original: „a) Yurt dışındaki vatandaşlarımıza din hizmeti götürmek ve bu hizmetlerle ilgili iş ve işlemleri yürütmek, b) Yurt dışındaki dini olayları ve gelişmeleri izlemek ve bu konularda yapılan inceme [sic!] ve araştırmaları derlemek ve değerlendirmek, c) Yurt dışı teşkilatına sürekli olarak atanacak v [sic!] geçici olarak görevlendirilecek personelin sınavı, seçimi, planlaması, görevlendirilmesi, gönderilmesi ve geri çekilmesi ile ilgili işlemleri yapmak, [...] e) Yurt dışında düzenlenen konferans seminer ve benzeri toplantılardan Başkanlıkça uygun görülenleri izlemek üzere temsilce gönderilmesiyle ilgili işlemleri yapmak, f) Yurt dışı hizmetleriyle ilgili olarak Başkanlığa intikal eden raporlar ile Müşavirlik ve Ataşeliklerin yıllık çalışma programlarını derlemek ve değerlendirmek, [...] b) Yurt dışına atanan veya görevlendirilen personelin yurt dışı görevine gitmeden önce eğitilmesi amacıyla ilgili birim, kurum ve kuruluşlarla, işbirliği yaparak yabancı dil, mesleki bilgi, oryantasyon kursları ve seminerleri düzenlemek, [...] d) Yurt dışında camilerde yürütülmekte olan Kur'an-ı Kerim ve dini bilgiler kurslarındaki hizmetleri izlemek ve bu hizmetin daha verimli hale getirilmesi için gerekli çalışmaları yapmak, e) Yurt dışındaki müşavir, ataşe ve diğer görevlilerin hac ve diğer görevlendiril-meleriyle [sic!] ilgili işlemleri yürütmek [...] a) Dinlerarası diyalog konuları üzerinde inceleme ve araştırmalar yapmak [...]" (Gözaydın, 2016, S. 144 ff.).

[106] Original: „Diyanet kurumu, 1971 yılından itibaren „yurtdışındaki vatandaş ve soydaşlara" da din hizmetleri sunmaya başladı." (Gözaydın, 2016, S. 136).

[107] Original: „Örgütün kendine yönelik faaliyetleri" (Gözaydın, 2016, S. 147).

[108] Original: „Diyanet Isleri Baskanliginin yürüttügü görevler arasina ic düzen faaliyetleri olarak, kurulusun cesitli kademelerine yetkili elemanlar temin etmek amaciyla, yurt icindeki ve yurt disindaki her dereceli okullara burs tahsis etmek ve burslularla ilgili isleri yürütmek [...] ile din hizmetlerinin hizmet ici egitimi [...] de katildi." (Gözaydın, 2016, S. 148).

Oberster Rat für Religionsangelegenheiten (tr. Din İşleri Yüksek Kurulu Başkanlığı)	Generaldirektorat für Religionswesen (tr. Din Hizmetleri Genel Müdürlüğü)	Generaldirektorat für Haddsch und Umra (tr. Hac ve Umre Hizmetleri Genel Müdürlüğü)
Generaldirektorat für auswärtige Beziehungen (tr. Dış ilişkiler Genel Müdürlüğü)	Abteilung für interne Kontrolle (tr. İç Denetim Birimi Başkanlığı)	Generaldirektorat für Personalwesen des Präsidiums für Religionsangelegenheiten (tr. İnsan Kaynakları Genel Müdürlüğü)
Ratspräsidium zur Koran-Untersuchung und Lesart (tr. Mushafları İnceleme ve Kıraat Kurulu Başkanlığı)	Generaldirektorat für Erziehungsdienstleistungen (tr. Eğitim Hizmetleri Genel Müdürlüğü)	Generaldirektorat für religiöse Publikationen (tr. Dini Yayınlar Genel Müdürlüğü)
Präsidium für Betreuung und Inspektion (tr. Rehberlik ve Teftiş Başkanlığı)	Abteilung für Strategieentwicklung (tr. Strateji Geliştirme Başkanlığı)	Generaldirektorat für Verwaltungsdienstleistungen (tr. Yönetim Hizmetleri Genel Müdürlüğü)
	Rechtsabteilung des Präsidiums für Religionsangelegenheiten (tr. Hukuk Müşavirliği)	

Abb. 4.7 Abteilungen des Religionspräsidiums Diyanet (in Anlehnung an Diyanet, 2020c)[109]

Durch folgende Tätigkeiten in entsprechenden Abteilungen werden die organisatorischen Rahmenbedingungen geschaffen:

---

[109] Die Homepage ist in türkischer und deutscher Sprache abrufbar. Die Bezeichnungen der Abteilungen und die entsprechenden Übersetzungen wurden aus der Homepage übernommen. Übersetzungen, die Fehler grammatikalischer Art enthalten, werden der Verständlichkeit halber korrigiert wiedergegeben.

4.2 DITIB und Diyanet: Transnationale (Bildungs-) ...

- Überprüfungen interner Arbeitsschritte und zukünftiger Planungen (in der *Abteilung für interne Kontrolle*),
- andauernde Kontrolle und Evaluation der eigenen Tätigkeiten (im *Präsidium für Betreuung und Inspektion*),
- Organisation von Verwaltungsangelegenheiten (im *Generaldirektorat für Verwaltungsdienstleistungen*),
- finanzielle Koordination und das vorherige Abschätzen zukünftiger Schritte vor dem Hintergrund aktueller Entwicklungen (in der *Abteilung für Strategieentwicklung*),
- rechtlich-juristische Begleitung und Unterstützung (in der *Rechtsabteilung des Präsidiums für Religionsangelegenheiten*) und
- Koordination von Personalangelegenheiten (im *Generaldirektorat für Personalwesen des Präsidiums für Religionsangelegenheiten*).

Andererseits deuten die inhaltlichen Festlegungen und Vorbereitungen der (Freitags-)Predigten (tr. *vaaz* bzw. *hutbe*), die in den Moscheen vorgetragen werden, die Organisation von Seminaren und Fortbildungen, die Leitung innerer Angelegenheiten der Moscheen, die Etablierung von Familienberatungsstellen, das Ermöglichen von kulturellen, künstlerischen und festlichen Aktivitäten sowie das Schaffen von Rahmenbedingungen für die seelsorgerische und psychische Begleitung von Menschen mit Behinderung, Inhaftierten und Geflüchteten (im *Generaldirektorat für Religionswesen*) auf die religiösen, sozialen und pädagogischen Dienstleistungen und auf die Handlungsräume des Präsidiums, die über die Moscheen hinausgreifen. Dazu gehören auch die Erstellung von religiösen Rechtsgutachten (tr. *fetva*) zu alltäglichen (religiösen) Fragestellungen (im Obersten Rat für Religionsangelegenheiten), die Organisation der Pilgerfahrt für Muslim*innen mit einer zusätzlichen Ausbildung von Expert*innen, die die Pilgerfahrten (beg)leiten (in der *Abteilung Generaldirektorat für Haddsch und Umra*) und schließlich die Bereitstellung von Erziehungsangeboten, die von der Konzeptualisierung und Koordination von Seminaren oder Weiterbildungen über die Etablierung religiöser Schulen, Akademien und Studentenwohnheime bis hin zu erzieherischen Angelegenheiten in Moscheen reichen (im *Generaldirektorat für Erziehungsdienstleistungen*).

Die Koordination religiöser Publikationen in digitaler und schriftlich-mehrsprachiger Form und von TV und Radio (im *Generaldirektorat für religiöse Publikationen*) sowie die Untersuchungen von Koranübersetzungen, -interpretationen und -veröffentlichungen zur Sicherstellung ihrer „Originaltreue" (im *Ratspräsidium zur Koran-Untersuchung und Lesart*) zeigen ebenso die Breite der Handlungsräume des Präsidiums. Darauf deutet auch das *Generaldirektorat für auswärtige Beziehungen* (Diyanet, 2014), das die Auslandsdienste koordiniert und die oben beschriebenen Aufgabenfelder im internationalen Raum abdeckt. In dieser Einrichtung der Abteilung und der Abgrenzung von anderen spiegelt sich die Beschreibung des Präsidiums wider, indem eine Unterscheidung zwischen der Provinzialorganisation (tr. *taşra teşkilatı*) und der Auslandsorganisation (tr. *yurt dışı teşkilatı*) des Präsidiums vorgenommen wird (Diyanet, 2012). Somit sind die Auslandsdienste des Präsidiums nicht nur eine begleitende Nebenerscheinung innerhalb der Tätigkeitsfelder – sie nehmen vielmehr insofern einen wichtigen Platz ein, als sich diese Bedeutung in der Etablierung einer getrennten „Auslandsorganisation" innerhalb des Präsidiums widerspiegelt. Durch diese Auslandsorganisation des Diyanet mit ihrer Organisation von Veranstaltungen und Fortbildungen in verschiedenen Ländern sowie die Entsendung von Religionsattachés und Imam*innen wird das Präsidium zu einer transnationalen (Bildungs-) Organisation, die nicht zuletzt transnationale Bildungsräume aufspannt.

4.2.3 DITIB-Imam*innen im Fokus

Nicht nur mit den Handlungsfeldern der DITIB und der Mutterorganisation Diyanet als transnationale Bildungsakteure werden transnationale Bildungsräume konstruiert; in diesen Transnationalisierungsprozessen nehmen Imam*innen durch die Entsendungen aus der Türkei eine wichtige Rolle ein. Ihre Bedeutung verstärkt sich insbesondere aufgrund der statistischen Dominanz von DITIB-Gemeinden und der bundesweiten Entsendung von Religionsbediensteten. Auch wenn bislang keine ausdifferenzierten statistischen (Eigen-)Darstellungen über die Anzahl der Imam*innen aus dem Ausland vorliegen, wird in Forschungsberichten beschrieben, dass

> „[i]nsgesamt […] in den Gemeinden der DITIB laut Auskunft des Verbandes 1.170 hauptamtliche Religionsbeauftragte in Vollzeit tätig [sind]. 120 Religionsbeauftragte der DITIB sind Theologinnen und Theologen, die in Deutschland geboren wurden. Die Zahl der Ehrenamtlichen wird seitens DITIB bisher nicht statistisch erfasst. Allein im Schuljahr 2018/2019 haben jedoch laut DITIB 1.161 ehrenamtliche Mitarbeiterinnen und Mitarbeiter für Wochenendkurse in den Gemeinden gearbeitet. Für diese bietet die DITIB eine Ausbildung zu ehrenamtlichen Religionsbeauftragten bzw. Gemeindepädagoginnen und -pädagogen an." (DIK, 2020, S. 4; Erg. d. Verf.)

4.2 DITIB und Diyanet: Transnationale (Bildungs-) ...

Mit Blick auf die ehrenamtlichen Strukturen der Gemeinden (Beinhauer-Köhler & Leggewie, 2009; Deutscher Bundestag, 2019) und die Finanzierung der Religionsbediensteten von Seiten des Präsidiums (Leggewie et al., 2002, S. 29) ist somit davon auszugehen, dass es sich bei den genannten hauptamtlichen Religionsbeauftragten größtenteils um Imam*innen aus dem Ausland handelt, die an das Religionspräsidium angebunden sind und vom türkischen Staat finanziert werden. Dominant wirken aus der Türkei entsandte Imam*innen, die in einem Beamtenverhältnis stehen (Ceylan, 2010c, S. 353) (siehe Abbildung 4.8).

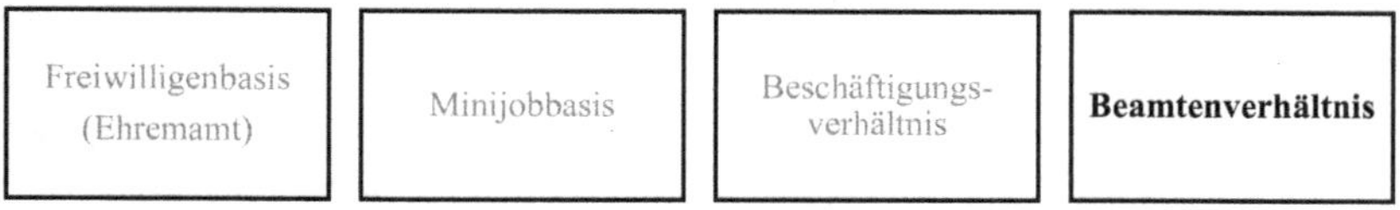

Freiwilligenbasis (Ehremamt)	Minijobbasis	Beschäftigungsverhältnis	**Beamtenverhältnis**

Abb. 4.8 Beschäftigungsformen (Hervorhebung der aus der Türkei entsandten DITIB-Imam*innen)

Die Entsendung läuft im Rahmen der (beschriebenen) internationalen Tätigkeiten des Präsidiums und durch die Leitung der Generaldirektorate für Religionswesen und für auswärtige Beziehungen. Hierfür gelten unterschiedliche Auflagen, die im Rahmen eines Bewerbungsverfahrens zu erfüllen sind. Neben dem Theologiestudium (in bestimmten Fällen auch dem Abschluss einer *Imam- und Prediger-Schule*; tr. „İmam-Hatip-okulları") setzt das Präsidium ein Mindestalter und mehrjährige Berufserfahrungen in der Türkei voraus.[110] Daneben durchlaufen die Bewerber*innen verschiedene Prüfungen, um die Eignung für den Auslandsdienst unter Beweis zu stellen. Bei einer Annahme durch das Religionspräsidium werden Imam*innen entweder als Kurzzeit-Bedienstete (*tr. kısa süreli din görevlileri*) oder Langzeit-Bedienstete (*tr. uzun süreli din görevlileri*) entsandt. Kurzzeit-Bedienstete werden für eine Zeit von einem Monat (beispielsweise für die religiösen Dienste in der Moschee während der Fastenzeit), drei Monaten, sechs Monaten, einem Jahr oder zwei Jahren entsandt. Langzeit-Bedienstete sind hingegen für vier Jahre (mit Option auf Verlängerung um ein weiteres Jahr) in der Gemeinde im Ausland tätig. Sie werden in einem Rotationsverfahren entsprechend ihrer Abordnungszeit ausgetauscht (siehe Abbildung 4.9).

---

[110] In der Eigendarstellung formuliert die DITIB: „Religiöse Dienste werden ausschließlich durch studierte Theologen mit zusätzlicher pädagogischer Ausbildung, und unter Beachtung der Bedürfnisse und Wünsche der Gemeindemitglieder, geleistet." (DITIB, 2020k).

```
┌─────────┐
│ Türkei  │
└─────────┘
     ⟲
┌───────────┐
│ Deutschland│
└───────────┘
```

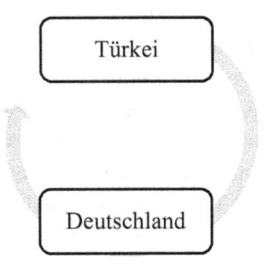

Abb. 4.9 Migrationsverlauf türkischer DITIB-Imam*innen

Die koordinierte Ein- und Auswanderung machen diese Imam*innen nicht zu Transmigrant*innen, da sie nicht zwischen mehreren Staaten dauerhaft migrieren; vielmehr lassen sie sich vor dem Hintergrund der von Pries beschriebenen Idealtypen internationaler Migration als *Diaspora-Migrant*innen* beschreiben. Denn

> „[i]n diesem Falle ist die Wanderung in erster Linie religiös, politisch oder/und durch starke Loyalitäts- und organisationale Abhängigkeitsbeziehungen (wie z. B. bei Kirchen, diplomatischen Korps, transnationalen Unternehmen, internationalen Stiftungen etc.) bestimmt. Ein Diaspora-Migrant richtet sich physisch-räumlich und vielleicht auch wirtschaftlich, aber nur in einem sehr begrenzten Grade sozial und politisch in der Ankunftsgesellschaft ein. Er behält gleichzeitig und auf Dauer starke sozial-kulturelle Bindungen zu seinem Herkunftsland bzw. zu seiner internationalen ‚Mutterorganisation'." (Pries, 2010b, S. 60 f.)

Nicht nur durch die Ein- und Auswanderung der Imam*innen und ihre persönlichen Bezüge (Mikroebene transnationaler Lebenswelten) spannen diese Diaspora-Migrant*innen transnationale soziale Räume auf; sie sind darüber hinaus strukturell-organisatorisch an den Religionsattachée im türkischen Konsulat (Gorzewski, 2015) und inhaltlich – beispielsweise durch die Ausrichtung und Vorgabe der Freitagspredigt – an das Religionspräsidium Diyanet gebunden. Dadurch zeigen sich immer durchgreifende und fortlaufende grenzüberschreitende Bezüge und Interaktionen, die einen transnationalen Bildungsraum aufrechterhalten.

Weitere Forschungserkenntnisse zu türkischen Imamen aus dem türkischsprachigen Raum

Neben den (empirischen) Erkenntnissen über die beruflichen und alltäglichen Herausforderungen sowie die Qualifikationsformen und Entsendungsverfahren[111] ist für den fokussierten Blick auf türkische DITIB-Imam*innen eine kurze Skizzierung der türkischsprachigen Forschungsliteratur von großer Bedeutung. Somit sollen eine breite Perspektive und damit einhergehende tief(er)greifende Einblicke gewährleistet werden: Wissenschaftliche Auseinandersetzungen in der Türkei thematisieren ebenso die Rolle der Imame[112] mit historischen Rückbezügen (beispielsweise mit einem Blick auf die Zeit im Osmanischen Reich oder nach der Republikgründung in A. Akın, 2006; Karakaş, 2014; Zengin, 2016b). Neben den Erwartungen und Anforderungen, die an sie gerichtet werden (Güven, 2004; Köylü, 1990; Söylev, 2016a), beschreiben Wissenschaftler*innen erforderliche Kompetenzen (Demir, 2020; Söylev, 2016b; Topuz, 2015a, 2015b; Tosun, 2022; Yıldız, 2016) und Fachwissen (Bilen, 2007), die sie für ihre Berufsausübung als relevant markieren. Ähnlich wie im deutschsprachigen Raum analysieren sie die Wirksamkeit der Handlungsfelder von Imamen (Seyhan, 2011) und ihre Repräsentanzfunktion (Buyrukçu, 1995; Karasakal, 2014). Sie stellen zudem die Frage, welche Rolle junge Religionsbeauftragte in der Entwicklung des Gemeinschaftsgefühls (Tuzlu, 2017) einnehmen können. Die Wahrnehmungen und Einschätzungen der Gemeindebesucher*innen über die Arbeit ihrer Imame (Çanakcı, 2015) nehmen dabei eine wichtige Rolle ein. Auch mit soziologischen Darstellungen über die Stellung von Imamen in der türkischen Gesellschaft (Tatlılıoğlu, 1996) wird der Fokus auf die gesellschaftliche Wahrnehmung von Imamen gerichtet. Solche Auseinandersetzungen gewährleisten einen Wechsel der Analyseperspektive. Auf der anderen Seite richtet sich der Blick auf die Orientierungen und Einschätzungen der Imame hinsichtlich ihres eigenen Berufsfeldes; solche Auseinandersetzungen geben den Betroffenen (Imamen) Raum, die Handlungsfelder aus einer Binnenperspektive zu beschreiben (Acar Çınar, 2018; Arıcı, 2018; M. Kaya & Nazıroğlu, 2008), die Herausforderungen und Wirkungen der Berufsausübung zu skizzieren (Baltacı, 2018; Cengil, 2010; E. Yılmaz, 2018, 2019) und – neben den Fremderwartungen – eigene Erwartungen zu formulieren (Aktay, 2012; Buyrukçu, 1996; Köylü, 1991). Solche Forschungseinblicke leisten nicht zuletzt kritische Analysen über bisherige

---

[111] Siehe hierfür die Beschreibung des Forschungsstandes zu Imam*innen aus dem Ausland und die Einblicke in ihre alltäglichen und beruflichen Herausforderungen. Sie gelten auch für DITIB-Imam*innen, die aus der Türkei entsandt werden.
[112] Hier wird bewusst erneut nicht gegendert, da Imaminnen als Führungspersonen in den bisherigen türkischsprachigen Forschungen kaum Aufmerksamkeit erhalten haben.

Gemeinde- oder Organisationsstrukturen und geben Anstöße zur Weiterentwicklung von Ausbildungsformaten (Buyrukçu, 2006).

Neben all diesen Betrachtungen, die sich auf die Handlungsfelder der Imame in der Türkei beziehen, nimmt die Bedeutung der Forschungen zu, die sich mit der Rolle und Bedeutung dieser Imame und ihrer Tätigkeiten im Ausland befassen: Dass DITIB-Gemeinden in Deutschland einen Wirkungsbereich für deutsch-türkische Gemeindebesucher*innen einnehmen, schlägt sich auch in der Perspektive der türkischsprachigen Forschung nieder (Şimsek, 2019). Das Bewusstsein über das Potenzial von türkischen Religionsbeauftragten als religiöse Führungspersonen in solchen Moscheen ist vorhanden (Coştu & Ceyhan, 2015; Latifoğlu, 2015). Die Aufmerksamkeit auf die internationale Präsenz von Religionsbediensteten des Präsidiums (Yerkazan, 2017) zeigt sich auch in der Analyse von Moscheen und türkischen Imamen in Frankreich (Sağlam, 2010, 2011). Geführt werden solche Diskurse insbesondere vor dem Hintergrund der Fragestellungen um Neujustierungen von Ausbildungsinhalten und -formaten. Somit lässt sich auch in der Berücksichtigung der türkischen Forschungsliteratur zu Imamen die Bedeutung des grenzüberschreitenden Blicks für wissenschaftliche Auseinandersetzungen und praktische Umsetzungen rekonstruieren.

4.2.4 UIP – Das internationale Theologieprogramm

In transnationaler Perspektive ist neben den üblichen – aus der Türkei entsandten – DITIB-Imam*innen das internationale Theologieprogramm (tr. *Uluslararasi İlahiyat Programi*, kurz UİP) bedeutsam. 2006 wird das Programm durch die Kooperation des Diyanet und der DITIB-Gemeinden in die Wege geleitet. Im Interesse steht dabei die akademische Ausbildung von Theolog*innen an theologischen Fakultäten in der Türkei, die außerhalb der Türkei sozialisiert wurden und der Sprache des jeweiligen Landes mächtig sind. Im deutschen Kontext richtet sich diese Möglichkeit an deutsch-türkische Abiturabsolvent*innen. Nach erfolgreichem Abschluss des Theologiestudiums in der Türkei werden sie befähigt, (u. a.) als Imam*in in einer DITIB-Moschee in Deutschland tätig zu sein. Der Etablierung des internationalen Theologieprogramms liegt die Überlegung zugrunde, dass dadurch der (in den kritischen Diskursen angeführte) Sprachmangel und die vermeintlich fehlende Nähe der Imam*innen zu den Lebensrealitäten der Muslim*innen verhindert werden könnten, die bislang durch die gewöhnliche Entsendung türkischer Religionsbediensteter aus der Türkei hervorgerufen und verstärkt würden (Ucar, 2010). Das Präsidium adressiert das Programm an

4.2 DITIB und Diyanet: Transnationale (Bildungs-) ...

junge Türk*innen und (seit 2020) nicht-Türk*innen, die im Ausland leben, und ermöglicht ihnen die Bewerbung.[113] Das Programm wird als Stipendienprogramm beschrieben (UİP, 2020a, S. 2; 2020b, S. 5); neben einer finanziellen Unterstützung stellt das Präsidium den Student*innen Unterkunft und Verpflegung für die Zeit des Studiums zur Verfügung.[114] Das Studium besteht aus vier Jahren (8 Semester) Grundstudium und einem Vorbereitungsjahr für die Qualifikation in der arabischen Sprache. Nach insgesamt fünf Jahren erfolgreichen Studiums erreichen sie den Bachelorabschluss (tr. *lisans*).[115] Die Unterrichtssprache an den Fakultäten ist türkisch; Student*innen, die der türkischen Sprache nicht mächtig sind, erhalten vor Beginn des Studiums zusätzlich einen einjährigen Sprachkurs.[116] In diesem Rahmen formuliert das Religionspräsidium folgende Zielsetzungen (UİP, 2020b), die auf die Motive, die Ausrichtung und die Entstehungshintergründe des internationalen Theologieprogramms rekurrieren:[117]

„Das Ziel des internationalen Theologiestudiums ist es, Fachleute auszubilden, die:

(1.) die religiösen, kulturellen, gesellschaftlichen und psychischen Bedürfnisse unserer in Europa lebenden Menschen kennen, jegliche Kenntnisse über die gesellschaftlichen Umstände der Menschen haben und mit ihrem wissenschaftlich-theologischen Wissen den Erwartungen (der Muslim*innen) gerecht werden,
(2.) für die in Europa neu aufwachsenden Generationen nach notwendigen pädagogischen Methoden und pädagogischem Wissen innerhalb schulischer und außerschulischer religiöser Erziehung vorgehen können,

---

[113] Original: „Uluslararası İlahiyat Programı yurtdışında yaşayan Türk gençlerine ve Türkiye kökenli olmayan diğer adaylara ülkemizde dini yükseköğrenim imkânı sağlamak üzere Diyanet İşleri Başkanlığı tarafından başlatılan ve organize edilen bir burs programıdır." (UİP, 2020b, S. 5).

[114] Original: „Uluslararası İlahiyat Programı kapsamında ülkemize gelen öğrencilere Kurumumuz tarafından; burs (aylık maddi destek), iaşe (yemek), ibate (barınma/konaklama) [ve] temel Eğitim Giderleri (üniversite öğrenim harcı) sağlanmaktadır." (UİP, 2020b, S. 9; Erg. d. Verf.)

[115] Original: „İlahiyat Fakültesi lisans programı eğitim-öğretim süresi Hazırlık Sınıfı hari,ç 4 yıldan (8 dönem) oluşmaktadır. Öğrenciler zorunlu hazırlık sınıfını (Arapça eğitimi kapsamlı) tamamlayarak lisans derslerini almaya başlarlar." (UİP, 2020b, S. 11).

[116] Original: „Yurtdışında yaşayan ve Türkiye kökenli olmayıp programa kaydı yapılan öğrenciler, bir yıl Türkçe hazırlık öğrenimi göreceklerdir." (UİP, 2020b, S. 11).

[117] Diese durch das Religionspräsidium angegebenen Zielsetzungen des internationalen Theologieprogramms wurden in (Karakoç, 2020b) bereits übersetzt; die Übersetzungen werden hier übernommen. In dem genannten Artikel werden diese Zielsetzungen kurz diskutiert.

(3.) unsere im Ausland lebenden Bürger*innen in der Gesellschaft und im Anpassungsprozess wegweisen können, ihnen das ethische Verständnis von Religiosität vermitteln und die Erfahrungen mit Blick auf das Zusammenleben mit Menschen verschiedener Religionen und Kulturen weitergeben können,
(4.) innerhalb der – in Europa geführten – Diskurse über den Islam und die Muslim*innen Vorurteile aus dem Weg räumen, die Gesellschaft besänftigen und richtig handeln, [...]."[118]

Durch die erste Zielsetzung markiert das Präsidium die Bedeutung der religiösen, kulturellen und gesellschaftlichen Kenntnisse der Ausgebildeten bzw. Auszubildenden; dadurch wird implizit eine Differenzlinie zu der gewöhnlichen Entsendung türkischer Bediensteter eröffnet. Zur oben beschriebenen Kritik über das Fehlen der Nähe türkischer Imam*innen zu den Lebenswelten der Muslim*innen in Europa steht diese Zielsetzung somit konträr. Die Positionierung europäischer Muslim*innen als „unsere Menschen" verweist auch hier auf die fortlaufende In-Verhältnis-Setzung des Präsidiums, die bereits zur Gründungsphase des Dachverbandes DITIB in Deutschland zur Geltung kam.[119]
Auf das – in wissenschaftlichen Auseinandersetzungen als defizitär beschriebene – Fehlen pädagogischer Überlegungen und des methodischen Vorgehens im RUM[120] wird in der zweiten Zielformulierung hingedeutet; dies scheint durch das internationale Theologieprogramm und die Aneignung „pädagogischen Wissens" verhinderbar bzw. veränderbar zu sein. In dieser Zielsetzung zeigt sich gleichzeitig durch die Beschreibung der „Notwendigkeit" in Bezug auf „die in Europa neu aufwachsenden Generationen" die Bedeutung der Handlungsorientierung der Lehrenden an dieser (gesellschaftlichen) Veränderung; diese implizite Ebene wird

---

[118] Original: „Uluslararası İlahiyat Programı'nın amaçları; 1. Avrupa ülkelerinde yaşayan insanımızın dini, kültürel, toplumsal ve psikolojik ihtiyaçlarını yakından bilen, her türlü çevre şartlarını ve faktörlerini tanıyan, İslam ilahiyatı alanındaki bilimsel donanımlarıyla beklentilere cevap verebilecek şekilde din hizmeti veren, 2. Avrupa ülkelerinde yetişen yeni nesillerin ihtiyaç duydukları örgün ve yaygın din eğitimini doğru bilgi ve pedagojik yöntemlere göre sunabilen, 3. Yurt dışında yaşayan vatandaşlarımıza, içinde yaşadıkları topluma uyum sürecinde kendilerine rehberlik edecek, İslam'ın ahlak eksenli dindarlık anlayışını ve ülkemizin farklı din ve kültürleri birlikte yaşatma tecrübesini aktarabilen, 4. Avrupa gündeminde sıkça karşılaşılan İslam ve Müslüman kimliğiyle ilgili tartışmalarda ön yargıları giderici, toplumu teskin edici doğru bilgi ve tutumu sergileyen, [...]." (UİP, 2020b, S. 7) (Übersetzt von B.K.)

[119] Siehe dazu die Darstellung des Dachverbandes DITIB in Abschnitt 4.2.1.

[120] Siehe dazu die Einblicke in den Forschungsstand zum Religionsunterricht in Moscheegemeinden in Abschnitt 4.1.3.

4.2 DITIB und Diyanet: Transnationale (Bildungs-) ...

in den nächsten (3. und 4.) Zielsetzungen explizit: Den Handlungen und Wegweisungen der Lehrenden schreiben sie eine gewisse Wirkmächtigkeit zu, die sich auf die lebensweltliche und religiöse Orientierung der Muslim*innen und auf die Mitgestaltung der „Diskurse über den Islam und die Muslim*innen" bezieht (erste Überlegungen dazu in Karakoç, 2020b). Zur Bedeutung der Handlungsfelder außerhalb der Moscheen insbesondere für diese Imam*innen des internationalen Theologieprogramms schreibt Ali Dere[121]:

> „Neben dem als wichtig anzusehenden Programmziel einer Ausbildung von Fachkräften bezüglich der Deckung von Bedürfnissen bei praxisbezogenen religiösen Dienstleistungen ist als eine weitere bedeutende Zielsetzung eine nach westlichen Vorgaben ausgerichtete Ausbildung von intellektuell befähigten Theologen zu nennen, die mit solchen neu entstandenen Zuständen und Bereichen wie religiöse Freiheiten, Beziehungen zwischen Staat und Religion, Beziehungen zwischen Religion und Gesellschaft, religiöse Identitäten, interreligiöser Dialog, Multi-Religiosität, Multikulturalität, Integration und Diaspora konfrontiert werden können." (Dere, 2015, S. 127)

Sowohl Dere als auch die Zielsetzungen des Präsidiums schreiben den Studierenden und Absolvent*innen des internationalen Theologieprogramms eine breite Repräsentationsrolle zu, die ihre Begründung insbesondere in der akademisch-theologischen Ausbildung findet. Das „*wissenschaftlich*-theologische Wissen" (UİP, 2020b, S. 7; Herv. d. Verf.) der „intellektuell *befähigten* Theologen" (Dere, 2015, S. 127; Herv. d. Verf.) führen sie vor allem auf die Ausbildung an theologischen Fakultäten *in der Türkei* zurück:

> „Das Präsidium für Religiöse Angelegenheiten hat in seiner Korrespondenz mit den betreffenden Institutionen und Einrichtungen zur Sprache gebracht, dass sich die in der Türkei bereits sehr früh eingerichteten und über eine gewisse Tradition verfügenden theologischen Fakultäten sowohl hinsichtlich ihrer Curricula als auch ihres wissenschaftlichen Verständnisses von denen anderer islamischer Länder in ihrem Wissens- und Erfahrungsschatz sowie ihren Zukunftsbildern sehr unterscheiden, und hat dabei die Notwendigkeit betont, für Studenten aus Europa unter Berücksichtigung ihrer Herkunftsländer sowie ihrer Bedürfnisse und Anliegen ein speziell darauf abgestimmtes theologisches Curriculum zu entwickeln." (Dere, 2015, S. 126)

Im Rahmen des Internationalen Theologieprogramms zeigt sich somit auf der Ebene der Zielsetzungen der Verweis auf die Konstruktionen von transnationalen

---

[121] Professor und Wissenschaftskoordinator des internationalen Theologiestudiums an der theologischen Fakultät in Ankara. Zudem war Ali Dere von 2011 bis 2012 Vorsitzender des DITIB-Dachverbandes in Köln.

Bildungsräumen: Neben der Koordination der Ein- und Auswanderung solcher Studierender und den Konstruktionen transnationaler sozialer Räume gewinnt das Internationale Theologieprogramm durch die Kooperation mit transnationalen Bildungsorganisationen (DITIB und Diyanet) und die grenzüberschreitenden Zielsetzungen für den Transnationalisierungsprozess an Bedeutung.

Die theologischen Fakultäten
Das Internationale Theologieprogramm wird an folgenden Standorten in der Türkei (er)möglich(t):

- Theologische Fakultät der Ankara-Universität (seit 2006)
- Theologische Fakultät der Marmara-Universität in İstanbul (seit 2007)
- Theologische Fakultät der İstanbul-Universität (seit 2011)
- Theologische Fakultät der Necmettin Erbakan Universität in Konya (seit 2012)
- Theologische Fakultät der Uludağ-Universität in Bursa (seit 2012)
- Fakultät für internationale islamische und religiöse Wissenschaften der 29-Mayıs-Universität in Istanbul (seit 2012)[122]

Für diese Studie wurden die Fakultäten in Ankara, Konya und Istanbul besucht und explorativ felderschließende Interviews mit Professor*innen und Wissenschaftler*innen geführt;[123] die Datenerhebung (Interviews mit Student*innen) wurde allerdings an den Fakultäten in Ankara und Konya durchgeführt. Die *theologische Fakultät der Ankara-Universität* – auch bekannt als die sog. „Ankaraner Schule" – ist 1949 als erste bzw. älteste theologische Fakultät in der Türkei entstanden.[124] Ihre Gründung scheint mit der „Notwendigkeit einer modernen Theologie an einer modernen türkischen Universität"[125] (Koştaş, 1990, S. 1) in Zusammenhang zu stehen, die (anders als die Ausrichtungen der Fakultäten im Osmanischen Reich) an „westeuropäischen Theologiemodellen" (Engelhardt, 2017, S. 83) ausgerichtet ist. Forschungen charakterisieren die Ankaraner Fakultät durch ihren kritischen Umgang mit religiösen Quellen und ihre „Sonderstellung in der Koranauslegung", die „nur von einer Minderheit vertreten" werde (Özdil, 2011b, S. 95). Sie zählt

---

[122] Die Aufzählung wurde der Broschüre (UİP, 2020a) entnommen.

[123] Näheres zur Auswahl der Fakultäten und zur Reflexion des Forschungsprozesses folgt im Methodenteil.

[124] Sie gilt als *erste* theologische Fakultät nach der Gründung der Republik (1923) in der Türkei, da die zuvor (im Jahre 1925) gegründete theologische Fakultät an der Dar'ülfünun in Istanbul 1933 geschlossen wurde (Engelhardt, 2017, S. 78; Karakoç, 2020c).

[125] Original: „İlahiyat Fakültesinin kurulması fikri modern Türk Üniversitesi içinde İslami İlimlerin modern ilim zihniyeti ile okutulması ihtiyacından doğmuştur." (Koştaş, 1990, S. 1).

mit 61 Professor*innen und zahlreichen Forscher*innen und Lehrenden (AÜİF, 2020) zu den größten theologischen Fakultäten in der Türkei. Im Gegensatz zur „Ankaraner Schule" zählt die *theologische Fakultät der Necmettin Erbakan Universität in Konya*[126] zu den als „konservativ" markierten Fakultäten.[127] Neben den Standorten in Istanbul und Bursa sind die Student*innen des Internationalen Theologieprogramms an diesen Fakultäten sichtbar.

Bewerbungsprozess
Die Studierenden des Programms durchlaufen einen Bewerbungsprozess. Die Broschüre für das internationale Theologieprogramm nennt folgende Voraussetzungen für die Bewerbung (UİP, 2020a)[128]:

„Sie haben/sind:

- Abitur-/Fachabiturabschluss in einem der europäischen Länder oder befinden sich im letzten Jahrgang Ihrer Schullaufbahn für Ihr Abitur/Fachabitur […],
- die Staatsbürgerschaft des betreffenden Landes oder die doppelte Staatsbürgerschaft oder sind im Besitz eines unbefristeten Aufenthaltstitels
- […] unter 25 Jahre alt […]
- ledig […]."

Ähnlich wie die oben angeführten Zielbeschreibungen des Programms deuten die Voraussetzungen implizit auf die Differenzlinie des internationalen Theologiestudiums und der gewöhnlichen Entsendung türkischer Imam*innen. Das Abitur oder Fachabitur in einem *europäischen* Land als Zugangsvoraussetzung für das Studium

---

[126] Von 1962 bis 1982 als Islam-Institut und seit 1982 als Fakultät agierend (AKIF, 2020).
[127] In Forschungen wird dies u. a. auf den Mystiker Dschalāl ad-Dīn ar-Rūmī (auch Mevlânâ), seine Präsenz in dieser Stadt und seine spirituellen Einflüsse auf das Stadtbild (und die Außenwahrnehmung) zurückgeführt (M. H. Akın, Aydemir, & Nacak, 2013). In seiner Doktorarbeit „Religiöses Leben in Konya" (tr. *Konya'da Dini Hayat*) beschreibt Hilmi Türkyılmaz aus religionssoziologischer Perspektive (u. a.) die Außenwahrnehmung der Stadt Konya; dabei wird insbesondere die „konservative" (tr. *muhafazakar*) Ausrichtung beschrieben (Türkyılmaz, 2016, S. 106 ff.). In der Darstellung bezieht sich Türkyılmaz auf die Ergebnisse der statistischen Umfrage aus der Studie „Das Image der Stadt Konya in der Türkei" (tr. *Türkiye'de Konya imajı*) (Meriç et al., 2005). Statistiken verdeutlichen dort, dass bei Fragen, welche Aspekte die Menschen mit der Stadt in Zusammenhang bringen, größtenteils mit Begriffen wie „Religion", „Religiosität", „religiösen Menschen", „Konservatismus" und „Spiritualität" geantwortet wird (Meriç et al., 2005, S. 79).
[128] Es handelt sich hierbei um einen verkürzten Auszug aus der Broschüre.

und „die Staatsbürgerschaft des betreffenden Landes" bzw. der unbefristete Aufenthaltstitel weisen auf die Orientierung des Präsidiums hin, die sich insbesondere zu den Voraussetzungen für den Auslandsdienst der türkischen Imam*innen konträr verhält: Hier setzt das Präsidium nun umgekehrt eine Altersbeschränkung anstelle eines erforderlichen Altersminimums. Daraus lässt sich ableiten, dass die Intention besteht, die Absolvent*innen des Studiums jünger in den Dienst zu entsenden – anders als es für die türkischen Bediensteten vorgesehen ist. Es zeigt sich, dass durch das Programm nicht mehr die erforderliche Berufserfahrung für den Dienst notwendig ist. Der Einsatz der Absolvent*innen in den Gemeinden ist im Anschluss an das Studium vorgesehen. Darin zeigt sich der Versuch des Präsidiums, einen neuen Typus des/r Imam*in zu konstruieren, der sich scheinbar entlang der bisherigen Herausforderungen und Kritikpunkte gestaltet. Darüber hinaus formuliert Dere die geforderte Neutralität von Studierenden des Internationalen Theologieprogramms, die das Präsidium ähnlich für türkische Imam*innen nennt:

> „Von den ausländischen Studenten, die an dem vom Präsidium für Religiöse Angelegenheiten ins Leben gerufenen Stipendienprogramm für ein religiöses Hochschulstudium in der Türkei teilnehmen, wird bereits zu Beginn des Studiums die Verpflichtung eingefordert, sich den gesellschaftlichen Ethikvorschriften anzupassen, unabhängig und neutral zu sein, ohne in ihren religiösen Überzeugungen dem Zwang einer bestimmten Gruppe oder Gemeinschaft zu unterliegen, und das Studium für eine Vertiefung ihres religiösen Wissens zu nutzen. Diejenigen, die diese Verpflichtung nicht erfüllen, werden nach entsprechender Bewertung aus dem Programm ausgeschlossen; auch wenn es bis jetzt nur wenige waren, so unterlagen doch bereits Studenten aufgrund ihres schulischen Misserfolges oder wegen der Zugehörigkeit zu bestimmten religiösen Gemeinschaften einem Ausschluss." (Dere, 2015, S. 126)

In dieser Beschreibung des Studienkoordinators spiegelt sich der Anspruch des Religionspräsidiums wider, „neutral" zu agieren; darin spiegelt sich ebenfalls der Modus wider, in dem das Präsidium zu agieren versucht.[129] Nicht erst für die Phase des

---

[129] In der Programmbeschreibung werden für den Fall einer Bewilligung des Stipendiums die damit einhergehenden Verpflichtungen (tr. *bursluluk taahhütnamesi*) aufgegriffen, in denen explizit im Laufe der Ausbildung die Distanz zu politischen und ideologischen Vereinigungen und Gruppierungen gefordert wird. (Original: „Öğrenim süresince her türlü siyasi, ideolojik örgütlenme ve oluşumlardan uzak kalınacaktır.")(UİP, 2020b).

4.2 DITIB und Diyanet: Transnationale (Bildungs-) ...

Studiums und die darauffolgende Zeit der Berufsausübung scheint diese „Neutralität"[130] erforderlich zu sein; bereits in den Bewerbungsgesprächen, die in Kooperation des Religionspräsidiums und des jeweiligen Religionsattachés im türkischen Konsulat (beispielsweise in Deutschland) geleitet werden, scheint dieser Aspekt für die Entscheidungsfindung relevant zu sein. Daneben werden in den Bewerbungsgesprächen (tr. *sözlü mülakat*) die Kenntnisse in den Bereichen „Koranrezitation [...], religiöses Wissen (Glauben, Gottesdienste, [...], Prophetenbiographie, Ethik), Allgemeinbildung, Türkische Ausdrucksfähigkeit [und] akademisches Interesse" (UİP, 2020a) überprüft. Gewisse Vorkenntnisse werden somit verlangt.

Statistische Angaben und die Frage nach der Wirksamkeit des Programms
Die offiziellen Statistiken geben 501 (aktuell[131]) Studierende und 716 Absolvent*innen an (siehe Tabelle 4.4).

Tab. 4.4 Studierende und Absolvent*innen des Internationalen Theologiestudiums (alphabetisch sortiert nach Ländern und in Anlehnung an UİP, 2020b)

Land	Anzahl der aktuell Studierenden	Anzahl der Absolvent*innen
Australien	9	18
Belgien	22	70
Dänemark	4	6
Deutschland	270	379
Finnland	1	0
Frankreich	113	153
Großbritannien	1	1
Italien	19	10
Japan	0	1
Kanada	4	2
Niederlande	27	42
Norwegen	0	6

(Fortsetzung)

---

[130] In dieser Relevanzsetzung des Präsidiums spiegelt sich dessen Anspruch wider, eine „neutrale" Instanz für religiöse Angelegenheiten sein zu können. Da der Begriff an sich und insbesondere die Vorstellung, im Kontext von Religion neutral sein zu können, kritisch betrachtet wird, setze ich diesen Begriff bewusst in Anführungszeichen.

[131] Die Zahlen geben die Angaben aus dem Jahre 2020 wieder.

Tab. 4.4 (Fortsetzung)

Land	Anzahl der aktuell Studierenden	Anzahl der Absolvent*innen
Österreich	21	10
Schweden	2	6
Schweiz	4	6
USA	4	6
Gesamt	**501**	**716**

Die Verteilung mit ca. 54 % der Studierenden und ca. 53 % der Absolvent*innen des internationalen Theologieprogramms aus Deutschland zeigt die statistische Bedeutung und die Sichtbarkeit der Gruppe deutsch-türkischer Studierender und Absolvent*innen. Während durch dieses Programm Ansätze für eine Umorientierung der Gruppe der Imam*innen durch das Religionspräsidium versucht werden, entstehen – auch vor dem Hintergrund fehlender Studien – gleichzeitig Fragen mit Blick auf die praktische Wirksamkeit und die Umsetzung der eingangs beschriebenen Grundidee des Internationalen Theologieprogramms.[132] Die Wirksamkeit wird auch von Wissenschaftler*innen in der Türkei in Frage gestellt; die fehlende Berufserfahrung der deutsch-türkischen Absolvent*innen (Gemici, 2015, S. 198)[133] wird kritisch markiert und die praktische Umsetzung in Form des Einsatzes dieser Absolvent*innen wird hinterfragt (Gemici, 2015, S. 197).[134]

Das Transnationale im Internationalen Theologieprogramm
Die Präsenz der Studierenden aus verschiedenen Ländern, ihre Migrationsbewegung für das Studium in die Türkei und zurück in ihre Herkunftsländer sowie die Zielsetzungen und Beschreibungen des Internationalen Theologieprogramms verweisen darauf, dass transnationale Bildungsräume konstruiert werden. Im Falle der deutsch-türkischen Studierenden lässt sich folgende Migrationsbewegung aufzeichnen (siehe Abbildung 4.10).

---

[132] Erste Überlegungen zur praktischen Wirksamkeit des Programms und Einblicke aus der Feldforschung in Karakoç (2020b).

[133] Original: „Bu aday öğrencilere öğrenimleri sırasında ek ders ve uygulamalar yaptırıldığı herkesçe malum olmakla beraber bunun yeterli olup olmadığını kestirmek güçtür. Mesleki anlamda tecrübesiz oldukları ise çok açıktır." (Gemici, 2015, S. 198).

[134] Original: „Toplam 188 mezundan görev alanların sayısı bir elin parmakları kadardır." (Gemici, 2015, S. 197).

4.2 DITIB und Diyanet: Transnationale (Bildungs-) ...

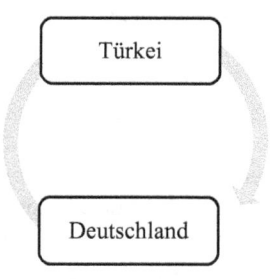

```
┌─────────────┐
│   Türkei    │
└─────────────┘


┌─────────────┐
│ Deutschland │
└─────────────┘
```

Abb. 4.10 Migrationsverlauf deutsch-türkischer Studierender des Internationalen Theologieprogramms

Der allgemeine Migrationsverlauf gestaltet sich so, dass die Teilnehmenden von Deutschland für das Studium in die Türkei ziehen und (so wie es vorgesehen ist[135]) nach dem Studium anschließend wieder nach Deutschland zurückkehren. Hinzu kommt neben diesem allgemeinen Migrationsverlauf auch das Hin- und Herbewegen der Studierenden beispielsweise durch die Familienbesuche in den Semesterferien. Diese Verläufe lassen auf der Mikroebene transnationaler Räume auf die grenzüberschreitenden Verflechtungen blicken, die sich über die Nationalstaaten hinweg formieren. Diese werden auch durch die Zielsetzungen des Präsidiums einerseits und die Schwerpunktsetzungen in der Lehre an den theologischen Fakultäten andererseits (beispielsweise durch die Thematisierungen von (mit Blick auf Deutschland) gesellschaftlich relevanten Aspekten in den Seminaren) beeinflusst. Somit lassen sich neben der Mikroebene auch hier die Organisationen mit ihren Ausrichtungen auf der Mesoebene transnationaler Räume untersuchen. Beide Perspektiven haben gemein, dass durch die inhaltliche Wechselwirkung die nationalstaatlichen Räume nicht im Sinne von Containern getrennt betrachtet werden können, Phänomene des einen Raums auf den anderen Raum wirken, sich gegenseitig gestalten und aufeinander einwirken. Somit ermöglicht das Internationale Theologieprogramm, transnationale soziale Räume zu eröffnen und Bildungsräume zu konstruieren.

---

[135] Ob Studierende nach dem Studium in der Türkei ansässig werden, lässt sich dabei nicht ausschließen. Doch das Programm ist so ausgerichtet, dass die aufgenommenen Studierenden nach dem Abschluss für den Dienst nach Deutschland zurückkehren.

4.3 (Diskursive) Konstruktionen von Geschlechterräumen

Moscheen konstruieren Geschlechterräume im physikalischen und im relationalen Sinne; gemeint ist: Sie stellen Geschlechterdiskurse her und wirken sich damit auf die mentale und emotionale Situierung von Muslim*innen aus. Auf verschiedenen Ebenen zeigt sich die Wirkmächtigkeit der Geschlechterkategorie. Die Forschungsliteratur im Kontext von Moscheen mit dem Fokus auf Geschlecht und Geschlechterräume zu durchsuchen, verweist auf verschiedene Themenblöcke, deren Skizzierung für die Kontextualisierung dieser Studie von Bedeutung ist. Diese Blöcke beziehen sich einerseits auf die Präsenz, das Engagement und die Rollen von Frauen in Moscheen (in 4.3.1.) und andererseits auf die Diskurse um die speziellen Rollen und die Sichtbarkeit von Imaminnen (in 4.3.2.). Auch in diesem fokussierten Blick auf Geschlecht(erdiskurse) in Moscheen spielt das Religionspräsidium eine bedeutende Rolle. Aus diesem Grund werden in diesem letzten Themenblock relevante geschlechterbezogene Auseinandersetzungen hinsichtlich des Religionspräsidiums Diyanet dargestellt (in 4.3.3.).[136]

4.3.1 Präsenz, Engagement und Rollen von Frauen in Moscheen

Genderspezifisches Engagement in Vereinen und Religionsgemeinschaften ist seit geraumer Zeit Gegenstand der Forschungen (Erlinghagen, Şaka, & Steffentorweihen, 2015; Kausmann, Vogel, Hagen, & Simonson, 2017; Rhiemeier, 1991; C. Vogel, Simonson, Ziegelmann, & Tesch-Römer, 2017). Auch Frauen in Moscheen, ihr Engagement und ihre Sichtbarkeit stehen im Fokus. Mit Blick auf die Sichtung der dazugehörigen Forschungsliteratur zeigt sich neben soziologischen und ethnologischen Analysen häufig eine theologisch-historische Betrachtung.

Historischer Blick in theologischen Auseinandersetzungen
Der historische Verweis auf die Zeit des Propheten Mohammed unter Hinzunahme von religiös gerahmten Quellen dient als Argumentationsgrundlage für

---

[136] In den Diskursen, die in diesem Teil angerissen werden, wird überwiegend von einer binären Geschlechtercodierung ausgegangen. Wenn also in dieser Darstellung des Forschungsstandes von Frauen und Frauenräumen die Rede ist, dann bezieht sich dies auf das Begriffsverständnis von Geschlecht, so wie es im Theorieteil dieser Studie beschrieben wurde und zwar die unhinterfragte und als selbstverständlich angenommene soziale Kategorie „Frau".

4.3 (Diskursive) Konstruktionen von Geschlechterräumen

die Sichtbarkeit und Partizipation von Frauen im öffentlichen Raum und somit auch im Gemeindeleben (Karapinar, 2011; Kurum, 2016, S. 57). Dazu zählen die Beschreibungen über das Vorhandensein eines Frauenbereiches in der Moschee zur Zeit des Propheten.[137] Dass in solchen Auseinandersetzungen kaum von „männerspezifischen Räumen" die Rede ist, markiert umso mehr die Relevanz des Frauenbereichs. Dadurch und in dem Rückgriff auf religiöse Quellen zeigt sich dann die Wirkmächtigkeit der Geschlechterkategorie und die diskursive Konstruktion von Frauenräumen.

Neben der *räumlich-physikalischen Ebene* rekurrieren theologisch-historische Auseinandersetzungen auf die *Handlungsebene*, indem sie beispielsweise als Frauen gelesene religiös bedeutsame Persönlichkeiten im Islam (beispielsweise Ehefrau des Propheten) heranziehen, ihre Tätigkeiten beschreiben und hierfür auf religiöse Quellen deuten: Beschreibungen zu Frauen in der Armee (Akman, 2012), im Handel (Topbaş & Selçuk, 2019) oder Frauen als Kritikerinnen, die die Prophetengefährten hinsichtlich ihrer fehlerhaften Übermittlung von Prophetenlehren korrigierten (Zerkeşi, 2014), sind wenige Beispiele hierfür. Sie dienen dazu, Narrative zu entkräften, die die Sichtbarkeit und Teilhabe von Frauen im öffentlichen Raum – und somit auch in Moscheen – kritisch markieren (Aktaş, 1997; Kurum, 2016, S. 57; H. Yılmaz, 2007). Die herangezogenen religiösen Quellen dienen sodann als Legitimation für die Partizipation von Frauen.

Gegenwärtige Frauenräume in Moscheen – Sichtbarkeit von Frauen in Moscheeräumen
Die *räumlich-physikalische Ebene* lässt sich auch jenseits der historischen Betrachtung rekonstruieren, indem gegenwärtige Frauenräume in Moscheen in den Blick genommen werden. Erstmals scheinen in der deutschsprachigen Forschungsliteratur Frauen(räume) in Moscheen 1999 Aufmerksamkeit zu gewinnen. Indem Chourabi and El-Solami (1999) die Frage nach der Funktion und den Möglichkeiten solcher Räume stellen, wirken sie dem Anschein entgegen, dass hauptsächlich Männer solche Räume frequentierten. Darüber hinaus deuten ethnologische Einblicke (Akça,

---

[137] Für diesen Frauenbereich in der Moschee zur Zeit des Propheten findet die arabische Bezeichnung *ṣuffa an-nisā* Verwendung. Mit Blick darauf schreibt der Religionspädagoge Tosun: „Sermons/Khutba were carried out inside the mosque, while Qur'an teaching or religious talks were also conducted in a separate area more commonly called Suffa […] The study group called 'people of the veranda' *(ahl aṣ-ṣuffa)* consisted of teachers and learners of Islam; they usually gathered on an elevated veranda under a roof *(zulla)* in front of the mosque that would protect them against the blazing heat of the sun […]." (Tosun, 2022, S. 52).

2020; Beinhauer-Köhler, 2008; Riem Spielhaus, 2007) und statistische Erhebungen[138] (Halm et al., 2012; Karakoç, i.E.-a) auf die *Sichtbarkeit* von Frauen in Moscheen. Daneben zeigen sich immer mehr Versuche, das *Wie* der Gestaltung solcher Räume (im architektonischen Sinne) darzustellen: Während einige Forschungen das Fehlen von Räumlichkeiten für Frauen und die schlechten räumlichen Ausstattungen monieren (Allenbach & Müller, 2017; Karakoç, i.E.-a; Katz, 2014; Kılıç & Ağçoban, 2013; Ley, 2021), zeigen andere Einblicke die unterschiedlichen Formen von Gebetsräumen: Die Erkenntnisse zu *geschlechtergetrennten* und *geschlechtergemischten Räumen*, zu den für Frauen bestimmten Gebetsemporen (Karakoç, 2017; Stöckli, 2020) oder hinteren Gebetsreihen (Doğusan & Arslan, 2022; Kıpçak, 2022) gestalten die vielfältigen Diskurse. Auch zählen im internationalen Raum hintere oder enge Eingänge in den Frauenbereich zu den verbreiteten Problemen, die in den Diskursen zu Frauenräumen häufig Erwähnung finden. So sammeln Aktivistinnen wie Hind Makki aus den USA in Form von Blogeinträgen Fotos aus dem internationalen Raum für die Darstellung der Frauenbereiche und Eingänge, um den Status Quo zu problematisieren und Entwicklungsanstöße zu geben. Makki stößt mit ihrer Frage, wo Frauen in Moscheen und somit in der Gesellschaft wirklich stehen, Geschlechterdiskurse an, die über die gestellte Frage hinausreichen. Mit dem hinteren Eingang, den hinteren Gebetsreihen oder getrennten Gebetsräumen werden nämlich Narrative aufgerufen, in denen Frauen für soziale Unruhen oder die Versuchung oder Ablenkung für die Gebetspraxis der Gemeinde (*fitna*) verantwortlich gemacht werden (H. S. Behr, 2018, S. 86 f.). Neben dazugehörigen theologischen Auseinandersetzungen zeigen sich in der Praxis Widerstandsartikulationen über soziale Medien und Versammlungen von Frauen, die die räumlichen Rahmenbedingungen in Moscheen kritisieren (Doğusan & Arslan, 2022) oder durch die Gründung von Frauenmoscheen die eigene Handlungsmacht nutzen und ein Motiv der Selbstbestimmung verfolgen.[139]

Handlungsfelder von Frauen in Moscheeräumen
Die Forschungsliteratur verweist auf vielfältige Tätigkeitsbereiche und Handlungsfelder, in denen Frauen teilhaben. Ein Systematisierungsversuch lässt folgende Abbildung nachzeichnen (siehe Abbildung 4.11).

---

[138] Die quantitativ ausgelegte DIK-Studie (Halm et al., 2012) skizziert die religiösen und nicht-religiösen Angebote in Moscheen und geht in den Statistiken auf die Anzahl der Frauen ein, die solche Angebote in Anspruch nehmen.

[139] Ausgewählte Bespiele hierfür sind Frauenmoscheen in Kopenhagen (Petersen, 2019, 2020; Späth, 2017), in China (Jaschok, 2011; Jaschok & Jingjun, 2011), auf den Malediven (Fewkes, 2019) oder Nordamerika (Jalalzai, 2021).

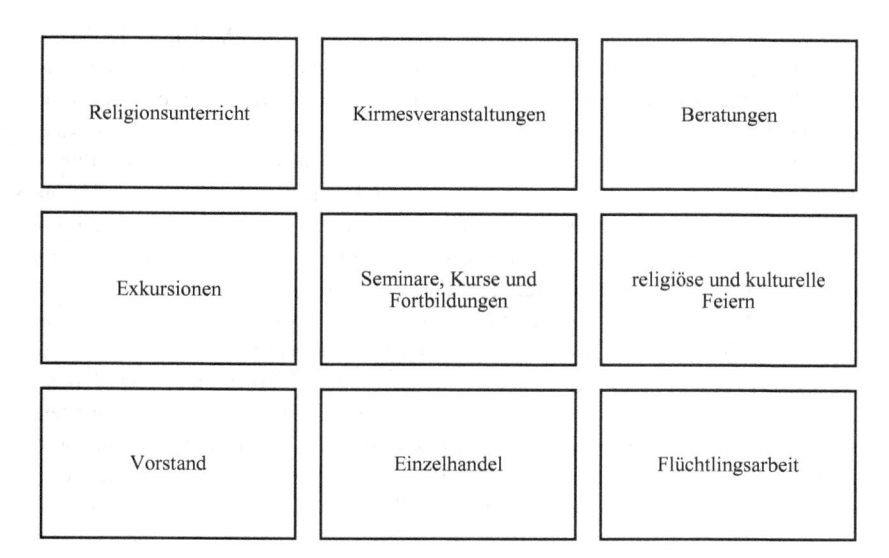

4.3 (Diskursive) Konstruktionen von Geschlechterräumen

Religionsunterricht	Kirmesveranstaltungen	Beratungen
Exkursionen	Seminare, Kurse und Fortbildungen	religiöse und kulturelle Feiern
Vorstand	Einzelhandel	Flüchtlingsarbeit

Abb. 4.11 Handlungsfelder von Frauen in Moscheen

Der Religionsunterricht und die Predigten sind wichtige Bestandteile für die Partizipation am Gemeindeleben (Beinhauer-Köhler, 2008). Frauen nehmen solche religiösen Angebote wahr oder gestalten diese mit (Akça, 2020, S. 214; Rückamp, 2021, S. 312). Daneben zeigt sich die Sichtbarkeit von Frauen in Moscheen auch in der Organisation und Gestaltung von Seminaren und Fortbildungen (Abid, 2011). Die Teilnahme an Beratungen und die Gestaltung von Exkursionen gehören zu den weiteren Handlungsfeldern (Karakoç, i.E.-a). Insbesondere in der Organisation und Durchführung von Kirmesveranstaltungen und Feiern zeigen Forschungen die Präsenz von Frauen (Beinhauer-Köhler, 2008). In diesem Zusammenhang gibt Beilschmidt (2015, p. 134) in ihrer Studie wieder, wie Frauen ihre Arbeit für Kirmesveranstaltungen einschätzen und sich selber als tragende Säule sehen; denn

„[...] die Männer alleine [könnten] kein Fest ausrichten [...] [,] bereiteten die Frauen nicht das Essen zu, könnten zudem Veranstaltungen, bei der die Gemeinde sich in der Öffentlichkeit präsentiert und nach außen öffnet, nicht stattfinden [...]." (Beilschmidt, 2015, S. 134; Erg. d. Verf.)

Das Engagement zeigt sich auch auf der Ebene des *Vorstandes*, wenngleich die niedrige Anzahl von Frauen und die damit verbundene Geschlechter-Dysbalance in

Moscheevorständen in der Kritik stehen (Abdel-Rahman, 2011; Mohagheghi, 2011; Nas, 2011, 2022). Daneben lässt sich das Engagement in Frauenabteilungen festhalten (Ådna, 2022; Mohagheghi, 2011); unter diesem Dach koordiniert rahmen sie ihre Agenda und konstruieren damit organisierte Geschlechterräume. Dabei grenzen sie sich von Männerabteilungen ihrer Gemeinde ab und professionalisieren sich durch die Strukturgründung in ihrer *Frauenabteilung*. Gleichzeitig bieten sie in anderen Abteilungen (*Jugend- oder Männerabteilung*) Unterstützung (Mohagheghi, 2011).

Als Resultat einer statistischen Umfrage ergibt sich eine Auflistung der in Anspruch genommenen Angebote, die die befragten Frauen in Moscheen angeben (Karakoç, i.E.-a): Sie notieren in der offenen Frage im Fragebogen Begriffe wie Religionsunterricht, Angebote für Frauen, Gebet, Gesprächsrunden, Jugendangebote oder Seminare und verweisen damit auf religiöse und nicht-religiöse Handlungsfelder. Forschungseinblicke zeigen weiterhin, dass aktive Frauen in Moscheen auch über die eigene Gemeinde hinaus wirken, indem sie sich mit Frauen anderer Gemeinden *vernetzen* (Riem Spielhaus, 2007), an *interreligiösen Veranstaltungen* mitwirken (Brauch, Guthmann, Stepputat, & Weber, 2013, S. 27) oder die Flüchtlingsarbeit ihrer Gemeinden unterstützen (Karakoç, i.E.-a). In Anbetracht dieser breiten Handlungsfelder ist die Erkenntnis hinzuzufügen, dass das Engagement größtenteils auf ehrenamtlicher Basis vollzogen wird. Zusammenfassend lässt sich notieren, dass die Forschungsliteratur Frauen in Moscheen als „zivilgesellschaftliche Akteurinnen" (Riem Spielhaus, 2007) und „Trägerinnen des Gemeindelebens" (Beilschmidt, 2015) beschreibt. Es lassen sich folgende Rollen ableiten (siehe Abbildung 4.12).

Diese unterschiedlichen Rollen, die sich überschneiden und in diversen Kombinationen vorkommen können, verweisen im übergeordneten Sinne auf Frauen als Angebotsnutzende und Angebotsofferierende. In diesen Rollen gestalten sie den Frauenraum ihrer Moschee und wirken auf die Geschlechterdiskurse. Die Untersuchungen der Herausforderungen und Potenziale solcher Räume verweisen dann auf die diskursive Konstruktion der Geschlechterräume in Moscheen. Letzteres zeigt sich beispielsweise auch über die Auseinandersetzungen zu weiblichen Autoritätspersonen und Imaminnen in Moscheen.

4.3 (Diskursive) Konstruktionen von Geschlechterräumen

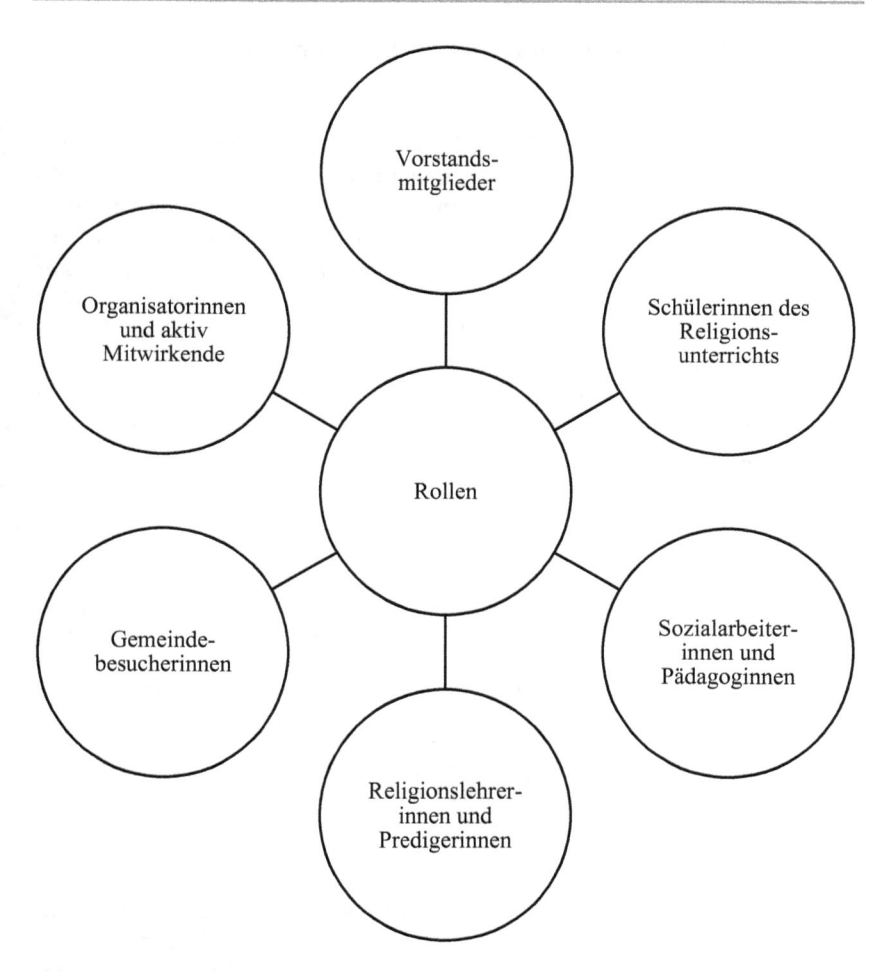

- Vorstandsmitglieder
- Organisatorinnen und aktiv Mitwirkende
- Schülerinnen des Religionsunterrichts
- Rollen
- Gemeindebesucherinnen
- Sozialarbeiterinnen und Pädagoginnen
- Religionslehrerinnen und Predigerinnen

Abb. 4.12 Rollen muslimischer Frauen in Moscheen (in Anlehnung an Karakoç, i.E.-b)

4.3.2 Weibliche „Autoritätspersonen" und Lehrende in Moscheen

„Weibliche Autoritätspersonen"[140] in Moscheen stehen häufig mit der Frage nach ihrer Sichtbarkeit, ihren Funktionen und ihrer Rolle als führende und lehrende Figur in der Moschee in Zusammenhang. Dabei richtet sich der Blick auf ihr Handlungsfeld einerseits in *Frauenräumen* als binär codierten Binnenräumen und andererseits in *geschlechtergemischten Räumen*. Die Forschungsliteratur dazu lässt rekonstruieren, dass die Frage nach der Sichtbarkeit als Autoritätspersonen mit Blick auf Imaminnen diskutiert wird, während sich diese Frage in den Auseinandersetzungen zu Imamen nicht stellt: Dass Imame als Führungskräfte in Moscheen religiöse Autoritäten darstellen und innerhalb und außerhalb ihrer Gemeinde sichtbar sind, wird unhinterfragt angenommen. Da dieses Phänomen aber nicht für weibliche Autoritätspersonen zuzutreffen scheint, zeigt sich immer vermehrt die Notwendigkeit, die Existenz weiblicher religiöser Autoritäten historisch zu begründen:

> „Betrachtet man die umrissene religiöse Autorität unter dem Gesichtspunkt des Geschlechts, kann festgestellt werden, dass Frauen sowohl historisch als auch gegenwärtig als Predigerinnen, Lehrerinnen und weibliche Gelehrte tätig waren bzw. sind und somit als Autoritäten mit unterschiedlichen Einflussbereichen fungieren. So haben verschiedene historische Studien die Tätigkeit von Frauen als Gelehrte aufgezeigt und herausgestellt, dass diese als religiöse Autoritäten in der Tradierung und Anwendung des religiösen Wissens aktiv waren und von Männern für ihre Studien aufgesucht wurden. […] Auch gegenwärtige Analysen zeigen, dass vor allem seit den letzten 30–40 Jahren Frauen in muslimischen Mehrheitsgesellschaften vermehrt als Predigerinnen, Lehrerinnen und Interpretinnen der religiösen Texte öffentlich aktiv sind […]" (Kisi, 2017, S. 199).

Auch wenn die Geschlechterdysbalance einen Wandel durch die strukturellen Veränderungen und die Pluralisierung religiösen Wissens in Moscheen erlebt (Jouili & Amir-Moazami, 2006, S. 617), scheinen weibliche Autoritäten in Moscheen männlichen Autoritäten untergeordnet zu sein (Kalmbach, 2012, S. 24). Zudem bestehe eine männliche Dominanz in diesem Feld:

> "Women in many parts of the Islamic world publicly speak for Islam as preachers, teachers, and interpreters of religious texts. Though men have held a near-monopoly over public religious leadership for much of Islamic history, over the past thirty years

---

[140] In der englischsprachigen Literatur ist die Rede von „female authorities".

4.3 (Diskursive) Konstruktionen von Geschlechterräumen

the ranks of Muslim women active as religious leaders have swelled to include individuals from almost all parts of the globe, including the Middle East; North, East, West, and South Africa; Central, South, Southeast, and East Asia; Europe; and North America" (Kalmbach, 2012, S. 1).

Gleichzeitig liefern Erkenntnisse im internationalen Raum immer mehr Eindrücke darüber, welche Bedeutung weibliche religiöse Autoritäten für die Frauen der Gemeinden haben: Sie nehmen eine wichtige Rolle in der Auslegung religiöser Quellen ein (Bano, 2017; Riem Spielhaus, 2012) und geben durch Predigten (Hassan, 2012; Le Renard, 2012; Rausch, 2012; Vogt, 2010; Yardim, 2011), religiöse Unterweisung im Rahmen des Koranunterrichts (Beinhauer-Köhler, 2008; Chbib, 2021) sowie die Begleitung in Kulturveranstaltungen (Riem Spielhaus, 2007) eine bedeutende religiöse und pädagogische Orientierung für muslimische Frauen und Mädchen. Sie stehen als Ansprechpartnerinnen für diverse Themen bereit (Hacıismailoğlu, 2017; Kuppinger, 2012). Neben den Beschreibungen der Rollen und der Sichtbarkeit von weiblichen Orientierungspersonen in Moscheen wird zudem eine Dysbalance zwischen ihnen und den männlichen Imamen der Moscheen benannt:

„Whereas male preachers are assigned to mosques, female preachers are appointed to other venues such as conference halls of municipalities, Family and Religious Guidance Bureaus, and even livingroom sessions. Ultimately, women do not need female preachers in mosques where they are requested not to gather, but rather are invited due to the right to worship and admitted as guests. [...]. In doing so, mosques are steadily reproduced as spaces for males exclusively." (Kıpçak, 2022, S. 225)

Eine ähnliche Figur über die Ungleichheit in den Handlungsfeldern von Imaminnen und Imamen und über bestehende Diskriminierungserfahrungen deutet Tütüncü in Anlehnung an ihre Untersuchungen:

"The gendered division of labour and men's privileged position in society challenges women preachers' effectiveness. The women preachers criticize their male colleagues, particularly the muftis and imams because of their gender-biased attitudes. Women preachers and muftis are in the same rank in terms of educational background as the graduates of divinity schools. Mainly because of their common educational and cultural capital, women preachers expect the support of muftis. However, some muftis, instead of seeing preachers as colleagues and companions having common backgrounds and aspirations, consider women preachers simply as women and discriminate against them. Some muftis disregard the ideas and suggestions of women preachers, who know how to reach women believers and to religiously educate and illuminate them. Similarly imams are not always friendly to women preachers, for example not announcing the exact date of sermons delivered by the women preachers, and not providing necessary heating and lighting in the mosque during the women's sermons. The main reason for such negative attitudes, according to women preachers, is that sermons targeting women are considered unnecessary. A number of imams believe that 'women should stay at home, look after their children and obey their husbands, then they would go to heaven'." (Tütüncü, 2010, S. 603)

Geschlechterstereotype Vorstellungen und strukturelle Dysbalancen sind dabei leitend. Die Herausforderungen in den eigenen Handlungsfeldern beziehen die Autorinnen auf Fremderwartungen und bestimmte Vorstellungen von Geschlecht und Geschlechtlichkeit, die auf der Grundlage etablierter Organisationsstrukturen und „religiöser" Narrative entstünden (Maritato, 2020; Tütüncü, 2010). Die Diskurse zu konkreten Handlungsfeldern von Imaminnen verhandeln Geschlechtervorstellungen und Religion, so beispielsweise mit der Frage nach ihrer Vorbeterinnenfunktion. Im deutschen Kontext nahmen diese Diskussionen mit der Gründung der Ibn-Rushd-Goethe-Moschee in Berlin und der Vorbeterin Seyran Ates zu.[141] Auch mit Blick auf die Imaminnen Halima Krausen und Rabeya Müller spitzt sich das Begriffsverständnis von, „Imamin" als „Vorbeterin" zu. Diese Aufmerksamkeit im deutschsprachigen Raum auf Imaminnen führte dazu, in den wissenschaftlichen Analysen auf weitere Beispiele aus dem internationalen Raum zu blicken: Bedeutsam ist hier das Beispiel der Imamin und Universitätsprofessorin Amina Wadud, die 2005 in New York öffentlich sichtbar das Freitagsgebet vor bzw. für eine(r) geschlechtergemischte(n) Gruppe leitete und damit Debatten auslöste (Amirpur, 2013, S. 128). Im skandinavischen Raum richtet sich die Aufmerksamkeit mit der in Kopenhagen gegründeten Frauenmoschee (Maryam-Mosque) (Petersen, 2020) auf Shirin Khankan, die in ihrer Gemeinde ebenfalls auch als Vorbeterin tätig ist. Die Darstellungen der ausgewählten Imaminnen scheinen zwar primär mit Blick auf ihre Tätigkeit des Vorbetens analysiert zu werden, doch genauere Untersuchungen blicken dabei auch auf andere Dimensionen; so beispielsweise ihre Positionierungen als „feministisch-emanzipatorisch". Petersen schreibt dazu:

> „The two streams of feminism are not divided over theological questions. Rather, it is a difference in positioning and how they define emancipation. Ates positions herself in opposition to established Muslim communities whereas Khankan tries to position herself as a part of it [sic!]. This entails that Ates calls out conservatism whereas

---

[141] Die Gründung der Moschee sowie das geschlechtergemischte Gebet und das Vorbeten vor einer solchen Gruppe lösten politische und theologische Auseinandersetzungen aus. In diesem Zusammenhang werden auf verschiedenen Ebenen Fragen zum Expertin-Sein und zur Deutungshoheit verhandelt.

Khankan relativizes it. Furthermore, Ates essentializes veiling and conservative gender constructions as suppressive to women whereas Khankan acknowledges a variety of gender constructions as being potentially emancipated. That is, Khankan calls a woman emancipated if she is free to live according to her own beliefs whatever they may be. Most recently these two positions have been visible when Ates banned the niqab in her mosque and campaigned for a ban on the hijab in Berlin schools while Khankan argued against the niqab-ban in Denmark." (Petersen, 2019, S. 1)

Somit machen die Auseinandersetzungen zu den Positionierungen und Rollen von Imaminnen deutlich, dass verschiedene geschlechterrelevante Aspekte – wie etwa feministische Diskurse oder Kopftuchdebatten – in Zusammenhang gebracht werden. Diskurse zu Imaminnen als Vorbeterinnen oder Führungspersonen verweisen somit auf verschiedene Dimensionen, in denen Vorstellungen zu Geschlecht(lichkeit) und Religion ineinandergreifen und dadurch kontinuierlich Geschlechterräume konstruieren.

4.3.3 Diyanet als Konstrukteur von Geschlecht(erverhältnissen)

Das Religionspräsidium Diyanet agiert als wichtige religiöse Autorität und Orientierungspunkt für türkische Muslim*innen (Taş, 2002). In und durch vielfältige Angebote[142] übermittelt es implizit oder explizit Geschlechterbilder, die mit religiös gerahmten Narrativen oder Glaubensinhalten begründet werden. Das Präsidium ist als religiöse Autorität und Ansprechpartner in vielfältigen Angelegenheiten ein wichtiger Konstrukteur von Geschlecht; es konstruiert Geschlechtervorstellungen und -verhältnisse (Maritato, 2020) entweder nach innen hin durch seine eigenen Geschlechterstrukturen sowie nach außen hin durch die impliziten und expliziten geschlechterrelevanten Themensetzungen (so etwa in Fortbildungen, Seminaren oder Predigten).

Geschlechterrepräsentanz und -strukturen in der Organisation
Die zuvor beschriebene Geschlechterdysbalance in Führungspositionen in deutschen Moscheen spiegelt sich auch im Präsidium wider. Der männlich dominierte Vorstand erlebte 2017 mit Huriye Marti als Vizepräsidentin einen Bruch (Maritato, 2017). Das Präsidium hat somit erstmals seit der Gründung ein weibliches Vorstandsmitglied. Auch schreibt Tütüncü, dass in den letzten Jahren das Präsidium

---

[142] Die Handlungsfelder wurden in Abschnitt 4.2.2 dargestellt.

"[…] has dramatically changed its politics and discourse on women, particularly by integrating them as official preachers and vice-muftis into its predominantly male ranks. Gender equality, women's rights, as well as elimination of violence against women have been articulated unexpectedly in the sermons of preachers and the speeches of the Head of Diyanet." (Tütüncü, 2010, S. 595)

Doch die dennoch vorherrschende Dysbalance verschärft sich insbesondere durch die Anzahl der Theologieabsolventinnen, die im Vergleich zu den Theologieabsolventen als höher eingeschätzt wird: So spricht Furat (2012) von einer prozentualen Aufteilung von 70 % Studentinnen und 30 % Studenten an bestimmten theologischen Fakultäten in der Türkei.[143] Vor diesem Hintergrund entsteht die Erwartung einer derartigen Aufteilung auch in den Berufsfeldern des Präsidiums. Dass eine solche Aufteilung aber nicht vorzufinden ist, begründen Wissenschaftler*innen unter anderem mit der theologischen Auffassung, dass Frauen bestimmte religiöse Aufgaben (wie die des Vorbetens vor geschlechtergemischten Gruppen) nicht übernehmen dürfen (Gemici, 2015, S. 190).

Während Forschungsberichte die Sichtbarkeit von Theologinnen beispielsweise in der Abteilung „Familiäre und religiöse Beratung" (tr. „*Aile ve Dini Rehberlik*") festhalten (Maritato, 2017), führt das Präsidium in den eigenen statistischen Darstellungen mit Blick auf das Personal keine geschlechterdifferenzierten Angaben auf (Diyanet, 2020b). Somit lässt sich die genaue Geschlechterverteilung in den entsprechenden Berufsgruppen (wie etwa Prediger*innen, Koranlehrer*innen usw.), die im Dienste des Präsidiums stehen, nicht erfassen. Forschungserkenntnisse über die geringe Repräsentanz von Predigerinnen (Maritato, 2017, S. 113) bestätigen sich dennoch in den Tätigkeitsberichten des Präsidiums: Das Präsidium führt für das Jahr 2020 34.483 Predigten auf weibliche Bedienstete und 542.337 Predigten auf männliche Bedienstete zurück (Diyanet, 2020a, S. 34). Männliche Bedienstete übernehmen im Gegensatz zu ihren Kolleginnen das 16fache an Predigten und werden durch diese Form der religiösen Ansprache sicht- und hörbar gemacht. Auf der Grundlage dieses Befundes strebt das Präsidium an, die Anzahl der Predigerinnen und weiblichen Bediensteten zu erhöhen, damit solche Angebote mehr Moscheebesucherinnen erreichen (Diyanet, 2020a, S. 34). Durch diesen Versuch der Balancierung der angedeuteten Geschlechterdysbalance konstruiert das Präsidium auf doppelte Weise einen binär codierten Geschlechterraum: Einerseits bezieht sich das bereits

---

[143] Die Dominanz von Theologinnen und Theologiestudentinnen in der Türkei wird auf die politischen Ereignisse, den Militärputsch vom 28. Februar 1997 (Şubat süreci) und die damit verbundene Bildungsreform zurückgeführt. Weiterführend dazu (Furat, 2012; Karakoç, 2020c, S. 258 f.; Y. Kaya, 2017).

4.3 (Diskursive) Konstruktionen von Geschlechterräumen

auf die geschlechtliche Trennung zwischen religionsbediensteten Frauen und Männern; auf der anderen Seite wird das Handlungsfeld der weiblichen Bediensteten als etwas „frauenspezifisches" beschrieben und dadurch ein geschlossener Frauenraum konstruiert.

Angebote und Beratung für Frauen
Neben der religiösen Unterweisung und den Predigten für Frauen offeriert das Präsidium weitere soziale und religiöse Angebote im Rahmen der Stiftung für Frauen, Jugendliche und Familien (tr. „Kadın, Aile ve Gençlik Merkezi", kurz: KAGEM). Sie ermöglichen bestimmte Schwerpunkte zu setzen, geschlechterbezogene Fragestellungen zu bearbeiten und dadurch konstruierte Geschlechterbilder zu übermitteln. Geschlechterbezogene normative Vorstellungen vermittelt es auch über Beratungsangebote: Für das Jahr 2020 gibt das Präsidium an, dass in 85 % der Fälle Frauen Beratungsangebote in Anspruch nehmen und Büros des Präsidiums aufsuchen, um zu diversen Themen religiöse Orientierung zu erhalten (Diyanet, 2020a, S. 133). Verweist diese Anzahl einerseits auf die Konstruktion von frauenspezifischen Räumen, so zeigen auch die inhaltlichen Ausrichtungen der Fragen, die die Frauen in solchen Büros (in den meisten Fällen telefonisch oder persönlich) stellen, die Bedeutung der Geschlechterkategorie: Themen wie Eheschließung (tr. „Nikâh"), Probleme nach der Scheidung (tr. „Boşanma Sonrası Sorunlar"), die Beziehung der Ehepaare (tr. „Eşler Arası İletişim"), die Rechte der Ehepartner*innen (tr. „Eşlerin Hak ve Sorumlulukları"), Frauenrechte im Islam (tr. „İslam'da Kadın Hakları") oder Abtreibung (tr. „Kürtaj") zählen zu den ausgewählten Beispielen für die Anfragen (Diyanet, 2020a, S. 130 f.; Maritato, 2020, S. 229). Das Präsidium agiert folglich in einem Bereich, in dem bestimmte Geschlechtervorstellungen auf der Grundlage religiöser Glaubensinhalte transportiert werden. Denn die aufgelisteten Fragekategorien verweisen nicht zuletzt auf normative Vorstellungen darüber, wie sich „Mann-sein" oder „Frau-sein" religiös gestaltet und welche Handlungsempfehlungen sich hierdurch für die Praxis ergeben.

Frauenräume in Moscheen
Die Umstände in den Gebetsräumen für Frauen und die Raumpraktiken in Moscheen führen Analysen im türkischen Kontext auf die Politiken des Religionspräsidiums zurück. Kıpçak (2022) untersucht die „Spacial Politics of the Presidency of Religious Affairs towards Women", analysiert in diesem Zusammenhang die Teilnahme von Frauen am Freitagsgebet und die räumlichen Ausstattungen und stellt dabei historische Bezüge her. Aktivistinnen monieren enge Räumlichkeiten, Seiteneingänge oder nicht ausreichende Frauenräume für die Gebetswaschung:

„Still today, the mosques are mainly organized by accepting the male worshipers as the primary user group, while the women are seen only as visitors or passers-by. This perspective is one of the determinants of the contemporary unequal conditions of the mosques. Confrontation with the unequal conditions starts before the prayer time because ablution places for women can be found only at prominent central mosques. Unequipped, small, unhygienic ablution places, if there are any, are the standard of many mosques, while there is always an open-space fountain for men. Praying inside the mosque can be the next challenge because of the small, unorganized, and physically hard to access women's section. When it is accessible, then it can be at physically isolated places, such as a separate building or a room, with no connection with the main hall of the mosque. If that is in the main hall, then it is fully covered with a partition which blocks the women from seeing the congregation at all.." (Doğusan & Arslan, 2022, S. 231)

Sie ziehen das Präsidium hierfür in die Verantwortung und nennen organisatorische und praktische Zusammenhänge. Zugleich rücken auch hier theologische Auseinandersetzungen über die Teilhabe von Frauen in Moscheen in den Vordergrund. Als Reaktion des Präsidiums auf die Kritik an den nicht verhältnismäßigen räumlichen Ressourcen entstehen Projekte für den Ausbau und die Verbesserung des Frauenbereichs. Doch hier kritisiert Kipcak, dass Frauen als Moscheebesucherinnen nicht gleich betrachtet werden, und schreibt: „The Presidency began to offer more hospitable service to women in the 2000s. I emphasize the word 'hospitality' because women's positions as a guest in the mosque remain unchanged." (Kıpçak, 2022, S. 226)

Predigt als Möglichkeitsraum für die Konstitution von Geschlechtervorstellungen

Ein weiterer wichtiger Rahmen für die Vermittlung von Geschlechtervorstellungen ist die Predigt. Durch die Vorbereitung und Steuerung der Predigtinhalte durch das Präsidium (Gorzewski, 2015; Rüttgers, 2019) greift es direkt in die Geschlechterkonstruktion und -konstitution ein. Religiöse Rechtsgutachten (fetwa), Freitagspredigten oder Predigten zu bestimmten religiösen Anlässen, die über digitale und analoge Plattformen übermittelt werden, beinhalten sowohl bei dezidiert familien- oder geschlechterbezogenen als auch bei anderen gesellschaftsrelevanten religiösen Fragestellungen Geschlechterbilder und konkrete Vorstellungen über das „Frau- und Mannsein". Beispielsweise legt das Präsidium geschlechterbezogene Inhalte für die Predigten fest und setzt somit bestimmte Fokusse. 2020 organisierte das Präsidium unter dem Oberthema „Frauen, Männer und Senior*innen" (tr. *„Kadın, Erkek ve Yaşlılık"*) insgesamt 5.471 Predigten. Das Präsidium zählt u. a. folgende Subthemen auf (Diyanet, 2020a, S. 32):

4.3 (Diskursive) Konstruktionen von Geschlechterräumen

- Die Frau aus der Sicht des Islams und ihre Rechte (tr. „İslam'a Göre Kadın ve Kadın Hakları") (3.206 Predigten)
- Gewalt gegen Frauen (tr. „Kadına Yönelik Şiddet") (411 Predigten)
- Die Erziehung der Töchter (tr. „Kız Çocuklarının Eğitimi") (183 Predigten)
- Beispiele von Frauen aus dem Koran (tr. „Kur'an'da Kadın Örnekleri") (97 Predigten)
- Der Mann als Ehemann (tr. „Eş Olarak Erkek") (55 Predigten)
- Das Berufsleben und die Frau (tr. „Çalışma Hayatı ve Kadın") (51 Predigten)
- Die Frau als Mutter (tr. „Anne Olarak Kadın ") (46 Predigten)
- Ehrenmorde und Sitten (tr. „Töre ve Namus Cinayatleri") (20 Predigten)
- Zwangsehen und Ehe im frühen Alter (tr. „Erken Yaşta/Zorla Evlilik") (10 Predigten)

Die statistische Darstellung zeigt nicht zuletzt, dass konkrete Vorstellungen über „die Frau" in unterschiedlichen Rollen (als Tochter, Ehefrau, Berufstätige oder Mutter) religiös gerahmt transportiert werden. Die Dysbalance spiegelt sich wider, indem „der Mann" lediglich in der Rolle als Ehemann, Frauen dagegen in diversen Rollen thematisiert werden. Zudem zeigt sich, dass sich ein großer Teil der Predigten auf „die Frau aus der Sicht des Islams" bezieht. Damit stellen das Präsidium und seine Akteure ein bestimmtes religiös gerahmtes Bild „der Frau" her. Solche religiösen Vereindeutigungen können sich mit Predigten zu konkreten „Beispielen von Frauen aus dem Koran" verfestigen. Dass die „Erziehung der Töchter" eine formulierbare und nur auf Töchter zu beziehende Sache zu sein scheint, verweist implizit auf die Konstruktionen von binär codierten Geschlechterdifferenzen. Gleichzeitig deutet ein solcher Fokus auf Töchter (ohne Berücksichtigung der Söhne) auf eine gesetzte thematische Relevanz, die nur für die Erziehung der Frauen zu gelten scheint. Das Religionspräsidium wirkt durch digitale und analoge Plattformen und mit diversen organisierten Tätigkeiten und Strukturen in der Organisation sowie in und außerhalb von Moscheen auf Geschlechtervorstellungen ein und wird so zu einem wichtigen Akteur in der Konstruktion und Konstitution von Geschlecht.

Zusammenfassung und Präzisierung der Forschungsfragen 5

Zusammenfassung
Der erste Annäherungsschritt an die Thematik (4.1.) skizziert die Forschungsliteratur zu Moscheen und ihren Lehrenden (insbesondere Imamen) mit einer Perspektive auf die Konstruktionen von Bildungs- und Erziehungsräumen. Diese Konstruktionen lassen sich sowohl in der historischen Entwicklungslinie von Moscheen (in Deutschland), den Zielsetzungen und den Tätigkeitsbereichen im Rahmen der Moscheearbeit, den Angeboten in informeller und non-formaler Rahmung als auch durch die Rekonstruktionen der Handlungsfelder und Diskurse zu Imamen nachzeichnen. Die Skizzierung der Spannungsfelder, Erwartungen und Entwicklungen mit Blick auf die Tätigkeitsbereiche von Imamen verweist zusammenfassend darauf, dass es sich um pädagogisch relevante Handlungsfelder handelt. Dass Imame in solchen Feldern die Rolle als pädagogische Orientierungspersonen einnehmen (können), zeigen nicht nur die Forschungsberichte; diese Rolle lässt sich auch erkennen, sobald die zuvor vorgenommene Beschreibung von Bildungs- und Erziehungsräumen schablonenartig auf diese Diskurse gelegt wird. Imame sind somit durch ihre Handlungsfelder pädagogische Orientierungspersonen *und* werden durch die Diskurse zu solchen gemacht. Somit spannen sich in diesem Kontext auf verschiedenen Ebenen Bildungs- und Erziehungsräume auf, die es näher zu untersuchen gilt.

In diesem Zusammenhang nehmen die transnationalen Bildungsorganisationen DITIB-Gemeinden und das Religionspräsidium Diyanet in der Türkei (4.2.) eine wichtige Rolle in der Moscheelandschaft ein: Ihre Handlungsfelder, ihre historischen Entwicklungslinien, die Relevanzsetzungen im Rahmen des internationalen Theologiestudiums sowie die Entsendung von Imam*innen machen diese Organisationen zu transnationalen Bildungsakteuren und verweisen auf

© Der/die Autor(en), exklusiv lizenziert an Springer Fachmedien Wiesbaden GmbH, ein Teil von Springer Nature 2024
B. Karakoç, *Imaminnen und Doing Gender*, Islam in der Gesellschaft,
https://doi.org/10.1007/978-3-658-45743-3_5

fortlaufende grenzüberschreitende Transaktionen, in denen Relevanzen grenzüberschreitend wirksam werden und ineinandergreifen. Gleichzeitig konstruieren sie sowohl durch die Entsendung der Imam*innen als auch durch das internationale Theologiestudium transnationale Bildungsräume, die sich auf der Mikroebene analysieren lassen.

Die Sortierung der Forschungsliteratur mit dem Fokus auf Geschlecht in Moscheen (4.3.) zeigt, dass durch die Darstellung des Engagements und der Rollen von Frauen in Moscheen oder die Diskurse zu weiblichen Führungskräften Geschlechterräume (diskursiv) hergestellt werden. Die skizzierten Auseinandersetzungen zu den geschlechterrelevanten Aspekten im Kontext des Präsidiums zeigen fortlaufende Konstruktionen von Geschlechterräumen, die sich in den Strukturen des Präsidiums oder den gesetzten inhaltlichen Arbeitsschwerpunkten widerspiegeln.

Forschungsdesiderat
In allen drei Rahmungen der Literatur stellt sich die Unsichtbarkeit von Imaminnen als pädagogische Orientierungspersonen in Moscheen heraus: Sie sind weder in der historischen Betrachtung noch in empirischen Studien zu Gemeinden und Religionsbediensteten sichtbar. Dass Frauen in den dargestellten Rollen und Tätigkeitsbereichen der Moscheen zur Geltung kommen, verweist zugleich darauf, dass sie als Führungs- und Orientierungsperson unsichtbarer gemacht werden.

Die Erkenntnisse über die Bedeutung von türkischen Moscheen in Deutschland, die Markierung der statistischen Dominanz von DITIB-Gemeinden innerhalb der Moscheelandschaft und die weiterhin andauernde Entsendung von DITIB-Imamen aus dem Ausland verleiten dazu, die fehlende Sichtbarkeit von Imaminnen *insbesondere* in diesen Gemeinden zu suchen. Allerdings fehlen dazu empirische Einblicke.

Gegenstandsbestimmung
Somit zeigt sich die Notwendigkeit, Imaminnen in DITIB-Gemeinden in den Blick zu nehmen. Aufgrund der Entwicklung mit Blick auf die Lehrenden in diesen Gemeinden durch das Internationale Theologiestudium und die deutschtürkischen Theologinnen, die für den Dienst in DITIB-Gemeinden ausgebildet werden, zeigt sich die Relevanz neben *bereits tätigen türkischen Imaminnen* ebenso *deutsch-türkische angehende Imaminnen* zu berücksichtigen. Somit erfolgt eine zweifache geschlechterbezogene Fokussierung: Es wird eine Gruppe herangezogen, in der sich alle als Frauen positionieren, und dabei werden zusätzlich

deren Geschlechterkonstruktionen und -verständnisse untersucht. Die Untersuchung der leitenden Aspekte in den Geschlechterkonstruktionen ermöglicht aus erziehungswissenschaftlicher Perspektive Rückschlüsse auf die Geschlechtererziehung in solchen pädagogischen Räumen.

Forschungsfragen
Für die Untersuchung der Geschlechterkonstruktionen von Imaminnen ergeben sich folgende leitende Forschungsfragen:

- Wie sprechen angehende deutsch-türkische und bereits tätige türkische DITIB-Imaminnen über geschlechterbezogene Aspekte und Geschlechterverhältnisse?
- Welche kollektiven Orientierungen und Modi der Bearbeitung lassen sich im *Doing Gender* rekonstruieren?
- Lassen sich grundlegende Unterschiede zwischen bereits tätigen türkischen Imaminnen und angehenden deutsch-türkischen Imaminnen feststellen?

Teil III
Methodisch-methodologische Rahmung

Qualitativ-rekonstruktive Anlage 6

Offen und künstlich dumm...

„*Künstliche Dummheit*" – um es in den Worten Hitzlers zu fassen – beschreibt eine „Attitüde", einen Modus, eine „methodologische Haltung". Mit dieser Haltung innerhalb qualitativer Forschungsprozesse klammern Forschende Wissen bewusst aus, sie stellen sich „naiv" und hinterfragen das bislang als selbstverständlich Angenommene (Hitzler, 1991, S. 297). Gleichwohl soll damit nicht eine „Objektivität", das absolute Ausblenden-Können der Forscher*innen-Subjektivität oder des (impliziten) Vorwissens suggeriert werden, um deren Ansprüche oftmals gerungen wird.[1] Denn selbst in der Künstlichkeit des Sich-dumm-und-naiv-Stellens wird ein Bewusstwerden und eine gedankliche

---

[1] Die Bedeutung des Vor- bzw. Kontextwissens der Forschenden und der „Forscher*innensubjektivität" sind Gegenstand methodisch-methodologischer Auseinandersetzungen (beispielsweise Behse-Bartels & Brand, 2009; Bereswill, 2003; Meinefeld, 2019; Reichertz, 2015) – sowohl in qualitativen als auch in quantitativen Forschungsmethodologien. So werden (nicht nur) diese Aspekte als Legitimation für die jeweiligen Forschungsausrichtungen herangezogen. Während Vertreter*innen quantitativer Forschung mit der Vorstellung der Objektivität als Gütekriterium die Subjektivität der Forschenden als „Störvariable" interpretieren (Mruck & Mey, 1998, S. 285), stehen Vertreter*innen qualitativer Forschung einem Verständnis von empirischer Objektivität kritisch gegenüber und sehen in der Subjektivität der Forschenden das Potenzial für zusätzliche Erkenntnisse (Flick, von Kardorff, & Steinke, 2017, S. 23; von Unger, Narimani, & M´Bayo, 2014, S. 24), die jedoch nur mit ausreichender Selbstreflexivität und ständiger methodischer Kontrolle möglich werden. Vor dem Hintergrund dieser Logik qualitativer Forschung sind die Anführungszeichen („Objektivität") im Text zu lesen; sie sollen den Begriff abschwächen, kritisch markieren, mit einem Fragezeichen versehen. Näheres zur Positionierung der Autorin und Reflexion der eigenen Rolle im Forschungsprozess und -feld folgt in Kapitel 8.

© Der/die Autor(en), exklusiv lizenziert an Springer Fachmedien Wiesbaden GmbH, ein Teil von Springer Nature 2024
B. Karakoç, *Imaminnen und Doing Gender*, Islam in der Gesellschaft,
https://doi.org/10.1007/978-3-658-45743-3_6

Präselektion über das vorhandene Wissen erforderlich, um folglich bestimmte Aspekte und Phänomene ausblenden – oder wohl eher *in den Hintergrund rücken* – zu können. In dieser Künstlichkeit ist Wissen somit nicht verschwunden, was ontologisch gar nicht möglich wäre; Wissen wird hier an bestimmten Stellen eher bewusst in den Hintergrund gerückt, um bereits Angenommenes erneut zu durchdenken und zu untersuchen. Genau in dieser Künstlichkeit und in dem Prozess des Ausblendens und Heranziehens verbergen sich oftmals Dynamiken, die wichtige Aufschlüsse über das Forschungsfeld geben (können). Damit einhergehend wird im Rahmen des Forschungsprozesses eine gewisse *Offenheit* für den Forschungsgegenstand erforderlich – offen zu sein für Bedeutungszuschreibungen und Sinnsetzungen der erforschten Subjekte jenseits der vorab vorgenommenen Rahmung und des Erkenntnisinteresses der Forschenden. Nicht nur diesem Gütekriterium qualitativer Forschung liegt die methodologische Annahme zugrunde, dass „*menschliches Handeln*" situations- und kontextgebunden ist (Mayring, 2016, S. 19–23) und somit die Berücksichtigung der Ganzheitlichkeit des Menschen und die Fokussierung des *Falles* erfordert. Somit zeichnet darüber hinaus die *Subjektbezogenheit* die Logik qualitativer Forschung aus (Misoch, 2017, S. 27 f.). Offen zu sein für das Feld bedeutet nicht die Kontrolle zu verlieren; genauer wird die methodische Kontrolle durch die *intersubjektive Nachvollziehbarkeit* über das, *Was* und *Wie* geforscht wurde, gewährleistet. Die genaue Beschreibung des Forschungsprozesses und die gemeinsame Rekonstruktion in Gruppen (Steinke, 2019, S. 324 ff.) sind wichtige Bestandteile hierfür und ermöglichen dadurch eine *Transparenz*.

Der Blick auf die unterschiedlichen Logiken qualitativer und quantitativer Forschung verstärkt die Auswahl einer *qualitativen* Anlage für diese Studie: Im Unterschied zu *quantitativen* Studien[2] geht es in qualitativen Untersuchungen nicht um die Repräsentativität der Ergebnisse und die „Suche nach allgemeingültigen Gesetzen" (Schumann, 2018, S. 148) auf der Grundlage „breiter Massendaten" (Schumann, 2018, S. 148). Während die „Objektivität [und die] Verallgemeinerbarkeit der Befunde" Ziel quantitativer Forschung sind, steht die „adäquate Erfassung der Sinndeutungs- und Sinnsetzungsprozesse der Akteure und der ihnen zugrunde liegenden Wissensbestände" im Fokus qualitativer Forschung (Kelle, 2008, S. 35; Erg. d. Verf.). Durch die Interpretationen und

---

[2] Die Unterschiede qualitativer und quantitativer Forschungen sowie ihrer Methoden sind u. a. auf unterschiedliche Vorstellungen von Menschenbildern (*humanistisches* Menschenbild in qualitativer Forschung vs. *materialistisch-deterministisches* Welt- und Menschenbild in quantitativer Forschung) zurückzuführen (Überblick unter Schumann, 2018). Die Wirkungen dieser Vorstellungen werden in den methodischen Vorgehensweisen und ihren methodologischen Grundlegungen sichtbar.

Rekonstruktionen einzelner Fälle wird das *immanente Sinnverstehen* möglich (Corsten, 2004, S. 191 und vertiefend; Kraimer, 2000). Somit ermöglicht qualitative Forschung das ‚Verstehen' und quantitatives Forschen das ‚Erklären' alltagsrelevanter Phänomene (Lamnek, 2010). Um zu *verstehen*, wie Imaminnen über geschlechterbezogene Aspekte sprechen, woran sie sich orientieren und auf welche Modi der Bearbeitung sie dabei verweisen, lässt eine quantitative Vorgehensweise, die vorab formulierte Hypothesen heranzieht und überprüft, wenig Möglichkeiten. Es sind die Sinndeutungen und Bedeutungszuschreibungen der untersuchten Subjekte, die nur durch einen offenen Zugang und – statt einer breiten Masse an Befragten – anhand einer „intensiven Analyse ausgewählter Fälle" (Heiser, 2018, S. 44) untersucht werden können. Um kollektive Orientierungen und Modi der Imaminnen und Theologiestudentinnen rekonstruieren zu können, werden somit Einzelfallbetrachtungen und entsprechende Tiefenbohrungen notwendig, die durch eine quantitative Untersuchung nicht möglich wären.

Bohnsack unterscheidet nicht zwischen *qualitativer* und *quantitativer* empirischer Forschung; vielmehr spricht er von *rekonstruktiven* und *hypothesengeleiteten* Verfahren (Bohnsack, 2014). Während die Theorieentdeckung und -generierung nicht im Fokus hypothesenprüfender Verfahren stehen, sondern dort eher nach den „Überprüfungs- und Begründungszusammenhängen" von Theorien gesucht wird (Bohnsack, 2014, S. 16), liegt rekonstruktiven Verfahren die methodologische Annahme zugrunde, dass durch möglichst offene Fragen Menschen in der Gesprächssituation subjektive Relevanzen setzen, die in ihren Lebenswelten (oder „Relevanzsystemen") einen Platz haben (Bohnsack, 2014, S. 22). Hypothesengeleitete Verfahren räumen diesen Relevanzsystemen der Erforschten somit keinen (oder sehr wenig) Raum ein. Der lebensweltliche Ansatz in der rekonstruktiven Forschung hingegen verweist auf die vielschichtigen Wirklichkeiten und Erfahrungen der Erforschten, die „von disparaten Beziehungen, Orientierungen und Einstellungen [geleitet sind und vor dem Hintergrund] heterogene[r] Situationen, Begegnungen, Gruppierungen, Milieus und Teilkulturen" stehen (Hitzler & Honer, 1988, S. 496; Anm. d. Verf.). Dadurch deuten die Erforschten ihren Alltag und konstruieren somit ihre subjektive Wirklichkeit (*Konstruktion ersten Grades*); diese Konstruktionen werden durch die *Re*konstruktion der Forscher*innen erneut konstruiert (*Konstruktionen zweiten Grades*) (Schütz, 1971, S. 6 f.). Somit stellen Wirklichkeiten bereits Konstruktionen dar, die vor dem Hintergrund der Horizonte der Forschenden erneut rekonstruiert werden. Für die Erfassung der Orientierungen von Imaminnen und Studentinnen im Kontext geschlechterbezogener Aspekte wurde der *rekonstruktive* Zugang gewählt.

Vorgehensweise im Forschungsprozess 7

Methoden sind Hilfsmittel oder – im Foucault'schen Sinne – Handwerkszeuge aus einer Werkzeugkiste[1] (Foucault, 1996, S. 25). Sie helfen den Forschenden ins Feld zu gehen, das Material zu sammeln, „aufzubrechen" und Erkenntnisse zu generieren. Dies erfordert zunächst das Sich-Orientieren im Feld, Reflektieren und Fokussieren des Forschungsgegenstandes und insbesondere der Forschungsfrage, die in den Fokus gerückt wird. Dieser Forschungsprozess steht damit in einer Wechselwirkung mit dem Kennen und Erproben des (oder der) Handwerkzeugs(e); denn nicht zuletzt wird die theoretische Perspektive, die man auf den Forschungsgegenstand wirft, von den methodologischen Vorüberlegungen der jeweils herangezogenen Methode(n) geleitet. Die Bedeutung des Bewusstseins und Kennens der Werkzeuge wird auch von Reichertz markiert:

> „Der Hammer ist so wie er ist, weil er sich aus der Praxis des Nageleinschlagens ergeben hat, und das gilt vergleichbar auch für den Meißel, die Säge, den Füller, den Anspitzer und alle Dinge, die geeignet sind, bestimmte Aufgaben effektiv zu erledigen. Wer mit einer Spitzhacke einem Zahn im Mund zu Leibe rückt, wird ebenso scheitern wie der, welcher das Fieberthermometer nutzt, um Erbsen zu zählen." (Reichertz, 2019, S. 39)

Zum einen wird auf die Notwendigkeit des (andauernden) Reflektierens mit Blick auf die Praktikabilität des Werkzeugs verwiesen; neben dem *Kennen*, *Wissen* und *Anwenden-Können* des „geeigneten" oder „passenden" Werkzeugs suggeriert die Formulierung zum anderen eine Eindeutigkeit und Definierbarkeit des einzelnen Werkzeugs und die klare Abgrenzbarkeit des einzelnen von anderen. Entgegen

---

[1] Der Begriff steht vor dem Hintergrund der Diskurstheorie nach Foucault. Für vertiefte Auseinandersetzungen mit dem Begriff „Werkzeugkiste" siehe Beiträge in (Kerchner & Schneider, 2006).

einer solchen Logik wird in dieser Studie nicht von einer Eindeutigkeit und klaren Definierbarkeit bestimmter Methoden empirischer Forschung ausgegangen. Ganz im Sinne des Sich-Einlassens in das Forschungsfeld und des entsprechenden Modifizierens der eigenen Methoden kann erwidert werden: Es ist nicht der Anspitzer, sondern es sind *die Anspitzer*, die entsprechend der – eventuell immer wieder wechselnden – Dicke der Stifte herangezogen werden können (und müssen). In diesem Sinne werden in dieser Studie vor dem Hintergrund der Gegenstandsangemessenheit Methoden herangezogen und teilweise modifiziert.

Für die Bearbeitung der Forschungsfrage dieser Studie lassen sich folgende drei – iterative und nicht immer sukzessive – Schritte (*Feldzugang, Datenerhebung und -auswertung*) und die damit verbundenen methodischen Vorgehensweisen beschreiben, die für das Verfahren empirischer Forschungen konstitutiv sind (Maier, 2018, S. 33) (siehe Abbildung 7.1).

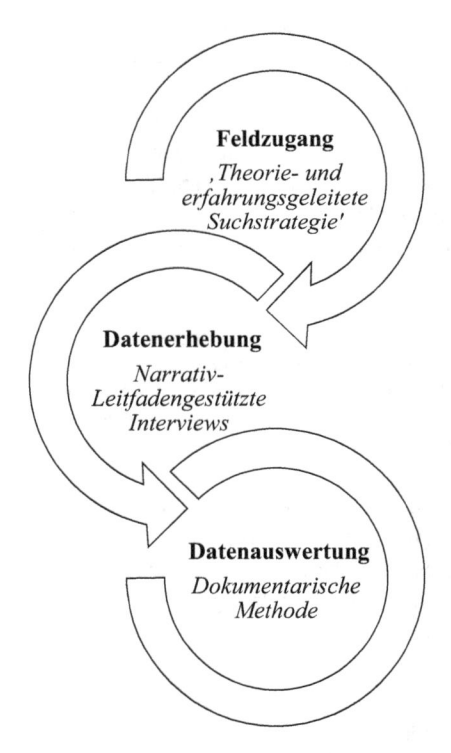

Abb. 7.1 Zirkuläres und iteratives Vorgehen für die empirische Studie

7.1 Feldzugang und ‚theorie- und erfahrungsgeleitete Suchstrategie'

Glaser und Strauss (1999, S. 45) beschreiben die Idee des *theoretischen Samplings* als Prozess einer theoriegenerierenden Forschung, in dem der/die Forschende parallel Daten erhebt, analysiert und entscheidet, welche Daten als nächstes erhoben werden. Die Erhebung richtet sich somit nach der „theoretische[n] Relevanz für die sich entwickelnde Theorie" (Strauss & Corbin, 1996, S. 149). Die Datenerhebung schließt mit einer *theoretischen Sättigung* ab, wenn keine weiteren theoretisch relevanten Aspekte oder Unterschiede zu den bisher erhobenen Daten gefunden werden.

Ähnlich spricht Nohl von einer „theorie- und erfahrungsgeleitete[n] Suchstrategie, die sich an gesellschaftlich etablierten Dimensionen von Heterogenität orientiert" (Nohl, 2013b, S. 55). Diese wahrgenommenen oder angenommenen Heterogenitätsmerkmale (auch im Sinne möglicher Ausreißer im Sample) werden in den erhobenen Daten und im Laufe des Forschungsprozesses sichtbar. Das Forschungsfeld oder die Interviewsituation führt zu dieser Erkenntnis und macht den Forschenden auf diese Heterogenitätsmerkmale aufmerksam. In diesem Forschungskontext wurde nach weiteren möglichen Orientierungen und Modi – jenseits der bereits rekonstruierten Orientierungen – gesucht, um das Sample entsprechend zu erweitern. Diese theorie- und erfahrungsgeleitete Suchstrategie führte für die Datenerhebung an folgende Orte (siehe Abbildung 7.2).

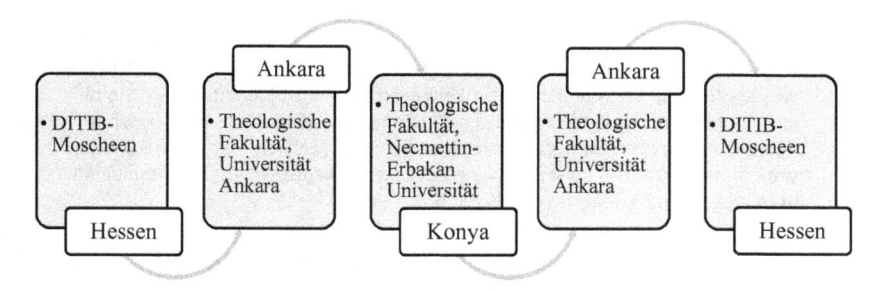

- DITIB-Moscheen
  Hessen
- Theologische Fakultät, Universität Ankara
- Theologische Fakultät, Necmettin-Erbakan Universität Konya
- Theologische Fakultät, Universität Ankara
- DITIB-Moscheen
  Hessen

Abb. 7.2 Schritte der Datenerhebung nach Ort und zeitlicher Abfolge

1. *Imaminnen in Hessen:*
   Nach einer Präzisierung des Forschungsvorhabens wurde zunächst die erste Interviewpartnerin in einer hessischen DITIB-Gemeinde kontaktiert und in den

Räumlichkeiten der Moschee besucht. So gewinnt der Ausdruck „*Ins-Feld-Gehen*" mit diesem ersten Schritt eine wörtlich zu nehmende Bedeutung. Als Resultat des ersten Gesprächs wurde der Möglichkeit nachgegangen, weitere Interviewpartnerinnen durch den Verteiler des Religionsattachés im türkischen Generalkonsulat in Frankfurt zu erreichen.[2] Denn die Religionsbediensteten, die über das Religionspräsidium Diyanet nach Deutschland entsandt werden, stehen unmittelbar in Kontakt und unter der Aufsicht des Religionsattachés im entsprechenden Generalkonsulat des Bundeslandes (Details in Abschnitt 4.2).

Nach einem Gesprächstermin mit dem – zu dieser Zeit tätigen – Religionsattaché im türkischen Generalkonsulat wurde der Weg gewählt, die Imaminnen über den E-Mail-Verteiler des Konsulats zu kontaktieren und sie über das Forschungsprojekt zu informieren. Somit konnten mit den an dem Forschungsprojekt interessierten Imaminnen Termine vereinbart werden. Die Gespräche und Interviews mit den Imaminnen bestätigten die (vorherige) Vermutung: Sowohl die theologischen Fakultäten in der Türkei als Ausbildungsorte als auch das Internationale Theologiestudium und deren jeweilige Absolventinnen als angehende Imaminnen in DITIB-Gemeinden wurden in den Gesprächen relevant. Dadurch fiel die Entscheidung, die Studentinnen des Internationalen Theologiestudiums mit zu berücksichtigen. Diese Entscheidungsfindung verweist wissenschaftstheoretisch auf den gemeinsamen bzw. „konjunktiven Erfahrungsraum", den diese beiden Gruppen konstruieren:

Nach Mannheim und in Anlehnung an die praxeologische Wissenssoziologie konstruieren

> „gruppenhafte oder gemeinschaftliche Milieus (wie z. B. Ehen, Familien, Nachbarschaften) [...] konjunktive [...] Erfahrungsräume [...]. Sie zeichnen sich durch eine spezifische Art von Gemeinsamkeiten der Erlebnisschichtung, also von biographischen Gemeinsamkeiten aus [...]" (Bohnsack, 2014, S. 114); „[dieser konjunktive Erfahrungsraum] der beteiligten Subjekte [entsteht] auf der Grundlage gemeinsamer Praxis – jenseits des theoretischen Erkennens und der kommunikativen Absichten." (Bohnsack, 2014, S. 63)

Das Theologiestudium an den theologischen Fakultäten in der Türkei (als Ausbildungsort), die (Arbeits- bzw. Bildungs-)Migration (von Deutschland aus in die Türkei und umgekehrt), die über das Religionspräsidium Diyanet koordiniert und unterstützt wird, und die damit zusammenhängende Anbindung der Studentinnen und Imaminnen an die Organisation DITIB als derzeitiger (bzw.

---

[2] Zur strukturellen Organisation der DITIB-Gemeinden und ihrem Verhältnis zum Religionsattaché siehe Abschnitt 4.2.

7.1 Feldzugang und ‚theorie- und erfahrungsgeleitete Suchstrategie'

zukünftiger) Arbeitsort konstruieren somit konjunktive Erfahrungsräume im Sinne Mannheims, die eine Untersuchung kollektiver Orientierungen möglich machen. Neben dem konjunktiven Erfahrungsraum wird diese Gruppe auch mit Blick auf die theoretischen Überlegungen zum transnationalen sozialen Raum und transnationalen Bildungsraum relevant.

Letztendlich führten diese Erkenntnisse und wissenschaftstheoretischen Perspektiven dazu, das Dekanat der theologischen Fakultät der Universität Ankara als wichtigen Standort der Ausbildung per Schreiben über das Forschungsvorhaben zu informieren und für einen Forschungsaufenthalt an der theologischen Fakultät anzufragen. Eine schriftliche Zusage ermöglichte dann den Forschungsaufenthalt und eine zusätzliche Datenerhebung in der Türkei.

2. *Studentinnen an der theologischen Fakultät in Ankara:*
An der Universität Ankara wurden (neben teilnehmenden Beobachtungen, Seminarhospitationen und Gesprächen mit Professor*innen und Dozent*innen) Interviewtermine organisiert und die Interviews in Räumlichkeiten der Universität geführt. Im Laufe der Interviews und der Gespräche wurde von Seiten der Studierenden verstärkt auf die (aus ihrer Sicht) bestehenden Unterschiede der theologischen Fakultäten Ankara und Konya verwiesen. Dieser Verweis warf die Frage nach möglichen homologen oder heterologen Orientierungen auf, sodass noch während des Aufenthalts an der theologischen Fakultät in Ankara ein erster Kontakt zu einer Studentin in Konya aufgenommen wurde. Dieser Kontakt konnte durch eine Studentin, die Bekanntschaften zu Studierenden aus Konya hatte, hergestellt werden. Der Forschungsaufenthalt in Ankara wurde für wenige Tage unterbrochen, um Gespräche und Interviews in Konya zu führen.

3. *Studentinnen an der theologischen Fakultät in Konya:*
Die im Sinne eines Schneeballeffekts fortführende Datenerhebung wurde in Konya fortgesetzt. Die Gespräche mit Professor*innen in Konya und Interviews mit den Studentinnen des Internationalen Theologieprogramms wurden nach kurzer Zeit abgeschlossen, um die weiteren geplanten Interviews in Ankara fortzusetzen.

4. *Studentinnen an der theologischen Fakultät in Ankara:*
Nach dem Zwischenaufenthalt an der theologischen Fakultät in Konya wurde der Forschungsaufenthalt an der Fakultät in Ankara fortgesetzt und es wurden weitere Interviews geführt. Die Datenerhebung in der Türkei wurde abgeschlossen.

5. *Imaminnen in Hessen:*
Während der Rekonstruktionen des Materials wurde eine letzte Datenerhebung in Hessen eingeleitet, die auf eine theoretische Annahme zurückzuführen war,

dass möglicherweise in weiteren Interviews Orientierungen zu finden sein würden, die sich zu den bisher rekonstruierten in nicht homologer Form verhalten. Dieses Vorgehen rundete die theorie- und erfahrungsgeleitete Suchstrategie im Sinne Nohls ab (Nohl, 2013b, S. 54).

Im Rahmen der Datenerhebung sind 14 Interviews entstanden, die in diese Studie einfließen (siehe Abbildung 7.3). Für die qualitativ-rekonstruktive Vorgehensweise der Studie erwies sich die Anzahl der Interviews als ausreichend; einerseits zeigte sich eine theoretische Sättigung, andererseits wäre bei einer größeren Anzahl eine tiefere Auseinandersetzung mit dem Material nicht zu gewährleisten.

Türkei
Deutsch-türkische Studentinnen in Ankara
- TRAAF02
- TRAAF03
- TRAAF04
- TRAAF05
- TRAAF06

Türkei
Deutsch-türkische Studentinnen in Konya
- TRKAF01
- TRKAF02
- TRKAF03

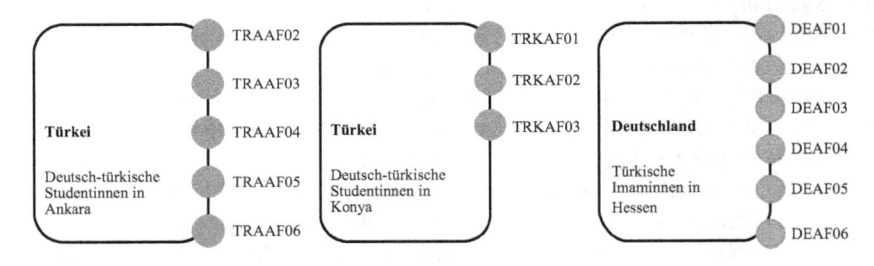

Deutschland
Türkische Imaminnen in Hessen
- DEAF01
- DEAF02
- DEAF03
- DEAF04
- DEAF05
- DEAF06

Abb. 7.3 Überblick zu den Interviewpartnerinnen der Studie

Die Anonymisierung erfolgt in dieser Studie mit Hilfe der oben dargestellten Abkürzungen. Diese werden in den empirischen Rekonstruktionen verwendet. Sechs Interviews mit türkischen Imaminnen in Hessen, fünf Interviews mit deutsch-türkischen Studentinnen in Ankara und drei Interviews mit Studentinnen in Konya bilden somit das Sample der Studie.

7.2 Datenerhebung: Narrativ-Leitfadengestützte Interviews

Die Datenerhebung wurde mittels narrativ-leitfadengestützter Interviews durchgeführt (Rosenthal, 2015). Durch teilstrukturierte (oder semistrukturierte) Fragen wurden relevante und für den Forschungskontext primär interessant und wichtig scheinende Schwerpunkte gesetzt und in der Interviewsituation als Stütze herangezogen. Die Interviews sind *narrativ-leitfadengestützt*, da sie (1.) durch eine erzählgenerierende Eingangsfrage mit Blick auf den Berufsweg (Imaminnen)

7.2 Datenerhebung: Narrativ-Leitfadengestützte Interviews

oder den Weg zur Fakultät in der Türkei (Studentinnen des Internationalen Theologiestudiums) narrativ (Fritz Schütze, 1983) angelegt und gleichzeitig an der Lebensgeschichte interessiert sind und (2.) durch einen teilstrukturierten Leitfaden gezielt spezifische Themen einbringt, die im späteren Verlauf des Interviews abgehandelt werden. Auch diese Leitfragen sind narrativ angelegt. Anschließend folgen immanente Nachfragen, die sich auf das Erzählte beziehen.

Die leitfadengestützte Vorgehensweise steht im Fokus der Betrachtung – gleichzeitig wird mit einer Offenheit für möglicherweise (für den Forschungskontext) relevante biographische Bezüge der biographisch-narrative Eingangsstimulus eingebaut. Dabei interessiert die Frage, ob sich neben den – zum Teil geschlechterbezogenen – Leitfragen ebenfalls geschlechterbezogene Relevanzsetzungen aus den biographischen Stegreiferzählungen rekonstruieren lassen? Diese Vorgehensweise ist nicht nur auf den Versuch einer *Offenheit* als Gütekriterium qualitativen Forschens zurückzuführen; mit Blick auf die Anspannung und Skepsis der Interviewpartnerinnen gegenüber Forschung und möglichen Stigmatisierungen[3] erweist sich dieser offene Einstieg als gegenstandsangemessen, er wirkt erzählanregend und ermöglicht dadurch eine Vertrauensebene.

Für die Begründung der Wahl dieser bestimmten Interviewform scheint die Begründung für die Ablehnung der – zunächst möglich scheinenden – anderen relevant zu sein: Es wird bewusst auf die Verwendung *themenzentrierter Interviews* (Schorn, 2000) oder *problemzentrierter Interviews* (Witzel, 2000) verzichtet, die als Varianten in die Kategorie der leitfadengestützten Interviews subsumiert werden. Denn in diesem Forschungskontext kann ein direkter Einstieg mit einer thematisch zugespitzten Frage (Schorn, 2000, S. 3; Witzel, 2000, S. 5) die Interviewpartnerinnen überfordern und einer schrittweisen Annäherung an eine vertrauensvolle Atmosphäre zuwiderlaufen. Insbesondere in angespannten Forschungsfeldern gewinnt dieser Aspekt an Bedeutung. Die Interviewpartnerinnen sollen nicht in Argumentations- und Legitimationszwänge gebracht werden, die die Generierung von Erzählungen erschweren würden. Das Ausschöpfen der maximal möglichen Narrationen durch erzählgenerierende und offene (Leit-)Fragen liegt im Interesse der Rekonstruktionen von Orientierungen und Modi der Bearbeitung.

---

[3] Der Forschungsprozess und die Rahmenbedingungen werden im weiteren Verlauf reflektiert. Die Vorbehalte beziehen sich auf islambezogene Forschung, der stereotype Vorannehmen zugrunde gelegt wird.

Experteninterviews – als weitere Form leitfadengestützter Interviews (Misoch, 2017) – werden entlang einer Berufsgruppe orientierend eingesetzt (Meuser & Nagel, 2009, S. 467 f.). Im engeren Sinne handelt es sich im Sample der Imaminnen um Expertinnen qua Profession – im weiteren Sinne können beide interviewten Gruppen (Studentinnen und Imaminnen) ebenso als Expertinnen bezeichnet werden, „die mit Blick auf [ein] spezifisches Forschungsthema Relevantes beizutragen [versprechen]" (Liebold & Trinczek, 2009, S. 34). Die Zuschreibung als Expert*in wird in Experteninterviews auf bestimmte und gemeinsame „Wissens-/ Erkenntnisbereiche" der Interviewten zurückgeführt (Misoch, 2017, S. 120). So gelten sie im Bezugskontext der DITIB-Gemeinden als Expertinnen in institutioneller Rahmung, die aufgrund ihrer Fremd- oder Selbstzuschreibung (oder institutionellen Zugehörigkeit) als „angehende und bereits tätige Lehrende" markiert werden. Würde die Betrachtung auf das Betriebswissen im Rahmen ihrer Profession fokussiert und läge das Erkenntnisinteresse konkret auf den Erfahrungen der Imaminnen im Kontext ihrer pädagogischen Handlungsfelder in den Moscheen, wäre eine Sampleerweiterung durch die Studentinnen obsolet; sie verfügen über keine Berufserfahrung als Imamin. So könnten nur unter Berücksichtigung *des erweiterten Expertenbegriffs* Experteninterviews geführt werden. Doch die Analyse des Betriebs- bzw. Expertenwissens (Helfferich, 2019, S. 670; Meuser & Nagel, 2009, S. 470 f.), als charakteristische Merkmale dieser Interviewform, steht hier nicht im Fokus der Betrachtung. Die Interviewten werden nicht primär um die „Kommentierung aus Expertensicht" (Helfferich, 2019, S. 682) gebeten. Es geht nicht ausschließlich um ihre institutionelle Zugehörigkeit (DITIB), aus der heraus sie sprechen sollen. Sie sind ebenfalls außerhalb dieser Zugehörigkeitskonstruktion und ihres Expertin-Seins interessant – insbesondere wenn sich beispielsweise Orientierungen im Kontext geschlechterbezogener Aspekte rekonstruieren lassen, in denen sie nicht aus der Rolle der Imamin oder Studentin, sondern aus der Rolle der Freundin, der Mutter, Schwester oder fern von jeglicher fremden Rollenzuschreibung sprechen. Somit wird eine Reduzierung und Verengung der Interviewpartnerinnen auf ihre institutionellen Bezüge verhindert; sie sind nicht unwichtig, aber auch nicht ausschlaggebend. Die Bedeutung dieser Bezüge erschließt sich vielmehr rekonstruktiv. Zusammenfassend kann festgehalten werden, dass in gewisser Weise Interviews mit Expertinnen geführt werden, die als „fokussierte Gruppe" in den Blick genommen werden – es werden aber keine Experteninterviews vor dem Hintergrund der methodischen und methodologischen Ausrichtung herangezogen. Dieser Betrachtung liegt zugleich folgende bevorzugte Annäherung zugrunde (siehe Abbildung 7.4 und 7.5).

7.2 Datenerhebung: Narrativ-Leitfadengestützte Interviews

```
[Benennung der Organisation] → [Rekonstruktion der Orientierungen] → [Untersuchung der Orientierung vor dem Hintergrund der Organisation]
```

Abb. 7.4 Zu verhindernde Markierung im Vorfeld

```
[Individuelle Betrachtung ohne expliziten Bezug zur Organisation] → [Rekonstruktion der Orientierungen] → [Untersuchung der Orientierungen im Kontext ihrer Organisation]
```

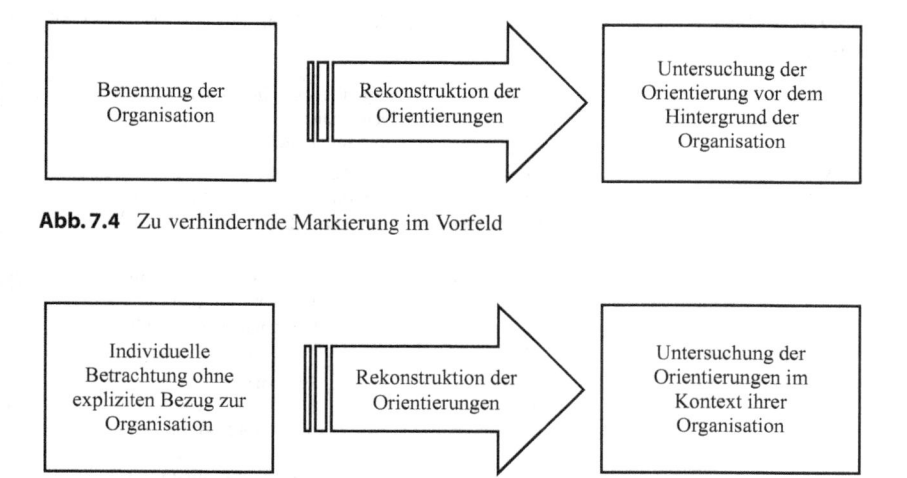

Abb. 7.5 Demarkierung und Offenheit für mögliche In-Bezug-Setzungen der Orientierungen zu den Organisationen (DITIB, theologische Fakultät)

Mit der Verhinderung einer *a priori* vorgenommenen institutionellen Markierung der Interviewten durch die Forscherin, die sich beispielsweise in den Interviewfragen manifestieren würde, soll die Offenheit für jegliche Relevanzsetzungen und In-Bezug-Setzungen durch die Interviewten selbst ermöglicht werden. Dies ermöglicht gleichzeitig – a posteriori – die Untersuchung möglicher Zusammenhänge der rekonstruierten Orientierungen und deren Bedeutsamkeit innerhalb organisationaler Zugehörigkeiten.

Folglich erweisen sich narrativ-leitfadengestützte Interviews vor dem Hintergrund des Erkenntnisinteresses als zielführend. Für die Beschreibung der Vorgehensweise der leitfadengestützten Interviews wird folgende Graphik (Misoch, 2017) für das *narrativ-leitfadengestützte* Interview modifiziert dargestellt (siehe Tabelle 7.1, angepasste Stellen in kursiv; Hervorhebungen im Original).

Tab. 7.1 Aufbau eines Leitfadens und Funktion der einzelnen Phasen im Überblick (Misoch, 2017, S. 71)

1. Informationsphase	• Informieren der Befragten zu den Zielen der Studie • Informationen zum Datenschutz • Einverständniserklärung unterzeichnen
2. Warm-Up	• (*biographisch-narrative*) Einstiegsfrage *dadurch* Gewöhnung an die Gesprächssituation und offener Einstieg in den Themenbereich *Erzählkoda*[4] • Immanente Fragen
3. Hauptteil	• Bestimmte vorab festgelegte Themenbereiche werden angesprochen, strukturiert durch den Leitfaden. • Oft deduktive und induktive Vorgehensweise kombiniert • Modifikationen des Leitfadens sind ggf. möglich.
4. Ausklang	• Einstellungs- oder Abschlussfrage(n) • Funktionen: • Hinausbegleiten aus dem Interview und gedanklicher Abschluss • Möglichkeit für Ergänzungen und Vertiefungen seitens des Interviewten

Informationsphase

In der Informationsphase wurden die Interviewten erneut über die geplante Studie informiert. Nach einer Beschreibung des Datenschutzes wurden die Einverständniserklärungen unterschrieben. Die Interviewerin wiederholt die Information, dass das Interview aufgezeichnet und anschließend anonymisiert wird.

Warm-up Phase

Die biographisch-narrative Einstiegsfrage bietet der Interviewten zunächst eine – über die später gesetzten Fokusse hinaus – eigene Relevanzsetzung und gibt Raum zur Selbstgestaltung (Loch & Rosenthal, 2002, S. 228). Die narrativ angelegte Interviewform versteht sich als „Hervorlockung und Aufrechterhaltung von längeren Erzählungen zunächst ohne weitere Interventionen von Seiten der Interviewer/innen" (Loch & Rosenthal, 2002, S. 221). Die Erzählungen werden angestoßen durch erzählgenerierende Eingangsstimuli, die in narrativen

---

[4] Der erste Erzählfluss wird zunächst abgerundet „(z. B.: ‚So, das war's: nicht viel, aber immerhin ...')". (Fritz Schütze, 1983, S. 285).

7.2 Datenerhebung: Narrativ-Leitfadengestützte Interviews

Interviews auf die Lebensgeschichte hin offen[5] oder „auf bestimmte Themenbereiche oder auf eine spezifische Phase im [...] Leben" (Loch & Rosenthal, 2002, S. 223) zugespitzt[6] formuliert werden. Diese Fokussierung kann vor dem Hintergrund des Erkenntnisinteresses bestimmt werden. Die Einstiegsfrage wird häufig durch explizite Interessensbekundungen („*mich interessiert alles was sie erzählen*") von Seiten des/r Interviewers/in verstärkt und beabsichtigt Stegreiferzählungen zu generieren. Diesem methodischen Vorgehen liegt die methodologische Überlegung zugrunde, dass Stegreiferzählungen bestimmten „*Zugzwängen des Erzählens*" unterliegen:

- *Relevanzsetzungs- und Kondensierungszwang*: Erzähler*innen können in face-to-face Interaktionen nicht durch Vorabstrukturierungen und Vorbereitungen auf die Fragen reagieren, sondern müssen sich auf das von ihnen als relevant Angenommene beschränken und auf – als unwichtig eingeschätzte – Aspekte verzichten (Kallmeyer & Schütze, 1977, S. 188; Kleemann, Krähnke, & Matuschek, 2013, S. 67).
- *Detaillierungszwang*: Sie werden geleitet, „sich an die bestimmte Abfolge von Ereignissen zu halten" (Kallmeyer & Schütze, 1977, S. 188) und „Hintergrunderzählungen" (Küsters, 2006, S. 28) einzufügen, um das Erzählte verständlich zu machen.
- *Gestaltschließungszwang*: Erzähler*innen sind aufgefordert, die detaillierte Erzählung zu Ende zu führen, damit die Erzählung verständlich bleibt (Loch & Rosenthal, 2002, S. 223 f.).

Somit bietet die biographisch-narrativ angelegte Eingangsfrage in der Warm-up-Phase des Leitfadens die Generierung von Erzählungen.

Hauptteil und Ausklang

Auch wenn leitfadengestützte Interviews ebenfalls narrativ angelegt sein und Erzählungen evozieren sollen (Nohl, 2017, S. 3 f.), bieten biographisch-narrative Einstiegsfragen durch die vergleichsweise breiter angelegte Fragestellungen

---

[5] Beispiel: *„Ich möchte Sie bitten, mir Ihre Lebensgeschichte zu erzählen, all die Erlebnisse, die Ihnen einfallen. Sie können sich dazu so viel Zeit nehmen, wie Sie möchten. Ich werde Sie auch erstmal nicht unterbrechen, mir nur einige Notizen zu Fragen machen, auf die ich später dann noch eingehen werde."* (Fischer-Rosenthal & Rosenthal, 1997, S. 141).

[6] Beispiel: *„Wir interessieren uns für die Lebensgeschichte von Menschen, die emigriert sind. Wir möchten Sie bitten, uns Ihre Lebensgeschichte zu erzählen, also nicht nur von Ihrer Emigration zu berichten, sondern über all die Erlebnisse, aus der Zeit davor und der Zeit nach der Emigration, die Ihnen heute einfallen."* (Fischer-Rosenthal & Rosenthal, 1997, S. 142).

und die daraus resultierende Gestaltungsfreiheit der/s Interviewten ein höheres Potenzial für die Generierung von Erzählungen. Erzählungen können „selbstverständlich mit Beschreibungen, Argumentationen und Bewertungen verknüpft" sein (Nohl, 2017, S. 31) – dennoch drängen Interviewfragen, die argumentativ angelegt sind, den/die Interviewte/n zur Selbstexplikation (Nohl, 2017, S. 19).

Mit dem Einsetzen der ersten Erzählkoda werden Nachfragen gestellt. Diese beziehen sich auf den Teil des bereits Erzählten, aber nicht Angesprochenen (*immanente Nachfragen*). Anschließend folgen im Rahmen des narrativen Interviews Fragen mit Themen, die noch nicht eingebracht wurden (*exmanente Nachfragen*), aber im Erkenntnisinteresse der/s Forschenden stehen (Küsters, 2006, S. 61 ff.). An dieser Stelle greift in der Datenerhebung die Modifikation und die Interviewerin geht auf den vorbereiteten Leitfaden über.

Für das weitere Vorgehen im daran anschließenden Teil des Leitfadens gilt, dass

„sich der Interviewer weder zu fest an ihn klammern noch sich munter über ihn hinwegsetzen [darf]. Im ersten Fall werden die Angaben wertlos sein, weil sie keine spontane Reaktion mehr darstellen, und im zweiten Fall, weil sie nichts mit dem Thema zu tun haben oder mit den Angaben aus anderen Interviews unvergleichbar sind." (König, 1962, S. 151)

Durch bestimmte Schwerpunktsetzungen bietet dieses Vorgehen eine Lenkung des Interviews und Relevanzsetzung durch die Interviewerin. Gleichzeitig ist es wichtig, durch offene Formulierungen der Fragen die Interviewte nicht in Form von „Suggestivfragen" in Argumentationszwänge zu bringen. Auch hier greifen nach entsprechenden Leitfragen *immanente* und (über den Leitfaden hinaus) *exmanente* Nachfragen. Somit gilt es, die Balance zwischen thematischem Fokus (durch die vorbereiteten Interviewfragen) und den aus dem Interviewverlauf hervortretenden immanenten Nachfragen zu halten. In dieser Balance spiegelt sich die notwendige und als Grundprinzip (qualitativer Forschung) festgelegte *Offenheit* mit Blick auf die *Gestalt* und die *Durchführung* leitfadengestützter Interviews wider (Reinders, 2016, S. 136). Die von den Interviewten als relevant gesetzten Aspekte sind in den Leitfaden situativ aufzunehmen und diesem Prozess ist offen gegenüberzutreten. Dies gilt auch für die möglichen Veränderungen des Leitfadens im Laufe des Forschungsprozesses (Reinders, 2016, S. 136). Folglich lässt sich der Leitfaden als Stütze und Orientierung für den Interviewer oder die Interviewerin verstehen (Reinders, 2016, S. 136). Die Grundprinzipien qualitativer Forschung (*Offenheit*, *Prozesshaftigkeit* und *Kommunikation*) lassen sich auch weiterhin auf die Gestaltung und Durchführung leitfadengestützter

7.2 Datenerhebung: Narrativ-Leitfadengestützte Interviews

Interviews übertragen: In den Leitfragen gilt es im Sinne der *Prozesshaftigkeit* Vergangenheitsbezüge herzustellen und auf Entwicklungsprozesse einzugehen (Vergangenheit-Gegenwarts-Prozess) sowie „die Frage nach subjektiven Sichtweisen [...] durch Fragen nach der Rolle der Umwelt bei der Entstehung der Sichtweisen" zu ergänzen (Ich-Andere-Prozess) (Reinders, 2016, S. 137). Auf der Ebene der *Kommunikation* ist die Verständlichkeit der Formulierungen und die Orientierung an den alltäglichen Sprachregeln bedeutsam[7] (Reinders, 2016, S. 138).

Unter Berücksichtigung dieser methodologischen Überlegungen und den genannten Kriterien qualitativer Forschung wurde eine Handhabung für die narrativ-leitfadengestützten Interviews gefunden. Mithilfe dieses Instruments wurden folgende – für das Forschungsvorhaben relevante – Themenbereiche abgefragt (siehe Tabelle 7.2).

Tab. 7.2 Aspekte des Leitfadeninterviews

Interview mit türkischen Imaminnen in Deutschland	Interview mit deutsch-türkischen Studentinnen des UIP
• Erzählgenerierender Eingangsstimulus („Mich interessiert dein Weg in diese Moschee. Du kannst anfangen wo du möchtest, mich interessiert alles was du zu erzählen hast.")	• Erzählgenerierender Eingangsstimulus („Mich interessiert dein Weg an diese Fakultät. Du kannst anfangen wo du möchtest. Mich interessiert alles was du zu erzählen hast.")
• Erfahrungen in der Moschee in Deutschland	• Erfahrungen an der theologischen Fakultät in der Türkei
• Erfahrungen bzgl. der Zusammenarbeit mit den Imamen in der Moschee	• Erfahrungen mit den Studenten*innen und Professor*innen an der theologischen Fakultät
• Predigt von Imaminnen für geschlechtergemischte Gruppen	• Predigt von Imaminnen für geschlechtergemischte Gruppen
• Zukunftsperspektiven und -wünsche mit Blick auf das Handlungsfeld und die Moschee	• Zukunftsperspektiven und -wünsche mit Blick auf das zukünftige Handlungsfeld und die Moschee

Abhängig davon, mit welcher Gruppe die Interviews geführt wurden, zeigen sich Verschiebungen in den Fragen. So wird im Falle von Imaminnen nach den Erfahrungen in der Moschee gefragt, während sich die Frage bei

---

[7] Über die Bedeutung der Orientierung an den alltäglichen Sprachregeln in diesem Forschungskontext siehe Kapitel 8.

deutsch-türkischen Studentinnen auf die Erfahrungen an der theologischen Fakultät richtet. Der Geschlechterbezug wird zu Beginn des Interviews und in der daran anschließenden Frage nach den Erfahrungen in der Moschee bzw. an der Fakultät bewusst nicht gesetzt, um auf die Relevanzsetzungen der Interviewten und die Bedeutung der Geschlechterkategorie hin untersuchen zu können. Erst in den daran anschließenden zwei Fragen aus dem Leitfaden wird der Bezug explizit hergestellt. Entlang dieser Leitfragen wurden die Interviews geführt und anschließend ausgewertet.

7.3 Auswertung: Dokumentarische Methode

... von dem ‚Was' zum ‚Wie'...

Die Suche nach den passenden Handwerkszeugen für die Auswertung des Datenmaterials führte vor dem Hintergrund der Forschungsfrage zur Wahl der dokumentarischen Methode. In Anlehnung an diese Methode qualitativ-rekonstruktiver Sozialforschung werden die Daten interpretiert und ausgewertet. Sie wurde ursprünglich für die Auswertung und Rekonstruktion von kollektiven Orientierungsrahmen in Gruppendiskussionen (Bohnsack, 2014) und später für die Auswertung von Einzelinterviews weiterentwickelt (Nohl, 2017). Nohl beschreibt die Möglichkeit, sowohl biographische als auch narrativ angelegte Leitfadeninterviews mithilfe der dokumentarischen Methode zu interpretieren (Nohl, 2017).

Die Methode steht in der – oben bereits angedeuteten – Tradition der praxeologischen Wissenssoziologie Mannheims, die zwei Sinnebenen voneinander unterscheidet: Auf der Ebene des *immanenten Sinngehalts* wird das Explizierte rekonstruiert; also das wörtlich oder explizit aus dem Material zum Tragen Kommende (Bohnsack, 2014, S. 220; Nohl, 2017, S. 4). Dabei gilt es zwischen dem *intentionalen Ausdruckssinn* und dem *objektiven Sinn* zu unterscheiden. Der intentionale Ausdruckssinn meint die „Absichten und Motive des/der Erzählenden" (Nohl, 2017, S. 4); dieser lässt sich empirisch schwer erfassen (Nohl, 2017, S. 6). Der *objektive Sinn* beschreibt hingegen die Bedeutung des Textes durch Zeichen und Gestalt (Mannheim, 2009, S. 48); beispielsweise durch Wort, Mimik und Gestik (Weller, 2005, S. 297). Auf dieser Ebene spiegelt sich das *kommunikative Wissen* der Erforschten wider.

Zur Unterscheidung des immanenten Sinngehalts vom *Dokumentsinn* schreibt Mannheim folgendermaßen:

7.3 Auswertung: Dokumentarische Methode

> „Ist der Schöpfer eines Werkes in der Schöpfung auf das Gestalten des objektiven Sinnes und das Einbilden des Ausdruckssinnes gerichtet, so ist jenes Dritte – der dokumentarische Gehalt seines Werkes – für ihn als Schöpfer der Intention nach nicht gegeben. Die dokumentarische Sinnschicht ist also nur vom Rezeptiven aus erfassbar." (Mannheim, 1964, S. 118)

Der Dokumentsinn beschreibt folglich den dokumentarischen Sinngehalt, der nicht auf der Ebene des Explizierten, sondern in den impliziten Wissensbeständen der Interpret*innen rekonstruierbar wird. Auf dieser Ebene wird „die Rekonstruktion der Genese [des] *atheoretischen Wissens*" möglich (Asbrand & Martens, 2018, S. 13; H.d.V.). Atheoretisch wird dieses Wissen, da es auf einer gemeinsamen Erfahrung beruhend (beispielsweise) Handlungen leitet, ohne dass dieses Wissen darüber je explizit werden müsste (Kergel, 2018, S. 201; Nohl, 2017, S. 6). Kergel nennt zur Verdeutlichung des atheoretischen Wissens das Beispiel des Winkens und Zurückwinkens: der Zurückwinkende winkt dem Winkenden zurück, ohne darüber nachdenken zu müssen; beide folgen somit einer nicht explizierten Regel, verfügen über atheoretisches Wissen und konstruieren auf dieser Grundlage einen gemeinsamen Erfahrungsraum (Kergel, 2018, S. 201). Der dokumentarischen Methode liegt die methodologische Annahme zugrunde, dass durch die Rekonstruktionen von Orientierungen und des atheoretischen Wissens „Rückschlüsse in Bezug auf die Erfahrungsräume [gezogen werden können], in denen diese entstanden sind" (Fritzsche, 2013, S. 44).

Von der Rekonstruktion des immanenten Sinngehalts hin zur Rekonstruktion des dokumentarischen Sinngehalts spiegelt sich der Analyseschritt der dokumentarischen Methode – von dem ‚*Was*' zum ‚*Wie*' – wider. *Was* wird gesagt und *was* ist die „gesellschaftliche Realität" der Interviewten? (Bohnsack, Marotzki, & Meuser, 2010, S. 42) Anschließend wird auf der Ebene des Dokumentsinns und der Frage nach dem *Wie* der Habitus – der *modus operandi* – rekonstruiert, der einer bestimmten Praxis zugrunde liegt (Bohnsack, 2013b, S. 260). Es wird der Frage nachgegangen, in welchen Rahmen das Thema oder die Problemstellung bearbeitet wird (Bohnsack, 2010b, S. 298 f.; 2014, S. 137) und *wie* die „berichtete Handlung konstruiert ist" (Nohl, 2017, S. 4). In der Analyseeinstellung der dokumentarischen Methode geht es nicht darum, ob das von den Erforschten Explizierte „der *Wahrheit* oder der *normativen Richtigkeit*" (Bohnsack, 2014, S. 65; H.i.O.) entspricht; vielmehr geht es um die Rekonstruktion der Orientierungen und dessen, was sich darin dokumentiert (Bohnsack, 2014, S. 65).

Wenn im Rahmen der dokumentarischen Methode als Ziel formuliert wird, „implizites Wissen explizit zu machen" (Bohnsack, 2009, S. 324), deutet die Inblicknahme dieses impliziten oder atheoretischen Wissens nicht auf ein allgemeines Absprechen des Wissens der Erforschten darüber, *wie* sie ihre „Handlungsprobleme bewältig[en]" (Nohl, 2017, S. 19); den Forschenden wird auch nicht das Mehr-Wissen darüber zugesprochen (Bohnsack, 2017, S. 219), doch gleichzeitig besteht die Überlegung in der Wissenssoziologie Mannheims, dass die Erforschten „selbst nicht wissen, was sie da eigentlich alles wissen, somit also über ein implizites Wissen verfügen, welches ihnen reflexiv nicht so ohne weiteres zugänglich ist" (Bohnsack, Nentwig-Gesemann, & Nohl, 2013, S. 12).

In dem Zugang zu diesem impliziten (oder auch handlungsleitenden) Wissen (Bohnsack, 2009, S. 320) bleibt die Position der Interpret*innen nicht unreflektiert. Mannheim (1952, S. 229 f.) spricht von einer Standortgebundenheit (bzw. Seinsverbundenheit) der Interpret*innen; von der „Milieu- und Kulturabhängigkeit [ihrer] Interpretation, die für [sie] selbst unbeobachtbar bleib[en]" (Bohnsack, 2013a). Vor diesem Hintergrund gilt es neben der gemeinsamen Interpretation in Forschungswerkstätten im Sinne der intersubjektiven Nachvollziehbarkeit, eine methodische Kontrolle durch Fallvergleiche – die *komparative Analyse* – anzustreben (Bohnsack, 2013b, S. 253; Nohl, 2013a, S. 272, 276, 291). Dadurch wird nach *homologen* (kollektiven) oder *heterologen Orientierungen* der Erforschten gesucht.

In der (Weiter-)Entwicklung der dokumentarischen Methode werden die Begriffe Orientierungsschemata, Orientierungsrahmen und Orientierungsmuster differenziert: Orientierungsmuster als „Oberbegriff" unterscheidet zwischen Orientierungsschema und Orientierungsrahmen (Nohl, Schäffer, & Przyborski, 2013, S. 28). *Orientierungsschema* meint das kommunikative Wissen der Interviewten (Asbrand & Martens, 2018, S. 21) und verweist somit auf das Alltagswissen der Erforschten (auf die *Common Sense-Theorien*) (Bohnsack, 2012, S. 120, 123); dazu gehören „normative Erwartungen […], exteriore Zuschreibungen und Theorien der Erforschten über ihre Handlungspraxis" (Asbrand, Pfaff, & Bohnsack, 2013). In diesen Orientierungsschemata werden „Handlungsentwürfe und -motive entlang von gesellschaftlichen Rollen und Institutionen" (Nohl et al., 2013) expliziert. Neben diesen „kommunikativen Orientierungsschemata" spricht Bohnsack von „konjunktiven Orientierungsrahmen" (Bohnsack, 1997, S. 53). *Orientierungsrahmen* (oder Habitus) (Bohnsack, 2011a, S. 43; 2011b, S. 20) bezeichnen das habitualisierte oder inkorporierte Wissen[8] und somit das Erfahrungswissen der Erforschten (Bohnsack, 2017, S. 104); dieses konstituiert sich in

---

[8] Bohnsack schreibt über das inkorporierte Wissen Folgendes: „Solange und soweit ich mir im Prozess des Knüpfens eines Knotens dessen Herstellungsprozess, also die Bewegungsabläufe des Knüpfens, bildhaft – d. h. in Form von materialen (äußeren) oder mentalen (inneren) Bildern – vergegenwärtigen muss, um in der Habitualisierung der Praxis erfolgreich zu sein, habe ich den Prozess des Knüpfens eines Knotens allerdings noch nicht vollständig

7.3 Auswertung: Dokumentarische Methode

konjunktiven (oder kollektiven) Erfahrungsräumen und ermöglicht somit Rückschlüsse „auf die milieu [- und gruppen-] spezifische Art und Weise, Themen und Problematiken zu bewältigen" (Nohl et al., 2013, S. 28). Aufgrund der milieu- oder gruppenspezifischen Gebundenheit und der daraus resultierenden kollektiven Erfahrungsräume entstehen Orientierungsrahmen, die – der praxeologischen Wissenssoziologie zufolge – handlungsleitend sind (Asbrand et al., 2013, S. 6). Für die Rekonstruktion dieser (kollektiven) Orientierungsrahmen ist die komparative Analyse konstitutiv. Denn

> „[der] Orientierungsrahmen lässt sich in seiner Signifikanz dann empirisch valide erfassen, wenn er von anderen, differenten Orientierungsrahmen, innerhalb derer dieselbe Problemstellung, dasselbe Thema auf andere Art und Weise bearbeitet wird, abgegrenzt werden kann." (Nohl, 2017, S. 8)

Orientierungsmuster – zusammengesetzt aus kommunikativem Wissen (Orientierungsschemata) und konjunktivem Wissen (Orientierungsrahmen) – verweisen somit auf die „das Handeln leitenden und orientierenden [...] Wissens- und Erfahrungsbestände" (Bohnsack, 2011b, S. 19). Vor dieser methodologischen Überlegung ist es im Rahmen dieser Studie naheliegend, mit einer Anlehnung an die Auswertungsschritte der dokumentarischen Methode nach kollektiven Orientierungen und den Modi der Bearbeitungen zu suchen, die sich in den Interviews mit Imaminnen und Studentinnen des Internationalen Theologieprogramms (mit dem Fokus auf geschlechterbezogene Aspekte) rekonstruieren lassen, und mit Blick auf die Möglichkeiten einer Generalisierbarkeit hin zu überprüfen, ob sich gruppenspezifische Typen in den rekonstruierten Orientierungen herausbilden.

Analyseschritte der dokumentarischen Interpretation
Im Rahmen der dokumentarischen Interpretation sind die (Analyse)Schritte der *formulierenden* Interpretation, *reflektierenden* Interpretation und *Typenbildung* konstitutiv (siehe Tabelle 7.3).

---

inkorporiert und automatisiert. Der modus operandi ist im Falle der bildhaften, der imaginativen Vergegenwärtigung das Produkt impliziter Wissensbestände und mentaler Bilder, welche wir als Orientierungsrahmen bezeichnen. In diesem Falle führt die empirische Analyse über die empirische Rekonstruktion von metaphorischen Darstellungen, von Erzählungen und Beschreibungen der Handlungspraktiken durch die Akteure, also über die Rekonstruktion ihrer eigenen mentalen Bilder." (Bohnsack, 2012, S. 125).

Tab. 7.3 Analyseschritte der dokumentarischen Interpretation (Nohl, 2017, S. 30; Erg. d. Verf.)

Stufen	Zwischenstufen
Formulierende Interpretation	Thematischer Verlauf und Auswahl zu transkribierender Interviewabschnitte
	Formulierende Feininterpretation eines Interviewabschnitts
Reflektierende Interpretation	Formale Interpretation mit Textsortentrennung
	Semantische Interpretation mit komparativer Sequenzanalyse
Typenbildung	Sinngenetische Typenbildung
	Soziogenetische Typenbildung
	Relationale Typenbildung

1. **Die formulierende Interpretation als Analyse des ‚Was'**
   Nach der Datenerhebung werden die Audioaufnahmen abgehört und vor der Auswahl der zu transkribierenden Sequenzen werden thematische Verlaufspläne erstellt. Dadurch lassen sich mit Blick auf die Forschungsfrage zunächst interessant oder relevant erscheinende Sequenzen identifizieren (Nohl, 2017, S. 29). Bereits beim Abhören der Interviews und der Erstellung thematischer Verlaufspläne wird *(re)formuliert* und *formulierend interpretiert* (Nohl, 2017, S. 30). Auf der Grundlage der vorliegenden Transkripte werden in der *formulierenden Feininterpretation* zusammenfassende Formulierungen (bspw. Überschriften, Ober- und Unterthemen) über angesprochene Themen vorgenommen. In diesem Schritt bleibt die Betrachtung der Interpretierenden auf der Ebene des immanenten Sinngehalts (Schäffer, 2011, S. 77); also das, *was* sich auf der kommunikativen Ebene rekonstruieren lässt. In diesem Schritt handelt es sich somit um die Rekonstruktion der thematischen Gliederung (Bohnsack & Nohl, 2013, S. 325) und die Identifizierung angesprochener Aspekte bzw. Themen (Nohl, 2017, S. 30 f.).

2. **Die reflektierende Interpretation als Analyse des ‚Wie'**
   Durch die *reflektierende Interpretation* wird der Rahmen, innerhalb dessen das Thema abgehandelt wird, expliziert und rekonstruiert (Bohnsack, 2014, S. 137; Nohl, 2017, S. 31). Während im ersten Schritt der Interpretation dem „*Was*" gefolgt wurde, widmet sich der/die Forscher*in nun dem „*Wie*" des Interviewtextes. Zunächst erfolgt eine Textsortentrennung (Argumentation,

Beschreibung, Erzählung und Bewertung) (Nohl, 2017, S. 32). Hier liegt es insbesondere nahe, den Blick auf Erzählungen zu richten, denn darin äußert sich die Erfahrung und die erlebte Handlungspraxis, die wiederum als „Artikulation ‚atheoretischen Wissens' und ‚konjunktiver Erfahrung' dienen" (Nohl, 2017, S. 19). Das bedeutet nicht, dass Argumentationen, Beschreibungen und Bewertungen nicht in den Blick genommen werden. Erzählungen können mit Argumentationen, Begründungen und Bewertungen in Zusammenhang stehen (Nohl, 2017, S. 31). Die Erforschten aber durch stark argumentativ angelegte Fragen

> „zur Selbstexplikation zu drängen, würde diese Differenz zwischen atheoretisch-implizitem und theoretisch-explizitem Wissen ignorieren und das Interview auf die Ebene des expliziten Wissens reduzieren."[9] (Nohl, 2017, S. 19)

Nohl (2017, S. 35) zufolge kann auch in Argumentationen die Betrachtung anstelle des kommunikativen Sinngehalts auf die Art und Weise fokussiert werden, wie bestimmte Handlungspraktiken begründet oder bewertet werden. „Auch dieser modus operandi des Theoretisierens kann Aufschluss über die Orientierungsrahmen geben, innerhalb derer eine Person ihre Themen und Problemstellungen bearbeitet." (Nohl, 2017, S. 35)

Nach der Textsortentrennung werden in der semantischen Interpretation auf der Ebene des dokumentarischen Sinngehalts (handlungsleitende) Orientierungen rekonstruiert; sie ist nicht auf die Frage gerichtet, „was die ‚gesellschaftliche Realität' der Erforschten ist, sondern *wie* diese Realität hergestellt wird" (Nohl, 2017, S. 36; H.i.O.). Die rekonstruierten Orientierungsrahmen werden durch den ständigen fallübergreifenden Vergleich – die komparative Analyse – und die Suche nach Homologien[10] und Kontrasten innerhalb der reflektierenden Interpretation rekonstruiert, voneinander abgegrenzt und so konkretisiert (Bohnsack & Nohl, 2013, S. 326). Die komparative Analyse gestaltet sich insbesondere durch die Suche „*maximal kontrastierende[r] Fälle*", indem (innerhalb eines Falles und interviewübergreifend) nach unterschiedlichen Bearbeitungen (oder Modi im Rahmen) eines selben Themas gesucht wird (Nohl, 2017, S. 38; H.i.O.).

---

[9] Darauf wurde (wie bereits beschrieben) in der Datenerhebung geachtet.

[10] In methodisch-methodologischen Auseinandersetzungen wird neben „Homologie" auch der Begriff „Analogie" verwendet (Bohnsack, Hoffmann, & Nentwig-Gesemann, 2018; Gentile, 2011; Przyborski & Slunecko, 2013). Die Untersuchung nach übereinstimmenden, gleichen, also *homologen*, oder nicht übereinstimmenden, also *heterologen* Orientierungen ist im Rahmen der komparativen Analyse innerhalb der dokumentarischen Methode zentral.

Das Gemeinsame, das durch die Suche in zwei Fällen gefunden wird, bildet das vergleichende Dritte oder *tertium comparationis*[11]*;* es strukturiert den Vergleich und deutet auf die homologen Orientierungsrahmen hin (Bohnsack & Nohl, 2010). Nohl (2017, S. 40) zufolge sind im Interview die in den untersuchten Sequenzen jeweils genannten Themen das Strukturierende des Vergleichs; im Falle von leitfadengestützten Interviews sind es die Fragen. Sowohl fallintern als auch fallübergreifend[12] lassen sich durch diese *tertia comparationis* neben den homologen Orientierungsrahmen gleichzeitig Kontraste rekonstruieren (Bohnsack & Nohl, 2010). Neben themenbezogenen *tertia comparationis* (aus denselben Fragen in zwei Interviews vergleichend) können in der fallübergreifenden komparativen Analyse ebenfalls zunächst unterschiedliche oder ähnliche Fragen verglichen werden, die auf heterologe oder homologe Orientierungen verweisen, die beispielsweise durch homologe oder heterologe Modi bearbeitet werden. Dadurch lassen sich (auch) zwei unterschiedliche Fragen aus den Interviews miteinander vergleichen.

3. **Typenbildung**
Die dokumentarische Methode zielt nach der formulierenden und reflektierenden Interpretation auf den letzten Schritt – die Typenbildung – ab. Typenbildungen sind ein Resultat der Gruppierungsversuche der gefundenen Ähnlichkeiten und Unterschiede. Das Herausgearbeitete wird also abstrahierend zusammengefasst. Der Begriff *Typ* deutet dabei auf die Gruppierung von *Fällen* im Sinne der Interviewpartnerinnen und der Interviews als Ganzen. Doch der *Fall* lässt sich auch verstehen als ein „Ereignis, [eine] Situation oder Handlung" (Kelle & Kluge, 2010, S. 86), die in einem Interview sichtbar werden. Dann wird es wiederum möglich, dasselbe Interview mehreren Typen zuzuordnen (Kelle & Kluge, 2010, S. 86). Die dokumentarische Methode verweist auf verschiedene Wege der Typenbildung, die mit jeweils anderen Vorüberlegungen und Zielen erfolgen:
(1.) **Zur sinngenetischen Typenbildung**
Welche unterschiedlichen Orientierungsrahmen rekonstruiert werden konnten bildet sich in der sinngenetischen Typenbildung ab (Nohl,

---

[11] Die Suche nach dem tertium comparationis ist ein wichtiger Bestandteil innerhalb der Grounded Theory Methode und Methodologie (Liebeskind, 2012, S. 335).

[12] In dieser Studie wird ganz im Sinne der dokumentarischen Interpretation bereits zu Beginn fallintern *und* fallübergreifend verglichen. Das bedeutet, dass nicht – wie es beispielsweise in der objektiven Hermeneutik vorgesehen wird – die Rekonstruktion eines Falles abgeschlossen sein muss, damit ein anderer Fall für die Komparation herangezogen werden kann (Nohl, 2013b, S. 24).

2013b, S. 48). In diesem Schritt der dokumentarischen Methode werden die rekonstruierten Orientierungsrahmen abstrahiert und in Typen zusammengeführt. Sie lösen sich von fallinternen Betrachtungen hin zu einer Betrachtung fallübergreifender Orientierungsrahmen, die durch „minimale und maximale Kontraste" (Nentwig-Gesemann, 2013, S. 297) sinngenetisch zusammengefasst werden. Das bedeutet, dass auch hier in einem – diesmal fallübergreifenden – Vergleich Orientierungsrahmen im Sinne der tertia comparationis zusammengeführt werden. Das vergleichende Dritte sind nicht mehr (fallübergreifende) Themen, wie es im Schritt der komparativen Analyse war; sondern die bereits rekonstruierten Orientierungsrahmen, auf deren Grundlage nun die Suche nach einer Typenbildung stattfindet (Bohnsack & Nohl, 2010, S. 119). Welche Orientierungsrahmen im Kontext geschlechterbezogener Aspekte in den Interviews mit Imaminnen und Studentinnen rekonstruiert werden konnten, spiegelt sich somit in diesem Schritt der Auswertung wider.

Während in der sinngenetischen Typenbildung nach Sinnmustern gesucht und abstrahiert wird, beginnt die Suche nach „migrations- oder aber auch alters-, generations-, geschlechts- und milieutypischen" (Nentwig-Gesemann & Bohnsack, 2011, S. 165) Erfahrungszusammenhängen der rekonstruierten Orientierungsrahmen erst in der soziogenetischen Interpretation und Typenbildung (Nentwig-Gesemann, 2013, S. 297).

(2.) **Zur soziogenetischen Typenbildung**
Die soziogenetische Typenbildung zielt auf das Herausarbeiten der Bezüge und Zusammenhänge der rekonstruierten Orientierungsrahmen mit bestimmten „Erlebnishintergründen" und „Erfahrungsdimensionen" (Bohnsack, 2014, S. 143; Bohnsack & Nohl, 2010, S. 120). Die bereits rekonstruierten Orientierungsrahmen werden vor dem Hintergrund gesellschaftlicher Aspekte wie Alter, Geschlecht, Generation oder Milieu erneut soziogenetisch interpretiert und – wenn möglich – typisiert. Bohnsack (2018, S. 326) verdeutlicht die Suche nach der Soziogenese; die Soziogenese einer Orientierung, die ‚typisch dörflich' zu sein scheint, werde im dörflichen Erfahrungsraum gesucht. Eine solche Zuordnung deutet gleichzeitig auf die Abgrenzbarkeit des typisierten Orientierungsrahmens von anderen; das bedeutet, dass der „typisch dörfliche" Orientierungsrahmen nicht in „städtischen" Kontexten gefunden werden konnte.[13]

---

[13] Bohnsack spricht hier von der Negation in der soziogenetischen Typenbildung (Bohnsack, 2018, S. 326).

Durch diese Abgrenzbarkeit geschlechter-, milieu- oder migrationsspezifischer Typiken erhöhe sich die Validität der Ergebnisse, die somit eine Generalisierung möglich mache.
Die sinngenetische und soziogenetische Typenbildung setzt voraus, dass (kollektive) Orientierungsrahmen gefunden werden, die voneinander abgrenzbar sind. Für den Fall, dass keine sinngenetischen und soziogenetischen Typenbildungen erfolgen können, bietet Nohl (2013b) eine weitere Variante der Typenbildung an.

(3). **Die relationale Typenbildung**
Mit der Erkenntnis, dass die soziogenetische Typenbildung nicht immer gelingt, nach einer sinngenetischen Typisierung allerdings Beziehungen der rekonstruierten Orientierungen zueinander untersucht werden sollen bzw. können, entwickelt Nohl die *relationale Typenbildung* als mögliche Alternative zur soziogenetischen Typenbildung (Nohl, 2013b). Die nach der sinngenetischen ansetzende relationale Typenbildung zielt auf die Untersuchung der Beziehungen der rekonstruierten Orientierungen zueinander. Nohl beschreibt, dass die „Typisierung einer Relation [nur dann] gelingt […], wenn sie von anderen typisierbaren Relationen empirisch abgegrenzt und die Eigenlogik der jeweiligen Relation plausibel gemacht werden kann" (Nohl, 2020, S. 59).

(4). **Die Typenbildung in dieser Studie**
Dieser Studie wird das Begriffsverständnis des *Falles* im Sinne von Ereignissen, Handlungen und Situationen zugrunde gelegt. Folglich wurden die (handlungs-)leitenden Orientierungen, die in den Beschreibungen bestimmter Ereignisse, Handlungen und Situationen sichtbar wurden, typisiert. Es ist dann nicht erstaunlich, wenn sich dasselbe Interview in verschiedenen rekonstruierten Orientierungen wiederfinden lässt. Somit lässt sich der „Typ" als das (Handlungs-)Leitende und Strukturierende verstehen, wenn die Interviewten über geschlechterbezogene Aspekte sprechen. Mit Blick darauf wird es auch nicht möglich, die untersuchten Subjekte mit ihren Interviews *als Ganze* in bestimmte Kategorien zu schieben und nach Geschlechtervorstellungen zu suchen, die themenübergreifend-starr und durchgehend-eindeutig reproduziert werden. Die typisierten Orientierungen verweisen auf viel mehr; sie zeigen, dass sich eine Imamin sowohl an den Organisationsstrukturen orientieren kann und diese im Modus der Selbstermächtigung bearbeitet, in einem anderen Kontext hingegen auf den Modus der Reproduktion traditioneller Geschlechterrollen verweist. Zwei divergente – auf den ersten Blick – voneinander deutlich abgrenzbare Orientierungen und Modi werden in

7.3 Auswertung: Dokumentarische Methode

unterschiedlichen Kontexten innerhalb desselben Interviews sichtbar. Eine solche Annäherung und Ergebnissicherung ermöglicht, die Verwobenheit bestimmter Aspekte aufzuzeigen.

Nach der formulierenden und reflektierenden Interpretation wurden die kollektiven Orientierungen durch eine sinngenetische Typenbildung zusammengefasst und abstrahiert. Die Soziogenese der Orientierungen erfolgt nicht; die Frage nach milieu- oder migrations-, generations-, gemeinde- oder fakultätsspezifischen Orientierungen geht aus den Ergebnissen der Analyse nicht hervor. So konnten beispielsweise keine spezifischen kollektiven Orientierungen in der Gruppe der Imaminnen oder der Studentinnen gefunden werden. Somit scheitert der Versuch einer soziogenetischen Typologie.

Reflexion des Forschungsprozesses 8

Reflexion des eigenen modus operandi…

Nicht nur der Beschreibung der im Laufe des Forschungsprozesses in die Hand genommenen Werkzeuge (Methoden) und ihres „Materials" (in diesem Fall der Methodologie) gilt es im Rahmen qualitativer Forschung Aufmerksamkeit zu schenken. Die Reflexion der *eigenen Rolle* oder der eigenen – in den Worten Mannheims (1952, S. 229 f.) – *Seinsverbundenheit* oder *Standortgebundenheit* der Forscherin, die ebenso wie die Erforschten mit einer subjektiven Wahrnehmung Wirklichkeit konstruiert und einen eigenen *modus operandi* im Umgang mit dem Forschungsgegenstand entwickelt, ist für eine tiefgreifende Analyse und Kontextualisierung unumgänglich. „Der Umgang mit der eigenen Position verlangt […] eine systematische Reflexion der eigenen Hin- und Herbewegungen im Konstruktionsprozess." (Bereswill, 2003, S. 514) Nun soll die eigene Vorgehensweise aus der Vogelperspektive betrachtet oder – im Sinne Meads – das eigene Handeln mit den Augen anderer gesehen (Mead, 2017, S. 299) und reflektiert werden. Diese Reflexion des eigenen modus operandi der Forscherin kann nicht ohne die Betrachtung der Rahmenbedingungen, unter denen das Forschungsmaterial erhoben und ausgewertet wurde, sowie der Art und Weise der eigenen In-Verhältnis-Setzung zu den Erforschten und dem Feld erfolgen. Mit Blick auf die Annahme, dass es sich im Rahmen einer qualitativen Studie und der in diesem Zusammenhang stehenden Datenerhebungen um eine „Momentaufnahme" handelt, gewinnt die „Zustands- und Prozessanalyse zum Zeitpunkt der Forschung" an Bedeutung (Flick, 2019, S. 255). Daher wird im Sinne einer „Rekonstruktion der eigenen empirischen Verfahrensweise [– also einer] Rekonstruktion der Rekonstruktion" (Bohnsack, 2014, S. 27, Anm. d. Verf.) der Prozess reflektiert.

Zugleich ist es bedeutsam, sich vor Augen zu führen, dass Forschende den Forschungsgegenstand mitkonstituieren: Die Konkretisierung des Forschungsgegenstandes, die Fokussierung des Erkenntnisinteresses und die Formulierung der Forschungsfragen stellen bereits die ersten Schritte der Theoretisierung dar. ‚Warum entscheide ich mich für einen bestimmten Sachverhalt?' oder ‚Warum formuliere ich diese Forschungsfrage in dieser Form?' sind forschungsleitende Fragestellungen, die Rückschlüsse über bestimmte Vorannahmen mit Blick auf den Forschungsgegenstand liefern können. Die Überlegungen sowie die Interaktionen im Forschungsfeld machen die Forschenden zu Mittäter*innen, etwa wenn sie genderbezogene Fragestellungen formulieren oder Frauen* als solche adressieren und sie zu einer fokussierten Gruppe machen.[1]

8.1 Rahmenbedingungen und Feldzugang

To be made an "Inside and Outside Woman" ...

Der Ausdruck „*Inside Woman*" oder „*Outside Woman*" suggeriert keine Selbstzuschreibung oder -positionierung; es geht um die Fremdzuschreibung und Markierung durch die Interviewpartner*innen und Ansprechpartner*innen im Forschungsfeld, die aufgrund bestimmter äußerlicher oder biographischer Merkmale der Forscherin Zugehörigkeiten konstruieren und darin (un)intendiert Verhältnisse herstellen. Das (zugeschriebene) Geschlecht ist eines davon. Über die Bedeutung, als Frau* Frauen* zu beforschen, als Forscher*in mit Behinderung(en) über Menschen mit Behinderung(en) zu forschen oder sich in Forschungsfeldern zu bewegen, in denen den Forschenden kollektive Zugehörigkeiten zugeschrieben werden, wird in den Auseinandersetzungen in der empirischen Forschungslandschaft (und insbesondere im internationalen Raum) unter den Bezeichnungen des

---

[1] In diesem Zusammenhang formulieren Behnke und Meuser treffend: „Auch in der Forschungsinteraktion findet „*doing gender*" statt, nicht nur die untersuchten Personen, auch die Forschenden sind Konstrukteure von Geschlecht. [...] Auch in der Forschung können wir, wenn wir Leute befragen oder beobachten wollen, nicht umhin, zunächst einmal in der Manier des Alltagsverstandes zu klassifizieren: diese Person ist ein Mann, jene eine Frau. Die Ethnomethodologie fragt zwar einerseits, woher wir wissen, daß eine bestimmte Person eine Frau oder ein Mann ist, muß aber andererseits die Gültigkeit dieses Wissens voraussetzen, um überhaupt Personen zur Verfügung zu haben, angesichts derer eine solche Frage gestellt werden kann. Alles andere führte zu Peinlichkeiten und vermutlich zum Abbruch der Interaktion durch die erforschte Person, weil sie sich in ihrer Geschlechtszugehörigkeit nicht (an-)erkannt sähe." (Behnke & Meuser, 1999, S. 42 f.).

8.1 Rahmenbedingungen und Feldzugang

Insider*in- oder Outsider*in-Seins reflektiert (Beloe, 2014; Greene, 2014; Hamdan, 2009; Pérez Naranjo, 2014; Saidin & Yaacob, 2016). Auch wenn durch diese Begriffe die Position(ierung) der Forschenden im Feld einfach beschreibbar zu sein scheint, wird in dem Hin- und Herbewegen der Forscher*innen im Feld als *wandernde*, sich immer *wandelnde* und *reflektierende* Subjekte die Problematik dieser eindeutigen Kategorisierung(sversuche) erkennbar. Wer oder was positioniert zudem die Forschenden und unter wessen Deutungshoheit werden diese Zuschreibungen verhandelt? Welche Merkmale machen die Forschenden zu In- bzw. Outsider*innen und was sagen die – für die Zuschreibungen leitenden – Merkmale über das Feld aus? Unabhängig davon, dass diese Hoheit zwischen wissenschaftlicher Praxis, den Akteur*innen im Forschungsfeld, den Erforschten und Forscher*innen selbst ausgehandelt wird (Flick, 1991, S. 154) – es scheint dennoch Schlüsselmerkmale oder konstruierte kollektive Zugehörigkeiten zu geben, die es auch in solchen politisch angespannten Forschungsfeldern möglich machen, im Forschungsfeld unterwegs zu sein und Daten zu erheben. Denn der gesamte Forschungsprozess und insbesondere die Phase der Datenerhebung steht in der Zeitspanne der politischen Entwicklungen und der gesellschaftlichen Auswirkungen des Putschversuchs (2016) in der Türkei einerseits und der Diskurse um DITIB-Gemeinden in Deutschland andererseits (näheres dazu in Teil II). Dadurch wird mit dem Versuch des „künstlichen Dummstellens" die handlungsleitende und -strukturierende Bedeutung des (impliziten und expliziten) Wissen über das Forschungsfeld und seine Rahmenbedingungen sichtbar.

Mit diesem Bewusstsein lassen sich die aufgesuchten Kommunikationskanäle und die Form der Anfrage, also der *modus operandi* in der Kontaktherstellung reflektieren: Die Präselektion für die Verwendung bestimmter sprachlicher Codices, die Aufschlüsse über religiöse Positionierungen geben (beispielsweise die islamische/arabische Grußformel), die Sichtbarkeit des türkischen Namens der Forscherin und Türkisch als herangezogene Kommunikationssprache spannen auch im virtuellen Raum einen konjunktiven Erfahrungsraum auf und verweisen auf eine kollektive Zugehörigkeit, die konstruiert wird und sich in den (verbalen und nonverbalen) Interaktionen manifestiert. Auf der kommunikativen Ebene zeigen sich diese Konstruktionen nicht zuletzt in Äußerungen wie „*aufgrund der bekannten Situation*" (tr. „*malum durumlardan dolayı*"). Das Nicht-Explizieren-Müssen bestimmter Aspekte durch die Ansprechpartner*innen, da bestimmte (implizite und explizite) Wissensbestände stillschweigend vorausgesetzt werden, verweist darauf, dass Zugehörigkeit(en) zugeschrieben und (sogar) das Insiderin-Sein der Forscherin angenommen werden. Die (impliziten und expliziten) Wissensbestände zu den Strukturen, Sensibilitäten, Codices und Habitualisierungen im Forschungsfeld zu berücksichtigen und in die Reflexionen einzubeziehen, ist folglich unumgänglich.

> „Die Forscher unterliegen [...] einem Dilemma: Sie müssen sich um eine distanziert-analytische Außensicht bemühen und weitestgehend von den Zwängen und Positionskämpfen der Gesellschaft zurücknehmen, wollen sie ihre Prämissen und Analysen anschlussfähig machen. Zugleich benötigen sie Insiderwissen und müssen sich empathisch am Forschungsprozess beteiligen und engagieren." (Ernst, 2010, S. 73)

Der (gesamte) Forschungsprozess ist somit geprägt von einer Dynamik zwischen dem *Ausblenden* und *Heranziehen* oder dem *Zurückdrängen* und *Offenbaren* des (Kontext-)Wissens – und zwar immer mit dem Versuch einer Balance zwischen einer Nähe und Distanz zum Forschungsfeld. In diesem Balancierungsversuch ist es von Bedeutung zu reflektieren, dass – im Sinne Foucaults (1981) – die Diskurse und die damit verbundenen Rahmenbedingungen (die teilhabenden Subjekte und somit auch) die Forscherin positionieren. Die Wirkmächtigkeit der (Fremd)Zuschreibungen und der Diskurse sowie das Bewusstsein über die Selbstrepräsentation(en) und Markierung(en) verweisen in der Reflexion darauf, dass die Feldforschung bereits in dem Herstellen des Feldzugangs beginnt und mit dem *modus operandi* der Forscherin fortlaufend in einer gegenseitigen Wechselwirkung steht.

8.2 Datenerhebung

Zwischen Vertrauen, Codices und Çay...

Bereits vor der Aufnahme des Interviews werden die Einflüsse der oben beschriebenen Rahmenbedingungen des Forschungsfeldes sichtbar. Die Sorge über mögliche Folgen veranlasste die Interviewpartnerinnen vor der Aufnahme – in bestimmten Stellen sogar mehrfach – dazu, eine Gewissheit über die Anonymisierung des Interviews erhalten zu wollen. Daher wurde mit einem mehrmaligen Verweis auf die entsprechenden Stellen in der schriftlichen Datenschutz- und Einverständniserklärung die Anonymisierung zugesichert. Die vereidigte Übersetzung der deutschen Datenschutz- und Einverständniserklärung in die türkische Sprache erfuhr in diesem Zusammenhang Zuspruch und gab zusätzlich Sicherheit.

Die Interviews wurden entweder in den Räumlichkeiten der Moschee, in den privaten Wohnungen der Interviewten oder in den Räumlichkeiten der theologischen Fakultäten in Ankara und Konya durchgeführt. Es wurde darauf geachtet,

8.2 Datenerhebung

diese Entscheidung (wenn möglich) den Interviewten zu überlassen, um eine vertraute Umgebung zu haben, den Wohlfühlfaktor zu steigern und dadurch eine „Tiefe [in der Datenerhebung und] der Datenqualität" (Misoch, 2017, S. 223) zu erreichen. Für die Vertrauensbildung und die Schaffung eines entspannten und „guten Klimas" (Hermanns, 2017, S. 367) sind weitere Aspekte grundlegend: Während die Interviews mit den türkischen Imaminnen aufgrund der fehlenden Deutschkenntnisse auf Türkisch geführt wurden, fragten die deutsch-türkischen Studentinnen vor Beginn des Interviews, welche Interviewsprache die Interviewerin bevorzuge. Folgende Rückmeldung der Interviewerin sorgte für Gelassenheit:

„Ich werde die Fragen weitestgehend auf Deutsch stellen. Fühle dich aber bitte frei im Sprechen. So wie es für dich angenehm ist. Ich werde zwischendurch sicher auch mal switchen."

Durch den ersten Satz wird zunächst eine Orientierung für die bevorzugte Sprache gegeben – der Versuch, die freie Gestaltung der Interviewten und die Gelassenheit zu gewährleisten, wird nicht nur kommunikativ (mit dem zweiten Satz) geäußert, sondern auch mit dem nächsten Verweis auf die möglicherweise eigene Zweisprachigkeit im Laufe des Interviews. Dies verweist auf den Versuch der Normalisierung eines solchen Verfahrens mit der Absicht, die damit verbundene(n) mögliche(n) Verunsicherung(en) weitestgehend zu verhindern. Daran anschließende Äußerungen der Interviewten wie „*ach super, das ist gut*" oder ihre Körpersprache als non-verbale Kommunikation (beispielsweise das Zurücklehnen) verweisen darauf, dass diese Entscheidung eine Erleichterung evozierte. Die dadurch ermöglichte Gestaltungs- und Entfaltungsfreiheit steht methodologisch nicht zuletzt vor dem Hintergrund der – im Kontext qualitativer Forschungsprozesse – erforderlichen Gegenstandsangemessenheit und situativen Adäquatheit, aber auch des Ermöglichens einer Authentizität (Misoch, 2017, S. 214) und „Öffnung der Bühne" (Hermanns, 2017, S. 363). Die Interviewpartnerinnen zu bitten, in (nur) einer Sprache zu sprechen und nicht zu wechseln, hätte eine gedankliche Einengung und Hemmung des Erzählflusses zur Folge, indem sie selbst nicht „ihr Relevanzsystem und ihr kommunikatives Regelsystem entfalten können" (Bohnsack, 2014, S. 23). Statt die Zweisprachigkeit des Interviews als Störfaktor zu markieren kann diese Form vielmehr Erkenntnisse darüber generieren, an welchen Stellen der Interviews und bei welchen Themenzusammenhängen die Interviewten die Sprache wechseln. In der Durchführung des Interviews gilt es sich an die „alltagsweltliche Kommunikation [der Interviewten] an[zu]passen" (Fritz Schütze, Meinefeld, Springer, & Weymann, 1973, S. 434,

Erg. d. Verf.). Die Berücksichtigung der Alltagssprache bedeutet im weiteren Sinne auch, *religiöse* und *kulturelle Codices* zu berücksichtigen und (gegebenenfalls) daran teilzuhaben: Die Wahrnehmung der Interviewerin als türkisch und muslimisch führt dazu, dass die Interviewten zum Beispiel die islamische Grußformel („salamualaykum", im türkischen Sprachgebrauch eher „selamünaleyküm") oder Begriffe wie *„inşallah"* (deutsch: so Gott will) heranziehen, weil sie das geteilte Wissen darüber annehmen. Erneut scheitert an solchen Stellen der Versuch des „künstlichen-Dummstellens", denn auf die Grußformel wird eine daran anschließende Antwort („aleykumselam" bzw. „aleykümselam") erwartet. Ein Überhören oder eine Vermeidung der erwarteten Reaktionen über das gesamte Interview hinweg, um wenig Position zu beziehen, würde verunsichern, den Erzählfluss hemmen und nicht die authentische Kommunikationssituation abbilden. Solche Aussprüche verweisen auf den konjunktiven Erfahrungsraum der Interviewerin und der Interviewten. Für das geteilte (Milieu)Wissen und das atheoretische Wissen (im Sinne Mannheims), das nicht expliziert werden muss, ist folgende Interviewsituation beispielhaft: Den türkischen Tee (tr. *„Çay"*) aus türkischen Teegläsern zu trinken und im Anschluss den Teelöffel horizontal auf das Teeglas zu legen, symbolisiert, dass kein Wunsch nach weiterem Tee mehr besteht; der/die Gastgebende weiß, dass der Gast keinen Tee mehr trinken möchte. Solche Interviewsequenzen verweisen rückblickend auf das implizite und atheoretische Wissen beider Teilhabenden; sie sind Teil eines geteilten Kulturverständnisses, ohne dass es hinterfragt oder expliziert werden muss: Die Interviewerin nimmt stillschweigend an, dass die Interviewte die Bedeutung des Aktes kennt, die Interviewte muss nicht nachfragen und weiß, dass die Interviewerin diesen Akt aus dem oben genannten Grund ausübt. Sie konstruieren in diesem Akt einen konjunktiven Erfahrungsraum.

Die stillschweigende Annahme (also die Präsumtion) eines geteilten Wissens dokumentiert sich nicht nur in solchen non-verbalen Praktiken – auch auf der kommunikativen Ebene (also das *Was* des Gesagten) beziehen die Interviewten die Interviewerin explizit in ihre Wissensbestände mit ein („*Sie wissen ja*" (tr. *„bilirsiniz"*) oder *„wie Sie ja wissen"* (tr. *„bildiğiniz üzere"*). Auch in nicht weiter ausgeführten Aussagen oder in dem gemeinsamen Lachen der Interviewerin und der Interviewten nach bestimmten Sinnabbrüchen, wobei der Grund des Lachens auf den ersten Blick nicht verständlich wird, verweisen auf solche Präsumtionen und das geteilte Wissen zwischen Interviewerin und Interviewten.

Die Interviews zwischen Vertrauen, Codices und Çay lassen vermuten, dass durch dieses Verhältnis bzw. diese Atmosphäre alles sag- und (insbesondere) fragbar wird. Doch das Bewusstsein über bestimmte Herausforderungen, die (beispielsweise) mit Fragen über die Gebetsleitung von Imaminnen für geschlechtergemischte Gruppen verbunden sind, verweist auch in diesem Kontext auf die bestehenden Sagbarkeitsgrenzen. Die Frage konnte den Studentinnen des Internationalen Theologiestudiums gestellt werden, ohne dabei die Befürchtung zu haben, dass solche Fragen die Türen verschließen würden. Dies könnte damit zu tun haben, dass solche thematischen Auseinandersetzungen in den Seminaren der Universitäten die Forscherin annehmen ließen, dieses Thema auch in dem Interview aufgreifen zu können. Die Beobachtungen der Gespräche, die die Studierenden zwischen Tür und Angel an der Fakultät führten, bestärkten diese Annahme. In der Gruppe der türkischen Imaminnen nahm die Forscherin aber eine Grenze des Fragbaren an; dies steht nicht zuletzt vor dem Hintergrund der vorhandenen Skepsis der Interviewpartnerinnen gegenüber Forschung und Wissenschaft. Somit lenkte diese Einschätzung der möglichen Sagbarkeitsgrenzen nicht nur die Vorbereitungsphase, sondern auch die Interviews und die Interviewführung.

8.3 Datenauswertung

Balance zwischen Nähe und Distanz...

Mit dem Abhören der Audioaufzeichnungen, dem Transkribieren[2] und der Betrachtung der Transkripte setzt nun eine Phase ein, in der dieser Balancierungsversuch zwischen Nähe und Distanz umso bedeutsamer wird. Es gilt nun ein Bewusstsein über die Seinsverbundenheit und Standortgebundenheit der Forschenden (Mannheim, 1952, S. 227) und den dadurch entstehenden „blinden Fleck" in der Analyse zu entwickeln (Bohnsack, 2010a, S. 40). Denn *jede/r* Forscher*in „ist in einen sozialen und kulturellen Rahmen gebunden, der es ihm kaum erlaubt, unvoreingenommen einen Gegenstand zu erschließen" (El-Mafaalani, Waleciak, & Weitzel, 2016, S. 85). Das Vorwissen strukturiert die Wahrnehmung der Forschenden und wirkt sich somit unbewusst auf die

---

[2] Die Transkripte wurden möglichst wortgetreu erstellt. Daher wurden Wortabbrüche, grammatikalische Fehler oder andere Wortfehler nicht bereinigt. Pausen, Wortüberlappungen und ähnliches werden dargestellt, um die Interviewsituation authentisch darzulegen. Die Transkripte wurden mit dem Transkriptionsprogramm F4/F5 erstellt und die Daten mit MAXQDA sortiert, um einen Überblick zu gewinnen. Zudem wurde beim oder nach dem Transkribieren darauf geachtet, dass das Material durchgehend anonymisiert wird, damit keine Rückschlüsse auf die Interviewpartnerinnen gezogen werden können. Die Sicherstellung der Anonymisierung ist unter forschungsethischen Gesichtspunkten der Schadensvermeidung und der Vertraulichkeit zwingend notwendig (von Unger et al., 2014, S. 24).

Forschung aus (Meinefeld, 2019, S. 271 f.). Auch wenn die Standortgebundenheit der Forschenden und das (Vor-)Wissen gleichzeitig kreatives Potenzial bergen (Bohnsack, 2000, S. 198), gilt es diese Lücke des „blinden Flecks" durch die methodische Kontrolle zu füllen. Eine Möglichkeit ist die intersubjektive Nachvollziehbarkeit durch die gemeinsame Interpretation des Materials in Forschungswerkstätten und die Validierung der eigenen Rekonstruktionen und Ergebnisse.

In einem großen Teil der Interviews wurde auf Türkisch gesprochen: Die Interviews mit den Imaminnen sind ausschließlich in türkischer Sprache – die Studentinnen wiederum wechseln oftmals die Sprache (Deutsch und Türkisch). Daher wurde eine Übersetzung der Interviews für die Analyse, die gemeinsame Interpretation und die Darstellung der Ergebnisse unausweichlich. Es gilt zu bedenken, dass nicht erst mit dem „ersten" Interpretationsschritt (die formulierende Interpretation) der dokumentarischen Methode die tatsächliche Interpretation des Materials beginnt; sie beginnt bereits mit dem Transkribieren und Übersetzen des Materials. Während Palenga-Möllenbeck die methodologischen Schwierigkeiten der Übersetzungen von Interviews diskutiert, verweist sie auf die Bedeutung, diese mit bilingualen Personen zu besprechen (Palenga-Möllenbeck, 2018, S. 680). Wichtig ist es, „mehrere Interpretationen zur Wahl [zu stellen] und auf Unklarheiten hin[zu]weisen" (Palenga-Möllenbeck, 2018, S. 680; Erg. d. Verf.). Daher wurde in der Rekonstruktion des Materials in Forschungswerkstätten das türkische Transkript mitberücksichtigt, indem beispielsweise an bestimmten Stellen alternative Übersetzungen in Erwägung gezogen wurden, um weitere Lesarten zu untersuchen. Folglich gilt es sich darüber bewusst zu werden, dass es sich bei den Übersetzungen um Deutungen der Forscherin handelt. Um diesen Schritt transparent zu gestalten, werden in der Darstellung der Ergebnisse (in Teil IV der Studie) die türkischen Transkripte in den Fußnoten angeführt. Der Genauigkeit und Nachvollziehbarkeit halber wurden (wenn nötig) verschiedene Übersetzungsmöglichkeiten in den Rekonstruktionen offengelegt. Das jeweilige türkische Original und die Übersetzung bestimmter Stellen aus den angeführten Sequenzen werden auch jeweils in den Rekonstruktionen angeführt, damit sich nachvollziehen lässt, auf der Grundlage welcher Übersetzungen der Aussagen die Rekonstruktionen entstanden sind.

Durch den konstruierten konjunktiven Erfahrungsraum zwischen Interviewerin und den Interviewten und durch die Zuschreibung einer kollektiven Zugehörigkeit führen die Interviewten bestimmte (beispielsweise theologische) Begriffe an und explizieren sie nicht; es wird angenommen, dass sie von der Interviewerin verstanden werden. Solche Stellen werden für die Leser*innen oder

8.3 Datenauswertung

Mitinterpret*innen in den Werkstätten unverständlich; sie finden nach der Anführung von bestimmten Fachtermini auch im weiteren Verlauf der Sequenz keine Detaillierung oder Erklärung des Begriffs.[3] Sodann werden ergänzende Definitionen aus Lexikoneinträgen mit zusätzlichen Verweisen auf vorhandene Diskurse und wissenschaftliche Auseinandersetzungen herangezogen, um die Verständlichkeit zu gewährleisten. Ziel ist es dabei nicht, eine Diskussion theologischer Fachtermini zu führen, sondern die Begriffe für die Leser*innen zu *kontextualisieren* und auf die Breite der Diskurse zu *verweisen*, damit die Sequenzen nachvollziehbar werden. Auch wenn sich eine solche Handhabung vor dem Hintergrund der methodologischen Überlegung, die Deutungen und Sinnsetzungen der Interviewpartnerinnen zu fokussieren und keine externen Deutungen an das Interviewmaterial heranzutragen,[4] als schwierig erweist, wird eine solche Vorgehensweise der Verständlichkeit halber zwingend notwendig. Die Bedeutung einer solchen situationsangemessenen und kontextbedingten Modifikation zeigt sich verstärkt auch an solchen Stellen, an denen sich bestimmte Fachtermini oder theologische Begriffe nicht übersetzen lassen. In solchen Fällen wird das Original beibehalten.

---

[3] Zum Beispiel nennen die Interviewpartnerinnen im Laufe der Interviews Begriffe wie „*selamunaleykum*" (islamische Grußformel) oder Namen von Weggefährten des Propheten Mohammad. In bestimmten Fällen wird dann auch nicht ergänzt, wer oder was darunter zu verstehen ist.

[4] Im Konkreten ist damit gemeint, dass in der Rekonstruktion primär darauf geblickt werden soll, wie die Interviewpartnerinnen bestimmte Begriffe füllen.

Teil IV
Empirische Rekonstruktionen

Kollektive Orientierungen und Modi der Bearbeitung in den Geschlechterkonstruktionen

9

Die Darstellung der kollektiven Orientierungen und Modi erfolgt so, wie sie als Ergebnis der komparativen Analyse (als entscheidender Analyseschritt der dokumentarischen Interpretation) sortiert werden konnten. Aus der Analyse ergeben sich folgende vier kollektive handlungsleitende und -strukturierende Orientierungen, die jeweils in unterschiedlichen Modi bearbeitet werden (siehe Abbildung 9.1).

Kollektive Orientierungen in den Geschlechterkonstruktionen

Orientierung an räumlicher Differenzerfahrung	Orientierung an religiösen Glaubensinhalten	Orientierung an Organisationsstrukturen	Orientierung an geschlechterbezogenen Fremderwartungen
(9.1)	(9.2)	(9.3)	(9.4)

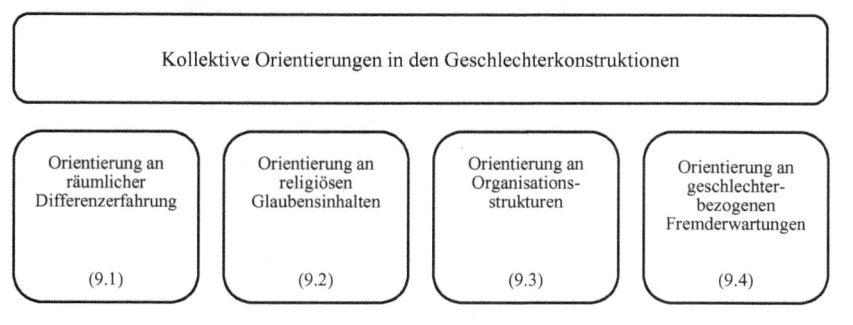

Abb. 9.1 Kollektive Orientierungen in den Geschlechterkonstruktionen im Überblick

Um die Ergebnisse nachvollziehbar zu machen, werden die Rekonstruktionen der entsprechenden kollektiven Orientierungen und Modi der Bearbeitung dargestellt. Viele Interviews wurden in türkischer Sprache geführt; alle Übersetzungen wurden von der Autorin selbst vorgenommen. Um den Lesefluss zu erleichtern, ist es vorher wichtig, die nachstehenden Transkriptionsrichtlinien (in Anlehnung an Bohnsack (2014, p. 253 f.) mit an die Hand zu geben:

© Der/die Autor(en), exklusiv lizenziert an Springer Fachmedien Wiesbaden GmbH, ein Teil von Springer Nature 2024
B. Karakoç, *Imaminnen und Doing Gender*, Islam in der Gesellschaft,
https://doi.org/10.1007/978-3-658-45743-3_9

Richtlinien der Transkriptionen

⌊	Beginn einer Überlappung
(.)	Pause bis zu einer Sekunde
(2)	Anzahl der Sekunden, die eine Pause dauert
nein	betont
viellei-	Abbruch eines Wortes
nei::n	Dehnung, die Häufigkeit vom : entspricht der Länge der Dehnung
(doch)	Unsicherheit bei der Transkription, schwer verständliche Äußerungen
( )	unverständliche Äußerung
((stöhnt))	Kommentare bzw. Anmerkungen zu parasprachlichen oder nichtverbalen Ereignissen
@nein@	lachend gesprochen
@(.)@	kurzes Auflachen
@(3)@	3 Sek. Lachen

Für die Transkripte dieser Studie zusätzlich:

//   Hörersignal „hmm" der Interviewerin, sofern nicht überlappend

Hinweise zu den Übersetzungen

Kursivsetzungen	Alle Kursivsetzungen in den Transkripten verweisen darauf, dass die Sprecherinnen (an diesen Stellen) türkische Begriffe verwenden. Handelt es sich um eine Sequenz, in der durchgehend türkisch gesprochen wurde, so wird die gesamte Sequenz kursiv gesetzt. Sprechen die Interviewten und die Interviewerin abwechselnd deutsch und türkisch, so werden die Originalsequenzen in der Fußnote wiedergegeben. Wird in einer Sequenz überwiegend deutsch gesprochen und nur wenige türkische Begriffe verwendet, so werden nur die einzelnen türkischen Begriffe mit Verweisen übersetzt, ohne die gesamte Sequenz in der Fußnote anzugeben.

9.1 Orientierung an räumlicher Differenzerfahrung

Sobald die interviewten Imaminnen und Studentinnen über geschlechterbezogene Aspekte sprechen, deuten sie auf ihre Geschlechterkonstruktionen, die sie in einer Orientierung an räumlicher Differenzerfahrung vollziehen. In dieser Orientierung an räumlicher Differenzerfahrung konnten folgende Modi der Bearbeitung rekonstruiert werden (siehe Abbildung 9.2).

```
                  Orientierung an räumlicher Differenzerfahrung ...

  ... im Modus der ortsbezogenen       ... im Modus der (habituellen)         ... im Modus der
         Adaptation                          Transformation               kontrastierenden
                                                                          Gegenüberstellung
            (9.1.1)                              (9.1.2)                        (9.1.3)
```

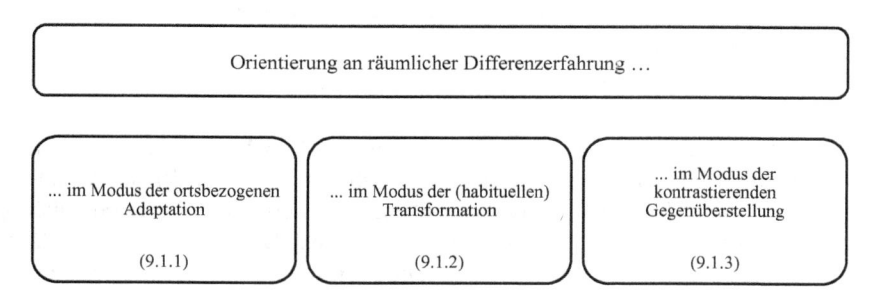

Abb. 9.2 Orientierung an räumlicher Differenzerfahrung und Modi der Bearbeitung im Überblick

9.1.1 ... im Modus der ortsbezogenen Adaptation

Imamin DEAF05 arbeitet – zum Zeitpunkt des Interviews – seit zwei Jahren in der Moschee und spricht über ihre Erfahrungen als *Hoca* und die mit der Berufsausübung verbundenen Schwierigkeiten. Im Anschluss daran wird von der Interviewerin die Frage gestellt, wie sie sich in dieser Moschee fühlt (tr. *„burada ki camide kendinizi nasıl hissediyorsunuz"* (1286–1287)). Diese Erzählung schließt daran an:

```
DEAF05: Ehm also (.) wir ehm als religionsbeauftragte Frauen
sind in der Türkei nicht so oft in einem Umfeld mit Männern
// wir haben zum Beispiel Essen für Muftis oder Versammlungen
für Muftis (.) ehm ich meine wir sind Staatsbeamte wir haben
oft solche Sachen selbst da achtet man sehr auf die
```

Geschlechtertrennung (.) die weiblichen // Hoca sind an einem Ort und die männlichen ho- Religionsbeauftragten sind an einem Ort (.) zum Beispiel wenn wir die Zuständigen für die Umra-Reise sind erhalten wir dafür verschiedene Seminare in verschiedenen Hotels in verschiedenen Städten // die männlichen Hoca erhalten sie (diese Seminare) an einem anderen Tag (.) sie gehen hin erledigen ihre Sachen die weiblichen Hoca erhalten sie an einem anderen Tag (.) also auch wenn unsere Hoca Männer sind //

(DEAF05, 1288-1301)[1]

„Also" (tr. „şimdi") deutet auf den Versuch, auf das Grundlegende übergehen zu wollen und eine Positionierung einzunehmen. Obwohl die Frage der Interviewerin auf die individuelle und emotionale Ebene rekurriert („wie fühlen Sie sich […]", tr. „kendinizi […] nasıl hissediyorsunuz"), geht DEAF05 zunächst nicht auf diese Ebene ein und spricht aus einem Kollektiv der „religionsbeauftragten Frauen" heraus. Darin dokumentiert sich das Gemeinschaftsstiftende in dem „wir als religionsbeauftragte Frauen". Die Imamin verortet sich identifikatorisch in dieser Wir-Gemeinschaft. Es scheint einen konjunktiven Erfahrungsraum der religionsbeauftragten Frauen zu geben, der sich über die ganze Sequenz hinweg wiederfinden und rekonstruieren lässt. Darüber hinaus wird es möglich, die konstruierte Nähe der Imamin zu dieser Wir-Gruppe der religionsbeauftragten Frauen zu rekonstruieren, da sie (die religionsbeauftragten Frauen) an verschiedenen Stellen als Kollektiv auftreten und beschrieben werden („*wir ehm als religionsbeauftragte Frauen sind in der Türkei nicht so oft*", „*wir haben zum Beispiel Essen für Muftis oder Versammlungen für Muftis*", „*zum Beispiel wenn wir die Zuständigen für die Umra-Reise sind*"). Das kommunikative Wissen der Imamin, dass sich religionsbeauftragte Frauen in der Türkei nicht so oft in einem Umfeld mit Männern befinden, scheint eine geteilte Norm in der Gruppe der Religionsbeauftragten (Frauen) zu sein. Diese Norm wird anscheinend nicht nur von religionsbeauftragten Frauen geteilt, denn die „*weiblichen Hoca sind an einem Ort*" und „*die*

---

[1] DEAF05: Eh şimdi (.) biz eh bayan din görevlisi olarak Türkiyede çok fazla erkekli bi ortamda değiliz // Bizim mesela müftülük yemeklerimiz olur müftülük toplantılarımız olur (.) eh sonuçta devlet memuruyuz çok fazla şeylerimizde oluyor onda bile çok dikkat edilir haremlik selamlığa (.) bayan // Hoca hanımlar bi yerdedir (.) erkek ho- görevliler bi yerdedir (.) mesela biz (.) umre görevlisi oluruz seminereler verirler buna farklı şehirlerde farklı otellerde // erkek hocalara farklı bi günde verilir (.) onlar gider işleri biter bayan hocalar farklı bir günde verilir (.) yani hocalarımız erkek olsada //

9.1 Orientierung an räumlicher Differenzerfahrung

männlichen Hoca sind an einem Ort" oder, wenn sie *„die Zuständigen für die Umra-Reise sind"*, erhalten männliche und weibliche Hoca an verschiedenen Tagen und verschiedenen Orten die Seminare. Darin dokumentiert sich die geteilte Norm für die Gruppe der männlichen und weiblichen Religionsbeauftragten in der Türkei. Gleichzeitig zeigt sich in der Beschreibung (dass sie sich als religionsbeauftragte Frauen nicht so oft in einem Umfeld mit Männern befinden) eine nicht abgeschlossene Erfahrung. Im Gegensatz dazu hätte DEAF05 auf eine Abgeschlossenheit dieser Erfahrung bzw. Praxis hindeuten können (wie beispielsweise „wir *waren* nicht oft mit Männern in einer Umgebung").

Es ist nicht „sie" als Individuum oder es sind nicht „wir" als Gruppe der Religionsbeauftragten, die auf diese Geschlechtertrennung achtet/n, sondern *„man"*. Darin zeigt sich über die angenommene und geteilte Norm hinaus *das Inkorporierte*, das sich durch die bewusste oder unbewusste Anwendung ihres Handlungswissens in „zugrundeliegende[n] Routinen" (Asbrand & Martens, 2018, S. 18) darstellt. Verbunden mit einer Detaillierung der Aussage folgt die Beschreibung der zeitlichen und örtlichen Separierung der Geschlechter, die darauf hindeutet, dass es durch die Geschlechtertrennung (in ihrer Rolle als religionsbeauftragte Frau) keine Berührungspunkte mit Männern gibt. Die Aufzählung und Beschreibung verweist auf eine Normalitätskonstruktion, die mit Blick auf die Geschlechtertrennung in diesem Feld von der Interviewten (aus der Position einer religionsbeauftragten Frau in der Türkei) vorgenommen wird.

Weiterhin ist der Gruppe „Religionsbeauftragter" der Beamtenstatus gemeinsam – gleichzeitig wird in der angeführten Sequenz die Verschränkung der Zugehörigkeitskonstruktionen als Staatsbeamte (*„ehm ich meine wir sind Staatsbeamte"*), religionsbeauftragte Frau (*„wir ehm als religionsbeauftragte Frauen"*) und Religionsbeauftragte (unabhängig vom Geschlecht) (*„wir haben zum Beispiel Essen für Muftis oder Versammlungen für Muftis"*), deren geschlechtliche Einschränkung nicht vorgenommen wird) sichtbar. Diese Konstruktionen und das Ins-Verhältnis-Setzen von zwei Zugehörigkeiten (Beamte-Sein und Religionsbeauftragte-Sein) zeigt an dieser Stelle die Überlagerung der Kategorien „Staat" und „Religion".

Die Imamin orientiert sich in ihrer Beschreibung entlang der konstruierten Differenzkategorie Deutschland-Türkei, die für sie relevant zu sein scheint, da sie diese Konstruktion bereits zu Beginn der Sequenz vornimmt, die direkt an die Frage nach den Gefühlen anknüpft. Durch diesen ständigen Querverweis lässt sich die Orientierung der Imamin an räumlicher Differenzerfahrung rekonstruieren. Im weiteren Verlauf der Sequenz lässt sich diese Orientierung verstärkt erkennen:

DEAF05: *hier jetzt (.) ehm können sie so ein Umfeld nicht schaffen (.) in der Türkei beispielsweise bereiten sie die Veranstaltungen nur für weibliches Publikum vor // aber hier müssen sie sie für alle vorbereiten // hier habe ich als weibliche Religionsbeauftragte meine Sensibilitäten verloren (.) also ich war gezwungen meine Sensibilitäten für die Geschlechtertrennung zu verlieren // denn die Moschee ist hier nicht nur eine Moschee sondern ein Kulturzentrum // ehm gleichzeitig ein Ort an dem du deine Kultur aufrechthältst lebendig hältst // dein fröhlicher Tag ist hier (.) dein trauriger Tag ist hier ehm dein erfolgreicher ist hier zum Beispiel letztens kam einer für Gedächtnistechniken zu uns ein ehm Zuständiger aus der Türkei // er hat das zum Beispiel in der Moschee gemacht wir haben kein Konferenzsaal (.) aus dem Grund sind die kulturellen Dinge auch hier (.) ehm die religiösen Dinge sind hier daher ehm waren wir irgendwie gezwungen unsere Rahmen (unsere Grenzen) zu durchbrechen //* (DEAF05, 1302-1319)[2]

Zuvor wurde auf der Ebene des kommunikativen Wissens der Imamin die Erfahrung in der Türkei immanent. Im Folgenden wird durch das „hier jetzt" in der Beschreibung der Imamin der Bruch in der Sequenz deutlich, da nun der Vergleichshorizont eröffnet wird. Es wird eine Verschiebung der (zuvor dokumentierten) Normalitätskonstruktion sichtbar, die sich in Form des Spannungsverhältnisses zeigt. Denn die implizite Orientierung (bzw. das atheoretische

---

[2] Original:
DEAF05: Burda şimdi (.) eh böyle bi (.) ortam yapamazsınız (.) Türkiyede mesela programları sadece bayan seyirciye hazırlarsınız // Ama burda herkese hazırlamak zorundasınız // Burda bir bayan görevli olarak eh bu hassasiyetlerimi kayıp ettim (.) yani haremlik selamlık (.) hassasiyetlerimi kaybetmek zorunda kaldım // çünkü burda cami sadece cami değil bir kültür merkezi // Eh aynı zamanda kendi kültürünü canlı tuttuğun diri tuttuğun bi yer // neşeli gününde burda (.) hüzün gününde burda eh başarında burda mesela geçen bize bi hafıza (.) teknik eh şeyi sorumlusu geldi Türkiyeden // Camide verdi mesela bizim bi konferans salonumuz yok (.) dolayısıyla kültürel şeylerde burda (.) eh dini şeylerde burda o yüzden eh bi şekilde o çerçevelerimizi (.) yıkmak zorunda kaldık //

9.1 Orientierung an räumlicher Differenzerfahrung

Wissen, das zuvor immanent wurde) zu ihrer üblichen Praxis der Geschlechtertrennung im Kontext ihrer Berufstätigkeit in der Türkei stößt hier auf einen Widerspruch.

In der Beschreibung, dass sie als Religionsbeauftragte in der Türkei *„die Veranstaltungen nur für weibliches Publikum"* vorbereitet hat, dies aber in Deutschland nicht tun kann, dokumentiert sich ein Bewusstsein über die Berufstätigkeit und die Umstände innerhalb ihrer Berufstätigkeit. Ebenso geht es um den Aspekt des Offerierens im Sinne einer Dienstleistung, denn *sie* bereitet die Veranstaltungen *für* das Publikum vor und hier *„müssen sie sie für alle vorbereiten"*. An dieser Stelle wird wieder die Rolle als religionsbeauftragte Frau deutlich, aus der sie spricht. Der Vergleichshorizont Türkei-Deutschland wird de facto im Kontext ihres Handlungsfeldes konstruiert. Aus dieser Beschreibung wird der Modus der ortsbezogenen Adaptation rekonstruierbar, in dem die Orientierung an räumlicher Differenzerfahrung bearbeitet wird.

Erstmals bricht die Imamin in dieser Sequenz die Beschreibung aus der Perspektive des Kollektivs und geht in die Beschreibung mit explizit persönlicher Bezugnahme auf ihre Gefühlslage ein (*„hier habe ich als religionsbeauftragte Frau"*) und spricht über ihre Sensibilitäten („meine Sensibilitäten", tr. *„hassasiyetlerimi"*). Darin dokumentiert sich die starke Setzung des Selbst und der emotionale Bezug mit Blick auf die Geschlechtertrennung (tr. *„haremlik selâmlık"*).

Kontextwissen:
Der Ausdruck „haremlik selâmlık" geht auf die bauliche Trennung in den Wohnungen zur Zeit des osmanischen Reiches zurück, in denen Frauen ihren getrennten Bereich („haremlik") und Männer den öffentlichen Bereich („selâmlık") hatten (Somel, 2001, S. 248). Bis heute wird dieser Ausdruck im Sinne der Geschlechtertrennung verwendet (Ammann, 2004, S. 86).

Verstärkt wird der emotionale Bezug durch die Beschreibung des Verlustes (*„ich war gezwungen meine Sensibilitäten zu verlieren"*, tr. *„hassasiyetlerimi kaybetmek zorunda kaldım"*). Das implizite Wissen der Imamin verändert sich, da sie gezwungen ist, in der Moschee in Deutschland auf eine andere Praxis einzugehen. Sie ist nun gezwungen, die gewohnten Grenzen bzw. Rahmen (tr. *„çerçeve"*) für die Geschlechtertrennung – qua Profession – zu verlieren (*„hier habe ich als weibliche Religionsbeauftragte meine Sensibilitäten verloren"*). Angelehnt an Nohl kann dies als Veränderung des konjunktiven Erfahrungsraums im status nascendi (Entstehungszusammenhang) (Nohl, 2013b, S. 60) beschrieben werden.

Über die gesamte Sequenz wird deutlich, dass die Imamin mit Detaillierungen, Exemplifizierungen und emotionalen, kollektiven und individuellen Bezügen über die Geschlechtertrennung spricht – daher kann rekonstruiert werden, dass die Aufmerksamkeit für die Geschlechtertrennung trotz veränderter Praxis weiter erhalten geblieben ist. Dies deutet auf den Modus der ortsbezogenen Adaptation. Durch die implizit vorgenommene Unterscheidung der Funktionen der Moschee in der Türkei und in Deutschland wird die veränderte Handlungsorientierung begründet. Insbesondere durch die Hervorhebung der Moschee in Deutschland als „Kulturzentrum" und die Unterscheidung, dass die Moschee das Religiöse und der Konferenzsaal das Nicht-Religiöse (ihrer Beschreibung nach sogar das Kulturelle) bildet und dass dadurch die Moschee für die Imamin mehr als nur „das Religiöse" ein Ort für das Ausleben der Gefühle ist (*„dein fröhlicher Tag ist hier (.) dein trauriger Tag ist hier ehm dein erfolgreicher ist hier"*), lässt sich das Bewusstsein der Imamin über die hiesige Umgebung und die mit dieser Umgebung verbundenen Notwendigkeiten dokumentieren. Daher lässt sich rekonstruieren, dass die Imamin in einer Orientierung an räumlicher Differenzerfahrung den Modus der ortsbezogenen Adaptation aufweist. Auch im weiteren Verlauf des Interviews mit DEAF05 lässt sich dieser Modus nachzeichnen:

DEAF05: Wenn ich meinen Schülern die Geschlechtertrennung erzähle wie kann ich mich nicht selber daran halten (.) ich habe einen Widerspruch erlebt // danach habe ich geguckt ehm (.) ich hab ja eben gesagt dass es hier gleichzeitig

KAR: ⌊ Ja

DEAF05: Ein Kulturzentrum ist der Teil mit der Geschlechtertrennung (.) ist etwas was wir in unserem privaten Leben beibehalten müssen // aber wir sind jetzt (.) ehm ein

9.1 Orientierung an räumlicher Differenzerfahrung

```
Teil des sozialen Lebens (.) als Religionsbeauftragte // ehm
wie soll ich sagen (.) wir haben eine akademische Präsenz(.)
ehm wir sind eine beratende Instanz (.) wir sind keine
weibliche Hoca die einfach so hinter verschlossenen Türen
Gespräche leiten (.) wir sind die Religionsbeauftragte von
hier (.) das Kind kommt hierher ich habe ja eben gesagt (.)
es gewinnt die türkische Nationalität (.) ehm gewinnt
gleichzeitig die Kultur // eine Redewendung ein Sprichwort
das ist einszueins kulturalisieren // deshalb ist hier unser
Auftrag nicht wie in der Türkei nur mit der Eigenschaft als
weibliche Hoca (.) sondern ich habe angefangen das als
Entsendung als Mitarbeiter für die Kulturalisierung zu sehen
(DEAF05, 1592-1614)[3]
```

Zu Beginn dieser Sequenz wird die normative Vorstellung – respektive Erziehungsvorstellung – der Imamin zur Geschlechtertrennung („*haremlik selamlık*") deutlich, die auf ihr konjunktives Erfahrungswissen rekurriert. Das Beibringen bzw. Erzählen (im Original „*anlatmak*") bezieht sich auf ihre Rolle als Lehrperson. Dieses konjunktive Erfahrungswissen und ihre eigentliche Handlungsorientierung wird im Sinne einer Kollisionserfahrung beschrieben („*ich habe einen Widerspruch erlebt*", tr. „*çelişki yaşadım*"). Insbesondere dokumentiert sich in dieser Sequenz das Bestreben der Imamin, ihren Schüler*innen gegenüber als Vorbild zu agieren („*wenn ich meinen Schülern die Geschlechtertrennung erzähle wie kann ich mich nicht selber daran halten*", tr. „*ben (.) öğrencilerime haremlik*

---

[3] Original:
DEAF05: Ben (.) öğrencilerime haremlik selamlığı anlatırken nasıl kendim buna uymam (.) şeklinde bi (.) çelişki yaşadım (.) kendim // sonra baktım eh (.) dedim ya az önce burası aynı zamanda kültür merkezidir diye
KAR: ⌊Evet
DEAF05: Haremlik selamlık eh kısmı (.) özel hayatımızda muhafaza etmemiz gereken bir şeydir // ama biz artık (.) eh sosyal hayatın bi parçasıyız (.) din görevlisi olarak //eh nasıl deyim (.) bir akademik varlığımız var (.) yani danışılan bir merciiyiz (.) tutupta kapalı kapılar arkasında (.) sohbet veren bi hoca hanım değiliz (.) buranın din görevlisiyiz (.) çocuk burda geliyor az önce dedim ya (.) Türk milliyetini (.) eh kültürü kazanıyor aynı zamanda // bir deyim bir atasözü bu birebir kültürlenmedir // dolayısıyla bizim burda görevimiz Türkiye'de olduğu gibi bir hoca hanım vasfından ziyade değil (.) kültürlenmek için gönderilen bir eleman olarak görmeye başladım ben bunu

selamlığı anlatırken nasıl kendim buna uymam"). In diesem Verweis auf das Erfahrungswissen deutet die Imamin implizit auf den Vergleich der Handlungspraxis in der Türkei und in Deutschland; dadurch lässt sich wiederum die Orientierung an räumlicher Differenzerfahrung rekonstruieren.

Im Sinne einer Wahrnehmung der hiesigen Situation und Umstände (*"danach habe ich geguckt"*, tr. *"sonra baktım"*) wird die Kollisionserfahrung eingeordnet und auf die Unterschiede der Moscheen in Deutschland und in der Türkei rekurriert (*"ich hab ja eben gesagt dass es hier gleichzeitig ein Kulturzentrum ist"*, tr. *"dedim ya az önce burası aynı zamanda kültür merkezidir diye"*). In dieser Orientierung an räumlicher Differenzerfahrung wird die Bearbeitung – der Modus der ortsbezogenen Adaptation – rekonstruierbar; denn die Kollisionserfahrung scheint die Imamin – anders als ihre Handlungspraxis in der Türkei – durch ein Zurückdrängen der Praxis der Geschlechtertrennung ins Private zu lösen (*"der Teil mit der Geschlechtertrennung (.) ist etwas was wir in unserem privaten Leben beibehalten müssen"*). In der Wahrnehmung der hiesigen Situation und der Bedürfnisse der Gemeindebesucher*innen wird die Handlungsorientierung und -praxis angepasst. In diesem Zusammenhang lassen sich die Beschreibungen über die Rolle der „religionsbeauftragten Frauen" betrachten, die auf die Situation in Deutschland hin angeführt werden (*"aber wir sind jetzt (.) ehm ein Teil des sozialen Lebens (.) als Religionsbeauftragte ehm wie soll ich sagen (.) wir haben eine akademische Präsenz(.) ehm wir sind eine beratende Instanz"*, tr. *"ama biz artık (.) ehm sosyal hayatın bi parçasıyız (.) din görevlisi olarak ehm nasıl deyim (.) bir akademik varlığımız var (.) yani danışılan bir merciiyiz"*). Auf der Ebene des Wie des Gesagten dokumentiert sich die Bedeutung und Besonderheit der Situation in Deutschland für die Handlungsorientierung (*"wir sind die Religionsbeauftragte von hier"*, tr. *"buranın din görevlisiyiz"*); dies zeigt sich nicht zuletzt in der Betonung. In dieser Beschreibung des Auftrags findet erneut ein Rekurs auf die Handlungspraxis in der Türkei statt und verweist dadurch auf die Orientierung an räumlicher Differenzerfahrung (*"deshalb ist hier unser Auftrag nicht wie in der Türkei nur mit der Eigenschaft als weibliche Hoca (.) sondern ich habe angefangen das als Entsendung als Mitarbeiter für die Kulturalisierung zu sehen"*, tr. *"dolayısıyla bizim burda görevimiz Türkiye'de olduğu gibi bir hoca hanım vasfından ziyade değil (.) kültürlenmek için gönderilen bir eleman olarak görmeye başladım ben bunu"*). Folglich lässt sich diese Orientierung rekonstruieren, die im Modus der ortsbezogenen Adaptation bearbeitet wird.

Die komparative Analyse verwies auf denselben Modus in der Orientierung an räumlicher Differenzerfahrung im Interview mit TRKA03, einer Studentin aus

9.1 Orientierung an räumlicher Differenzerfahrung

Konya. Während TRKA03 zuvor über die biographische Wirksamkeit des Theologiestudiums spricht, beschreibt sie in folgender Sequenz ihre Positionierung mit Blick auf die Nicht-Notwendigkeit des Kleidungsstücks „Çarşaf"[4]:

TRKA03: *Çarşaf muss nicht sein (.) warum sage ich dass es nicht sein muss (.)* hey okay ich habe Respekt davor (.) ich respektiere die die das machen (.) aber ich sage (.) die Kleidung ist eine Methode der Verkündigung (.) *also* ehm in Deutschland das war das war letztes Jahr (.) ich war im Bus (.) kam so ne al- deutsche alte Oma typisch deutsch circa siebzig Jahre haben Sie sich aber schön ve- ich war kunterbunt (.) ich zieh in der- in Konya zieh ich mich nicht kunterbunt an aber in Deutschland zieh ich mich kunterbunt an *also (.) Senf Farbe (.) hell blau (.)* in ganz verschiedenen Farben aber passt das zu meiner Bedeckung es passt *also* ich bin full bedeckt (.) die Frau kommt oh Sie sehen aber sehr hübsch ist ja sehr schön *und so* sagt sie (.) dann meinte ich ah danke sehr *also* (.) ich bin eigentlich kein Schritt auf die Frau zugegangen (.) aber meine Kleidung hat einen Schritt gemacht (.) und das ist auch etwas wo ich sag (.) das ist eine Methode also eine Methode den Menschen den Islam zu erklären // ich meine wenn ich es nicht erkläre dann mit meinem Gehen und meiner aufrechten Haltung (.) das ist für mich auch etwas Besonderes die aufrechte Haltung

KAR: Ja

TRKA03: ⌊ *Also* (.) ehm ((steht auf und stellt ein Gehen mit gebückter Haltung dar)) es gibt Leute die laufen wirklich so ne

KAR: Ja

TRKA03: Aber ehm (.) *mein Vater sagte immer also ich* (.) habe mich sehr spät bedeckt (.) ehm *mein Kind* (.) *von nun an repräsentierst du nicht mehr uns sondern den Islam du musst*

---

[4] Da die deutsch-türkische Studentin im Interview an bestimmten Stellen die Sprache wechselt, werden die Stellen, die im Original auf Türkisch formuliert wurden, kursiv gesetzt. Die ganze Sequenz im Original befindet sich jeweils in der daran anschließenden Fußnote.

aufrecht gehen ich bin so gelaufen und in den ersten Jahren
haben mich die Hoca sogar zur Seite geschoben und meinten dann
(.) mein Kind was ist das meinte der (.) also du läufst so
als ob du die Welt erschaffen hättest so meinte der

KAR: L @(.)@

TRKA03: Ich meinte ne Hocam um Gottes Willen so was gibt's
nicht (.) ich hab das in Deutschland gelernt (.) also so als
muslimische Frau zu laufen (.) also so indem man die Brust so
macht (.) also ich habe Selbstverstrauen (.) ich lebe den
Islam und ich fliehe nicht davon ich bin hier (.) ihr könnt
mich ruhig ansprechen kein Problem in der Art zu Laufen //
das ist für mich eine Methode der Verkündigung (.) und ehm
sobald mich die Menschen wahrnehmen und mit mir sprechen (.)
ich muss nicht sagen ich sag aber // moin moin guten Morgen
sag ich auch gerne // ehm in Deutschland in der Türkei ist
das ja so selten (.) das habe ich auch verstanden später //
// also daher sage ich in ganz verschiedenen Bereichen die
Freunde die Çarşaf anziehen oder die sich ganz schwarz
anziehen (.) Leute wir können das in Deutschland viel relaxter
machen (.) lass uns gut ich sag nicht ehm vernachlässige deine
Bedeckung (.) oder (.) ehm (.) ich sage nicht du sollst nicht
du selbst sein sei du selbst (.) aber ich sage mache das indem
du auf Deutschland einen Schritt zugehst und den Menschen dort
einen Schritt zugehst ich sage du musst ja nicht deine Werte
nachgeben // aber (.) ehm (.) das gefällt den Leuten oder das
ist ne andere Sache aber ich fühl mich wohl // ich muss den
Leuten nicht extra sagen ej ich bin Moslem ich bin so und so
ich bin kein Dschihadist oder wie man es auch nennen mag oder
wie ihr das meint (.) ehm ich werd nicht unterdrückt ehm und
ich bin nicht verheiratet nur weil ich jetzt das Kopftuch
trage (.) und ich bin auch nicht hohl (.) das würde ich dort
im Vorfeld schon verhindern daher sage ich dass das dort nicht
sein muss

9.1 Orientierung an räumlicher Differenzerfahrung

(TRKA03, 521-574)[5]

Mit der Argumentation der Nicht-Notwendigkeit des Kleidungsstücks „*Çarşaf*" („*Çarşaf muss nicht sein*") wird implizit einer Argumentation *für* das Tragen des

---

[5] Original:
TRKA03: Çarşafa gerek yok (.) neden gerek yok diyorum (.) ha olabilir saygım var (.) yapana hürmet gösteririm (.) ama diyorum ki (.) kıyafet bi tebliğ metodudur (.) hani in Deutschland das war das war letztes Jahr (.) ich war im Bus (.) kam so ne al- deutsche alte Oma typisch deutsch circa siebzig Jahre haben Sie sich aber schön ve ich war kunterbunt (.) ich zieh in der- in Konya zieh ich mich nicht kunterbunt an aber in Deutschland zieh ich mich kunterbunt an işte (.) hardal rengi (.) açık mavi (.) çok farklı renklerle ama tesettürüme uyormu uyor yani full tesettürlüyüm (.) kadın geliyor oh Sie sehen aber sehr hübsch ist ja sehr schön diyor filan (.) dedim ah danke sehr hani (.) kadına aslında ben bir adım atmadım (.) ama kıyafetim attı (.) und das ist auch etwas wo ich sag (.) bi methoddur bu hani insanları islamiyeti anlatma metodu diyorumki // eğer ben diyorum (.) anlatmıyorsam (.) bi yürüyüşümle (.) veya bi dik duruşumla (.) bu benim içinde özel bi şey dik duruş
KAR: Evet
TRKA03: Hani (.) ehm ((steht auf und stellt ein Gehen mit gebückter Haltung dar)) es gibt Leute die laufen wirklich so ne
KAR: Evet
TRKA03: Ama ehm (.) babam hep diyorduki ben (.) baya geç kapandım (.) ehm kızım (.) bundan sonra bizi değilde islamı temsil ediyorsun dik yürümen gerekiyor ben böyle yürüyodum hatta ilk yıllarda hocalar beni kenara çekti bu (.) öyle eh kızım (.) bu şey nedir ya dedi (.) hani çok böyle (.) dünyayı yaratmış havasında yürüyorsun şöyle dedi
KAR: @(.)@
TRKA03: Yo hocam estafullah öyle bi şey yok dedim (.) ben (.) Almanya'da şunu öğrendim (.) hani böyle yürümek var bi müslüman bi bayan olarak (.) hani göğsünü göre şey yapa yapa (.) hani özgüvenim var (.) ben islamiyeti yaşıyorum ve ben bunla gös- yani kaçamak yapmam ich bin hier (.) ihr könnt mich ruhig ansprechen kein Problem o tarzda yürümek var // o benim için bi tebliğ metodudur (.) ve insanlar bana (.) eh beni muhatap aldıkça benimle konuştukça (.) ich muss nicht sagen ich sag aber // moin moin guten Morgen sag ich auch gerne // eh in Deutschland in der Türkei ist das ja so selten (.) das habe ich auch verstanden später // // hani farklı alanlarda ondan diyorumki çarşaflı arkadaşlar veya die sich ganz schwarz anziehen (.) Leute wir können das in Deutschland viel relaxer machen (.) lass uns gut ich sag nicht ehm tesettürnen taviz ver (.) oder (.) ehm (.) hani kendin olma demiyorum ol (.) ama Almanya'ya bi adım atarak ordaki insanlara bi adım atarak yap diyorum değerlerinden taviz verme zorunluğun yok ki senin diyorum // ama (.) ehm (.) das gefällt den Leuten oder das ist ne andere Sache aber ich fühl mich wohl // ich muss den Leuten nicht extra sagen ej ich bin Moslem ich bin so und so ich bin kein Dschihadist oder wie man es auch nennen mag oder wie ihr das meint (.) ehm ich werd nicht unterdrückt eh und ich bin nicht verheiratet nur weil ich jetzt das Kopftuch trage (.) und ich bin auch nicht hohl (.) orda bunu işte baştan önlemiş oluyorum o yüzden orda gerek yok diyorum

Kleidungsstücks entgegengewirkt. Der Kleidung wird eine Repräsentationsfunktion zugeschrieben (*„Kleidung ist eine Methode der Verkündigung"*, tr. *„kıyafet bi tebliğ metodudur"*), die für die Argumentationsstruktur grundlegend zu sein scheint. In diesem Zusammenhang referiert die Studentin (die sich zur Zeit des Interviews aufgrund des Studiums in Konya befindet) ein Ereignis in Deutschland (*„in Deutschland das war das war letztes Jahr"*) und markiert durch diesen Rekurs die Bedeutung der räumlichen Differenzerfahrung: Die Beschreibung über die unterschiedlichen Kleidungsfarben in Konya und in Deutschland (*„in Konya zieh ich mich nicht kunterbunt an aber in Deutschland zieh ich mich kunterbunt an"*) dokumentiert die Bedeutung des Ortes für die Handlungspraxis. Das „aber" in der Formulierung *„in ganz verschiedenen Farben aber passt das zu meiner Bedeckung es passt also ich bin full bedeckt"* (tr. *„çok farklı renklerle ama tesettürüme uyormu uyor yani full tesettürlüyüm"*) rekurriert darauf, dass es möglicherweise konträr gesetzt werden könnte, sich bunt anzuziehen und bedeckt zu sein; die Studentin markiert somit, dass darin kein Gegensatz vorhanden ist. Kleidung und das bunte Anziehen werden als Repräsentation und Mittel für das Aufmerksam-Werden von Anderen – in diesem Fall der älteren deutschen Frau – konstruiert (*„ich bin eigentlich kein Schritt auf die Frau zugegangen (.) aber meine Kleidung hat einen Schritt gemacht"*, tr. *„kadına aslında ben bir adım atmadım (.) ama kıyafetim attı"*). Rekonstruierbar wird, dass Kleidung und Farbe, also das äußere Erscheinungsbild, als Ausdruck von Religion (*„das ist eine Methode also eine Methode den Menschen den Islam zu erklären"*, tr. *„bi metoddur bu hani insanları islamiyeti anlatma metodu"*) entworfen wird. Religion ist für die Studentin somit etwas zu Sehendes und das äußere Erscheinungsbild ein indirekter Lehrer. Zu diesem äußeren Erscheinungsbild subsumiert die Studentin ebenfalls die Haltung beim Gehen (*„ich meine wenn ich es nicht erkläre dann mit meinem Gehen und meiner aufrechten Haltung (.) das ist für mich auch etwas Besonderes die aufrechte Haltung"*, tr. *„eğer ben diyorum (.) anlatmıyorsam (.) bi yürüyüşümle (.) veya bi dik duruşumla (.) bu benim içinde özel bi şey dik duruş"*). Die Darstellung des Gehens mit gebückter Haltung wird in einer Besonderheit und Außergewöhnlichkeit beschrieben (*„es gibt Leute die laufen wirklich so ne"*).

Dass der Kleidung bzw. der Bedeckung eine bestimmte Symbolik und Repräsentationsfunktion zugeschrieben wird, dokumentiert sich auch in der daran anschließenden Ausführung (*„mein Vater sagte immer […] von nun an repräsentierst du nicht mehr uns sondern den Islam du musst aufrecht gehen"*, tr. *„babam hep diyorduki ben […] bundan sonra bizi değilde islamı temsil ediyorsun dik yürümen gerekiyor"*). Darüber hinaus scheint der Tochter allgemein ein Auftrag der Repräsentation zugeschrieben zu werden. Das Aufrecht-Gehen scheint als geeignete

9.1 Orientierung an räumlicher Differenzerfahrung

Form der Repräsentation der Religion zu fungieren. Während diese (erzieherische) Aufforderung in der praktischen Umsetzung Wirkung zu zeigen scheint (*„ich bin so gelaufen"*, tr. *„ben böyle yürüyodum"*), stößt diese Umsetzung auf eine Irritation an der theologischen Fakultät (*„in den ersten Jahren haben mich die Hoca sogar zur Seite geschoben und meinten dann (.) mein Kind was ist das meinte der (.) also du läufst so als ob du die Welt erschaffen hättest so meinte der"*, tr. *„ilk yıllarda hocalar beni kenara çekti bu (.) öyle eh kızım (.) bu şey nedir ya dedi (.) hani çok böyle (.) dünyayı yaratmış havasında yürüyorsun şöyle dedi"*). Einerseits scheinen die Erziehungsprozesse und Habitualisierungen aus Deutschland in die Handlungsorientierung in der Türkei zu greifen, andererseits zeigt sich der bewusste Verweis darauf (*„ich hab das in Deutschland gelernt (.) also so als muslimische Frau zu laufen (.) also so indem man die Brust so macht"*, tr. *„Almanya' da şunu öğrendim (.) hani böyle yürümek var bi müslüman bi bayan olarak (.) hani göğsünü göre şey yapa yapa"*). Somit lässt sich die Orientierung an räumlicher Differenzerfahrung rekonstruieren, die auch in der Differenzierung der Handlungspraxis (*„ich muss nicht sagen ich sag aber moin moin guten Morgen sag ich auch gerne ehm in Deutschland in der Türkei ist das ja so selten"*) sichtbar wird.

Mit dieser Rahmung geht die Studentin auf ihre Positionierung ein (*„also daher sage ich"*, tr. *„hani farklı alanlarda ondan diyorumki"*), die auf den Modus der ortsbezogenen Adaptation als Bearbeitung der Orientierung an räumlicher Differenzerfahrung rekurriert: Die zu Beginn der Sequenz rekonstruierte Positionierung „Çarşaf muss nicht sein" wird nun vor dem Hintergrund der Andersheit des Ortes formuliert (*„Leute wir können das in Deutschland viel relaxter machen"*). Die Betonung auf der Bedeutsamkeit des Initiative-Ergreifens (*„mache das indem du auf Deutschland einen Schritt zugehst und den Menschen dort einen Schritt zugehst"*, tr. *„ama Almanya'ya bi adım atarak ordaki insanlara bi adım atarak yap"*) verweist auf den Modus der ortsbezogenen Adaptation; argumentativ verstärkt wird diese Handlungsorientierung mit einem Einschub, dass durch eine solche Anpassung kein „Verlust" bestimmter subjektiver Werte resultiere (*„ich sage du musst ja nicht deine Werte nachgeben"*, tr. *„değerlerinden taviz verme zorunluğun yok ki senin diyorum"*). Dieser Bearbeitung liegt das Erfahrungswissen über die Auseinandersetzungen zugrunde (*„das ist mir auch passiert"*), das sich auf das Sich-Erklären-Müssen hinsichtlich bestimmter Implikationen des Kopftuch-Tragens bezieht (*„ich muss den Leuten nicht extra sagen ej ich bin Moslem ich bin so und so ich bin kein Dschihadist oder wie man es auch nennen mag oder wie ihr das meint (.) ehm ich werd nicht unterdrückt ehm und ich bin nicht verheiratet nur weil ich jetzt das Kopftuch trage (.) und ich bin auch nicht hohl"*). Folglich dokumentiert sich in der letzten Formulierung der Sequenz (*„das würde ich dort* *im Vorfeld schon verhindern daher sage ich dass das dort nicht sein muss"*, tr. *„orda bunu işte baştan önlemiş oluyorum o yüzden orda gerek yok diyorum"*) erneut der Verweis auf die bevorzugte Handlungspraxis in Deutschland und das Handlungsleitende der räumlichen Differenzerfahrung, der insbesondere in dem *„dort"* (tr. *„orda"*) deutlich wird. Zugleich manifestiert sich darin der Modus der ortsbezogenen Adaptation, denn diese bevorzugte Handlungsorientierung scheint nur mit Bezug auf Deutschland eine Bedeutsamkeit und Relevanz zu haben. Dadurch lässt sich aus dieser Sequenz die Orientierung an räumlicher Differenzerfahrung im Modus der situationsbezogenen Adaptation rekonstruieren.

Im Laufe des Interviews zeigt sich dieser Modus erneut. So spricht die Studentin kurz vor folgender Sequenz über die Geschlechterverhältnisse an der theologischen Fakultät in Konya und darüber, dass Studenten und Studentinnen nicht miteinander kommunizieren. Die Interviewerin bittet folglich die Interviewte darum, auf diesen Aspekt näher einzugehen:

KAR: Eben hast du typisch Konya gesagt also was die Frauen und Männer angeht kannst du das näher beschreiben

TRKA03: ⌊ An der Fakultät

KAR: Ja genau an der Fakultät du hast ja eben typisch Konya gesagt

TRKA03: Eh:: ja @(.)@ wir sind ganz offen @(.)@ (.) ne also ganz offen *gibt es nicht es gibt halt in keiner Weise Kontakt // es gibt sowas vor allem in Konya merkt man das sehr //* ehm das muss ich glaube ich auch nicht schönreden (.) es gibt kein ehm (.) *wie Kommunikation zwischen Jungs und Mädchen das wird sofort falsch verstanden // außerdem sind in unseren Kantinen Männer und Frauen getrennt (.) die Frauen sitzen oft hinten die Männer sitzen vorne in der Kantine // sowas* ha aber (.) *eine Frau und ein Mann an einem Tisch siehst du nicht das habe ich noch nie gesehen (.) ich habe nur die Pärchen gesehen*

9.1 Orientierung an räumlicher Differenzerfahrung

KAR: An einem Tisch

TRKA03: An einem Tisch (.) *sie können verheiratet sein sie können Pärchen sein aber* sonst so (.) *wir haben sofort nebenan die Erziehungswissenschaftliche Fakultät (.) dort ist es eine ganz andere Welt (.) wir fliehen da manchmal hin warum es ist sehr bequem (.) wir sind richtig locker dort (.) wir sitzen da wir reden da wir lachen da* (.) *in gemischten Gruppen wir können lockerer umgehen zum Beispiel mit den Mädch–* // *also nicht alle aber mit manchen Freunden gehen wir dahin warum (.) die gucken uns da nicht an die machen die sind ganz relaxt jeder (.) es gibt Leute die rauchen es gibt die Dings rauchen (.) die Musik hören (.) ehm die Türkü singen (.) Mädchen und Männer gemischt (.) die mit dem Ehepartner oder dem Freund reden und so weiter (.) locker eine sehr lockere Umgebung (.) an der theologischen Fakultät bin ich eher angespannt in der Kantine oben (.) daher sage ich okay ich gehe zu den Erziehungswissenschaftlern* (Die Studentin spricht hier von „eğitimciler" was soviel wie die Erzieher*innen, Erziehungswissenschaftler*innen oder Bildungswissenschaftler*innen bedeutet. In diesem Kontext deutet die Studentin auf den Ort der erziehungswissenschaftlichen Fakultät.) *(.) ich mache da Dings (.)* ((auf den Tisch klopfend)) *ich hänge dort ab (.) ich esse dort* etcetera *so passiert das (.) also bei mir persönlich*

KAR: Hmm verstehe

TRKA03: @(.)@

KAR: ⌊ Also können wir sagen es gibt eine andere Atmosphäre

TRKA03: ⌊ *Es gibt einen Druck (.)* // *also es gibt diesen Druck auf jeden Fall gibt es ihn und das merkt man auch* // ehm (.) *wir merken*

```
das sehr gut bei den Männern diesen Druck (.) also ehm (.)
zum Beispiel unsere UIP-Männer die kommen alle aus dem Ausland
aber (.) aber ich sage ey wie radikal sind die die grüßen
nicht ha die müssen okay die müssen nicht grüßen aber (.) wir
haben kaum gemeinsame Arbeit (.) aber bei anderen Sachen (.)
ehm die Anderen (.) in Ankara Istanbul die arbeiten zusammen
(.) ((auf den Tisch klopfend)) aber bei uns geht das auf
keinen Fall weil (.) das liegt an dem Druck der in dieser
Schule auferlegt wird es wird sofort falsch verstanden ehm
eine ganz andere Situation im Vergleich zu anderen Orten
(TRKA03, 1185-1251)[6]
```

Die Interviewerin greift das zuvor kurz Thematisierte auf („*eben hast du typisch Konya gesagt also was die Frauen und Männer angeht kannst du das näher beschreiben*"). Darin wird zum Ausdruck gebracht, dass sich die Interviewerin mit Blick auf die Formulierung „typisch Konya" und den Geschlechterbezug (Männer und Frauen) eine Detaillierung wünscht. Die Nachfrage über die Spezifizierung („an der Fakultät") wird von der Interviewerin bestätigt („*ja genau an der Fakultät du hast ja eben typisch Konya gesagt*"). Die daran anschließende Reaktion verweist auf eine dahinterstehende Spannung dieser Thematik, die sich in dem länger gezogenen „Eh::" und dem Lachen („@(.)@") dokumentiert.

Auf die Bitte der Interviewerin wird zunächst im Modus der Ironie Bezug genommen („*wir sind ganz offen*"), der sich ebenso in dem daran anschließenden Lachen („@(.)@") dokumentiert. In diesem Zuge wird auf das zuvor Gesagte ablehnend bzw. auf die ironische Formulierung verweisend Bezug genommen („*ne also ganz offen gibt es nicht*", tr. „*ne also ganz offen (.) yok yani*"). Auf der Ebene des Wie des Gesagten zeigt sich in dieser Bezugnahme die Präsumtion

---

[6] Original:
KAR: Eben hast du typisch Konya gesagt also was die Frauen und Männer angeht kannst du das näher beschreiben
TRKA03:
An der Fakultät
KAR: Ja genau an der Fakultät du hast ja eben typisch Konya gesagt
TRKA03: Eh:: ja @(.)@ wir sind ganz offen @(.)@ (.) ne also ganz offen (.) yok yani (.) hiç bi şekilde bağlantı yok sadece // şöyle bi şey var Konya'da hele çok fark ediliyor bu // eh das muss ich glaube ich auch nicht schönreden (.) es gibt kein ehm (.) nasıl Kommunikation zwischen Jungs und Mädchen das wird sofort falsch verstanden // hatta bizim mesela kantinlerde kadın ayrı erkek ayrı (.) kadınlar çoğunlukla arka tarafta oturur erkekler kantinin

9.1 Orientierung an räumlicher Differenzerfahrung 195

der Studentin, dass die Interviewerin mit Blick auf den Aspekt „*typisch Konya*" in Bezug auf „*Männer und Frauen*" auf das Geschlechterverhältnis untereinander rekurriert. Denn ohne dies zu benennen wird das Wissen darüber stillschweigend vorausgesetzt. Sie geht somit sofort auf den Aspekt des „Kontaktes" ein („*es gibt halt in keiner Weise Kontakt*", tr. „*hiç bi şekilde bağlantı yok*"). Diese Handlungspraxis des Nicht-In-Kontakt-Seins wird insbesondere auf Konya bezogen („*vor allem in Konya merkt man das sehr*", tr. „*Konya'da hele çok fark ediliyor bu*"). Dass dieses für Konya „*Typische*" durch die Studentin in einem kritischen Modus aufgegriffen wird, zeigt sich nicht zuletzt in der Beschreibung „*das muss ich glaube ich auch nicht schönreden*". Die strikte Geschlechtertrennung in der Kommunikation („*es gibt kein ehm (.) wie Kommunikation zwischen Jungs und Mädchen das wird sofort falsch verstanden*") wird in Form eines geteilten und kollektiv angenommenen Phänomens beschrieben. „*Falsch verstanden*" rekurriert darauf, dass die Kommunikation nicht im Rahmen der Intention wahrgenommen wird. Daraus lässt sich rekonstruieren, dass die Außenwahrnehmung und Dritte für die Kommunikation von Jungen und Mädchen an der Fakultät eine Rolle spielen.

önünde otururlar // öyle bi şey ha ama (.) bi masada kadın erkeği görmezsin onu hiç görmemişimdir (.) sadece çiftleri görmüşümdür
KAR: An einem Tisch
TRKA03: An einem Tisch (.) evli olabilirler Pärchen olabilirler ama sonst so (.) e- yanımızda hemen eğitim fakültesi var (.) orası çok farklı bi dünya (.) biz mesela oraya kaçıyoruz neden çok rahat (.) çok rahatız orda (.) wir sitzen da wir reden da wir lachen da (.) in gemischten Gruppen daha rahat hareket ediyoruz mesela biz kızla- // ya hepsini demeyim ama bazı arkadaşlar biz eğitime gidiyoruz neden (.) die gucken uns da nicht an die machen die sind ganz relaxt herkes (.) sigara içenide var şey için içine eh yer sigara içen (.) müzik dinleyen (.) eh kendince türkü söyleyen (.) kız erkek karışık (.) eşiyle (.) flörtüyle konuşan filan (.) rahat çok rahat bi ortam (.) İlahiyat fakültesinde daha çok kasılıyorum (.) kantinde yukarda (.) ondan diyorum ha benim eğitime gidim (.) orda şey yapim (.) ((auf den Tisch klopfend)) orda takılıyım (.) yemeğimi orda yiyim etcetera öyle oluyor (.) yani benim şahsi // şeyimde
KAR: Anlıyorum
TRKA03: @(.)@
KAR: ⌊ Yani bir eh farklı bi hava (.) var diyebilir miyiz
TRKA03: ⌊ Baskı var (.) // yani baskı var kesinlikle var onuda fark ediyorsun zaten // ehm (.) bizi bunu şöyle ta- erkeklerde çok iyi tanımlıyoruz bunu o baskıyı (.) hani ehm (.) mesela bizim UIPli erkeklerde hani şeyden geliyorlar hepsi yurt dışından geliyor ama (.) hani diyorum ey wie radikal sind die bi selam sabahları yok ha die müssen tamam selam sabah vermesine gerek yok ama (.) ortak bi çalışmamız pek olmuyor (.) diğer eh şeylerde (.) ehm hemen söyle diğer (.) Ankara'da İstanbul'da ortak çalışmalar oluyor (.) ((auf den Tisch klopfend)) ama bizde kesinlikle olmuyor çünkü (.) bu okulun vermiş olduğu bi baskıdan dolayı hemen yanlış anlaşılabiliniyor ehm başka yerlere bakarak çok farklı bir durum

Die Geschlechtertrennung scheint sich nicht nur auf die Kommunikation zu beziehen; sie scheint sich auch in den Sitzordnungen an der Fakultät widerzuspiegeln (*„außerdem sind in unseren Kantinen Männer und Frauen getrennt (.) die Frauen sitzen oft hinten die Männer sitzen vorne in der Kantine"*, tr. *„hatta bizim mesela kantinlerde kadın ayrı erkek ayrı (.) kadınlar çoğunlukla arka tarafta oturur erkekler kantinin önünde otururlar"*). Ehepartner*innen und Pärchen werden als Ausnahme angeführt (*„sie können verheiratet sein sie können Pärchen sein"*, tr. *„evli olabilirler Pärchen olabilirler"*). Somit lässt sich rekonstruieren, dass durch das „Pärchen" und Ehepartner*in-Sein etwas greift, das die Praxis der Geschlechtertrennung aufhebt.

Diese sehr auf die theologische Fakultät bezogene Kontextualisierung und Beschreibung erlebt einen Bruch; die Studentin verweist auf unterschiedliche Räume und differenziert die Atmosphäre bzw. die „Umgebung" (tr. *„ortam"*) der theologischen Fakultät mit der erziehungswissenschaftlichen Fakultät „nebenan" (*„wir haben sofort nebenan die Erziehungswissenschaftliche Fakultät (.) dort ist es eine ganz andere Welt"*, tr. *„yanımızda hemen eğitim fakültesi var (.) orası çok farklı bi dünya"*). Dass dieser Ort als Rückzugs- bzw. Fluchtort konstruiert wird, verweist auf die *Handlungs*orientierung der Studentin, die sie im Rahmen dieser Geschlechtertrennung leitet. Die „lockere" Umgebung (tr. *„çok rahat bi ortam"*), der „lockere Umgang", dass es dort „bequem" (tr. *„çok rahat (.) çok rahatız orda"*) und „jeder relaxt" ist (*„die sind ganz relaxt"*), scheint für diese Orientierung handlungsleitend zu sein. All diese Beschreibungen stehen mit der Aufhebung einer Geschlechtertrennung in Zusammenhang (*„wir lachen da (.) in gemischten Gruppen wir können lockerer umgehen"* oder *„Mädchen und Männer gemischt (.) die mit dem Ehepartner oder dem Freund reden"*, tr. *„kız erkek karışık (.) eşiyle (.) flörtüyle konuşan"*). Des Weiteren scheinen dort die Außenwahrnehmung und der – im Kontext der theologischen Fakultät beschriebene – Dritte keine Rolle zu spielen (*„die gucken uns da nicht an"*).

Daran anschließend greift erneut für den Vergleich ein räumlicher Querverweis (*„an der theologischen Fakultät bin ich eher angespannt in der Kantine oben"*, tr. *„İlahiyat fakültesinde daha çok kasılıyorum (.) kantinde yukarda"*). Vor diesem Hintergrund wird die Handlung des „Fliehens" bzw. Sich-Zurückziehens begründet (*„daher sage ich okay ich gehe zu den Erziehungswissenschaftlern"*, tr. *„ondan diyorum ha benim eğitime gidim"*).

Nach dem Versuch einer Zusammenfassung durch die Interviewerin (*„also können wir sagen es gibt eine andere Atmosphäre"*, tr. *„yani bir eh farklı bi hava (.) var diyebilir miyiz"*) wird durch eine Überlappung diese Unterschiedlichkeit der Fakultät Konya spezifiziert (*„es gibt einen Druck"*, tr. *„baskı var*). Durch die mehrfache Anführung (*„also es gibt diesen Druck auf jeden Fall gibt es ihn"*, tr.

9.1 Orientierung an räumlicher Differenzerfahrung

„*yani baskı var kesinlikle var*") markiert die Studentin die Offensichtlichkeit und Beobachtbarkeit des Beschriebenen („*das merkt man auch*", tr. „*fark ediyorsun zaten*"). Insbesondere durch die Handlungspraxis der „Männer" soll dieser Druck (der Fakultät) sichtbar werden („*wir merken das sehr gut bei den Männern diesen Druck*", tr. „*bizi bunu şöyle ta- erkeklerde çok iyi tanımlıyoruz bunu o baskıyı*"): Auf der Ebene des Wie des Gesagten lässt sich rekonstruieren, dass die Handlungspraxis des Nicht-Grüßens bzw. Nicht-In-Kontakt-Tretens der Männer *aus Deutschland* für die Studentin einen Widerspruch darstellt („*unsere UIP-Männer die kommen alle aus dem Ausland aber (.) aber ich sage* ey *wie radikal sind die die grüßen*[7] *nicht*", tr. „*bizim UIPli erkeklerde hani şeyden geliyorlar hepsi yurt dışından geliyor ama (.) hani diyorum ey wie radikal sind die bi selam sabahları yok*").

In diesem Nicht-Einordnen-Können der Studentin wird erneut auf verschiedene Orte zum Vergleich verwiesen („*wir haben kaum gemeinsame […] die Anderen (.) in Ankara Istanbul die arbeiten zusammen […] aber bei uns geht das auf keinen Fall*", tr. „*ama (.) ortak bi çalışmamız pek olmuyor […] Ankara'da İstanbul'da ortak çalışmalar oluyor […] ama bizde kesinlikle olmuyor*").

In dem Vergleich manifestiert sich die Orientierung der Studentin an räumlicher Differenzerfahrung, die für ihre Beschreibungen konstitutiv erscheint. Diese Orientierung zeigt sich ebenfalls in der letzten Beschreibung der Sequenz („*eine ganz andere Situation im Vergleich zu anderen Orten*", tr. „*başka yerlere bakarak çok farklı bir durum*"). An dieser Stelle zeigt sich die Überschneidung der Modi der ortsbezogenen Adaptation und der kontrastierenden Gegenüberstellung. Die Sequenz weist an dieser Stelle allerdings noch keine thematische Konklusion auf:

```
KAR:    Okay dieser Druck (.) was kann der Grund sein (.) für
        diesen Druck

TRKA03: Also es gibt sowas ehm (.) erstmal will ich sagen
        stört mich dieser Druck (.) am Anfang hat es mich gestört aber
        so langsam langsam gewöhne ich mich daran // zum Bei (.) wenn
        ich nach Deutschland gehe (.) okay (.) jetzt sind wir wieder
        mischmasch (.) ich muss mich da jetzt anpassen
```

---

[7] „*Selamı sabahı yok*" ist eine Redewendung (wortwörtlich übersetzt: hat keinen Gruß und keinen Morgen") und deutet dem Sinn nach auf das In-Kontakt-Sein und den Austausch.

198   9 Kollektive Orientierungen und Modi der Bearbeitung ...

```
KAR:                              └Ja

TRKA03: Diese Phase habe ich auch also (.) okay jetzt sind ma
wieder  im  ich  sag  endlich  ja  jetzt  bin  ich  auf  der
@menschlichen Ebene@ (.) ich spaße // aber ehm (.) ich fühle
das und ich finde es beq- also so ungefähr ich sag ich hab
mich dran gewöhnt am Anfang // habe ich Dings gemacht ich
wurde so oh (.) jeder der kommt (.) wird so wow und danach
(.) okay wir gewöhnen uns an die Sache
                                    8
(TRKA03, 1252-1269)
```

Die Studentin geht auf die Frage der Interviewerin nach dem Grund für diesen beschriebenen Druck an der Fakultät (*„dieser Druck (.) was kann der Grund sein"*, tr. *„peki (.) kaynağı (.) ne olabilir (.) bu baskının"*, tr. *„öncelikle şunu söylim ben bu baskıdan çok rahatsız duyomuyum"*) ein, ohne direkten Bezug darauf zu nehmen. Stattdessen deutet sie auf die Wirkung und das persönliche Empfinden dieser Geschlechtertrennung hin, was sie in einem fragenden Modus einleitet (*„erstmal will ich sagen stört mich dieser Druck"*, tr. *„öncelikle şunu söylim ben bu baskıdan çok rahatsız duyomuyum"*). Darin dokumentiert sich die Auseinandersetzung der Studentin mit der Wirkung und der Bedeutung dieser Geschlechtertrennung für sie selbst. Daran anknüpfend beschreibt sie die Entwicklung dieser Wahrnehmung (*„am Anfang hat es mich gestört aber so langsam langsam gewöhne ich mich daran"*, *„başta duyodum ama yavaş yavaş alışma durumum var ondan"*), in der sich der Modus der ortsbezogenen Adaptation dokumentiert. In diesem Modus wird der Unterschied in der Wahrnehmung und Bearbeitung in Deutschland beschrieben (*„wenn ich nach Deutschland gehe (.) okay (.) jetzt sind wir wieder misch masch*

---

[8] Original:
KAR: Bu baskı peki (.) kaynağı (.) ne olabilir (.) bu baskının
TRKA03: Ya şöyle bi şey var ehm (.) öncelikle şunu söylim ben bu baskıdan çok rahatsız duyomuyum (.) başta duyodum ama yavaş yavaş alışma durumum var ondan // meşe-Almanya'ya gittimmi (.) okay (.) jetzt sind wir wieder misch masch (.) ich muss mich da jetzt anpassen
KAR: └Ja
TRKA03: Diese Phase habe ich auch hani (.) okay jetzt sind ma wieder im sonunda diyorum ja jetzt bin ich auf der @menschlichen Ebene@ diyorum (.) takılıyorum // ama ehm (.) onu ben hissediyorum ve o rahat ya artık rahat bi alışmışım diyorum başta şey // yapıyodum çok oh oluyodum (.) gelenlerin hepsi öyle (.) wohw oluyor ondan sonra (.) okay wir gewöhnen uns an die Sache

9.1 Orientierung an räumlicher Differenzerfahrung

(.) ich muss mich da jetzt anpassen"). Wird in der Formulierung „*okay jetzt sind ma wieder im ich sag <u>endlich</u> ja jetzt bin ich auf der @menschlichen Ebene@"* die Ebene des Wie des Gesagten betrachtet, lässt sich in dem Lachen und der Betonung auf „endlich" (tr. „<u>sonunda</u>") rekonstruieren, dass die geschlechtergemischten Umgebungen von der Studentin bevorzugt werden. Darauf wurde auch in der vorherigen Beschreibung der „*bequemen Umgebung*" hingedeutet. Obwohl diese Form die bevorzugte Handlungspraxis und -orientierung zu sein scheint, beschreibt die Studentin ihre Anpassung („*ich hab mich dran gewöhnt am Anfang habe ich Dings gemacht ich wurde so oh (.) jeder der kommt (.) wird so wow und danach (.) okay wir gewöhnen uns an die Sache*", tr. „*alışmışım diyorum başta şey yapıyodum çok oh oluyodum (.) gelenlerin hepsi öyle (.) wohw oluyor ondan sonra (.) okay wir gewöhnen uns an die Sache*") und rekurriert dabei auf ihren Modus der ortsbezogenen Adaptation. Daraus lässt sich erschließen, dass die Studentin ihre Orientierung an räumlicher Differenzerfahrung im Modus der ortsbezogenen Adaptation bearbeitet; und dies zeigt sich auch in der unmittelbar daran anschließenden Sequenz:

TRKA03: *Wofür ist Konya bekannt sie ist für das Konservative bekannt ja (.) ehm (.) sie ist für verschiedene Bereiche und Aspekte bekannt (.) und (.) wir also (.) als UIP (.) norma- wir sind prompt in diese Umgebung gekommen die waren so wir wussten das ja nicht (.) zum Beispiel (.) wir haben am Anfang geredet (.) wir wussten zum Beispiel nicht dass das tabu ist (.) wir haben am Anfang Jeanshosen angezogen wir sind hierher wir warn nicht alle (.) nicht alle waren mit Ferace etcetera (.) zum Beispiel gab es viele die später Çarşaf getragen haben weil die Umgebung diese Möglichkeit gegeben hat // und ehm (.) ich necke sie sogar ((auf den Tisch klopfend)) ich sage jetzt zieht ihr Çarşaf an ihr habt euch von dieser Umgebung sehr leiten lassen (.) wenn ihr wieder zurückkehrt wird mehr als die Hälfte unter euch (.) diese Çarşaf ausziehen (.) am Anfang gabs das nicht wir die meisten wussten am Anfang nicht was ein Çarşaf ist // wussten sie nicht am Anfang (.) aber danach haben wir Dings gemacht wir haben geguckt ah: hier ist* das so (.) wir passen uns ma an wir haben also so angepasst (.) also (.) ehm nicht von uns aus kam (.) wir haben das so gesehen in Konya wird man so wären wir nach Ankara gegangen würden wir ehm uns in Ankara Dings machen (.) ehm anpassen (TRKA03, 1276-1294)[9]

In der Beschreibung der Besonderheit der Stadt Konya dokumentiert sich ein indirekter Vergleich (*"wofür ist Konya bekannt sie ist für das Konservative bekannt ja (.) ehm (.) sie ist für verschiedene Bereiche und Aspekte bekannt"*, tr. *"Konya neyle bilinir muhafazakarlığıyla bilinir hani (.) ehm (.) farklı alanlarıyla faktörleriyle bilinir"*). In dieser Beschreibung dokumentiert sich zudem die konstruierte Offensichtlichkeit und Bekanntheit dieser Eigenschaften der Stadt; somit scheinen das „Konservativ-Sein" von Konya und bestimmte – nicht genauer spezifizierte – „Bereiche und Aspekte" bekannt zu sein. In dieser Bekanntheit werden die UIP-Studierenden (aus dem Ausland) zunächst außen vor gelassen, denn diese Spezifika scheinen ihnen zu Beginn nicht bewusst gewesen zu sein (*"wir also (.) als UIP (.) norma- wir sind prompt in diese Umgebung gekommen die waren so wir wussten das ja nicht"*, tr. *"biz hani (.) UIP olarak (.) norma- o ortama (.) hop diye oturduk bunlar böyledi wir wussten das ja nicht"*). Somit wird die gewohnte Handlungspraxis aus dem Herkunftsland (in diesem Fall Deutschland) an die theologische Fakultät getragen (*"wir haben am Anfang geredet (.) wir wussten zum Beispiel nicht dass das tabu ist"*, tr. *"biz başta konuşuyorduk (.) bunun tabu olduğunu biz bilmiyoduk"*). Diese Mitnahme gewohnter Handlungspraktiken wird auch mit Blick auf Kleidung formuliert (*"wir haben am Anfang Jeanshosen angezogen wir sind hierher wir warn nicht alle (.) nicht alle waren mit Ferace"*, tr. *"biz baştada kot pantolonu giyoduk geldik wir warn nicht alle (.) nicht alle waren feraceli"*).

---

[9] Original:
TRKA03: Konya neyle bilinir muhafazakarlığıyla bilinir hani (.) ehm (.) farklı alanlarıyla faktörleriyle bilinir (.) ve (.) biz hani (.) UIP olarak (.) norma- o ortama (.) hop diye oturduk bunlar böyledi wir wussten das ja nicht (.) mesela (.) biz başta konuşuyorduk (.) bunun tabu olduğunu biz bilmiyoduk mesela (.) biz baştada kot pantolonu giyoduk geldik wir warn nicht alle (.) nicht alle waren feraceli etcetera (.) mesela sonradan çarşaf giyenler çok oldu çünkü ortamın vermiş olduğu bi rahatlılık vardı // ve eh (.) ben hatta takılıyorum siz ((auf den Tisch klopfend)) şuan çarşaf giyiosunuz diyorum bu ortama iyi kapıldınız (.) tekrar geri döndümmü yarınız yarısından fazlası (.) o çarşafı çıkarcak diyorum (.) başta yoktu biz başta bilmiyoduk çoğu kişi ferace ne olduğunu // bilmiyoduk başta (.) ama sonradan şey yaptık baktık ha: hier ist das so (.) wir passen uns ma an wir haben hani şöyle anpassen şey oldu bizde (.) hani (.) ehm bizim (.) kendimizin oluşturduğu değil biz böyle gördük Konya'da böyle olunuyor Ankara'ya gitseydik Ankara'ya ee şey yapardık (.) ehm (.) uyum sağlardık

9.1 Orientierung an räumlicher Differenzerfahrung

Kontextwissen:
Im Laufe der Interviews werden bestimmte Kleidungsstücke bzw. Bedeckungsformen in türkischer Sprache genannt, deren Beibehaltung des Originals in der Sequenz sich aufgrund der Schwierigkeit der Übersetzung als sinnvoll erweist. Stattdessen werden hier die Begriffe kurz erklärt, um die Verständlichkeit der Rekonstruktion zu gewährleisten.

Ferace ist ein breit(er) geschnittenes langes Kleid, das den ganzen Körper (bis auf die Hände und Füße) bedeckt und in Kombination mit der Kopfbedeckung getragen wird. Während der Begriff Ferace im türkischen Kontext geläufig ist, findet hierfür ebenfalls der arabische Begriff *Abaya* Verwendung (Şahin, 2014, S. 209).

Çarşaf ist die türkische Bezeichnung für verschiedene Formen der Vollverschleierung (ohne oder mit der Bedeckung des Gesichts oder mit der Bedeckung der Augen) (Şahin, 2014, S. 471).

Nikab (oder Niqab) beschreibt dabei die Verhüllung des Gesichts (Şahin, 2014, S. 471). Im türkischsprachigen Raum ist für die Gesichtsverhüllung der Begriff *Peçe* gebräuchlich.

Während der *Nikab* die Augenpartie freilässt, wird bei der *Burka* (als eine weitere Form der Vollverschleierung) auch die Augenpartie mit einem „engmaschige[n] Stoffnetz" verhüllt (Mediendienst Integration, 2019a, S. 105).

Diese Beschreibung der Veränderung, die mit dem Ortswechsel einhergeht, verweist ebenfalls auf die Orientierung an räumlicher Differenzerfahrung, die im Modus der ortsbezogenen Adaptation bearbeitet wird. Dass der Einfluss des Ortes bzw. der Umgebung für diese Veränderungen der Handlungspraktiken eine Rolle spielt, dokumentiert sich gleichzeitig in der daran anschließenden Formulierung („*zum Beispiel gab es viele die später Çarsaf getragen haben weil die Umgebung diese Möglichkeit gegeben hat*", tr. „*mesela sonradan çarşaf giyenler çok oldu çünkü ortamın vermiş olduğu bi rahatlılık vardı*"). Somit wird auf zwei unterschiedliche Dimensionen verwiesen, die sich divergent zueinander verhalten: Einerseits wird die „Umgebung" im Zusammenhang mit dem vorhandenen Druck beschrieben, in der die Studierenden in eine andere (als die gewohnte) Handlungspraxis gerückt werden; andererseits wird eine „Umgebung" konstruiert, die die Möglichkeit der Ausübung (in diesem Fall des Çarsaf-Tragens) bietet. In dieser unterschiedlichen Konstruktion der Umgebung manifestiert sich die Dynamik zwischen Druck und Freiheit.

Doch auch daran anschließend bringt die Studentin das Çarsaf-Tragen mit dem Einfluss der Umgebung in Verbindung („*ich sage jetzt zieht ihr carsaf an ihr habt euch von dieser Umgebung sehr leiten lassen (.) wenn ihr wieder zurückkehrt wird mehr als die Hälfte unter euch (.) diese carsaf ausziehen*", tr. „*şuan çarşaf giyiosunuz diyorum bu ortama iyi kapıldınız (.) tekrar geri döndümmü yarınız yarısından fazlası (.) o çarşafı çıkarcak diyorum*"). Die Beschreibung, dass mit der Rückkehr nach Deutschland diese Handlungspraxis erneut eine Veränderung erleben wird, rekurriert auf ihre Orientierung an räumlicher Differenzerfahrung, die sie im Modus der ortsbezogenen Adaptation bearbeitet. Die Differenzerfahrung und der Modus der ortsbezogenen Adaptation werden auch im Zuge dieser Erzählung rekonstruierbar („*was ein carsaf ist wussten sie nicht am Anfang (.) aber danach haben wir Dings gemacht wir haben geguckt ah: hier ist das so (.) wir passen uns ma an wir haben also so angepasst*", tr. „*ferace ne olduğunu bilmiyoduk başta (.) ama sonradan şey yaptık baktık ha: hier ist das so (.) wir passen uns ma an wir haben hani şöyle anpassen şey oldu bizde*"). Sobald die letzte Formulierung hinsichtlich der Art und Weise – des *Wie* – des Gesagten rekonstruiert wird, zeigt sich eine ortsgebundene Wahrnehmung und die damit verbundene Adaptation. Dass es sich dabei nicht um Veränderungen handelt, die ausschließlich auf die eigene Initiative oder die intrinsische Motivation zurückzuführen sind, wird durch die Beschreibung der Bedeutung des Ortes (Konya) und den Vergleich mit anderen Orten (Ankara) markiert („*nicht von uns aus kam (.) wir haben das so gesehen in Konya wird man so wären wir nach Ankara gegangen würden wir ehm uns in Ankara Dings machen (.) ehm anpassen*", tr. „*bizim (.) kendimizin oluşturduğu değil biz böyle gördük Konyada böyle olunuyor Ankaraya gitseydik Ankaraya ee şey yapardık (.) ehm (.) uyum sağlardık*"). Dadurch betont die Studentin erneut die Bedeutung der räumlichen Differenzerfahrung für ihre Handlungspraxis. In diesem Verweis wird verstärkt der Modus der ortsbezogenen Adaptation erkennbar, der sich in der letzten Formulierung auch auf der exmanenten Ebene zeigt.

Über die Bedeutung der „Umgebung" für die Geschlechterverhältnisse an der Fakultät spricht auch TRKAF02 und verweist in dieser Erzählung auf die homologe Orientierung und den homologen Modus:

9.1 Orientierung an räumlicher Differenzerfahrung

TRKAF02: Zum Beispiel hier in Konya die Studentinnen sind eigentlich lockerer // also es ist so man redet hier eigentlich nicht man hat einfach kein Kontakt mit den Studenten hier // also ich hab noch nie eine Studentin gesehen die einfach zu einem Studenten hingegangen und geredet hat das ist ja auch hat es was mit der Umgebung zu tun // als wir zum ersten Mal hierher kamen ehm wussten wir ja nicht wies hier abläuft wegen der Umgebung // drum und dran warn wir ganz normal aber danach wenn du in die Sache reinkommst dann merkst du oh upps das ist ja nicht so wie in Deutschland also mittlerweile bei uns gibts keine die mit einem Studenten redet auch wenn du sowas machst die würden nicht mal mit uns reden also die würden niema antworten bestimmt // also das ist so das ist einfach eigene Welt einfach Mädchen Jungs das wars bei uns wars ja so wir waren bei ehm Vorbereitung sehr em zusammen // gemischt also Mädchen und Junge danach kamen die Regel dass die Studentinnen und Studenten sich trennen weißt du // dass das bei uns in // Konya

KAR: Ich habs gehört

TRKAF02: Getrennt ist ja genau (.) ja so halt dann haben wir uns gewöhnt

KAR: Okay (2) verstehe

(TRKAF02, 170-200)

In der Verortung der Erzählung in Konya („*zum Beispiel hier in Konya*") dokumentiert sich die Bedeutung des Ortes für die daran anschließende Beschreibung der Geschlechterverhältnisse („*die Studentinnen sind eigentlich lockerer*"). Darin erweist sich der implizite Vergleich der Studentinnen mit den Studenten. Mit der Formulierung „eigentlich" wird rekonstruierbar, dass das Gesagte relativiert wird. Die strikte Geschlechtertrennung in der Auseinandersetzung und dem Kontakt wird erneut mit starkem Verweis auf den Raum Konya beschrieben („*also es ist so man redet hier eigentlich nicht man hat einfach kein Kontakt mit den Studenten hier*"). Implizit wird hier eine Norm konstruiert, die sich in dem „man" in der Formulierung dokumentiert. Gleichzeitig verweist dies auf ein geteiltes Wissen von dieser Praxis unter den Studierenden. Diese Beschreibung wird mit der eigenen Beobachtung untermauert (*„also ich hab noch nie eine Studentin gesehen die einfach zu einem Studenten hingegangen und geredet hat"*). Somit scheint es in der Kommunikation zwischen Studentinnen und Studenten keinen gemeinsamen Raum zu geben. Ferner lässt sich rekonstruieren, dass die Geschlechtertrennung in dieser Form als etwas für Konya Typisches und Spezielles beschrieben wird; dies manifestiert sich auch in der daran anschließenden Formulierung (*„das ist ja auch hat es was mit der Umgebung zu tun"*). Die Umgebung wird somit als Grund für diese Praxis der Geschlechtertrennung angeführt.

Der Bezug auf die Zeit zu Beginn des Studiums (*„als wir zum ersten Mal hierher kamen ehm wussten wir ja nicht wies hier abläuft wegen der Umgebung"*) dokumentiert einerseits die Konstruktion einer Wir-Gruppe der UIP-Studierenden, andererseits zeigt sich darin die Konstruktion der Andersheit des Ortes und der „Umgebung". Diese Andersheit des Ortes und die als „normal" beschriebenen Handlungspraktiken der UIP-Studierenden zu Beginn des Studiums (*„warn wir ganz normal"*) scheinen Erfahrungskollisionen herbeigeführt zu haben (*„aber danach wenn du in die Sache reinkommst dann merkst du oh upps das ist ja nicht so wie in Deutschland"*). In dieser Beschreibung der Wahrnehmung und der Erfahrungskollision in Konya spielt der Verweis auf Deutschland erneut eine wichtige Rolle, sodass sich die Orientierung an räumlicher Differenzerfahrung rekonstruieren lässt. Dass die Studentin diese Orientierung im Modus der ortsbezogenen Adaptation bearbeitet, dokumentiert sich implizit in der Beschreibung *„warn wir ganz normal"*. Das „Normal"-Sein scheint zur Praxis der Geschlechtertrennung konträr zu stehen; demnach scheint es eine ortsbezogene Veränderung gegeben zu haben, die auf die Umgebung und die gewohnten Handlungspraktiken zurückgeführt wird. Auf der immanenten Ebene zeigt sich dieser Modus der ortsbezogenen Adaptation ebenfalls in der daran anknüpfenden Formulierung (*„also mittlerweile bei uns gibts keine die mit einem Studenten redet"*). Die Studentin rekurriert in ihrer Erzählung auf die Starrheit und Etabliertheit dieser Praxis der Geschlechtertrennung (*„auch wenn du sowas machst die würden nicht mal mit uns reden also die würden niema antworten"*), die sich durch das parallele Leben ohne jeglichen Kontakt charakterisiert (*„das ist so das ist einfach eigene Welt einfach Mädchen Jungs das wars"*). Die (heutige) Starrheit der Praxis unterliegt allerdings einer Entwicklung (*„wir waren bei ehm Vorbereitung sehr em zusammen gemischt also Mädchen und Junge danach kamen die Regel dass die Studentinnen und Studenten sich trennen"*), die letztendlich in einem Zusammenhang mit dem Sich-Gewöhnen an diese Veränderung beschrieben wird (*„dann haben wir uns gewöhnt"*). Somit lässt sich der Modus der ortsbezogenen Adaptation rekonstruieren. In anderen Exemplifizierungen für die Besonderheit der „Umgebung" lässt sich dieser Modus auch im weiteren Verlauf des Interviews nachzeichnen:

9.1 Orientierung an räumlicher Differenzerfahrung

TRKAF02: Ich bin jetzt nicht so eine Person ich mein ich ich trag ja so etwas Burka // ehm man denkt gleich oah halt radikal oder die redet bestimmt nicht mit Jungs ich bin eigentlich eine ganz lockere Person // in X-Stadt ((in Deutschland)) würde ich jetzt zu einem Studenten etwas sagen aber hier du kannst nicht weil die Umgebung dich dazu zwingt das nicht zu machen

KAR: Hmm (.) okay

TRKAF02: Jeder würde dich schlecht angucken die Blicke // und jeder denkt gleich falsch das war mal so

KAR: Ah da ist Konkretes passiert also es gab Vor- Vorfälle

TRKAF02: Ja ja

KAR: Okay

TRKAF02: Vorfälle sind schon passiert

KAR: Ma- möchtest du sie mir erzählen

TRKAF02: Nein @(.)@

KAR: Okay

TRKAF02: Nein @(.)@

KAR: Hmm das kann ich verstehn

TRKAF02: Aber nein sagen wir es so zum Beispiel es gibt zum Beispiel die ehm manche Menschen die lockerer sind und reden // werden gleich ehm du hörst danach später einfach das bekommt man halt mit // werd immer anders schlecht oder falsch geredet einfach // ja ist halt so // deswegen passt du dich hier an damit sowas nicht hörst
(TRKAF02, 224-259)

TRKAF02 nimmt eine Selbstbeschreibung vor, in der sie die Fremdwahrnehmung ablehnt (*„ich bin jetzt nicht so eine Person ich mein ich ich trag ja so etwas Burka ehm man denkt gleich oah halt radikal oder die redet bestimmt nicht ich* *bin eigentlich eine ganz lockere Person*"). Darin dokumentiert sich die Äquivalentsetzung zwischen dem „Burka-Tragen" und dem „Radikal-Sein", die von der Studentin abgelehnt wird. Das Radikal-Sein beziehe sich insbesondere auf die Annahme des Nicht-Kommunizierens mit andersgeschlechtlichen Menschen. In diesem Zusammenhang verweist die Studentin auf eine Stadt in Deutschland und deutet dabei erneut auf die Bedeutung der räumlichen Differenzerfahrung („*in X-Stadt ((in Deutschland)) würde ich jetzt zu einem Studenten etwas sagen aber hier du kannst nicht weil die Umgebung dich dazu zwingt das nicht zu machen*"). In diesem Verweis werden die Handlungspraktiken differenziert und auf die „*Umgebung*" zurückgeführt. Auch auf der Ebene des *Wie* des Gesagten lässt sich, durch die Beschreibung der Veränderung der Handlungspraxis in Konya, der Modus der ortsbezogenen Adaptation rekonstruieren.

In dieser Sequenz emergiert wiederum die Bedeutung der Außenwahrnehmung und von Dritten für die Handlungsorientierung und -praxis der Studierenden („*jeder würde dich schlecht angucken die Blicke und jeder denkt gleich falsch*"). Dadurch rekurriert die Studentin auf eine Handlungspraxis, die scheinbar von einer bestimmten Gruppe kontrolliert wird.

Die Formulierung der Studentin („*da war mal so*") wird durch die Interviewerin aufgegriffen, die nach „Vorfällen" fragt. Darin dokumentiert sich das Interesse der Interviewerin an bestimmten Exemplifizierungen. Die Studentin greift diese Frage auf („*ja ja*"); auf der Ebene des Wie des Gesagten dokumentiert sich in der zweifachen Ausführung die Selbstverständlichkeit mit Blick auf das Bestehen solcher „Vorfälle". Die Frage der Interviewerin, ob sie mögliche Vorfälle erzählen möchte („*möchtest du sie mir erzählen*"), wird von der Studentin ablehnend beantwortet („*nein @(.)@*"). In dieser Ablehnung und dem Lachen dokumentiert sich die möglicherweise vorhandene Spannung bzw. zeigen sich mögliche Spannungsfelder, die mit den Vorfällen einhergehen. Dies bestätigt sich in der darauffolgenden Wiederholung. Es scheint ein geteiltes Wissen der Interviewerin und der Interviewten über diese Spannungen zu geben, denn die Interviewerin geht auf die Ablehnung mit der Äußerung des Verständnisses ein („*hmm das kann ich verstehn*"). Die Studentin scheint diese Ablehnung nicht so stehen lassen zu wollen, weswegen eine Wiederholung der Aussage erfolgt, dass über „*manche Menschen […] die lockerer sind und reden […] immer anders schlecht oder falsch geredet*" wird. Während sich auch hier auf der Ebene des Dokumentsinns rekonstruieren lässt, dass Dritte und deren Wahrnehmungen für die Handlungspraxis mit Blick auf die Geschlechtertrennung eine wichtige Rolle spielen, bearbeitet die Studentin diese Beschreibung im Modus der ortsbezogenen Adaptation („*ja ist halt so deswegen passt du dich hier an damit sowas nicht hörst*"). „Hier" dokumentiert dabei erneut die Bedeutung des Ortes für diese Bearbeitung und verweist implizit

9.1 Orientierung an räumlicher Differenzerfahrung

auf ein „dort" (Deutschland), wo diese Handlungspraxis anscheinend nicht trägt oder tragen wird. Somit wird auch an dieser Stelle die Orientierung an räumlicher Differenzerfahrung im Modus der ortsbezogenen Adaptation bearbeitet. Im Interview mit TRKAF02 zeigen sich diese homologe Orientierung und dieser Modus ein weiteres Mal:

TRKAF02: Zum Beispiel ich trag in Deutschland kein Burka // also mein Gesicht ist offen in Deutschland // ehm da fragen sich die Menschen ehm immer war- warum machst du dann nicht in Deutschland und machst das in der Türkei da beziehungsweise in Konya machst du das // weil wenn ich jetzt zum Beispiel nach Y-Stadt ((in der Türkei)) in meiner Heimatstadt mach ichs auch nich oder wenn ich a- wohin gehe mach ich auch nich // oke dann fragen sie ja warum hat es das hat doch kein Sinn einfach wenn dus machst doch auch ganz (.) aber das ist so zum Beispiel in Deutschland guckt dich keiner an also in Deutschland ist jeder hat eigene Welt einfach die sagen jetzt nicht zum Beispiel ja oke es ist ja du die sagen vielleicht auch oh guck mal die an oder was weiß ich aber die gucken halt nicht so wie hier aber hier die Menschen vielleicht liegt es daran dass sie nie so Frauen gesehen haben ich weiß nicht

KAR: @(.)@

TRKAF02: Also in Deutschland gibt es ja alle alle Arten von Frauen zum Beispiel offen zu was weiß ich bedeckt einfach was weiß ich und hier vielleicht nicht immer gucken die immer hier // versteh und das tut jemandem schon ehm *stört einen* (Hier im Original auf Türkisch: *„rahatsız ediyor"*.) ehm deswegen ist etwas was ich hier nicht mag // also ich finde das ist so (TRKAF02, 663-693)

Mit einer weiteren Exemplifizierung (*„zum Beispiel"*) der divergenten Handlungspraxis greift erneut das Handlungsleitende der räumlichen Differenzerfahrung (*„ich trag in Deutschland kein Burka also mein Gesicht ist offen in Deutschland […] in der Türkei da beziehungsweise in Konya machst du das"*). Diese divergente Handlungspraxis in unterschiedlichen Orten scheint eine Irritation hervorzurufen

(*„da fragen sich die Menschen [...] warum machst du dann nicht in Deutschland"*). Das Verhüllen des Gesichtes scheint nicht auf den ganzen Raum Türkei bezogen zu sein (*„Y-Stadt ((in der Türkei)) in meiner Heimatstadt mach ichs auch nich"*). Darin dokumentiert sich die Bedeutung der Stadt oder der Fakultät für diese Handlungspraxis. Als Reaktion auf die Irritation der Anderen aufgrund der nicht einheitlichen Handlungspraxis begründet die Studentin die Divergenz folgendermaßen: Das Nicht-Verhüllen des Gesichts in Deutschland wird darauf zurückgeführt, dass die Studentin in Deutschland keine Beobachtung spürt (*„in Deutschland guckt dich keiner an"*). Darin dokumentiert sich implizit, dass es den zuvor angedeuteten Dritten in Deutschland nicht gibt. Die Handlungspraxis wird somit auf keine Notwendigkeit zurückgeführt, die mit externen Faktoren oder der „Umgebung" zu tun hat (*„also in Deutschland ist jeder hat eigene Welt"*). Mit einer Einschränkung (*„ja oke [...] die sagen vielleicht auch oh guck mal die an [...] aber die gucken halt nicht so wie hier"*) wird „das Gucken" der Anderen in Deutschland und in Konya unterschieden. Die Suche nach den Gründen für die unterschiedlichen Handlungspraktiken in Deutschland und in Konya führt wieder auf den Aspekt der Fremdwahrnehmung und den Einfluss der Handlungen von Anderen auf die Handlungspraxis der Studentin. Darin wird das „Gucken" der Menschen in Konya als etwas Spezifisches beschrieben und auf eine scheinbar vorhandene Verwurzelung einer geschlechtersegregierten Gesellschaftsstruktur zurückgeführt (*„aber hier die Menschen vielleicht liegt es daran dass sie nie so Frauen gesehen haben ich weiß nicht"*). Der Unterschied des „Guckens" und die Nicht-Notwendigkeit des Gesicht-Verhüllens in Deutschland wird ferner auf die Diversität der dort lebenden Frauen zurückgeführt (*„in Deutschland gibt es ja alle alle Arten von Frauen zum Beispiel offen zu was weiß ich bedeckt"*).

> **Kontextwissen:**
> „*Offen*" in diesem Kontext: „*Saçı açık*" (*wortwörtlich auf deutsch: die Haare sind offen*) oder "*başı açık*" (*wortwörtlich auf deutsch: der Kopf ist offen*) ist ein idiomatischer Ausdruck, der im türkischen Sprachraum für Frauen ohne eine (Kopf-)Bedeckung verwendet wird. Im Gegensatz dazu gibt es für Frauen mit einer (Kopf-)Bedeckung den idiomatischen Ausdruck „*kapalı*" (wortwörtlich übersetzt: geschlossen, zu), er meint die Verhüllung des Kopfes bzw. des Körpers.

Somit beschreibt die Studentin das Gesicht-Verhüllen als eine ortsbezogene Praxis, die im Zusammenhang mit ihrer Wahrnehmung der äußeren Umstände

9.1 Orientierung an räumlicher Differenzerfahrung

beschrieben wird („*hier vielleicht nicht immer gucken die immer hier versteh und das tut jemandem schon ehm stört einen*"). Folglich zeigt diese Sequenz die Orientierung an räumlicher Differenzerfahrung, die im Modus der ortsbezogenen Adaptation bearbeitet wird.

Die komparative Analyse verweist auf die homologe Orientierung und denselben Modus im Interview mit TRAAF04 – einer Studentin aus Konya. Nachdem die Studentin im Laufe des Interviews über das Verhältnis der Studentinnen und Studenten an der theologischen Fakultät spricht, wird in folgender Sequenz ein Beispiel für die Klassensituation und die geschlechtergetrennten Veranstaltungen angeführt:

```
TRAAF04:  Bei den Reisen wir haben ja ehm (.) jedes Jahr
Kulturreisen was unsere Studentengruppe organisiert // da
wird auch ehm darauf bestanden dass Studentinnen und Studenten
an unterschiedlichen (.) ehm ehm (.) Zeiten losfahren (.) ich
meine wir kennen das in Deutschland ja nicht so (.) auch hier
zum Beispiel also es ist schwer eine Reise zu organisieren
(.) als (.) Studentengruppe ich weiß das (.) weil ich letztes
Jahr selber eine organisiert habe und es ist schwerer

KAR:                     ⌊Hmm (5) Hmm

TRAAF04:                 ⌊für zwei Gruppen einzeln was zu
organisieren (.) es ist schwerer denen also weil es ist
einfacher für hundert Personen (.) ehm ein günstiges Essen zu
organisieren als für fünfzig (.) es ist einfacher in größeren
(.) // größeren Gruppen was zu machen ist einfacher und es
ist einfach mehr Sicherheit da also wir hatten (.) einige (.)
Sachen erlebt bei diesen Reisen (.) wo wir eigentlich wo wir
oft dachten (.) also nicht nur weil wir das in Deutschland
```

nicht gesehen haben auch weils einfacher ist (.) früher war
das nicht so früher war das nicht getrennt das ist seit drei
Jahren so (.) und wenn das so langsam so wird richtest du dich
drauf ein weils anders nicht geht (.) dann versuch ich mich
auch dran zu erinnern dass wir nicht in Deutschland sind @(.)@
aber es gab zum Beispiel Momente wo wir ehm dachten zum Glück
waren die Jungs auch da (.) weil man weiß nie wo in welche
Gebiete man geht (.) zu welcher ze- i- ehm Tageszeit man wo
(.) hält (.) dann ist es einfach sicherer (.) wenn sich einfach
fünfzich // (.) Männer auch im gleichen Umfeld (.) aufhalten
(TRKAAF04, 1502-1526)

Die Studentin geht in dieser Erzählung auf ihre Erfahrungen in der Organisation der jährlichen Kulturreisen ein („*wir haben ja* [...] *jedes Jahr Kulturreisen was unsere Studentengruppe organisiert*"). Die Geschlechtertrennung scheint in der Organisation eine Rolle zu spielen („*da wird auch ehm darauf bestanden dass Studentinnen und Studenten an unterschiedlichen an unterschiedlichen* [...] *Zeiten losfahren*"). Auf der Ebene des Wie des Gesagten dokumentiert sich, dass die Geschlechtertrennung im Sinne einer Regel bzw. als Erwartung an die Organisation herangetragen wird. Nach dieser Schilderung knüpft die Studentin an ihr Erfahrungswissen aus Deutschland an („*ich meine wir kennen das in Deutschland ja nicht so*").

Mit einer Markierung des eigenen Erfahrungswissens („*ich weiß das (.) weil ich letztes Jahr selber eine organisiert habe*") beschreibt die Studentin die Herausforderungen der Organisation geschlechtergetrennter Reisen („*es ist schwerer für zwei Gruppen einzeln was zu organisieren ...*"). Zunächst scheint nicht die Trennung der Gruppe *nach den Geschlechtern* als Grund für die Herausforderung in der Organisation zu gelten, sondern das Aufteilen der Studierendengruppe in zwei Gruppen und der damit verbundene doppelte Aufwand. Doch die Bedeutung der Geschlechtertrennung greift im Zuge der Erzählung, indem auf den Sicherheitsaspekt eingegangen wird („*zum Glück waren die Jungs auch da (.) weil man weiß nie wo in welche Gebiete man geht (.) zu welcher* [...] *Tageszeit man wo (.) hält (.) dann ist es einfach sicherer (.) wenn sich einfach fünfzich (.) Männer auch im gleichen Umfeld (.) aufhalten*"). Die Studentin schreibt den „Männern" somit die Funktion des Beschützens zu; gleichzeitig konstruiert sie dadurch die Studentinnen als die Zu-Schützenden. Durch die Benennung der Anzahl der Männer

9.1 Orientierung an räumlicher Differenzerfahrung

deutet die Studentin auf einen Schutzgrad, der scheinbar mit einer hohen Anzahl von Männern eher gewährleistet wird. Auch in diesem Zusammenhang wird der Bezug zum Erfahrungswissen hergestellt: Auch wenn auf der Ebene des kommunikativen Wissens die Bedeutung des Erfahrungswissens aus Deutschland relativiert wird („*also nicht nur weil wir das in Deutschland nicht gesehen haben*"), zeigt sich auf der Ebene des Dokumentsinns – auf der Ebene des *Wie* des Gesagten – durch den erneuten Verweis der implizite Vergleich und die Bedeutung dieser Handlungspraktiken. Somit lässt sich weiterhin die Orientierung der Studentin an räumlicher Differenzerfahrung rekonstruieren.

Der Verweis auf die Entwicklung dieser Geschlechtertrennung („*früher war das nicht so früher war das nicht getrennt das ist seit drei Jahren so*") knüpft an eine Beschreibung an, die auf den Modus der Bearbeitung – den Modus der situations- und ortsbezogenen Adaptation – rekurriert („*wenn das so langsam so wird richtest du dich drauf ein weils anders nicht geht*"). Mit dem Sich-Vergewissern über die unterschiedlichen Handlungspraktiken in Deutschland und an der theologischen Fakultät in Ankara („*dann versuch ich mich auch dran zu erinnern dass wir nicht in Deutschland sind @(.)@*"), zeigt sich die Orientierung an räumlicher Differenzerfahrung, die im Modus der ortsbezogenen Adaptation bearbeitet wird. Die Sequenz weist an dieser Stelle noch keine thematische Konklusion auf:

```
TRAAF04:  Das wird halt immer ge- getrennt also das wird immer
          versucht je- jeglichen Kontakt ehm ((Händeklatschen)) (.) zu
          unterbrechen (.) als ob wir das in Deutschland so beibehalten
          wer- werden und ich mein (.) dass die Reisen getrennt sind
          aber die Seminare die ehm diese einige waren (.) getrennt
          einige zusammen aber es ist in den letzten (.) also ich hab
          das so erlebt im im Vorbereitungsjahr und im ersten Jahr war
          das noch (.) besser (.) ich muss aber auch sagen weil wir
          Vorbilder hatten (.) also als ich hier ankam (.) dann gab es
          die erste Klasse die Zweite die (.) und die Dritte und die
          Vierte gabs nicht weils ein

KAR:               ⌊Hmm  (2)  hmm

TRAAF04:  Jahr (.) pausiert hat (.) weil es vorher kein
          Vorbereitungsjahr gab und dann (.) das Vorbereitungsjahr
```

für Arabisch // eingetreten ist (.) da war die erste
Klasse also zu der Zeit wo wir im ehm Vorbereitungsjahr
waren (.) mh das ist die krasse Klasse halt gewesen
die wirklich auf keinen gehört hat die (.) wirklich
ehm nur eine Sichtweise hatte und ehm in (.)
keinerlei Hinsicht Einsicht gezeigt hat (.) im Thema dass man
ehm die // Beziehung etwas lockern sollte zwischen (.) Mädchen
und Jungs (.) aber die zweite Klasse dritte Klasse das
waren // sehr sehr also die wir uns auch als Vorbild genommen
haben // die (.) zusammen sitzen konnten sich unterhalten
konnten ehm (.) zusammen sogar lernen konnten (.) sich
gegenseitig behilflich sein konnten organisieren konnten (.)
also das wir hatten auch // weil die Mehrzahl auch der
Studenten (.) war der Ansicht (.) dass das normal is also so
wie wirs aus Deutschland kennen (2) deswegen war auch dieses
ehm // hmm diese Atmosphäre diese ehm (.) generelle Atmosphäre
besser aber jetzt ist es genau andersrum (.) weil // man
richtet sich ja nach dem was man schon bisschen (.) gesehen
hat
(TRAAF04, 1527-1573)

Die kritische Orientierung an der Fremderwartung mit Blick auf die geschlechtergetrennte Praxis („*das wird halt immer ge- getrennt also das wird immer versucht je- jeglichen Kontakt ehm ((Händeklatschen)) (.) zu unterbrechen*") dokumentiert sich neben der kommunikativen Ebene insbesondere auf der Ebene des *Wie* des Gesagten. Vor allem das Händeklatschen verweist verstärkt darauf und auf die darin verborgene Unverständlichkeit, die sie dieser Praxis zuschreibt. Die daran anknüpfende Formulierung („als ob wir das in Deutschland so beibehalten werwerden") lässt nicht nur die Orientierung der Studentin an räumlicher Differenzerfahrung rekonstruieren – sie zeigt gleichzeitig die Markierung einer Inkonsequenz der Realisierung dieser Praxis in einem anderen Raum. Dadurch zeigt sich auch, dass die Studentin Handlungspraktiken, die sie in den Raum *Ankara* und *Fakultät* verortet, im Hintergrund mit Handlungspraktiken in *Deutschland* vergleicht.

9.1 Orientierung an räumlicher Differenzerfahrung

Im Zuge dessen beschreibt sie die Entwicklung der geschlechtergetrennten Praktiken und dass die Situation „im ersten Jahr [...] noch (.) besser" war. Dabei wird den „*anderen Klassen*" (bzw. Jahrgängen[10]) eine Bedeutung für die eigene (Handlungs-)Orientierung beigemessen („*weil wir Vorbilder hatten*"). Die Geschlechterverhältnisse der „*ersten Klasse*" (während die Studentin im Vorbereitungsjahr war) und der „*zweiten und dritten Klasse*" werden als sehr divergent beschrieben. Die Kommunikation, Interaktion und Zusammenarbeit der Studierenden aus der „*zweiten und dritten Klasse*" wird für die Orientierung und Praxis der Studentin und ihrer Klasse als handlungsleitend beschrieben („*die wir uns auch als Vorbild genommen haben die (.) zusammen sitzen konnten sich unterhalten konnten ehm (.) zusammen sogar lernen konnten (.) sich gegenseitig behilflich sein konnten organisieren konnten*"). In dieser Konstruktion des „Wir" wird auf die UIP-Klasse verwiesen, in der die Gruppe der Studierenden aus Deutschland in der Wahrnehmung der Studentin zu dominieren scheint („*die Mehrzahl auch der Studenten (.) war der Ansicht (.) dass das normal is also so wie wirs aus Deutschland kennen*"). Diese Art des Geschlechterverhältnisses wird als das „Gewohnte" und das „Normale" vor dem Hintergrund des Verweises auf Deutschland markiert. Trotz dieser bevorzugten Praxis in der Vergangenheit wird die Veränderung beschrieben („*deswegen war* [...] *diese* [...] *generelle Atmosphäre besser aber jetzt ist es genau andersrum*"). Für diese Veränderung wird die Umgebung, das im Umfeld zu Sehende und der Einfluss verantwortlich gemacht („*weil man richtet sich ja nach dem was man schon bisschen (.) gesehen hat*"). Somit lässt sich auch hier der Modus der ortsbezogenen Adaptation in der Orientierung an räumlicher Differenzerfahrung rekonstruieren.

9.1.2 ... im Modus der Transformation

Der Modus der (habituellen) Transformation lässt sich im Interview mit TRKA03 nachzeichnen. Die Studentin an der theologischen Fakultät in Konya spricht im Laufe des Interviews über ihre Erfahrungen an dieser Fakultät und geht dabei auf die Wirkung des Studiums auf ihre Persönlichkeit ein. Die Sequenz schließt an diese Erzählung an:

---

[10] Einige türkische Universitäten und eben auch die theologischen Fakultäten, die im Laufe der Forschung besucht wurden, weisen ein „Klassensystem" auf. So folgt – im Falle des Theologiestudiums – nach einem Vorbereitungsjahr (für die arabische Sprache) das erste Jahr des Studiums bzw. die „erste Klasse" usw.

TRKA03: Am Anfang war ich radikal und ich war wirklich radikal
(.) ehm (.) ehm *jetzt ziehe ich zwar Ferace an aber* ehm (.)
für mich // war (.) ehm eine muslimische Frau sollte so so so
und so sein sie sollte scheu sein sie sollte ehm (.) richtig
auf helal Ebene sein sie sollte (.)   ehm nicht mit Männern
reden (.) ehm das hatte ich ab der elften Klasse // *also* (.)
wenn du @Pierre Vogel etcetera@ hörst dann wird das so ne
Sache (.) und ehm für mich war eine Frau also (.) die super
Frau (.) die takva life war (.) war eine Frau die richtig full
bedeckt ist (.) Nikab etcetera alles hat und der Mann war für
mich der ideale Moslem war (.) mit ehm zwei Meter ehm sag ma
(schnell) Bart (.) *Talar Pumphose* etcetera // die sind ja
religiös ne (.) so von der Dings aus her vom Aussehen her (.)
aber jetzt sag ich (.) jetzt ganz offen (.) das das muss
wirklich nich @ich sag *çarşaf* ist für mich ein no go@ // für
mich ist Bart zur Zeit (.) no go (.) ich hab Respekt vor den
Leuten die sich full bedecken (.) also die Nikab tragen die
sich ganz in schwarz // ehm anziehen aber ich sag (.) das muss
man nicht in Deutschland machen wieso nicht (.) *als Theologen*
jetzt kommts auf Türkisch // *als Theologen* ehm *es gibt sowas
es gibt vier (.) es gibt vier Regeln der Bedeckung (.) erstens
darf es keiner anderen Religion ähneln (.) dann darf das nicht
durchsichtig sein (.) die Körperfigur darf nicht erkennbar
sein (.) ehm es gibt noch eins es fällt mir gerade nicht ein
im Allgemeinen sind es die (.) ehm und wenn das passt* dann
ist das (.) *Bedeckung //* verstehst du (.) und ehm *çarşaf* (.)
ist nicht ein Tick hoch oder ein Tick mehr takva life takva
bedeu- *die Bedeutung von takva* wir müssen das wieder alles
nochmal von neu besprechen was heißt denn takva (.) *wenn du
(.) dich zum Beispiel an die Gebote Allahs hältst (.) dann
ist das schon (.) takva ist ja* nichts Zusätzliches aber ich
verstehe das hier so langsam denn ich verstehe das in der

9.1 Orientierung an räumlicher Differenzerfahrung 215

Theologie ist statt die Recherche aus dem Herzen heraus ehm das was wir rationale Ebene nennen auf dieser Ebene erklären sie es und ich bin hier *weicher geworden (.) früher waren wir noch mehr Dings (.) ne in Deutschland haben wir das eine Gebet nach dem anderen verrichtet wir waren mehr Dings (.) das war übertrieben vielleicht vielleicht war die Bedeutung für uns ander (.) aber je mehr ich jetzt lerne (.) versuchen wir offener zu sein (.) ehm fünf sechs Jahre früher konntest du mich nicht mit einer offenen Freundin außerhalb der Schule sehen (.) mittlerweile mit Tattoo (.) mit Piercing Atheisten ich habe hier sehr viele kennengelernt die Atheisten sind und gar keinen Bezug haben (.) ehm ich habe Freunde gesehen die einer anderen Religion angehören und wir haben mit ihnen gesprochen (.) und ah dass das in der Türkei so ist ist nicht nur die Religion (.) dass wir dieselbe Sprache sprechen die Lebensbedingungen und Stile sind unterschiedlich da sag ich nichts (.) aber ich habe in dieser Phase gelernt nur als Menschen zu sehen // ehm in Deutschland war das so ne (.) Moslem nicht Moslem Deutsch (.) ehm wird der mich jetzt wahrnehmen oder nicht wird die Person mich wahrnehmen (.) was bin ich ihn für ihn ich hatte sowas oder für sie // allgemein aber hier nehme ich sie nur als Menschen wahr (.) das hat mich sehr offen gemacht und ich glaube dass es mich noch offener machen wird (.) ohne in Formen zu gießen ehm oder ohne diese Menschen in Schubladen zu stecken // (.) so ist die Person ich weiß nicht was sie dahinter erlebt hat oder wieso sie so denkt das weiß aber jetzt denk ich darüber damals hab ich nicht darüber nachgedenk // nachgedacht (.) das ist die Tatsache das war die Theologie sie hat mir das gegeben relaxter zu handeln ich kann jetzt (.) ja okay damals hab ich auch gelacht aber ich lache über @Witze wo man sagt no go Witze über Moslems@ // oder über Türken (.) ja komm das ist*

jetzt ein Gag da muss man lachen @ich mach selbst Witze über@
Moslems über bedeckte Frauen etcetera okay das sollte nicht
jetzt (.) ehm (.) richtig unterm Niveau sein aber (.) ich mach
das auch ich bin viel relaxter geworden das merkt man auch
soweit

(TRKA03, 425-497)[11]

---

[11] Original:
TRKA03: Am Anfang war ich radikal und ich war wirklich radikal (.) ehm (.) eh şu anda ferace giyorum ama ehm (.) für mich // war (.) ehm eine muslimische Frau sollte so so so und so sein sie sollte scheu sein sie sollte ehm (.) richtig auf helal Ebene sein sie sollte (.) ehm nicht mit Männern reden (.) ehm das hatte ich ab der elften Klasse // işte (.) wenn du @Pierre Vogel etcetera@ hörst dann wird das so ne Sache (.) und ehm für mich war eine Frau also (.) die super Frau (.) die takva life war (.) war eine Frau die richtig full bedeckt ist (.) Nikab etcetera alles hat und der Mann war für mich der ideale Moslem war (.) mit ehm zwei Meter ehm sag ma (schnell) Bart (.) cübbe şalvar etcetera // die sind ja religiös ne (.) so von der Dings aus her vom Aussehen her (.) aber jetzt sag ich (.) jetzt ganz offen (.) das das muss wirklich nich @ich sag çarşaf ist für mich ein no go@ // für mich ist Bart zur Zeit (.) no go (.) ich hab Respekt vor den Leuten die sich full bedecken (.) also die Nikab tragen die sich ganz in schwarz // ehm anziehen aber ich sag (.) das muss man nicht in Deutschland machen wieso nicht (.) ehm İlahiyatçılar olarak jetzt kommts auf Türkisch // İlahiyatçılar olarak eh şöyle bir şey var tesettür dört (.) tesettürün dört kuralı vardır (.) bir başka bir dine benzemicek (.) işte şeffaf olmicak (.) vucut hatların belli olmicak (.) ehm bir tane daha var o şuan aklıma gelmiyor genel olarak bunlar (.) eh ve bunu uyuyorsa (.) dann ist das (.) tesettür // verstehst du (.) und ehm çarşaf (.) ist nicht ein Tick hoch oder ein Tick mehr takva life takva bedeu- takvanın anlamı wir müssen das wieder alles nochmal von neu besprechen was heißt denn takva (.) eğer sen (.) mesela Allahın emirlerine uyarsan (.) bu takvadır zaten (.) takva ekstra bir şey değil ki (.) ama ben bunu daha yavaş yavaş burda anlıyorum çünkü İlahiyatta anlıyorum İlahiyatta kalpten çok (.) araştırma yönelik veya ehm rationale Ebene dediğimiz konumda anlatıyorlar ve ben burda yumuşadım (.) eskiden dahada şeydik (.) ne- Almanya'da eh namaz üstüne namaz kılardık işte daha çok şeydik (.) bi aşırılık vardı belki anlam bizim için farklıydı (.) ama şuan öğrendikce (.) daha açık olmaya çalışıyoruz (.) ehm bundan bi beş altı yıl önce beni bi (.) açık bi arkadaşla şey yapamazdın hani (.) okul dışında (.) bi yerde buluşmayı göremezdin (.) şimdi dövmeli (.) pircin(.)li ateist olan ben burda çok tanıdım ateist olan dinle hiç alakası olmayan (.) ehm farklı bir dine mensup olan arkadaşları gördüm ve onlarla konuştuk (.) ve ha Türkiyede olmasının nedeni belki sadece din değil ama (.) aynı dili konuşmamız (.) aynı düşün düşünme ol- hayat şartları standartları farklı oluyor da sağ ich nichts (.) ama ona (.) bu dönemlerde sadece insan gözüyle bakmayı öğrendim // eh Almanya'da war das so ne (.) Moslem nicht Moslem Deutsch (.) ehm wird der mich jetzt wahrnehmen oder nicht wird die Person mich wahrnehmen (.) was bin ich ihn für ihn böyle bir şeyim vardı oder für sie // allgemein ama burda sadece insan olarak // ha insan olarak kale alıyorum (.) o bu beni daha çok açtı diyebilirim ve dahada açıcanı düşünüyorum (.) ehm kalıplaştırmadan (.) eh veya (.) bi Schubladeye koymadan // o insanları (.) so ist die Person ich weiß nicht was sie dahinter erlebt hat oder wieso sie so denkt das weiß aber jetzt denk ich darüber damals hab ich nicht darüber nachgedenk- // nachgedacht (.) öyle bi gerçekte var (.) bu İlahiyattı bana kesinlikle

9.1 Orientierung an räumlicher Differenzerfahrung

Mit einem zeitlichen Rückblick („*am Anfang war ich radikal*") verweist die Studentin auf eine Veränderung, die als abgeschlossen beschrieben wird. In einer zusätzlichen Verstärkung („*ich war wirklich radikal*") dokumentiert sich eine Selbstbeschreibung, die auf ihren früheren Handlungsmodus verweist.

Die Beschreibung „*jetzt ziehe ich zwar Ferace an aber*" (tr. „*şu anda ferace giyorum ama*") dokumentiert die Präsumtion der Studentin, dass das Tragen einer Ferace zunächst in Verbindung mit dem „Radikal-Sein" gebracht werden könnte. Mit einer Einschränkung („*aber*") wird die daran anschließende Formulierung als „*wirklich radikale*" Vorstellung in der Vergangenheit gerahmt. Die Beschreibung der „geeigneten" Art und Weise der „*muslimischen Frau*" („*eine muslimische Frau sollte so so so und so sein*") rekurriert auf die Konstruktion normativer Vorstellungen, die sich auf das Sein und den Habitus beziehen. In der Formulierung „*so so so*" werden verschiedene Formen impliziert. Somit beschreibt die Studentin eine Idealvorstellung über die Art und Weise der muslimischen Frau, die sich ebenfalls auf ihr Verhalten und ihre Beziehung zum anderen Geschlecht bezieht („*sie sollte scheu sein sie sollte ehm (.) richtig auf helal Ebene sein sie sollte (.) ehm nicht mit Männern reden*").

> **Kontextwissen:**
> „Das religiös Erlaubte (*ḥalāl*) [oder tr. „*helal*"] ist eine Kategorie innerhalb der religiösen Vorschriften, die beschreibt, welche Worte und Taten in der Religion angemessen sind und Lohn Gottes erwarten lassen. Das religiös Erlaubte steht im Gegensatz zu dem religiös Verbotenen (*ḥarām*), weshalb das religiös Erlaubte stets unter Bezug auf Letzteres definiert wird. Demzufolge wird etwas, das nicht ausdrücklich verboten ist, als erlaubt bezeichnet." (Türcan, 2013a S. 593, Erg. d. Verf.) Demgegenüber bezieht sich „der Terminus *das religiös Verbotene (ḥarām)* [...] auf Handlungsweisen, die aus Sicht des Islams streng untersagt sind." (Türcan, 2013b S. 593)

---

kazandırmış oldu böyle daha // relaxt davranma ich kann jetzt (.) ja okay damals hab ich auch gelacht ama ich lache über @Witze wo man sagt no go Witze über Moslems@ // oder über Türken (.) ja komm das ist ja ein Gag da muss man lachen @ich mach selbst Witze über@ Moslems über bedeckte Frauen etcetera okay das sollte nicht jetzt (.) ehm (.) richtig unterm Niveau sein aber (.) ich mach das auch ich bin viel relaxter geworden das merkt man auch soweit

Aus dieser normativen Vorstellung lässt sich rekonstruieren, dass die „*helal Ebene*" ein distanziertes Verhalten gegenüber andersgeschlechtlichen Menschen – in diesem Fall Männern – impliziert. Gleichzeitig verweist dies darauf, dass ein nicht distanziertes Verhältnis konträr zu dieser konstruierten „*helal Ebene*" steht. Diese Vorstellung wird in die Zeit „*ab der elften Klasse*" verortet. Ihre Entstehung führt die Studentin (unter anderem) auf eine bestimmte Gruppe zurück, zu der „*Pierre Vogel*" zu gehören scheint. Dass neben der genannten Person (Pierre Vogel) implizit eine Gruppe konstruiert wird, dokumentiert sich in der Formulierung „*etcetera*". Somit lässt sich rekonstruieren, dass die Studentin diese normativen Vorstellungen auf das „Hören" (rekurriert hier auf das Mündliche und Gesagte) dieser bestimmten Gruppe von Menschen zurückgeführt wird („*wenn du @Pierre Vogel etcetera@ hörst dann wird das so ne Sache*"). In dem Lachen („*@Pierre Vogel etcetera@*") dokumentiert sich die Annahme der Interviewten über das geteilte Wissen zwischen ihr und der Interviewerin mit Blick auf die genannte Person.

Nach diesem Einschub konkretisiert die Interviewte ihre normative Vorstellung darüber, wie eine Frau – für sie in der Vergangenheit – sein musste. Die ideale Frau („*super Frau*") scheint sich durch ihren Lebensstil („*takva life*") und ihr äußeres Erscheinungsbild auszuzeichnen („*eine Frau die richtig full bedeckt ist (.) Nikab etcetera*"). Das Bedeckt-Sein wird sogar als Form des „*takva life*" beschrieben.

Kontextwissen:
Takva (oder takvâ) kann als Gottesfurcht übersetzt werden (Heinzmann, 2013, S. 824).

Die Studentin deutet mit der Beschreibung „*full bedeckt [...] mit Nikab etcetera*" auf eine Form der Bedeckung, die sich im Gegensatz zu anderen Bedeckungsformen aufgrund der zusätzlichen Gesichtsbedeckung (beim Nikab) durch ein höheres (Aus-)Maß der Bedeckung unterscheidet. Diese stärkere Ausgeprägtheit dokumentiert sich ebenfalls in der daran anschließenden Beschreibung „*etcetera alles hat*". Ein Lebensstil mit Gottesfurcht verweist auf das Verhalten in verschiedenen Lebensbereichen und somit auch im Privaten; denn „*life*" wird nicht eingeschränkt.

Diese Konstruktion der normativen Vorstellung mit Blick auf die Lebensweise wird auch für den „Mann" beschrieben. Der ideale „Mann" bzw. „Moslem" charakterisiert sich durch ein entsprechendes Erscheinungsbild („*mit [...] zwei Meter*

9.1 Orientierung an räumlicher Differenzerfahrung

[...] *Bart (.) cübbe şalvar etcetera"*). Während für die Frau neben dem gewünschten äußeren Erscheinungsbild ebenfalls Vorstellungen zum gewünschten Verhalten andersgeschlechtlichen Menschen gegenüber genannt wurden, geschieht das im Falle der Vorstellung mit Blick auf die „Männer" nicht. Aber das beschriebene Erscheinungsbild („*mit* [...] *zwei Meter* [...] *Bart (.) cübbe şalvar etcetera*") wird gleichgesetzt mit dem „Religiös-Sein" der „Männer" („*die sind ja religiös ne (.) so von der Dings aus her vom Aussehen her"*). Doch dieser – in der Vergangenheit – vorgenommenen Gleichsetzung des äußeren Erscheinungsbildes mit dem „religiös-Sein" scheint die Studentin nun in anderer Weise zu begegnen. Dies dokumentiert sich implizit im *Wie* des Gesagten und ebenfalls in der daran anschließenden Formulierung „*aber jetzt sag ich"*.

Diese Veränderung wird „*ganz offen"* angesprochen. Daraus lässt sich rekonstruieren, dass die darauffolgende Beschreibung unter anderen Umständen vielleicht nicht so „*offen"* gesagt werden würde oder hätte gesagt werden können. Die Bemerkung „*das muss wirklich nich"* zeigt das Abweisen der vorher beschriebenen normativen Vorstellung. Es wird die Stärke der Abweisung markiert, die sich in dem Lachen („*@ich sag çarşaf ist für mich ein no go@"*) und der Formulierung „*no go"* zeigt. Diese Kontrastierung der normativen Vorstellungen über das „geeignete" Erscheinungsbild dokumentiert sich auch im weiteren Verlauf der Sequenz („*für mich ist Bart zur Zeit (.) no go* [...] *also die Nikab tragen die sich ganz in schwarz ehm anziehen aber ich sag (.) das muss man nicht in Deutschland machen"*).

Für die Begründung der Veränderung dieser Vorstellungen spricht die Studentin (auf Türkisch) aus der Position einer Theologin („*als Theologen"*, tr. „*İlahiyatçılar olarak"*) heraus. Es scheint „*vier Regeln"* für die „Bedeckung" zu geben, die nacheinander – bis auf die Letzte – aufgezählt werden. Die Bedeckung sei erst dann vorhanden, wenn diese Regeln erfüllt sind („*dann ist das (.) Bedeckung"*, im Original: „*dann ist das (.) tesettür"*). Dadurch markiert die Studentin diese Regeln als *Kriterium* für die Bedeckung.

Auf dieser Grundlage wird der Unterschied der Bedeckungsformen mit Blick auf die Gottesfurcht abgelehnt („*çarşaf (.) ist nicht ein Tick hoch oder ein Tick mehr takva life"*). Somit rekurriert die Beschreibung auf die Ablehnung des Messens der Gottesfurcht an dem Stil der Bedeckung. Implizit wird hier die Konstruktion einer Rangfolge der Bedeckungsstile kritisiert.

Daran anknüpfend beschreibt die Studentin die Notwendigkeit, die Begriffsbedeutung „*takva*" zu überdenken („*wir müssen das wieder alles nochmal von neu besprechen was heißt denn takva wenn du (.) dich zum Beispiel an die Gebote Allahs hältst (.) dann ist das schon (.) takva ist ja nichts Zusätzliches*").

Diese Beschreibungen über die Veränderung, die dezidiert auf die Theologie und die Fakultät in Konya zurückgeführt wird („*aber ich verstehe das hier so langsam denn ich verstehe das in der Theologie*", tr. „*ama ben bunu daha yavaş yavaş burda anlıyorum çünkü İlahiyatta anlıyorum*") eröffnen implizit einen Vergleichshorizont (die Phase vor dem Studium und die Entwicklung bzw. Veränderung, die mit dem Studium in einem anderen Land einhergeht) und verweist somit auf die Orientierung an räumlicher Differenzerfahrung (Deutschland-Türkei), die sich über die gesamte Sequenz hin rekonstruieren lässt. Diese Orientierung wird im Modus der (habituellen) Transformation („*ich bin hier weicher geworden*", tr. „*ben burda yumuşadım*") bearbeitet – habituell, da es sich nicht um eine situationsbezogene und beschränkte Veränderung oder Adaptation, sondern um eine verhaltenseigene – zur Gewohnheit gewordene – Veränderung handelt.

In der nächsten Exemplifizierung lässt sich die Orientierung an räumlicher Differenzerfahrung, die im Modus der (habituellen) Transformation bearbeitet wird, verstärkt rekonstruieren: Die frühere Gebetspraxis („*früher waren wir noch mehr Dings (.) ne in Deutschland haben wir das eine Gebet nach dem anderen verrichtet wir waren mehr Dings*", tr. „*eskiden dahada şeydik (.) ne Almanya'da eh namaz üstüne namaz kılardık işte daha çok şeydik*") wird mit dem Verweis auf die frühere Zeit in Deutschland beschrieben. Dadurch eröffnet die sich in Konya befindende Studentin einen transnationalen Bezugsrahmen. Auch wenn in der Formulierung „*wir waren mehr Dings*" (tr. „*daha şeydik*") das Füllwort nicht genauer benannt wird, lässt sich der Modus der (habituellen) Transformation rekonstruieren; denn darin emergiert die Veränderung eines Zustandes bzw. einer habituellen Praxis. Dieser Modus der habituellen Transformation spiegelt sich ebenfalls in der Beschreibung wider, in der die Studentin über die Veränderung der Menschen spricht, zu denen sie zuvor und heute in Kontakt stand bzw. steht („*fünf sechs Jahre früher konntest du mich nicht mit einer offenen Freundin außerhalb der Schule sehen (.) mittlerweile mit Tattoo (.) mit Piercing Atheisten*", tr. „*bundan bi beş altı yıl önce beni bi (.) açık bi arkadaşla şey yapamazdın hani (.) okul dışında (.) bi yerde buluşmayı göremezdin (.) şimdi dövmeli (.) pircin(.)li ateist olan*"). Während die letzte Formulierung einerseits auf die Gegenüberstellung von „*nicht-offenen*" Frauen mit Menschen mit Tattoo und Piercing oder Atheisten verweist, wird andererseits der Modus der Transformation sichtbar; denn auf der Ebene des *Wie* des Gesagten dokumentiert sich, dass diese Veränderung

9.1 Orientierung an räumlicher Differenzerfahrung

im Sinne eines Wandels beschrieben wird, der für die Persönlichkeit bedeutsam zu sein scheint. Ihre Beziehung zu „Atheisten" oder Andersgläubigen Menschen in der Türkei („*ich habe hier sehr viele kennengelernt die Atheisten sind und gar keinen Bezug haben (.) ehm ich habe Freunde gesehen die einer anderen Religion angehören und wir haben mit ihnen gesprochen*", tr. „*ben burda çok tanıdım ateist olan dinle hiç alakası olmayan (.) ehm farklı bir dine mensup olan arkadaşları gördüm ve onlarla konuştuk*") beschreibt sie als Entwicklung einer Betrachtung des Gegenübers primär als Menschen, jenseits einer Betrachtung, die auf die Religionszugehörigkeit beschränkt wird. Letztere Art des Umgangs verortet die Studentin in ihrem Erfahrungshorizont in Deutschland („*in Deutschland war das so ne (.) Moslem nicht Moslem Deutsch*", tr. „*Almanya'da war das so ne (.) Moslem nicht Moslem Deutsch*"). Durch die Thematisierung der „Wahrnehmung" von Menschen, die durch den Vergleich der Beobachtungen in Deutschland und in der Türkei erfolgt („*wird der mich jetzt wahrnehmen oder nicht wird die Person mich wahrnehmen (.) was bin ich ihn für ihn ich hatte sowas oder für sie allgemein aber hier nehme ich sie nur als Menschen wahr*", tr. „*[…] was bin ich ihn für ihn böyle bir şeyim vardı oder für sie allgemein ama burda sadece insan olarak ha insan olarak kale alıyorum*"), zeigt sich die Orientierung der Studentin an räumlicher Differenzerfahrung. In dieser Orientierung wird auf der Ebene des *Was* des Gesagten die vergleichende Dimension sichtbar – auf der Ebene des *Wie* des Gesagten dokumentiert sich durch das In-Verhältnis-Setzen die Transformation und die Wirkung des Beschriebenen auf die eigene Persönlichkeit. Letzteres wird in der daran anschließenden Ausführung immanent angesprochen („*das hat mich sehr offen gemacht und ich glaube dass es mich noch offener machen wird*", tr. „*bu beni daha çok açtı diyebilirim ve dahada açıcanı düşünüyorum*"), indem durch das „*offener Werden*" auf den Modus der habituellen Transformation gedeutet wird. Daraus lässt sich rekonstruieren, dass die Studentin die Orientierung an räumlicher Differenzerfahrung im Modus der habituellen Transformation bearbeitet.

Die Ausführung über die Wirkung des Theologiestudiums („*das ist die Tatsache das war die Theologie sie hat mir das gegeben relaxter zu handeln*", tr. „*bu İlahiyattı bana kesinlikle kazandırmış oldu böyle daha relaxt davranma*") deutet auf die Veränderungen mit Blick auf die Handlungspraxis und verweist explizit auf den Modus der habituellen Transformation. Der Modus dokumentiert sich ebenso in der Beschreibung der Gelassenheit, die anscheinend dadurch entstand („*ja okay damals hab ich auch gelacht aber ich lache über @Witze wo man sagt no go Witze über Moslems@ oder über Türken (.) ja komm das ist jetzt ein Gag da muss man lachen @ich mach selbst Witze über@ Moslems über bedeckte Frauen etcetera okay das sollte nicht jetzt (.) ehm (.) richtig unterm Niveau sein aber (.) ich mach das auch ich bin viel relaxter geworden das merkt man auch soweit"*). Einerseits zeigt Letzteres auf der kommunikativen Ebene diesen Modus der habituellen Transformation, beispielsweise wenn die Studentin über das „*Relaxter-Werden*" spricht. Andererseits wird dieser Modus eben auch auf der konjunktiven Ebene – der Ebene des *Wie* des Gesagten – rekonstruierbar: In dem lachenden Sprechen manifestiert sich die diesen Witzen entgegengebrachte Gelassenheit und die damit verbundene habituelle Veränderung.

Durch den immer wiederkehrenden Verweis auf Deutschland und die Türkei und die mit dem Ortswechsel zusammenhängenden Veränderungen zeigt sich erneut die Orientierung an räumlicher Differenzerfahrung im Modus der habituellen Transformation. Auch in folgender Sequenz erscheint diese Homologie:

TRKA03: Beispielsweise habe ich in Konya gelernt offener zu sein // vor allem gibt es an der Fakultät ganz verschiedene Meinungen wo du dir denkst (.) häh wie ist dieser Hoca hierher gekommen (.) der Hoca in Philosophie (.) Philosophie das törnt mich an (.) wenn ich Philosophie Lehrer habe Hoca im Fach Logik ich hatte das nicht ich hab gesagt Wow (.) er hinterfragt ob es Gott gibt oder nicht in der Theologie erzählt mir woher wisst ihr dass Gott da ist meint er (.) als Moslem no go Thema (.) Homosexualität no go ich interessiere mich (.) Homosexu(alität) etcetera (.) wieso weshalb warum ich sag nicht a *sie kommen in die Hölle* (.) wieso sind die Menschen so was also warum werden sie so vor vier Jahr fünf sechs Jahren in Deutschland (.) die TRKA03 (.) die war eine Person Homo <u>ah haram Hölle</u> ehm *wirf weg geh* ehm Kopf ab etcetera hätte ich damals gesagt (.) aber jetzt sag ich nein warte ma ab du (.) wieso sind die M(enschen) so es kann auch sein dass (.) irgendjemand aus meiner Familie ehm (.) homosexuell ist was muss ich denn dann machen (.) verstehst du *also ehm (.) indem ich hierher gekommen bin habe ich gelernt statt dieser eher harten Haltung eher menschlich ranzugehen //* @vielleicht ist das ein wenig gegen die Konya Theologie@ aber (2) es gab

9.1 Orientierung an räumlicher Differenzerfahrung

also eine Veränderung bei mir die von da nach da ging und ich blicke lockerer drauf bei jeder Sache schaue ich menschlich drauf // ich schaue nicht mehr starr
(TRKA03, 725-746)[12]

Im Modus der habituellen Transformation beschreibt die Studentin ihre Veränderung, die zunächst auf die Stadt Konya und anschließend auf die Fakultät zurückgeführt wird („*beispielsweise habe ich in Konya gelernt offener zu sein*"). Darin dokumentiert sich die Orientierung an räumlicher Differenzerfahrung, die hier im Rahmen der Schilderung aufgespannt wird. Denn in diesem Bezug auf Konya rekurriert die Studentin implizit auf die Phase vor dem Studium in Deutschland. In der vorherigen Sequenz wurde dies explizit benannt – hier dokumentiert es sich implizit.

Zur Verdeutlichung wird das Beispiel mit dem Fach Philosophie (tr. „*felsefe*") und Logik (tr. „*mantık*") angeführt. Das Hinterfragen der Existenz Gottes („*er hinterfragt ob es Gott gibt oder nicht in der Theologie erzählt mir woher wisst ihr dass Gott da ist meint er*", im Original: „*sorguluyor Allah varmıdır diyor ya İlahiyatta erzählt mir woher wisst ihr dass Gott da ist diyor*") scheint für die Studentin etwas Neues zu sein. Darin dokumentiert sich die mit dem Theologiestudium und den „*Hoca*" (mit ihren „*ganz verschiedenen Meinungen*") in Zusammenhang gebrachte Veränderung. In der Gegenüberstellung durch „*hier*" bzw. „*Konya*" und „*Deutschland*" zeigt sich erneut die Orientierung an räumlicher Differenzerfahrung. Durch diesen Rekurs und die Skizzierung des zeitlichen Verlaufs („*so vor vier Jahr fünf sechs Jahren*") wird im Modus der Transformation

---

[12] Original:
TRKA03: Mesela daha açık olmayı Konya'da öğrendim // hele fakültede farklı düşünceler var bazıları diyorsun (.) häh bu hoca nasıl geldi buraya (.) felsefe hocası beni (.) felsefe das törnt mich an (.) wenn ich Philosophie Lehrer habe mantık hocası ich hatte das nicht dedim Wow (.) sorguluyor Allah varmıdır diyor ya İlahiyatta erzählt mir woher wisst ihr dass Gott da ist diyor (.) als Moslem no go Thema (.) Homosexualität no go ich interessiere mich (.) Homosexu(alität) etcetera (.) wieso weshalb warum ich sag nicht a bunlar cehennemlik demiyorum (.) wieso sind die Menschen so was hani neden öyle oluyorlar vor vier Jahr fünf sechs Jahren in Deutschland (.) die TRKA03 (.) die war eine Person Homo <u>ah haram cehennem</u> eh at git eh Kopf ab etcetera derdim (.) aber jetzt sag ich nein warte ma ab du (.) wieso sind die M(enschen) so es kann auch sein dass (.) irgendjemand aus meiner Familie eh (.) homosexuell ist was muss ich denn dann machen (.) verstehst du hani böyle ehm (.) katı tavırdan daha çok insancı yaklaşmayı öğrendim buraya gelerek // @belki Konya İlahiyat olarak birazcık ters@ olabilir diyorum ama (2) o yönden bu yöne bende burda değişiklik oldu işte ve daha rahat bakıyorum her işte daha insancı bakıyorum // ehm (.) kesici bakmıyorum artık.

die Veränderung der Positionierung und Sichtweise (beispielsweise) mit Blick auf Themen wie „Homosexualität" beschrieben: Die „*Haltung*" scheint zuvor eine starre – mit kaum Erweiterungsmöglichkeiten – zu sein („*Homosexualität no go* [...] *Homo ah haram Hölle ehm wirf weg geh ehm Kopf ab etcetera*", im Original: „[...] ah haram cehennem ehm at git ehm Kopf ab etcetera"). In der daran anschließenden Ausführung „*aber jetzt sage ich*" dokumentiert sich die Veränderung, die sich von der starren zu einer eher nach- bzw. hinterfragenden „Haltung" („*nein warte ma ab du (.) wieso sind die M(enschen) so*") bewegt. Während dieser Modus der Transformation bislang auf einer impliziten Ebene rekonstruiert werden konnte, wird gegen Ende der Sequenz diese Orientierung und der Modus der Transformation durch die zusammenfassende Beschreibung explizit. Mit der Beschreibung „*indem ich hierher gekommen bin*" rekurriert die Studentin auf die Bildungsmigration und markiert die Bedeutung der räumlichen Differenzerfahrung. Die Darstellung („*Indem ich hierher gekommen bin habe ich gelernt*") dokumentiert den damit verbundenen Bildungsprozess, der einerseits vor dem Hintergrund der Migration und andererseits mit Blick auf die Theologie als Ort beschrieben wird. Daraus lässt sich erneut der Modus der Transformation rekonstruieren, mit dem die Orientierung an räumlicher Differenzerfahrung bearbeitet wird. In diesem Modus wird die Entwicklung explizit benannt („*habe ich gelernt statt dieser eher harten Haltung eher menschlich ranzugehen*"). Dass es sich dabei um einen Modus der *habituellen* Transformation handelt, zeigt sich nicht zuletzt darin, dass die Veränderung keine situationsbezogene, begrenzte oder gar abgeschlossene, sondern vielmehr eine verhaltenseigene bzw. zur Gewohnheit gewordene Veränderung darstellt („*ich blicke lockerer drauf bei jeder Sache schaue ich menschlich drauf ich schaue nicht mehr starr*").

In der komparativen Analyse zeigten sich diese Orientierung und der Modus ebenfalls im Interview mit TRKAF02. Im Interview spricht die Studentin aus Konya über die Geschlechterverhältnisse an der dortigen theologischen Fakultät. Die folgende Sequenz ist ein Ausschnitt, in dem die Studentin über die Veränderung an der Fakultät mit Blick auf den geschlechtergemischten Unterricht bzw. die koedukative Erziehung (tr. „*karma eğitim*") spricht:

TRKAF02: Plötzlich äh wurd uns hier halt gesagt es gibt keinen geschlechtergemischten Unterricht (Die Studentin nennt im Interview „karma eğitim", was auch als Koedukation übersetzt werden kann. Gemeint ist damit der geschlechtergemischte Unterricht bzw. die geschlechtergemischte Erziehung.) // ehm deswegen ehm ja waren wir plötzlich so und dann je mehr das

9.1 Orientierung an räumlicher Differenzerfahrung

> so wird desto Dings wirst du also zum Beispiel wenn wir jetzt in einem Klassenzimmer ja also normalerweise wären wir vielleicht nich so:: oah da ist ein Mann oah da ist ein Student oder so wärs vielleicht lockerer aber jetzt wir sind wir daran gewöhnt dass wir kein Kontakt zu den Jungs haben // zum Beispiel wenn ich jetzt nach Deutschland zurück geh hab ich schon Probleme ich kann nicht direkt so jemanden ansprechen weil das ist bisschen nicht gewöhnt //
> (TRKAF02, 211-223)

Die Studentin spricht von einer „plötzlichen" Veränderung des koedukativen Unterrichts („*plötzlich äh wurd uns hier halt gesagt es gibt keinen geschlechtergemischten Unterricht*"). Implizit dokumentiert sich darin einerseits die Bestimmung durch einen Dritten bzw. eine höhere Instanz, die über eine Entscheidungsmacht verfügt, und andererseits die Bekanntgabe dieser Entscheidung an eine „Wir- Gruppe", der sich die Studentin zugehörig fühlt. Vor dem Hintergrund, dass die Studentin unmittelbar vor dieser Sequenz über das Verhältnis der Studentinnen zu den Studenten an der theologischen Fakultät spricht, lässt sich rekonstruieren, dass diese Wir-Gruppe die Gruppe der Studierenden meint. Das „hier" in dieser Ausführung rekurriert erneut auf einen Raumbezug (in diesem Fall die Fakultät) und deutet implizit auf einen grenzüberschreitenden Vergleich; denn es scheint eine Zeitspanne vor der „plötzlichen" Veränderung zu geben, die nicht auf das „hier", sondern auf einen anderen Ort verweist. Somit deutet die Studentin zu Beginn der Sequenz bereits auf ihre Orientierung an räumlicher Differenzerfahrung.

Die daran anschließende Formulierung „*deswegen ehm ja waren wir plötzlich so und dann je mehr das so wird desto Dings wirst du*" lässt – trotz einer nicht näheren Explikation an dieser Stelle – rekonstruieren, dass eine Veränderung angesprochen wird, die mit der Aufhebung des geschlechtergemischten Unterrichts einhergeht. Somit verweist diese Stelle auf den Modus der Transformation. In der daran anschließenden Explikation beschreibt die Studentin eine der Norm entsprechende Szene im Klassenzimmer („*normalerweise wären wir vielleicht nich so:: oah da ist ein Mann oah da ist ein Student oder so wärs vielleicht lockerer*"). Darin dokumentiert sich einerseits die Konstruktion einer Norm, in der das Verhältnis und die Begegnung von Studenten und Studentinnen keine bestimmte

Besonderheit darstellt; andererseits dokumentiert sich implizit in dieser Anführung der Verweis auf den Ist-Zustand, der nicht „locker" zu sein scheint und in der die Begegnung eine Besonderheit aufweist. Damit verbunden wird neben dieser „normalen" Szene der Ist-Zustand beschrieben, der dazu konträr zu stehen scheint („*aber jetzt wir sind wir daran gewöhnt dass wir kein Kontakt zu den Jungs haben*"). In dieser Formulierung dokumentieren sich die konstruierte Zugehörigkeit der Studentin in die Gruppe der *Studentinnen* und die (nicht nur damit verbundene) Markierung der Trennung zwischen „Jungs" und den Studentinnen. Gleichzeitig zeigt sich darin die Beschreibung der habituellen Praxis („*daran gewöhnt*") der Geschlechtertrennung im Rahmen des Unterrichts an der Fakultät. Dass sie „jetzt daran gewöhnt" sind, verweist zudem auf eine Veränderung der Praxis und den Modus der habituellen Transformation. Durch einen erneuten Bezug auf Deutschland zeigt sich das Handlungsstrukturierende der Differenzerfahrung, indem die veränderte Praxis, die mit der Bildungsmigration einherging, beschrieben wird („*zum Beispiel wenn ich jetzt nach Deutschland zurück geh hab ich schon Probleme ich kann nicht direkt so jemanden ansprechen weil das ist bisschen nicht gewöhnt*"). Es lässt sich rekonstruieren, dass die Studentin im Modus der habituellen Transformation die Orientierung an räumlicher Differenzerfahrung – mit mehrfachem Rückbezug auf die Handlungsorientierung in Deutschland und an der Fakultät in Konya – bearbeitet.

Im Laufe des Interviews greift die Interviewerin durch eine immanente Nachfrage den geschlechtergetrennten Unterricht auf und fragt die Studentin nach ihrem Empfinden:

```
KAR: Und wie findest du den geschlechtergetrennten Unterricht

TRKAF02: Eigentlich mir passt das grad weil ich hab mich hier
daran gewöhnt ich würd jetzt auch nicht mehr zu einem Jungen
hingehen und reden (.) also ich bin jetzt schon in dem System
einfach drin und ja eigentlich das geht eigentlich also wer
hättest du mich vor vier Jahren in X-Stadt gefragt wär ich
vollkommen dagegen also man braucht es nicht das ist so für
mich ist es ich denk so wenn zum Beispiel der Junge und dieses
Mädchen ehm zusammen in einer Klasse sind ist es nich so eh:
wie soll ich sagen wenn sie getrennt sind machen sie sich noch
interessanter find ich weißt du was ich mein
```

9.1 Orientierung an räumlicher Differenzerfahrung

KAR: Okay

TRKAF02: Ja genau so find ich das deswegen denk ich mir man braucht doch nicht warum macht man unnötig Unruhe einfach // ja also aber wenn du jetzt frägst ich würd nicht in eine Klasse weil so is noch wirst du noch bequemer da also *bequem* (Hier im Original auf Türkisch: „*rahat*".) // wenn du ka- du musst dich nich ehm dich schämen oder wenn du was fragen willst den Prof oder so dann kannst du in Ruhe fragen keiner denkt ach was fragt die da
(TRKAF02, 414-434)

Die Frage der Interviewerin („*wie findest du den geschlechtergetrennten Unterricht*") wird mit einer Bezugnahme auf der Ebene des persönlichen Empfindens der Praktikabilität aufgegriffen („*eigentlich mir passt das*"). Die Studentin zeigt durch das „*hier*" („*ich hab mich hier daran gewöhnt*") erneut die Bedeutung der räumlichen Differenzerfahrung, denn in dem „hier" dokumentiert sich implizit ein örtlicher Gegensatz mit Blick auf die Handlungspraxis. Es wird implizit auf einen *anderen* – von dem „hier" abgegrenzten – Ort verwiesen, in dem die Praxis des geschlechtergetrennten Unterrichts nicht im Rahmen der Gewohnheit(en) zu sein scheint. Diese Veränderung der Handlungspraxis beschreibt die Studentin mit Bezug auf das Verhältnis und den Kontakt zu „einem Jungen" („*ich würd jetzt auch nicht mehr zu einem Jungen hingehen und reden*"); „*nicht mehr*" deutet in diesem Kontext auf den Modus der habituellen Transformation. Somit scheint die Praxis des geschlechtergetrennten Unterrichts und der Trennung der Geschlechter in der Alltagspraxis zu den neuen Gewohnheiten zu gehören. Dass die Studentin dabei nicht auf einen Modus der situationsbezogenen Adaptation, sondern einen Modus der habituellen Transformation verweist, dokumentiert sich nicht zuletzt in der Beschreibung „*ich bin jetzt schon in dem System einfach drin*". Der Rückbezug auf die Gewohnheiten in „X-Stadt" (in Deutschland) rekurriert auf eine vergleichende Dimension. Während in X-Stadt die geschlechtergetrennte Praxis abgelehnt werden würde („*hättest du mich vor vier Jahren in X-Stadt gefragt wär ich vollkommen dagegen also man braucht es nicht*"), wird die Veränderung (im Modus der habituellen Transformation) beschrieben, die nun auf eine Befürwortung des geschlechtergetrennten Unterrichts bzw. der geschlechtergetrennten Klassen deutet („*aber wenn du jetzt frägst ich würd nicht in eine Klasse*"). Dieser Veränderung wird das Erfahrungswissen zugrunde gelegt, dass es sich durch die Geschlechtertrennung in der Klasse um eine „noch bequemer[e]" Atmosphäre handelt („*weil so is noch wirst du noch bequemer da also bequem"*). In diesem Zuge wird auf eine Spannung bzw. eine Schamgrenze rekurriert, die es in geschlechtergemischten Klassensituationen zu geben scheint (*„du musst dich nich* [...] *schämen oder wenn du was fragen willst den Prof oder so dann kannst du in Ruhe fragen keiner denkt ach was fragt die da"*). Dadurch wird der geschlechtergetrennte Unterricht als befreiend(er) und ohne Anspannung wahrgenommen.

Somit lässt sich auch aus dieser Sequenz rekonstruieren, dass TRKAF02 ihre Orientierung an räumlicher Differenzerfahrung im Modus der habituellen Transformation bearbeitet. Auch im weiteren Verlauf, in dem die Studentin über weitere Veränderungen spricht, die mit dem Studienaufenthalt in Konya einhergingen, lässt sich dieser Modus nachzeichnen:

TRKAF02: Also das liegt auch bisschen an der Umgebung zum Beispiel meine Kleidung hat sich verändert // das ist ja mal sicher in X-Stadt war ich ja nich so

KAR: Hmm wie wie warst du davor

TRKAF02: ⌊ Ich war ganz normal Kleid Kopftuch

KAR: Okay

TRKAF02: Also Hose und Tunika (.) also ganz normal // dein Stil also ganz normal wie alle jeder so

KAR: Okay okay

TRKAF02: Und das ehm

KAR: Ja

TRKAF02: Danach hab ich ehm çarşaf angezogen

KAR: Erstmal mit Abiye Abaya

TRKAF02: Nein dieses ganz normale çarşaf was die Türken anziehen

KAR: Okay

9.1 Orientierung an räumlicher Differenzerfahrung

TRKAF02: Dieses Schwarze das kennst du ja bestimmt // das da hab ich angezogen danach ehm hab ich ehm ja hab ich angezogen dann hab ich das da in das gibts ja in zwei Teilen // kennst du du weißt es bestimmt mit Rock und *Oberteil* (Hier im Original auf Türkisch: *„üst"*) dann hab ich das angezogen und dann letvorletztes Jahr hab ich dann ehm vollkommen mein Gesicht also // bedeckt // ja so

KAR: Und in welchen Zeitabständen war das

TRKAF02: Ganz am Anfang nach vier Monaten hab ich çarşaf angezogen

KAR: Ah verstehe

TRKAF02: Ja aber ich war schon eine Person ich sag ja das lag war schon alles in mir ich wollt schon immer

KAR: Okay

TRKAF02: Ich hatte nie die Möglichkeit oah zum Beispiel in Deutschland meine Familie wär nicht dafür // und die hier können dir nichts sagen versteh- ich bin ehm so eine Person mir kann einfach niemand was sagen wenn ich sag ich macht das dann mach ich das // und ehm dann bin ich gekommen und dann hab ich das hier gemacht
(TRKAF02, 267-327)

Die Studentin markiert die Bedeutung der Umgebung für die Veränderung des Kleidungsstils. Implizit wird die Veränderung auf den Ort, an dem sich die Studentin zur Zeit des Interviews befindet, zurückgeführt (*„das liegt auch bisschen an der Umgebung zum Beispiel meine Kleidung hat sich verändert"*). Denn in X-Stadt (in Deutschland) war der heutige Kleidungsstil nicht vorhanden (*„in X-Stadt war ich ja nich so"*). Zum einen zeigt sich durch diesen Verweis der Vergleich beider Räume und die Orientierung an räumlicher Differenzerfahrung. Zum anderen manifestiert sich in diesem grenzüberschreitenden Verweis, dass der Kleidungsstil mit der Persönlichkeit in einen Zusammenhang gesetzt wird; denn die Studentin

„war nicht so". Somit scheint der Kleidungsstil eine Bedeutung für die Wahrnehmung und die Persönlichkeit der Studentin zu haben. Dadurch zeigt sich in dieser Skizzierung zu Beginn der Sequenz der Modus der habituellen Transformation. In der Markierung des vorherigen Kleidungsstils als „normal" (*„ich war ganz normal Kleid Kopftuch"*, oder *„also Hose und Tunika"*) dokumentiert sich gleichzeitig die Markierung des heutigen Kleidungsstils als davon abweichend und besonders. In dieser „Normalisierung" eines bestimmten Kleidungsstils schreibt die Studentin die Interviewerin und Andere dieser Kategorie zu (*„dein Stil also ganz normal wie alle jeder so"*).

Die Veränderung des Kleidungsstils wird im Sinne einer etappenweisen Zunahme der Bedeckung beschrieben, die sich (zunächst) von dem als „normal" beschriebenen Stil „Tunika-Hose" zu einem als „türkisch" markierten Kleidungsstil (*„çarşaf was die Türken anziehen"*) bewegt. In dieser Detaillierung spricht die Interviewte die Interviewerin auf ein möglicherweise bestehendes geteiltes Wissen über diesen Kleidungsstil an (*„das kennst du ja bestimmt"* oder *„kennst du du weißt es bestimmt"*). Die „hmm"-Einschübe und der Umstand, dass keine Nachfrage diesbezüglich erfolgt, lassen rekonstruieren, dass ein geteiltes Wissen besteht. In der Beschreibung der Veränderung des Kleidungsstils (*„Hose und Tunika"*, danach *„çarşaf"* und anschließend die *„vollkommen[e]"* Bedeckung des Gesichts) dokumentiert sich auf der Ebene des *Wie* des Gesagten als Konstruktion einer „Rangfolge" und einer Ausprägung und Zunahme mit den jeweiligen Bedeckungsformen.

Es scheint eine intrinsische Motivation mit Blick auf die zuletzt genannte Bedeckungsform (mit der Gesichtsbedeckung) zu geben (*„das lag war schon alles in mir ich wollt schon immer"*), die anscheinend mit der Migration und dem Ortswechsel praktisch umgesetzt wird. In diesem Zusammenhang werden die beschränkten Möglichkeiten in Deutschland für diese Bedeckungsform genannt (*„ich hatte nie die Möglichkeit oah zum Beispiel in Deutschland meine Familie wär nicht dafür"*). Die Beschreibung der vorhandenen Möglichkeit, sich diesen Bedeckungsstil in Konya oder an der Fakultät anzueignen (*„und die hier können dir nichts sagen"*), deutet darauf hin, dass die Studentin ein Gefühl der Freiheit erfährt, ihre Bedeckungsform zu verändern, die anscheinend in Deutschland – beispielsweise durch das Dagegen-Sein der Eltern – nicht vorhanden war. Auch wenn sie sich in der daran anschließenden Formulierung über die Selbstentscheidung markiert (*„ich bin ehm so eine Person mir kann einfach niemand was sagen wenn ich sag ich macht das dann mach ich das"*), zeigt sich vor dem Hintergrund der vorherigen Ausführung über die wahrgenommenen Beschränkungen der Möglichkeiten für die Aneignung des Bedeckungsstils ein Paradoxon. Dennoch ist der Modus der habituellen Transformation erkennbar, in dem die Veränderung auf

9.1 Orientierung an räumlicher Differenzerfahrung

Konya und die Migration dorthin bezogen wird („dann bin ich gekommen und dann hab ich das hier gemacht"). Somit lässt sich in dem immer wieder sichtbar werdenden Bezug auf Deutschland und Konya die Orientierung der Studentin an räumlicher Differenzerfahrung rekonstruieren, die sie im Modus der habituellen Transformation bearbeitet.

In der komparativen Analyse zeigte sich dieser Modus auch im Interview mit TRKAF01. Die Studentin aus Konya spricht zuvor über die Besonderheit der Geschlechterverhältnisse an der theologischen Fakultät in Konya, ohne dies näher zu beschreiben. Ähnlich wie in der zuvor rekonstruierten Sequenz aus dem Interview mit der Studentin aus Konya (TRKA03) wird dieses Thema zunächst durch die Interviewerin angedeutet. Während diese Sequenz den Modus der situationsbezogenen Adaptation aufzeigt, lässt sich in der folgenden Sequenz der Modus der habituellen Transformation rekonstruieren. In folgender Sequenz greift die Interviewerin in einem immanenten Nachfrageteil erneut diese Thematisierung auf und bittet die Studentin auch hier um nähere Beschreibung:

KAR: Du du sagtest ehm das Verhältnis zwischen Stude:nt und Studentin an der Fakultät (.) ehm: kannst du das etw- etwas näher beschreiben

TRKAF01: Es wird besser @(2)@ also

KAR: @Inwiefern@

TRKAF01: @(.)@ also eh:: (.) sagen wir es mal so (.) anfangs als ich neu ankam waren wir eigentlich als Gruppe aus- die Leute aus dem Ausland haben wir als ehm also wir waren wie viele fünfzehn Personen zwanzig Personen miteinander schon geredet also wir hatten da n normales Verhältnis hey wir wir kommen alle von außerhalb wir müssten uns helfen ehm in Konya speziell hatten wir dann ein Problem dass die Oberstufen uns immer gesagt haben wie <u>falsch</u> das ist was wir tun weshalb wir jetzt nicht mehr so ganz ein gesundes Verhältnis haben also das heißt mittlerweile wenn ich jemanden fragen würde nach seinen keine Ahnung (.) ob er eh:: mitgeschrieben hat im Unterricht ob er mir das ausleihen könnte wer- würde ich jetzt schief angeschaut werden aber in Deutschland oder hier anfangs als wir kamen hatten wir ja eigentlich nicht so ein Verhältnis

```
und ehm das ging die letzten zwei Jahre  so  (.) mittlerweile
merke ich aber dass wir jetzt wieder so ne ehm also sie reifen
(langsam) alle also sowohl die Mädchen als auch die Männer //
dass wir jetzt langsam wieder ein gesünderes Verhältnis
entwickeln ehm das heißt es geht es fängt davon an mir wird
mittlerweile die Tür aufgehalten das hatten wir vorher nicht
@(.)@ also es war wirklich sehr seltsam ehm mittlerweile wird
mir die Tür aufgehalten wenn ich jemanden nach etwas frage
werd ich nicht schief angeschaut aber trotzdem gibts einige
Sachen die ich mitnehmen werde
(TRKAF01, 167-190)
```

In der Frage der Interviewerin, in der die vorherige Thematisierung der Studentin aufgegriffen wird, dokumentiert sich die Relevanz des Geschlechts im Verhältnis der Studierenden untereinander. Auf die Bitte, dies „*näher* [zu] *beschreiben*", geht die Studentin ein („*es wird besser*") und präsupponiert dabei das Wissen über den Zustand. Auch auf dieser Ebene lässt sich rekonstruieren, dass die Geschlechterverhältnisse zwischen Studentinnen und Studenten an der theologischen Fakultät eine Besonderheit aufweisen. „Es wird besser" rekurriert dabei einerseits auf die Markierung der Verbesserungswürdigkeit – andererseits dokumentiert sich darin der Entwicklungsprozess. Dass die Studentin ein geteiltes Wissen präsupponiert, dokumentiert sich ebenfalls in dem Lachen („*@(2)@*"). Das geteilte Wissen darüber zeigt sich auch in dem Lachen während der Nachfrage der Interviewerin („*@inwiefern@*"). Es lässt sich rekonstruieren, dass die Interviewerin dadurch auf etwas Bestimmtes hindeutet, das der Interviewten implizit bewusst zu sein scheint. Dies bestätigt sich in dem daran anschließenden Lachen der Interviewten.

Die Besonderheit des – mit Blick auf die Geschlechterverhältnisse an der Fakultät – zu Erzählenden zeigt sich in der zunächst rekonstruierbaren Herausforderung der Ausführung („*also eh:: (.) sagen wir es mal so*"). In diesem Zuge wird mit einem zeitlichen Rückbezug („*anfangs als ich neu ankam*") die Veränderung beschrieben. Mit der Beschreibung „*die Leute aus dem Ausland*" wird die Perspektive der Erzählung aus Konya heraus sichtbar; denn für die Studentin sind sie die „Leute aus dem Ausland", die sich nun in der Türkei befinden. Durch diese Erwähnung der Migration lässt sich die Orientierung der Studentin an räumlicher Differenzerfahrung rekonstruieren. Dass diese Gruppe der „Leute [, die] aus dem Ausland kommen" eine Bedeutung für die Handlungsorientierung bzw. -praxis aufweist, dokumentiert sich in der Formulierung „*hey wir wir kommen alle von außerhalb wir müssten uns helfen*". Somit scheinen in der Auseinandersetzung mit

9.1 Orientierung an räumlicher Differenzerfahrung

dem Verhältnis, das zu Beginn vorhanden war, diese räumliche Differenzerfahrung und die gegenseitigen Wirkungen von Bedeutung zu sein. Während dieser anfangs vorhandene Austausch als „normales Verhältnis" markiert wird, skizziert die Studentin mit Bezug auf den Raum „Konya" eine Veränderung des Verhältnisses, die mit einem „Problem" in Zusammenhang steht („*ehm in Konya speziell hatten wir dann ein Problem dass die Oberstufen uns immer gesagt haben wie falsch das ist was wir tun*"). Die Studierenden der höheren Jahrgänge scheinen einen Einfluss auf die Handlungspraxis der Studierenden späterer Jahrgänge zu haben. Das enge Verhältnis und der Austausch zwischen Studenten und Studentinnen werde als „falsch" bewertet; in dieser Betonung dokumentiert sich die Markierung der Eindeutigkeit. Im Modus der habituellen Transformation beschreibt die Studentin die daraus folgende Veränderung des Verhältnisses, das „*nicht mehr so ganz eng*" ist, und dass sie kein „*gesundes Verhältnis* [mehr] *haben*". Zur Exemplifizierung dient die angeführte Szene einer Unterrichtssituation („*wenn ich jemanden fragen würde* [...] *ob er* [...] *mitgeschrieben hat im Unterricht ob er mir das ausleihen könnte* [...] *würde ich jetzt schief angeschaut werden*"). Auf der Ebene des Wie des Gesagten lässt sich rekonstruieren, dass die Veränderung der Handlungspraxis auf der Grundlage einer angenommenen Selbstverständlichkeit und Eindeutigkeit des normativ Angenommenen stattfindet.

Durch den erneuten Rekurs auf Deutschland und die Beschreibung der dortigen Handlungsorientierung und -praxis wird die Orientierung der Studentin an räumlicher Differenzerfahrung sichtbar („*aber in Deutschland oder hier anfangs aber anfangs als wir kamen hatten wir eigentlich nicht so ein Verhältnis*"). Gleichzeitig wird darin sichtbar, dass diese Orientierung im Modus der habituellen Transformation bearbeitet wird. Die Handlungspraxis mit Blick auf die Interaktion und die Beziehung der Studenten und Studentinnen scheint allerdings nicht abgeschlossen zu sein („*mittlerweile merke ich aber dass wir jetzt wieder so ne ehm also sie reifen (langsam) alle also sowohl die Mädchen als auch die Männer*"); dies verweist erneut auf den Modus der Transformation. Die Nicht-Abgeschlossenheit und der Modus der Transformation dokumentieren sich auf der immanenten Ebene auch in der daran anschließenden Beschreibung („*wir jetzt langsam wieder ein gesünderes Verhältnis entwickeln*"). Auch wenn die Handlungspraxis sich erneut in eine Richtung zu bewegen scheint, die zu Beginn des Studiums (teilweise) vorhanden war („*mir wird mittlerweile die Tür aufgehalten das hatten wir vorher nicht* [...] *wenn ich jemanden nach etwas frage werd ich nicht schief angeschaut*"), konstituiert sich der Modus der habituellen Transformation in der Orientierung an räumlicher Differenzerfahrung, die als nicht abgeschlossen und weiterhin vorhanden markiert wird („*aber trotzdem gibts einige Sachen die ich mitnehmen werde*").

9.1.3 ... im Modus der kontrastierenden Gegenüberstellung

DEAF01 – eine türkische Imamin in Hessen – beschreibt zu Beginn des Interviews ihren Werdegang, spricht über ihre Erfahrungen als Imamin in der Türkei und geht in diesem Zusammenhang auf ihre Reise nach Deutschland und ihre Tätigkeit in der Moschee in Hessen ein. Diese Sequenz schließt an diese Erzählung an:

DEAF01: *Zum Beispiel als ich hierher kam (.) wusste ich nicht was sie im wirklichen Sinne von einer weiblichen Hoca in einer Moschee erwarten ich bin hierher gekommen ohne zu wissen was sie wirklich erwarten denn in der Türkei gibt es auf dem Kindergarten-Niveau eine vorschulische religiöse Erziehung (.) und dann das was wir Primarstufe nennen die Grundschule und an Schulen mit Mittelstufen und Oberstufen gibt es religiöse Erziehung und ehm das was wir Erwachsenenbildung nennen die religiöse Erziehung die bis zum Tod geht dieses System ist in einem muslimischen Land aber in ein nicht muslimisches Land zu kommen und eine einzige Person zu sein die das alles auf einmal leistet bringt den Menschen hier zum einen in eine sehr hilflose Situation zum anderen gibt es einem das Gefühl unzureichend zu sein oder du spürst manchmal dass du in einer extrem schwierigen Situation bist denn sowohl das Kind als auch die Jugendlichen und noch die Alten oder Erwachsenen anzusprechen ihre Sprache ihre Bedürfnisse ihre Lebenseinstellungen oder ihre Unterschiede der religiösen Einstellungen und vor allem wenn es ein junger Mensch oder ein Kind ist das in einem fremden Land aufgewachsen ist ist das sehr sehr sehr unterschiedlich (.) aa natürlich gibt es die sprachlichen Probleme wenn sie uns hierher schicken ehm*

9.1 Orientierung an räumlicher Differenzerfahrung 235

ich finde unsere Organisation ehm ist was die religiöse
Erziehung angeht unglaublich und den Horizont erweiternd also
dass eine weibliche Lehrende hierher geschickt wird (.) das
ist eigentlich etwas sehr Wichtiges (.) egal wie sehr wir
darum bitten wenn der Staat dir nicht den Weg frei machen und
uns finanziell unterstützen würde könnte niemand von uns als
Frau alleine hierher kommen
KAR: ⌊Ja

DEAF01:   ⌊oder wenn
dahinter keine staatliche Sicherheit sein würde würde sich
das niemand trauen also und die diesbezüglichen Bemühungen
des Staates nimmt in den letzten Jahren zu denn in den
Bundesländern (.) ist die Zahl der weiblichen Hoca sehr sehr
angestiegen (.) also in der Türkei gab es das ja sowieso hier
gab es das nicht (.) aber so langsam nimmt die Zahl hier zu
(DEAF01, 53-77)[13]

---

[13] Original:
DEAF01: Mesela ben buraya geldiğim zaman (.) eh gerçek manada bir camide bi kadın hocadan ne beklediğini tam olarak ne beklendiğini bilmeden geldim çünkü Türkiye'de eh ilkokul yani Kindergarten seviyesi de- denildi- diyeceğimiz bi okul öncesi dini eğitim var (.) bi eh okul yani ilköğretim diyeceğimiz ilkokul ve ortaokul ve lise dengi eh okullarda bi din eğitimi var bi de eh yetişkin eğitimi dediğimiz hayatın sonuna kadar yani hayatın eh ölümün eh ölüme kadar kapsayan bir din eğitimi var bu sistem bir Müslüman ülkede ama Müslüman olmayan bi ülkeye gelip de işte bunların eh hepsini birden karşılayan tek insan olmak burda insanı çok hem aciz duruma düşürüyor hem bazen yetersiz hissettiriyor kendisini yada bazen çok aşırı zor durumda kaldığını hissedebiliyosun çünkü hem çocuğuna ya- hem eh gencine hem yaşlısına yada eh orta yaşlısına hitap etmek onun dili onun ihtiyaçları onun hayata bakış açısı ve dine bakış açısının değişikliği hele de bu bi yabancı ülkede yetişmiş bi eh gençse çocuksa çok çok değişiyor (.) a tabii arada dil problemleri var bizi buraya gönderirken eh kurumumuzu gerçekten eh çok hani dini eğitim açısından çok inanılmaz eh ufuk geliştirici buluyorum yani bi bayan öğreticinin buraya gönderilmesi (.) aslında çok önemli bi şey ne kadar biz talep etsek bile bunu devlet önümüzü açmasa bize destek vermese maddi olarak buraya hiç kimse gelemez yani tek başına bi bayan olarak
KAR: ⌊Evet
DEAF01:   ⌊yada devlet garantisi olmasa arkasında hiç kimse buna cesaret etmez yani ve bu devletin bu konudaki gayretleri son yıllarda daha da artıyor çünkü eyaletlerde (.) bayan hoca sayıları çok çok arttı (.) yani Türkiye'de zaten vardi burda yoktu (.) ama burdada artıyor yavaş yavaş

Mit der Beschreibung zu Beginn der Sequenz („*als ich hierher kam*", tr. „*ben buraya geldiğim zaman*") deutet die Imamin auf ihre (Arbeits-)Migration. Darin dokumentiert sich implizit die Markierung eines (Lebens-)Abschnittes und gleichzeitig die Verortung der folgenden Erzählung in den Raum Deutschland. Dieser Migrationsprozess wird mit einer Unkenntnis über die hiesige Situation und die (Fremd-)Erwartungen in Verbindung gebracht („*wusste ich nicht was sie im wirklichen Sinne von einer weiblichen Hoca in einer Moschee erwarten ich bin hierher gekommen ohne zu wissen was sie wirklich erwarten*", tr. „*gerçek manada bir camide bi kadın hocadan ne beklediğini tam olarak ne beklendiğini bilmeden geldim*"). Darin dokumentiert sich die Bedeutsamkeit der Rolle als „weibliche Hoca". Die Imamin rekurriert somit – trotz einer zu Beginn vorhandenen Unkenntnis – auf mögliche Erwartungsbereiche und -haltungen, die an die (weiblichen) Hoca in Moscheen gerichtet werden. Es lässt sich auch rekonstruieren, dass mit dieser Unkenntnis über die Erwartungen in der Moschee in Deutschland das Wissen über die Andersheit des (Handlungs-)Feldes besteht, auch wenn sie zu dieser Zeit noch nicht konkret benannt werden konnte.

Mit dem Verweis auf das Feld und das System der religiösen Erziehung in der Türkei („*denn in der Türkei gibt es auf dem Kindergarten-Niveau eine vorschulische religiöse Erziehung …*", tr. „*çünkü Türkiye'de Kindergarten seviyesi […] diyeceğimiz bi okul öncesi dini eğitim var*") deutet die Imamin in ihrer Betrachtung auf ihre Differenzerfahrung hin und verweist dadurch auf den Modus der kontrastierenden Gegenüberstellung.

In der Aufzählung der Gliederung des Schulsystems und der Bereiche der religiösen Erziehung dokumentiert sich – vor allem auf der Ebene des *Wie* des Gesagten – nicht nur das Wissen darüber, sondern auch die daraus implizierte Zugehörigkeitskonstruktion der Imamin in das System und den türkischen Kontext. Daraus ableitend wird implizit durch die Unkenntnis über die hiesigen Erwartungen eine Fremdheit konstruiert. Neben dieser Kontrastierung der Räume Türkei und Deutschland wird durch die Konstruktion „muslimisches Land" (tr. „*Müslüman ülkede*") und „nicht-muslimisches Land" (tr. „*Müslüman olmayan bi ülkeye*") gegenübergestellt. Daraus lässt sich rekonstruieren, dass die Imamin die Türkei als muslimisches Land und Deutschland als nicht-muslimisches Land definiert. Das oben genannte Erfahrungswissen hinsichtlich der Aufteilung der Bereiche und Alterskohorten in der religiösen Erziehung in der Türkei scheint im deutschen Kontext – in der Moschee in Deutschland – eine Widerspruchserfahrung zu evozieren. Folglich beschreibt die Imamin die erfahrene Herausforderung dieser Nicht-Aufteilung der Arbeitsbereiche („*eine einzige Person zu sein die das alles auf einmal leistet*", tr. „*bunların eh hepsini birden karşılayan tek insan olmak*"). In diesem impliziten Vergleich dokumentiert sich erneut der Modus der kontrastierenden Gegenüberstellung. Diese Herausforderungen scheinen sich nicht nur auf der Ebene der praktischen Umsetzbarkeit („*sehr hilflose Situation*

9.1 Orientierung an räumlicher Differenzerfahrung 237

[...] *extrem schwierigen Situation*"), sondern auch auf der Ebene der emotionalen Belastung („*gibt es einem das Gefühl unzureichend zu sein*", tr. „*bazen yetersiz hissettiriyor kendisini*") zu zeigen. Dabei werden „*Sprache* [...] *Bedürfnisse* [...] *Lebenseinstellungen oder* [die] *Unterschiede der religiösen Einstellungen*" der Menschen als Herausforderung in der Handlungspraxis beschrieben. Diese Herausforderungen scheinen sich durch das Aufwachsen in einem „fremden Land" zu verstärken („*vor allem wenn es ein junger Mensch oder ein Kind ist das in einem fremden Land aufgewachsen ist*", tr. „*hele de bu bi yabancı ülkede yetişmiş bi eh gençse çocuksa*"); dies dokumentiert sich insbesondere in der Formulierung „*vor allem*". In diesem Zusammenhang wird rekonstruierbar, dass die Imamin die „*jungen Menschen und Kinder*" als Fremde in dem Land, in dem sie „*aufgewachsen*" sind, (fremd-)positioniert.

Im Sinne eines Einschubs („*aa*") wird auf die sprachliche Problematik verwiesen, die mit der (Arbeits-)Migration und der Entsendung verbunden sei („*natürlich gibt es die sprachlichen Probleme wenn sie uns hierher schicken*", tr. „*tabii arada dil problemleri var bizi buraya gönderirken*"), daran anschließend wird relativierend auf die Bedeutung der Organisation für das Setting der religiösen Erziehung und die Bestrebungen mit Blick auf die Entsendung der *weiblichen Lehrenden* eingegangen („*ich finde unsere Organisation ehm ist was die religiöse Erziehung angeht unglaublich und den Horizont erweiternd also dass eine weibliche Lehrende hierher geschickt wird (.) das ist eigentlich etwas sehr Wichtiges*", tr. „*bizi buraya gönderirken eh kurumumuzu gerçekten eh çok hani dini eğitim açısından çok inanılmaz eh ufuk geliştirici buluyorum yani bi bayan öğreticinin buraya gönderilmesi (.) aslında çok önemli bi şey*").

Mit dieser Beschreibung der Entsendung verweist sie erneut auf ihre Orientierung an räumlicher Differenzerfahrung. In diesem Zusammenhang markiert die Imamin den besonderen Stellenwert des Staates einerseits durch die finanzielle Unterstützung („*wenn der Staat dir nicht den Weg frei machen und uns finanziell unterstützen würde könnte niemand von uns als Frau alleine hierher kommen oder wenn dahinter keine staatliche Sicherheit sein würde würde sich das niemand trauen*", tr. „*devlet önümüzü açmasa bize destek vermese maddi olarak buraya hiç kimse gelemez yani tek başına bi bayan olarak yada devlet garantisi olmasa arkasında hiç kimse buna cesaret etmez*"); andererseits dokumentiert sich in dieser Beschreibung implizit das Vertrauen der Imamin in den Staat und sie führt die Arbeitsmigration der Frauen darauf zurück. In ihrer Schilderung des Vertrauens und der staatlichen Sicherheit dokumentiert sich gleichzeitig eine vorgenommene Geschlechterdifferenzierung, denn es sind *Frauen*, die sich aufgrund der vorhandenen staatlichen Sicherheit „*trauen*" hierher zu kommen. Darin verbirgt sich implizit eine dem Kollektiv der Frauen zugeschriebene Hürde, die es im Falle von „Männern" nicht zu geben scheint. Dies lässt sich auf der Ebene des Dokumentsinns rekonstruieren. Die „*Bemühung des Staates*" (tr. „*devletin* [...] *gayretleri*") misst die Imamin daran, dass „*in den Bundesländern* [...] *die Zahl der weiblichen Hoca sehr sehr angestiegen*" (tr. „*eyaletlerde* (.) *bayan hoca sayıları çok çok arttı*") ist. Mit einem vergleichenden Verweis auf die Türkei („*also in der Türkei gab es das ja sowieso hier gab es das nicht*", tr. „*yani Türkiye'de zaten vardi burda yoktu*") markiert sie erneut die Differenzerfahrung, die sie im Modus der kontrastierenden Gegenüberstellung bearbeitet.

Die Imamin bezieht sich im Laufe der Erzählungen mit Blick auf ihre Erfahrungen in der Moschee in Deutschland erneut auf das Erfahrungswissen in der Türkei. In diesen Erzählungen lässt sich dieser Modus erneut nachzeichnen:

DEAF01: In der Türkei ist das ganz ganz anders (.) weil wir hier beispielsweise in viele Moscheen gleichzeitig gehen müssen ist das ein Vorteil und gleichzeitig ein Nachteil

KAR: Ja

DEAF01: Also um dem nachzukommen aufgrund der Zeit (.) ich kann sagen dass wir Schwierigkeiten haben was die Anbindung angeht aber das ist einerseits auch ein Vorteil // also mit Blick auf die Arbeit die wir machen wollen

KAR: Ja

DEAF01: Aber um die Arbeit perfekt zu machen ist das kein Vorteil weil wie gesagt man kann dem nicht perfekt nachkommen // also du bist überall aber du bist nirgendwo

KAR: Ja

DEAF01: Ich denke vielleicht wäre es schöner an einem Ort zu sein und den Dienst vollkommen anzubieten // die Imame arbeiten beispielsweise an einem Ort eigentlich ist das für sie sehr langweilig in dem Sinne ehm finde ich die Arbeit die sie machen langweiliger ich finde unsere Arbeit schöner und vorteilhafter // du erreichst jedes Umfeld viel einfacher // du hast kein Problem was die Zeit und die Umgebung angeht

9.1 Orientierung an räumlicher Differenzerfahrung

KAR: *Ja*

DEAF01: *Ich denke wir arbeiten hier viel freier vor allem als weibliche Hoca*

KAR: *Ja*

DEAF01: *Also das was DITIB ermöglicht ehm sehe ich als Vorteil*

(DEAF01, 478-511)[14]

Mit der Formulierung „*in der Türkei ist das ganz ganz anders*" (tr. „*Türkiye'de şu çok çok farklı*") verweist die Imamin auf ihre Differenzerfahrung mit der Hinzunahme des Erfahrungswissens aus der Türkei für die Beschreibung ihrer Erfahrungen in Deutschland. Gleichzeitig rekurriert diese Formulierung bereits auf den Modus der kontrastierenden Gegenüberstellung, in dem das Folgende und das Erfahrungswissen aus der Türkei konträr gesetzt werden. Mit einer daran anschließenden Exemplifizierung wird dies detailliert („*weil wir hier beispielsweise in viele Moscheen gleichzeitig gehen müssen ist das ein Vorteil und gleichzeitig ein Nachteil*", tr. „*biz mesela burda pek çok eh camiye aynı anda gitmek zorunda olduğumuz için bu bi avantaj aynı zamanda dezavantaj*"). Diese Beschreibung, in der auf die Ebene der Verpflichtungen innerhalb des Handlungsfeldes eingegangen wird, dokumentiert das Erfahrungswissen der Imamin, den

---

[14] Original:
DEAF01: Türkiye'de şu çok çok farklı (.) biz mesela burda pek çok eh camiye aynı anda gitmek zorunda olduğumuz için bu bi avantaj aynı zamanda dezavantaj
KAR: Evet
DEAF01: Hani yetişmek açısından zaman problemi (.) işte ulaşım şartlarından dolayı (.) zorlandığımızı söyleyebilirim ama bu bi manada avantaj da // yani yapmak istediğimiz iş açısından (.)
KAR: Evet
DEAF01: Ama dört dörtlük yapma açısından derseniz avantaj değil çünkü dediğim gibi dört dörtlük ulaşamıyorsun // hani her yerdesin ama hiç bi yerde değilsin
KAR: Evet
DEAF01: Belki bir yerde olup da tam m- kâmil manada hizmet etmek belki daha güzel olurdu diye düşünüyorum // şimdi imamlar mesela tek camide çalışıyor onlar içinde bu çok sıkıcı aslında ben o manada eh onların yaptıkları işi daha sıkıcı buluyorum bizimkisini daha güzel daha avantajlı buluyorum // istediğin her çevreye çok rahatlıkla ulaşabiliyorsun // bir zaman mekân şeyin eh problemin yok
KAR: Evet
DEAF01: Çok daha özgürce çalıştığımızı düşünüyorum burda özellikle ben bayan // hoclar olarak
KAR: Evet
DEAF01: Hani Ditibin sağladığı bu eh şey avantaj olarak yani eh görüyorum bunu

Vergleich zum Handlungsfeld in der Türkei, und rekurriert somit auf den Modus der kontrastierenden Gegenüberstellung. Das Wissen in Deutschland und die Herausforderungen in der Tätigkeit als Imamin beziehen sich auf die Arbeitsteilung in verschiedenen Gemeinden. Dies scheint als das Gegensätzliche zur Berufsausübung in der Türkei zu stehen. In diesem Zuge spannt die Imamin im Modus der kontrastierenden Gegenüberstellung – neben dem Erfahrungswissen aus Deutschland und aus der Türkei – eine weitere Kontrastfolie auf: Das Handlungsfeld der Imame scheint sich von dem der Imaminnen zu unterscheiden (*„die Imame arbeiten beispielsweise an einem Ort"*, tr. *„imamlar mesela tek camide çalışıyor"*). Während in dieser Unterscheidung zum einen die Konstruktionen unterschiedlicher Räume sichtbar wird, dokumentiert sich darin zum anderen durch diesen vergleichenden Verweis die Konstruktion einer geschlechterbezogenen Differenzierung. Diese Orientierung lässt sich auch aus der Beschreibung der Tätigkeit(en) als Imamin außerhalb einer Gemeinde rekonstruieren.

Auch im weiteren Verlauf des Interviews vergleicht die Imamin ihr berufliches Handlungsfeld in der Türkei und in Deutschland und lässt aus ihrer Beschreibung den Modus der kontrastierenden Gegenüberstellung rekonstruieren:

DEAF01: Hier zum Beispiel hatten die Frauen in den meisten Moscheen keine Frauenvertretung // also es gab keine Frauenvertretung als ich kam (.) es gab keine Jugendvertretung das sind alles schöne Sachen also dass sie untereinander eine Einheit schaffen zusammen Ziele festlegen und das Ziel verfolgen zusammen den Dienst abzulegen in der Türkei zum Beispiel gibt es in der Türkei sehr große Stiftungen die so arbeiten

KAR: ᴸHmm (.) hmm

DEAF01: Sie haben Veranstaltungen (.) es gibt Vereine es gibt Nichtregierungsorganisationen und es gibt sehr schöne Orte an denen sich Frauen ausdrücken können aufgrund dieser Lücke hier waren die Frauen irgendwie in sich gekehrt diese Frauenvertretung motiviert nun die Frauen und es gibt noch viele Sachen die sie machen kann

9.1 Orientierung an räumlicher Differenzerfahrung

KAR: ⌊Ja

DEAF01: Sie können auch wie die Stiftungen in der Türkei arbeiten also zum Beispiel die Stiftungen dort (.) sei es für hilfsbedürftige Kinder Familien (.) ehm sei es irgendwelche Probleme auf der Welt im Konsens zu lösen und mental und finanziell zu unterstützen (.) seien es ehm Lern und Lehrveranstaltungen (.) zum Beispiel in Stiftungen die in allen Bereichen arbeiten bilden Frauen das Zentrum in der Türkei // hier konnten wir das noch nicht schaffen wir müssen noch einiges tun

KAR: Ja

DEAF01: Also wie gesagt du bist nicht ausreichend wenn du als weibliche Hoca alleine bist (.) welchen Sachen willst du nachkommen zum Beispiel jemand aus deiner Gemeinde stirbt egal ob du sie kennst oder nicht (.) du besuchst sie es gibt Kranke du besuchst sie (.) und dann ehm (.) es gibt ja nicht nur Geburtstagsparties sie heiratet (.) also ehm hier hat die Religion in den sieben Tagen und vierundzwanzig Stunden der Menschen zu allem und allen Bereichen etwas zu sagen // also sie hat viel zu sagen und wenn man dann immer darin religiöse wenn sie immer eine religiöse Dimension einbringen dann packst du sie und sorgst du dich

KAR: ⌊Evet

DEAF01: seelisch um deine eigenen Leute (.) e:h gleichzeitig umarmst du sie // also dadurch bereicherst du sie auf der psychischen Ebene // und sorgst für die finanzielle und spirituelle Einheit (.) ehm hier zum Beispiel die Menschen <u>sollen nicht</u> auf den Gedanken kommen dass religiöse Erziehung nur die Sure auswendig lernen und Gebet leiten und so weiter bedeutet

KAR: Ja

DEAF01: *Das ist etwas sehr Einfaches also das kann jeder überall im Internet lernen (.) sowas wird oft gemacht (.) das ist auch einfach Hauptsache man nimmt sich das vor (.) aber ehm aber das zu schaffen was ich eben gesagt habe ist viel schwieriger (.) also das was ich sagen will ist dass das unter anderem einer der großen Unterschiede zwischen Deutschland und der Türkei ist*
(DEAF01, 921-978)[15]

„Hier zum Beispiel" (tr. „*burda mesela*") rahmt die Sequenz als Exemplifizierung für das Handlungsfeld in Deutschland. In der Beschreibung der zu Beginn nicht vorhandenen Frauen- und Jugendvertretung („*also es gab keine Frauenvertretung*

---

[15] Original:
DEAF01: Burda mesela bayanların (.) eh çoğu camide bayan kolları yoktu // yani kadınlar kolları yoktu benim ilk geldiğimde (.) gençlik kolları yoktu bunlar hep çok güzel şeyler yani onların kendi aralarında birlik sağlayıp ta bi hedef belirleyipte birlikte hizmet etmeye amaçları mesela Türkiye'de böyle eh çalışan çok büyük vakıflar var vakıf
KAR: ˪Hmm (.) hmm
DEAF01: Faaliyetleri var (.) dernekler var sivil toplum kuruluşları var ve kadınların kendilerini ifade ettikleri çok güzel yerler var burda (.) o eksiklikten dolayı kadınlar kendi içlerine kapanmış vasiyetteydi bi manada simdi bu ehm kadınlar kolları onları çok güzel eh motive ediyo daha da edeceği çok şey var aslında
KAR: ˪Evet
DEAF01: Türkiye'deki vakıflar gibi de çalışabilirler yani ordaki vakıflarda mesela (.) yardıma muhtaç çocuklardan ailelerden tutun (.) ehm dünyanın herhangi bi yerindeki problemlere eh görüş birliği içinde yardım yani maddi manevi nasıl yardım yapabilirsin onlara ulaşmadan tutun (.) eh eğitim öğretim faaliyetlerinden tutun her alanda çalışan vakıflar bunların d- da merkezleri hep bayanlar oluşturuyor mesela Türkiye'de // eh burda bunları başaramadık daha tam olarak yapacağımız çok şey var
KAR: Evet
DEAF01: Yani dediğim gibi i- işte yetersiz kalıyorsun bi tek bayan hoca olunca (.) hangi birine yetişeceksin mesela bi a- eh cemaatinden tanı yada tanıma birisi vefat ediyo (.) onu evinde ziyaret ediyosun hastası oluyo ziyaret ediyosun (.) ondan sonra eh (.) sadece eh Geburtstag partisi yok ki evleniyo (.) işte şey burda eh yani bi insanın ehm yedi gün yirmi dört saatinde ihtiyacı olan her şeye her alana dinin de söylediği bir şey var yani dinin // söyleyecek sözü çok yani onun işin içine hep dini onlar da dini bi boyut katınca hem onları elde etmiş oluyosun yani manevi olarak sahip
KAR: ˪Evet

9.1 Orientierung an räumlicher Differenzerfahrung

als ich kam (.) es gab keine Jugendvertretung", tr. *„çoğu camide bayan kolları yoktu yani kadınlar kolları yoktu benim ilk geldiğimde (.) gençlik kolları yoktu"*) dokumentiert sich das Wissen der Imamin über den Stand in „vielen Moscheen". Mit einer positiven Bewertung solcher Vertretungen (*„das sind alles schöne Sachen"*, tr. *„bunlar hep çok güzel şeyler"*) und der Formulierung ihrer Wirkungen (*„also dass sie untereinander eine Einheit schaffen zusammen Ziele festlegen und das Ziel verfolgen zusammen den Dienst abzulegen"*, tr. *„onların kendi aralarında birlik sağlayıp ta bi hedef belirleyipte birlikte hizmet etmeye amaçları"*) rekurriert die Imamin in ihrer Betrachtung auf ihre räumliche Differenzerfahrung, indem sie erneut auf ihr Erfahrungswissen aus der Türkei verweist (*„in der Türkei zum Beispiel gibt es in der Türkei sehr große Stiftungen die so arbeiten"*, tr. *„mesela Türkiye'de böyle eh çalışan çok büyük vakıflar var"*). Diese Orientierung an räumlicher Differenzerfahrung wird durch den kontrārsetzenden Vergleich im Modus der kontrastierenden Gegenüberstellung bearbeitet.

Die weitere Aufzählung der Möglichkeiten von Formaten und Orten in der Türkei, *„an denen sich Frauen ausdrücken können"* (tr. *„kadınların kendilerini ifade ettikleri çok güzel yerler var"*), der in diesem Zusammenhang angeführte Vergleich und die Erwähnung dieser „Lücke" in Deutschland (tr. *„burda (.) o eksiklikten dolayı"*) deuten durch das „hier" (tr. *„burda"*) und „dort" (tr. *„orda"*) auf einen ständigen Rekurs des Erfahrungswissens auf verschiedene Orte. Im Modus der kontrastierenden Gegenüberstellung wird in der daran anschließenden Erzählung auf die verschiedenen Möglichkeiten und die Rahmenbedingungen, die es in der Türkei zu geben scheint, eingegangen. Dabei markiert die Imamin die Breite der Möglichkeiten des Engagements für Frauen und ihrer Präsenz in Organisationen – dies scheint in der Türkei nicht gegeben zu sein. Auf der Ebene des *Wie* des Gesagten dokumentiert sich in der Aufzählung durch die mehrfachen Einschübe *„sei es"* (tr. *„tutun"*) die positive Bewertung dieser Möglichkeiten und

---

DEAF01: çıkmış oluyosun kendi insanına (.) e:h hem ayni zamanda onları da kucaklamış oluyosun // yani bu şekilde hem (.) eh psikolojik olarak onlara onarmış oluyosun // maddi manevi olarak birlik beraberliği sağlamış oluyosun (.) eh burda mesela sadece din eğitimi deyince sureleri ezberleyip n- namaz kıldırmak falan <u>gelmesin</u> yani insanların aklına
Kar: Evet
DEAF01: Bu ya çok basit bi şey yani bu bunu herkes her yerden öğrenebilir internette şimdi zaten (.) bu tarz şeyler çok yapılıyo (.) basitte yani bunu öğrenmek yeter ki kafaya koysun (.) ama eh bu söylediğim şeyleri başarmak çok daha zor (.) yani demek istediğim Almanya'daki ve Türkiye'deki büyük farklardan birisi de bu

im Gegenzug die Markierung der Breite des diesbezüglichen Defizits in Deutschland („*hier konnten wir das noch nicht schaffen wir müssen noch einiges tun*", tr. „*burda bunları başaramadık daha tam olarak yapacağımız çok şey var*"). Mit dieser Rahmung der breiten Präsenz von Frauen in Organisationen leitet die Imamin auf die Schwierigkeiten über, die für eine „weibliche Hoca" alleine in einem Dienst entstehen („*du bist nicht ausreichend wenn du als weibliche Hoca alleine bist*", tr. „*yetersiz kalıyorsun bi tek bayan hoca olunca*"). Darin dokumentiert sich die kritische Orientierung der Imamin an einer Unterrepräsentanz von weiblichen Hoca in Moscheen und die Überforderung aufgrund der Breite der Handlungsfelder. Diese Breite spiegelt sich in der daran anschließenden Aufzählung der verschiedenen Bereiche wider. Es lässt sich rekonstruieren, dass die Imamin „religiöse Erziehung" in Deutschland als etwas anderes beschreibt und kontextualisiert als in der Türkei („*hier zum Beispiel die Menschen sollen nicht auf den Gedanken kommen dass religiöse Erziehung nur die Sure auswendig lernen und Gebet leiten und so weiter bedeutet*", tr. „*burda mesela sadece din eğitimi deyince sureleri ezberleyip n- namaz kıldırmak falan gelmesin yani insanların aklına*"). In der Betonung dokumentiert sich auf der impliziten Ebene einerseits die Überzeugung der Imamin – andererseits emergiert das Erfahrungswissen darüber, in welchen Bereichen sich die religiöse Erziehung verorten lässt respektive verortet werden kann. Im Sinne eines Resümees lässt sich auf der kommunikativen Ebene die Unterschiedlichkeit in den Räumen Türkei und Deutschland rekonstruieren („*also das was ich sagen will ist dass das unter anderem eines der großen Unterschiede zwischen Deutschland und der Türkei ist*", tr. „*yani demek istediğim Almanya'daki ve Türkiye'deki büyük farklardan birisi de bu*"). Mit diesem Querverweis auf die beiden Räume und dem expliziten Vergleich lässt sich somit die Orientierung an räumlicher Differenzerfahrung rekonstruieren, die im Modus der kontrastierenden Gegenüberstellung bearbeitet wird.

Die Homologie zeigt sich auch in Sequenzen aus dem Interview mit DEAF02. Die Imamin wird zu Beginn des Interviews nach ihren Erfahrungen in der Moschee gefragt. Im Laufe des Interviews sprach sie darüber, dass sie vor ihrer Ankunft in Deutschland auf Internetforen zu den unterschiedlichen Erfahrungen der Religionsbediensteten im Ausland gelesen und Recherche geführt habe.

9.1 Orientierung an räumlicher Differenzerfahrung 245

DEAF02: *Bevor ich hierhergekommen bin bevor ich für den Auslandsdienst hierhergekommen bin (.) also (.) das ist ein anderes Feld ehm es ist nicht mein Heimatland ehm (.) habe ich eine Recherche gemacht (.) ehm was dort eine religionsbeauftragte Frau (.) was ihre Aufgabe dort ist da hab ich mal für mich eine Recherche gemacht* (DEAF02, 53-56)[16]

Die Imamin DEAF02 eröffnet in ihrer Eingangserzählung des Interviews den Vergleichshorizont Türkei-Deutschland. Die Steigerung in dem Vergleichshorizont und die Positionierung auf dieser Vergleichsebene nehmen etappenweise zu – es wird zunächst beschrieben („*bevor ich hierhergekommen bin*", tr. „*buraya gelmeden önce*"), konkretisiert („*bevor ich für den Auslandsdienst hierhergekommen bin*", tr. „*yurt dışı görevine gelmeden önce*") und „das Andere" („*ein anderes Feld*", tr. „*farklı bi alan*") wird zuletzt durch das Konstruieren des Fremden begründet („*es ist nicht mein Heimatland*", tr. „*kendi memleketin değil*"). Der fremde Ort scheint hier als Abgrenzung zum Vertrauten und Gewohnten („*mein Heimatland*") zu stehen, mit dem die Vermutung einherzugehen scheint, in dieser Fremde andere Aufgaben innerhalb ihrer Handlungsfelder als religionsbeauftragte Frau zu haben. Das Interesse der Imamin, durch die Recherche die Aufgaben einer religionsbeauftragten *Frau* herauszufinden, deutet hier auf die unterschiedlichen Aufgaben der religionsbeauftragten Frauen und Männer, die nicht identisch zu sein scheinen. Dies verweist auf ihr atheoretisches Wissen über die Unterschiede in den Tätigkeiten der Religionsbediensteten je nach konstruiertem Geschlecht. Somit wird in der Schilderung des „Hierherkommens" mit dem Erfahrungswissen aus der Türkei und einer Unkenntnis über das Handlungsfeld in Deutschland die räumliche Differenzerfahrung hervorgehoben. Die Interviewerin greift diese Beschreibung der Interviewten in einem immanenten Nachfrageteil auf:

---

[16] Original:
DEAF02: Buraya gelmeden önce yurt dışı görevine gelmeden önce (.) hani (.) farklı bi alan eh kendi memleketin değil eh (.) bi araştırma yaptım (.) eh nedir orada bi bayan din görevlisinin (.) yapması gereken hizmet nedir bi kendim için bi araştırma yaptım

KAR: *Sie haben gesagt bevor ich hierher gekommen bin (.) habe ich recherchiert welche Art von Aufgaben eine weibliche Religionsbeauftragte in Deutschland oder Europa ehm auf sich nehmen muss (.) Sie haben gesagt dass Sie zu diesem Thema eine Recherche durchgeführt haben*

DEAF02: *Hmm*

KAR: *Was haben Sie während dieser Recherche gedacht*

(DEAF02, 160-166)[17]

Das Aufgreifen und Wiederholen der Aussage von DEAF02 durch die Interviewerin wird von DEAF02 validiert („*Hmm*"). Die Frage („*was haben Sie während dieser Recherche gedacht*", tr. „*o araştırmalar esnasında ne düşündünüz*") deutet einerseits auf die Erwartungshaltung der Imamin, andererseits auf ihre Gefühlswelt, die die Interviewerin zu rekonstruieren versucht. Darin dokumentiert sich die Annahme der Interviewerin zu möglicherweise bestehenden Unterschieden oder Besonderheiten der beruflichen Handlungsfelder der Imamin in der Türkei und in Deutschland.

DEAF02: *Also als ich dazu in den Foren und so gelesen habe ehm also wurde mir bewusst dass eine größere Verantwortung eine andere Verantwortung als in meinem Dienst in der Türkei eine größere Verantwortung ehm auf mich wartet aber // ehm weil ich das Umfeld nicht eins zu eins (.) gesehen habe (.) ehm das war für mich nur so (.) ein Gedanke also aber als ich gekommen bin (.) ehm als ich es selbst erlebt habe selbst gesehen habe ehm konnte ich das Ausmaß aus der Nähe wahrnehmen also ich konnte es sehen // ehm ich weiß dass die Erwartung hoch ist weil die Menschen hier haben wirklich sehr hohe Erwartungen (.) also dass die Religionsbeauftragten keine*

---

[17] Original:
KAR: Buraya gelmeden önce (.) bir bayan din görevlinin (.) Almanyada veya Avrupada eh ne tür (.) görevleri üstlenmesi gerektiğini bu konuyla alakalı bir araştırma yaptım dediniz
DEAF02: Hmm
KAR: O araştırmalar esnasında ne düşündünüz

9.1 Orientierung an räumlicher Differenzerfahrung

Menschen sind die ih- ihnen nur so Sohbet (Der Begriff „Sohbet" wurde hier nicht übersetzt. Wortwörtlich übersetzt bedeutet der Begriff Gespräch, Konversation und meint im religiösen Setting die Gesprächsrunden und -zirkel mit religiösen Inhalten und einer Person – beispielsweise in der Moschee dem/r Hoca – als Referent*in.) geben (.) ehm ihnen Ratschlag geben ehm Koran beibringen also wir sind hier (.) manchmal für unsere Schüler Schwestern manchmal sind wir Mütter (.) manchmal handeln wir ehm wie ein Soziologe manchmal handeln wir wie ein Pädagoge (.) ehm deshalb (.) ehm also der Dienstbereich der Religionsbeauftragten ist hier viel breiter // viel mehr (.) ehm aus diesem Grund sollte man mit viel mehr Erfahrung hierhergekommen sein ehm vor allem in Sachen Menschenbeziehungen (.) die Beauftragten sollten sich sehr gut gebildet haben weil hier (.) die Menschen wollen statt trockenem Wissen (.) das habe ich bei meinen Jugendlichen gesehen ehm genauso bei meinen Jugendlichen aus der Sohbet Gruppe (.) ehm bei Schülern die am Wochenende weitermachen und bei den Frauen (.) ehm also mit wem wir es hier innerhalb unserer Dienste zu tun hatten (.) ehm ich habe gesehen dass die Menschen Herzlichkeit ein lächelndes Gesicht und Nähe brauchen

(DEAF02, 167-192)[18]

---

[18] Original:
DEAF02: Yani bu konuyla alakalı forumları falan okuduğumda eh yani daha büyük bir sorumluluğun Türkiye'de yaptığım görevden daha farklı bir sorumluluğun daha büyük bir sorumluluğun eh beni beklediği bilinciyle geldim ama // eh bunu bi bulunduğum ortamı bire bir(.) görmediğim için (.) eh bu sadece benim için bir şeydi (.) bi düşünceydi yani ama gelip (.) eh bizzat yaşadığımda bizzat gördüğümde olayın eh derecesini daha yakinen (.) eh müşahide etmiş oldum yani görmüş oldum // eh beklentinin büyük olduğunu biliyorum çünkü buradaki insanlar hakikaten din görevlisinden eh çok büyük beklentileri var (.) yani din görevlisi sadece ken- kendilerine işte sohbet eden (.) eh nasihatta bulunan eh işte kuran öğreten insanlar değil yani biz burda (.) yeri geldiği zaman öğrencilerimize ablalık yapıyoruz yeri geldiği zaman annelik yapıyoruz (.) yeri geldiği zaman eh bi sosyolog gibi hareket ediyoruz yeri geldiği zaman bi pedagog gibi hareket ediyoruz (.) eh dolayısıyla (.) eh yani din görevlisinin burda hizmet alanı çok daha geniş // çok daha fazla (.) eh o nedenlede çok iyi bir birikimle buraya gelmiş olmak lazım eh özelikle insan ilişkiler noktasında (.) gelen görevlilerin kendisini çok iyi yetiştirmiş olması lazım çünkü burda (.) insanların kuru

Die Beschreibung der Imamin über die Recherche vor dem Dienst in Deutschland („*als ich dazu in den Foren und so gelesen habe*", tr. „*bu konuyla alakalı forumları falan okuduğumda*"), die damals zu erwartende Verantwortung und den Unterschied im Gegensatz zum Dienst in der Türkei rekurriert auf die grenzüberschreitende Betrachtung und Orientierung („*wurde mir bewusst dass eine größere Verantwortung eine andere Verantwortung als in meinem Dienst in der Türkei* [...] *auf mich wartet*", tr. „*daha büyük bir sorumluluğun Türkiye'de yaptığım görevden daha farklı bir sorumluluğun* [...] *beni beklediği bilinciyle geldim*"). Darin dokumentiert sich einerseits das berufliche Erfahrungswissen der Imamin; mit dieser vergleichenden Perspektive scheint diese Recherche geführt worden zu sein. Andererseits lässt sich rekonstruieren, dass durch diesen Vergleich die Differenzerfahrung das Strukturierende ist. Durch eine eindeutige Gegenüberstellung der „Verantwortung" (sie ist „anders", sie ist „größer") rekurriert diese Beschreibung auf den Modus der kontrastierenden Gegenüberstellung. Ferner dokumentiert sich in dieser Beschreibung das Bewusstsein der Imamin über ihre Rolle im beruflichen Setting.

Die theoretische Annahme („*das war für mich nur so (.) ein Gedanke*", tr. „*bu sadece benim için bir şeydi (.) bi düşünceydi*") wird durch das praktische Erleben bestätigt („*als ich gekommen bin (.) ehm als ich es selbst erlebt habe selbst gesehen habe ehm konnte ich das Ausmaß aus der Nähe wahrnehmen also ich konnte es sehen*", tr. „*ama gelip* [...] *bizzat yaşadığımda bizzat gördüğümde olayın eh derecesini daha yakinen (.) eh müşahide etmiş oldum yani görmüş oldum*").

Die Erwartungen der Menschen „hier" scheinen sich von den Erwartungen der Menschen „dort" zu unterscheiden („*die Menschen hier haben wirklich sehr hohe Erwartungen*", tr. „*buradaki insanlar hakikaten din görevlisinden eh çok büyük beklentileri var*"); darin dokumentiert sich die Orientierung an räumlicher Differenzerfahrung in der Betrachtung des beruflichen Feldes. Diese Orientierung wird erneut im Modus der kontrastierenden Gegenüberstellung bearbeitet, denn implizit dokumentiert sich in dieser Beschreibung die Betonung der Unterschiede, die konträr zu sein scheinen. In diesem Modus wird weiterhin der Unterschied der Berufsausübung und der Rolle, die in Moscheen in Deutschland eingenommen wird, beschrieben („*wir sind hier (.) manchmal für unsere Schüler Schwestern manchmal sind wir Mütter (.) manchmal handeln wir ehm wie ein Soziologe manchmal handeln wir wie ein Pädagoge*", tr. „*biz burda (.) yeri geldiği zaman öğrencilerimize ablalık yapıyoruz yeri geldiği zaman annelik yapıyoruz (.)*

---

bilgiden ziyade ben şunu gördüm (.) gençlerimdede bunu gördüm eh sohbet gurubu gençlerimde aynı şekilde (.) eh haftasonua devam eden öğrencilerde ve hanımlarda (.) eh yani burda görev alanımızla alakalı kimlerle muhatap olduyasak (.) eh insanların eh samimiyete güler yüze ve yakınlığa ihtiyacı olduğunu gördüm

9.1 Orientierung an räumlicher Differenzerfahrung

yeri geldiği zaman eh bi sosyolog gibi hareket ediyoruz yeri geldiği zaman bi pedagog gibi hareket ediyoruz"). In dieser Aufzählung spiegelt sich die Skizzierung der Breite der einzunehmenden Rollen wider. Während dadurch auf der Ebene des *Wie* des Gesagten – auf der Ebene des Dokumentsinns – die „*Breite*" rekonstruiert werden konnte, wird dies in der daran anschließenden Formulierung immanent ausgedrückt (*„also der Dienstbereich der Religionsbeauftragten ist hier viel breiter viel mehr"*, tr. *„yani din görevlisinin burda hizmet alanı çok daha geniş çok daha fazla"*). Nach dem Bezug auf das Erfahrungswissen (*„das habe ich bei meinen Jugendlichen gesehen ..."*, tr. *„ben şunu gördüm (.) gençlerimdede ..."*) wird die Besonderheit des Dienstes in Deutschland markiert (*„mit wem wir es hier innerhalb unserer Dienste zu tun hatten [...] ich habe gesehen dass die Menschen Herzlichkeit ein lächelndes Gesicht und Nähe brauchen"*, tr. *„burda görev alanımızla alakalı kimlerle muhatap olduyasak (.) eh insanların eh samimiyete güler yüze ve yakınlığa ihtiyacı olduğunu gördüm"*). In dem Verweis auf das „*hier*" emergiert die grenzüberschreitende vergleichende Betrachtung und so wiederum die Orientierung an räumlicher Differenzerfahrung, die im Modus der kontrastierenden Gegenüberstellung bearbeitet wird.

Zwischen der Erzählung in Zeile 53–56 und der darauf bezogenen immanenten Nachfrage in Zeile 160–166 lässt sich dieser Modus der kontrastierenden Gegenüberstellung erneut rekonstruieren. Auch in dieser Erzählung spricht die Imamin von ihren Erfahrungen des Handlungsfeldes in Deutschland:

```
DEAF02:  Ehm als ich hierher kam (.) also vielleicht haben wir
auch in der Türkei ungefähr dasselbe gemacht aber hier ist
das Ausmaß anders (.) ehm die Wahrnehmung des Ausmaßes ist
sehr sehr anders // ehm also du dienst im Bereich der Erziehung
ehm und hast es mit jeder Altersgruppe ehm der Frauengemeinde
zu tun (.) hast es mit den Frauen zu tun du hast es mit den
Mädchen zu tun du hast es mit den Jugendlichen zu tun (.) und
weil dein Dienstbereich hier breiter ist haben die Menschen
auch sehr viele Erwartungen (.) demnach ist das etwas sehr
Anstrengendes also es ist natürlich auch nichts Einfaches (.)
ehm also wenn wir ins Ausland für lange Zeit kommen ob Frauen
oder Männer (.) ehm wenn man für eine lange Zeit oder kurze
```

```
                Zeit kommt kann es insbesondere für die Frauen etwas anders
                sein der Dienst kann anders sein ehm bei uns weiblichen
                Religionsbeauftragten für längere Zeit (.) bist du
                gleichzeitig die Bezirksverantwortliche du bist nicht nur in
                der Moschee die in deiner Planstelle vorgesehen ist
                gleichzeitig wartet hier auf dich der Dienst in den Moscheen
                in der Umgebung also du musst rennen (.) und natürlich sind
                die Moscheen in denen wir sind nicht direkt in der Nähe (.)
                e::h und das strengt einen zusätzlich an
                (DEAF02, 72-87)¹⁹
```

Auch in dieser Sequenz deutet die Formulierung „*als ich hierher kam*" (tr. „*buraya geldiğimde*") auf die Migration(-serfahrung) der Imamin, mit der die daran anschließende Erzählung eine Bedeutsamkeit gewinnt. Nach einem zunächst auf die Gemeinsamkeiten verweisenden Vergleich („*vielleicht ist das ungefähr in der Türkei auch dasselbe*", tr. „*aşağı yukarı belki Türkiye'de de benzeri şeyi yapıyorduk*"), wird dennoch auf eine Differenzierung eingegangen („*aber hier ist das Ausmaß anders (.) ehm die Wahrnehmung des Ausmaßes ist sehr sehr anders*", tr. „*ama burda biraz derecesi farklı yani burda (.) eh hissedilen eh derecesi çok çok farklı*"), die die Handlungsfelder in der Türkei und in Deutschland voneinander unterscheidet. Darin dokumentiert sich das Erfahrungswissen der Imamin in beiden Räumen, auf die (implizit) Bezug genommen wird. Somit wird zu Beginn dieser Sequenz die Orientierung der Imamin an räumlicher Differenzerfahrung rekonstruierbar, die sie in einem gegenüberstellenden Modus – im Modus der

---

[19] Original:
DEAF02: Eh buraya geldiğimde tabiri caizse (.) hani aşağı yukarı belki Türkiye'de de benzeri şeyi yapıyorduk ama burda biraz derecesi farklı yani burda (.) eh hissedilen eh derecesi çok çok farklı // eh yani eğitim alanında hizmet veriyorsun eh işte her yaş gurubundan eh hanım cemaatle muhatapsın (.) bayanlarla muhatapsın kız çocuklarıyla muha- muhatapsın gençlerle muhatapsın (.) eh dolayısıyla burda hizmet alanı geniş oluncada insanların beklentileride çok fazla (.) haliyle buda eh yorucu bir şey yani kolay bir şey değil bi birde tabii ki (.) eh hani biz yurt dışına eh uzun dönem geldiğimizde din görevlisi kadın olsun erkek olsun (.) eh uzun dönem gelindiği zaman yada kısa dönem gelindiği zaman özelikle bayanlar açısından biraz (.) eh farklı olabiliyor görev farklı olabiliyor eh biz mesela uzun dönem bayan görevlilerde (.) eh bölge sorumlusunun aynı zamanda yani sadece kadrolu olarak geldiğin camide değil (.) eh aynı zamandada burda eh çevre camilerde hizmet seni bekliyor yani koşturmak zorundasın eh tabii ki (.) eh gittigimiz camilerde çok yakin mesafeler değil (.) e::h oda ayri bi (.) şey veriyor hani insana eh bi yoruculuk veriyor.

9.1 Orientierung an räumlicher Differenzerfahrung

kontrastierenden Gegenüberstellung – bearbeitet. Dies dokumentiert sich insbesondere auf der Ebene des *Wie* des Gesagten – und zwar in der Steigerung und doppelten Anführung *„sehr sehr anders"* (tr. *„çok çok farklı"*).

Diese Gegenüberstellung wird präzisiert: DEAF02 greift erneut die Breite des Handlungsfeldes auf (*„weil dein Dienstbereich hier breiter ist haben die Menschen auch sehr viele Erwartungen"*, tr. *„dolayısıyla burda hizmet alanı geniş oluncada insanların beklentileride çok fazla"*). Einerseits lässt sich rekonstruieren, dass die Breite der Handlungsfelder eine Herausforderung für die Imamin darstellt – dies wird auch im weiteren Verlauf auf der kommunikativen Ebene rekonstruierbar (*„demnach ist das etwas sehr Anstrengendes"*, tr. *„haliyle buda eh yorucu bir şey"*). Andererseits wird in der Beschreibung implizit durch das *„hier"* ein Vergleich gezogen und auf unterschiedliche Erfahrungsräume (Deutschland-Türkei) verwiesen. Dadurch markiert die Imamin die Bedeutung der räumlichen Differenzerfahrung und bearbeitet diese Orientierung im Modus der kontrastierenden Gegenüberstellung.

Mit einer Differenzierung der Entsendungsformen (*„lange Zeit"*, tr. *„uzun dönem"* und *„kurze Zeit"*, tr. *„kısa dönem"*), die für die Beschreibung bedeutsam zu sein scheint, wird zunächst für *„Frauen […] [und] Männer"* gleichermaßen die Herausforderung des Dienstes *„im Ausland"* beschrieben. Daran anschließend markiert die Imamin die verstärkte Herausforderung für *„weibliche Religionsbeauftragte* [die] *für längere Zeit"* entsandt wurden.

Kontextwissen:
Das Entsendungssystem im Rahmen des Auslandsdienstes der Religionsbediensteten sieht Entsendungen für *„kurze Zeit"* (tr. *„kısa dönem"*) oder *„lange Zeit"* (tr. *„uzun dönem"*) vor; für nähere Darstellungen der Entsendungsformen siehe hier in Abschnitt 4.2.3.

Darin dokumentiert sich die Zuschreibung bzw. Konstruktion einer geschlechterspezifischen Herausforderung. Die vorher angedeutete Breite der Handlungsfelder und die damit verbundenen Herausforderungen scheinen insbesondere für weibliche Religionsbeauftragte zu gelten. Die Präzisierung der Breite der Handlungsfelder weiblicher Religionsbediensteter (*„gleichzeitig wartet hier auf dich der Dienst in den Moscheen in der Umgebung"*, tr. *„aynı zamandada burda eh çevre camilerde hizmet seni bekliyor"*) dokumentiert implizit einen – bereits mehrfach vorgenommenen – Vergleich zweier Erfahrungsräume und lässt somit die Orientierung an räumlicher Differenzerfahrung rekonstruieren. Durch das *„hier"* in der

Formulierung werden die Besonderheiten in den Raum Deutschland verortet und für diesen Raum spezifiziert. Daher dokumentiert sich, dass dieser Beschreibung der Modus der kontrastierenden Gegenüberstellung zugrundeliegt. Die Sequenz weist an dieser Stelle noch keine thematische Konklusion auf – die Imamin formuliert weiterhin:

```
DEAF02:   Aber elhamdülillah trotz all der Ereignisse die ich
in den letzten fünf Jahren erlebt habe (.) also ehm
anstrengend (.) ehm aber gleichzeitig kann ich wirklich sagen
dass ich mit dem Genuss des Dienstes in mein Heimatland
zurückkehre denn (.) hier gibt es was die Frauen angeht den
Dienstbedarf ehm beispielsweise ganz einfach ehm die Moschee
in der ich gerade im Dienst bin (.) hat eine Vergangenheit
von acht Jahren mit weiblichen Religionsbediensteten (.) also
unsere Menschen sind seit einem halben Jahrhundert im Ausland
// aber überlegen Sie mal in dem Bezirk in dem ich mich befinde
in der Moschee in der ich mich befinde gibt es was die Frauen
angeht ist die Vergangenheit acht Jahre lang ehm drei
weibliche Lehrende sollen bislang gekommen sein und es hat
eine acht Jahre lange Vergangenheit (.) in der Türkei ist es
nicht so (.) also so verstehen wir wie sehr hier den Frauen
der Dienst verwehrt wurde (.) ehm natürlich ist das nicht
ausreichend ehm denn wenn sie nur in der Moschee in der sie
sind einen zufriedenstellenden Dienst leisten würden // ehm
würden sie vielleicht ganz andere Ergebnisse erzielen aber
(.) ehm für den Dienst in der Umgebung zu sein (.) also wir
haben für jeden versucht ein wenig Dienst zu leisten soweit
wir konnten (.) ehm (.) so ist das bislang gelaufen
```
(DEAF02, 88-104)[20]

---

[20] Original:
DEAF02: Ama (.) elhamdüllilah eh beş yıl içerisinde (.) e:h bunca yaşadığım (.) hadiseye rağmen eh (.) yani eh yorucu (.) eh ama bi o kadarda gerçekten hiz- hizmet etmenin lezzetini almış bir şekilde memleketime dönüyorum diyebilirim çünkü (.) burda bayanlar açısından çok hizmete ihtiyaç var eh mesela en basitinden eh benim şuanda görev yaptığım camide (.) eh sekiz yıllık bi bayan görevli (.) geçmişi var (.) yani bizim insanımızın eh neredeyse yarım asır (.) dan fazla yurt dışında varlığı söz konusu // ama düşünün bayanlar açısından eh

9.1 Orientierung an räumlicher Differenzerfahrung 253

Die neben den Anstrengungen und Herausforderungen („*trotz all der Ereignisse die ich in den letzten fünf Jahren erlebt habe (.) also ehm anstrengend*", tr. „*beş yıl içerisinde (.) e:h bunca yaşadığım (.) hadiseye rağmen eh (.) yani eh yorucu*") bestehende Zufriedenheit wird im Zusammenhang mit der Rückkehr in die Türkei beschrieben („*gleichzeitig kann ich wirklich sagen dass ich mit dem Genuss des Dienstes in mein Heimatland zurückkehre*", tr. „*ama bi o kadarda gerçekten hizhizmet etmenin lezzetini almış bir şekilde memleketime dönüyorum diyebilirim*"). Diese Zufriedenheit führt die Imamin auf ihren Dienst zurück, der insbesondere durch den fehlenden bzw. defizitären Dienst für Frauen an Bedeutung gewinnt („*in der Türkei ist es nicht so (.) also so verstehen wir wie sehr hier den Frauen der Dienst verwehrt wurde*", tr. „*Türkiye'de öyle değil (.) yani burda hanımların hizmetten ne kadar mahrum kaldığını aslında anlıyoruz*"). Dadurch wird das bislang Fehlende und der nicht ausreichende Dienst für Frauen in den Raum Deutschland verortet und mit dem Erfahrungswissen aus der Türkei konträr gesetzt. Somit lässt sich auch hier durch den Querverweis auf den Zustand in der Türkei die Orientierung an räumlicher Differenzerfahrung rekonstruieren; der Vergleich rekurriert erneut auf den Modus der kontrastierenden Gegenüberstellung.

In der komparativen Analyse zeigte sich die Homologie in dem Interview mit DEAF06. Während DEAF06 – ähnlich wie DEAF02 – den Aspekt des Mangels an weiblichen Religionsbediensteten in Moscheen aufgreift, lässt sich in dieser Erzählung ebenfalls die Orientierung an räumlicher Differenzerfahrung im Modus der kontrastierenden Gegenüberstellung rekonstruieren:

```
DEAF06:   Beispielsweise gibt es in Z-Stadt ((in der Türkei))
viele   Hoca   (.)   jeder   kann   sich   gegenseitig   erreichen
nachfragen und lernen aber im Ausland // gibt es vor allem zu
wenige weibliche hoca

KAR:      Ja
```

---

benim bulunduğum (.) bölgede bulunduğum camide (.)eh sekiz yıllık bir geçmişi var eh üç bayan öğretici gelmiş ve sekiz yıllık bir geçmişi var (.) Türkiye'de öyle değil (.) yani burda hanımların hizmetten ne kadar mahrum kaldığını aslında anlıyoruz (.) eh ki yine tabii yeterli değil eh çünkü eh hani sadece bulunduğunuz camide eh doyurucu bi hizmet verseniz // eh belki çok daha farklı neticeler alınacak ama (.) eh işte çevrelerede göreve gitmek (.) yani azar azar (.) herkese (.) hizmet vermeye çalıştık elimizden geldiği kadar (.) eh (.) bu şekilde devam etti şu ana kadar

DEAF06: *L* Und Frauen haben das Bedürfnis mit einer weiblichen
Hoca zu sprechen um sich über viele Themen zu informieren (.)
aber sie finden keine // beispielsweise habe ich an Orten an
denen ich war während der Predigten eineinhalb Stunden
gesprochen (.) als ich zum ersten Mal gegangen bin hat der
Herr Attaché gesagt liebe Hoca wie viel sprechen Sie (.) ich
habe gesagt eineinhalb Stunden oder so ist es anschließend
gibt es Fragen (.) er hat gesagt liebe Frau Hoca reden Sie
nicht so viel ansonsten finden Sie am Ende nichts mehr worüber
Sie sprechen können // und ich habe zu ihm gesagt schauen Sie
lieber Hoca Sie kommen von fünfzig Kilometer siebzig Kilometer
hundert Kilometer Entfernung (.) Sie holen mich von meiner
Moschee ab und bringen mich bis dahin (.) diese Menschen sehen
in drei Monaten vier Monaten sechs Monaten acht Monaten einmal
eine weibliche Hoca (.) wenn ich schon da bin möchte ich ihnen
soweit es geht Schönes beibringen ich möchte nützlich sein
(.) anschließend möchte ich all ihre Fragen hören und möchte
für ihre Fragen soweit ich kann eine Lösung finden (.) hier
ist es nicht so in Deutschland ist der Bedarf groß
(DEAF06, 144-163)[21]

In der angeführten Exemplifizierung („*beispielsweise*", tr. „*mesela*") zeigt die Gegenüberstellung von der türkischen Stadt und dem „Ausland", dass die

---

[21] Original:
DEAF06: Mesela Z-şehir'de ((Türkiye'de)) hoca çok (.) herkes birilerine ulaşıp bi şeyler sorup öğrenebilir ama yurt dışında // özelikle bayan hoca çok az
KAR: Evet
DEAF06: ᴸ Ve bayanlar pek çok konuda bilgilenmek için (.) bayan hocalarla görüşmeyi ihtiyaç duyolar (.) bulamıyolar // mesela ben gittiğim yerlerde vaazlarda bir buçuk saat falan konuşuyodum (.) ateşe bey ilk gittiğimdeki ateşe bey bana dediki hocam ne kadar konuşuyosunuz (.) dedim bir buçuk saat falan oluyo hocam arkasındada sorular oluyor (.) hoca hanım bu kadar uzun konuşmayın sonra anlatacak şey bulamazsınız dedi // bende ona dedim hocam dedim bakın elli kilometre yetmiş kilometre yüz kilometre uzaktan geliyolar (.) beni camimden alıp oraya kadar götürüyolar (.) bu insanlar üç ayda dört ayda altı ayda sekiz ayda bir kere bayan hoca görüyor (.) ben gitmişken onlara elimden geldiği kadar güzel şeyler öğretmek faydalı olmak istiyorum (.) arkasındanda bütün sorularını dinlemek istiyorum gücüm yettiğince sorunlarına çare bulmak istiyorum (.) burda öyle değil Almanya'da çok ihtiyaç var.

9.1 Orientierung an räumlicher Differenzerfahrung

Differenzerfahrung leitend wird. Diese Orientierung wird im Modus der kontrastierenden Gegenüberstellung bearbeitet; denn in der türkischen Stadt scheint es „*viele Hoca*" (tr. „*hoca çok*") zu geben. Im *Gegensatz* dazu scheint es im „*Ausland* [...] *zu wenige Hoca*" (tr. „*bayan hoca çok az*") zu geben. Die Imamin rahmt die Präsenz weiblicher Hoca als kollektives Bedürfnis („*Frauen haben das Bedürfnis mit einer weiblichen Hoca zu sprechen um sich über viele Themen zu informieren*", tr. „*bayanlar pek çok konuda bilgilenmek için (.) bayan hocalarla görüşmeyi ihtiyaç duyolar*") und markiert erneut den Mangel („*sie finden keine*", tr. „*bulamıyolar*"). Die daran anknüpfende Erzählung rekurriert auf das Bewusstsein des Mangels und der Bedeutungszuschreibung – die Rahmung der Erzählung („*hier ist es nicht so in Deutschland ist der Bedarf groß*", tr. „*burda öyle değil Almanya'da çok ihtiyaç var*"), die im Sinne eines Resümees der Erzählung angeführt wird, wechselt durch das „*hier*" (Türkei[22]) und „Deutschland" die geographischen Orte und verweist auf ihre grenzüberschreitende Betrachtung des Phänomens. In der Orientierung an räumlicher Differenzerfahrung lässt sich durch die Gegenüberstellung der Modus der kontrastierenden Gegenüberstellung rekonstruieren.

Neben den Bedarfsschilderungen lässt sich der Modus der kontrastierenden Gegenüberstellung in den Beschreibungen und Erzählungen über die erfahrenen Schwierigkeiten im beruflichen Feld nachzeichnen. Dies kann im Interview mit DEAF02 auf der kommunikativen Ebene rekonstruiert werden. Auf der Ebene des Dokumentsinns lässt sich die Orientierung an räumlicher Differenzerfahrung im Modus der kontrastierenden Gegenüberstellung nachzeichnen:

```
KAR:     Also eh: sie haben gesagt als ich nach Deutschland
gekommen bin hatte ich Schwierigkeiten

DEAF02: Klar

KAR:           ⌊ Also welche Aspekte

DEAF02:                        ⌊ Klar
```

---

[22] Die Imamin befindet sich zum Zeitpunkt des Interviews in der Türkei. Das Interview wurde somit in der Türkei geführt. Daher lässt sich annehmen, dass in dieser Gegenüberstellung mit „hier" die Türkei bzw. Z-Stadt in der Türkei gemeint ist.

KAR: Möchten sie dieses Thema näher ausführen

DEAF02: Klar ehm würde ich wollen also das ist ja ehm ein Abenteuer

KAR: Bitte sehr

DEAF02: Ehm insbesondere für weibliche Hoca die ohne Familien hierher kommen (.) gibt es sehr große Schwierigkeiten (.) für hier Spezielles (.) im Ausland zu dienen hier im Dienst zu sein ist gar nicht so einfach (.) yani wie sagt man es gibt ja eine Redewendung nicht jeder Mann hat den Mut (Die Interviewte nennt hier eine türkische Redewendung „her yiğidin karı değil" (auch bekannt als „her babayiğidin karı değil" oder „her (baba)yiğidin harcı değil"), diese lässt sich wortwörtlich als „nicht jeder Mann hat den Mut" übersetzen und meint sinngemäß „nicht jeder kann das".) (.) ehm hier ist der Dienst wirklich nicht sehr einfach ehm was für Schwierigkeiten ich erlebt habe (.) natürlich ist das grundsätzliche Problem weiblicher Religionsbeauftragter ehm eigentlich aller Religionsbeauftragter die Sprache (.) das Problem mit der Sprache

KAR: ⌊ Hmm ja

DEAF02: Ehm also vielleicht wegen unserer Kultur wir haben es mit Menschen zu tun die unsere Sprache sprechen (.) sie sind unsere Zielgruppe (.) aber trotzdem wenn wir an das Kontakt-Knüpfen insbesondere mit den Jungen und mit unserer Gemeinde denken wenn wir innerhalb unseres Dienstes aus der Perspektive unserer Gemeinde denken (.) ehm vor allem um mit den Schülern am Wochenende Kontakt aufzunehmen // ehm hat die Sprache eine wichtige Bedeutung denn: insbesondere die dritte und vierte ehm Generation (.) natürlich sprechen sie die Sprache des

9.1 Orientierung an räumlicher Differenzerfahrung 257

```
Landes in dem sie leben wie ihre eigene Muttersprache (.) ehm
und sie haben viel Wissen über dieses Land (.) sie möchten
dass der Mensch der für sie den Dienst leistet sie erwarten
dasselbe (.) also wenn wir uns dem anderen gegenüber
ausdrücken möchten // kann das manchmal zu einer Diskrepranz
führen
(DEAF02, 234-261)²³
```

Die immanente Nachfrage der Interviewerin mit Blick auf die erfahrenen Herausforderungen („*Sie haben gesagt als ich nach Deutschland gekommen bin hatte ich Schwierigkeiten*", tr. „*Almanya'ya geldiğimde zorlandım dediniz*"), die mit der Ankunft in Deutschland in Zusammenhang stehen, wird von der Interviewten im Modus der Selbstverständlichkeit aufgegriffen („*klar*", tr. „*tabii ki*"). Darin dokumentiert sich eine der Erfahrung beigemessene Offensichtlichkeit einerseits und Selbstverständlichkeit andererseits. Dies spiegelt sich in der Überlappung und der wiederholten Anführung („*klar*", tr. „*tabii ki*") wider.

---

[23] Original:
KAR: Peki eh: Almanya'ya geldiğimde zorlandım dediniz
DEAF02: Tabii ki
KAR: ⌊ Hangi konularda yani
DEAF02: ⌊ Tabii ki
KAR: Bu konuyu biraz açmak ister misiniz
DEAF02: Tabii ki eh isterim yani zaten bir macera
KAR: Buyurun lütfen
DEAF02: Eh özelikle aile o- olarak (.) buraya gelmeyen hoca hanımlar eh için çok büyük sıkıntılar var (.) buraya has şeyler (.) yurt dışında hizmet etmek burda görev etmek o kadarda (.) eh kolay bir şey değil (.) yani tabiri caizse her eh yiğidin karı değil diye bir söz vardır (.) eh burda hizmet kolay etmek değil gerçekten eh ne gibi sıkıntılar yaşadım tabii ki (.) bayan din görevlilerinin eh aslında bütün din görevlilerinin temelde en büyük sıkıntısı dil (.) dil problemi
KAR: ⌊ Hmm evet
DEAF02: Eh hani belki bizim kültürümüzden bizim dilimizi konuşan insanlar (.) bizim muhatapımız (.) bizim hedef kitlemiz (.) ama ona rağmen özelikle gençlerle kontakt kurma açısından kendi cemaatimiz açısından düşündüğümüzde hani hizmetimizi yapma noktasında kendi cemaatimiz açısından düşündüğümüzde (.) eh özelikle haftasonu öğrencileriyle (.) kontakt kurma konusunda // eh dil çok önem arz ediyor çünkü: özellikle üçüncü ve dörtüncü eh nesil (.) tabii ki kendi ana dili gibi (.) konuşuyor içinde yaşadığı ülkenin dilini (.) eh ve bu ülkeyle ilgilide çok şeye sahip çok bilgiye sahip istiyorki kendisine (.) eh hizmet veren insandanda eh aynı şeyleri bekliyor (.) yani (.) işte birbirimize kendimizi ifade etme noktasında // bazen bi kopukluğa sebep olabiliyor bi bu

Die Frage der Interviewerin (*„möchten Sie dieses Thema näher ausführen"*, tr. *„bu konuyu biraz açmak ister misiniz"*) und das positive Aufgreifen durch die Interviewte (*„klar ehm würde ich wollen"*, tr. *„tabii ki eh isterim"*) verweist erneut darauf, dass den Erlebnissen eine Bedeutsamkeit und Besonderheit beigemessen wird. Dies lässt sich ebenfalls auf der kommunikativen Ebene rekonstruieren (*„das ist ja ehm ein Abenteuer"*, tr. *„yani zaten bir macera"*).

Sowohl die eingangs durch die Interviewerin gestellte Frage als auch der thematische Einstieg der Interviewten (*„weibliche Hoca die* [...] *hierher kommen"*, tr. *„buraya gelmeyen hoca hanımlar"*) verweisen durch das „hierher Kommen" auf die Migrationsbewegung und die räumliche Differenzerfahrung. Denn nicht zuletzt scheint für die erfahrenen Schwierigkeiten das Erfahrungswissen aus dem (anderen) Ort (bzw. Raum) vor der Ankunft bedeutsam zu sein. Die Beschreibung der Erfahrungen wird mit einer Orientierung an räumlicher Differenzerfahrung im Modus der kontrastierenden Gegenüberstellung bearbeitet; die daran anschließenden impliziten Gegenüberstellungen lassen diesen Modus rekonstruieren. Mit Blick auf die Beschreibung *„gibt es sehr große Schwierigkeiten (.) für hier Spezielles"* (tr. *„çok büyük sıkıntılar var (.) buraya has şeyler"*) dokumentiert sich die Verortung der Schwierigkeiten in den Raum Deutschland bzw. aus der Perspektive der Imamin ins Ausland. Dadurch lässt sich implizit die Abgrenzung von der Türkei und die Gegenüberstellung rekonstruieren. Weiterhin dokumentiert sich auf der Ebene des *Wie* des Gesagten durch die aufeinander folgenden Verortungen der Schwierigkeiten in den Raum „hier" (*„im Ausland zu dienen hier im Dienst zu sein ist gar nicht so einfach"*, tr. *„yurt dışında hizmet etmek burda görev etmek o kadarda (.) eh kolay bir şey değil"*) das implizite Kontrársetzen und der Modus der kontrastierenden Gegenüberstellung, in dem die Orientierung an räumlicher Differenzerfahrung bearbeitet wird.

Mit Bezug auf die Sprache als die „hier" erlebte Schwierigkeit wird diese Herausforderung insbesondere weiblichen Religionsbeauftragten zugeschrieben (*„das grundsätzliche Problem weiblicher Religionsbeauftragter"*, tr. *„bayan din görevlilerinin* [...] *temelde en büyük sıkıntısı"*). Gleichzeitig zeigt sich eine Generalisierung des Problems (*„eigentlich aller Religionsbeauftragter"*, tr. *„aslında bütün din görevlilerinin"*). Während die Imamin in dieser Sequenz zwischen der konstruierten Geschlechterrelevanz und -irrelevanz jongliert, greift sie in der daran anschließenden Sequenz – neben der Sprache als Herausforderung – ein weiteres Problem auf, das geschlechterspezifisch zu sein scheint:

9.1 Orientierung an räumlicher Differenzerfahrung

DEAF02: *Darüber hinaus // das ist mit Blick auf den Dienst in der Türkei anders (.) die weiblichen Religionsbediensteten nicht nur in der Moschee in der sie sich befinden beauftragt sind sondern gleichzeitig Bezirksverantwortliche sind (.) ehm gehen sie selber zu den Sohbet-Orten zu den Dienstorten (.) ehm überlegen Sie mal (.) in einem Land in dem sie überhaupt nicht die Sprache können (.) sind sie von Stadt zu Stadt unterwegs (4) also es gibt Schwierigkeiten die damit einhergehen (.) es gibt Schwierigkeiten die uns auf die Gemeinde angewiesen machen (.) ehm beispielsweise im Falle eines Krankenhauses sagen wir mal sie sind krank geworden sie müssen unbedingt von jemandem Hilfe holen // sie haben etwas in einer Behörde oder bei der Ausländerpolizei zu erledigen (.) oder in irgendeiner amtlichen Behörde (.) sie müssen auf jeden Fall von der Gemeinde Hilfe holen und das sind Sachen die sie stressen oder sie gewollt oder ungewollt von anderen abhängig machen*

KAR: *Ja*

DEAF02: *Und das führt natürlich zu Stress (.) diese Aspekte gab es während meines Dienstes in der Türkei natürlich nicht*

KAR: *Ja*

DEAF02: *Hier ist es anstrengend*

(DEAF02, 262-280)[24]

Die weitere erlebte Schwierigkeit („*darüber hinaus*", tr. „*onun dışında*") wird mit Blick auf die Breite des beruflichen Handlungsfeldes beschrieben. Die

---

[24] Original:
DEAF02: Onun dışında // şu Türkiye'deki göreve bakarak daha farklı (.) hani uzun dönem bayan görevliler (.) eh sadece bulundukları camide değil aynı zamandada bölge sorumlusu oldukları için (.) eh kendileri sohbet yerlerini // görev yerlerini kendileri gidiyorlar (.) eh düşünün (.) yani eh hiç dilini bilmediğiniz bi ülkede (.) eh şehir şehir dolaşıyorsunuz (4) yani bununda getirdiği bir takım sıkıntılar var onun dışında (.) eh bizi cemaate mahkum eden (.) eh şeyler var sıkıntılar var eh mesela bi hastane olayında diyelimki rahatsızlandınız illaki birinden yardım almak zorundasınız // resmi dairede bir işiniz var yabancılar polisinde (.) veyahut herhangi bir resmi dairede (.) eh illaki cemaatden yardım almak zorundasın bunlarında insanı eh ister istemez (.) eh strese sokan ister istemez bi başkasına bağımlı yapan hususlar tabii ki
KAR: Evet

anschließende Ausführung wird räumlich verortet („*das ist mit Blick auf den Dienst in der Türkei anders*", tr. „*şu Türkiye'deki göreve bakarak daha farklı*"). Durch diese räumlichen Bezüge lässt sich erneut die Orientierung an räumlicher Differenzerfahrung rekonstruieren. „*Anders*" deutet dabei auf den Modus der kontrastierenden Gegenüberstellung, denn die implizit konstruierten Räume werden hier wieder gegenübergestellt bzw. konkträr gesetzt. Die erlebte Schwierigkeit wird hier als geschlechterspezifisch markiert („*die weiblichen Religionsbediensteten nicht nur in der Moschee in der sie sich befinden beauftragt sind sondern gleichzeitig Bezirksverantwortliche sind*", tr. „*uzun dönem bayan görevliler (.) eh sadece bulundukları camide değil aynı zamandada bölge sorumlusu oldukları için*"). Die Imamin präzisiert im Laufe des Interviews die Schwierigkeiten, die mit der Breite des Handlungsfeldes weiblicher Religionsbediensteter in Zusammenhang stehen. Ferner wird die damit verbundene Problematik des „*Stresses*" (tr. „*strese sokan*") und des „*von anderen abhängig*"-Seins (tr. „*başkasına bağımlı yapan*") mit einem vergleichenden Blick auf die Erfahrungsräume beschrieben („*diese Aspekte gab es während meines Dienstes in der Türkei natürlich nicht*", tr. „*bu hususlar Türkiye'deki görevim süresinde olmuyordu tabii ki*"). In dieser Gegenüberstellung spiegelt sich der Modus der kontrastierenden Gegenüberstellung wider, in dem die Orientierung an räumlicher Differenzerfahrung bearbeitet wird.

Die Aufzählung der Schwierigkeiten wird fortgeführt:

DEAF02: Auf der anderen Seite // ehm wirklich (3) beispielsweise am Wochenende heute ist Sonntag ehm normalerweise ist hier Samstag und Sonntag für uns weibliche Religionsbeauftragte für lange Zeit die straffsten Tage // ehm in der Moschee in der wir uns befinden (.) morgens frühstens um 9 (.) das kann sich je nach den Regelungen der Moscheen ändern (.) frühstens ab 9 Uhr müssen sie für mindestens zwei drei Stunden für die Kleinen die unter der Woche in die Schule gehen den Dienst leisten // bevor sie dort den Dienst beenden müssen sie losfahren (.) und an die Orte für das Sohbet gehen sie müssen // und das ist unglaublich

---

DEAF02: Ve buda eh tabii ki stres yaratıyor (.) bu hususlar Türkiye'deki görevim süresinde olmuyordu tabii ki
KAR: Evet
DEAF02: Burada yorucu oluyor

9.1 Orientierung an räumlicher Differenzerfahrung

stressig und außerdem ändert sich der Schwierigkeitsgrad ihrer Arbeit je nach Entfernung der Orte // zum Beispiel war ich bis vor einem Jahr in der Verantwortung für ungefähr 25 Vereine und ich bin nach A-Stadt ((in Deutschland)) an Orte die bis zu 70 Kilometer weiter weg sind // ich bin an Orte die 130 Kilometer weiter weg sind ich bin an Orte die mindestens 50 (.) 80 Kilometer weiter weg sind und wenn wir das machen nutzen wir in der Regel die Bahn (.) wir fahren mit der Bahn hin und zurück (.) die Zeit mit der Straßenbahn (.) die Wartezeiten zwischendurch (.) ehm und wenn Sie die Zeit mit der Bahn dazurechnen bis Sie am Dienstort sind (.) sind Sie manchmal ehm (.) an diesen kalten (.) und langen Winter-Nächten (.) glauben Sie es mir ich erinnere mich dass ich abgesehen von meinem Dienst am Morgen neben dem mindestens eineinhalb zwei Stunden langen Sohbet ich übertreibe nicht vier fünf Stunden lang auf dem Weg war // bei Minusgraden (.) das sind natürlich für eine Frau keine einfachen Sachen (.) aber es gibt beispielsweise manche Freunde die sind mit dem Ehepartner hier (2) sie haben ein Auto (.) sie gehen und kommen ganz einfach gemeinsam mit ihren Ehepartnern die Schwierigkeiten die diese Person in dem Dienst spürt (.) ehm und jemand der alleine kämpft und die Schwierigkeiten im Dienst spürt kann auf jeden Fall nicht dasselbe Ausmaß haben

KAR: Ja

DEAF02: Also solche Schwierigkeiten gibt es es gibt Schwierigkeiten das private Leben zu führen ob gewollt oder ungewollt man kann von anderen abhängig sein // ehm was die Sprache angeht was das Wissen über die Regeln der Gesellschaft in der du lebst angeht (.) zum Beispiel wenn sie mir jetzt sagen würden (.) du warst fünf Jahre in Deutschland vielleicht weil man nur in der selben Umgebung war (.) weil man immer mit Menschen zu tun hatte die zu uns gehören (.) ehm wir haben die Sache mit der Sprache nicht hingekriegt wir hätten es hinkriegen können (.) fünf Jahre ist eine Zeit in der Menschen eine Sprache die sie gar nicht kennen in einer perfekten Weise sprechen können // aber leider (.) immer das Berufsleben immer mit derselben Gemeinde zu tun haben (.) ehm das hat nicht geklappt es konnte nicht klappen das größte Problem ist hier ist die Sprache zum Beispiel dass die weiblichen Religionsbediensteten ohne sprachlichen Background hierher geschickt werden // ehm das ist eine Lücke denn die meisten männlichen Hoca leisten den Dienst nur in der Moschee in der sie sich befinden aber zumindest werden sie mindestens drei Monate sechs Monate langen Sprachkursen unterzogen (.) ich habe in diesem Bundesland noch nie gehört (.) ehm dass die weiblichen Hoca die hierher gekommen sind (.) drei Monate sechs Monate Sprachkurse erhalten haben // obwohl das eine Grundlage ist das wird unsere Arbeit vereinfachen das wird unsere Arbeit hier vereinfachen und das ist eine wichtige Sache die von dem Abhängig-Sein von Anderen befreien wird (DEAF02, 281-342)[25]

---

[25] Original:
DEAF02: Diğer taraftan // eh hakikaten (3) mesela haftasonu şuanda bugün pazar eh normalde biz uzun dönem bayan görevliler (.) cumartesi ve pazar bizim burada görevimizin en yoğun günü // eh bulunduğumuz camide eh sabah eh işte (.) en erken dokuzdan itibaren (.) camiye göre uygulamalar değişebiliyor (.) eh en erken dokuzdan itibaren eh en az iki üç saat (.) eh küçük yaştaki (.) hafta içi okula giden çocuklara eh hizmet vermek zorundayız // ordaki görevini daha tamamlayamadan eh yola çıkmak (.) ve sohbet yerlerine gitmek (.) durumundasın mecburiyetindesin // buda inanılmaz stresli eh ve üstelikte eh hani (.) görev yerlerinin uzaklığına yakınlığına göre (.) yaptığın işin zorluğu kolaylığıda değişiyor // atıyorum ben mesela bir yıl öncesine kadar yaklaşık 25 tane 25e yakın dernek benim sorumluluğumdaydı (.) eh ve A-Şehir ((Almanya'da)) 70 kilometreye kadar yerlere gittim ben // eh 130 kilometrelik yerlere gittim en azi 50 (.) 80 kilometre olan yerlere gittim ve bu bunu yaparkende (.) eh genelde tren yolunu kulanıyoruz eh trenle gidip geliyoruz (.) eh tramvayla gittiğiniz süreyi (.) aradaki bekleme sürelerini (.) eh sonrada eh işte görev yerinize giderken trenle yaptığınız yolculuğuda hesaba kattığınızda bazen (.) eh bu soğuk (.) ve uzun kı- kış gecelerinde (.) inanın eh görevim dışında sabahki görevim dışında gittiğim yerdeki (.) eh en az bir buçuk iki saatlik sohbet görevi dışında (.) eh dört abartmıyorum beş saatimin yollarda geçtiğini ben hatırlıyorum yani // eksi derecelerde (.) eh bunlar tabii ki bir bayan için kolay şeyler değil (.) ama bazi arkadaşlar var mesela eşiyle burda (2) eh araba var (.) altlarında (.) eşiyle birlikte

9.1 Orientierung an räumlicher Differenzerfahrung

Die Imamin spricht nach der vorherigen Thematisierung der Breite der Handlungsfelder über die Dichte der Arbeitstage („*am Wochenende heute ist Sonntag ehm normalerweise ist Samstag und Sonntag für uns weibliche Religionsbeauftragte für lange Zeit die straffsten Tage*", tr. „*haftasonu şuanda bugün pazar eh normalde biz uzun dönem bayan görevliler (.) cumartesi ve pazar bizim burada görevimizin en yoğun günü*"). In dieser Problematisierung lässt sich zum einen die Relevanzsetzung des Geschlechts rekonstruieren; so scheint dieses „*Problem*" der Dichte der Arbeitstage nur im Falle weiblicher Religionsbediensteter vorhanden zu sein. Zum anderen lässt sich durch die räumliche Verortung des Problems („*hier*", tr. „*burada*") ein impliziter Rekurs auf das Erfahrungswissen in der Türkei rekonstruieren, das durch eine vergleichende Betrachtung gegenübergestellt wird. Folglich zeigt sich auch hier der Modus der kontrastierenden Gegenüberstellung in der Orientierung an räumlicher Differenzerfahrung.

In der vergleichenden Betrachtung des Erfahrungswissens in Deutschland und in der Türkei sowie in der Beschreibung der Tätigkeitsorte über eine Moscheegemeinde hinaus („*an die Orte für das Sohbet gehen sie müssen und das ist unglaublich stressig...*", tr. „*ve sohbet yerlerine gitmek (.) durumundasın mecburiyetindesin buda inanılmaz stresli...*") zeigt sich die Bedeutung der Differenzerfahrung. Dadurch grenzt die Imamin die eigenen Handlungsfelder von den Handlungsfeldern der Imame ab und verweist durch diese Gegenüberstellung auf den Modus der kontrastierenden Gegenüberstellung („*die meisten männlichen Hoca leisten den Dienst nur in der Moschee in der sie sich befinden*", tr. „*erkek hocalarımızın çoğu sadece bulundukları camide görev yapıyorlar*"). In diesem Zusammenhang

çok kolay gidip geliyorlar yani o kişinin yaptığı görevden eh hissetiği zorlukla (.) eh kendi başına mücadele veren bir insanın eh yaptığı görevden hissetiği zorluk aynı derecede olamaz kesinlikle.
KAR: Evet.
DEAF02: Yani bu gibi zorlukları var özel ha- hayatını sürdürme (.) eh noktasında zorluklar var ister istemez insanlara bağımlı kalabiliyorsun // eh dil açısından yaşadığının toplumdaki (.) eh kuralları (.) eh şeyleri bilme açısından (.) yani şuanda me- mesela bana deselerki (.) eh beş yıl Almanyada kaldın belki hep aynı çevrede kalmaktan dolayı (.) hep biz bizden olan insanlarla muhatap olmaktan dolayı (.) eh dil olayını çözemedik çözebilirdik beş yıl (.) bir insanın hiç bilmediği bi eh dili (.) yani (.) çok (.) pörfekt bir şekilde konuşabileceği bir süre // ama maalesefki hep (.) çalışma iş hayatı hep aynı cemaatle muhatap olma (.) eh bu olmadı olamadı en büyük prolemde bu zaten dil buraya gelen eh işte bayan görevlilerin eh dil açısından bir alt yapı olmadan (.) gönderilmesi mesela // eh bu bi eksiklik çünkü erkek hocalarımızın çoğu sadece bulundukları camide görev yapıyorlar ama en azından üç aylık altı aylık dil kurslara tabi tutuluyorlar (.) ben şuana kadar eh bulunduğumuz eyalette (.) eh yani gelen eh hoca hanımlardan (.) üç aylık yada altı aylık dil kursu alıp geleni duymadım daha // oysaki bi o bi alt yapıdır ve bizim işimizi kolaylaştıracak buradaki işimizi kolaylaştıracak ve bizi başkalarına bağımlı olmaktan kurtaracak önemli bi (.) eh çalışmadır.

wird im Kontext der Entsendung aus der Türkei nach Deutschland im Modus der kontrastierenden Gegenüberstellung die sprachliche Ausbildung männlicher Hoca mit dem Fehlen dieser Ausbildung bei weiblichen Religionsbediensteten konträr gesetzt („*die weiblichen Religionsbediensteten ohne sprachlichen Background hierher geschickt werden [...] zumindest werden [die männlichen Hoca] mindestens drei Monate sechs Monate langen Sprachkursen unterzogen*", tr. „*bayan görevlilerin eh dil açısından bir alt yapı olmadan (.) gönderilmesi mesela [...] en azından üç aylık altı aylık dil kurslara tabii tutuluyorlar*").

Dieser Modus zeigt sich auch in der Gegenüberstellung der Rahmenbedingungen verheirateter Paare und weiblicher Bediensteter, die sich für den Dienst *alleine* in Deutschland befinden („*manche Freunde sind mit dem Ehepartner hier [...] die Schwierigkeiten die diese Person in dem Dienst spürt [...] und jemand der alleine kämpft und die Schwierigkeiten im Dienst spürt kann auf jeden Fall nicht dasselbe Ausmaß haben*", tr. „*bazı arkadaşlar var mesela eşiyle burda [...] o kişinin yaptığı görevden eh hissettiği zorlukla [...] kendi başına mücadele veren bir insanın eh yaptığı görevden hissettiği zorluk aynı derecede olamaz kesinlikle*"). Die Orientierung an räumlicher Differenzerfahrung dokumentiert sich nicht zuletzt in den Verweisen „sind ... hier". Die Differenzerfahrung zeigt sich so auf verschiedenen Ebenen (Handlungsfelder in der Moschee und außerhalb der Moschee und die damit verbundenen Unterschiede zwischen weiblichen und männlichen Religionsbediensteten sowie die Entsendung aus der Türkei nach Deutschland und der darin verborgene implizite Vergleich), die durch das Konträrsetzen – im Modus der kontrastierenden Gegenüberstellung – bearbeitet wird.

Während DEAF02 in den dargestellten Sequenzen mehrmals auf diese Orientierung und den Modus verwies, lässt sich dieser Modus ebenfalls im Interview mit DEAF03 nachzeichnen. DEAF03 thematisiert – ähnlich wie DEAF02 in der zuletzt angeführten Sequenz – die Schwierigkeiten, die mit dem Dienst in Deutschland verbunden sind. An diese Erzählung schließt diese Sequenz an:

DEAF03: In der Türkei ist das ganz anders hier ist die Erreichbarkeit für mich ein Problem // also ehm (.) zum Beispiel habe ich erfahren (.) ehm eigentlich habe ich das bevor ich hierher gekommen bin recherchiert (.) ob es in Deutschland und vor allem in dem Bezirk in dem ich im Dienst bin eine theologische Fakultät gibt // ich habe geschaut ob es einen Bereich gibt der mich als Hoca als DEAF03 bereichern kann // ehm ich hatte gesehen dass es einige Bereiche gibt es

9.1 Orientierung an räumlicher Differenzerfahrung

> *gibt hier theologische Fakultäten und so (.) sie haben (2) ehm (2) manche Veranstaltungen oder manche Sitzungen die ich auch besuchen kann und die auf Türkisch sind // also in denen ich mich bereichern kann (.) aber wenn ich beispielsweise abends (.) als Frau (.) abends nach B-Stadt ((in Deutschland)) gehen möchte insbesondere als jemand die sich noch nicht an die Verbindungen gewöhnt hat und als jemand die alleine lebt (.) ist es etwas was mich sehr verunsichert // wenn ich ein Mann wäre könnte ich mich viel lockerer bewegen // ich persönlich (.) als Frau (.) ehm abends zu einer späten Uhrzeit zumindest von hier nach B-Stadt kann ich zurzeit nicht // auch wenn ich an der Veranstaltung dort teilnehmen möchte kann ich zurzeit nicht teilnehmen // vielleicht kann man sagen dass das eine Schwierigkeit ist die ich als Frau erlebe // und wenn ich ein Mann wäre könnte ich mich viel lockerer bewegen und dahin gehen // wenn ich in der Türkei wäre könnte ich mich sowieso lockerer bewegen*
>
> (DEAF03, 344-365)[26]

Die Eingangsbeschreibung („*in der Türkei ist das ganz anders*", tr. „*Türkiye'de bu çok farklı*") und (thematische) Konklusion der Sequenz („*wenn ich in der Türkei wäre könnte ich mich sowieso lockerer bewegen*", tr. „*Türkiye'de olsaydım zaten daha rahat hareket edebilirdim*") verweisen auf die räumliche Differenzerfahrung.

---

[26] Original:
DEAF03: Türkiye'de bu çok farklı burda benim için şuan ulaşım bir problem // yani eh (.) mesela ben şöyle bir kaç şey öğrendim (.) eh ben aslında buraya gelmeden öncede bunu araştırmıştım (.) Almanya ' da ve özelikle benim görev yaptığım bölgede İlahiyat fakültesi varmı benim // kendimi hoca olarak DEAF03 olarak besleyebileceğim alan varmı diye bakmıştım // eh ve böyle bir kaç alan olduğunu görmüştüm İlahiyat fakülteleri falan var burda (.) onların (2) eh (2) benimde girebileceğim türkçe olan bazı dersleri veya oturumları var // benim kendimi besleyebileceğim yani (.) ama ben mesela ve ne zaman mesela akşamleyin (.) bu bi bayan olarak (.) akşamleyin B-şehire ((Almanya'da)) gitmek özeliklede ulaşıma alışmamış biri olarak ve yanlız yaşayan biri olarak (.) beni tedirgin eden bir şey hani // erkek olsaydım orda çok daha rahat hareket edebilirdim // ben kendim (.) bi bayan olarak (.) eh akşam saatinde geç saatte tren yolculuğu en azından burdan B-şehire şuan yapamıyorum // ordaki derse katılmak istiyorsam bile şuan katılamıyorum ya bu bi // belki bir kadın olarak yaşadığın (.) sıkıntıdır denilebilir // ve erkek olsaydım daha rahat ha- hareket eder ve giderdim yani // Türkiye'de olsaydım zaten daha rahat hareket edebilirdim.

Trotz der vorhandenen Motivation, sich persönlich und fachlich weiterzubilden („*der mich als Hoca als DEAF03 bereichern kann*", tr. „*kendimi hoca olarak DEAF03 olarak besleyebileceğim*"), wird das Problem der Erreichbarkeit von Veranstaltungen („*hier ist die Erreichbarkeit für mich ein Problem*", tr. „*burda benim için şuan ulaşım bir problem*") im Zusammenhang mit der geschlechtlichen Selbstzuschreibung („*als Frau*", tr. „*bayan olarak*") beschrieben. Diese „*Schwierigkeit*", zu einer späten Uhrzeit zu verreisen („*als Frau (.) abends nach B-Stadt*", tr. „*bi bayan olarak (.) akşamleyin B-şehire*"), wird neben dem Geschlecht (als Frau) auf den fremden Ort zurückgeführt („*insbesondere als jemand die sich noch nicht an die Verbindungen gewöhnt hat*", tr. „*özelliklede ulaşıma alışmamış biri olarak*").

Es lässt sich somit rekonstruieren, dass die Erzählung über die empfundenen Schwierigkeiten in der räumlichen Verortung mit (impliziten und expliziten) Rückbezügen und Vergleichen auf die Orientierung an räumlicher Differenzerfahrung verweist, die im Modus der kontrastierenden Gegenüberstellung bearbeitet wird.

In folgender Sequenz kommen die homologe Orientierung und der homologe Modus der kontrastierenden Gegenüberstellung zum Ausdruck. Es handelt sich erneut um eine Sequenz aus dem Interview mit DEAF02. Die Imamin thematisiert – ähnlich wie DEAF03 in der zuletzt rekonstruierten Sequenz – die Bedeutung des Geschlechts für die alltägliche Handlungspraxis entlang zweier verschiedener Räume (Türkei-Deutschland):

```
DEAF02:  In der Gesellschaft (.) egal wo sie sind das ändert
sich nicht ob sie in Europa sind oder in der Türkei (.) ehm
es gibt Nachteile die damit einhergehen weil man eine Frau
ist das ist Fakt also // ob eine gebildete Frau eine Frau die
bestimmte Sachen durchgemacht hat und einen bestimmten Status
erreicht hat muss man das akzeptieren (.) vielleicht haben
andere Religionsbeauftragte die Schwierigkeiten die ich hier
erlebt habe nicht erlebt (.) wenn Sie mit ihnen sprechen
würden ehm könnten sie sagen (.) ehm unsere Probleme die wir
erlebt haben sind anders (.) sie könnten sagen dass die
Probleme in anderen Bereichen liegen (.) eh:: also in der
```

9.1 Orientierung an räumlicher Differenzerfahrung 267

*Türkei hatte ich keine große Sache erlebt mit denen ich mich
schwer getan habe die ich nicht klären konnte (.) wo ich mir
gedacht habe wenn ich keine Frau wäre hätte ich dieses Problem
oder nicht // ehrlich gesagt habe ich in der Türkei manchmal
das gesagt hey ich vergesse manchmal dass ich eine Frau bin
und so @ich fühle mich wie ein Mann@ denn ich denke dass ich
im Gegensatz zu vielen Männern vieles überwinden kann und
schaffen kann // aber es gab hier Situationen da habe ich mich
hilflos gefühlt // also wirklich es gab Situationen da habe
ich mich hilflos gefühlt es gab Situationen da war ich alleine
es gab Situationen da habe ich gesagt ein Mann hätte das noch
besser geschafft*
(DEAF02, 810-837)[27]

In dieser Sequenz verhandelt die Imamin die Bedeutsamkeit des Geschlechts in verschiedenen räumlichen Kontexten.

In der zunächst örtlich verallgemeinernden Beschreibung („*egal wo sie sind das ändert sich nicht ob sie in Europa sind oder in der Türkei*", tr. „*nerede olursan ol bu değişmiyor Avrupada ' da olsan Türkiye'dede olsan*") dokumentiert sich einerseits die Ablehnung einer örtlichen Spezifizität – andererseits rekurriert selbst diese Ablehnung auf die räumliche Differenzerfahrung. Verstärkt rekonstruierbar wird diese Orientierung in der Formulierung „*also in der Türkei hatte ich keine große Sache erlebt*" (tr. „*yani Türkiye'de eh çok öyle zorlandığım* [...] *bir şey yaşamadım*"), die im Folgenden an eine Überlegung („*eh::*") anschließt.

---

[27] Original:
DEAF02: Toplumda (.) nerede olursan ol bu değişmiyor Avrupada 'da olsan Türkiye'dede olsan (.) eh kadın kadın olmanın getirdiği bir takım dezavantajlar var bu bir gerçek bunu yani // eğitimli bir kadında olsa belli şeyleri aşmış belli konumlara gelmiş bir kadında olsa bunu kabul etmek gerekli (.) belki benim burada yaşadığım görevimi yaparken yaşadığım zorlukların (.) çoğu din görevlisi yaşamamıştır ha onlarla konuşsanız tabii ki eh onlarda şunu şöyleyebilir (.) eh hani bizim yaşadığımız sıkıntılarda (.) farklı çok farklı // alanlarda sıkıntı yaşadık diyebilirler (.) eh:: yani Türkiye'de eh çok öyle zorlandığım aman aman üstesinden gelemediğim eh veyahutta (.) burada ben kadın olmasaydım bu sıkıntıyı yaşardım eh yaşamazdım // diyebileceğim çok büyük bir şey yaşamadım açıkcası hatta bazen Türkiye 'de bunu söylüyordum ya ben diyordum bazen kadın olduğumu unutuyorum falan böyle @kendim erkek gibi hissediyorum@ çünkü bir çok erkeğe göre (.) eh bi çok şey aşabildiğimi başarabildiğimi düşünüyorum yani // ama burda kendimi o şekilde aciz hissettiğim noktalar oldu // yani hakikaten aciz hissetiğim noktalar oldu yanlız kaldığım eh noktalar oldu bir ekek olsaydı bunu daha iyi başarırdı dediğim (.) noktalar oldu

Darin dokumentiert sich die Rahmung des Vorherigen als Erfahrungswissen, das speziell in den Raum Deutschland verortet wird. Dies zeigt sich ebenso auf der kommunikativen Ebene („*die Schwierigkeiten die ich hier erlebt habe*", tr. „*burada yaşadığım görevimi yaparken yaşadığım zorlukların*"). Diese Orientierung an räumlicher Differenzerfahrung verweist durch das Konträrsetzen auf den Modus der kontrastierenden Gegenüberstellung.

In dem Verhandeln der (Nicht-)Bedeutsamkeit des Geschlechts in den verschiedenen Räumen dokumentiert sich der Rückgriff auf stereotype Geschlechtervorstellungen („*@ich fühle mich wie ein Mann@ denn ich denke dass ich im Gegensatz zu vielen Männern vieles überwinden kann und schaffen kann*", tr. „*@kendim erkek gibi hissediyorum@ çünkü bir çok erkeğe göre (.) eh bi çok şey aşabildiğimi başarabildiğimi düşünüyorum*"); darin dokumentiert sich die Annahme, der „Mann" sei der Überwindungsfähige(re) und der mehr Schaffende. Diese Konstruktion impliziert gleichzeitig die Unterordnung der „Frau" mit Blick auf diese genannten Fähigkeiten.

Im Zuge der Erzählung vertieft DEAF02 die empfundenen Schwierigkeiten und vergleicht in der Beschreibung implizit oder explizit ihr Erfahrungswissen in Deutschland mit dem Wissen aus der Türkei:

```
DEAF02: Hier ist es ganz anders also mit Blick auf die Türkei
ist das natürlich ganz anders (.) ehm aber ehm (.) ich habe
mich nicht Dings gefühlt (.) oh hier in Europa (.) es ist
Deutschland hier so habe ich mich nicht gefühlt ich habe mich
schnell angepasst (.) aber dass ich fremd bin habe ich (.)
gefühlt // sie haben es mir zu spüren gegeben // ehm manchmal
(.) ein aktuelles Beispiel (.) ehm Donnerstag habe ich das
auf der Rückfahrt aus Stadt-X (Stadt in Deutschland) gespürt
// in der Türkei passiert das nicht so einfach (.) ehm
beispielsweise wurden wir hier verbal angegriffen (.)
hinsichtlich unseres Kopftuches // von Seiten eines Deutschen
als wir in die Straßenbahn eingestiegen sind ich kann
natürlich kein Deutsch // ehm aber die Freundin neben mir
spricht exzellent deutsch // ehm ich habe es nicht verstanden
ich bin in die Straßenbahn gestiegen und habe mich hingesetzt
(.) aber die Freundin (.) in einer sehr aufgebrachten und
```

9.1 Orientierung an räumlicher Differenzerfahrung

wütenden aber natürlich (.) ist sie ein sehr anständiger Mensch (.) sie sagt dem Mann in einer vernünftigen Sprache (.) ich habe es zunächst nicht verstanden ich dachte daran ob es vielleicht eine Belästigung oder so war (.) und so ne (.) ehm danach ist sie natürlich zu mir gekommen ich meinte was war das (.) was ist passiert (.) ehm sie meinte dieser Mann (.) und zeigte auf den Mann (.) ehm er hat schlechtes gesagt meinte sie (.) ich fragte was hat er gesagt hat er dich belästigt (.) nein meinte sie wenn es doch nur ein persönlicher Angriff wäre dann wäre ich nicht so traurig (.) er hat sehr schlechte Ausdrücke über unser Kopftuch verwendet (.) ehm also muslimische // Frauen mit Kopftuch sind so und so // solche Ausdrücke hat er verwendet meinte sie dann habe ich gefragt was hast du gesagt (.) sie meinte dass sie gesagt hätte ehm dachtest du dass ich es nicht verstanden habe (.) die Sachen die du gerade sagst ist das nicht verwerflich (.) ehm also woher nimmst du dir das Recht (.) einem Menschen sowas zu sagen (.) woher nimmst du dir das Recht meinte sie // natürlich (.) ehm also (.) sind das keine schönen Dinge vor Kurzem habe ich das gespürt (2) also sie sind gewollt oder ungewollt in einer anderen Gesellschaft (.) das spüren sie (2) also auch wenn ich nicht viel Negatives erlebt habe // sie spüren dass

KAR: ⌊ Sie haben das gespürt

DEAF02:

⌊Natürlich abgesehen davon gibt es auch das (.) also sie sind sehr im Mittelpunkt // du bist mit deiner Kleidung ganz ganz anders // das spürt man (.) in der Türkei ist das natürlich nicht so (.) ehm aber hier kann das manchmal Dings sein (.) das kann auf negativ auf dich fallen
(DEAF02, 1019-1068)[28]

Die Beschreibung „*hier ist es ganz anders*" (tr. „*burası çok farklı*") und die daran anschließende Präzisierung „*mit Blick auf die Türkei ist das natürlich ganz anders*" (tr. „*tabii ki Türkiye'ye bakarak eh hani çok farklı*") verdeutlicht zu Beginn der Sequenz bereits die Orientierung an räumlicher Differenzerfahrung, die im

---

[28] Original:
DEAF02: Burası çok farklı tabii ki Türkiye'ye bakarak eh hani çok farklı (.) eh ama eh (.) şey hissetmedim kendimi (.) oh burasıda Avrupa (.) burasıda Almanya'da gibi hissetmedim çok cabuk adapte oldum (.) ama yabancı biri olduğumu (.) hissettim // hisettirildim // bazende (.) eh mesela en yakın (.) örneğin (.) eh perşembe günü Frankfurt'tan dönüşte hissetim // Türkiye'de bu kolay kolay olmaz (.) eh burda işte bize sözlü saldırı yapıldı mesela (.) başörtümüzle alakalı // bi alman tarafından tramvaya bindiğimizde ben tabii ki Almancam yok bilmiyorum // eh fakat yanımdaki arkadaş çok müthiş Almanca konuşuyor // eh ben anlamadım tramvaya bindim oturdum (.) fakat arkadaş böyle (.) işte kızgın bi şekilde öfkeli bi şekilde ama tabii ki (.) eh ç- çok edepli bi insandır (.) uygun bi dilde bi şeyler söylüyor bi adama (.) ben anlamadım ilk etapta acaba dedim taciz falan mı oldu (.) eh gibisinden (.) eh sonra tabii ki (.) yanıma geldi (.) dedim noldu (.) olay nedir (.) işte (.) eh şu adam dedi (.) gösterdi (.) eh şu- kötü şeyler söyledi dedi (.) ne söyledi dedim tacizde mi bulundu (.) yok hocam keşke şahsıma yapılan bi şey olsa bu kadar dedi üzülmezdim (.) başörtümüzle alakalı çok çirkin ifadeler kullandı (.) eh işte müslüman // başörtülü kadınlarda şöyle şöyle gibisinden dedi // ifadeler söyledi dedi peki sen ne dedin ona dedim (.) eh anlamadığımımı zannettin (.) bu söyledikerin ayıp değil mi (.) eh yani (.) kendinde bu hakkı nerden buluyorsun (.) bi insana bu söz- bu söz söyleme hakkını kendinde (.) nerden buluyorsun diye dedi söyledim dedi // tabii ki (.) eh hani (.) hoş şeyler değil bunlar kısa süre önce bunu hissetttim bunu yaşadım (2) yani ister istemez farklı bi toplumdasınız (.) bunu hissediyorsunuz (2) yani çok olumsuz şeyler yaşamama rağmen // bunu hissediyorsunuz
KAR: ⌈Hmm hissettiniz
DEAF02: ⌊Tabii ki daha ziyade bundan eh şeyde var (.) hani çok ortadasın // gi- giyiminle çok çok farklısın // bu hissediliyor (.) Türkiye'de tabii böyle değil (.) eh ama burda bazen bu eh şey olabiliyor (.) olumsuz bi şekilde sana dönebiliyor

9.1 Orientierung an räumlicher Differenzerfahrung

Modus der kontrastierenden Gegenüberstellung bearbeitet wird. Darin dokumentiert sich zudem die Selbstverständlichkeit bzw. die Offensichtlichkeit dieser Gegenüberstellung.

Auf die Gefühlsebene rekurrierend („*habe ich mich nicht gefühlt* [...] *habe ich gefühlt*", tr. „*hissetmedim kendimi* [...] *hissettim*") wird das darauffolgende Erlebnis „*auf der Rückfahrt aus Stadt-X*" (tr. „*Şehir-X ' ten dönüşte*") in einer Verortung („*hier*", tr. „*burda*") gleichzeitig räumlich abgegrenzt („*in der Türkei passiert das nicht so einfach*", tr. „*Türkiye'de bu kolay kolay olmaz*"). Darin zeigt sich die vergleichende grenzüberschreitende Betrachtung und lässt somit wiederum die Orientierung an räumlicher Differenzerfahrung im Modus der kontrastierenden Gegenüberstellung rekonstruieren. In dieser Erzählung scheint das „Fremd-Sein" eine wichtige Rolle zu spielen („*ich kann natürlich kein Deutsch* [...] *ich habe es zunächst nicht verstanden* [...] *du bist mit deiner Kleidung ganz ganz anders*", tr. „*tabii ki Almancam yok bilmiyorum* [...] *ben anlamadım ilk etapta* [...] *giyiminle çok çok farklısın*"), gleichzeitig wird durch die Markierung eines Erfahrungswissens in diesem Raum („*wenn ich nicht viel Negatives erlebt habe*", tr. „*çok olumsuz şeyler yaşamama rağmen*") eine gewisse Nähe geschaffen. In diesem Verhandeln zwischen Nähe und Distanz und den Räumen (Türkei-Deutschland), auf die immer wieder Bezug genommen wird, wird der Verweis auf die emotionale Ebene bedeutsam. Denn trotz einer eingeschränkten Eingebundenheit (beispielsweise aufgrund fehlender Sprachkenntnisse) spielt diese emotionale Ebene eine wichtige Rolle in der Wahrnehmung und Orientierung. Die Bedeutsamkeit dieser Ebene dokumentiert sich in der eingeschobenen Frage der Interviewerin („Sie haben das gespürt", tr. „*hissettiniz* "), die durch die Interviewte im Modus der Selbstverständlichkeit („natürlich", tr. „*tabii ki* ") validiert wird.

Der abschließende Teil der Sequenz, der sich im Sinne eines Remüsees liest („*du bist mit deiner Kleidung ganz ganz anders* [...] *in der Türkei ist das natürlich nicht so* [...] *aber hier kann das* [...]", tr. „*giyiminle çok çok farklısın* [...] *Türkiye'de tabii böyle değil* [...] *ama burda bazen* [...]"), dokumentiert – insbesondere auf der Ebene des *Wie* des Gesagten – durch den wechselnden Bezug auf unterschiedliche (Erfahrungs-)Räume und deren Konträrsetzung die Orientierung der Imamin an räumlicher Differenzerfahrung im Modus der kontrastierenden Gegenüberstellung.

Während in den oben angeführten und rekonstruierten Interviews diese Orientierung und der Modus der kontrastierenden Gegenüberstellung nachgezeichnet werden konnte, zeigte sich diese Homologie in der komparativen Analyse mit entsprechenden Sequenzen aus den Interviews mit den deutsch-türkischen Studentinnen an den theologischen Fakultäten in Ankara und in Konya. So lässt sich beispielsweise im Interview mit TRAAF06 – einer Studentin aus Ankara – dieser Modus dokumentieren. Die Studentin spricht im Laufe des Interviews über ihre Eindrücke und Erfahrungen im Theologiestudium – die folgende Sequenz schließt an diese Erzählung an:

TRAAF06: Ich war glaube ich ehm nicht letztes Jahr im Sommer sondern vorletztes Jahr im Sommer (.) hab ich einen Sommer Arabisch- (.) kurs besucht von Diyanet (.) und ehm (.) da waren halt eben auch ehm international Theologiestudenten da aber von den anderen Fakultäten (.) und ehm wir haben uns einfach ehm in so vielen Sachen (.) ehm (.) also wir // unterscheiden uns einfach was Kleidung anbelangt ehm wie wir gegenüber ehm de- ehm einfach gegenüber dem Glauben dastehen und ehm ich hab gemerkt zum Beispiel Konya // ich hab gemerkt dass alle (.) dasselbe anhaben (.) einfach (.) ein Kleid (.) es ist (.) es hat dieselben Schnitte (.) und die warn alle so bekleidet und deren Kopftuch war auch alles gleich (.) und wenn die wohin gegangen sind (.) ich fand das einfach hässlich weil das war so (.) einfach wie so Roboter aus weißt du // und ehm ich hab dann gemerkt (.) die können sich einfach nicht frei entfalten die sind kein Individuum mehr sondern (.) ehm so (.) so ein Teil von einem Ganzen und jemand besch- jemand bestimmt für die quasi // ich denke mal (.) ehm (.) dort eben keine Ahnung wer das jetzt bestimmt aber ehm das ist so ein Gruppenzwang einfach // und da hab ich gemerkt ehm Ankara (.) ehm war echt Glück für mich @(.)@
(TRAAF06, 144–156)

Durch die Verortung der Erzählung („*vorletztes Jahr im Sommer* […] *Sommer Arabisch- (.) kurs besucht von Diyanet*") und die Beschreibung des Zusammentreffens der Studierenden des internationalen Theologieprogramms verschiedener Fakultäten („*international Theologiestudenten da aber von den anderen Fakultäten*") wird ein kollektiver Erfahrungsraum konstruiert. Daran anschließend markiert die Studentin die wahrgenommenen Unterschiede („*wir haben uns einfach ehm in so vielen Sachen (.) ehm (.) also wir // unterscheiden uns einfach […]*"). Darin dokumentiert sich die Konstruktion einer Wir-Gemeinschaft der Fakultät und der

9.1 Orientierung an räumlicher Differenzerfahrung 273

Differenzierung von der implizit konstruierten Sie-Gemeinschaft der Studierenden aus den anderen Fakultäten. In dieser fakultätsübergreifenden Betrachtung lässt sich die Orientierung an räumlicher Differenzerfahrung rekonstruieren, die die Studentin durch das Konträrsetzen im Modus der kontrastierenden Gegenüberstellung bearbeitet. In diesem Modus werden am Beispiel der „*Kleidung*" und „*wie* [sie] *gegenüber* [...] *dem Glauben dastehen*" die Unterscheidungsmerkmale markiert. Vor diesem Hintergrund rahmt die Studentin aus Ankara im Modus der negativen Bewertung diese Unterschiedlichkeit („*hässlich*", „*Roboter*", „*alles gleich*"). Sowohl auf der kommunikativen Ebene als auch auf der Ebene des *Wie* des Gesagten dokumentiert sich in dieser Beschreibung über die Studierenden aus Konya die Zuschreibung einer Kollektivität, die mit einem Absprechen der Individualität einhergeht („*die können sich einfach nicht frei entfalten die sind kein Individuum mehr sondern* [...] *ein Teil von einem Ganzen*"). Mit dieser Perspektive wird die Fakultät in Ankara in einer positiven Bewertung als Glück beschrieben („*da hab ich gemerkt ehm Ankara* (.) *ehm war echt Glück für mich*"). Mit Blick darauf dokumentiert sich in dem daran anschließenden Lachen (@(.)@) die (emotionale) Verstärkung der Überzeugung, die den Modus der kontrastierenden Gegenüberstellung auf eine andere Art erneut markiert. Ferner lässt sich in dieser grenzüberschreitenden Betrachtung der Modus der kontrastierenden Gegenüberstellung in der Orientierung an räumlicher Differenzerfahrung rekonstruieren. Dieser Modus lässt sich auch in der kurz daran anschließenden Sequenz erneut nachzeichnen:

```
TRAAF06: Ich weiß noch ganz genau ehm mein erster Tag hier an
der Fakultät (.) wir haben uns halt ne Klassensprecherin
ausgesucht und ehm unsere Klassensprecherin hat die Jungs
gefragt ob die auch ein Klassensprecher für sich gewählt haben
damit es eben so (.) koordiniert werden kann // und da hat
sich ein Junge einfach umgedreht (.) und hat dann geantwortet
er hat sich erst umgedreht also seinen Rücken hat er sich zu
ihr gewandt also mit dem Rücken // und ich so was war das
jetzt @(.)@ aber ich hab mit der Zeit gemerkt die Jungs haben
sich hier auch jetzt endlich entwickelt und ehm (.) ich wollte
das nicht also (.) ehm diese (.) ehm (.) dieses Spalten wollte
ich nicht also hab ich mir was ausgedacht (.) ehm (.) ich
```

dachte mir wie kann ich das aufheben ich muss so ein Projekt entwickeln und ich hab gemerkt dass wir hier mit der Zeit eben diese deutsche Sprache verlernen // und ehm diese Begriffe diese islamischen Begriffe einfach (.) nicht drauf haben weil wir alles auf Türkisch lernen (.) also hab ich mir gedacht wir werden jetzt ein Buch wo nur Hadise drinstehen übersetzen (.) und das machen wir mit den Jungs (.) und das hat geklappt und jetzt hab ich sogar Freunde aus der Klasse @(.)@ ja mit denen ich mich auch privat sehe aber das muss jetzt

KAR: ᴸHmm (2) hmm

TRAAF06: nicht jeder wissen @(.)@ (.) ja und deswegen hab ich das jetzt ehm eben überwunden (.) aber ich merke ehm die

KAR: ᴸ@(.)@ (.) oke (4) hmm

TRAAF06: dort drüben oder in Istanbul keine Ahnung die können das nicht (.) ehm die können keine Freunde sein die entweder (.) sie heiraten oder sie haben kein Kontakt miteinander und ich finde das falsch weil wenn ich heute ehm (.) ich hier fertig bin und nach Deutschland gehe (.) werde ich höchstwahrscheinlich einen Mann brauchen dem ich ehm Fragen stellen kann weißt du ehm hey du kennst du dich mal damit aus kann ich dir mal jemanden weiterleiten kannst du mal mit dieser Person sprechen das ist jetzt ein Mann der würde gern halt mit einem Mann sprechen oder keine verstehst du was ich meine oder kennst e- o- es ist ja so zum

KAR: ᴸHmm ja ich versteh es

TRAAF06: Beispiel ich interessier mich jetzt sehr für Geschichte (.) aber ein anderer interessiert sich für Hadise

9.1 Orientierung an räumlicher Differenzerfahrung 275

```
KAR:       ⌊Hmm (2) hmm

TRAAF06:         Und wenn ich mal ne Frage hab wen soll ich
sch- fragen // die Mädchen sind da eher eben zurückhaltend
was die Bildung anbelangt hier und deswegen sind wir auch echt
// wir hängen echt hi- ehm sehr hinten also die Jungs sind
viel weiter als wir // und ehm wen soll ich dann fragen ich
brauch Freunde (.) und deswegen hab ich mir Freunde
angeeignet // aber ehm in Konya geht das gar nicht // @das
geht nicht@
(TRAAF06, 165-200)
```

Mit einem Rückblick („*mein erster Tag hier an der Fakultät*") beschreibt die Studentin die zunächst zurückhaltende und distanzierte Haltung eines Studenten in der Klasse („*da hat sich ein Junge einfach umgedreht (.) und hat dann geantwortet er hat sich erst umgedreht also seinen Rücken hat er sich zu ihr gewandt*"); diese Haltung habe sich mit der Zeit verändert („*ich hab mit der Zeit gemerkt die Jungs haben sich hier auch jetzt endlich entwickelt*"). Es lässt sich rekonstruieren, dass die Studentin mit einer kritischen Bewertung dieser distanzierten Haltung zwischen den Geschlechtern („*ich so was war das jetzt*") die Entwicklung positiv beurteilt. Einerseits wird erkennbar, dass die Studentin in ihrer Erzählung diese distanzierende Haltung den „Jungs" zuschreibt und somit auf ein kollektives Handeln deutet – andererseits scheint trotz der beschriebenen Entwicklung das uneingeschränkte In-Kontakt-Sein nicht ganz unproblematisch zu sein („*jetzt hab ich sogar Freunde aus der Klasse @(.)@ ja mit denen ich mich auch privat sehe aber das muss jetzt nicht jeder wissen @(.)@*"). Darin dokumentiert sich die Bedeutung des Ortes (in der Fakultät und außerhalb der Fakultät) für die Beziehungsebene: Während in der Fakultät – nach der beschriebenen Entwicklung – die mögliche Zusammenarbeit („*das machen wir mit den Jungs*") auf eine Aufhebung der distanzierenden Haltung rekurriert, scheint die Beziehungsebene außerhalb der Fakultät eine andere zu sein. In dieser Rahmung verweist die Studentin bereits (zunächst nur implizit) auf eine grenzüberschreitende Betrachtung, die auf einen Modus der kontrastierenden Gegenüberstellung deutet.

Die Studentin spricht die diesbezüglich wahrgenommenen Unterschiede der Fakultäten an und setzt sie im Modus der kontrastierenden Gegenüberstellung konträr („*dort drüben oder in Istanbul keine Ahnung die können das nicht*"). Diese Beschreibung lässt durch die über die Fakultäten hinausgreifende Betrachtung die Orientierung an räumlicher Differenzerfahrung rekonstruieren. Die Formulierung „*die können keine Freunde sein*" dokumentiert die Konstruktion kollektiver

Gruppen (in Ankara und Istanbul etc.), die durch das Nicht-Können der Studierenden in Istanbul und das Können der Studierenden in Ankara mit Blick auf die Zusammenarbeit zwischen Studentinnen und Studenten beschrieben werden. In dieser grenzüberschreitenden Gegenüberstellung emergiert die Orientierung an räumlicher Differenzerfahrung.

Die Positionierung („*ich finde das falsch*") wird mit dem Bezug auf eine notwendige Handlungspraxis in Deutschland argumentativ untermauert („*wenn ich* […] *hier fertig bin und nach Deutschland gehe (.) werde ich höchstwahrscheinlich einen Mann brauchen*"). Folglich lässt sich rekonstruieren, dass mit der Gegenüberstellung der Geschlechterbeziehungen an den Fakultäten die Argumentation zusätzlich in einer Orientierung an räumlicher Differenzerfahrung vollzogen wird. Während sich dies auch in der Konklusion der Sequenz dokumentiert („*aber ehm in Konya geht das gar nicht @das geht nicht@*") wird dieses Geschlechterverhältnis nicht nur als „falsch" eingestuft; gleichzeitig dokumentiert sich darin eine gewisse Absurdität, die dieser Situation zugeschrieben wird. Somit zeigt sich, dass die Studentin über die gesamte Sequenz hinweg den Modus der kontrastierenden Gegenüberstellung in der Orientierung an räumlicher Differenzerfahrung einnimmt.

Diese Homologie lässt sich auch in der folgenden Sequenz aus dem Interview mit der Studentin TRAAF04 (ebenfalls aus Ankara) rekonstruieren. Die Studentin äußert in dieser Sequenz ihr Nicht-Verständnis für die Praxis der Geschlechtertrennung und der distanzierten Haltung andersgeschlechtlichen Studierenden gegenüber:

```
TRAAF04: Dieser Umgang ist lustig (.) zunächst mal kommen wir
ja alle aus Deutschland also keine Geschichten erzähln (.) da
sitzt man immer in einer Klasse (.) auch nebeneinander (.)
ehm macht Projekt- ehm //Arbeiten Gruppenarbeiten da wird das
noch nicht mal in Frage gestellt oder da wird das noch nicht
mal als irgendwas Besonderes (.) angesehen // als ich zunächst
hier ankam (.) in mein Vo- in meinem Vorstellungsgespräch das
war nämlich (.) ganz interessant (.) ehm da ehm war ein Junge
(.) der nach mir dran war (.) und ehm als wir dort saßen also
für mich ist das normal wenn ich irgendwo teilnehme und (.)
sei es jetzt (.) nen Mädchen oder nen Junge ehm in der gleichen
```

9.1 Orientierung an räumlicher Differenzerfahrung 277

Situation ist dann redet man ja (.) wir haben uns dann ganz normal unterhalten zehn bis fünfzehn Minuten ja (.) woher er dann kommt woher ich dann komme (.) was er denn für Vorstellungen hat (.) ob man halt ehm nervös ist und was die wohl einen fragen ne son Informationsaustausch // (2) ((holt tief Luft)) er war auch ein ganz netter Junge und dann ehm war ich halt glaub ich dran und er nach mir ich weiß nich ganz genau später hab ich ihn dann hier gesehen ach guck mal das ist ja der (.) ne mit dem war ich doch ehm beim Vorstellungsgespräch (.) ja dann (.) war das so ehm dass man sich gegenseitig ignoriert hat irgendwie obwohl man dort (.) ne sozusagen nebeneinander saß und miteinander geredet hat und eigentlich das eigentlich das gleiche durchgemacht hat (.) war // das dann hier so (.) ob so man kennt sich nicht (.) diese ehm (.) das hat mich erstmal sehr schockiert und fand ich auch sehr lustig (.) damals ehm (3) ehm ich sag ma so (2) Ankara ist immer noch (.) ehm besser als die anderen Fakultäten

(TRAAF04, 1057-1090)

Die Absurdität, die der Praxis der Geschlechtertrennung bzw. der distanzierten Haltung der Studierenden andersgeschlechtlichen Menschen gegenüber beigemessen wird, dokumentiert sich nicht zuletzt in der Eingangsformulierung der Sequenz (*„dieser Umgang ist lustig"*). Argumentativ wird diese Absurdität (unter anderem) darauf zurückgeführt, dass die Student*innen aus Deutschland kommen (*„zunächst mal kommen wir ja alle aus Deutschland"*). Darin dokumentiert sich nicht nur die Konstruktion einer Wir-Gruppe der Studierenden aus Deutschland – gleichzeitig rekurriert diese kritische Beschreibung zur Handlungspraxis bzw. -orientierung an der theologischen Fakultät *in Ankara* mit Bezug auf das Erfahrungswissen *in Deutschland* auf die grenzüberschreitende Betrachtung und Orientierung an räumlicher Differenzerfahrung. Die beigemessene Absurdität manifestiert sich auch auf der kommunikativen Ebene in der Formulierung *„also keine Geschichten erzähln"*. Diese Rahmung verweist bereits zu Beginn der Sequenz auf den Modus der kontrastierenden Gegenüberstellung; an dieser Stelle bleibt dieser Modus noch implizit.

Die Detaillierung des Erfahrungswissens aus Deutschland expliziert und untermauert die Argumentation („*da sitzt man immer in einer Klasse (.) auch nebeneinander (.) ehm macht Projekt- ehm Arbeiten Gruppenarbeiten*"). In der daran anschließenden Beschreibung („*da wird das noch nicht mal in Frage gestellt oder da wird das noch nicht mal als irgendwas Besonderes (.) angesehen*") dokumentiert sich die Konstruktion einer Normalität, die durch das Nicht-in-Frage-Stellen verstärkt wird.

Mit der Überleitung („*als ich zunächst hier ankam*") wird der Fokus der Betrachtung räumlich verschoben. Dadurch lässt sich die Orientierung an räumlicher Differenzerfahrung rekonstruieren. In der Erzählung des „Vorstellungsgesprächs" wird mit dem Erfahrungswissen und der damit verbundenen konstruierten Normalität („*also für mich ist das normal wenn ich irgendwo teilnehme und (.) sei es jetzt (.) nen Mädchen oder nen Junge ehm in der gleichen Situation ist dann redet man ja (.) wir haben uns dann ganz normal unterhalten*") die Handlungspraxis beschrieben. Dieses Erfahrungswissen scheint auf eine Kollision an der theologischen Fakultät gestoßen zu sein („*später hab ich ihn dann hier gesehen*"); die vorherige Kommunikation scheint nun bewusst abgelehnt zu werden („*ja dann (.) war das so ehm dass man sich gegenseitig ignoriert hat irgendwie obwohl man dort (.) ne sozusagen nebeneinander saß und miteinander geredet hat*"). Dadurch lässt sich die Kritik der Studentin an dem inkonsistenten Umgang des Studenten rekonstruieren. Das Schockiert-Sein der Studentin über diesen Umgang dokumentiert sich einerseits auf der Ebene des *Wie* des Gesagten in der Betonung („*war das dann hier so (.) ob so man kennt sich nicht*"); andererseits lässt sich dies auf der kommunikativen Ebene rekonstruieren („*das hat mich erstmal sehr schockiert*"). Somit wird sowohl implizit als auch explizit die Kollision des Erfahrungswissens zweier unterschiedlicher Räume beschrieben und durch diesen Verweis ein grenzüberschreitender Raum aufgespannt, in dem der Gegensatz markiert und dabei auf den Modus der kontrastierenden Gegenüberstellung rekurriert wird. Dieser Modus der kontrastierenden Gegenüberstellung in der Orientierung an räumlicher Differenzerfahrung lässt sich auch über dieses Beispiel hinaus rekonstruieren, in dem die Studentin fakultätsübergreifende Gegensätze markiert („*Ankara ist immer noch (.) ehm besser als die anderen Fakultäten*").

Neben dieser Sequenz konnte dieser Modus auch in dem Interview mit TRKAF01 – einer Studentin aus Konya – rekonstruiert werden. Die nächste Sequenz schließt an die Erzählung an, in der die Studentin ihre Eindrücke und Gefühle an der theologischen Fakultät schildert. Diese Erzählung bzw. Beschreibung rekurriert auf genderrelevante Aspekte und verweist auf die Homologie:

9.1 Orientierung an räumlicher Differenzerfahrung 279

TRKAF01: Ich fühle mich hier sehr akzeptiert eigentlich // ehm einfach dadurch wir überwiegen hier als Frauen mittlerweile an Zahl ehm was einen natürlich schon erfreut und ehm ja und auch die Lehrer die einen ständig sagen (3) egal was ihr später macht egal in welchem Feld ihr arbeitet ihr seid extrem wertvoll (.) denn also eine ein ein Mann erzieht ehm erzieht zum Beispiel seine Schülerin oder Lehrerin später eine Frau erzieht ihre Kinder mit ihren Kindern zusammen die nachfolgenden Generationen (.) wenn wir die Frauen erziehen haben wir eine gebildete Gesellschaft (denn) nachfolgenden Generationen werden sich dementsprechend entwickeln und das ist vielen Lehrerinnen sehr bewusst und daran werden wir ständig er- erinnert // und einfach dadurch zu wissen okay (.) ich habe hier eine gewisse Verantwortung mir wird f- sehr viel Verantwortung auch anvertraut das gibt einem schon gutes Gefühl so // diese Wertschätzung die man vielleicht in Deutschland nicht immer hatte (.) also // ich hatte nen Einserschnitt und mir wurde trotzdem erzählt ich solle die das Gymnasium abbrechen und ne Ausbildung machen // wei- als Ausländerin würde ichs (ja) sowieso zu nichts bringen und hier eben grad das Gegensätzliche zu haben das fühlt sich schon sehr gut an // gerade als Frau
(TRKAF01, 141-166)

Auf der Gefühlsebene spannt die Studentin einen grenzüberschreitenden Raum auf, der sich implizit in der Formulierung „hier" („ich fühle mich hier sehr akzeptiert") zeigt. Darin spiegelt sich ein impliziter Vergleich wider, der im Laufe der Sequenz explizit wird („diese Wertschätzung die man vielleicht in Deutschland nicht immer hatte"). Somit rekurriert dieser implizite und explizite Vergleich auf eine Gegenüberstellung und den Modus der kontrastierenden Gegenüberstellung, in dem diese Orientierung an räumlicher Differenzerfahrung bearbeitet wird.

Diese Gegenüberstellung wird mit bestimmten Erfahrungsberichten exemplifiziert: Neben der quantitativen Dominanz weiblicher Studierender („wir überwiegen hier als Frauen mittlerweile"), die für das Akzeptiert-Sein eine wichtige Rolle zu spielen scheint, wird die Wertschätzung der „Lehrer*innen" („die Lehrer die einen ständig sagen [...] ihr seid extrem wertvoll") zu der fehlenden Wertschätzung konträr gesetzt. Damit wird die Diskriminierungserfahrung in Deutschland in Zusammenhang gebracht. Dass sich durch diese grenzüberschreitende Betrachtung der Modus der kontrastierenden Gegenüberstellung dokumentiert, wird nicht nur implizit rekonstruierbar. Dieser lässt sich ebenso verstärkt auf der kommunikativen Ebene nachzeichnen („*hier eben grad das Gegensätzliche zu haben das fühlt sich schon sehr gut an*").

Auch hier werden stereotype Geschlechtervorstellungen bedeutsam: Die Wertschätzung, die sie an der theologischen Fakultät in Konya empfand, wird auf der Grundlage einer stereotypen Vorstellung beschrieben, in der die Frau durch die Funktion als Erzieherin markiert wird („*denn also eine ein ein Mann erzieht ehm erzieht zum Beispiel seine Schülerin oder Lehrerin später eine Frau erzieht ihre Kinder mit ihren Kindern zusammen die nachfolgenden Generationen (.) wenn wir die Frauen erziehen haben wir eine gebildete Gesellschaft*"). „Gerade als Frau" rahmt die Sequenz und deutet zusätzlich auf die Diskriminierungserfahrungen, die in Zusammenhang mit dem Geschlecht gebracht und implizit in ihren Erfahrungsraum „Deutschland" verortet werden. Diese markierte Geschlechterrelevanz zeigt sich in der weiterhin rekonstruierbaren Orientierung an räumlicher Differenzerfahrung:

TRKAF01: Ich fühle mich hier sicherer (.) also wirklich vor allem sicher // ehm respektierter (.) und ich werd wesentlich ernster genommen als dort // dort also ich hab in Deutschland oft das Problem vor allem eben seit ich das Kopftuch trage (.) dass ehm mir Fragen gestellt werden aber meine Antwort nicht mal angehört wird @(.)@ // ehm und hier hatte ich das Problem noch nie ehm ich wurde noch nie angepöbelt was für mich immer noch n Schock ist ich bin seit elhamdulillah ich bin seit zweieinhalb Jahren hier und ich wurde noch nie dumm angemacht aufgrund meines Aussehens // obwohl viele aufgrund meiner Kleidung mich für arabisch halten // hatte ich noch nie ein Problem aber ehm kaum bin ich in Deutschland sieht die Situation halt leider wieder anders aus
(TRKAF01, 260-280)

Erneut auf der Gefühlsebene („*ich fühle mich hier sicherer*") wird die vergleichende Dimension sichtbar. In dem „*Hier*" dokumentiert sich implizit ein anderer Erfahrungsraum; denn um sich „*sicherer*" und „*respektierter*" zu fühlen, wird ein Bezugsraum für den Vergleich erforderlich. „*Dort in Deutschland*" stellt in diesem

9.1 Orientierung an räumlicher Differenzerfahrung

Fall diesen vergleichenden Bezugsraum dar, der im Modus der kontrastierenden Gegenüberstellung beschrieben wird. In der Beschreibung der Studentin zur unterschiedlichen Fremdwahrnehmung in beiden Bezugsräumen (Deutschland-Konya), die sich thematisch um die „*Kleidung*" und das „*Kopftuch*" bewegt, dokumentiert sich eine markierte Divergenz („*ich hab in Deutschland oft das Problem* [...] *ich bin seit zweieinhalb Jahren hier [in Konya] und ich wurde noch nie dumm angemacht aufgrund meines Aussehens*"). Somit lässt die Beschreibung des Erfahrungswissens durch den Rückbezug auf unterschiedliche Räume die Orientierung an räumlicher Differenzerfahrung rekonstruieren, die durch das Kontrār-Setzen auf den Modus der kontrastierenden Gegenüberstellung rekurriert.

Durch die Beschreibung des Erfahrungswissens aus zwei verschiedenen Räumen deutet auch TRAAF01 im Laufe des Interviews auf die handlungsleitende Bedeutung der räumlichen Differenzerfahrung, die sie im Modus der kontrastierenden Gegenüberstellung bearbeitet. Die Studentin aus Ankara erzählt in dieser Sequenz von ihren alltäglichen Eindrücken in der Türkei:

TRAAF01: Wenn ich draußen (.) ehm als ich verlobt war // und manchmal ich zahlen wollte (.) ehm hier in der Türkei (.) nimmt niemand das Geld @von der Frau@

KAR: @(.)@

TRAAF01: Bis jetzt hat kein einziger Kellner das Geld auch wenn ich schneller war von mir genommen // sondern immer von meinem Verlobten // ehm (.) das ist hier vielleicht so dass man Frauen nicht zahlen lässt (.) das hat sich hier dann so eingeprägt ich weiß nicht bei den Leuten // kann sein (.) das ist so etwas was mir aufgefallen ist // mirs aber (.) aufgefallen das finde ich aber positiv (.) das finde ich auch schön (.) das heißt wenn ich in einem Bus war (.) dass und ich (.) man gemerkt hat ich hab eine schwere Tasche (.) dass sofort so junge Männer aufgest- aufgestanden sind und mirn Platz angeboten haben // das finde ich sehr schön (.) in D-

```
Stadt ((in Europa)) ist nämlich oft passiert (.) dass ehm (.)
zum Beispiel X-Person war hoch schwanger und sie hat nicht
mal ein Kopftuch getragen dass man ihr kein Platz angeboten
hat // obwohl eigentlich Schwangere einen Vorrang haben (.)
also (.) hier (.) das ist jetzt vielleicht wieder für manche
konservativ aber ich fand das schön // weil (.) es sowieso im
Bus unangenehm ist und für mich sehr schwer wenn ich eine
schwere Tasche oder einen kleinen Koffer bei mir hab (.) dass
hier das direkt angeboten hat so dieses Gentleman like das
das ist mir aufgefallen aber für mich wars jetzt was Positives
nichts klischeehaftes muss ich sagen //
(TRAAF01, 1166-1198)
```

Die Studentin, die die darauffolgende Erzählung in den Raum „Türkei" verortet, verweist durch ihre Beschreibung auf etwas für die Türkei „Typisches" und allgemein Bekanntes; es wird im Sinne einer Norm beschrieben. Das Lachen in der Formulierung „*in der Türkei (.) nimmt niemand das Geld @von der Frau@*" und das daran anschließende Lachen der Interviewerin lässt das geteilte Wissen zwischen Interviewerin und Interviewter erkennen. Mit der Markierung des Erfahrungswissens („*bis jetzt hat kein einziger Kellner das Geld auch wenn ich schneller war von mir genommen*") wird eine (mögliche) in der Türkei geltende Norm beschrieben („*das ist hier vielleicht so dass man Frauen nicht zahlen lässt*"). Mit einer positiven Bewertung („*das finde ich aber positiv*") erfolgt eine weitere Exemplifizierung für die Beobachtung einer divergenten geschlechterbezogenen Handlungspraxis („*ich hab eine schwere Tasche (.) dass sofort so junge Männer aufgest- aufgestanden sind und mirn Platz angeboten haben*"). Im Modus der kontrastierenden Gegenüberstellung wird das Erfahrungswissen aus einer europäischen Stadt mit den Erfahrungen aus der Türkei verglichen („*in D-Stadt ((in Europa)) ist nämlich oft passiert (.) dass ehm (.) zum Beispiel X-Person war hoch schwanger [...] dass man ihr kein Platz angeboten hat*").

Das Erfahrungswissen aus zwei unterschiedlichen Räumen, die im Modus der kontrastierenden Gegenüberstellung angeführt werden, wird auch im Interview mit TRKA03 sichtbar. Die Studentin aus Konya spricht im Laufe des Interviews über ihre Wahrnehmungen mit Blick auf die Unterschiede der theologischen Fakultäten:

9.1 Orientierung an räumlicher Differenzerfahrung 283

TRKA03: *Im Allgemeinen sagt man dass (.) also @die Hoca in Ankara beispielsweise@ (.) oder generell manche in der Türkei sagen dass Konya Theologie die Fortführung von den Imam- und Prediger-Schulen ist (.) also x es gibt den Unterricht in dem der Schwerpunkt auf die Methodologie gelegt wird // ehm das ist eher Koran und Tefsir (.) wie ist es beispielsweise in Ankara Philosophie Logik das sind die Unterrichte die sehr zum Vorschein treten (.) dort kannst du offene Hoca sehen weibliche Hoca (.) hier gibt es keine einzige offene Frau in der Konya Theologie (.) nur aus unserem Jahrgang kam eine offene Freundin aus X-Land ((in Europa)) und dieser Freundin (.) also ich weiß das selbst manche Lehrer haben sie zur Seite genommen es gab welche die gesagt haben mein Kind bedecke dich mal // in Istanbul Ankara Bursa wirst du nicht so viele mit einer Gesichtsbedeckung und Çarşaf sehen // eigentlich darf man eine Gesichtsbedeckung tragen (.) aber die Hocas sagen liebe Freunde es gibt eigentlich kein Verbot aber (.) die Gesichtsbedeckung ist nicht an der Uni so (.) also an anderen Universitäten wirst du keinen mit einer Gesichtsbedeckung sehen (.) aber an unserer Universität sind es viele (.) Ferace gibt es viele Çarşaf gibt es viele (.) mein Stil hat sich vielleicht ein wenig angepasst (.) hier bei uns wirst du nicht viele mit einer Jeans sehen // die gibt es sicher (.) aber die sind in der Minderheit im Gegensatz zu den anderen theologischen Fakultäten (.) also bei denen hier verleiht diese Konservativität eine gewisse Seriosität // es ist mehr geschlossen soll ich das so sagen (.) ja es hat einen Stand der mehr geschlossen ist also eine Fakultät die eher strikt ist die eine konservative Einstellung hat // es gibt zwar Forschung und die Überlegungen der Wissenschaftler aber (.) eher (.) so wenn das gesagt wird dann (.) wie soll man sagen*

*(.) wenn der Gründer unserer Rechtsschule Imam Ebu Hanifa das
so gesagt hat dann ist das so fertig es wird nicht hinterfragt
(.) das ist eher so (.) ((auf den Tisch klopfend)) es wird
gesagt fertig das wars (.) das Hinterfragen macht eher Ankara
(2) es gibt diese Überlegung (.) es gibt jene Überlegung*
(TRKA03, 755-789)[29]

Zu Beginn der Sequenz dokumentiert sich in der Formulierung „*im Allgemeinen sagt man*" der Verweis auf ein konstruiertes Narrativ; dieses bezieht sich auf „*den Ruf*" der theologischen Fakultät in Konya. In dem Lachen („*@die Hoca in Ankara beispielsweise@*") manifestiert sich die Besonderheit, die der Bewertung der Hoca an der theologischen Fakultät in Ankara beigemessen wird. Zudem dokumentiert sich darin das Wissen der Studentin über diese Fremdeinschätzung bzw. -positionierung der theologischen Fakultät Konya, die über die Einschätzung der „Hoca" aus der theologischen Fakultät in Ankara hinausgreift („*generell manche in der Türkei sagen dass Konya Theologie die Fortführung von den Imam- und Prediger-Schulen ist*"). In diesem Verweis auf die Fakultät zeigt die Studentin ihren grenzüberschreitenden Blick und somit ihre Orientierung an räumlicher Differenzerfahrung.

---

[29] Original:
TRKA03: Genel olarak şöyle deniliyor (.) hani @Ankara'daki hocalar mesela@ (.) veya genel olarak Türkiye'de bazıları diyor ki Konya İlahiyat (.) İmam Hatip Lisesi devamı diyorlar (.) hani bi usul var ağırlık usule verilmiş bi ders vardır hani // ehm bu Kuran Tefsir (.) hani daha çok (.) mesela Ankara'da nasıldır Felsefe Mantık bunlar çok öne çıkmış derslerdir (.) orda açık hocaları görebilirsin bayan hocaları (.) burda bi tane açık bi bayan yoktur Konya İlahiyatta (.) sadece bizim dönemden (.) x-ülkeli bi arkadaş açık geldi ve bu arkadaşa (.) hani ben kendim biliyorum bazı hocalar bunu kenara çekti işte kızım bi örtün et filan diyenler oldu // İstanbul'da Ankara'da Bursa'da bu kadar peçeli çarşaflı göremezsin // aslında peçe (.) darf man (.) ama hocalar şey diyor ya arkadaşlar hani (.) bi yasak yok aslında ama (.) peçe ist nicht an der Uni (.) hani başka üniversitelerde peçeli göremezsin (.) ama bizim üniversite doludur (.) ferace doludur çarşaf doludur (.) belki benim stilim birazcık (.) hani uyum sağlamıştır ben eh (.) bizim burda çok kot pantolonlu göremezin // vardır (.) ama çok azınlıktır diğer İlahiyat fakültelerine bakarak (.) hani bi muhafazakarlığın vermiş olduğu bi ağırlık vardır (.) burdakilerde // ve ehm daha (.) kapalıdır diyim mi (.) evet kapalı bi konumu var daha böyle usulcu olan daha böyle ehm (.) muhafazakar tutumu olan (.) fakültedir // eh akademi alanda (.) hani (.) çalışmalar veya akademisyenlerin düşüncesi vardır ama (.) daha çok (.) hani (.) bu öyle deniliyorsa hani (.) ne diyelim (.) meshep kurucumuz İmam azam Ebu Hanife böyle diyorsa böyledir tamam sorgulama yoktur (.) daha çok böyle (.) ((auf den Tisch klopfend)) tamamdır budur deniliyo sorgulamayı daha çok Ankara yapar (2) öyle bi düşünce var (.) şöyle bi düşünce var

9.1 Orientierung an räumlicher Differenzerfahrung

Kontextwissen:
Imam- und Prediger-Schulen (tr. „*İmam Hatip Lisesi*") sind Gymnasien bzw. religiöse Schulen, die ursprünglich zur Ausbildung von Imamen oder Prediger*innen gedacht waren (Karakoç, 2020c, S. 258). Siehe dazu Abschnitt 4.1.4.

Die Markierung der „*Fortführung der Imam- und Prediger-Schulen*" (tr. „*İmam Hatip Lisesi devamı*") rekurriert auf eine eingeschränkte Anerkennung der Fakultät Konya als universitäre Institution einerseits und die Abschwächung ihrer Wissenschaftlichkeit andererseits. In dieser Orientierung an räumlicher Differenzerfahrung werden anhand von zwei Aspekten die eröffneten Räume (theologische Fakultät Konya und Ankara) im Modus der kontrastierenden Gegenüberstellung verglichen:

Zum einen scheint die Ausrichtung der Lehre mit dem Schwerpunkt auf „*Koran und Koranexegese*" für die theologische Fakultät in Konya charakteristisch zu sein („*Unterricht in dem der Schwerpunkt auf die Methodologie gelegt wird ehm das ist eher Koran und Koranexegese*", tr. „*ağırlık usule verilmiş bi ders vardır hani ehm bu Kuran Tefsir*").

Kontextwissen:
Tefsir oder *Tafsīr* wird als Korankommentierung (Khoury et al., 2001, S. 99) oder Koranexegese (Heinzmann, 2013, S. 820) verstanden und übersetzt.

Im Modus der kontrastierenden Gegenüberstellung wird mit einer grenzüberschreitenden Betrachtung die Ausrichtung der Lehre an der theologischen Fakultät in Ankara beschrieben („*in Ankara Philosophie Logik*", tr. „*Ankara'da [...] Felsefe Mantık*"). Dass es sich in dieser Beschreibung der Ausrichtungen um eine *Gegenüberstellung* handelt, dokumentiert sich auch in der daran anschließenden Fortführung der Aufzählung („*dort kannst du offene Hoca sehen weibliche Hoca (.) hier gibt es keine einzige offene Frau in der Konya Theologie*", tr. „*orda açık hocaları görebilirsin bayan hocaları (.) burda bi tane açık bi bayan yoktur Konya İlahiyatta*"). Darin dokumentiert sich der Modus der kontrastierenden Gegenüberstellung, in dem die fakultätsbezogenen Charakteristika exemplifiziert werden. Darüber hinaus wird sogar das für Konya als typisch Erklärte so ausgeweitet, als dass es sich nicht nur von der Fakultät in Ankara, sondern auch von anderen Fakultäten unterscheidet („*in Istanbul Ankara Bursa wirst du nicht so viele mit einer Gesichtsbedeckung und Çarşaf sehen [...] an anderen Universitäten wirst du keinen mit einer Gesichtsbedeckung sehen (.) aber an unserer Universität sind es viele*", tr. „*İstanbul'da Ankara'da Bursa'da bu kadar peçeli çarşaflı göremezsin [...] başka üniversitelerde peçeli göremezsin (.) ama bizim üniversite doludur*"). In dieser Beschreibung dokumentiert sich das Wissen der Studentin über die Besonderheiten der anderen Fakultäten; auffällig scheint hier die Aufzählung der Universitäten, die (neben der Universität Konya) an ihren theologischen Fakultäten (Istanbul, Ankara, Bursa) das Studium des internationalen Theologieprogramms ermöglichen. Somit lässt sich auch für den weiteren Verlauf der Sequenz rekonstruieren, dass die Besonderheit der theologischen Fakultät in Konya mit einer fakultätsübergreifenden Betrachtung und einer Orientierung an räumlicher Differenzerfahrung beschrieben wird. Das zusätzliche angeführte Beispiel dokumentiert diese Orientierung und den Modus der kontrastierenden Gegenüberstellung („*hier bei uns wirst du nicht viele mit einer Jeans sehen*", tr. „*bizim burda çok kot pantolonlu göremezin*"); dies scheint etwas für die Fakultät in Konya Charakteristisches zu sein und sich von den anderen Fakultäten stark zu unterscheiden („*die gibt es sicher (.) aber die sind in der Minderheit im Gegensatz zu den anderen theologischen Fakultäten*", tr. „*başka üniversitelerde peçeli göremezsin (.) ama bizim üniversite doludur*").

Der theologischen Fakultät in Konya wird die „*konservative Einstellung*" (tr. „*muhafazakar tutumu*") zugeschrieben und mit dem „*Geschlossen-Sein*" und der bedingungslosen Akzeptanz des von dem „*Gründer* [der] *Rechtsschule Imam Ebu Hanifa*" Gesagten untermauert. Ferner wird diese konstruierte und zugeschriebene „Einstellung" zum Umgang an der theologischen Fakultät in Ankara konträr gesetzt. In Ankara sei „*das Hinterfragen*" und statt einer bedingungslosen Akzeptanz die Betrachtung unterschiedlicher (theologischer) „Überlegungen" üblich. Vor diesem Hintergrund lässt sich rekonstruieren, dass die Studentin in der gesamten Sequenz die Orientierung an räumlicher Differenzerfahrung im Modus der kontrastierenden Gegenüberstellung bearbeitet.

9.1 Orientierung an räumlicher Differenzerfahrung

TRKA03 verweist im Laufe der Sequenz ein weiteres Mal auf diesen Modus:

TRKA03: *In Ankara würden wir lockerer mit Männern reden können zum Beispiel sagt x-Person* ((aus der theologischen Fakultät in Ankara)) (.) hey wir reden ganz locker normal ich hab gemeint ne ne ne ehm also bei uns nicht (.) *zum Beispiel sagt er* (.) *kann ich in Konya mit dir an einem Tisch sitzen* (.) *ich meinte was denkst du denn ja ihr in Ankara macht das ja meinte ich natürlich machen wa das hier in Konya nicht* // *das ist nicht so Dings also nicht so offen wie Ankara* (.) *bei uns ist es eher ehm* (.) *förmlich* (.) *komplett getrennt*
(TRKA03, 1296-1305)[30]

In dieser Sequenz dokumentiert sich die angedeutete – und auf Konya bezogene – Eingeschränktheit mit Blick auf die Kommunikation zwischen Studentinnen und Studenten („*in Ankara würden wir lockerer mit Männern reden können*", tr. „*Ankara'da daha rahat konuşabilirdik belki erkeklerle*"). Gleichzeitig dokumentiert sich darin der Wunsch nach dieser Praxis der Kommunikation; in Konya scheint dies nicht – in der in Ankara vorherrschenden Form – möglich zu sein. In dieser Schilderung wird auf das Erfahrungswissen einer bekannten Person[31], die zum Zeitpunkt des Interviews an der theologischen Fakultät in Ankara war, Bezug genommen („*zum Beispiel sagt x-Person* ((aus der theologischen Fakultät in Ankara)) *(.) hey wir reden ganz locker normal*"). Darin dokumentiert sich *einerseits* in dieser Orientierung an räumlicher Differenzerfahrung die Gegenüberstellung und somit der Modus der kontrastierenden Gegenüberstellung – *andererseits* dokumentiert sich darin die der Kommunikation zwischen Studentinnen und Studenten beigemessene thematische Relevanz.

Der Modus der kontrastierenden Gegenüberstellung erscheint in der Reaktion auf das Erfahrungswissen von x-Person („*ich hab gemeint ne ne ne ehm also bei uns nicht*", tr. „*dedim ne ne ne ehm also bei uns nicht*"), das für den

---

[30] Original:
TRKA03: Ankara'da daha rahat konuşabilirdik belki erkeklerle mesela x-kişi ((Ankara fakültesinde)) diyo (.) hey wir reden ganz locker normal dedim ne ne ne eh also bei uns nicht (.) mesela diyor (.) kann ich in Konya mit dir an einem Tisch sitzen (.) dedim was denkst du denn ja ihr in Ankara macht das ja dedim natürlich machen wa das hier in Konya nicht // das ist nicht so Dings hani Ankara gibi offen değil (.) bizde daha çok böyle ehm (.) resmiyetli (.) tamamen ayrı

[31] Das Bekanntschaftsverhältnis wird aus Anonymitätsgründen nicht präzisiert.

Kontext in Konya abgelehnt wird. Das direkte Konträr-Setzen der (gewöhnlich scheinenden) Handlungspraktiken spiegelt sich auch in dem anschließenden Beispiel des „am gemeinsamen Tisch Sitzens" wider. In der Formulierung „*natürlich machen wa das hier in Konya nicht*" wird die Selbstverständlichkeit markiert. In diesem Zusammenhang werden die Begriffe „*offen*" der theologischen Fakultät Ankara und „*förmlich*" sowie „*komplett getrennt*" der theologischen Fakultät Konya im Sinne von Charakteristika zugeschrieben. Somit lässt sich in der Beschreibung der Handlungspraxis an der Fakultät in Konya durch eine fakultätsübergreifende Betrachtung die Orientierung an räumlicher Differenzerfahrung rekonstruieren, die im Modus der kontrastierenden Gegenüberstellung bearbeitet wird. Die Studentin verweist auch in folgender Sequenz auf denselben Modus:

TRKA03: Hier trete ich mit meinem Frau-Sein in den Vordergrund // in Deutschland (.) ehm trete ich mit meiner Religion in den Vordergrund (.) also ich denke dass ich in Deutschland nicht mit meinem Frau-Sein in den Vordergrund trete // da bin ich die Muslima da bin ich nicht die Frau (.) da bin ich die da bin ich die mit dem Kopftuch // aber hier bin ich (.) vor allem in Konya (.) weil alle hier fast bedeckt sind hier // da geht man wirklich auf das Weibliche zu *also* (.) *also* ich h- ganz offen gesagt (.) *also hier guckt ein Mann selbst einer Frau mit Çarşaf hinterher* (.) in Deutschland würd man das nicht machen (.) die würden sagen ey wie sieht die denn aus die würden weiter laufen // *aber hier schauen sie einer Frau mit Çarşaf so* als Anreiz hinterher verstehst du // *also hier trete ich eher mit meinem Frau-Sein in den Vordergrund dort eher mit meinem Glauben*
(TRKA03, 1582–1603)[32]

---

[32] Original:
TRKA03: Burda kadınlığımla öne çıkıyorum // Almanya ' da (.) eh dinimle öne çıkıyorum (.) hani kadınlığımla çok öne çıkmıyorum Almanya ' da diye düşünüyorum // da bin ich die Muslima da bin ich nicht die Frau (.) da bin ich die da bin ich die mit dem Kopftuch // aber hier bin ich (.) vor allem in Konya (.) weil alle hier fast bedeckt sind hier // da geht man wirklich auf das Weibliche zu hani (.) hani ich h- ganz offen gesagt (.) hani bi erkek çarşaflının arkasından bile bakıyor burda (.) in Deutschland würd man das nicht machen (.) die würden sagen ey wie sieht die denn aus die würden weiter laufen // ama böyle als Anreiz burda bakıyorlar bi çarşaflı bi bayanın arkasında versteht du // hani burda (.) kadınlığımla daha çok öne çıkıyorum orda daha çok inancımla öne çıkıyorum.

9.1 Orientierung an räumlicher Differenzerfahrung

Die Studentin eröffnet in dieser Sequenz die Kategorien Geschlecht („*Frau-Sein*") und Religion („*meiner Religion*", „*Muslima*", „*Kopftuch*") und verortet sie mit einem grenzüberschreitenden Vergleich in unterschiedliche Räume. In diesen räumlichen Verortungen dokumentiert sich durch die kontrastierende Darlegung der Modus der kontrastierenden Gegenüberstellung, in dem die Orientierung an räumlicher Differenzerfahrung bearbeitet wird. Dass es sich um eine Gegenüberstellung handelt, dokumentiert sich nicht zuletzt in der Art der Formulierung „*da bin ich die* [...] *aber hier bin ich*"; „*aber*" lässt dies rekonstruieren. Frau-Sein wird hierbei als etwas Sichtbares und Eindeutiges konstruiert.

In dieser Gegenüberstellung zeigt sich die Bedeutung der Fremdwahrnehmung, die für die Beschreibung relevant scheint. Denn „*in den Vordergrund treten*" (tr. „*öne çıkıyorum*") rekurriert auf das „Sichtbar-Werden", genauer sogar „Gesehen-Werden" und somit auf die Fremdwahrnehmung, die hier angedeutet wird. Die Beschreibung, dass in Deutschland nicht (zunächst) das (sozial konstruierte) Geschlecht wahrgenommen würde, und die daran anschließende Detaillierung („*da bin ich die Muslima da bin ich nicht die Frau (.) da bin ich die da bin ich die mit dem Kopftuch*") dokumentiert *einerseits* den darin verborgenen Entfremdungsprozess und eine Fremdheitskonstruktion; *andererseits* verweist die Studentin auf die Reduzierung der Identität auf das „*Kopftuch*". Daneben scheint „*in Konya*" – und auch in diesem räumlichen Querverweis zeichnet sich die Orientierung an räumlicher Differenzerfahrung nach – das Kopftuch keine Besonderheit in der Fremdwahrnehmung darzustellen. Die Begründung („*weil alle hier fast bedeckt sind hier*") dokumentiert eine Normalitätskonstruktion auf der Grundlage der kollektiven Praxis des „Bedeckt-Seins". Dass das „*Frau-Sein*" (tr. „*kandınlığım*") stattdessen im Vordergrund stehe und „*ein Mann selbst einer Frau mit Çarşaf hinterher*[gucken]" (tr. „*hani bi erkek çarşaflının arkasından bile bakıyor burda*") würde, deutet auf der Ebene des *Wie* des Gesagten (implizit) auf die Annahme, dass durch das „*Çarşaf*" das „*Frau-Sein*" bedeckt wird. Darin dokumentiert sich die Geschlechterkonstruktion, die auf das äußere Erscheinungsbild und – im Genaueren sogar – auf den Körper bezogen wird. Dass nun ein Mann *selbst* diesen Frauen „hinterhergucken" würde, dokumentiert somit die (für den Raum Konya) beigemessene Bedeutung und Besonderheit des Frau-Seins. Mit Blick darauf wird im Modus der kontrastierenden Gegenüberstellung die Fremdwahrnehmung und der Umgang damit für Deutschland verneint („*in Deutschland würd man das nicht machen*").

Somit scheint *das Besondere* in der Fremdwahrnehmung in Deutschland (vor dem Hintergrund des Erfahrungswissens) das als fremd und ungewohnt Markierte zu sein („*die würden sagen ey wie sieht die denn aus*"); in Konya scheint sich *das Besondere* in der Fremdwahrnehmung auf das Bedeckte und Unsichtbare zu beziehen, das mit dem Geschlecht (Frau) und den Reizen in Verbindung gebracht wird („*aber hier schauen sie einer Frau mit Çarşaf so als Anreiz hinterher*", tr. „*ama böyle als Anreiz burda bakıyorlar bi çarşaflı bi bayanın arkasında"*). Der Modus der kontrastierenden Gegenüberstellung manifestiert sich insofern, als die Studentin diese Beschreibungen im Sinne einer Kontrastierung der Fremdwahrnehmung anführt – und dies zeigt sich nochmals in der Zusammenfassung am Ende der Sequenz („*also hier trete ich eher mit meinem Frau-Sein in den Vordergrund dort eher mit meinem Glauben*").

Ferner lässt sich rekonstruieren, dass sich die Studentin in dem Vergleich der Fremdwahrnehmungen an räumlicher Differenzerfahrung orientiert und dies im Modus der kontrastierenden Gegenüberstellung bearbeitet.

In der komparativen Analyse zeigt sich die Homologie zuletzt in folgender Sequenz: TRKA02 (Studentin aus Konya) thematisiert – wie auch TRKA03 – die geschlechtergetrennte Handlungspraxis als Besonderheit der theologischen Fakultät in Konya und verweist in dieser Beschreibung auf andere Räume, die für die Darstellung hinzugezogen werden:

TRKAF02: Ehm zum Beispiel für die in Ankara sind wir einfach *yobaz* (Der türkische Begriff „*yobaz*" erschwert eine direkte und passende Übersetzung. Der Begriff rekurriert sowohl auf das „(religiöse(r)) Fanatiker*in-Sein" als auch auf das „Unzivilisiert- und Rückständig-Sein" und ist in der Verwendung negativ konnotiert. Allerdings dokumentiert sich diese negative Konnotation – unabhängig vom Kontextwissen – auch auf der Ebene des *Wie* des Gesagten („*für die sind wir einfach yobaz // oke Konya ist so yobaz die sind so radikal*").) // oke Konya ist so *yobaz* die sind so radikal aber für uns sind die dort oah voll locker das geht ja mal gar nicht // das ist immer so ein Dings obwohl wir kommen alle aus demselben Land *also* wenn wir vor vier fünf Jahren schauen wir waren alle gleich // aber jetzt plötzlich waren wir da- als einfach eine ein- eigene Welt so eine andere Welt einfach (.) zum Beispiel Mädchen Junge Beziehungen zum Beispiel

9.1 Orientierung an räumlicher Differenzerfahrung

KAR: O:ka:y

TRKAF02: Also ich glaub nich aber bei denen is es nicht so streng wie wir (2) ich glaub nicht dass in Ankara wenn ein Junge mit Mädchen redet da so oah is bei uns mach ma im Hof so rede mal mit einfach mit einem Jungen dann wirds so oah wenn ich sogar mit meinem Verlobten rede ist es so ein Dings so oh mein Gott

KAR: Obwohl ihr verlobt seid

TRKAF02: @Ja@

KAR: Okay und ehm das heißt du sitzt dann mit deinem Verlobten auch nicht zusammen in der Kantine oder so

TRKAF02: Nein @(.)@ @nein@ sowas geht ja mal gar nicht (.) in Ankara geht das aber hier nicht

KAR: Okay verstehe

TRKAF02: @(.)@

(TRKAF02, 898-933)

TRKA02 spricht in dieser Sequenz über die gegenseitige Fremdwahrnehmung und -zuschreibung der Studierenden in Ankara und in Konya („*für die in Ankara sind wir einfach yobaz*"). In dieser Beschreibung lässt sich rekonstruieren, dass die Studentin ausgehend von einer Kollektivierung der Studierenden qua Fakultät die Fremdwahrnehmung konträr setzt; denn während die Studierenden in Konya als „*yobaz*" beschrieben werden, benennt die Studentin die Divergenz der Wahrnehmung, indem sie die Studierenden in Ankara als „*oah voll locker*" beschreibt. Insbesondere auf der Ebene des *Wie* des Gesagten dokumentiert sich eine Wahrnehmung, die auf eine Divergenz deutet und von einer Nicht-Nachvollziehbarkeit und einer ablehnenden Haltung geprägt ist. Zudem manifestiert sich dieser ablehnende Modus auch auf der kommunikativen Ebene („*das geht ja mal gar nicht*").

Die Divergenz scheint für die Studentin aufgrund des gemeinsamen Erfahrungsraums der Studierenden aus Konya und Ankara paradox zu sein („*das ist immer so ein Dings obwohl wir kommen alle aus demselben Land*"). Vor dem Hintergrund dieses gemeinsamen Erfahrungsraums konstruiert die Studentin eine homogene Gruppe der Studierenden aus dem Ausland – im genaueren Sinne aus Deutschland – die durch die verschiedenen Räume einen Bruch in ihrem Homogen-Sein erlebt („*wenn wir vor vier fünf Jahren schauen wir waren alle gleich aber jetzt plötzlich waren wir da- als einfach eine ein- eigene Welt so eine andere Welt einfach*"). In diesem In-Verhältnis-Setzen und Vergleichen beider Räume zeichnet sich die Orientierung der Studentin an einer räumlichen Differenzerfahrung nach, die sie – durch die scharfe Entgegensetzung – im Modus der kontrastierenden Gegenüberstellung bearbeitet.

Mit dieser Rahmung exemplifiziert die Studentin die beschriebene Divergenz anhand der Geschlechterbeziehungen an der Fakultät („*Mädchen Junge Beziehungen zum Beispiel*"). Die Markierung der Divergenz mit Blick auf die Art der Kommunikation zwischen Studenten und Studentinnen an den Fakultäten in Konya und Ankara („*ich glaub nicht dass in Ankara wenn ein Junge mit Mädchen redet da so oah is bei uns mach ma im Hof so rede mal mit einfach mit einem Jungen dann wirds so oah*") deutet nicht nur auf die unterschiedlichen Handlungspraktiken, sondern zugleich auf unterschiedliche normative Vorstellungen hinsichtlich der Geschlechterverhältnisse. Dass diese unterschiedlichen Praktiken in der Betrachtung des (jeweils) Anderen auf eine Kollision mit den (jeweils) eigenen normativen Vorstellungen stoßen, dokumentiert sich beispielsweise auf der Ebene des *Wie* des Gesagten („*so oah is* [...] *dann wirds so oah*"). Die Kollision scheint durch die Wahrnehmung und die Einschätzung von Anderen fremdgeleitet zu sein. Dies zeigt sich beispielsweise in der daran anknüpfenden Beschreibung „*wenn ich sogar mit meinem Verlobten rede ist es so ein Dings so oh mein Gott*". Dass „sogar" das Verlobt-Sein nicht diesen fremdbestimmten Rahmen in der Geschlechterbeziehung bricht und dieser auch in diesem Fall noch stark vorhanden sei, rekurriert auf die Starrheit der Rahmensetzung und die Eindeutigkeit der normativen Vorstellung über die Geschlechterbeziehung. Auffällig scheint, dass die Studentin in dieser Geschlechterbeziehung in alltäglichen Momenten die Beobachtung von (imaginären) Dritten konstruiert („*bei uns mach ma im Hof so rede mal mit einfach mit einem Jungen dann wirds so oah*"); und die Existenz des beobachtenden Dritten verortet die Studentin an der Fakultät in Konya. Genau darin scheinen sich die Räume voneinander zu unterscheiden.

Das Verlobt-Sein wird von der Interviewerin als besondere Form der Geschlechterbeziehung aufgegriffen („*obwohl ihr verlobt seid*"). Somit dokumentiert sich implizit die geteilte Annahme zwischen Interviewerin und Interviewter, dass spätestens mit dem Verlobt-Sein bestimmte Grenzaufhebungen in dem Verhältnis der Studenten und Studentinnen erfolgen (würden oder könnten). Diese Besonderheit, die die Studentin dieser Situation zuschreibt, zeigt sich in dem bestätigenden Lachen der Interviewten („*@ja@*"). Nach dem Anführen eines Fakultäts-alltäglichen Beispiels („*okay und ehm das heißt du sitzt dann mit deinem Verlobten auch nicht zusammen in der Kantine oder so*") durch die Interviewerin zeigt die Reaktion der Interviewten die starke Ausprägung und strikte Trennung („*nein @(.)@ @nein@ so was geht ja mal gar nicht*"). Nicht nur auf der kommunikativen Ebene („*nein*" und „*sowas geht ja mal gar nicht*"), sondern auch auf der Ebene des *Wie* des Gesagten dokumentiert sich einerseits durch die doppelte Verneinung und andererseits durch die Verstärkung in dem mehrfachen Lachen die der Situation beigemessene Absurdität.

Resümierend markiert die Studentin vor dem Hintergrund dieses Beispiels im Modus der kontrastierenden Gegenüberstellung den Unterschied zur Fakultät in Ankara („*in Ankara geht das aber hier nicht*"). Daher lässt sich rekonstruieren, dass die Studentin für die Beschreibung der (geschlechterspezifischen) Besonderheiten der theologischen Fakultät in Konya einen anderen Raum (Fakultät in Ankara) hinzunimmt, was somit auf ihre Orientierung an räumlicher Differenzerfahrung verweist.

9.2 Orientierung an religiösen Glaubensinhalten

Als Ergebnis der komparativen Analyse konnte die Orientierung an religiösen Glaubensinhalten rekonstruiert werden, die die Interviewten in den Beschreibungen, Argumentationen und Erzählungen aufweisen und explizit als religiös rahmen. Die Bedeutung religiöser Bezüge, Quellen, Narrative oder Begründungen, die sie als solche markieren, verweist hier auf das Strukturierende und (Handlungs-) Leitende von religiösen Glaubensinhalten. Diese kollektive Orientierung der Studentinnen und Imaminnen verweist auf sechs unterschiedliche Modi der Bearbeitung (siehe Abbildung 9.3).

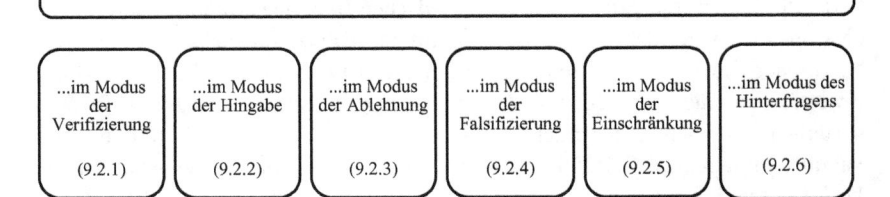

Orientierung an religiösen Glaubensinhalten ...

...im Modus der Verifizierung	...im Modus der Hingabe	...im Modus der Ablehnung	...im Modus der Falsifizierung	...im Modus der Einschränkung	...im Modus des Hinterfragens
(9.2.1)	(9.2.2)	(9.2.3)	(9.2.4)	(9.2.5)	(9.2.6)

Abb. 9.3 Orientierung an religiösen Glaubensinhalten und Modi der Bearbeitung im Überblick

9.2.1 ... im Modus der Verifizierung

TRKAF01 spricht im Laufe des Interviews von der „Verantwortung des Mannes". Die Interviewerin greift diese Thematisierung auf und gibt sie erneut an die Interviewte weiter:

KAR: Okay (.) du hast von der Verantwortung eines Mannes gesprochen

TRKAF01: Eh:: ja es gibt ja genug in den Lehrbüchern auch dazu @(.)@ aber eh so von dem was ich mich erinnere einfach nur ganz grob eh erstmal (.) psychische und natürlich auch physische Unterstützung für seine Familie und vor allem für seine Frau zu sein // eh: das heißt eh: eine Frau braucht (2) natürlich eh Unterkunft // sie braucht Nahrung sie braucht eh: jemanden der sie anhört wenn sie Sorgen hat jemanden der ihr hilft wenn sie Probleme hat natürlich gilt das Gleiche auch f- also die Frau hat natürlich ihre Verantwortung auch gegenüber ihrem Mann // eh:: sie eh ist zum Beispiel verantwortlich das Haus was er ihr zur Verfügung stellt in ein Heim zu verwandeln in das er nach Hause kommt und sich wohlfühlt (.) also (.) @siehe alle islamischen Ehebücher@ die es gibt eh der Mann hat viele Verpflichtungen gegenüber der

9.2 Orientierung an religiösen Glaubensinhalten 295

```
Frau hat aber auch Rechte und genauso sieht es mit der Frau
aus // wenn man sich wirklich beides nebeneinander anschaut
(.) denke ich mir pu:::h (.) gut dass @ich als Frau geboren
bin@ (.) weil eh vor allem (.) was das nächste Leben also vor
Gott betrifft trägt der Mann wirklich sehr viel Verantwortung
// oder sollte eben sehr viel Verantwortung tragen und sich
dessen bewusst sein
(TRKAF01-1, 640-670)
```

Mit einer Denkphase („*eh::*") setzt die Bezugnahme an. In diesem direkten Verweis auf religiöse „*Lehrbücher*" dokumentiert sich die Konstruktion der Religion und der Lehrbücher als das *Handlungsleitende*, wodurch sich die Orientierung an religiösen Glaubensinhalten im Modus der Verifizierung rekonstruieren lässt. So versucht die Studentin den Inhalt der Lehrbücher zu rekonstruieren („*von dem was ich mich erinnere einfach nur ganz grob eh erstmal*"): Der „*Mann*" wird als „Unterstützer" und „(Ver-)Sorgender" für die Familie und die „*Frau*", die „*Frau*" hingegen als Bedürftige („*eine Frau braucht (2) natürlich eh Unterkunft sie braucht Nahrung sie braucht*") konstruiert, die in diesem aufgezeichneten Abhängigkeitsverhältnis die Abhängige zu sein scheint. Im Zuge dieser Beschreibung skizziert die Studentin die Verantwortung der „*Frau*" („*natürlich gilt das Gleiche auch f- also die Frau hat natürlich ihre Verantwortung auch gegenüber ihrem Mann*"); darin dokumentiert sich die Notwendigkeit einer zweiseitigen Ausführung. Die Verantwortung der „*Frau*" wird in den häuslichen Bereich verortet („*sie ehm ist zum Beispiel verantwortlich das Haus was er ihr zur Verfügung stellt in ein Heim zu verwandeln in das er nach Hause kommt und sich wohlfühlt*"). Das zuvor rekonstruierte Abhängigkeitsverhältnis dokumentiert sich auch in dieser Beschreibung, denn das „*Haus* […]" hat „*er ihr zur Verfügung* [ge]*stellt*". Durch diese Konstruktion der klassischen Arbeitsverteilung zeigen sich die stereotypen Geschlechterrollen und -bilder. In dem erneuten Aufgreifen religiöser Quellen als Bezugspunkt („*also (.) @siehe alle islamischen Ehebücher@*") dokumentiert sich die ihr zugrunde gelegte Offensichtlichkeit und Selbstverständlichkeit. Dies zeigt sich insbesondere auf der Ebene des *Wie* des Gesagten in dem Lachen. Die beigemessene Offensichtlichkeit deutet darüber hinaus auf die Annahme des Wissens der Interviewerin darüber. Das Heranziehen der religiösen Quelle für die argumentative Bestätigung der eigenen Positionierung verweist auf die Orientierung an religiösen Glaubensinhalten, die im Modus der Verifizierung bearbeitet wird.

Mit einer erneut zweiseitigen Beschreibung („*Mann hat viele Verpflichtungen gegenüber der Frau hat aber auch Rechte und genauso sieht es mit der Frau aus*") resümiert die Studentin diese Verantwortungszuschreibungen beider Geschlechter („*wenn man sich wirklich beides nebeneinander anschaut*"). Das Resümee „*denke ich mir pu:::h"* zeigt auf der Ebene des *Wie* des Gesagten (verstärkt durch das langgezogene „pu:::h") eine Andeutung auf etwas Heraus- bzw. Überforderndes. Die daran anschließende Formulierung *„gut dass @ich als Frau geboren bin@"* rekurriert nicht nur auf die mit der Geburt eintretende Geschlechterzuschreibung; sie verweist (insbesondere durch das Lachen) auf eine Bearbeitung der Verantwortungszuschreibungen, in denen der Mann die größere Verantwortung zu haben scheint. Diese – zunächst auf der Ebene des *Wie* des Gesagten nachgezeichnete – Rekonstruktion manifestiert sich am Ende der Sequenz (*„vor allem (.) was das nächste Leben also vor Gott betrifft trägt der Mann wirklich sehr viel Verantwortung oder sollte eben sehr viel Verantwortung tragen"*). Auch in diesem Resümee zeigt sich die Bedeutung von Religion und des Jenseits für die Interviewte.

Im Interview mit TRAAF01 (Studentin an der theologischen Fakultät in Ankara) wird durch die Interviewerin die Frage nach der Predigt von Imaminnen vor geschlechtergemischten Gruppen eingeworfen. Nachdem die Interviewte diese Frage bearbeitet, wird daran anschließend von der Interviewerin die Frage nach der *„Frau als Vorbeterin"* gestellt, wobei hier die Gruppe, vor der vorgebetet wird, nicht präzisiert wird:

```
KAR: Und die Frau als Vorbeterin

TRAAF01:              ⌊ Ehm (.) als Vorbeterin es ist so
ehm (.) ich bin selbst eine Frau // das heißt ich werde jetzt
bisschen subjektiv // antworten müssen denn // ich versuch
mir jetzt mal selber darin hineinzuversetzen // ich würde vor
einer Gruppe von Frauen (.) das Gebet vorbeten // auf jeden
Fall also ich find das nicht schlimm (.) gar nicht ehm (.)
warum (.) Imam Maturidi // sagt (.) Frauen (.) können sogar
den Gebetsruf rufen als Muezzin (.) daher finde ich dass es
nicht das Problem ist die Stimme der Frau (.) ich // also ich
bin absolut dagegen dass man sagt die Stimme der Frau ist
haram // ich lese selbst auch neben Männern den Koran // es
ist das Wort Gottes und ich kann lesen was ich will das find
ich auch nicht schlimm // also es gibt viele religiöse Belege
dafür dass das gehen würde
(TRAAF01, 2394-2421)
```

In der Frage der Interviewerin manifestiert sich die Bedeutung des Geschlechts für den Aspekt des Vorbetens. An dieser Stelle geht es also nicht mehr um die weibliche Religionsbeauftragte, sondern um die „Frau", die als Vorbeterin

9.2 Orientierung an religiösen Glaubensinhalten

fungiert (bzw. fungieren soll). Darin dokumentiert sich die Loslösung von der fachlichen Expertise, die mit einer Fokussierung auf das Geschlecht einhergeht. Die Überlappung („*ehm*") der Studentin verweist zum einen auf die Bereitschaft, zu dieser Frage Stellung zu nehmen; zum anderen zeigt sich darin der ansetzende Denkprozess. Letzteres zeigt sich ebenfalls in der daran anschließenden Formulierung („*als Vorbeterin es ist so ehm*"). Somit scheint implizit die – wenn auch nur kurze – Denkpause zum Vorschein zu kommen, die sich als Versuch einer gedanklichen Sortierung deuten lässt. Mit einer Verortung „*ich bin selbst eine Frau*" wird eine Eigenzuschreibung und Positionierung vorgenommen und die Betroffenheit innerhalb dieser Fragestellung zum Ausdruck gebracht („*das heißt ich werde jetzt bisschen subjektiv antworten müssen*"). Darin dokumentiert sich gleichzeitig die Markierung des Standpunktes, von dem aus die Frage beantwortet wird. Somit wird mit persönlicher Bezugnahme („*ich versuch mir jetzt mal selber darin hineinzuversetzen*") die Möglichkeit der eigenen Handlungspraxis durchdacht.

Nach dieser Rahmung lässt sich die positive Bearbeitung der Frage rekonstruieren („*ich würde vor einer Gruppe von Frauen (.) das Gebet vorbeten*"), die auf der Ebene des *Wie* des Gesagten durch den Konjunktiv („*würde*") eine Eingeschränktheit bzw. Ungewöhnlichkeit dieser Praxis des Vorbetens impliziert. Gleichzeitig wird die Praxis mit Blick auf eine bestimmte Gruppe eingeschränkt („*vor einer Gruppe von Frauen*"); somit werden „Männer" von dieser Gruppe ausgeschlossen. Mit einer Überzeugung („*auf jeden Fall*") verweist die Studentin auf die Möglichkeit einer negativen Bewertung, die hier von sich selbst abgewiesen wird („*also ich find das nicht schlimm*"). An dieser Stelle greift die Argumentation („*warum*") für ihre eingenommene Position und Bewertung der Frage: „*Imam Maturidi*" wird im Zuge des Explikationsversuchs an erster Stelle erwähnt.

Kontextwissen:
„Die Maturiditen sind eine islamische Theologieschule, die aus den Lehren Abu Mansur al-Maturidis [auch Imam Maturidi genannt] (gest. 944) hervorgegangen und nach ihrem Gründer benannt worden ist." (Kutlu, 2013, S. 463, Erg. d. Verf.)

Das von Imam Maturidi Gesagte („*Imam Maturidi sagt (.) Frauen (.) können sogar den Gebetsruf rufen als Muezzin*") wird somit als Bezugspunkt für die Positionierung herangezogen. Darin dokumentiert sich ebenfalls die Konstruktion von Imam Maturidi als religiöse Orientierungsfigur. Vor dem Hintergrund dieser religiösen Begründung („*daher*") wird implizit ein möglicher Einwand gegen die Praxis des Vorbetens von Frauen („*daher finde ich dass es nicht das Problem ist die Stimme der Frau (.) ich also ich bin absolut dagegen dass man sagt die Stimme der Frau ist haram*") angeführt und abgelehnt. Es scheint somit Diskurse darüber zu geben, die die „*Stimme der Frau*" als „*haram*" markieren; und diese Betrachtung scheint für die Argumentation der Fragestellung relevant zu sein.

Die eigene Praxis wird selbstermächtigend und -bewertend gerahmt („*ich lese selbst auch neben Männern den Koran es ist das Wort Gottes und ich kann lesen was ich will das find ich auch nicht schlimm*") und erneut auf das Vorhandensein religiöser Belege zurückgeführt („*also es gibt viele religiöse Belege dafür dass das gehen würde*"). Dadurch lässt sich rekonstruieren, dass die Studentin für die Bewertung der Fragestellung eine Orientierung an religiösen Glaubensinhalten zeigt. Die religiösen Glaubensinhalte werden in diesem Zusammenhang für eine Bestätigung der eigenen Positionierung und Argumentation herangezogen. Somit lässt sich der Modus der Verifizierung rekonstruieren, in dem die Orientierung an religiösen Glaubensinhalten bearbeitet wird.

Diese Homologie lässt sich auch im Interview mit der Imamin DEAF06 nachzeichnen. DEAF06 spricht im Laufe des Interviews über ihre Erfahrungen als Imamin in der Moschee. In diesem Zusammenhang entsteht folgende Erzählung:

DEAF06: Frauen sind wertvoll Frauen sind wichtig (.) zum Beispiel erklären wir den Frauen welche Rechte der Islam den Frauen gegeben hat

KAR: Ja

DEAF06: Wir sagen Allahuteala sagt im Koran geht mit euren Frauen gut um

KAR: Ja

DEAF06: Unser Prophet sagt der Beste unter euch ist derjenige der die Frau und die Kinder gut behandelt // und ich bin der Beste unter euch der die Frau und Kinder gut behandelt (.) sagt unser Prophet (.) wir erklären das (.) in unserer Religion ist es sehr wichtig die Frau wertzuschätzen (.) der

9.2 Orientierung an religiösen Glaubensinhalten

```
Mann sollte die Frau nicht verletzen (.) die Frau sollte den
Mann und der Mann die Frau schätzen können ihre Familie sollte
man eine friedliche und glückliche sein
(DEAF06, 1089-1106)[33]
```

Für die Formulierung zu Beginn der Sequenz („*Frauen sind wertvoll Frauen sind wichtig*", tr. „*kadınlar değerli kadınlar önemli*") werden anschließend religiöse Glaubensinhalte herangezogen, um den „Wert" und die „Wichtigkeit" der Frauen auf ihren (Entstehungs-)Ursprung zurückzuführen. Gleichzeitig dokumentiert sich in dieser Formulierung die Bedeutung des Formulieren-Müssens; nicht zuletzt zeigt sich das in der doppelten Aufführung „*Frauen sind ...*". Es lässt sich rekonstruieren, dass die „Rechte der Frauen", die „*der Islam den Frauen gegeben hat*" (tr. „*İslam'ın kadınlara verdiği hakları*") als Thema im Unterricht der religionsbeauftragten Frauen relevant zu sein scheinen; diese Relevanz dokumentiert sich auch in der Konstruktion des Kollektivs weiblicher Religionsbediensteter („*wir erklären*", tr. „*biz anlatıyoruz*"), die dieses Thema bearbeiten. „Wir sagen" (tr. „*diyoruzki*") verweist auf eine kollektive Bearbeitung des Themas. Der religiöse Bezug wird mit der Wiedergabe des von Gott („*Allahuteala sagt im Koran geht mit euren Frauen gut um*", tr. „*Kuranı Kerim'de Allahuteala diyorki hanımlarınızla güzel geçinin*") und dem Propheten („unser Prophet sagt der Beste unter euch ist derjenige der die Frau und die Kinder gut behandelt", tr. „*Peygamber efendimiz diyoki sizin en hayırlınız hanımımına ve çocuklarına karşı en iyi davranandır*") Gesagten hergestellt. Vor diesem Hintergrund lässt sich die Bedeutung von „*Allah*" und dem Propheten als religiöser Bezugsrahmen und die Orientierung der Imamin an religiösen Glaubensinhalten rekonstruieren. Die „*Wertschätzung der Frauen*" wird somit innerhalb der Religion verortet („*in unserer Religion ist es sehr wichtig die Frau wertzuschätzen*", tr. „*bizim dinimizde kadına değer vermek çok önemli*"). Somit zeigt sich, dass die Religion und religiöse Bezugspunkte im Sinne einer Bestätigung herangezogen werden, wodurch

---

[33] Original:
DEAF06: Kadınlar değerli kadınlar önemli (.) biz bayanlara mesela İslam'ın kadınlara verdiği hakları anlatıyoruz
KAR: Evet
DEAF06: Diyoruzki Kuranı Kerim'de Allahuteala diyorki hanımlarınızla güzel geçinin
KAR: Evet
DEAF06: Peygamber efendimiz diyoki sizin en hayırlınız hanımımına ve çocuklarına karşı en iyi davranandır // bende sizin içinizde hanımına ve çocuğuna karşına en iyi davranınım (.) diyor efendimiz (.) biz bunları anlatıyoruz bizim dinimizde kadına değer vermek çok önemli (.) erkek kadının gönlünü kırmamalı (.) efendim kadın erkeğin erkek kadının kıymetini bilmeli huzurlu mutlu olmalı yuvaları.

sich die Orientierung an religiösen Glaubensinhalten im Modus der Verifizierung rekonstruieren lässt. Es zeigt sich noch keine thematische Konklusion – die Imamin führt diese Beschreibung fort:

DEAF06: *Wenn wir das den Frauen erzählen sagen sie oh Hoca wenn das auch die Männer hören würden (.) aber wenn sie das von uns hören also ich denke da an die Männer in der Türkei aber es ist bei den Männern in Deutschland nicht anders (.) ich glaube nicht dass sie das sehr beeinflussen wird (.) einer von ihnen muss das sagen sie müssen das von einem männlichen Hoca hören (.) zum Beispiel hat das jemand von Hazreti Ömer gehört (.) an einem Tag hat jemand an der Tür von Hazreti Ömer geklopft und wollte sich bei ihm über seine Frau beschweren (.) damals war Hazreti Ömer das Staatsoberhaupt der Halif // er näherte sich an die Tür in der Wohnung sagt eine Frau Hazreti Ömer viele Sachen (.) die Ehefrau ist wütend geworden und beschwert sich (.) als der Mann sie gehört hat hätte er sich gedacht ich beschwere mich lieber nicht und gehe lieber zurück er wollte es sein lassen aber hatte schon an der Tür geklopft (.) gerade als er weggehen wollte hätte Hazreti Ömer die Tür geöffnet (.) er hätte gesagt hast du nicht an der Tür geklopft warum gehst du wieder (.) er hätte geantwortet Ömer ich bin zu dir gekommen um mich bei dir wegen meiner Frau zu beschweren aber (.) aber ich habe gehört wie ihre Frau gesprochen hat und habe mich dann umentschieden und wollte zurückgehen (.) Hazreti Ömer hätte sehr gut geantwortet er hätte gesagt (.) schau mal sie ist meine Frau (.) die Betreuerin meiner Kinder (.) sie macht mein Essen (.) sie wäscht mein Geschirr sie putzt meine Wohnung sie schützt meine Ehre (.) in jeglicher Hinsicht ist sie meine Lebenspartnerin und immer bei mir (.) und wenn sie manchmal schimpft dann muss*

9.2 Orientierung an religiösen Glaubensinhalten 301

ich ihr gegenüber natürlich geduldig sein (.) was für ein schönes Vorbild (.) ich denke dass Männer mehr von Männern lernen wenn es um das Thema Familie und Auskommen geht // (DEAF06, 1106-1123)[34]

Die Sequenz verweist zunächst auf eine Orientierung an den Geschlechterstrukturen, die im Modus der Beibehaltung bearbeitet wird. So scheint es eine geteilte Erfahrung der Frauen zu geben, die schmerzhaft zu sein scheint. Dies dokumentiert sich auf der Ebene des *Wie* des Gesagten („*oh Hoca*", tr. „*ah hocam*"). Die Wunschäußerung, dass das von den weiblichen Hoca – mit Blick auf den Wert und die Wertschätzung der Frauen – Gepredigte auch für die Männer „*hörbar*" wird („*wenn das auch die Männer hören würden*", tr. „*bunları bide erkekler duysa*"), rekurriert einerseits auf die darin imaginär aufgezeichnete Geschlechtersegregation im Kontext der Predigt; andererseits dokumentiert sich die Annahme oder das geteilte Wissen darüber, dass die Männer nicht an dieses Wissen in dieser Form, wie sie die weiblichen Hoca transformieren, herankommen. Somit dokumentieren sich zwei Ebenen, die hier zur Geltung kommen: Zum einen wird implizit die Struktur der Predigt bzw. des Unterrichts durch die Geschlechtertrennung charakterisiert – zum anderen wird auf die Divergenzen der inhaltlichen Bearbeitung des Themas durch die weiblichen und männlichen Hoca rekurriert. Diese Struktur wird in dem Bezug der Imamin beibehalten und begründet („*ich glaube nicht dass sie das sehr beeinflussen wird (.) einer von ihnen muss das sagen sie müssen das von einem männlichen Hoca hören*", tr. „*o kadar etkileneceklerini*

---

[34] Original:
DEAF06: Kadınlara bunu anlattığımız zaman (.) bize diyorlarki ah hocam bunları bide erkekler duysa (.) ama (.) bunu bizden duydukları zaman onların erkeklerin bizim yani Türkiye'deki erkekler olarak düşünüyorum Almanyadakilerde çok farklı değil (.) o kadar etkileneceklerini zannetmiyorum kendilerinden birisi bunu demesi gerekiyor bi erkek hocadan bunları duymaya ihtiyaçları var (.) mesela Hazreti Ömer'den duymuş birisi bunu (.) bi gün gelmiş Hazreti Ömerin kapısını çalmış hanımını şikayet etcekmiş ona (.) o zamanda Hazreti Ömer'de devlet başkanı halife // kapıya bi yaklaşmış içerden bi kadın bir sürü söz söylüyor Hazreti Ömere (.) kızmış hanımı şikayet ediyor (.) ay adam onları duyunca ben şikayet etmeyim geri gidim diye vazgeçmiş ama kapıyı çalmış bulunmuş (.) geri gidim derken Hazreti Ömer kapıyı açmış (.) kapıyı sen çalmadınmı niye gidiyorsun demiş (.) ya Ömer ben hanımımla ilgili bi şeyi sana şikayet etmek için gelmiştim ama (.) sizin hanımınızın size yaptığı konuşmaları kapıyı çalarken duydum vazgeçtim geri gidiyordum demiş (.) Hazreti Ömer çok güzel bi cevap vermiş demişki (.) bak o benim hanımımdır (.) çocuklarımın bakıcısıdır (.) yemeğimi o pişir (.) pişirir bulaşığımı o yıkar evimi o temizler benim namusumu o korur (.) her konuda benim hayat arkadaşımdır daima yanı başımdadır (.) bazen kızdığı zamanda bende ona tabii ki sabredicem demiş (.) ne kadar güzel bi örenek (.) bu aile geçimi konusunda ben erkeklerin erkeklerden daha çok ders alacaklarını düşünüyorum //

zannetmiyorum kendilerinden birisi bunu demesi gerekiyor bi erkek hocadan bunları duymaya ihtiyaçları var"). Somit lässt sich bis an diese Stelle der Sequenz die Orientierung an den Geschlechterstrukturen rekonstruieren, die im Modus der Beibehaltung bearbeitet wird. Allerdings wird für die Begründung erneut ein religiöser Bezug hergestellt („*zum Beispiel hat das jemand von Hazreti Ömer gehört*", tr. „*mesela Hazreti Ömer'den duymuş birisi bunu*"). Somit lässt sich die Orientierung an religiösen Glaubensinhalten rekonstruieren.

Kontextwissen:
„Nach dem Tod [des Propheten] Muhammads waren es seine Gefährten, die der Gemeinde zur Seite standen, um die Rechtsnormen festzustellen und die anfallenden Fragen nach den Bestimmungen des Korans und den Anweisungen des Propheten Muhammads zu entscheiden. Ihre Rechtsgutachten erstellten sie möglichst, nachdem sie sich beraten hatten. [...] [Die] ersten Rechtgeleiteten Khalifen [...] Abu Bakr (632–634), 'Umar [oder im türkischen Sprachgebrauch auch Ömer oder Hazreti Ömer] (634–644), 'Uthman (644–656) und 'Ali (656–660) [führten] die islamische Gemeinde [...]." (Khoury et al., 2001, S. 632, Erg. d. Verf.)

Mit dem religiösen Bezug durch den Verweis auf *Hazreti Ömer* („*das* [damalige] *Staatsoberhaupt der Ḥalīf* [bzw. Khalif]", tr. „*o zamanda Hazreti Ömer'de devlet başkanı halife*") und der darauffolgenden Erzählung wird die Perspektive einer effektive(re)n Wissensvermittlung von „männlichen Hoca" an „die Männer" begründet („*ich denke dass Männer mehr von Männern lernen wenn es um das Thema Familie und Auskommen geht*", tr. „*aile geçimi konusunda ben erkeklerin erkeklerden daha çok ders alacaklarını düşünüyorum*"). Mit dem Heranziehen und der Orientierung an einer religiösen Erzählung wird die eigene Positionierung begründet und verifiziert. Dadurch lässt sich die Orientierung an religiösen Glaubensinhalten im Modus der Verifizierung rekonstruieren.

Sichtbar wird gegen Ende der religiösen Erzählung, durch die Wiedergabe des von Ömer Zusammengefassten („*sie ist meine Frau (.) die Betreuerin meiner Kinder (.) sie macht mein Essen (.) sie wäscht mein Geschirr sie putzt meine Wohnung ...*", tr. „*o benim hanımımdır (.) çocuklarımın bakıcısıdır (.) yemeğimi o pişir (.) pişirir bulaşığımı o yıkar evimi o temizler ...*"), dass für die Imamin die Orientierung an dieser religiösen Erzählung auch persönlich handlungsleitend ist. Aber auch hier werden Geschlechterstereotype aufgegriffen: Die Rolle der Betreuerin und die Zuständigkeit für den Haushalt schreibt sie der *Frau* zu. Ihre Untermauerung

9.2 Orientierung an religiösen Glaubensinhalten

anhand der religiösen Erzählung deutet darauf, dass Religion handlungsleitend ist. Sie wird im Modus der Verifizierung bearbeitet, da die religiösen Glaubensinhalte hier für die Beschreibung bestätigend herangezogen werden. Direkt auf die oben angeführte Sequenz folgt eine weitere Exemplifizierung:

DEAF06: *Zum Beispiel gibt es dazu noch etwas das ich erzählen möchte (.) ein Hoca würde mit seinen Freunden sitzen (.) und ein Mann hätte sich über seine Frau beschwert (.) er hätte gesagt ich bin überhaupt nicht zufrieden mit diesen und jenen Eigenschaften meiner Frau (.) der andere hätte gesagt ich bin auch nicht mit dieser Eigenschaft meiner Frau zufrieden (.) der andere hätte gesagt und ich mag es nicht wenn sie dies und jenes tut (.) jeder hätte eine Beschwerde zur Geltung gebracht und der Hoca hätte sich überhaupt nicht beschwert (.) sie hätten gesagt Hocam Ihre Frau ist anscheinend ein Engel (.) er hätte gesagt meine Frau ist kein Engel ich bin auch kein Engel (.) aber wir streiten uns überhaupt nicht hätte er gesagt (.) sie hätten gesagt Hoca wie geht das können Sie uns das Geheimnis dazu verraten (.) der Hoca hätte gesagt schaut mal ich erzähle euch eine Geschichte (.) als Allahuteala Adam erschaffen hat hat er auch den Verstand erschaffen (.) er hätte dem Verstand gesagt geh in den Körper von Adam der Verstand wäre in den Körper gegangen (.) und dann hätte er die Wut erschaffen und gesagt geh in den Körper von Adam (.) die Wut hätte gesagt lieber Gott da ist der Verstand wie soll ich dahin (.) und Allah hat gesagt wenn du dahin gehst geht der Verstand (.) also was bedeutet das (.) wenn ein Mensch wütend wird dann geht der Verstand weg (.) also man weiß nicht was man tut und kann nicht mehr kontrollieren was man sagt (.) der Hoca hätte gesagt als wir geheiratet haben haben wir uns mit meiner Frau verständigt (.) wenn ich wütend werde schweigt meine Frau (.) wenn sie wütend ist schweige ich*

(DEAF06, 1124-1144)³⁵

In diesem angeführten Beispiel und der Beschreibung einer Szene („*ein Hoca würde mit seinen Freunden sitzen* ...", tr. „*hoca efendi birisi böyle arkadaşlarıyla oturuyomuş*") wird im übergeordneten Sinne eine Verdeutlichung für die Balance im Eheleben angeführt. Auch in diesem Zusammenhang setzt die Imamin einen religiösen Bezug, indem sie die Erzählung eines „Hoca" aus der Geschichte wiedergibt. Es folgt somit eine Erzählung in der Erzählung („*der Hoca hätte gesagt schaut mal ich erzähle euch eine Geschichte*", tr. „*demişki hoca efendi bakın demiş size bi hikaye anlatayım demiş*"). Es lässt sich somit rekonstruieren, dass weiterhin in der Orientierung an religiösen Glaubensinhalten die Erzählung für eine Bestätigung herangezogen wird; dadurch wird auf den Modus der Verifizierung verwiesen, in dem die Orientierung bearbeitet wird. Die Handlungspraxis des Hoca („*haben wir uns mit meiner Frau verständigt (.) wenn ich wütend werde schweigt meine Frau (.) wenn sie wütend ist schweige ich*") wurde somit im Modus der Verifizierung in der Orientierung an religiösen Glaubensinhalten bearbeitet.

9.2.2 ... im Modus der Hingabe

Dieser Modus zeigt sich im Interview mit DEAF05 (Imamin in Hessen). DEAF05 greift im Laufe des Interviews erneut das Thema der Predigt von Imaminnen vor geschlechtergemischten Gruppen auf. Zuvor wurde das schon einmal thematisiert, DEAF05 ging aber nicht genauer auf die Frage ein. Hier entsteht nun der direkte Bezug:

---

³⁵ Original:
DEAF06: Mesela bununla ilgili daha vardır onuda anlatmak isterim (.) hoca efendi birisi böyle arkadaşlarıyla oturuyomuş (.) adamın birisi şikayet etmiş ya bizim hanımın şu huyundan hiç memnun değilim demiş (.) öbürü demiş ki bende bizim hanımın şu huyundan memnun değilim (.) öbürüde bende şöyle yapması hoşuma gitmiyor eşimin demiş (.) herkes bi şikayet dile getirmiş hoca efendi hiç şikayet etmemiş (.) hocam demişler senin hanımın melek herhalde (.) benim hanımımda melek değil bende melek değilim (.) ama biz hiç kavga etmeyiz demiş (.) hocam nasıl olur bunun sırrını bide bize söyle demişler (.) demişki hoca efendi (.) bakın demiş size bi hikaye anlatayım demiş (.) Allahuteala hazreti Ademi yaratınca akılda yarattı demiş (.) akla dedi gir Ademin bedenine akıl girdi demiş (.) sonra öfkeyide yarattı (.) gir Ademin bedenine (.) öfke dediki (.) Allahım akıl var ben nasıl gireyim (.) Allah'da sen girdiğin zaman akıl çıkar gider dedi (.) yani bu ne demek (.) bi insan öfkelendiği zaman aklı çıkar gider demek (.) yani ne yaptığını bilmez ne söylediğini kontrol edemez hale gelir demek (.) biz evlendiğimiz zaman hanımla anlaştık demiş hoca (.) ben öfkelenince bizim hanım susar demiş (.) o sinirlenince ben susarım

9.2 Orientierung an religiösen Glaubensinhalten

DEAF05: *Hazreti Ayse war eine große Rechtsgelehrte (.) sie war der Grund weshalb sehr große Hadise ehm die unser Leben (.) ehm erleichtern sehr große Hadise (.) ehm überliefert wurden aber (.) selbst sie (.) ist nicht auf die Kanzel (.) und hat vor der Gemeinde gepredigt ja sie hat es hinter einem Vorhang gemacht // sie hat versucht soweit es geht die Distanz zu schützen // wenn so etwas nicht bedenklich wäre hätte das unser Prophet sowieso erlaubt (.) das (.) ist auch etwas um die Frau zu schützen // denn in solchen Fällen ist der Angriff der Männer* wirklich *schmerzhafter der von den Frauen kann irgendwie noch zur Seite geschoben werden aber der von den Männern kann noch schmerzhafter und respektloser sein // daher bin ich ehm (.) sowas wie Kanzel und sowas wie Gebetsnische dass Frauen auf sowas steigen (.) also ich denke wenn Gott und sein Gesandter (.) ehm in der Praxis sowas nicht gemacht haben // bedeutet das (.) dass es etwas gibt was nicht richtig ist weshalb er es auch nicht gemacht hat (.) geschweige denn dass unsere Religion Islam (.) die Einschränkungen für Frauen (.) keine von denen dafür da ist um die Frau zu unterdrücken ich merke das immer besser je mehr ich erlebe (.) denn früher habe ich mich an solche Sachen sehr feministisch angenähert // von mir konnte es auch mal sehr kritische und aufständische Kommentare geben*
(DEAF05, 1651-1672)[36]

---

[36] Original:
DEAF05: Hazreti Ayşe büyük bir fıkıh alimidir (.) çok büyük eh hadisler bizim hayatımızda (.) eh kolaylaştırıcı çok büyük hadislerin (.) eh rivayet edilmesine sebep olmuştur ama (.) o bile (.) bi kürsüye çıkıp (.) eh bir cemaatin karşısına geçip vaaz vermemiş yani perde arkasından yapmış // ya mümkün olduğunca o mesafeyi korumaya çalışmış yani // eğer böyle bir şey (.) sakıncalı olmamış olsaydı Peygamber efendimiz zaten buna müsaade ederdi (.) bu (.) bayanı korumak içinde bir şeydir // çünki gerçekten o tür durumlarda erkeklerin saldırısı daha acıtıcı oluyor bayanlarınki bir şekilde (.) eh bertaraf edilebilir ama erkeklerinki daha acıtıcı ve daha saygısız olabilir // o yüzden ben eh (.) kürsüdür mihraptır bu gibi yerlere bayanların çıkmasını (.) yani Allah ve Rasülü eğer (.) eh uygulamada böyle bir şey yapmamışsa // demek ki (.) doğru olmayan bir şey var ki yapmamıştır diye düşünüyorum (.) kaldı ki bizim İslam dininin (.) bayanlara yönelik kısıtlamaların (.) hiç birisi bayanı ezmek için değil ben

Die Imamin beschreibt die Bedeutung von Hazreti[37] Ayse – die „*große Rechtsgelehrte*" (tr. „*büyük bir fıkıh alimidir*") – aufgrund der Tradierung alltagsrelevanter Überlieferungen („*Hadise die unser Leben (.) ehm erleichtern*", tr. „*hadisler bizim hayatımızda (.) eh kolaylaştırıcı*"). Diese Bedeutung wird zusätzlich durch mehrfaches Wiederholen des Stellenwerts dieser Überlieferungen („*sehr große Hadise*", tr. „*çok büyük hadislerin*") markiert.

Kontextwissen:
Ayse (*'A'isha*) ist die Ehefrau des Propheten Muhammad (Khoury, Hagemann, & Heine, 2001 S. 54). Bekannt ist sie für ihre kritischen Bemerkungen gegenüber dem Propheten. „Für die historische und religiöse Überlieferung gilt sie als eine Hauptautorität für die Überlieferungen von Prophetentraditionen." (Khoury et al., 2001 S. 54)
„Als [Hadise (*Hadithe*)] werden diejenigen historischen Berichte bezeichnet, die Aussprüche, Taten, Verhaltensweisen und Vorgänge stillschweigender Billigung seitens Muhammads überliefern [...]." (Çakın, 2013, S. 308)

DEAF05 wirft durch diesen thematischen Einstieg – bzw. durch die Proposition – den neuen Orientierungsgehalt auf. Es zeigt sich die Orientierung an religiösen Glaubensinhalten. Religiöse Glaubensinhalte werden als Grundlage für die Argumentation herangezogen. Die Formulierung, dass „*selbst sie*" (tr. „*o bile*") (*Hazreti Ayse*) als „*große Rechtsgelehrte*" (tr. „*büyük bir fıkıh alimidir*"), die „*sehr große Hadise*" (tr. „*çok büyük hadislerin*") überliefert hat, in ihrer Praxis „*nicht auf die Kanzel*" gestiegen ist und nicht „*vor der Gemeinde gepredigt*" hat, verweist einerseits auf die Konstruktion von „*Hazreti Ayse*" als unfehlbares religiöses Subjekt – andererseits dokumentiert sich in der Formulierung „*selbst sie*" implizit die vorgenommene Positionierung von „*Hazreti Ayse*" im Gegensatz zu den Imaminnen. Wenn „*selbst sie*" mit ihrem Wissen nicht vor einer geschlechtergemischten Gruppe gepredigt hat und auf eine Kanzel gestiegen ist, dann sollte das keine Handlungsorientierung für Imaminnen sein. In dieser Argumentation wird Hazreti Ayse gleichzeitig als religiöses (und aufgrund ihrer religiösen Praxis als handlungsleitendes) Vorbild konstruiert. Die religiöse Handlungspraxis des Predigens wird durch das Ausführen hinter einem

---

bunu yaşadıkça daha iyi fark ediyorum (.) çünkü önceden çok feminist yaklaşıyordum bu tür şeylere // çok eleştirel ve isyankârda yorumlarım olabiliyordu
[37] Hazreti kann übersetzt werden als „der/die Heilige".

9.2 Orientierung an religiösen Glaubensinhalten

Vorhang konkretisiert und eingeschränkt. Diese Einschränkung wird durch den Versuch, dadurch die „Distanz" gegenüber den Männern „zu schützen", begründet. Religiöse Praxis der Imaminnen wird mit Distanziertheit und Unsichtbarkeit gegenüber „andersgeschlechtlichen" Menschen gekoppelt. „*Soweit es geht*" (tr. „*mümkün olduğunca*") und „*sie hat versucht*" (tr. „*çalışmış*") verweist hier auf die Einschränkung, dass der „Schutz der Distanz" nicht in alle Bereiche hineingreift bzw. in allen Bereichen gewährleistet werden kann. Gleichzeitig dokumentiert sich in der Formulierung des Distanz-*Schützens* (tr. „mesafeyi *korumak*") die emotionale Verbundenheit und verweist hier auf ein Sich-in-Verhältnis-Setzen.

Durch die Formulierung, dass der Prophet diese Form des Predigens „*sowieso*" (tr. „*zaten*") erlaubt hätte, „*wenn es nicht bedenklich wäre*" (tr. „*sakıncalı olmamış olsaydı*") wird eine Selbstverständlichkeit der Verbalisierung religiöser Normenvorstellungen – Erlaubtes und Nicht-Erlaubtes – durch den Propheten zugrunde gelegt. Die Lesart legt nahe, dass das durch den Propheten Gesagte und Erlaubte für die Handlungsorientierung der Imamin konstitutiv ist. Somit kann erstmals die *Orientierung an religiösen Glaubensinhalten im Modus der Hingabe* rekonstruiert werden.

Diese Orientierung scheint im weiteren Verlauf der Sequenz einen Bruch zu erleben und durch den Einschub und die Ergänzung mit Blick auf den Schutz der Frauen („*es ist auch etwas was die Frauen schützt*", tr. „*bayanı korumak içinde bir şeydir*") zunächst losgelöst von religiösen Begründungen formuliert zu werden. An dieser Stelle setzt ein Einschub an, der in Form einer Opposition zum (zunächst proponierten) Orientierungsgehalt in Erscheinung tritt. Die Imamin scheint sich nicht (mehr) an religiösen Glaubensinhalten zu orientieren – vielmehr werden hier stereotype Vorstellungen von Geschlechtern (Mann-Frau) hervorgerufen. Die „*Angriffe*" (Angriff, tr. „*saldırı*") der Männer, die als „schmerzhafter" (tr. „*daha acıtıcı*") und die der Frauen, die als eher „zur Seite schiebbar" (tr. „*bir şekilde (.) eh bertaraf edilebilir*") beschrieben werden, zeigen hier die Generalisierung des als „geschlechterspezifisch" oder „geschlechtertypisch" Konstruierten. Der „Angriff", der „respektlos" (tr. „*saygısız*") und „schmerzhaft" (tr. „*acıtıcı*") sein kann, deutet hier auf die Einwände auf aggressiv-verbaler Ebene. Hingegen scheint der „Angriff" der Frauen sich von dem „Angriff" der Männer zu unterscheiden, da sie „eher zur Seite geschoben werden können". Mit zusätzlichem Blick auf die Aufzählung des Angriffs im Singular (der [Angriff] von den Männern, der von den Frauen, der von den Männern) wird die Vermutung verstärkt, dass die Imamin einen *geschlechterspezifischen* und *bestimmten Typus* des Angriffs konstruiert. Gleichzeitig suggeriert die Beschreibung im Indikativ („*ist der Angriff der Männer wirklich schmerzhafter*", tr. „*gerçekten [...] erkeklerin saldırısı daha acıtıcı oluyor*") eine bestehende Erfahrung oder Wissen darüber.

Somit wird auf der Ebene des *Wie* des Gesagten dieses Wissen rekonstruierbar. Diese Deutung dokumentiert sich ebenfalls in der Betonung auf „*wirklich*" (tr. „*gerçekten*").

Die Aufzählung „*sowas wie Kanzel, sowas wie Gebetsnische*" (tr. „*kürsüdür mihraptır*") verweist auf Orte der Präsenz, der Sichtbarkeit und der religiösen Deutungshoheit, die entsprechende Personen einnehmen, indem sie darauf „*steigen*" (tr. „*çıkmak*"). Auf diese Orte „*steigen*" (im Sinne des Hervortretens) kann hier als Prozess bzw. als Schritt des Sichtbarwerdens respektive Agierens als religiöse Führungsperson vor einer geschlechtergemischten Gruppe gedeutet werden.

Kontextwissen:
Die Gebetsnische (tr. „*mihrap*") und die Kanzel (arab. „*minbar*", tr. „*mimber*" oder „*kürsü*") gelten als wichtige architektonische Bestandteile der „Freitagsmoschee" (Khoury et al., 2001 S. 438). Die Kanzel dient dem Gesehen- und Gehörtwerden des Predigenden (Khoury et al., 2001 S. 438). Daneben befindet sich die Gebetsnische und gibt die Gebetsrichtung an (Khoury et al., 2001 S. 537).

Anknüpfend daran wird der zunächst proponierte Orientierungsgehalt erneut wiederhergestellt; es zeigt sich erneut die Orientierung an religiösen Glaubensinhalten. Das „*also*" (tr. „*yani*") kann im Sinne eines abgeschlossenen Argumentationsstrangs, dessen Beschreibung am Ende abgerundet und resümiert wird, beschrieben werden. Gefolgt mit dem Bezug zu „*Gott und seinem Gesandten*" (tr. „*Allah ve Rasûlü*") und dadurch, dass es keine Indizien für die Praxis des Predigens vor einer Gebetsnische oder das Besteigen einer Kanzel gebe, wird diese Form der Praxis abgelehnt („*ich denke wenn Gott und sein Gesandter (.) ehm in der Praxis sowas nicht gemacht haben bedeutet das (.) dass es etwas gibt was nicht richtig ist weshalb er es auch nicht gemacht hat*", tr. „*yani Allah ve Rasûlü eğer (.) eh uygulamada böyle bir şey yapmamışsa demek ki (.) doğru olmayan bir şey var ki yapmıştır diye düşünüyorum*"). In dieser Argumentation lässt sich durch die Nicht-Explikation und Detaillierung des „*Etwas*" (das es gibt) und die Annahme, dass jegliche Praxis „*des Gesandten*" an sein Wissen über das Richtige und Falsche gekoppelt ist, die *Orientierung an religiösen Glaubensinhalten im Modus der Hingabe* rekonstruieren.

Im Zuge dessen rundet DEAF05 ihre Argumentation ab und präsupponiert, dass diese angesprochenen Aspekte von Seiten der Interviewerin (oder Anderen) als „Einschränkung der Frau innerhalb des Islam" und als „Unterdrückung"

9.2 Orientierung an religiösen Glaubensinhalten

gedeutet werden („*geschweige denn dass unsere Religion Islam (.) die Einschränkungen für Frauen (.) keins von denen dafür da ist um die Frau zu unterdrücken*", tr. „*kaldı ki bizim İslam dininin (.) bayanlara yönelik kısıtlamaların (.) hiç birisi bayanı ezmek için değil*"). Es lässt sich rekonstruieren, dass die Imamin in diesem Kontext aus der Perspektive eines Kollektivs („*wir*") heraus spricht.

Während zuvor das (Erfahrungs-)Wissen über die schmerzhaften Angriffe der Männer rekonstruiert werden konnte, wird im weiteren Verlauf erneut auf dieses Wissen rekurriert. In der Beschreibung „*ich merke das immer besser je mehr ich erlebe*" (tr. „*ben bunu yaşadıkça daha iyi fark ediyorum*") dokumentiert sich dieses Wissen. „*Je mehr*" verweist darauf, dass dieses Wissen – das als *Erfahrungs*wissen markiert wird – nicht auf ein Ereignis beschränkt bleibt. Vielmehr emergieren aus dieser Beschreibung mehrfache Erlebnisse. Dabei steht das eigene Erlebnis bzw. die Erfahrung und nicht etwa eine reine Beobachtung im Vordergrund. Dadurch wird die persönliche Betroffenheit markiert. Somit lässt sich rekonstruieren, dass religiöse Normen und die Praxis des Propheten aufgrund der persönlichen Erfahrung zusätzlich legitimiert werden.

Aus der Betroffenen-Perspektive, die im Sinne einer argumentativen Untermauerung herangezogen wird, verweist sie auf ihre „früheren Annäherungen", die sie als „feministisch" definiert („*denn früher habe ich mich an solche Sachen sehr feministisch angenähert*", tr. „*çünkü önceden çok feminist yaklaşıyordum bu tür şeylere*"). Darin dokumentiert sich, dass ihre „feministischen Annäherungen" in einer Phase erfolgt zu sein scheinen, in der die Erlebnisse und persönlichen Erfahrungen noch nicht vorhanden waren. Dadurch scheint aus den Erlebnissen zusammen eine Veränderung in der Annäherung zu resultieren. Die „feministischen Annäherungen" scheinen sich darüber hinaus durch „kritische und aufständische Kommentare" zu charakterisieren („*von mir konnten es auch mal sehr kritische und aufständische Kommentare geben*", tr. „*eleştirel ve isyankârda yorumlarım olabiliyordu*").

Auf der Ebene des Dokumentsinns lässt sich rekonstruieren, dass die geschilderte Orientierung in der Vergangenheit („*feministisch-Sein*") heute konträr zu dem Modus der Bearbeitung – und zwar dem *Modus der Hingabe in der Orientierung an religiösen Glaubensinhalten* – steht. Die Imamin DEAF05 versucht im weiteren Verlauf die Argumentation zu festigen, die erneut die Orientierung an religiösen Glaubensinhalten nachzeichnen lässt:

DEAF05: *Allah würde nicht die Zeit vergeuden also wenn er etwas befohlen hat (.) gibt es große Weisheiten die wir sehen oder nicht sehen (.) Allah hats gesagt fertig (.) das wars (.) der Glaube eines Muslims erfordert das (.) von wegen lasst uns beten es gibt diesen Vorteil und es gibt jenen Vorteil (.) mich interessiert der Vorteil nicht (.) wenn Allah sagt bete bete ich fertig (.) die Vorteile sind für mich Extras*

KAR: *Verstehe*

(DEAF05, Zeile 1729-1735)[38]

Durch die Beschreibungen „*Allah würde nicht die Zeit vergeuden*" (tr.: *Allahuteâlâ abesle iştigal etmez*) und „*wenn er etwas befohlen hat (.) gibt es große Weisheiten die wir sehen oder nicht sehen*" (tr. „*emretmişse eğer (.) bizim gördüğümüz veya göremediğimiz bi çok hikmeti var*") wird die Gottesvorstellung der Imamin deutlich. „*Allah*" wird als allwissend und als Befehlshaber dargestellt – implizit werden Menschen im Gegensatz zu „*Allah*" als nicht Allwissende mit einer Einschränkung ihrer Fähigkeiten beschrieben („*die wir sehen oder nicht sehen*", tr. „*bizim gördüğümüz veya göremediğimiz*"). Die Hingabe an religiöse Normen und Vorschriften dokumentiert sich verstärkt, indem die Imamin das absolute Erfordernis der Hingabe durch jede*n Muslim*in für den eigenen Glauben („*der Glaube eines Muslims erfordert das*", tr. „*müslüman imanı bunu gerektirir*") beschreibt. „*Allah hats gesagt fertig (.) das wars*" (tr. „*Allah dedi bitti (.) bu kadar*") markiert die absolute Gültigkeit des von „*Allah*" Gesagten und verweist hier explizit auf ihre *Orientierung an religiöse Glaubensinhalte im Modus der Hingabe*. Auf der Ebene des *Wie des Gesagten* zeigt sich verstärkt der Modus der Hingabe, die durch die Konstruktion einer Eindeutigkeit und einer (persönlich empfundenen) Offensichtlichkeit untermauert wird; dies dokumentiert sich beispielsweise in der Betonung auf „*fertig*". „*Fertig*" rekurriert dabei auch auf die Abgeschlossenheit, die keine andere Alternative möglich macht.

„*Von wegen lasst uns beten es gibt diesen Vorteil und es gibt jenen Vorteil*" (tr. „*işte namaz kılalım şu faydası var bu faydası var*") deutet auf die Kritik der

---

[38] Original:
DEAF05: Allahuteâlâ abesle iştigal etmez yani bi şeyi emret- emretmişse eğer (.) bizim gördüğümüz veya göremediğimiz bi çok hikmeti var (.)Allah dedi <u>bitti</u> (.) bu kadar (.) müslüman imanı bunu gerektirir (.) işte namaz kılalım şu faydası var bu faydası var beni ilgilendirmiyo faydası (.) Allah kıl dediyse kıldım bitti (.) öbür faydalarıda benim için ekstradır
KAR: Anlıyorum

9.2 Orientierung an religiösen Glaubensinhalten

Imamin an dem Versuch, für religiöse Normenvorstellungen und Praktiken positive Argumente („*Vorteile*") zu finden. Der *Modus der Hingabe* wird hier evident, denn die Begründungen und Argumente scheinen für sie nicht entscheidend zu sein („*mich interessiert der Vorteil nicht*", tr. „*beni ilgilendirmiyo faydası*"). In der Aussage „*wenn Allah sagt bete bete ich fertig*" verweist das „*fertig*" erneut auf die Absolutheit des von Gott Gesagten und dessen absolute Gültigkeit für die Imamin.

Durch die Reaktion („*verstehe*", tr. „*anlıyorum*") setzt die Interviewerin ein Zeichen mit Blick auf die Verständlichkeit des Gesagten. Daran anschließend argumentiert die Imamin wie folgt:

DEAF05: Das wird uns schnell voranbringen (.) das was Allah und sein Gesandter gesagt haben wird richtig sein (.) die Sahabe sind daher vorangekommen (.) ehm ich sage mal schnell noch was und lasse das dann (.)

KAR: Nein nein (.) bitte

(DEAF05, 1736-1739)[39]

> **Kontextwissen:**
> Die „Sahabe" sind die Gefährten des Propheten Muhammad (Heinzmann, 2013 S. 785; Khoury et al., 2001 S. 635).

Die Argumentation für die Hingabe wird einerseits auf der Grundlage ihres Vertrauens in die Aussagen des Propheten und Allahs („*das was Allah und sein Gesandter gesagt haben wird richtig sein*", tr. „*Allah ve Rasülü ne dediyse doğrudur*") geführt – andererseits dokumentieren sich auch in dieser Argumentation der historische Bezug („*die Sahabe sind daher vorangekommen*", tr. „*sahabe bundan hızlandı*") und die darin implizit vorgenommene Konstruktion der historischen Figuren als Vorbilder.

Während die Imamin auf der kommunikativen Ebene formuliert, keine Notwendigkeit zu Argumentationen für Gebote und religiöse Praktiken zu sehen,

---

[39] Original:
DEAF05: Bizi hızlı yol aldıracak olan budur (.) Allah ve Rasülü ne dediyse doğrudur (.) sahabe bundan hızlandı (.) eh hemen bi şeyler söyleyimde keseyim artık bunu (.)
KAR: Hayır hayır (.) buyurun lütfen

geht sie an dieser Stelle auf die Auswirkung dieser bestimmten Praktiken ein. Durch den *Modus der Hingabe* sind „*Sahabe* [...] *vorangekommen*". Somit wird der bevorzugte Handlungsmodus der Hingabe mit einem daraus resultierenden „*Fortschritt*" – eine Explikation und Detaillierung des Fortschritts wird nicht vorgenommen – begründet.

Der Wunsch, die Argumentation zunächst nicht weiter auszuführen und es an dieser Stelle kurz zu halten („*ich sage mal noch schnell was und lasse es dann*", tr. „*hemen bi şeyler söyleyimde keseyim artık bunu*"), verweist einerseits auf die Relevanz des Themas für die Imamin und den vorhandenen Willen zur weiteren Ausführung. Andererseits dokumentiert sich in diesem Einschub die Vermutung der Imamin, dass die vorherige Ausführung für sie zeitlich und inhaltlich lang eingeschätzt wird oder diese Ausführung möglicherweise nicht im Interesse der Interviewerin liegt. Beide dokumentierten Vermutungen bestätigen die Interpretation, dass durch den Einwand der Interviewerin („*nein nein (.) bitte*", tr. „*hayır hayır (.) buyurun lütfen*") ein Erzählanreiz stattfindet:

```
KAR: Nein nein (.) bitte

DEAF05:           ⌊Ehm (.) eine Frau von den Sahabe (.) ehm
sie ist eine reiche und adlige Frau // Sie kennen die
Geschichte sicher (.) ehm heiratet einen armen (.) und
hässlichen Mann (.) beide // sind schließlich Sahabe (.) also
irgendwann kann sie es nicht mehr ertragen (.) ehm sie will
sich scheiden lassen sie sagt ich will mich von dir trennen
(.) und der Mann (.) geht zum Propheten und möchte dass er
der Schlichter wird (.) ehm so oh Gesandter sie wird mich
verlassen bitte wenn du mit ihr sprichst wird sie vielleicht
auf dich hören (.) er geht hin und spricht mit der Frau (.)
er sagt schau mal vielleicht ist es besser für dich wenn du
```

9.2 Orientierung an religiösen Glaubensinhalten

mit diesem Mann verheiratet bleibst (.) ehm wenn du magst verlasse ihn nicht er liebt dich also das was man so als Schlichter sagt sagt er (.) was sagt die Frau (.) sie sagt oh Gesandter ist es ein Befehl von Allah und seinem Gesandten (.) er sagt nein er hat mich zum Schlichter gemacht also es ist nur ein Ratschlag (.) sie sagt dann werde ich mich trennen (.) sehen Sie die Differenzierung (.)wenn es Allah und sein Gesandter gesagt hat also wenn es ihr Befehl ist (.) gibt es bedingungslosen Gehorsam (.) die Sahabe wurden so Sahabe (.) aber ehm (.) es gibt nichts rein Blindes // ja also wenn es was anderes (.) ehm als Mensch (.) wenn er Dings hat (.) kann er auch seine Dings nutzen // also er hat seinen freien Willen

KAR: Ja

DEAF05: ∟ Guck das ist etwas sehr Schönes wir merken oft den Unterschied nicht // die Sahabe (.) ehm waren je einzelne gehorsame Menschen mit freiem Willen // wir aber haben einen blinden Gehorsam wir denken dass ein kleines Ding was aus unserem Mund fällt uns zu einer Sünde führt (.) nein (.) also ehm das was wir bewussten Glauben nennen das was Allah möchte diesen starken Glauben erhalten wir durch Fragen und Unsinn Reden selbstverständlich sollten wir fragen (.) selbstverständlich werden wir Unsinn reden selbstverständlich werden falsche Sachen aus unserem Mund fallen (.) aber unsere Absicht ist es zu lernen (.) sicher zu sein (.) Hazreti Ibrahim zum Beispiel (.) was sagt er lieber Gott wie wirst du nach dem Tod die Toten auferwecken (.) glaubst du nicht oh Ibrahim das in der Sure Bakarah (.) nein ich glaube aber (.) ich möchte dass mein Herz glaubt selbst ein Prophet wollte das (.) was sagt Allah ehm ziehe vier Vögel groß (.) gewöhne sie an dich (.) danach schlachte sie und werfe sie jeweils auf einen Berg danach rufe die Vögel (.) und sie stehen wieder

```
auf und kehren zurück (.) also dieses Hinterfragen (.) wenn
das selbst ein Prophet getan hat (.) werden wir das natürlich
auch tun (.) um den Glauben zu vervollkommnen // daher (.)
ehm wir glauben an das was zunächst Allah und sein Gesandter
sagen // ich verstehe nicht (.) es gefällt nicht wirklich
meiner Triebseele (.) aber (.) wenn die Religion an die ich
glaube das so vorsieht glaube ich das wars // danach überzeugt
dich Allah sowieso // in dem er irgendwie seine Weisheiten
zeigt (.) sagen sie ja das war ja wirklich erforderlich
(DEAF05, 1739-1791)[40]
```

Dieser vorhandene Wille bekräftigt sich zusätzlich in der Wortüberlappung „*ehm*" der Imamin nach dem Einwand bzw. dem Verweis der Interviewerin auf die Möglichkeit einer zeitlichen und/oder thematischen Ausbreitung. Während die Imamin die Geschichte erzählt, wird durch den Einschub „*Sie kennen die Geschichte sicher*" (tr. „*hikayeyi biliyosunuzdur muhakkak*") eine Wir-Gemeinschaft mit der Interviewerin hergestellt und die Zugehörigkeit zu dieser Gemeinschaft präsupponiert. Die gesamte Nacherzählung der religiösen Geschichte aus der Zeit des Propheten wird in Form einer Narration erzählt. Im Anschluss daran wird durch die Aussage „*sehen Sie diese Differenzierung*" (tr. „*ayrıma bakarmısınız*") das Motiv des Erzählens sichtbar.

Die religiöse Nacherzählung (über den Versuch der Schlichtung eines Streites zwischen einem Ehepaar, der in die Zeit des Propheten verortet wird) dient einer sinnbildlichen Darstellung zur Differenzierung zwischen „Befehl" (tr. „*emir*") und „Ratschlag" (tr. „*tavsiye*"); der Versuch des Schlichtens durch den Propheten scheitere, da die Sahabe zwischen Gotteswort bzw. Befehl und Ratschlag des Propheten unterscheiden könnten. Da es sich beim Schlichtungsversuch des

---

[40] Original:
KAR: Hayır hayır (.)buyurun lütfen
DEAF05: Eh (.) Sahabe hanımlarından bitanesi (.) eh zengin ve soylu bi kadın bu // hikayeyi biliyosunuzdur muhakkak (.) eh fakir ve (.) çirkin bi adamla evleniyor (.) ikiside // sahabe sonuçta (.) tabii belli bi yerden sonra tahamül edemiyor artık (.)eh şey boşanmak istiyor ben senden ayrılmak istiyorum diyo (.) adamda (.) Peygamber efendimize

9.2 Orientierung an religiösen Glaubensinhalten

Propheten lediglich um einen Ratschlag und keinen Befehl handele, lehne die Sahabe den Vorschlag (sich nicht zu trennen) ab. DEAF05 zieht diese Erzählung exemplarisch heran und argumentiert, dass es unter den Sahabe keinen blinden Gehorsam gab („*wenn es Allah und sein Gesandter gesagt hat also wenn es ihr Befehl ist (.) gibt es bedingungslosen Gehorsam*", tr. „*eğer Allah ve Rasülü dediyse yani onların bi emriyse (.) koşulsuz itaat var*"). Nun wird an dieser Stelle das zuvor immanent gewordene Motiv der Ablehnung „eines blinden Gehorsams" exmanent. Verstärkt wird in dieser Beschreibung die Bedeutung des „*freien Willens*" (tr. „*özgür iradeleri*") der Sahabe. Mit einer positiven Bewertung („*guck das ist etwas sehr Schönes*", tr. „*bu çok güzel bir şey*") wird die Bedeutsamkeit des Vorausgegangenen markiert.

Daran anschließend wird resümierend auf die Botschaft dieser erzählten Geschichte eingegangen: Die im Sinne eines bevorzugten Handlungsmodus formulierte Aussage, dass die Sahabe „*einzelne gehorsame Menschen mit freiem*

---

gidip arabulucu olmasını istiyor (.) eh ya Rasulallah beni bırakıcak nolur sen konuşsan seni dinler belki diye (.) gidiyo kadınla konuşuyor (.) bak diyo bu adamla evli kalman belki senin için daha hayırlı olur diyo (.) eh istersen onu bırakma o seni seviyo böyle işte artık bi aracı ne demek gerekiyorsa onları söylüyor (.) kadın ne diyor (.) ya Rasulallah bu Allah ve Rasülünün emrimidir diyo (.) yok diyo beni aracı yaptı hani bi tavsiyedir (.) o zaman boşanıcam diyo (.) ayrıma bakarmısınız (.) eğer Allah ve Rasülü dediyse yani onların bi emriyse (.) koşulsuz itaat var (.) sahabe böyle sahabe oldu (.) ama eh (.) körü körünede şey yok // ha farklı (.) eh bi insan olarak (.) eh bi şeyi varsa (.) ondada kendi şeyini kullanabiliyo // özgür iradeside var yani
KAR: Evet

DEAF05: L Bu çok güzel bir şey biz bunun ayrımını çok farkına varmıyoruz // sahabeler (.) eh birer birer özgür iradeleri sahip olan itaatkâr insanlardı // biz ise körü körüne itaat ediyoruz en ufak ağzımızdan çıkan bi şey bizi sanki günaha sokucakmış gibi düşünüyoruz (.) hayır (.) işte eh (.) tahkiki iman dediğimiz Allahutealanın (.) istediği o sağlam iman sorarak (.) saçmalayarak elde edilen bi imandır elbette ki sorucaz (.) elbette ki sacmalıycaz elbette ki yanlış şeyler çıkacak ağzımızdan (.) ama niyetimiz bizim öğrenmek (.) emin olmak (.) Hazreti İbrahim mesela (.) ne diyo ya Rabbi öldükten sonra ölüleri nasıl dirilticen (.) inanmıyor musun ya İbrahim Bakara suresinde geçen (.) hayır inanıyorum ama (.) kalbimi mutmain olmasını istiyorum bi Peygamber bile bunu istemiş (.) ne diyo Allahuteala da işte dört kuş yetiştir (.) kendine alıştır (.) ondan sonra onları keser her birini bir dağa at sonra çağır o kuşları (.) onlarda dirilip geri geliyo (.) yani bu sorgulamayı (.) bi Peygamber bile yapmışken (.) biz tabii ki yapicaz (.) o imanı eh kemalata ermek için // o yüzden (.) eh başta Allah ve Rasulü ne dediyse (.) biz ona (.) iman ediyoruz // aklımı almıyo (.) nefsimin çok hoşuna gitmiyo (.) ama (.) inanmam gereken din bunu gerektiriyorsa ben inanıyorum bitti // sonrasını zaten Allahuteala ikna ediyor sana // bi şekilde hikmetlerini göstererek (.) ya hakketen bu gerekliymiş ya diyorsunuz (.) gerçekten

Willen" waren (tr. „*birer özgür iradeleri sahip olan itaatkâr insanlardı*"), verweist im Kern auf zwei Dimensionen, die sich divergent zueinander verhalten. Einerseits wird die Individualität der Personen betont („*einzelne*", tr. „*birer*"), die über einen „*freien Willen*" (tr. „*özgür iradeleri*") verfügen. Andererseits wird durch das „*Gehorsam-Sein*" (tr. „*itaatkâr*") auf das *Andere* verwiesen, das für die Handlungsorientierung des Menschen bestimmend und leitend zu sein scheint; denn um gehorsam zu sein, bedarf es einer übergeordneten Referenz, der man sich unterordnet. In diesem Kontext rekurriert die Imamin auf Gottes Wort oder auf den Befehl des Propheten, in dem das Gehorsam-Sein – im Gegensatz zum freien Willen – priorisiert wird. Somit zeigt sich – trotz der mehrfachen Markierung des freien Willens – im Falle religiöser Glaubensinhalte der Modus der Hingabe.

Mit der Kritik hinsichtlich des Gehorsams („*wir haben einen blinden Gehorsam*", tr. „*biz ise körü körüne itaat ediyoruz*") und der Angst vor dem Hinterfragen („*wir denken dass ein kleines Ding was aus unserem Mund fällt uns zu einer Sünde führt*", tr. „*en ufak ağzımızdan çıkan bi şey bizi sanki günaha sokucakmış gibi düşünüyoruz*") wird die normative Vorstellung des „Fragens um zu verstehen" expliziert. Diese normative Vorstellung wird erneut religiös begründet, denn „*Allah möchte diesen starken Glauben*" der eben „*durch Fragen und Unsinn Reden*" (tr. „*saçmalayarak [...] yanlış şeyler çıkacak ağzımızdan*") erreicht werden könne, denn letztendlich sei es die „*Absicht [...] zu lernen*" (tr. „*niyetimiz bizim öğrenmek*"). Diese bevorzugte Handlungsorientierung des Fragens wünscht sie sich für einen starken Glauben (tr. „*tahkiki iman*").

> **Kontextwissen:**
> Es lassen sich Übersetzungen und Beschreibungen der Begriffe „*taklidi iman*" als nachahmenden Glauben und „*tahkiki iman*" als bewussten Glauben finden (Aygün, 2013, S. 183; Kurt, 2012).

Zur Exemplifizierung dieser Ausführung wird (der als „*Prophet*" markierte) „*Hazreti Ibrahim*" angeführt. Das Beispiel entnimmt die Imamin aus der „Sure Bakarah" („*das in der Sure Bakarah*", tr. „*Bakara suresinde geçen*"). Die von Ibrahim an Gott gerichtete Frage über die Auferweckung der Toten („*er lieber Gott wie wirst du nach dem Tod die Toten auferwecken*", tr. „*ya Rabbi öldükten sonra ölüleri nasıl dirilticen*") rekurriert bereits darauf, dass es sich um eine Frage handelt, in der die Wirklichkeit des Angenommenen hinterfragt wird. Nach der Rückfrage Gottes „*glaubst du nicht oh Ibrahim*" (tr. „*inanmıyor musun ya İbrahim*") und

9.2 Orientierung an religiösen Glaubensinhalten

der daran anschließenden Antwort Ibrahims *„nein ich glaube aber (.) ich möchte dass mein Herz glaubt"* (tr. *„hayır inanıyorum ama (.) kalbimi mutmain olmasını istiyorum"*) werden zwei unterschiedliche Ebenen des Glaubens aufgezeigt. Dass das „Herz glaubt" scheint diese beiden Ebenen des Glaubens voneinander zu unterscheiden. Das „Herz" verweist einerseits auf eine emotionale Ebene des Glaubens, die hier in Zusammenhang mit der Verständlichkeit und der damit einhergehenden stärkeren Überzeugung steht; denn mit der Frage über das *„Wie"* der Auferweckung wird die Ebene der Verständlichkeit angedeutet.

Somit wird der Glaube des Herzens im Sinne einer Vervollständigung des Glaubens durch die zusätzliche Ebene der Verständlichkeit gekennzeichnet. Im Umkehrschluss dazu verweist die zuvor angeführte Antwort Ibrahims *„nein ich glaube"* (zwar) trotz des Fehlens der zusätzlichen Ebene der Verständlichkeit auf den Glauben, der im Modus der Hingabe bearbeitet wird. Auch durch das zusätzliche Beispiel eines Wunders Gottes wird auf die Bedeutung des (Hinter-)Fragens (*„also dieses Hinterfragen"*, tr. *„yani bu sorgulamayı"*) verwiesen. Zusammenfassend rahmt die Imamin die angeführten Beispiele als Begründung (*„daher"*, tr. *„o yüzden"*) für ihre daran anschließende Beschreibung:

Die Imamin beschreibt das Annehmen dessen, *„was zunächst Allah und sein Gesandter sagen"* (tr. *„başta Allah ve Rasulü ne dediyse (.) biz ona (.) iman ediyoruz"*) als etwas Grundlegendes. Dass es sich dabei um einen Grundbaustein des Glaubens handelt, dokumentiert sich nicht zuletzt in dem *„zunächst"* (tr. *„başta"*). Daraus lässt sich der Modus der Hingabe rekonstruieren; denn auch wenn es nicht verstanden wird (*„ich verstehe nicht"*, tr. *„aklım almıyo"*) oder einem nicht „gefällt" (*„es gefällt meiner Triebseele nicht"*, tr. *„nefsimin çok hoşuna gitmiyo"*), ist der Glaubensinhalt verbindlich. Darin dokumentiert sich die bedingungslose Annahme. Dies koppelt die Imamin an das Vertrauen in das (aus dieser Hingabe) Resultierende (*„danach überzeugt dich Allah sowieso, indem er irgendwie seine Weisheiten zeigt"*). In diesem Vertrauen auf Gott wird die Orientierung der Imamin an religiösen Glaubensinhalten im Modus der Hingabe rekonstruierbar.

Diese Sequenz aus dem Interview mit DEAF05 gewinnt insbesondere an Dynamik, da der Wiederspruch zwischen dem *kommunikativen Wissen* (auf der Ebene des *Was des Gesagten*) und dem *konjunktiven Wissen* (auf der Ebene des *Wie des Gesagten*) sichtbar wurde. Im Sinne der dokumentarischen Methode handelt es sich um ein divergentes Verhalten: Auf der kommunikativen Ebene versucht die Imamin für eine Handlungsorientierung an religiösen Vorbildern und religiösen Glaubensinhalten im Modus des gleichzeitigen Hinterfragens zu plädieren – auf der konjunktiven Ebene wiederum konnte rekonstruiert werden, dass sie sich an religiösen Glaubensinhalten im Modus der Hingabe orientiert. An diesem Beispiel zeigt sich das Verhältnis des „Was" und des „Wie" sowie die Dynamik des Prozesses vom „Was" zum „Wie".

9.2.3 ... im Modus der Ablehnung

Während DEAF03 sich mit Blick auf die Fragestellung zur Predigt vor geschlechtergemischten Gruppen orientiert, bearbeitet sie dies – anders als bei DEAF05 – im Modus der Ablehnung. Die Orientierung macht sich erneut im Rahmen des Handlungswissens der Imamin, das sich aus ihrer Handlungspraxis in der Türkei ergibt, bemerkbar:

```
DEAF03: Ehm in der Türkei gibt es für gemischte Gruppen (.)
unsere Seminarprogramme und so zum Beispiel (.) hatten wir
zusammen mit der Abteilung der Stadtverwaltung für Behinderte
gearbeitet und einmal im Monat (.) hatten wir unsere Seminare
für Behinderte und ihre nahen Angehörigen um sie zu motivieren
und ihnen Mut zu machen (.)wir hatten Seminare die haben wir
mit unseren männlichen Hoca gemeinsam gemacht und die Gruppe
die teilgenommen hat war eine Frauen und Männer gemischte
Gruppe // das ist etwas anderes (.) ich sage nicht dass wir
mit ehm den Männern nicht in Kontakt treten und so weiter also
dass wir für Bildungszwecke und so nicht in Kontakt treten
das ist etwas anderes aber (2) also unsere Werte (.) an die
wir glauben und das was wir tun (.) sollten sich nicht
widersprechen und in Konflikt geraten // also (.) wir haben
eine bestimmte Vorstellung von Mahremiyet (.) mahrem und
```

9.2 Orientierung an religiösen Glaubensinhalten

namahrem Beziehungen sind klar wir haben eine Religion die
die Grenzen gezogen hat // aus diesem Grund (.) ehm würde ich
nicht wirklich sehr vor der männlichen Gemeinde sein wollen
// auf jeden Fall also es ist nicht etwas was ich möchte oder
bevorzuge // ich würde wollen dass man immer die Grenzen kennt
(.) aber wenn es etwas ist wie ein Panel ein Seminar und so
weiter (.) ehm mit diesen Freunden ehm also mit den Männern
(2)wenn möglich sollte es eine gemischte Gruppe sein also vor
allem würde ich persönlich nicht wollen vor eine Männergruppe
zu treten und ein Seminar oder so zu geben // he kann ich es
nicht (.) das kann ich habe ich nicht die Ausrüstung dafür
(.) elhamdulillah das habe ich (.) aber ich würde das
persönlich (.) nicht bevorzugen warum // wenn ein männlicher
Hoca diesen Bedarf decken kann (.) würde ich als bedeckte Frau
als Religionsbeauftragte nicht vor den Blicken vieler Männer
sein wollen // warum (.) weil der Zweck der Bedeckung ist ja
genau das (.) es ist das Abstand nehmen vor den Blicken // es
war das sich Schützen vor den Blicken ha ich sage nicht dass
dich dort diese Menschen mit negativen Hintergedanken angucken
// aber (.) wenn schon ein männlicher Hoca diesen Bedarf
decken kann (.) würde ich als Frau nicht vor die männliche
Gemeinde treten wollen (.) also auf keinen Fall würde ich es
wollen
(DEAF03, 398-435)[41]

---

[41] Original:
DEAF03: Eh Türkiyede karma gruplara (.) seminer programlarımız falan oluyor mesela engel (.) büyük şehir belediyesiyle engeller birimiyle ortak çalışmalarımız oldu ve ayda bir (.) engelli ve yakınlarına yönelik moral motivasyon amaçlı (.) seminerlerimiz oldu bunu erkek hocalarımızla ortak yapıyorduk ve katılan // kitlede kadın erkek karma bir gruptu // bu ayrı birşey (.) erkek eh lerle iletişime geçmeyiz vesaire yani eğitim bazında geçmeyizde demiyorum bu ayrı birşey fakat (2) şimdi bizim (.) eh inandığımız değerlerlede (.) yaptığımız işler (.) çelişmemeli ve çatışmamalı // şimdi (.) mahremiyet denilen bir olgumuz var (.) mahrem namahrem ilişkileri belli sınırlar çizilmiş bir dinimiz var // o nedenle (.) eh çokta böyle erkek cemaatin önünde olmak istemem // kesinlikle yani çok istediğim tercih ettigim birşey değildir // sınırların her zaman bilinmesini isterim (.) ama bu (.) bir panel bir seminer vesaire gibi birşey olur ve (.) eh o arkadaşlara eh yani erkeklere (2) mümkünse karma grup olsun yani hatta tek başına erkek bir grubun önüne çıkıp seminer falan vermek şahsi olarak istemem /

Der thematische Einstieg wird unter Rückbezug auf das Handlungswissen vollzogen, das die Imamin in der Türkei verortet. Dies deutet zu Beginn bereits darauf, dass für die Handlungsorientierung der Imamin im Kontext des Predigens das Handlungswissen aus der Erfahrungswelt in der Türkei relevant ist. DEAF03 spricht von einem Kollektiv, wobei dieses Kollektiv nicht näher beschrieben wird. Später wird die Vermutung bestätigt, dass das Kollektiv die Religionsbeauftragten beinhaltet („*mit unseren männlichen Hoca gemeinsam*", tr. „*erkek hocalarımızla*").

Die Frage nach den Möglichkeiten einer (bzw. ihrer) Predigt vor geschlechtergemischten Gruppen versucht die Imamin zunächst durch andere mögliche geschlechtergemischte Veranstaltungen mit religionsbeauftragten Frauen und Männern und Teilnehmenden „ihrer Seminare" zu beschreiben. Implizit deutet dies auf die Annahme der Imamin, die Interviewerin gehe davon aus, dass Imaminnen wahrscheinlich nicht in geschlechtergemischten Veranstaltungen präsent sind oder an solchen teilhaben. Das Seminar „für Bildungszwecke" (tr. „*eğitim bazında*") wird von anderen Seminaren unterschieden („*das ist etwas anderes*", tr. „*bu ayrı birşey*") – gleichzeitig scheint diese Unterscheidung für die Handlungsorientierung bestimmend zu sein. Diese angenommene Präsumtion wird folglich explizit widerlegt („*ich sage nicht dass wir mit ehm den Männern nicht in Kontakt treten und so weiter*", tr. „*erkek eh lerle iletişime geçmeyiz vesaire yani [...] demiyorum*"). Die Zusammenarbeit mit männlichen Hoca („*die haben wir mit unseren männlichen Hoca gemeinsam gemacht*", tr. „*seminerlerimiz oldu bunu erkek hocalarımızla ortak yapıyorduk*") und das Offerieren des Seminars für geschlechtergemischte Gruppen („*die Gruppe die teilgenommen hat war eine Frauen und Männer gemischte Gruppe*", tr. „*katılan kitlede kadın erkek karma bir gruptu*") dient hierbei als Detaillierung der Widerlegung.

Gleichzeitig bleibt die Frage nach der konkreten Unterscheidung und insbesondere der Konkretisierung der entsprechenden Opposition unbeantwortet. Implizit dokumentiert sich in dieser Beschreibung die Differenzierung des Raums ‚Seminare für Bildungszwecke' und des Raums der Predigten. Welche Unterscheidungsmerkmale für beide konstruierten Räume jenseits der *Bildungszwecke*

/ ha veremezmiyim (.) verebilirim o donanımım yokmu (.) elhamdüllilah var (.) ama şahsi olarak (.) bunu tercih etmem neden // aynı ihtiyacı bir ekek hocada karşılıyabiliyorsa (.) bir sürü erkek bakışının karşısında (.) örtülü bir hanım olarak olmak istemem bir din görevlisi olarak olmak istemem // neden (.) çünkü örtünmedeki ehm amaçda buydu zaten (.) bakışlardan uzaklaşmaktı // bakışlara karşı kendini korumaktı ha ordaki insanlar sana art niyetle bakıyor diye bunu demiyorum // ama (.) aynı ihtiyacı bir erkek hocada karşılayabilecekken (.) erkek cemaatin karşısına bir bayan olarak çıkmak istemem (.) yani kesinlikle istemem

9.2 Orientierung an religiösen Glaubensinhalten

charakteristisch sind, wird nicht präzisiert. Deutlich wird jedoch, dass der konstruierte Raum des Predigens etwas zu haben scheint, das die Imamin von der Orientierung, die sie in den anderen Räumen annehmen kann, abhält.

Folglich lässt die Explikation, die an die zwei Sekunden lange Pause anschließt, die Orientierung der Imamin an religiösen Glaubensinhalten rekonstruieren. Denn im Fokus ihrer Handlungsorientierung und -praxis stehen die *„Werte"*, die sie vertritt. Diese Handlungspraxis scheint subjektiv daran gemessen zu werden, dass kein Widerspruch zwischen der Wertevorstellung und der Handlungspraxis entstehe (*„also unsere Werte (.) an die wir glauben und das was wir tun (.) sollten sich nicht widersprechen und in Konflikt geraten"*, tr. *„şimdi bizim (.) eh inandığımız değerlerlede (.) yaptığımız işler (.) çelişmemeli ve çatışmamalı"*). Mit Blick auf die Fragestellung wird hier erstmals der Modus der Ablehnung sichtbar. Es lässt sich rekonstruieren, dass in dieser Praxis des Predigens vor geschlechtergemischten Gruppen eine Kollision zwischen Wertevorstellungen und Handlungspraxis gesehen wird.

Weiterhin lässt sich dokumentieren, dass diese Wertevorstellungen im Modus der Allgemeinheit formuliert werden und als etwas Universelles und – für die Gruppe des Kollektivs – Allgemeingültiges gelten. Denn es ist die Gruppe des *„wir"*, die an diese Werte glaubt. Diese Werte scheinen in Verbindung zum Verständnis von Intimität bzw. Privatsphäre (tr. *„mahremiyet"*) zu stehen, die für die Imamin konkret (*„bestimmt"*) und klar definierbar zu sein scheint.

> **Kontextwissen:**
> Das Nomen *Mahremiyet* lässt sich allgemein als Intimität oder Privatsphäre übersetzen. Das dazugehörige Adjektiv *„mahrem"* (intim, privat) und Antonym *„namahrem"* wird von Kulaçatan (Kulaçatan, 2013 S. 94) als öffentlicher (*„namahrem"*) und nicht-öffentlicher (*„mahrem"*) Bereich beschrieben. Göle verweist auf die bestehenden Diskurse über den Körper der Frau in islamisch-historischen Settings und beschreibt das Verhandeln um den Körper der Frau mit Blick auf die Öffentlichkeit (*l'espace public*) und den privaten Bereich (*l'espace privé*). Dabei wird das *l'espace privé* mit dem „Bereich des Verbotenen" gleichgesetzt (*l'espace de l'interdit*) (Göle, 2003). Unter diese Kategorien *mahrem* und *namahrem* werden normative ontologisierte Vorstellungen von Geschlechterverhältnissen subsumiert (Göle, 1993, S. 122 f.).

Die normative Vorstellung von *mahremiyet* wird in *mahrem* und *namahrem*-Beziehungen klassifiziert, die wiederum auf bestimmte Grenzsetzungen verweisen. Diese Grenzen in den Geschlechterbeziehungen werden auf die Religion zurückgeführt. Die Imamin, die „*aus diesem Grund [...] nicht wirklich sehr vor der männlichen Gemeinde sein*" möchte, verweist hiermit auf die Begründung ihrer Handlungsorientierung, die auf die Religion zurückgeführt wird. Die Präzisierung der Handlungsorientierung in ihren entsprechenden Formen „*Sein*" und „*Stehen*" – und zwar vor der „männlichen Gemeinde" – verweist hier auf das Präsent- und Sichtbar*sein* im Kontext einer konstruierten „Männergruppe". Die Bezeichnung des „Stehens" deutet implizit auf den performativen Akt des Vorne*seins* und Predigens. An dieser Stelle kann zusammenfassend dokumentiert werden, dass die Handlungsorientierung und -praxis mit Blick auf das Predigen vor geschlechtergemischten Gruppen, insbesondere vor der „männlichen Gemeinde", an religiösen Glaubensinhalten im Modus der Ablehnung bearbeitet wird.

Weiterhin kann festgehalten werden, dass die Handlungspraxis der Imamin(nen) von DEAF03 als solche beschrieben wird, die die konstruierte Gruppe „männliche Gemeinde" (tr. „*erkek cemaat*") nicht innerhalb ihres pädagogischen und religiösen Handlungsfeldes einschließt. Während dadurch eine distanzierende Haltung gegenüber dieser konstruierten „Männergruppe" hergestellt wird, zeigt der zusätzliche Blick auf die Beschreibung „*mit diesen Freunden ehm also mit den Männern*" den Versuch einer Balance zwischen Nähe und Distanz der „andersgeschlechtlichen" Gruppe gegenüber.

Die Orientierung an religiösen Glaubensinhalten wird in der Beschreibung der Imamin verstärkt, indem die Argumentation der Ablehnung dezidiert („*he*") nicht auf mangelnde Kompetenz („*Ausrüstung*", tr. „*donanım*") zurückgeführt wird. Die religiöse Begründungsebene wird erneut aufgegriffen – denn es sind die subjektiv angenommenen Hintergründe der Bedeckung, die als Begründung für die Handlungsorientierung herangezogen werden („*warum (.) weil der Zweck der Bedeckung ist ja genau das*", tr. „*örtünmedeki eh amaçda buydu zaten*"). So wird erneut die zuvor sichtbare Dynamik zwischen dem Nahesein in der konstruierten Wir-Gemeinschaft und dem Abstandhalten von den „Männern" deutlich; denn es ist das „*Abstand nehmen vor den Blicken*" (tr. „*bakışlardan uzaklaşmaktı*"). Mit einer zusammenfassenden („also", tr. „yani") Bezugnahme („*auf keinen Fall würde ich es wollen*", tr. „*kesinlikle istemem*") manifestiert sich somit der Modus der Ablehnung, in dem die Orientierung an religiösen Glaubensinhalten bearbeitet wird.

9.2 Orientierung an religiösen Glaubensinhalten

Die Orientierung in diesem Modus zeigt an dieser Stelle keine Konklusion – auch im weiteren Verlauf lässt sich diese *Orientierung an religiösen Glaubensinhalten im Modus der Ablehnung* nachzeichnen:

```
KAR:    Okay (.) verstehe

DEAF03:           L Hmm (.) hmm

KAR:    Hmm (6) hmm

DEAF03: Soll ich Çay nachfüllen (2) @(.)@ deins ist voll

KAR:    Okay

DEAF03: Okay (30) // das würde ich sogar noch zur Frage von
        eben hinzufügen wollen // meiner Meinung nach (.) mit Methoden
        die haram sind (.) kann man keine Ergebnisse erreichen die
        helal sind // aus diesem Grund (.) sollten wir nicht nur
        ergebnisorientiert sein wir müssen auch prozessorientiert
        denken (.) und haram und helal in unserer Religion die Grenzen
        in der Beziehung zwischen Frauen und Männern etc (.) kennen
        wir alle also muss hier jetzt nicht erklärt werden // also
        weil ich etwas schützen möchte würde ich es nicht machen

KAR:    Ja

DEAF03: Es gibt Werte die ich schützen will

KAR:    Ja

DEAF03: Also nicht weil ich vor einem Mann keinen Vortrag
        halten kann // weil ich daran glaube dass ich es nicht machen
        sollte // denn dort (.) wird dieser Mann von mir wenns hoch
        kommt zwei drei Sachen lernen (.) entweder wird er es
        verinnerlichen und in seinem Leben umsetzen oder er wird sie
        noch nicht mal umsetzen // wobei ich (.) den Blicken vieler
```

Männer ausgesetzt sein werde (.) muss das sein @ich glaube nicht@ // ja

KAR: Okay

(DEAF03, 436-463)[42]

Nach einer Bestätigung der Interviewerin („*Okay (.) verstehe*") über das zuvor von der Imamin Erzählte folgt eine Denkzeit („Hmm (.) hmm", gefolgt von einer sechs Sekunden langen Pause). Daraus lässt sich zunächst folgern, dass beide entweder an dem vorherigen Erzählteil der Interviewten hängen oder nicht wissen, an welcher Stelle sie fortfahren. Mit einem kurzen Einschub und der Frage der Imamin („*soll ich Çay nachfüllen*") sowie dem Lachen (@(.)@) wird zunächst ein anderer Fokus gesetzt – gleichzeitig lässt sich durch diesen Einschub die hergestellte Atmosphäre nachzeichnen. Konkret wird diese Lesart nach der 30 Sekunden dauernden Pause und der thematischen Ergänzung, die daran anschließt. Somit kann rekonstruiert werden, dass das Thema für die Interviewte noch nicht abgeschlossen ist und an dieser Stelle relevant bleibt.

Dieser Ergänzungsbedarf wird im Modus der persönlichen Bezugnahme manifest („*meiner Meinung nach*", tr. „*bana göre*"). Die Normativitätskonstruktion wird im Sinne eines Resümees des vorher Skizzierten angebracht. „*Mit Methoden die haram sind (.) kann man keine Ergebnisse erreichen die helal sind*" (tr. „*haram yöntemlerle (.) helal sonuçlara ulaşılamaz*") verdeutlicht einerseits die

---

[42] Original:
KAR: Okay (.) anlıyorum
DEAF03:   └ Hmm (.) Hmm
KAR: Hmm (6) Hmm
DEAF03: Çay koyimmi (2) @(.)@ sen seninki full
KAR: Tamam
DEAF03: Tamam (30) // şunuda hatta eklemek isterim o az önceki soruya // bana göre (.) haram yöntemlerle (.) helal sonuçlara ulaşılamaz // o nedenle (.) sadece sonuç odaklı değil süreç odaklı düşünmek zorundayız (.) ve dinimizin haramlarını helallerinin kadın erkek ilişkisindeki sınırları vesairede (.) hepimiz biliyoruz yani burda (.) anlatmaya gerek yok // yani birşeyi korumak istediğim için onu yapmam yani korumak
KAR: Evet
DEAF03: İstediğim değerler var
KAR: Evet
DEAF03: Yoksa ben bir erkeğin karşısında sunum yapamayacağımdan değil // yapmamam gerektiğine inandığım için // çünkü orada (.) o adam benden top taş çatlasın iki üç tane bilgiyi ya anca edinecek (.) ya içselleştirip hayatına geçirecek yada geçirmicek bile // oysaki ben (.) bir sürü erkek bakışına maruz kalmış olcam (.) gerek var mı @hiç sanmıyorum@ // evet
KAR: Peki

9.2 Orientierung an religiösen Glaubensinhalten

Unterscheidung zwischen dem Weg und dem Ziel, die in bestimmten religiösen Denkschemata gedacht werden – andererseits verweist diese Unterscheidung auf die möglicherweise bestehenden Unterschiede zwischen dem Ziel des Weges und dem Ziel des Zieles. Die Differenzierung „*ergebnisorientiert*" (tr. „*sonuç odaklı*") und „*prozessorientiert*" (tr. „*süreç odaklı*") wird de facto an diesen religiösen Bewertungsschemata bzw. -kategorien (helal-haram) gemessen und das Prinzip, dass *beide* Ziele (der Weg dahin, als auch das Ziel am Ende) „*helal*" sein sollten, wird unterstrichen. Die Definitionshoheit dieser beiden Kategorien wird der Religion zugeschrieben und mit den „*Grenzen in der Beziehung zwischen Frauen und Männern*" (tr. „*kadın erkek ilişkisindeki sınırları*") in Verbindung gebracht. Somit lässt sich dokumentieren, dass sich die Imamin in ihrer Handlungspraxis an den – auf die Religion zurückgeführten – Bewertungskategorien orientiert.

Obwohl die Imamin diese Argumentation für die Handlungsorientierung zunächst im Modus der subjektiven und persönlichen Bezugnahme proponiert („*meiner Meinung nach*"), wird in der Wir-Beschreibung der implizit konstruierte Allgemeingültigkeits- und Normativitätsanspruch sichtbar, denn es sind *Wir*, die „*nicht nur ergebnisorientiert*", sondern „*auch prozessorientiert denken*" müssen. Es sind gleichzeitig *Wir* als Kollektiv, die die „*Grenzen in der Beziehung zwischen Frauen und Männern*" und „*haram und helal in unserer Religion*" (tr. „*dinimizin haramlarını helallerini*") kennen. Diese Allgemeingültigkeit und Normativität wird durch eine Selbstverständlichkeit präsupponiert („*kennen wir alle muss hier jetzt nicht erklärt werden*", tr. „*hepimiz biliyoruz yani burda (.) anlatmaya gerek yok*").

Die Begründung, dass diese Perspektive nicht auf mangelnde Kenntnisse oder Kompetenzen, sondern auf die Werte zurückzuführen ist, zeigt einerseits die Orientierung an den religiösen Normativitätsvorstellungen und andererseits die religiöse Normativitätskonstruktion auf persönlicher und emotionaler Ebene („*es gibt Werte die ich schützen will*", tr. „*korumak istediğim değerler var*").

Gerahmt und zusammengefasst wird diese Argumentation mit einem utilitaristischen und bedarfsorientierten Aspekt, der nicht auf das Ziel des Lernens gerichtet ist, sondern darauf, nicht den Blicken vieler Männer ausgesetzt zu sein. Somit wird das Lernen der Männer von der Imamin hinter die konstruierte religiöse Normativität des „*nicht den Blicken ausgesetzt sein*" (tr. „*bakışına maruz kalmış olcam*") gerückt. Die Zurückstellung der Bedeutung dieser Art des Lernens wird relativiert, indem die Wirksamkeit dieser Lernform (Imamin als Lehrende und Männer als Lernende) hinterfragt wird („*dort (.) wird dieser Mann von mir wenns hoch kommt zwei drei Sachen lernen (.) entweder wird er es verinnerlichen und in seinem Leben umsetzen oder er wird sie noch nicht mal umsetzen*", tr. „*orada (.) o adam benden top taş çatlasın iki üç tane bilgiyi ya anca edinecek*

(.) ya içselleştirip hayatına geçirecek yada geçirmicek bile"). Die an diese Argumentation anschließende Frage „*muss das sein*" (tr. „*gerek var mı*") lässt sich als Suggestivfrage verstehen, in der die Haltung sichtbar und in ihr der Modus der Ablehnung immanent wird. Diese Immanenz verstärkt sich in der darauffolgenden Antwort „@*ich glaube nicht*@" (tr. „@*hiç sanmıyorum*@"), während die lachende Art des Antwortens auf das Selbsterklärende der eigenen Suggestivfrage verweist und somit ihre eigene Argumentation für selbstverständlich und argumentativ stark erklärt.

Somit lässt sich zusammenfassend beschreiben, dass die Imamin sich im Umgang mit der Frage der Predigt von Imaminnen vor geschlechtergemischten Gruppen an *religiösen Glaubensinhalten orientiert* und dies im *Modus der Ablehnung* bearbeitet.

Dieser homologe Modus der Ablehnung lässt sich auch im Interview mit DEAF05 nachzeichnen. Die Imamin spricht im Laufe des Interviews über die Predigt von Imaminnen vor geschlechtergemischten Gruppen. Aus dieser Bezugnahme konnte die Orientierung an religiösen Glaubensinhalten im Modus der Hingabe rekonstruiert werden. Im Zuge dessen spricht die Imamin über die „Bedeckung der Frau" und bearbeitet das Thema, inwiefern Frauen sichtbar sein sollten. Die Sequenz knüpft an diese Beschreibung und Argumentation an:

```
DEAF05: Ich finde eine Frau sollte nicht sehr im Vordergrund
stehen zum Beispiel gibt es solche Verse (.) sie soll nicht
erkannt werden und Schaden erleiden (.) ehm also erkannt
werden und Schaden erleiden (.) je mehr irgendwie ihre
Körperfigur (.) ihre weibliche und feminine Art zum Vorschein
kommt desto mehr wird sie geschmeichelt (.) ihrem Ego gefällt
das vielleicht (.) das ist ja gerade aktuell dieses (.)
forsche oder mutige mit Dekolleté und so weiter (.) irgendwie
beobachte ich das jetzt (.) durch die Frau profitiert nur
irgendjemand (.) was passiert nur damit sie mutiger und
forscher gezeigt werden (.) der Kleidermarkt verdient Geld
(.) nur damit sie schicker aussehen verdient der
Kosmetikhandel Geld (.) ((auf den Tisch klopfend)) hier ist
```

9.2 Orientierung an religiösen Glaubensinhalten

mir insbesondere die Kosmetik aufgefallen (.) wie sehr durch die Frau Geld verdient wird (.) Allah schützt wirklich die Frau wissen Sie das (.) wenn die Frau nicht geschützt wird (.) wird über alles von ihr Geld verdient schauen Sie (.) Adriana Lima hätte folgendes gesagt (.) ich werde diesen Beruf ausüben können solange mein Körper mir das zulässt (.) Sie kennen Victoria Secret das Model solange mein Körper es zulässt (.) also sie verdient durch ihren Körper Geld (.) ehm was passiert wenn ihr Körper es nicht mehr zulässt sie wird vom Markt gestrichen wie hart das ist (.) sie wird in eine mentale Krise fallen (.) und sie wird sich unzulänglich fühlen (.) ich sage das über die Menschen die durch ihren Körper über den Markt der Medien Geld verdienen (.) sehr mutig ohne an die Zukunft zu denken (.) sie versuchen in dieses Feld zu gehen aber es ist offensichtlich (.) nach einer bestimmten Zeit müssen sie aus diesem Feld denn sie sind dann nicht mehr ausreichend // du wirst alt (.) das was du hattest ist vorbei (.) aber für einen Menschen der sich persönlich und kognitiv entwickelt geht die Zeit nicht vorbei (.) er kann sich jedem Alter (.)jeder Psyche schnell anpassen (.) denn er hat Dings (.) ehm Antithesen // er hat Gegenmittel (.) aber nur mit dem Äußeren (.) zum Beispiel Amy Winehouse (.) die arme Frau hat sich umgebracht (.) in ihren jungen Jahren // ehm weil (.) die hatte keine Erfahrungen um sich anzupassen man hat sie auf einmal in die Medien gesteckt ihre Stimme ist schön ihre Stimme ist schön ihre Stimme ist schön sie hat eine starke Stimme (.) sie hat eine starke Stimme ansonsten hat sie nichts (3) also ich meine wer bin ich also ich weiß nicht aber (.) das was ich beobachten konnte ist insbesondere junge Frauen die sich in jungen Jahren umbringen ich beobachte wirklich wie junge Frauen an die Spitze der Berühmtheit gelangen (.) jemand hinter ihnen verdient viel mehr Geld (.) wenn sie da vorne drei Millionen verdienen verdienen die die hinten sind

zehn Millionen // und er denkt dass er gut verdient (.) genau deswegen sage ich (.) unsere Religion schützt wirklich die Frauen (.) also daher bin ich dagegen die Frau so sehr in den Vordergrund zu rücken
(DEAF05, 1679-1718)[43]

In einer *persönlichen* Bezugnahme („*ich finde*", tr. „*bence*") wird der konstruierten Geschlechterkategorie „*Frau*" das Nicht-im-Vordergrund-Stehen zugeschrieben („*ich finde eine Frau sollte nicht sehr im Vordergrund stehen*", tr. „*bence kadın çok ön planda olmamalı*"). In der Beschreibung des „im Vordergrund-Stehens" emergiert zugleich das In-den-Hintergrund-Rücken mit Blick auf die – in der Geschlechterkonstruktion implizierte und – konstruierte (Gegen-)Kategorie

---

[43] Original:
DEAF05: Bence kadın çok ön planda olmamalı mesela böyle ayetler var (.) şimdi tanınıp eza görmesin (.) eh tanınıp eza görmek yani bir şekilde (.) sizin vücut hatlarınız (.) kadınsılığınız dişiliğiniz ortaya çıktıkça belki gururunuz okşanıyodur (.) nefsinizin hoşuna gidiyodur (.) şimdi gündemdedir ya o eh çok böyle eh (.) iddialı bilmem cesur dekolteli falan gündemde ya (.) o bi yerde şimdi gözlemliyorum ben (.) kadının üzerinden (.) sadece birilerinin faydalanması (.) noluyor sizi daha cesur ve iddialı gösterecek diye (.) kıyafet pazarı pa- para kazanıyor (.) sizi daha şık gösterecek diye makyaj pazarı par- para kazanıyor (.) ((auf den Tisch klopfend)) burda özelikle kozmetik çok dikkatimi çekti (.) kadın üzerinden ne kadar çok para kazanılıyor (.) Allah gerçekten kadını koruyor biliyo musunuz (.) kadın korunmadığı zaman (.) her türlü şeyinden para kazanılıyor bakın (.) Adriana Lima şöyle demiş (.) vücudum el verdiği ölçüde bu mesleği yapacam (.) biliyorsunuz Victoria Secret şeyi (.) mankeni vücudu el verdiği ölçüde (.) yani vücudundan para kazanıyor (.) eh vücudu el vermeyince nolacak piyasadan silinicek ne kadar acı bir şey (.) ve bunalıma girecek (.) ve kendisini yetersiz hissedicek (.) bu medya piyasasındaki vücudundan para kazanan insanlar için söylüyorum (.) çok cesurca geleceği düşünmeden (.) eh bu alana atılmaya çalışıyorlar ama belli (.) bir süre sonra (.) artık siz (.) gündemden çekileceksiniz çünkü yetersizsiniz artık // yaşlandın (.) artık sahip olduğun şeyler bitti (.) ama kendisini (.) karakter ve zihnen geliştiren bi insan için zaman tükenmez (.) her yaşta (.) her psikolojiye çabuk kendisine uyum sağlayabilir (.) çünki şeyleri vardır (.) eh antitezleri vardır // panzehirleri vardır (.) ama sadece (.) görüntüsünden (.) Amy Winehouse mesela (.) kadıncağız intihar etti (.) gencecik yaşında // eh çünki (.) uyum sağlıcak bi birikimleri yok onun birden bire (.) medyaya soktular sesi güzel sesi güzel sesi güzel çok güçlü sesi var (.) çok güçlü sesi var başkada bir şeysi yok (3) yani ki ben neyim acaba yani bilmiyorum ama (.) benim gözlemlediğim bu özellikle genç kadınlar intihar eden genç yasta (.) eh şöhretin doruğuna ulaşan genç kadınlar ben çok takip ediyorum gerçekten (.) arkasında birileri daha çok para kazanıyor (.) önde onlar üç milyon kazanıyorsa arkadakiler on milyon kazanıyor // ve o zannediyor ki ben çok kazanıyorum (.) işte o yüzden diyorum (.) bizim dinimiz gerçekten kadını koruyor (.) bundan işte kadını fazla ön plana atmaya karşıyım

9.2 Orientierung an religiösen Glaubensinhalten

„*Mann*". Folglich manifestiert sich in dieser Darstellung des Soll-Zustandes eine Geschlechterzuschreibung, die sich divergent verhält. Zudem dokumentiert sich eine normative Vorstellung, die in der darauffolgenden Beschreibung an religiöse Glaubensinhalte gekoppelt wird. Dies setzt mit „*zum Beispiel gibt es solche Verse*" (tr. „*mesela böyle ayetler var*") an: Der in dem „Vers" zur Geltung kommende Inhalt wird wiedergegeben. In dieser Rekonstruktion der Imamin und ihrer doppelten Anführung des Inhalts („*sie soll nicht erkannt werden und Schaden erleiden (.) ehm also erkannt werden und Schaden erleiden*", tr. „*şimdi tanınıp eza görmesin (.) eh tanınıp eza görmek*") zeigt sich die In-Verhältnis-Setzung der Sichtbarkeit der Frau mit dem Schaden-Erleiden. Implizit rekurriert diese Beschreibung auf eine Wenn-Dann-Formulierung, in der das Schaden-Erleiden als *Folge* der Sichtbarkeit der Frau markiert wird. Somit wird an dieser Stelle auf eine Unsichtbarkeit verwiesen, die als Schutz vor dem Schaden-Erleiden zu wirken scheint. Ferner lässt sich rekonstruieren, dass die Imamin ihre Bezugnahme auf – als religiös markierte – Quellen zur Ablehnung des zu sehr im Vordergrund Stehens der Frau nutzt. Daraus lässt sich (bereits zu Beginn der Sequenz) die Orientierung der Imamin an religiösen Glaubensinhalten rekonstruieren, die sie im Modus der Ablehnung bearbeitet.

Die daran anschließende Detaillierung dient einer Exemplifizierung des zuvor Genannten. Über die „*Körperfigur*" (tr. „*vücut hatlarınız*") scheint die „*weibliche und feminine Art zum Vorschein*" (tr. „*kadınsılığınız dişiliğiniz ortaya çıktıkça*") zu kommen. Darin dokumentiert sich eine Konstruktion der Körperfigur als Projektionsfläche der Geschlechterzugehörigkeit bzw. -zuschreibung.

In der Beschreibung dieser Projektion („*wird sie geschmeichelt (.) ihrem Ego gefällt das vielleicht*", tr. „*belki gururunuz okşanıyodur (.) nefsinizin hoşuna gidiyodur*") zeigt sich das In-Verhältnis-Setzen der äußeren Wahrnehmung der Körperfigur mit der Wirkung dieser Wahrnehmung auf die Frau selbst. Zudem wird diese Projektionsform als etwas gesellschaftlich Bekanntes und Aktuelles konzipiert („*das ist ja gerade aktuell dieses (.) forsche oder mutige mit Dekolleté und so weiter*", tr. „*şimdi gündemdedir ya o eh çok böyle eh (.) iddialı bilmem cesur dekolteli falan gündemde ya*"). In dieser Formulierung dokumentiert sich zugleich ein Verweis auf die damit verbundenen Gefahren, die den Frauen primär nicht bewusst zu sein scheinen. In der darauffolgenden Detaillierung spiegelt sich die Markierung der Frau als „Mittel zum Zweck" wider: Es ist „*irgendjemand*", der/die „*durch die Frau profitiert*" (tr. „*kadının üzerinden (.) sadece birilerinin faydalanması*"), „*der Kleidermarkt*" (tr. „*kıyafet pazarı*") oder „*Kosmetikhandel*" (tr. „*makyaj pazarı*"); somit scheint die Frau – in der Beschreibung der Imamin – eine Rolle in der Marktstrategie zu spielen, „*über die Geld verdient wird*" (tr. „*kadın üzerinden ne kadar çok para kazanılıyor*").

In diesem Zusammenhang wird der Bezug zu Allah wiederhergestellt. Indem Allah als Beschützer der Frauen beschrieben wird („*Allah schützt wirklich die Frau wissen Sie das*", tr. „*Allah gerçekten kadını koruyor biliyo musunuz*"), wird dadurch auf die Notwendigkeit des Geschützt-Werden-Müssens gedeutet. Somit zeigt sich für die Argumentation erneut die Orientierung an religiösen Glaubensinhalten. Die mit der Sichtbarkeit verbundenen Gefahren, auf die zuvor implizit rekurriert wurde, werden nun explizit angedeutet; dies zeigt sich beispielsweise in der Schilderung „*wenn die Frau nicht geschützt wird (.) wird über <u>alles von ihr</u> Geld verdient*" (tr. „*kadın korunmadığı zaman (.) <u>her türlü</u> şeyinden para kazanılıyor*"). Die Betonung auf „*über <u>alles von ihr</u>*" rekurriert dabei auf die Breite der Angriffsfläche. Der türkische Ausdruck „*kadın korunmadığı zaman*" kann einerseits als „*wenn sie nicht geschützt wird*" und andererseits als „*wenn sie sich nicht schützt*" übersetzt werden. Beide Lesarten rekurrieren allerdings auf die von außen eingehende Gefahr, die das Sich-Schützen oder Geschützt-Werden erforderlich macht. Mit Blick auf die kurz vorher angeführte Feststellung „*Allah schützt wirklich die Frau wissen Sie das*" verstärkt sich die Lesart des „Geschützt-Werdens" oder „Sich-Schützens" im Sinne religiöser Normen-Vorstellungen, die „Allah" zugeschrieben werden. In dieser argumentativen Darlegung wird die Frau als schwaches Wesen konstruiert. Somit kann mit Blick auf die eingangs eingeworfene Positionierung „*ich finde eine Frau sollte nicht sehr im Vordergrund stehen*" die Orientierung an religiösen Glaubensinhalten rekonstruiert werden, die sie im Modus der Ablehnung bearbeitet.

Mit einer Notwendigkeit der Illustrierung („*schauen Sie*", tr. „*bakın*") wird „Adriana Lima" eine Aussage zugeschrieben („*hätte folgendes gesagt*", tr. „*şöyle demiş*"), die ihre berufliche Perspektive auf die Möglichkeiten des Körpers beschränkt („*ich werde diesen Beruf ausüben können solange mein Körper mir das zulässt*", tr. „*vücudum el verdiği ölçüde bu mesleği yapacam*").

In einer kritischen Bezugnahme auf die Ausübung eines Berufs, in dem der Körper im Vordergrund steht („*sie verdient durch ihren Körper Geld*", tr. „*vücudundan para kazanıyor*"), wird auf die Begrenztheit der körperlichen Möglichkeiten verwiesen („*wenn ihr Körper es nicht mehr zulässt sie wird vom Markt gestrichen*", tr. „*vücudu el vermeyince nolacak piyasadan silinicek*"). Die kritische Haltung der Imamin dazu dokumentiert sich insbesondere in der Beschreibung „*wie hart das ist*" (tr. „*ne kadar acı bir şey*"). In diesem Zusammenhang spezifiziert sie die Gefahren, die mit der Begrenztheit der Ausübung eines Berufs, in dem der Körper im Mittelpunkt steht, einhergehen („*sie wird in eine mentale Krise fallen (.) und sie wird sich unzulänglich fühlen*", tr. „*bunalıma girecek (.) ve kendisini*

9.2 Orientierung an religiösen Glaubensinhalten 331

yetersiz hissedicek"). Die zeitliche Begrenztheit des Körpers für die Berufsausübung wird nochmals expliziert („*es ist offensichtlich (.) nach einer bestimmten Zeit müssen sie aus diesem Feld denn sie sind dann nicht mehr ausreichend du wirst alt (.) das was du hattest ist vorbei*", tr. „*ama belli (.) bir süre sonra (.) artık siz (.) gündemden çekileceksiniz çünkü yetersizsiniz artık yaşlandın (.) artık sahip olduğun şeyler bitti*").

Durch die Markierung der Offensichtlichkeit verstärkt die Imamin ihre Argumentation. Zur Verstärkung dient zudem die Hinzunahme eines Gegenbeispiels, in dem in der Berufsausübung nicht über den Körper Geld verdient wird („*aber für einen Menschen der sich persönlich und kognitiv entwickelt geht die Zeit nicht vorbei (.) er kann sich jedem Alter (.) jeder Psyche schnell anpassen*", tr. „*ama kendisini (.) karakter ve zihnen geliştiren bi insan için zaman tükenmez (.) her yaşta (.) her psikolojiye çabuk kendisine uyum sağlayabilir*"). Dieses Gegenbeispiel wird im Zusammenhang mit einer zeitlich uneingeschränkten Praktikabilität und ohne eine negative Auswirkung auf die Psyche der Menschen beschrieben. Dadurch, dass die Menschen, die nicht durch den Körper Geld verdienen, als diejenigen charakterisiert werden, die sich „persönlich und kognitiv weiterbilden", wird hier implizit präsupponiert, dass Frauen, die durch oder mit ihrem Körper Geld verdienen, sich in ihrer beruflichen Tätigkeit nicht kognitiv und persönlich bzw. charakterlich weiterentwickeln.

Der Fall „*Amy Winehouse*" dient zur zusätzlichen Verdeutlichung möglicher Folgen mit einem Beispiel aus der Praxis („*die arme Frau hat sich umgebracht (.) in ihren jungen Jahren*", tr. „*kadıncağız intihar etti (.) gencecik yaşında*"). Begründet wird der Fall mit den fehlenden Erfahrungen („*die hatte keine Erfahrungen um sich anzupassen*", tr. „*uyum sağlıcak bi birikimleri*"). Im Laufe dieser Exemplifizierung verschiebt sich der Blick von „dem Körper" als Bezugsrahmen auf die „Stimme", die in dem Fall Amy Winehouse relevant ist („*man hat sie auf einmal in die Medien gesteckt ihre Stimme ist schön ihre Stimme ist schön ihre Stimme ist schön sie hat eine starke Stimme (.) sie hat eine starke Stimme ansonsten hat sie nichts*", tr. „*birden bire (.) medyaya soktular sesi güzel sesi güzel sesi güzel çok güçlü sesi var (.) çok güçlü sesi var başkada bir şeysi yok*"). Darin dokumentiert sich die Kritik an der gesellschaftlichen Zustimmung mit Blick auf die „Schönheit" der Stimme. Das Problem bzw. die möglichen Folgen beschränkt die Imamin in ihrer Beschreibung dezidiert auf Frauen („*das was ich beobachten konnte ist insbesondere junge Frauen die sich in jungen Jahren umbringen*", tr. „*benim gözlemlediğim bu özellikle genç kadınlar intihar eden*") – somit wird dieses Problem geschlechterspezifisch markiert.

Daran anschließend verschiebt sie erneut den Blick (nun) von der „Stimme" auf das „Berühmt-Sein" („*beobachte wirklich wie junge Frauen an die Spitze der Berühmtheit gelangen"*, tr. *„şöhretin doruğuna ulaşan genç kadınları ben çok takip ediyorum gerçekten"*). Es zeigt sich die wiederholte Markierung des Geschlechts im Rahmen dieser skizzierten Problematik. Männer scheinen von dieser Problematik in der Schilderung der Imamin nicht betroffen zu sein. Darüber hinaus lässt sich aus diesen Verschiebungen der Foki (vom Körper zur Stimme und anschließend zum Berühmt-Sein) rekonstruieren, dass die eingangs formulierte Positionierung mit Blick auf das Im-Vordergrund-Stehen der Frau Aspekte wie Sichtbarkeit und Präsenz in der Öffentlichkeit tangiert. Somit scheint das Thema der Predigt von Frauen vor geschlechtergemischten Gruppen (woran die Sequenz thematisch anschließt) abgelehnt zu werden. Auf den Modus der Ablehnung verweist die Imamin ebenso in ihrem Abrunden des Themas (am Ende der Sequenz): Die Beschreibung *„genau deswegen sage ich"* (tr. *„işte o yüzden diyorum"*) rahmt die vorherigen Exemplifizierungen als valide Argumente für die Positionierung. In dieser Positionierung wird erneut die Orientierung an Religion und Glauben sichtbar (*„unsere Religion schützt wirklich die Frauen"*, tr. *„bizim dinimiz gerçekten kadını koruyor"*). In dieser Orientierung zeigt sich der Modus der Ablehnung auch in der persönlichen Bezugnahme (*„also daher bin ich dagegen die Frau so sehr in den Vordergrund zu rücken"*, tr. *„bundan işte kadını fazla ön plana atmaya karşıyım"*) auf die eingangs angeführte Positionierung. Somit lässt sich mit Blick auf die gesamte Sequenz rekonstruieren, dass die Imamin die Orientierung an religiösen Glaubensinhalten im Modus der Ablehnung bearbeitet.

9.2.4 ... im Modus der Falsifizierung

Das Predigen von Imaminnen vor geschlechtergemischten Gruppen wird im Interview mit TRAAF01 (Studentin an der theologischen Fakultät in Ankara) thematisiert, dabei wird über die heterologen Sichtweisen mit Blick auf dieses Handlungsfeld gesprochen. Im Laufe dieser Erzählungen werden naheliegende Themen und religiös-historische Betrachtungen einbezogen, um die eigene Positionierung zu unterstützen:

9.2 Orientierung an religiösen Glaubensinhalten

TRAAF01: Der Prophet (.) hat eine Revolution gestartet (.) ja ich mein in der Schweiz (.) überhaupt in Europa (.) dass Frauen (.) ehm selber (.) ja mit ihrem Geld (.) ehm irgendwas machen können es anlegen oder was auch immer oder dass sie wählen können ja das wur- diese Rechte die Rechte wurden der Frau erst im zwanzigsten Jahrhundert in Europa gegeben // und da ist (.) der Prophet Muhammed der im siebten Jahrhundert (.) in Saudiarabien (.) in einer Gesellschaft ist in der Frauen weniger wert als Kamele sind (.) und sagt (.) diese Frauen dürfen handeln (.) ihr dürft ihre Mitgift nicht anfassen die dürfen mit diesem Geld machen was die wollen (.) ja ehm (.) ein Drittel (.) ehm von Mescidi Nebevi ist voll mit Frauen (.) die zum Freitagsgebet kommen (.) und (.) er sagt dass eine Ehe die (.) ohne die Zustimmung der Frau ist ungültig ist (.) in so einer Gesellschaft // im siebten Jahrhundert in Saudiarabien // damit der Prophet beginnt eine Revolution (.) und nicht nur das (.) Frauen beten (.) Frauen fasten was bedeutet dass (.) das heißt Frauen (.) haben auch eine Verantwortung das heißt sie werden als Mensch auch im Jenseits zur Rechenschaft gezogen // allein schon das das vermittelt den Menschen dort eine Gleichberechtigung // das heißt der Prophet weiß womit er es zu tun hat (.) er versucht das aber langsam ja nicht von heute auf morgen so (.) stellt die Frauen gleich weil er muss diese Gesellschaft ändern ja // man kann das nicht von heute auf morgen sogar wenn du etwas verbietest dann (.) kriegst dus nicht gleich weg ja nur weil man etwas verbietet heißt das nicht (.) dass es einfach so von der Erdoberfläche verschwindet das wissen wir doch ja // ehm und (.) ja er beginnt das (.) und das Problem ist (.) ja leider (.) wir sehen der Prophet schafft es denn (.) seine Frau (.) Ayse (.) hatte so ein derartiges Selbstbewusstsein das die mit ihren jungen Jahren (.) Sahabes die viel älter

sind einfach kritisiert (.) dass (.) ehm als ihr Vater
Ebubekir sagt geh entschuldige dich beim Propheten sie einfach
sagen kann soll er kommen und sich bei mir entschuldigen //
ja (.) eine Frau (.) die auf ihr Kamel steigt und gegen @alle@
kämpfen will // ja so eine Frau (.) das heißt das ist kein
Zufall das ist nicht irgendeine Frau (.) das ist die Frau die
den Propheten Mohammed am nähsten kennt (.) mit ihm ein
Schlafzimmer teilt (.) eine Frau (.) die miterlebt (.) wie
die Verse von Allah herabgesandt werden (.) und diese Frau
hat gar keine Hemmungen (.) oder sieht sich nicht in ehm in
ihrem Haus eingesperrt und ist dauernd draußen unterrichtet
Männer // ja (.) also das das ist hier schonmal komisch oder
wir haben eine selbstbewusste Frau (.) die dauernd unter
Männern ist (.) und eine autoritäre Persönlichkeit ist

KAR: Hmm (2) wie kann dann aber

TRAAF01:   L Ja

KAR: Zustande kommen

TRAAF01:   L Und ja

KAR: Das

TRAAF01: L Ja (.) ich glaube einfach leider (.) leider

KAR: Ja

TRAAF01: Denn es gibt auch solche Aussagen (.) unser Prophet
ist gestorben (.) ehm die also (.) Ebubekir Ömer ich glaub
die haben das auch noch weiter gelebt aber (.) dass nach einer
gewissen Zeit einfach (.) die Leute wieder in ihre
Gewohnheiten (.) zurückgefallen sind ganz ehrlich (.) dass
dieses ehm arabische (.) Weltbild (.) der vorislamischen Zeit
(.) ehm irgendwie (.) wieder langsam hochgekommen ist (.) und
(.) da natürlich (.) der Koran in Saudiarabien herabgesandt
wurde // und sprich die ganze Welt den Islam aus:: aus erster

9.2 Orientierung an religiösen Glaubensinhalten

Quelle nur von den Arabern lernen konnte (.) glaube ich (.) dass dieses (.) dass das diese Kultur und Religion dann von den Neu-Muslimen nicht unterschieden werden konnte // sprich (.) haben Leute (.) nicht unterscheiden können ob jetzt (.) so wie die ihre Frauen behandeln (.) von deren Kultur oder von deren Religion // weil die waren ja das religiöse Vorbild die Araber oder nicht // und ich glaube das wurde mit der Zeit vertauscht // ganz ehrlich (.) den (.) Türken wird immer vorgeworfen (.) also schon ne also nicht jeder beschuldigt die Religion aber dass unsere <u>Kultur</u> herablassend gegenüber den Frauen ist // die originale türkische Kultur ja // türkische Frauen haben mit Schwertern gekämpft // die haben ihre Zelte verteidigt (.) türkische Frauen haben Hosen getragen (.) die ha- die waren immer so locker bekleidet <u>und</u> (.) uralte türkische Begriffe (.) <u>Hanım</u> (.) ja damit ist <u>Han</u> gemeint ja man sagt auch Fatih Sultan Mehmed <u>Han</u> // und da haben <u>Männer</u> ihre Frauen mit Hanım // das heißt meine Königin angesprochen (.) und (.) man sagt im türkischen <u>Eşim</u> das heißt (.) mein (.) meine Gleichberechtigte ja das heißt das Eş // das heißt (.) das war bei Türken schon sonst wär das nicht in unserer Sprache ja // wenn das nicht in unserer Kultur gewesen wäre wäre es nicht in unsere Sprache miteinflo- miteingeflossen // und das ist auch im alten Türkischen (.) wurden Frauen so benannt das heißt (.) das ist auch nicht von unserer Kultur // auch bei vielen anderen nicht (.) ich denke wirklich (.) dass (.) die Araber (.) das nicht überwunden konnten (.) und dass die so dieses (.) dass die weil es gibt Aussagen (.) (X-Person) hat mir das letztens erzählt (.) dass manche dann gesagt haben das war jetzt so (.) lange nach dem Tod des Propheten dass die gesagt haben (.) so endlich endlich haben wir jetzt wieder (.) den Frauen das Maul gestopft das

```
hat  langsam  genervt  dass  sie  soviel  zu  sagen  hatten  (.)
solche  //  Aussagen  gibt  es  das  ist  (.)  den  Männern  hat  das  ja
immer  gefallen  ja  hattest  hattest  du  gratis  Sklaven  (.)  ja
und  (.)  nicht  jeder  hat  ein  reines  Herz  und  irgendwann  ist
das  glaube  ich  wieder  hochgekommen  //  dass  man  versucht  hat
wieder  die  Frauen  irgendwie  (.)  einzuengen  //  und  was  willst
du  machen  (2)  die  Araber  wie  gesagt  waren  die  erste  Quelle  //
man  sieht  sieht  es  von  ihnen  //  es  ist  einfach  also  das  ist
was  ich  denke  das  ist  schade

KAR:       Ja

TRAAF01:  ⌊ Der  Prophet  hat  das  Gegenteil  gelehrt
(TRAAF01, 2141-2268)
```

Der historisch-religiöse Bezug – über die Handlung und Lehre des Propheten – rahmt die Sequenz vom Einstieg („*der Prophet (.) hat eine Revolution gestartet*") bis zur thematischen Konklusion am Ende der Sequenz („*der Prophet hat das Gegenteil gelehrt*") und steht sinnbildlich für die Orientierung an religiösen Glaubensinhalten, die sich durch die gesamte Sequenz zieht.

Die Ausführung über die Rechte der Frauen in Europa wird als Vergleichsebene eingeschoben. Die Zeitmarker scheinen insbesondere für diesen Einstieg bedeutsam, da die Rückbezüge auf zeitliche Dimensionen (die Revolution wird „*gestartet*", „*erst im zwanzigsten Jahrhundert*" erhielten Frauen Rechte, und der Prophet, der „*im siebten Jahrhundert [...] ist*") deutlich werden. Somit wird der Handlungsorientierung des Propheten vor dem Hintergrund der zeitlichen Umstände („*in Saudiarabien (.) in einer Gesellschaft [...] in der Frauen weniger wert als Kamele sind*") besonderer Wert beigemessen. Die Revolution bringt den Frauen anscheinend das Recht des Agierens („*diese Frauen dürfen handeln*"), den Schutz („*ihr dürft ihre Mitgift nicht anfassen*"), die Freiheit zur Selbstbestimmung („*die dürfen mit dem Geld machen was die wollen*") und die Entscheidungsbefugnis („*eine Ehe die (.) ohne die Zustimmung der Frau [...] ungültig ist*"). Gleichzeitig wird in diesem Kontext über die Präsenz von Frauen („*ein Drittel (.) ehm von Mescidi Nebevi ist voll mit Frauen*") – auch während des Gebets („*die zum Freitagsgebet kommen*") – gesprochen. All diese als Veränderungen beschriebenen Szenen scheinen laut TRAAF01 durch die Revolution herbeigeführt worden zu sein und es scheint sie zuvor nicht gegeben zu haben. Es lässt sich dokumentieren, dass für die Studentin das Wort und die Aussagen des Propheten („*der Prophet [...] sagt*") eine Wirkmächtigkeit haben. „*Saudiarabien*" wird als eine

9.2 Orientierung an religiösen Glaubensinhalten

Gesellschaft beschreiben, in der Frauen weniger wert sind – gleichzeitig wird durch diese Präzisierung und die Beschreibung der Charakteristika („*in so einer Gesellschaft*") die Handlungswirkmächtigkeit des Propheten betont. Die Studentin orientiert sich folglich an religiösen Glaubensvorstellungen und zieht diese für ihre Argumentationsstruktur heran.

Diese Orientierung wird auch im Laufe der Sequenz rekonstruierbar, wenn die Handlungsorientierung des Propheten als zeitgemäß und situationsbezogen konstruiert wird („*das heißt der Prophet weiß womit er es zu tun hat (.) er versucht das aber langsam ja nicht von heute auf morgen so*" und weiter). Doch nach dieser Konstruktion wird „das Problem" thematisiert, ohne dieses zu explizieren. Stattdessen wird daran anschließend *Ayse* als selbstbewusste („*seine Frau (.) Ayse (.) hatte so ein derartiges Selbstbewusstsein*") und junge („*mit ihren jungen Jahren*") Frau beschrieben, die – trotz der älteren „Sahabes" – fähig gewesen sei, Kritik zu üben („*Sahabes die viel älter sind einfach kritisiert*"), die sich gegen die Aufforderung („*geh entschuldige dich beim Propheten*") des Vaters ausgesprochen und vielmehr die Erwartung einer Reaktion des Propheten geäußert habe („*soll er kommen und sich bei mir entschuldigen*"). Die Studentin versucht ihre Argumentation erneut durch die Nähe und das Verhältnis von Ayse zu dem Propheten („*das ist nicht irgendeine Frau (.) das ist eine Frau die den Propheten Mohammed am nähsten kennt (.) mit ihm ein Schlafzimmer teilt (.) eine Frau (.) die miterlebt (.) wie die Verse von Allah herabgesandt werden*") zu verstärken.

Die an diese Aufzählung anknüpfende Zusammenfassung („*und diese Frau*") und die daran anschließende Beschreibung legen nahe, dass die vorherigen Ausführungen im Sinne einer vorbereitenden Legitimierung und Explikation für die Handlungsorientierung und -praxis von Ayse beschrieben wurden.

Die darauffolgende Äußerung „*ja (.) also das das ist hier schonmal komisch oder*" verweist auf das zuvor erwähnte (aber nicht näher beschriebene) Problem und gleichzeitig auf eine nicht ausgesprochene – aber zwischen Interviewerin und Interviewter präsupponierte – Problematik. Es lässt sich dokumentieren, dass die zuvor aufgeführte Beschreibung im Sinne einer Argumentationsstruktur für die implizit angenommene Problematik vorbereitet und entlang dieser Argumentationsstruktur orientierend „diese andere Sichtweise" bzw. das Problem *falsifiziert* wird. Gleichzeitig verweist die Aussage „*das ist hier komisch oder*" auf die Konstruktion eines Paradoxons.

„Das Problem", das zunächst nur implizit angenommen werden konnte, wird nun explizit: Den Frauen wurden die Rechte auf verschiedenen Ebenen durch die Revolution des Propheten gegeben, Ayse ist eine selbstbewusste, „kampfbereite" Frau mit der Fähigkeit, ältere „Sahabes" kritisieren zu können, und wird als eine Person beschrieben, die „*dauernd unter Männer ist und eine autoritäre*

Persönlichkeit ist" – dadurch scheint das Paradoxon durch eine dazu gegensätzliche Annahme charakterisiert zu sein. Denn nur vor dem Hintergrund zweier sich widersprechender Aspekte oder Phänomene kann ein Paradoxon ausgelöst werden.

Sichtbar wird jedoch nicht nur in der nicht-Explikation des Problems bzw. Paradoxons das geteilte Wissen zwischen Interviewerin und Interviewter; auch im weiteren Verlauf lässt sich dies dokumentieren: *„Hmm (2) wie kann dann aber"* wird durch die sofortige Überlappung (*„Ja"*) durch die Interviewte ratifiziert. Ohne dass das „Zustande (ge)kommen(e)" näher beschrieben wird, ratifiziert die Interviewte erneut die Frage durch eine Wortüberlappung (*„Und ja"*). Das nicht detaillierte *„Das"* und die dazugehörige Überlappung der Interviewten (*„Ja"*) verweisen auf das geteilte Wissen. Trotz der unvollständigen und brüchigen Frage der Interviewerin kann TRAAF01 die Frage einordnen.

Mit Blick auf diese Rekonstruktionen wird der Modus sichtbar, mit dem die Studentin die Orientierung an religiösen Glaubensinhalten für die Handlungsorientierung bearbeitet. Denn sie versucht das Beschriebene und Erklärte als Argumentation bzw. Begründung heranzuziehen, um das oben rekonstruierte Problem zu falsifizieren. Dieser Modus der Falsifizierung wird in der zweiten Hälfte der Sequenz beibehalten. Es folgt eine weitere Begründung für „das Problem", welches zunächst auf historische Entwicklungen und das Verhältnis von Kultur und Religion nach der Zeit des Propheten zurückgeführt wird. Das Problem scheint hier die Art und Weise des „Behandelns der Frauen" zu sein (*„so wie die ihre Frauen behandeln"*).

Nach dieser religiös-historischen Argumentationslinie löst sich die Studentin davon und schiebt mit der Formulierung *„ganz ehrlich (.) den (.) Türken wird immer vorgeworfen"* eine andere Argumentationslinie ein, die einen Modus der Verteidigung aufweist: Die türkische Kultur und die Handlungsorientierungen werden an Beispielen wie Sprache (*„Hanım"*) und Kleidung (*„türkische Frauen haben Hosen getragen [...] die waren immer so locker gekleidet"*) gemessen und der Handlungsorientierung *„der Araber"* gegenübergestellt. Es scheint, als ob die Resultate der Handlungsorientierungen und -praxen der „Araber" und die des Propheten (in Form einer Revolution) zwei unterschiedliche sind.

Zudem lassen sich in der Sequenz Zeitmarker rekonstruieren, aus denen implizit drei Phasen dokumentiert werden können: Die erste Phase beschreibt die Zeit vor der Revolution des Propheten, in der die Frauen keine Rechte gehabt hätten (*„im siebten Jahrhundert in (.) in Saudiarabien (.) in einer Gesellschaft in der Frauen weniger wert als Kamele sind"*), die zweite Phase wird als die Zeitspanne während des Wirkens des Propheten und der Veränderung hin zur Ermöglichung der Rechte für Frauen beschrieben (*„der Prophet (.) hat eine Revolution gestartet"*)

9.2 Orientierung an religiösen Glaubensinhalten

und die dritte Phase bildet die Zeit nach dem Tod des Propheten („*lange nach dem Tod des Propheten*"). Der letzten Phase wird insbesondere eine Frauenunterdrückung („*den Männern hat das ja immer gefallen ja hattest hattest du gratis Sklaven*") und ihre Entmündigung („*endlich haben wir jetzt wieder (.) den Frauen das Maul gestopft*") zugeschrieben. In diesen Ausführungen geht die Studentin vor allem von einem Kollektiv der Männer aus. Die Beschreibungen „*irgendwann ist das glaube ich wieder hochgekommen*" und „*wieder die Frauen irgendwie (.) einzuengen*" verweisen eben auf die rekonstruierte erste Phase vor der Revolution des Propheten.

„*Was willst du machen (2) die Araber wie gesagt waren die erste Quelle man sieht sieht es von ihnen*" deutet implizit auf die Konstruktion „der Araber" als Vorbild, die wiederum im Modus des Selbsterklärenden, Offensichtlichen und Bewussten beschrieben wird. In dem argumentativen Jonglieren mit den Kategorien *Kultur* und *Religion* wird rekonstruierbar, dass sich die Studentin auf verschiedenen Ebenen der Praxis des Unterdrückens und „*herablassenden Behandelns*" von Frauen mit historischen (und gesellschaftlich-kulturellen) Beispielen kritisch gegenüberstellt und sich dabei religiöser Glaubensinhalte bedient, um diese Praxis zu falsifizieren. Die Orientierung an religiösen Glaubensinhalten ist für die Argumentation der Studentin leitend, denn letztendlich wird das durch den Propheten Gelehrte als handlungsbestimmend konstruiert („*der Prophet hat das Gegenteil gelehrt*"). Somit kann festgehalten werden, dass TRAAF01 an verschiedenen Stellen in dieser Sequenz ihre *Orientierung an religiösen Glaubensinhalten im Modus der Falsifizierung* sichtbar macht.

Im weiteren Verlauf des Interviews geht sie nun dezidiert auf die vorhandene ablehnende Haltung mit Blick auf das Predigen von Imaminnen vor geschlechtergemischten Gruppen ein:

```
TRAAF01: Wenn Hazreti Ayse nicht gewesen wäre (.) nicht einmal
die Männer damals (.) wüs- würden wissen wie sie ihr Gusul
nehmen sollten // ja (.) das möchte ich schon mal sagen (.)
weil sie ist die einzige die das sieht (.) ja (.) und wenn
die Sahabe nicht weiter wussten (.) dann sind sie zur ihr
gegangen (.) und sie hat Überlieferungen (.) von den anderen
Sahabes auch kritisiert und verbessert // das heißt (.)
Hazreti Ayse (.) traut sich (.) Männer zu verbessern (.) ihnen
die Religion zu erklären und sie ist eine Ansprechperson (.)
```

und ich mach das nicht (.) was will ich damit sagen (.) ich
bin religiöser (.) als die Gattin des Propheten // der der
ich zu verdanken hab dass ich überhaupt weiß wie ich zu duschen
habe // das heißt wir sind wir w- kennen uns noch besser aus
als sie oder wie // also das das passt schonmal nicht ja
(.) diese gei- die gleichen Gelehrten erzählen immer wie toll
die Ayse war (.) und die ehm reden vom Propheten und von
Hadithen (.) und dann (.) wollen sie aber (.) noch einen
draufsetzen auf die Ayse weil sies ja besser wissen (.) ja
klar also die Ayse die wusste die hätte ja nicht gewusst dass
das haram ist was die macht ge ja (.) und wo bleibt dann bitte
(.) immer so die Aussage dass die Sahabe unsere Vorbilder sind
// also die alle Gelehrten ich war ja auch in ner Moschee wie
ich gesagt habe so mit siebzehn langsam // die reden dauernd
davon dass sie unsere Vorbilder sind (.) und dann (.) wenn
die mal @da aber dann@ (.) nennen die genau (.) ich sag einmal
(.) ehm so Herangehensweisen (.) oder Methoden die die
verwendet haben bezeichnen die dann auch als haram // das ist
ein Widerspruch // deswegen find ich das ein Schwachsinn ja
weil du sag- ehm dann dann soll sie auch bitte dann soll diese
Person mir auch dann (.) sagen dass das was Ayse gemacht hat
immer falsch war dann soll sie sie mal sich trauen sie zu
kritisieren // wenn sie das ausmacht (.) dann würde ich ihre
Aussage ehm ehm dann würde ich diese Aussage wirklich mit
Respekt entgegentreten (.) aber ich finde // das ist ein
Widerspruch
(TRAAF01, 2305-2350)

> **Kontextwissen:**
> *Gusul* (arab. *ġusl*) ist die rituelle Waschung des ganzen Körpers. (Khoury et al., 2001 S. 280)

9.2 Orientierung an religiösen Glaubensinhalten

Die Argumentation beginnt gezielt mit dem Verweis auf religiös-historische Ereignisse. Die Studentin macht zu Beginn der Argumentation deutlich, dass die Positionierung mit Blick auf die Frage der Predigten von Imaminnen vor geschlechtergemischten Gruppen nicht gültig ist, wenn die religiös historischen Ereignisse berücksichtigt werden. Die daran anschließende Beschreibung „*ja (.) das möchte ich schon mal sagen*" verweist auf die Ansicht der Studentin, diese vorhandene Positionierung bereits dadurch falsifiziert zu haben. Somit zeigt sich der Modus der Falsifizierung, in dem insbesondere das Wie des Gesagten rekonstruiert wird. Bereits an dieser Stelle der Sequenz lässt sich folglich die Orientierung an religiösen Glaubensinhalten im Modus der Falsifizierung rekonstruieren und weiterhin in der gesamten Sequenz nachzeichnen.

„*Weil*" verdeutlicht das erneute Aufgreifen der Argumentationsstruktur. *Hazreti Ayse* wird als Mehr-wissende („*und wenn die Sahabe nicht weiter wussten (.) dann sind sie zu ihr gegangen*") und als Kritikfähige („*und sie hat Überlieferungen (.) von den anderen Sahabes auch kritisiert und verbessert*") beschrieben. Es wird resümiert („*das heißt*"), dass es sich im Falle von Hazreti Ayse um eine Persönlichkeit handelt, die korrektiv („*traut sich Männer zu verbessern*") und lehrend („*ihnen die Religion zu erklären*") vorgeht und präsent ist („*sie ist eine Ansprechperson*"). Die Stellung von Hazreti Ayse, deren besondere Kenntnis beschrieben wurde („*weil sie die einzige ist die das sieht*"), wird nun aufgrund ihrer Rolle und ihres Verhältnisses zum Propheten spezifiziert („*die Gattin des Propheten*"). Die Handlungspraxis der als Vorbild konstruierten Hazreti Ayse und ihre Rolle in diesem Setting wird handlungsleitend und das Gegenteil davon als paradox beschrieben („*also das passt schonmal nicht*").

Dieses Paradoxon wird auch im Umgang der Gelehrten mit religiösen Quellen (*Hadithen*) gesehen und in Form einer Kritik geäußert. Einerseits ihre Bedeutung zu markieren („*die gleichen Gelehrten erzählen immer wie toll Ayse war*") und sie andererseits zu kritisieren („*dann (.) wollen sie aber (.) noch einen draufsetzen auf die Ayse*") macht für die Studentin dieses Paradoxon aus. Der Widerspruch wird dadurch charakterisiert, dass Hazreti Ayse aufgrund ihrer Nähe und als Gattin des Propheten als Mehr-Wissende – die Gelehrten aber, die diese Kriterien nicht erfüllen, als (im Vergleich zu Hazreti Ayse) Weniger-Wissende („*weil sies ja besser wissen*" im ironischen Sinne) konstruiert werden. Folglich wird die Kritik im Hinblick auf das bestehende Paradoxon immanent („*und wo bleibt dann bitte (.) immer so die Aussage dass die Sahabe unsere Vorbilder sind*").

Weiterhin dokumentiert sich hier eine bereits bestehende Auseinandersetzung mit dieser Thematik. Daran anschließend zeigt sich diese vorhandene Auseinandersetzung („*diese gei- die gleichen Gelehrten erzählen immer wie toll die Ayse war […] und dann (.) wollen sie aber*") und bestätigt sich erneut im Zuge des

Interviews („*ich war ja auch in ner Moschee [...] die reden dauernd davon dass sie unsere Vorbilder sind*"). Sie beschreibt den Widerspruch zwischen ihrem Wissen und der Handlungsorientierung der unbestimmten Personen in der Moschee. Schließlich geht TRAAF01 im Anschluss an die Beschreibung des Widerspruchs auf „die Person" ein, von der anscheinend diese – ihrer Meinung nach – widersprüchlichen Ansichten vertreten werden. Im Modus einer Aufforderung, diese Positionierung zu begründen, würde sie deren Auffassung mit Respekt begegnen, falls sie diese begründen könnte. In dieser Beschreibung spiegelt sich auf der Ebene des *Wie* der Modus der Falsifizierung wider. Somit zeigt sich auch hier in der Argumentation die *Orientierung an religiösen Glaubensinhalten, die im Modus der Falsifizierung* bearbeitet wird.

Dieser Modus zeigt sich in dem Interview mit TRAAF01 noch einmal. Kurz vor der folgenden Sequenz beschreibt TRAAF01 ihre Beobachtung in der Moschee, in der ein Mädchen für das Gebet die Moschee besuchte und der dort anwesenden „Hoca" Fragen mit Blick auf die Gültigkeit ihrer Gebetswaschung stellte (Zeile 2959–3066). In diesem Zusammenhang kritisiert die Studentin den Umgang der Hoca. In der folgenden Sequenz geht es nicht mehr um das Mädchen, das die Moschee besuchte, sondern um die Vorstellung der Hoca über „geschlechterkonforme" Kleidungsstücke:

```
TRAAF01: Es heißt ja immer (.) dass (.) wir keine Hosen tragen
sollen weil (.) ehm eine Hose ein Kleidungsstück für Männer
ist // und Röcke Kleidungsstücke für Frauen (.) und das wird
dann ja auch noch religiös begründet und so ne (.) und dann
hat sie dort einfach so gesagt wieso trägt ihr etwas (.) ehm
(.) anderes wenn ihr ehm selber ein Kleidungsstück habt (.)
ja (.) das zum Beispiel (.) ist eine so dermaßen (.) ehm
primitive (.) nichts aussagende (.) Aussage (.) die nutzen
Hadise die einfach kein Hand und Fuß haben ja also das ist
kein Argument (2) und damit ja wir leben mitten in Europa
machst du uns einfach ein Kleidungsstück schlecht // was wir
eigentlich nur anziehen (.) weils bequem ist // weil wir auch
laufen müssen (.) weil wir auch mal radfahren wollen (.) weil
wir auch Eislaufen gehen wollen // und das erschweren die uns
```

9.2 Orientierung an religiösen Glaubensinhalten

```
(.) ich mein da- ist das Islam (2) ja das ist
(.) ehm da also ich find das und dann soll dann vergleichen die das mit den
Kleidungsstücken der Sahabe Fraun (.) tschuldigung die hatten
keine Stoffe die hatten keine richtige Kleidung //
(TRAAF01, 3071-3091)
```

Mit der Beschreibung „*es heißt ja immer*" wird das Folgende als Narrativ und etwas Bekanntes markiert. Die Studentin konstruiert ein Kollektiv der Frauen und schreibt sich dieser „Wir"-Gruppe zu („*wir*"). In dem als Narrativ Gerahmten („*dass (.) wir keine Hosen tragen sollen*") dokumentiert sich eine normative Vorstellung. Diese normative Vorstellung charakterisiert sich durch die binäre Codierung und Differenzierung der Geschlechter und jeweiliger Zuordnungen von Kleidungsstücken; die „*Hose*" wird als männliches und der „*Rock*" als weibliches Kleidungsstück beschrieben. Diese Vorstellung scheint eine *religiös* angenommene Norm zu sein, da sie religiös begründet werde („*und das wird dann ja auch noch religiös begründet*"). Nach dieser Rahmung erzählt die Studentin, wie die in der Moschee anwesende Hoca das Kleidungsstück (scheinbar Hose) einer dort anwesenden Person oder Gruppe für unpassend erklärt („*und dann hat sie dort einfach so gesagt wieso trägt ihr etwas (.) ehm (.) Anderes wenn ihr ehm selber ein Kleidungsstück habt*"). Darin dokumentiert sich, dass die Studentin die Aussage der Hoca nicht einordnen kann. Ihr kritischer Modus in der Erzählung zeigt sich insbesondere in der Betonung auf „*einfach so*". Anschließend wird ihre Kritik explizit („*das zum Beispiel (.) ist eine so dermaßen (.) ehm primitive (.) nichts aussagende (.) Aussage*"). Dies drückt die Leere und Nicht-Begründbarkeit aus, die die Studentin dieser Aussage der Hoca zuschreibt. Darauf folgend wird die Orientierung an religiösen Glaubensinhalten erneut eingenommen („*die nutzen Hadise die einfach kein Hand und Fuß haben*"). Indem die Studentin nun neben der Hoca eine weitere Gruppe dazunimmt („*die nehmen einfach*"), wird eine Ausweitung dieser Einstellung auf eine größere Gruppe übertragen. Somit scheint das Beispiel – für die Studentin – kein Einzelfall zu sein. Mit der Formulierung „*kein Hand und Fuß*" werden die religiösen Glaubensinhalte falsifiziert. Ferner lässt sich aus dieser Beschreibung die Orientierung der Studentin an religiösen Glaubensinhalten rekonstruieren, die sie im Modus der Falsifizierung bearbeitet.

Implizit verweist TRAAF01 auf das Tragen von Hosen als etwas Konformes und Gängiges „in Europa" („*wir leben mitten in Europa machst du uns einfach ein Kleidungsstück schlecht*"); durch die normative Vorstellung, dass „*Frauen keine*

Hosen tragen sollen", wird dadurch anscheinend eine Kollision für die Studentin hervorgerufen. Im Zuge dessen bezieht sich die Kritik der Studentin auf das Erschweren des Alltags, das religiös begründet wird (*"was wir eigentlich nur anziehen (.) weils bequem ist weil wir auch laufen müssen (.) weil wir auch mal radfahren wollen (.) weil wir auch Eislaufen gehen wollen und das erschweren die uns"*). Somit dokumentiert sich, dass durch die religiöse Begründung eine Kollision zwischen religiös markierter Norm und Alltagspraxis entsteht. Die Studentin bearbeitet diese religiöse Begründung im Modus der Falsifizierung, indem sie eine Frage stellt (*"ich mein da- ist das Islam"*), die sich als Suggestivfrage lesen lässt. Somit habe diese Begründung nichts mit der Religion zu tun.

Eine weitere religiös(-historische) Begründungslinie beziehe sich auf die vergleichende Betrachtung der Kleidungsstücke mit denen der „Sahabe-Frauen" (*"dann soll dann vergleichen die das mit den Kleidungsstücken der Sahabe Fraun"*); diese religiös(-historische) Begründung bearbeitet die Studentin erneut im Modus der Falsifizierung (*"tschuldigung die hatten keine Stoffe die hatten keine richtige Kleidung"*).

Als Resultat der komparativen Analyse zeigte sich dieser Modus auch im Interview mit DEAF05. Zuvor geht die Imamin auf die Frage der Interviewerin ein, die sich auf die Moschee der Zukunft bezieht (*"wie würden Sie die Moschee der Zukunft beschreiben"*). Die Imamin, die diese Frage der Interviewerin bearbeitet, kreiert in diesem Zusammenhang eine Szene, die ihre Wunschvorstellung abbildet:

```
DEAF05:  Und  zum  Beispiel  Frieden  und  Segen  sei  auf  ihm  (.)
was  hat  er  zum  Beispiel  gemacht  (.)  wenn  er  die  Hutbe  gemacht
hat  (.)  auf  der  Kanzel  (.)  sein  Enkelkind  (.)  kommt  angerannt
(.)  er  unterbricht  die  Hutbe  mittendrin  und  nimmt  es  (.)  auf
den  Schoß  und  macht  weiter  was  für  eine  sanfte  und  gelassene
Atmosphäre  es  gibt  //  während  seine  Enkeltochter  auf  seinen
Schultern  ist  betet  er  (.)  also  ehm  (.)  warm  (.)  ohne  eine
Strenge  (.)  gleichzeitig  aber  auch  jemand  der  eine
Gebetsdisziplin  und  ein  Bewusstsein  hat  gottergeben  ist  (2)
aber  (.)  dass  dann  gesagt  wird  was  sucht  die  Frau  in  der
Moschee  und  so  ist  nicht  greifbar  wenn  sie  das  Leben  unseres
```

9.2 Orientierung an religiösen Glaubensinhalten 345

*Propheten betrachten (.) ehm ich möchte eine warme Umgebung
in der mehr unsere menschlichen Eigenschaften befriedigt ehm
unsere Bedürfnisse mehr befriedigt werden*
(DEAF05, 2059-2067)[44]

In der Aufzählung der wünschenswerten Aspekte für die zukünftige Moschee konstruiert die Imamin eine Idealszene, in der sich der Prophet als Protagonist verhält. Die Handlungspraxis des Propheten wird hier im Sinne eines Vorbilds angeführt („*was hat er zum Beispiel gemacht*", tr. „*napmış mesela*"). In dieser Rahmung detailliert die Imamin die Szene und kontextualisiert sie mit der Benennung der Kanzel („*auf der Kanzel*", tr. „*mimberde*") und der Freitagspredigt („*wenn er die Hutbe gemacht hat*", tr. „*hutbe verirken*") örtlich und zeitlich.

Das Geschehen setzt an („*sein Enkelkind (.) kommt angerannt*", tr. „*koşa koşa geliyor*"). Somit lässt sich rekonstruieren, dass in dieser Szene das Enkelkind in dieser Situation der Predigt eine wichtige Rolle für das Geschehen spielt. In der Beschreibung der Reaktion des Propheten („*er unterbricht die Hutbe mittendrin und nimmt es (.) auf den Schoß und macht weiter*", tr. „*hutbeyi yarıda kesiyor onu alıyor (.) kucağına onunla devam ediyor*") dokumentiert sich die Bedeutsamkeit des Unterbrechens. In einem Modus der positiven Bewertung geht die Imamin auf diese Reaktion ein („*was für eine sanfte und gelassene Atmosphäre es gibt*", tr. „*nasıl yumuşak rahat bir ortam var*"). Vor dem Hintergrund der zu beschreibenden Moschee der Zukunft lässt sich an dieser Stelle rekonstruieren, dass die Imamin die sanfte und gelassene Atmosphäre als Wunsch beschreibt. Darin dokumentiert sich implizit, dass diese Atmosphäre ihr scheinbar fehlt, sodass der Bedarf besteht diese Wunschvorstellung auszuführen.

In der weiteren Detaillierung dieser Szene spezifiziert die Imamin das Enkelkind mit Blick auf das Geschlecht („*während seine Enkeltochter auf seinen Schultern ist betet er*", tr. „*kız torunu (.) omzundayken namaz kılabiliyor*"). Hier lassen sich zwei verschiedene Lesarten dokumentieren: Einerseits kann die Besonderheit auf das *Auf-den-Schultern-Sein* des Enkelkindes während des

---

[44] Original:
DEAF05: Ve mesela sallalahu aleyhi vesellem (.) napmış mesela (.) kendisi (.) şeyi verirken eh hutbe verirken (.) mimberde (.) torunu (.) koşa koşa geliyor (.) hutbeyi yarıda kesiyor onu alıyor (.) kucağına onunla devam ediyor nasıl yumuşak rahat bir ortam var // kız torunu (.) omzundayken namaz kılıyor (.) yani ehm (.) sıcak (.) böyle protokolü olmayan (.) aynı zamanda ibadet disiplini ve şuuru (.) olan huşusu olan (2) ama (.) işte kadının camide ne işi var felan denilmesi elle tutulur bir yanı yok peygamber efendimizin hayatına baktığınızda (.) eh benim istediğim insansı özeliklerimizin daha çok eh giderildiği ihtiyaclarımızın (.) daha çok giderildiği sıcak bir ortam olsun istiyorum

Gebets zurückgeführt werden – andererseits rekurriert die Betonung auf „*Tochter*" auf die Bedeutung des Geschlechts in diesem Zusammenhang. Beide Lesarten schließen einander nicht aus und lassen sich mitnehmen. Auch durch diese Handlung des Propheten scheint eine „*warme*" (tr. „*sıcak*") Atmosphäre „*ohne eine Strenge*" (tr. „*protokolü olmayan*") zu resultieren, die hier von der Imamin als vorbildhaft beschrieben wird. Somit wird erkennbar, dass die Imamin neben der sanften und gelassenen Atmosphäre weitere Kriterien für eine wünschenswerte Handlungsorientierung bzw. -praxis konstruiert. In der Markierung, dass trotz dieser Charakteristika dennoch „*Gebetsdisziplin und Bewusstsein*" (tr. „*ibadet disiplini ve şuuru (.) olan huşusu olan*") vorhanden sind, wird implizit darauf verwiesen, dass aus dieser Handlungspraxis eine mögliche Vernachlässigung der Gebetsdisziplin und des Bewusstseins resultieren könnte. Daher lässt sich rekonstruieren, dass die Imamin in die wünschenswerte Handlungspraxis beide Handlungsmodi (Gelassenheit und Disziplin zugleich) integriert.

Mit dieser Beschreibung der wünschenswerten Handlungsorientierung und der argumentativen Untermauerung durch die Konstruktion des Propheten als Vorbild geht die Imamin auf eine scheinbar bekannte Aussage mit Blick auf die Infragestellung der Präsenz von Frauen in Moscheen ein („*dass dann gesagt wird was sucht die Frau in der Moschee und so*", tr. „*işte kadının camide ne işi var felan denilmesi*") und falsifiziert diese Aussage mit dem Verweis auf die Alltagspraxis des Propheten („*so ist nicht greifbar wenn sie das Leben unseres Propheten betrachten*", tr. „*elle tutulur bir yanı yok peygamber efendimizin hayatına baktığınızda*"). Somit lässt sich die Orientierung der Imamin an religiösen Glaubensinhalten rekonstruieren, die sie im Modus der Falsifizierung bearbeitet. Die Wunschvorstellung mit Blick auf die zukünftige Moschee resümiert die Imamin mit einer Distanzierung gegenüber der Fokussetzung auf das Geschlecht in den Auseinandersetzungen („*ich möchte eine warme Umgebung in der mehr unsere menschlichen Eigenschaften befriedigt ehm unsere Bedürfnisse mehr befriedigt werden*", tr. „*benim istediğim insansı özeliklerimizin daha çok eh giderildiği ihtiyaclarımızın (.) daha çok giderildiği sıcak bir ortam olsun istiyorum*").

Während in bestimmten Sequenzen Interviewpartnerinnen die Fragen der Interviewerin bearbeiten, die dezidiert auf geschlechterbezogene Aspekte eingehen, wird in anderen Sequenzen durch die Interviewpartnerinnen selbst der Geschlechterbezug hergestellt, ohne dass die Interviewerin diesen Fokus setzt. Die folgende Sequenz ist ein Beispiel hierfür. Sie zeigt einen Ausschnitt aus dem Interview mit der Imamin DEAF04, der nach einem langen Narrationsteil mit Bezug auf die Eingangsfrage der Interviewerin („*wie kamst du dazu Theologie zu studieren und diesen Beruf auszuüben?*") folgt. In dieser Sequenz spricht die Imamin über ihre Erfahrung an der Universität:

9.2 Orientierung an religiösen Glaubensinhalten 347

```
DEAF04:    Danach ehm haben wir in meinem Masterstudium
pädagogisch und im Hinblick auf Mystik // ehm:: im Hinblick
auf die Erziehung der inneren Welt und im Hinblick auf
Religionspädagogik (.) ehm: Frauen im Denken Mevlanas
behandelt // vielleicht ist das nützlich wenn du das schreibst
// und ich meine die Frau in der Vorstellung von Mevlana
((schluckt)) also die Frau die in dieser Gesellschaft in den
Hintergrund gerückt wurde (.) ehm (.) und unsere Religion
Islam ehm die Frau in den Vordergrund bringt und den Status
anhebt (.) die Menschen die draußen das Frauenprofil falsch
verstehen (.) ich habe dazu geforscht dass das gar nicht so
ist und also mit unserem Propheten beginnend(.) und auch viele
Islamgelehrte auch Mevlana (.) ehm ehm die Frau in sehr gute
Positionen rücken
(DEAF04, 1-10)⁴⁵
```

Im Erzählfluss skizziert die Imamin ihren Bildungsweg. Innerhalb dieses Erzählflusses wird die Sequenz mit Blick auf die Fragestellung bedeutsam, denn die Imamin thematisiert geschlechterbezogene Aspekte und bezieht sich auf die Diskurse, ohne dass die Frage mit diesem Fokus durch die Interviewerin gestellt wurde. Die Auseinandersetzung mit dem Thema „*Frauen im Denken Mevlanas*" (tr. „*Mevlana düşüncesinde kadını*") wird nach einer (zum Teil) disziplinären Verortung und Beschreibung der Perspektive („*pädagogisch*", „*im Hinblick auf Mystik*", „*im Hinblick auf die Erziehung der inneren Welt*" und „*im Hinblick auf Religionspädagogik*") als relevant gesetzt („*vielleicht ist das nützlich wenn du das schreibst*"). Das „*wir*" scheint die Universität oder die Klasse darzustellen – und

---

[45] Original:
DEAF04: Daha sonrasındada işte eh yüksek lisansımda yine aynı şekilde pedagojik olarak hem eh:: tasavvufi anlamda // eh gönül dünyasına eğitim anlamında hem de dini pedagojik anlamda (.) eh: Mevlana düşüncesinde kadını işledik // bu da faydası olur belki hani yazarsan // mevlana düşüncesindeki kadında da yani hani ((yutkunuyor)) o toplumda (.) geri plana itilen (.) eh kadının (.) eh (.) bi şekilde hani eh dinimiz İslamın eh kadını ön plana çıkarması ve statü olarak yükseltmesi dışarda insanların yanlış a- anladığı eh kadın (.) profilini hani (.) aslında hiç öyle olmadığı yani hani peygamberimizden başlayıp da (.) eh bir çok İslam aleminin Mevlana da dahil hani (.) eh eh kadına çok iyi yerlere koyduğuna dair bir araştırmam oldu //

das Thema scheint eine Relevanz mit Blick auf die theologische Ausbildung oder das Lernen theologischer Inhalte zu besitzen. Denn es ist nicht sie, die das Thema alleine (beispielsweise im Rahmen einer Hausarbeit) behandelt, sondern „wir" als Kollektiv. Somit dokumentiert sich in der Auseinandersetzung mit dem Thema „*Frauen im Denken Mevlanas*" an der Universität eine Bedeutung, die ihm durch das konstruierte Kollektiv beigemessen wird.

Für die Problembeschreibung, dass die Frauen in „*dieser Gesellschaft in den Hintergrund gerückt wurden*", wird die „*Religion Islam*" als das Problemlösende und Befreiende beschrieben. Somit orientiert sich die Imamin für ihre Beschreibung an religiösen Glaubensinhalten. Die eröffneten Differenzkategorien „*in den Vordergrund bringen*" und „*in den Hintergrund rücken*" verweisen einerseits auf die Präsenz und die Sichtbarkeit von Frauen – andererseits verweist „*rücken*" (tr. „*itilmek*") auf den Akt des Anderen, der auf den Modus des Unterdrückenden und Repressiven deutet, wohingegen „*bringen*" (tr. „*çıkarmak*") auf den Akt des Ermöglichens und Sichtbarmachens im Modus der Befreiung und Ermächtigung deutet. Letzteres spiegelt sich auch in der Bezeichnung des Status-Anhebens wider.

Die Orientierung an religiösen Glaubensinhalten für die Argumentation, dass „*Menschen die draußen das Frauenprofil falsch verstehen*", versucht sie durch die Ergänzung, „*dass das nicht so ist*" und sie dazu geforscht habe, zu verstärken. Darin zeigt sich der Versuch, die Validität der religiösen Begründungen und Argumentationen zu erhöhen. Vor diesem Hintergrund dokumentiert sich der Modus der Falsifizierung innerhalb der Orientierung an religiösen Glaubensinhalten.

9.2.5 ... im Modus der Einschränkung

In folgender Sequenz bezieht sich DEAF06 auf die zuvor von der Interviewerin eingeworfene exmanente Frage nach der Möglichkeit, dass Imaminnen Vorträge vor geschlechtergemischten Gruppen halten. Die Stellungnahme zu dieser eingeworfenen Frage erfolgt erst später:

9.2 Orientierung an religiösen Glaubensinhalten 349

```
DEAF06: Sie kann mit einer ernsten Stimme reden sie kann in
Form eines Seminars vortragen

KAR: Verstehe

DEAF06: Sie kann reden // bei uns sind ungenierte Beziehungen
haram // dass ein Mann und eine Frau so kokett und
verführerisch reden als ob sie mit ihren Ehepartnern reden
würden ist haram // es ist kein Problem wenn es ernst und
besonnen ist (.) ehm wenn sie eher die Expertin zu diesem
Thema ist dann kann sie das wichtige Thema erklären
(DEAF06, 623-635)⁴⁶
```

Imamin DEAF06 weist in ihrer Antwort – und zu Beginn dieser Sequenz – bereits auf eine Einschränkung hin. Im original-türkischsprachigen Transkript beginnt die Sequenz mit den Worten „*mit einer ernsten Stimme*" (tr. „*ciddi bir ses tonuyla*") – genauer sogar mit dem Wort „*ernst*" (tr. „*ciddi*"). Darin wird erkennbar, was für die Imamin, die auf ihre bevorzugte Handlungspraxis verweist, ausschlaggebend sein soll. In der Aussage „*sie kann [...] reden*" (tr. „*konuşabilir*") dokumentiert sich weniger die Frage nach den Kompetenzen der Imaminnen, die hier in Frage gestellt würden, sondern die Perspektive auf andere Dimensionen, die für diese Einschränkung relevant zu sein scheinen.

Darüber hinaus kommt in diesem Ausdruck („*konuşabilir*") die Einschränkung mit Blick auf das Format zur Geltung. Es ist nicht die Predigt, sondern das Seminar als Format und Möglichkeit für den Vortrag. Folglich verweist bereits die eingangs formulierte Aussage der Imamin auf die Einschränkungen für die Handlungspraxis mit Blick auf den „Vortrag von Imaminnen": „*Sie kann [...] reden*" (tr. „*konuşabilir*"); (1.) „*mit einer ernsten Stimme*" und (2.) „*in Form eines Seminars*" (tr. „*seminer şeklinde*"). Während auf der kommunikativen Ebene die Einschränkung rekonstruiert werden kann, verweist der Blick auf die konjunktive Ebene (des Wie des Gesagten) ebenso auf den Modus der Einschränkung. Der Einschub durch die Interviewerin („*verstehe*"; tr. „*anlıyorum*") lässt vermuten, dass die Interviewerin die Begründung und die Hintergründe für diese Einschränkung zu

---

⁴⁶ Original:
DEAF06: Ciddi bir ses tonuyla konuşabilir seminer şeklinde konuşabilir
KAR: Anlıyorum
DEAF06: Konuşabilir // bizde laubali ilişkiler haramdır // kadın erkek böyle (.) hani eşiyle konuşur gibi cilveli işveli konuşması haramdır // ciddi ağır başlı bi şekilde olmak üzere (.) eh önemli bi konuyu o daha o konuda uzmansa anlatabilir // bunda bi sakınca yok

wissen scheint. In dieser Interaktion dokumentiert sich implizit der Verweis auf einen möglicherweise bestehenden Diskurs darüber.

Die Imamin argumentiert für die Einschränkung, die sie für diese Handlungsorientierung formuliert, und codiert diese religiös („*haram*"). Die Beschreibung, dass „*bei uns [...] ungenierte Beziehungen haram*" (tr. „*bizde laubali ilişkiler haramdır*") sind, kann als die Konstruktion einer gemeinsam geteilten Norm und einer Wir-Gemeinschaft zwischen Interviewter und Interviewerin gedeutet werden. Eine zweite Lesart lässt in dieser Formulierung eine dieser Position zugeschriebene Selbstverständlichkeit vermuten, die sich in dem *Wir* (im Sinne von „bei uns ist das so") manifestiert. Damit geht gleichzeitig die Normativitätskonstruktion des Glaubens einher. In dieser Normativität wird die Vorstellung über das Verhältnis zwischen (den Differenzkategorien) Mann und Frau immanent. Gegensätzlich scheinen die Handlungsmodi „*kokett und verführerisch*" (tr. „*cilveli işveli*") und „*ernst und besonnen*" (tr. „*ciddi ağır başlı*") zu sein – ersteres wird nur in der Beziehung zum Ehepartner als konform beschrieben. Somit lässt sich rekonstruieren, dass die Orientierung an religiösen Glaubensinhalten im Modus der Einschränkung bearbeitet wird.

Dieser Modus spiegelt sich in der thematischen Konklusion der Sequenz wider, die darauf abzielt, die Einschränkung vorzunehmen und die Handlungspraxis zu „erlauben", *für den Fall,* dass der Frau die größere Expertise zugeschrieben wird („*wenn sie sie eher die Expertin ist*") vorhanden ist. Mit Blick darauf entsteht die Frage, wer als Vergleich herangezogen wird, wenn es um das eher oder mehr Expertin-Sein geht („wenn sie eher die Expertin zu diesem Thema ist", tr. „*o konuda o daha uzmansa*"). In diesem Fall wird ihr die Möglichkeit gegeben, als Erklärende und Lehrende vor einer geschlechtergemischten Gruppe aufzutreten („*das wichtige Thema erklären*"). Auch hier verweist die Rekonstruktion folglich auf die Orientierung der Imamin an religiösen Glaubensinhalten, die sie im Modus der Einschränkung bearbeitet.

In der komparativen Analyse zeigten sich diese homologe Orientierung und dieser Modus im Interview mit TRKAF01 (Studentin aus Konya). Die Sequenz ist ein Ausschnitt aus einer zweiten Aufnahme, die in der Gesprächsführung einen eher informellen Charakter aufweist. Nachdem das Interview beendet wurde, lief das Gespräch über die thematischen Schwerpunkte des Interviews weiter. Da das Gespräch an Dynamik gewann, fragte die Interviewerin die Interviewte, ob sie damit einverstanden sei, erneut aufzunehmen. Vor dieser zweiten Aufnahme hatte die Studentin erneut das Thema der Predigt bzw. der Vorträge von weiblichen Religionsbediensteten vor geschlechtergemischten Gruppen aufgegriffen und den Bedarf gesehen, dazu Stellung zu nehmen. Bereits in dieser Thematisierung nach dem ersten Sprachmemo dokumentiert sich die Bedeutung und die Irritation, die die Studentin diesem Thema beimisst.

9.2 Orientierung an religiösen Glaubensinhalten

KAR: Also okay du sagtest Hazreti Hatice

TRKAF01: Also (.) ehm wenn wir uns eben so nem Thema Seminar oder *Predigt* (Das Wort „*Predigt*" wird in dieser Interviewsequenz auf Türkisch (vaaz) genannt. Die Kursiv-Setzung des Begriffs verdeutlicht, dass es sich hierbei um eine Übersetzung der Autorin handelt.) // wenn die Frau das hält ehm Hazreti Hatice ist bekannt dafür eben dass sie auch Männer unterrichtet hat (.) aber eben unter bestimmten Bedingungen wenn wir also quasi uns Hazreti Hatice anschauen (.) sie hat ehm (.) zum beispi- wenn ich mich richtig erinnere und das muss man nachschauen und ehm sie hat soweit ich mich erinnere hatte sie einen Vorhang zwischen sich und den Männern // damit die Männer nicht von ihrem Aussehen sie war vor allem ja auch bekannt dafür dass sie sehr schön war ne schöne Frau war (.) nicht von ihrem Aussehen beeinflusst werden (.) also es geht bei der Frau eben auch die Frauen Frauen sind nun mal schön Frauen sind wirklich schön und ehm (.) Männer lassen sich davon halt leicht auch beeinflussen // zum Beispiel unsere Fakultät // die Jungs aus meiner Stufe ehm es sind glaube ich 80 90 Männer werden momentan im Bereich *tefsir* von einer Frau unterrichtet // einer Frau um die 30 // und ehm das ist möglich es funktioniert (.) ehm aber nur in im Rahmen eines Seminars // oder eben einer Vorlesung aber wenn wir uns ehm wenn wir uns in der Moschee befinden und wir haben diesen religiösen Begriff *Pre:digt* (.) ehm (.) dann haben die Menschen eben den Bedarf und das ist ein schönes System dieses religiöse Innere sag ich mal Verständnis okay haben wir das in der Praxis des Propheten (.) und eh: was ich damit sagen will (holt tief Luft) der Kontext ändert sich (.) zum Seminar gehe ich weil ich ehm wissbegierig bin // mir gehts wirklich darum etwas dazuzulernen und damit meine ich wirklich auch akademisch

KAR: Ja:

TRKAF01: Ehm zu einer *Predigt* gehe ich weil ich dieses religiöse innere Gefühl haben möchte ich möchte diese Zufriedenheit haben die ich davon habe wenn ich Dinge über Gott über unseren Propheten über die Sahabe lerne // es ehm die Absicht je nachdem zu welchen ehm Programm ich geh ist anders und wenn ich zu einer *Predigt* gehe möchte ich nicht während die Frau vorne steht darüber nachdenken und irgendwie diese Unzufriedenheit haben wäre unser Prophet damit einverstanden (.) wenn unser Prophet jetzt neben mir sitzen würde wie würde er darüber denken wie würde er darüber fühlen // das hat nicht es hat diesen einfach diesen religiösen Kontext (.) und ehm da den Menschen eigentlich diese diese sag ich mal // Sensibilität das ehm wegzunehmen finde ich nicht (.) schön weil eigentlich ist es ja ein guter ehm (.) Schritt schon dass Frauen schon diese Seminare so frei halten können und das wird mittlerweile akzeptiert und sie können mittlerweile sich mitteilen und das is- nicht das Problem aber ich find diesen religiösen Touch der Sache zu geben nicht schön (.) (4)wenn die Frau vorne steht und lehrt ja (holt tief Luft) (.)in dem einen steht sie da im Namen Allahs ich bin hier *um Allahs Willen die Predigt zu halten* (Das kursiv Gesetzte lautet im Original: „*Allah rizasi için size vaaz etmeye*".) // ist was anderes wie ich bin heute hier um mit euch zusammen gekommen um euch ein Seminar zu geben (.) verstehst du // also (.) bei dem einen ziehen wir quasi unseren Propheten mit rein in die Sache // bei dem anderen ist es unsere eigene Sache unsere eigene Schuld // wenn des falsch ist dann ist es unsere eigene Verantwortung bei dem ehm wenn wir das bei ner Moschee machen dann (.) falls es falsch ist beschmutzen wir ja gleichzeitig auch ehm die Religion damit

9.2 Orientierung an religiösen Glaubensinhalten 353

KAR: Oka:y

TRKAF01: Das ist für mich der Unterschied // deswegen würde ich sagen unser Prophet würde einem sagen he:he macht was ihr denkt quasi aber zieht mich da nicht mit rein und bei dem anderen ist er halt mit drin in der Sache *hey sie predigt (.) diejenige die meine Sunna erfüllt ist eine Frau (.) das gab es zu meiner Zeit nicht warum haben die das erfunden* (Hier im Original auf Türkisch: „*a: vaaz veriyor benim sünnetimi yerine getiren bir bayan (.) bu benim zamanımda yoktu bunu niye icat ettiler*".) // so sehe ich das

KAR: Okay verstehe

TRKAF01: Sinnvoll oder nicht

KAR: (holt tief und kurz Luft) @ich verstehe@

TRKAF01: Ja (.) aber nachvollziehbar oder nicht

KAR: Ich verstehe deine also ich kanns also ich kann deinen Gedankengang nachvollziehen ich weiß was du meinst

TRKAF01: ⌊Ja   ⌊okay gut wenn ich mich erklären konnte dann reicht mir das

KAR: Ja ja ne ich verstehs

TRKAF01: Schwer den Unterschied da zu- aufzuzeigen

KAR: Ja

TRKAF01: Warum ich das so unterschiedlich empfinde @(.)@

KAR: @(.)@

TRKAF01: Jeder wie er will @(.)@ aber an sich dass Frauen Seminare geben finde ich eigentlich sehr sinnvoll // aber wie gesagt ich möchte diesen religiösen Touch nicht dran haben

KAR: Okay verstehe

(TRKAF01-2, 3-151)

Zu Beginn der Sequenz greift die Interviewerin das zuletzt besprochene Thema auf, um die Interviewte daran zu erinnern. Die Handlungspraxis des Predigens von Frauen wird zwischen „*Seminar oder Predigt*" differenzierend dargestellt. In diesem Kontext wird die Handlungspraxis von „*Hazreti Hatice*" angeführt. Darin dokumentiert sich ein Bezug auf *Hazreti Hatice* und die Konstruktion eines Vorbildes, dessen Handlungsorientierung für die Interviewte (handlungs-) leitend zu sein scheint. Das „anschauen" ihrer Handlungspraxis verweist auf diese Konstruktion („*wir also quasi uns Hazreti Hatice anschauen*"). Die „*bestimmten Bedingungen*" rekurrieren dabei auf den Modus der Einschränkung, in dem die Orientierung an religiösen Glaubensinhalten bearbeitet wird. Es scheint eine Einschränkung mit Blick auf die Handlungspraxis zu geben, auf die die Studentin hier verweist („*Hazreti Hatice ist bekannt dafür eben dass sie auch Männer unterrichtet hat (.) aber eben unter bestimmten Bedingungen*"). Eine uneingeschränkte Ausübung dieser Handlungspraxis scheint es nicht zu geben. Implizit dokumentiert sich hier eine imaginäre Rahmensetzung, die die Handlungspraxis auf bestimmte Normenvorstellungen hin einschränkt. Der *Vorhang*, der hier für eine mögliche Einschränkung angeführt wird („*hatte sie einen Vorhang zwischen sich und den Männern*"), rekurriert auf eine Distanzsetzung, die durch die physische Unsichtbarkeit gewährleistet wird. Andererseits scheint dadurch die Interaktion nicht per se ausgeschlossen zu werden. Daher lässt sich in diesem Zusammenhang der Modus der Einschränkung rekonstruieren.

Die Argumentation, die auf diese Beschreibung folgt, geschieht auf der Grundlage verschiedener Vorstellungen von Geschlechtern und der Zuschreibung von Eigenschaften: „*Frauen sind schön*" und „*Männer lassen sich davon halt leicht auch beeinflussen*". In dieser Differenzierung und Zuschreibung werden immanent stereotype Vorstellungen der Geschlechter erkennbar. Während dies auf der Ebene des kommunikativen Wissens rekonstruiert werden kann, lässt sich auf der Ebene des Dokumentsinns – durch das Wie des Gesagten – rekonstruieren, dass Männer als „sexuell schwache" und Frauen als „sexuell anziehende" Wesen konstruiert werden. Zudem verweist die Art und Weise (das Wie) der Formulierung (insbesondere durch das „*halt*" und „*nun mal*") auf die Konstruktion eines unkontrollierten bzw. unkontrollierbaren und natürlichen Zustandes.

Nach diesem historischen Bezug wird am Beispiel der Praxis an der Fakultät der Aspekt des Vortrags von Frauen detailliert. Die praktische Umsetzbarkeit und die Funktionsfähigkeit des Unterrichtens von Frauen im Rahmen der Fakultät wird markiert („*90 Männer werden momentan im Bereich tefsir von einer Frau unterrichtet […] das ist möglich es funktioniert*"). Allerdings wird daran anschließend ein *Seminar* bzw. eine *Vorlesung* von einer *Predigt* (tr. „*vaaz*") unterschieden („*aber nur in im Rahmen eines Seminars oder eben einer Vorlesung*

9.2 Orientierung an religiösen Glaubensinhalten

[...] aber wenn wir uns in der Moschee befinden und wir haben diesen religiösen Begriff Predigt"). Der Predigt wird die religiöse Komponente zugeschrieben; und genau darin scheint sich ein *Seminar* oder eine *Vorlesung* zu unterscheiden. Auf der Ebene des Wie des Gesagten zeigt sich durch die Betonung und das Ziehen des Begriffs „*Pre:digt*" (im Original: *vaa:z*) die Hervorhebung der Besonderheit. Durch die religiöse Codierung der Predigt wird der Bezug zum Propheten und seiner Praxis wiederhergestellt. Somit dokumentiert sich im Falle der Predigt die Priorisierung des Blicks auf die Handlungspraxis des Propheten; damit lässt sich die Orientierung der Studentin an religiösen Glaubensinhalten auch an dieser Stelle festhalten. Der Prophet und seine religiöse und alltägliche Praxis scheinen für die Studentin im Kontext religiöser Handlungsfelder handlungsleitend zu sein („*okay haben wir das in der Praxis des Propheten*").

Die Differenzierung zwischen Predigt und Seminar wird spezifiziert: Während die Studentin die Predigt als Ort für das „*religiöse Innere*" oder für das „religiöse innere Gefühl" konzipiert, wird das Seminar als Ort des Lernens ohne „das Innere" oder „Gefühle" beschrieben. Beide Kontexte – die von der Studentin auch als solche benannt werden („*der Kontext ändert sich*") – werden mit einer Lernintention verbunden; allerdings scheint sich das Seminar primär und ausschließlich durch ein Motiv des „Wissbegierig-Seins" auszuzeichnen („*zum Seminar gehe ich weil ich ehm wissbegierig bin [...] etwas dazuzulernen und damit meine ich wirklich auch akademisch*"), während die Predigt neben der Lernintention von dem Wunsch einer inneren „Zufriedenheit" begleitet wird („*zu einer Predigt gehe ich weil ich dieses religiöse innere Gefühl haben möchte ich möchte diese Zufriedenheit haben*"). In dieser Differenzierung dokumentiert sich die Trennung des Weltlichen vom Religiösen.

Im Laufe des Sequenz manifestiert sich erneut, dass die Praxis des Propheten für die Studentin handlungsleitend ist („*wenn ich zu einer Predigt gehe möchte ich nicht während die Frau vorne steht darüber nachdenken und irgendwie diese Unzufriedenheit haben wäre unser Prophet damit einverstanden (.) wenn unser Prophet jetzt neben mir sitzen würde wie würde er darüber denken wie würde er darüber fühlen*"); darin dokumentiert sich außerdem die Konstruktion einer möglichen Spannung bezüglich des Predigens von Frauen, die auf der Grundlage einer religiösen Norm formuliert wird („*wäre unser Prophet damit einverstanden*"). Es lässt sich somit rekonstruieren, dass die Regeln und Rahmensetzungen, die dem Ort des Predigens zugeschrieben werden, für das Seminar nicht geltend gemacht werden. Mit Blick auf die Fragestellung der Predigt von Frauen vor geschlechtergemischten Gruppen lässt sich somit die Orientierung der Studentin an religiösen Glaubensinhalten rekonstruieren, die sie im Modus der Einschränkung bearbeitet.

Diese Einschränkung und besondere Rahmensetzung im „*religiösen Kontext*" (der Predigt) wird mit einer „Sensibilität" in Verbindung gebracht, die den

„Menschen" mit einer Veränderung oder Verschiebung dieser normativen Rahmensetzung *„weggenommen"* würde. Darin dokumentiert sich, dass die Studentin diese Form des Predigens und der Norm mit einer emotionalen Verbundenheit in Zusammenhang bringt. In ihrer negativen Bewertung (*„finde ich nicht (.) schön"*) manifestiert sich folglich die kritische Perspektive dazu.

Dass Frauen Seminare *„frei halten"* können und dass diese Form „mittlerweile akzeptiert" wird, deutet auf die positive Bewertung dieser Entwicklung. Gleichzeitig dokumentiert sich darin das Wissen darüber, dass Frauen in der Vergangenheit nicht Seminare *„frei halten"* und *„sich mitteilen"* konnten. Diese Beschreibung der positiven Entwicklung gilt allerdings nicht für den religiösen Kontext (*„aber ich find diesen religiösen Touch der Sache zu geben nicht schön"*). Dies verweist erneut auf die Orientierung an religiösen Glaubensinhalten, die im Modus der Einschränkung bearbeitet wird.

In der vier Sekunden dauernden Pause und dem tiefen Luftholen zeigt sich der Bedarf einer genaueren Explikation bzw. Detaillierung des zuvor Gesagten. Zur Verdeutlichung wird dabei eine Szene imaginiert, in der *„die Frau vorne steht und lehrt"*. Diese Szene wird für den Fall der Predigt und für den Fall des Seminars durchgespielt. Der religiöse Kontext – die Predigt – scheint sich durch die religiöse Repräsentanz des Predigenden (*„in dem einen steht sie da im Namen Allahs"*) und eine religiöse Rahmung der Handlung (*„ich bin hier um Allahs Willen die Predigt zu halten"*) auszuzeichnen. In diesem religiösen Kontext wird die Position des Propheten markiert (*„bei dem einen ziehen wir quasi unseren Propheten mit rein in die Sache"*). Darin dokumentiert sich implizit wieder, dass der Prophet eine handlungsleitende Dimension für die Studentin darstellt. Dies verweist somit wieder auf die Orientierung an religiösen Glaubensinhalten. Während in diesem religiösen Kontext die Religion, Gott und der Prophet einen Rahmen vorzugeben scheinen, ist im nicht-religiösen Kontext dennoch ebenfalls ein Rahmen vorhanden – die Verantwortung wird jedoch dem Subjekt zugeschoben (*„bei dem anderen ist es unsere eigene Sache unsere eigene Schuld wenn des falsch ist dann ist es unsere eigene Verantwortung"*). In diesen Beschreibungen dokumentiert sich, dass im religiösen Kontext eine Verantwortung gegenüber dem Propheten und den normativen Vorstellungen empfunden wird, wohingegen die Verantwortung im nicht-religiösen Kontext nicht in dem Ausmaß vorhanden zu sein scheint. Die Verantwortung richtet sich auf die Handlungsebene im religiösen Kontext, in dem eine „falsche Handlung" zur *„Beschmutzung der Religion"* führe (*„wenn wir das bei ner Moschee machen dann (.) falls es falsch ist beschmutzen wir ja gleichzeitig auch ehm die Religion damit"*). In dieser Beschreibung dokumentiert sich eine Einschränkung des Wissens über das Richtige und Falsche, das durch die

9.2 Orientierung an religiösen Glaubensinhalten

Religion vorgegeben wird. Allerdings wird im Falle einer „falschen Handlung" die „Beschmutzung der Religion" gleichgesetzt.

In dem etwas länger gezogenen „*Oka:y*" der Interviewerin zeigt sich eine Bestätigung im Modus des Nachdenkens über das zuvor von der Interviewten Beschriebene.

In darauffolgenden Entwurf einer Szene mit dem Propheten als Beobachter und Kommentator in einer solchen Situation („*unser Prophet würde einem sagen he:he macht was ihr denkt quasi aber zieht mich da nicht mit rein*") wird implizit die Grenze zwischen religiösem und nicht-religiösem Kontext gezogen und eine Distanzierung zum Nicht-Religiösen eingenommen. In einer Inszenierung eines Kommentars des Propheten („*hey sie predigt (.) diejenige die meine Sunna erfüllt ist eine Frau (.) das gab es zu meiner Zeit nicht warum haben die das erfunden*") dokumentiert sich die Problematisierung des Geschlechts mit Blick auf die religiöse Praxis des Predigens, die erneut an der Praxis zur Zeit des Propheten gemessen wird.

Kontextwissen:
„Sunna" (tr. „*sünnet*") bezeichnet die „gewohnte Handlungsweise [...] des Propheten" und ist die Bezeichnung der „Sammlung der Aussprüche und Handlungen" des Propheten. (Tworuschka & Tworuschka, 1992, S. 125 f.)

Somit manifestiert sich, dass sich die Studentin in ihren Beschreibungen an Religion und religiösen Glaubensinhalten orientiert.

Abschließend markiert die Studentin ihre Ausführungen und Argumentationen mit einer persönlichen Bezugnahme („*so sehe ich das*"). Die daran anknüpfende Ratifizierung durch die Interviewerin („*okay verstehe*") dokumentiert die Bestätigung der Verständlichkeit dessen, was die Studentin zuvor beschrieb. Die Frage der Interviewten („*sinnvoll oder nicht*") verweist auf ihren Wunsch nach einer Bewertung des Gesagten. Das tiefe Luftholen der Interviewerin und die lachende Formulierung „*@ich verstehe@*" dokumentiert die Herausforderung, die sich der Interviewerin stellt, diese Frage nicht in einem bewertenden Modus aufzugreifen. Die Unzufriedenheit der Interviewten dokumentiert sich schließlich in dem Nicht-Nachgeben und erneuten Fragen („*ja (.) aber nachvollziehbar oder nicht*"). In diesem Überzeugungsanspruch zeigt sich zuletzt die Verschiebung von dem Wunsch einer Bewertung („*sinnvoll*") hin zu einer Bestätigung der Verständlichkeit. Nach einer erneut verstärkten Bestätigung („*ich verstehe deine also ich kanns also ich kann deinen Gedankengang nachvollziehen ich weiß was du meinst*") wird das Nachgeben der Studentin sichtbar („*okay gut wenn ich mich erklären konnte* *dann reicht mir das"*). Indem sie auf die empfundene Herausforderung eingeht, die sie in der Beschreibung der Differenzierung verspürte (*"schwer den Unterschied da zu- aufzuzeigen warum ich das so unterschiedlich empfinde"*), zeigt sich der Bedarf einer zusätzlichen Zusammenfassung ihrer Positionierung: *"Jeder wie er will"* markiert die Handlungsfreiheit und eine Position, in der sie ihre *persönliche* Perspektive und Bewertung stark macht. Mit einem Rückbezug auf das Seminar als Ort des Vortragens von Frauen knüpft erneut die Einschränkung an (*"aber aber wie gesagt ich möchte diesen religiösen Touch nicht dran haben"*). Somit lässt sich rekonstruieren, dass die Studentin ihre Orientierung an religiösen Glaubensinhalten im Modus der Einschränkung bearbeitet.

9.2.6 ... im Modus des Hinterfragens

Die Orientierung an religiösen Glaubensinhalten, die im Modus des Hinterfragens bearbeitet wird, zeigt sich nicht nur in expliziten Fragen der Interviewerin zu religiösen Glaubensvorstellungen. Die Studentin TRAAF06 (an der theologischen Fakultät in Ankara) spricht im Laufe des Interviews über ihre Erfahrungen an der theologischen Fakultät und beschreibt in diesem Erzählfluss die Spannung mit Blick auf die bestehenden Geschlechterverhältnisse. An diese Erzählung schließt diese Sequenz an:

```
TRAAF06: Hier (2) zum Beispiel ich hab zwar kein Problem hier
an der Fakultät aber (.) ehm (.) manchmal ist es halt komisch
wenn zum Beispiel so viele Frauen hier an der Fakultät sind
aber wenn man dann verallgemeinert wird zu quasi schau mal
diese Mädchen an zum Beispiel oder wieso sind die jetzt hier
oder wieso tun die das // bla bla bla und dann wird man eben
in dieselbe Kiste geworfen und das wird eben ziemlich oft bei
den Frauen gemacht das (regt) mich auf

KAR: Hmm: (2) verstehe

TRAAF06: Oder zum Beispiel ehm (.) da war ich einmal in
Tefsirunterricht // und ehm (.) ehm ich mach jetzt einfach
Türkisch oke
```

9.2 Orientierung an religiösen Glaubensinhalten

KAR: Ja wie du möchtest

TRAAF06: Ehm *ehm es gab einen Vers da hieß es* ehm hmm *also muslimische Männer dürfen mit ihren Sklaven einfach alles machen (.) also* ehm Geschlechtsverkehr alles ehm *man braucht auch keine Trauung man braucht nichts //* (3) *// weil* ehm *wenn Sklaven Muslime werden da es ist immer noch dasselbe also die Person ist Muslim die kann so weiter machen weil sie Sklavin ist (.)* und das hat mich dann ehm *das hat mich sehr wütend gemacht* nicht weil ich eine Frau bin sondern *letztendlich ist sie eine Frau die Muslimin geworden ist (.) auch wenn sie Sklavin ist hat sie kein Recht auf eine Trauung (.)* ehm verstehst du was ich meine // und das hat mich aufgeregt also hab ich den Lehrer gefragt ehm *also warum (.) warum Sklavin (.) warum ist diese Frau erstmal Sklavin (.)* ehm *sie wurde Muslimin warum wurde sie nicht freigelassen* ehm *und* ehm *bei den Muslimen gibt es kein Sklave-Sein also wenn sie Muslimin geworden ist warum lassen sie sie nicht frei und zweitens warum gewährt man der Frau immer noch nicht die gleichen Rechte* ehm *und warum hat der Mann das Recht die Beziehung zu führen (.) der Hoca konnte mir das nicht beantworten (.) weil das eine schwierige Situation war ich also ich weiß nicht ich glaube er hat so eine Frage noch nie erhalten (.) aber* ehm *die Reaktion der Mädchen in der Klasse (.) war bezogen darauf dass sie eine Frau ist bei mir war das aber darauf bezogen warum sie obwohl sie Muslimin geworden ist nicht die Rechte der Muslime bekommen hat (.) und weil es so gekommen ist war ich in den Augen der Anderen ein feministisches Mädchen //* ehm *und die Männer so* <u>ah</u> ((schnalzt)) <u>was für eine Frage stellt sie ey immer diese Frauenverteidiger</u> *aber die Mädchen haben es dort soweit gebracht (.) meine Frage war nur wenn sie Muslimin ist warum sie nicht die Rechte der muslimischen Frauen bekommen hat warum sie noch Sklavin ist (.) also ich* wollte da ei- eigentlich nicht feministisch sein (.) *ich konnte diese Regelung nur nicht verstehen // sie ist Muslimin aber immer noch Sklavin muslimische Sklavin sein zum Beispiel ich bin Muslimin dann ist für mich unehelicher Geschlechtsverkehr verboten (.) oder (.) weil diese Frau Sklavin ist ist es für sie verboten unehelichen Geschlechtsverkehr zu haben also also* verstehst du was ich meine *ich konnte nur das nicht verstehen*

(TRAAF06, 64-96)[47]

---

[47] Original:
TRAAF06: Hier (2) zum Beispiel ich hab zwar kein Problem hier an der Fakultät aber (.) ehm (.) manchmal ist es halt komisch wenn zum Beispiel so viele Frauen hier an der Fakultät sind aber wenn man dann verallgemeinert wird zu quasi schau mal diese Mädchen an zum Beispiel oder wieso sind die jetzt hier oder wieso tun die das // bla bla bla und dann wird man eben in dieselbe Kiste geworfen und das wird eben ziemlich oft bei den Frauen gemacht das (regt) mich auf
KAR: Hmm: (2) verstehe
TRAAF06: Oder zum Beispiel ehm (.) da war ich einmal in Tefsirunterricht // und ehm (.) ehm ich mach jetzt einfach Türkisch oke
KAR: Ja wie du möchtest
TRAAF06: Ehm eh bi ayet vardı ordada diyordu ki işte ehm hmm köleleriyle also Müslüman erkekler köleleriyle einfach her şeyi yapabilirler (.) yani eh Geschlechtsverkehr alles ehm nikah da gerekmiyor bir şey gerekmiyor köle // (3) // çünkü eh köleler Müslüman olduğu zaman da es ist immer noch dasselbe yani Müslüman kendi öyle devam edebilir köle olduğu için (.) und das hat mich dann eh buna çok sinirlendim, çünkü nicht weil ich eine Frau bin sondern sonuçta o Müslüman olmuş bi kadın (.) eh köle olsada onun nikaha hakkı yok mu (.) eh verstehst du was ich meine // und das hat mich aufgeregt also hab ich den Lehrer gefragt ehm hani neden (.) neden köle (.) neden bi kere köle o kadın (.) eh Müslüman olmuş niye azat edilmiyor ve eh Müslümanlıkta köle olmak yok Müslüman olduysa niçin kadını işte bırakmıyorlar ve ikincisi niçin hala kadına ayni şekilde hak tanınmıyor eh ilişki yaşamaya hakkı var erkeğin (.) hoca da bunu bana cevablayamadi (.) çünkü zor bir durumdu yani bilmiyorum heralde hiç bu böyle bi soru almamış bilemiyorum (.) ama eh sınıftaki kızların eh tepkisi (.) onun kadın olmasıyla alakalıydı benimkisi ama Müslüman olduğu halde niye Müslümanların haklarının kazanamamasıyla alakalıydı (.) ve böyle oluncada herkesin gözünde feminist bir kız durumuna düştüm orda // eh yani erkekler de böyle ah ((schnalzt)) nasıl bi soru soruyor ey hep bu kadın savunucuları ama kızlarda bunu o noktaya getirdi orda (.) benim sorum sadece suydu Müslümansa niçin Müslüman kadınların hakkına sahip değil niçin hala köle (.) yani ich wollte da ei- eigentlich nicht feministisch sein (.) ordaki Regelungu anlayamamıştım sadece // müslüman ama neden hala köle Müslüman olmak mesela Müslümanım ben o zaman benim için zina yapmak günah (.) dimi (.) o kadında köle diye onun için zina yapması günah değil mi yani yani verstehst du was ich meine sadece bunu anlayamamıştım

9.2 Orientierung an religiösen Glaubensinhalten

Mit der Beschreibung „*hier*" und „*hier an der Fakultät*" wird die Erzählung an der theologischen Fakultät in Ankara verortet. Der Verweis darauf, dass sie „*kein Problem hier an der Fakultät*" habe, wird mit einem daran anschließenden „*aber*" eingeschränkt. Darin dokumentiert sich einerseits die darauffolgende Problematisierung eines bestimmten Phänomens und andererseits die Bedeutung der Markierung, dass die Erlebnisse an der Fakultät nicht allgemein problembehaftet sind. Losgelöst von einer zeitlichen Regelmäßigkeit des problematischen Phänomens und mit einer zeitlichen Einschränkung („*manchmal*") wird im Modus der Nicht-Verständlichkeit („*ist es halt komisch*") die „Verallgemeinerung" der Frauen an der Fakultät angesprochen („*wenn zum Beispiel so viele Frauen hier an der Fakultät sind aber wenn man dann verallgemeinert wird*"). Daraus lässt sich (zum einen) rekonstruieren, dass die Nicht-Verständlichkeit des problematischen Phänomens mit der quantitativen Präsenz der Frauen an der Fakultät und (zum anderen) mit einer Fremdzuschreibung in Zusammenhang steht. Diese Fremdzuschreibung und die kritische Orientierung daran dokumentieren sich nicht zuletzt in der Ausführung „*schau mal diese Mädchen an*". Auf der Ebene des *Wie* des Gesagten zeigt sich hier ein kritischer Verweis auf eine Erwartungshaltung, die scheinbar an „*die Mädchen*" herangetragen wird. Diese Erwartungshaltung und an sie gerichtete Kritik scheint sich auf die Präsenz in bestimmten Bereichen („*wieso sind die jetzt hier*") und auf bestimmte Handlungspraktiken („*wieso tun die das*") zu beziehen. Dass es weitere ähnliche Formen dieser Kritik und herangetragenen Erwartungshaltung gibt, dokumentiert sich beispielsweise in der Formulierung „*bla bla bla*". Gleichzeitig spiegelt sich in dieser Nicht-Detaillierung eine Präsumtion mit Blick auf das Wissen der Interviewerin über solche und ähnliche Fälle wider.

Die Studentin markiert im weiteren Verlauf das Problem als *geschlechterspezifisch* – somit scheint die „*Verallgemeinerung*" (oder das „*in dieselbe Kiste geworfen*"-Werden) an der theologischen Fakultät ein frauenspezifisches Problem zu sein („*das wird eben ziemlich oft bei den Frauen gemacht*"). Zudem dokumentiert sich in dieser Problematisierung implizit die Kritik, die sich auf die Handlungen einzelner Frauen bezieht, sich allerdings durch eine pauschale Übertragung einzelner Fälle auf alle Frauen kennzeichnet. Zu dieser Problembeschreibung setzt sich die Studentin auf emotionaler Ebene ins Verhältnis („*das (regt) mich auf*"). Somit konstruiert sie eine Geschlechter-Dysbalance, an der sie sich kritisch orientiert. (Im Laufe der Sequenz wird deutlich, dass sich diese kritische Orientierung an der Geschlechter-Dysbalance und die Orientierung an religiösen Glaubensinhalten verschränken.)

Das nächste angeführte Beispiel verortet die Studentin im „*Tefsirunterricht*"; für diese Erzählung wird die türkische Sprache bevorzugt („*ich mach jetzt einfach*

Türkisch oke"). In dieser Erzählung scheint ein bestimmter Vers aus dem Koran (tr. „*ayat*") bedeutsam zu sein. In der Wiedergabe des Inhalts des Verses („*hieß es ehm hmm also muslimische Männer dürfen mit ihren Sklaven einfach alles machen*", tr. „*ordada diyordu ki işte ehm hmm köleleriyle also Müslüman erkekler köleleriyle einfach her şeyi yapabilirler*") wird in Bezug auf das Verhältnis „*muslimischer Männer*" zu „*ihren Sklaven*" das uneingeschränkte „*Dürfen*" markiert. Innerhalb des uneingeschränkten Dürfens wird „Geschlechtsverkehr" als besonders markiert. Die Besonderheit mit Blick auf das Thema „Geschlechtsverkehr" scheint sich für die Studentin dadurch auszuzeichnen, dass dies auch ohne eine Trauung stattfinden könne („*also ehm Geschlechtsverkehr alles ehm man braucht auch keine Trauung man braucht nichts*", tr. „*yani ehm Geschlechtsverkehr alles ehm nikah da gerekmiyor bir şey gerekmiyor*"). In der daran anschließenden drei Sekunden langen Pause dokumentiert sich die Irritation der Studentin mit Blick auf diesen Inhalt des Verses, sodass für die Verdeutlichung erneut eine Detaillierung vorgenommen wird („*weil ehm wenn Sklaven Muslime werden da es ist immer noch dasselbe also die Person ist Muslim die kann so weiter machen weil sie Sklavin ist*", tr. „*çünkü eh köleler müslüman olduğu zaman da es ist immer noch dasselbe yani Müslüman kendi öyle devam edebilir köle olduğu için*"). Die Irritation scheint sich auf die nicht veränderten Rahmenbedingungen – trotz des Muslim-Werdens des Sklaven oder der Sklavin – zu beziehen. Auf der kommunikativen Ebene manifestiert sich diese Irritation („*das hat mich sehr wütend gemacht*", tr. „*buna çok sinirlendim*"), die zugleich auf die emotionale Ebene rekurriert. Diese Perspektive wird begründet, indem die Studentin zunächst darauf verweist, dass die Irritation nicht auf ihre Geschlechterzugehörigkeit zurückzuführen ist („*nicht weil ich eine Frau bin*"). Im weiteren Verlauf der Explikation lässt sich rekonstruieren, dass die Studentin eine Inkonsistenz darin sieht, dass die Frau kein Recht auf Trauung (tr. „*nikah*") habe, da sie Sklavin ist („*letztendlich ist sie eine Frau die Muslimin geworden ist (.) auch wenn sie Sklavin ist hat sie kein Recht auf eine Trauung*", tr. „*sonuçta o Müslüman olmuş bi kadın (.) eh köle olsada onun nikaha hakkı yok mu*"); in der Frage dokumentiert sich diese Inkonsistenz. Darin zeigt sich, dass die Studentin diesen religiös markierten Inhalt im Modus des Hinterfragens bearbeitet.

Mit der emotionalen Betroffenheit („*das hat mich aufgeregt*") beendet die Studentin die Rahmung des zweiten Beispiels und geht zu der Klassensituation über, in der diese Irritation an den Lehrer herangetragen wurde („*also hab ich den Lehrer gefragt*"). In Form einer Aufzählung wird zunächst in Frage gestellt, warum diese muslimische Frau überhaupt Sklavin ist („*also warum (.) warum Sklavin (.)*

9.2 Orientierung an religiösen Glaubensinhalten

warum ist diese Frau erstmal Sklavin (.) ehm sie wurde Muslimin warum wurde sie nicht freigelassen", tr. *„neden (.) neden köle (.) neden bi kere köle o kadın eh Müslüman olmuş niye azat edilmiyor"*). Darin dokumentiert sich, dass die Studentin aufgrund der Religionszugehörigkeit der Frau einen Widerspruch in deren Versklavung sieht; dies wir daran anschließend explizit (*„bei den Muslimen gibt es kein Sklave-Sein"*, tr. *„Müslümanlıkta köle olmak yok"*). In der zweiten Aufzählung dokumentiert sich die Kritik der Studentin, die sich auf die fehlenden Rechte der Frau bezieht (*„zweitens warum gewährt man der Frau immer noch nicht die gleichen Rechte"*, tr. *„ikincisi niçin hala kadına ayni şekilde hak tanınmıyor"*). Dabei rekurriert sie auf divergente Verhaltensmuster und die bestehende Geschlechter-Dysbalance (*„warum hat der Mann das Recht die Beziehung zu führen"*, tr. *„ilişki yaşamaya hakkı var erkeğin"*). An dieser Stelle zeigt sich erneut die Verschränkung der kritischen Orientierung an der Geschlechter-Dysbalance und der Orientierung an religiösen Glaubensinhalten im Modus des Hinterfragens.

Die Besonderheit dieser Frage scheint sich zusätzlich dadurch zu charakterisieren, dass der Lehrer diese Frage nicht beantworten konnte (*„der Hoca konnte mir das nicht beantworten"*, tr. *„hoca da bunu bana cevablayamadi"*). Die *„Reaktion"* (tr. *„tepki"*) der *„Mädchen"* wird als etwas Kollektives und von der ganzen Gruppe der Mädchen Ausgehendes beschrieben. Sie scheint spannungsgeladen zu sein und sich durch eine entgegengesetzte Bearbeitung des Inhalts auszuzeichnen (*„aber ehm die Reaktion der Mädchen in der Klasse (.) war bezogen darauf dass sie eine Frau ist bei mir war das aber darauf bezogen warum sie obwohl sie Muslimin geworden ist nicht die Rechte der Muslime bekommen hat"*, tr. *„ama eh sınıftaki kızların eh tepkisi (.) onun kadın olmasıyla alakalıydı benimkisi ama Müslüman olduğu halde niye Müslümanların haklarının kazanamamasıyla alakalıydı"*). In der Beschreibung dieser unterschiedlichen Bearbeitung der Fragestellung dokumentiert sich das Verhandeln über die Bedeutsamkeit des Geschlechts für die Bewertung der Fragestellung. Allerdings lässt sich nicht rekonstruieren, ob das Geschlecht der Sklavin (Frau) als Argumentation für die Gruppe der Mädchen herangezogen wird oder die Kritik der Gruppe der Mädchen, die an die Interviewte gerichtet wurde, auf ein vermeintliches Hervorheben der Bedeutung des Geschlechts bezogen wird. Dennoch lässt sich dokumentieren, dass die Fragestellung der Interviewten und die darin verborgene implizite Positionierung ein Spannungsverhältnis in der Klasse auslöst.

Als Folge dieser Situation wird die Zuschreibung der anderen Mädchen beschrieben (*„und weil es so gekommen ist war ich in den Augen der Anderen ein feministisches Mädchen"*, tr. *„ve böyle oluncada herkesin gözünde feminist bir kız durumuna düştüm"*). Im Interview verwendet die Studentin die Formulierung *„duruma düşmek"*, die wortwörtlich als *„in eine Situation fallen"* übersetzt werden kann. Diese Betrachtung wird insofern bedeutsam, als sich in dieser Formulierung eine abwertende und negative Bewertung des „Feministin-Seins" dokumentiert. Diese Zuschreibung scheint die Studentin durch „*jeden*" (tr. „*herkesin*") erfahren zu haben. Darin zeigt sich die empfundene Intensität der Zuschreibung. Auch die Reaktion der Männer scheint eine Negative zu sein („*die Männer so ah ((schnalzt)) was für eine Frage stellt sie ey immer diese Frauenverteidiger*", tr. „*erkekler de böyle ah ((schnalzt)) nasıl bi soru soruyor ey hep bu kadın savunucuları*"). In der Art und Weise des Wiedergegebenen wird auf das Nicht-Einordnen-Können der Kritik verwiesen; dies dokumentiert sich beispielsweise in dem Schnalzen und der daran anschließenden Formulierung. Für die Männer scheint diese Frage absurd zu sein. Die Art von Fragen wird einer bestimmten Gruppe von Frauen zugeschrieben („*immer diese Frauenverteidiger*"). Daraus lässt sich rekonstruieren, dass für die Männer „*Frauenverteidiger*" zu sein mit etwas Negativem und Abwertendem verbunden wird. In der Betonung der Wiedergabe verweist die Studentin auf ihre emotionale Betroffenheit und das Nicht-Einordnen-Können dieser Zuschreibung. In diesem Rahmen dokumentiert sich ein Abweisen der Zuschreibung des Feministisch-Seins („*also ich wollte da ei- eigentlich nicht feministisch sein*"). Die Studentin konstruiert eine Situation, in der sie sich letztendlich missverstanden fühlt, und formuliert die Intention in der Frage („*ich konnte diese Regelung nur nicht verstehen*", tr. „*ordaki Regelungu anlayamamıştım sadece*"). Es lässt sich rekonstruieren, dass in dieser Erklärung andere religiöse Normen mit einbezogen werden, um den Vers zu verstehen („*sie ist Muslimin aber immer noch Sklavin muslimische Sklavin sein zum Beispiel ich bin Muslimin dann ist für mich unehelicher Geschlechtsverkehr verboten*", tr. „*müslüman ama neden hala köle Müslüman olmak mesela Müslümanım ben o zaman benim için zina yapmak günah*"). Durch „*oder*" (tr. „*dimi*") lässt die Studentin die Interviewerin an ihrem Modus des Hinterfragens teilhaben. Folglich verweist der Wunsch des Verstehens („*ich konnte nur das nicht verstehen*", tr. „*sadece bunu anlayamamıştım*") und der Infragestellung auf die Orientierung der Studentin an religiösen Glaubensinhalten, die sie im Modus des Hinterfragens bearbeitet. Diesen Modus greift die Studentin im Zuge des Interviews erneut auf:

9.2 Orientierung an religiösen Glaubensinhalten

TRAAF06: Manchmal denke ich mir (.) ((schnalzt)) welchen @Nutzen@ kann so ein Gedanke für die Menschheit bringen also ich möchte auf keinen Fall jemanden herablassen ich kann ja auch so werden insallah werde ich nicht so aber so ist es wir haben ja eben über Überlieferungen gesprochen

KAR: Ja

TRAAF06: Zum Beispiel wenn Eva Adam nicht betrogen hätte würde keine Frau ihren Mann betrügen also wie kann ein Mensch mit Verstand denken dass diese Überlieferung wirklich aus dem Mund unseres Propheten kam (.) also hmm: (2) erst mal der Glaube ist individuell jeder wird Rechenschaft vor Allah ablegen o:der (.) außerdem hat die heilige Eva auf keinen Fall den heiligen Adam betrogen und auch wenn sie ihn betrogen hat warum sollen wir unsere Ehepartner betrügen was ist der Sinn (.) ah ich weiß nicht (3) die heilige Eva ist eine Frau die vor Millionen von Jahren gelebt hat wie kann sich das denn auf uns auswirken // also (.) wenn man beispielsweise die Koranverse liest heißt es der Satan hat die beiden betrogen es heißt nicht Eva hat Adam betrogen (.) und wenn es unbedingt einen Schuldigen gibt da geht es ja weiter es heißt Adam wurde Allah gegenüber rebellisch es heißt nicht Eva wurde rebellisch Allah gegenüber aber obwohl du diese Überlieferung so erklärst ehm gibt es Frauen die trotzdem das sagen (.) da wird es schon eine Weisheit geben wenn unser Prophet das gesagt hat da muss was dahinter stecken (.) was soll dahinter stecken (.) ach ich weiß nicht man sollte ein großes Fragezeichen setzen

(TRAAF06, 184-188)[48]

---

[48] Original:
TRAAF06: Manchmal denke ich mir (.) ((schnalzt)) böyle bir düşüncenin insanlığa nasıl bir @faydası@ olabilir ki yani kimseyi küçümsemek istemem asla yani bende öyle olabilirim inşallah olmam ama öyle yani mesela az öncede rivayetlerden bahsetmiştik ya
KAR: Evet
TRAAF06: Mesela Havva Ademi aldatmasaydı ehm hiç bir kadın kocasını aldatmayacaktı yani bu rivayetin gerçekten bir rivaye- (hadi) peygamberimizin ağzından çıktığını bi insan (.) aklı varsa nasıl düşünebilir (.) yani hmm: (2) yani bi kere iman bireyseldir herkes kendi

Die Beschreibung zu Beginn der Sequenz („*manchmal denke ich mir*") und das darauffolgende Schnalzen dokumentieren die Irritation mit Blick auf die folgende Erzählung. In der Rahmung der Erzählung wird der Bezug immanent; es geht um einen Gedanken, dessen Nutzen für die Gesellschaft infrage gestellt wird („*welchen @Nutzen@ kann so ein Gedanke für die Menschheit bringen*", tr. „*böyle bir düşüncenin insanlığa nasıl bir @faydası@ olabilir ki*"). Darin zeigt sich die Problematisierung eines Gedankens. Der Einschub in dieser Rahmung („*ich möchte auf keinen Fall jemanden herablassen ich kann ja auch so werden insallah werde ich nicht so*") lässt rekonstruieren, dass die Studentin die Problematisierung des Gedankens mit Vorsicht ausführen möchte – gleichzeitig wird hier die starke Distanzierung sichtbar.

Das Thema wird im Anschluss an diese Rahmung benannt („*wir haben ja eben über Überlieferungen gesprochen*", tr. „*az öncede rivayetlerden bahsetmiştik ya*"). Die zu problematisierende Überlieferung bzw. die Problematisierung des Gedankens scheint somit in Zusammenhang mit „Adam und Eva" zu stehen. Das Beispiel von Adam und Eva wird somit als Inhalt einer Überlieferung markiert. Mit der Präzisierung des Inhalts der Überlieferung („*wenn Eva Adam nicht betrogen hätte würde keine Frau ihren Mann betrügen*", tr. „*Havva Ademi aldatmasaydı ehm hiç bir kadın kocasını aldatmayacaktı*") wird die Handlung Evas für die Handlungen von „*Frauen*" (das Betrügen der (Ehe-)Männer) verantwortlich gemacht. In der Infragestellung der Wahrheit der Überlieferung („*wie kann ein Mensch mit Verstand denken dass diese Überlieferung wirklich aus dem Mund unseres Propheten kam*", tr. „*bu rivayetin gerçekten bir rivaye- (hadi) peygamberimizin ağzından çıktığını bi insan (.) aklı varsa nasıl düşünebilir*") dokumentiert sich, dass das Zurückführen dieser Überlieferung auf den Propheten problematisiert wird. Eine Wahrheitsannahme scheint für die Studentin gegen den menschlichen Verstand zu sprechen. Darin dokumentiert sich implizit, dass für die Studentin Überlieferungen gemessen an dem Verstand wahr sein können. Bis hier hin lässt sich die Orientierung der Studentin an religiösen Glaubensinhalten rekonstruieren, die zunächst auf den Modus der Ablehnung verweist. Allerdings lässt sich

---

hesabını verir Allah'ın huzurunda di:mi (.) Hazreti Havva asla Hazreti Ademi bi kere aldatmadı ki aldatsa niye biz eşlerimizi aldatalım bunun ne manası var (.) bilmiyorum (3) Hazreti Havva kaç bin milyon sene önce yaşamış bir kadın bunun bize nasıl yansımış olabilir ki // yani (.) kim mesela Kuran ayetlerini okuduğun zamanda derki şeytan o ikisini aldattı demiyo ki Havva Ademi aldattı (.) ve illa bir suçlu varsa orda da devam ediyor diyor ki Adem rabbine asi oldu demiyo ki Havva asi oldu rabbine ama bu rivayeti böyle açıklamana rağmen eh hala oturup da sana şunu diyen kadınlar var (.) vardır bi hikmeti peygamberimiz dediyse da muss was dahinter stecken (.) was soll dahinter stecken (.) ach ich weiß nicht büyük bir soru işareti koymak lazım

9.2 Orientierung an religiösen Glaubensinhalten

im Laufe der Sequenz rekonstruieren, dass über die ganze Sequenz hinweg diese Orientierung im Modus des Hinterfragens bearbeitet wird. So dokumentiert sich dieser Modus beispielsweise in dem daran anschließenden „*hmm:*" und der zwei Sekunden langen Pause. Diese Denkpause verweist auf die Nicht-Abgeschlossenheit der Wahrheitsüberlegung. Es wird nach Argumentationen gesucht, die diese Überlieferung falsifizieren („*erst mal der Glaube ist individuell jeder wird Rechenschaft vor Allah ablegen oder*", tr. „*yani bi kere iman bireyseldir herkes kendi hesabını verir Allah'ın huzurunda dimi*"). Mit Blick auf die Ebene des Wie des Gesagten dokumentiert sich in dem daran anschließenden „*o:der*" (tr. „*d:imi*") der Modus des Hinterfragens und die Nicht-Eindeutigkeit für die Studentin. Allerdings scheint es eindeutig zu sein, dass „*die heilige Eva auf keinen Fall den heiligen Adam betrogen hat*" (tr. „*Hazreti Havva asla Hazreti Ademi bi kere aldatmadı ki*"). Darin lässt sich die religiöse Überzeugung rekonstruieren, die für die Studentin eine Kollision mit der anfangs wiedergegebenen Überlieferung hervorruft. Der Versuch, jenseits dieser persönlichen Überzeugung nach Argumenten zu suchen, um die Wahrheit der Überlieferung zu hinterfragen („*auch wenn sie ihn betrogen hat warum sollen wir unsere Ehepartner betrügen was ist der Sinn*", tr. „*ki aldatsa niye biz eşlerimizi aldatalım bunun ne manası var*"), verweist erneut auf den Modus des Hinterfragens. Verstärkt dokumentiert sich dieser Modus in den Äußerungen wie „*ah ich weiß nicht*" (tr. „*bilmiyorum*") und der darauffolgenden Denkpause (3 Sekunden).

In diesem Modus, der weiterhin eingenommen wird, um die Orientierung an religiösen Glaubensinhalten zu bearbeiten, zeigt sich wieder eine verstandesorientierte Betrachtung und die Suche nach rationalen Argumenten („*die heilige Eva ist eine Frau die vor Millionen von Jahren gelebt hat wie kann sich das denn auf uns auswirken*", tr. „*Hazreti Havva kaç bin milyon sene önce yaşamış bir kadın bunun bize nasıl yansımış olabilir ki*").

Neben diesen rationalen Argumenten werden andere religiöse Quellen („*Koranverse*") herangezogen, um die Wahrheit der Überlieferung zu überprüfen. Durch die Wiedergabe des Inhalts des „*Koranverses*" („*der Satan hat die beiden betrogen es heißt nicht Eva hat Adam betrogen*", tr. „*şeytan o ikisini aldattı demiyo ki Havva Ademi aldattı*") wird die Überlieferung wieder falsifiziert. (Auch hier verschränkt sich der Modus des Hinterfragens mit dem Modus der Falsifizierung.) Die nächste Ausführung dokumentiert ebenso den Versuch der Falsifizierung.

Der Versuch, mit dieser Argumentation die Überlieferung zu falsifizieren, scheitert („*aber obwohl du diese Überlieferung so erklärst ehm gibt es Frauen die trotzdem das sagen*"). Hier greift der Glaube an Weisheiten, die nicht erklärbar zu sein scheinen („*da wird es schon eine Weisheit geben wenn unser Prophet das gesagt hat da muss was dahinter stecken*"). Diese Herangehensweise wird von der

Studentin abgelehnt („*was soll dahinter stecken*"). Der Modus des Hinterfragens lässt sich über die gesamte Sequenz hinweg rekonstruieren und manifestiert sich auch in der letzten Formulierung der Sequenz („*ach ich weiß nicht man sollte ein großes Fragezeichen setzen*", tr. „*büyük bir soru işareti koymak lazım*").

9.3 Orientierung an Organisationsstrukturen

Die komparative Analyse zeichnete zudem die Orientierung an Organisationsstrukturen nach. In den Erzählungen und Beschreibungen werden geschlechterbezogene Aspekte zum Gesprächsgegenstand gemacht, wobei sich die Imaminnen entweder an den Geschlechterstrukturen ihrer Moschee, des Präsidiums oder ihrer theologischen Fakultäten orientieren. In dieser kollektiven Orientierung zeigt sich die Homologie in der handlungsleitenden und -strukturierenden Dimension. Sechs Modi verweisen darauf, wie sie diese Orientierung bearbeiten (siehe Abbildung 9.4).

Orientierung an Organisationsstrukturen …

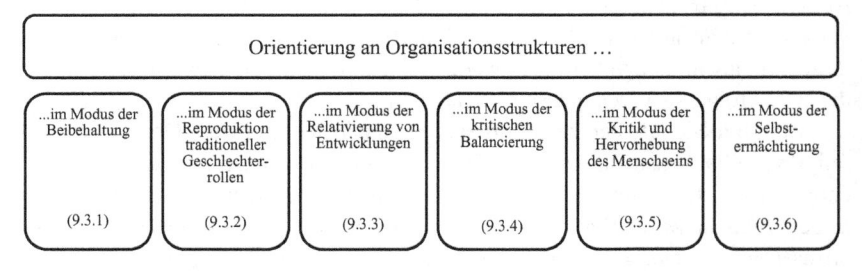

...im Modus der Beibehaltung	...im Modus der Reproduktion traditioneller Geschlechterrollen	...im Modus der Relativierung von Entwicklungen	...im Modus der kritischen Balancierung	...im Modus der Kritik und Hervorhebung des Menschseins	...im Modus der Selbstermächtigung
(9.3.1)	(9.3.2)	(9.3.3)	(9.3.4)	(9.3.5)	(9.3.6)

Abb. 9.4 Orientierung an Organisationsstrukturen und Modi der Bearbeitung im Überblick

9.3.1 … im Modus der Beibehaltung

In der folgenden Sequenz handelt es sich um einen Auszug aus dem Interview mit TRKAF01, einer Studentin in Konya. In dieser Sequenz wird eine Frage aus dem Leitfaden gestellt, der die Predigt von Imaminnen für geschlechtergemischte Gruppen aufgreift. TRKAF01 bezieht sich in dieser Sequenz auf diese Frage:

9.3 Orientierung an Organisationsstrukturen

TRKAF01: Eh:: ich persönlich bin auf jeden Fall der Meinung dass Männer mehr zu Zugriff haben sollten auf die Gedanken von Frauen also wie denken weibliche Gelehrte es gibt (ja) viele weibliche Gelehrte im Islam (.) was sehr wenige wissen (.) allein die ganzen Bücher wir haben auch welche an der Universität ehm ich kenne die Töchter von Professoren die selber Bücher schreiben und um einfach auch die weibliche Sichtweise von (einigen) rüberzubringen (.) finde ich extrem sinnvoll // also wenn ein Mann sich tatsächlich dafür interessiert es gibt jetzt schon sehr sehr viele Quellen // eh: (.) aber in der Moschee (2) ich finde ja (3) wir sollten uns soweit es geht (.) an die Praxis des Propheten halten // unser Prophet (hatte) immer versucht Frauen vor negativem Einfluss zu schützen // ehm diese Predigt zu halten fü- führt immer mit sich dass man auch (.) se:hr mit Reaktionen rechnen muss zum Beispiel die Frau steht da und redet über eh- sensibles Thema wie (.) keine Ahnung die Rechte der Frau in der Ehe zum Beispiel der Imam redet ja über solche Themen dort (.) und ehm wenn eine Frau da steht und darüber redet (.) könnte sie von den Männern vielleicht Reaktionen kriegen die nicht die sie nicht verträgt das hat ja sein Sinn und Zweck dass das zur Zeit unseres Propheten dass Männer solche Sachen immer ausgesprochen haben in ehm im auch vor Männern und auch vor Frauen eine Frau ist manch- es gibt natürlich Frauen die sind fähig mit sowas umzugehen aber generell so von der von der Grund Art und Weise wie eine Frau funktioniert sind wir eigentlich meiner Meinung nach in den meisten Fällen zu emotional um dann mit negativen Reaktionen umzugehen // und ehm ich hab auch das Gefühl einfach damit ein Mann eine Frau in dieser Position ernst nimmt muss diese Frau sehr männlich wirken // und ehm ich finde es eigentlich schöner das ist

gerade das Schöne im Islam der Islam versucht die Frau so weiblich und so zart wie sie ist in ihrer Art und Weise zu schützen // damit ihre Weiblichkeit erhalten bleibt und die Männlichkeit des Mannes dadurch dass wir jetzt momentan sehr viele maskuline Frauen haben gerade in der türkischen Gesellschaft sehe ich persönlich wie Männer verweiblichen // wir haben wirklich da also wir haben zum Bespiel einen Profe- Professor in Bereich Psychologie (.) der uns gerade darauf hinweist ihr habt mittlerweile viel mehr Verantwortung in der Ehe dadurch dass unsere Männer sich nicht mehr ihrer Männlichkeit bewusst sind (.) deswegen (finde) ich das persönlich an sich eine gute Idee aber die Entwicklung die sie nach sich ziehen würde nicht sehr positiv
(TRKAF01, 447-496)

Nach einem ansetzenden gedanklichen Sortierungsversuch („*eh::*") wird mit persönlicher Bezugnahme („*ich persönlich bin auf jeden Fall der Meinung*") eine „frauentypische" Gedankenwelt konstruiert („*dass Männer mehr zu Zugriff haben sollten auf die Gedanken von Frauen*"), an der Männer scheinbar zunächst nicht teilhaben. Sie konstruiert damit eine Geschlechterdifferenz. Die Existenz geschlechterspezifischer Annahmen, die sich voneinander unterscheiden, wird mit praktischen Beispielen zu „*weiblichen Sichtweisen*" innerhalb des Islams beschrieben („*ich kenne die Töchter von Professoren die selber Bücher schreiben* [...] *also wenn ein Mann sich tatsächlich dafür interessiert es gibt jetzt schon sehr sehr viele Quellen*"). Implizit hinterfragt die Interviewte hier das Interesse der Männer, an „weibliche Sichtweisen" heranzukommen; dies manifestiert sich verstärkt in der Formulierung „*tatsächlich*". Somit wird auf die Frage zunächst mit der Einschränkung weiblicher Wissensvermittlung über schriftliche Formate Bezug genommen. Die Studentin legitimiert so die geschlechterbezogenen Organisationsstrukturen und die Geschlechtertrennung. Mit der „*Praxis des Propheten*" unterstützt sie ihre Beschreibungen. Sie problematisiert eine neue Form der Praxis des Predigens von Imaminnen vor geschlechtergemischten Gruppen („*führt immer mit sich dass man auch* (.) *se:hr mit Reaktionen rechnen muss*"). Die Problematisierung spiegelt sich insbesondere in dem lang gezogenen „*se:hr*" wider.

Zugleich markiert die Studentin den damit eintretenden Automatismus, der sich in der Formulierung „*muss*" widerspiegelt. In der Exemplifizierung einer solchen Szene („*zum Beispiel die Frau steht da und redet über eh- sensibles Thema*

9.3 Orientierung an Organisationsstrukturen

wie (.) keine Ahnung die Rechte der Frau in der Ehe") dokumentiert sich nicht nur die Markierung des Themas „Rechte der Frau in der Ehe" als etwas Sensibles, sichtbar wird auch die Bedeutung des Geschlechts in dessen Bearbeitung, denn die Problematik scheint in der Bearbeitung des sensiblen Themas *durch die Imame* nicht zu bestehen („*zum Beispiel der Imam redet ja über solche Themen dort*"). Dadurch lässt sich die Orientierung an Organisationsstrukturen rekonstruieren, die die Studentin nicht hinterfragt und annimmt, also im Modus der Beibehaltung bearbeitet. Es sind eher die Überlegungen zu neueren Formen der Praxis, die sie ablehnt. Darüber hinaus lässt sich rekonstruieren, dass sie die Problematik darin sieht, dass die Imaminnen möglicherweise die Reaktionen nicht vertragen können („*könnte sie von den Männern vielleicht Reaktionen kriegen die nicht die sie nicht verträgt*"). Entlang dieser Differenzlinie, in der die Imame als diejenigen beschrieben werden, die die Reaktionen möglicherweise vertragen können oder keine Reaktionen erhalten, während Imaminnen die möglichen Reaktionen nicht vertragen könnten, deutet sich die Konstruktion der Frau als schwaches Wesen an. Somit zeigt sich auch hier die Bedeutung von Geschlechterstereotypen.

Mit dem Rückgriff auf religiös historische Praktiken („*das hat ja sein Sinn und Zweck dass das zur Zeit unseres Propheten dass Männer solche Sachen immer ausgesprochen haben*") zeigt sich erneut die Beibehaltung der Geschlechterstrukturen.

Die Studentin greift eine Begründung für das nicht Vertragen- bzw. Umgehen-Können der Frauen auf, die erneut auf der Grundlage einer stereotypen Geschlechtervorstellung formuliert wird: Die Beschreibung, dass die Frau „*in den meisten Fällen zu emotional* [ist] *um* [...] *mit negativen Reaktionen umzugehen*", deutet auf die Konstruktion des weiblichen Geschlechts als schwaches und emotionales Wesen; implizit zeigt sich darin die Gegenkonstruktion des Mannes als rationales und starkes Wesen. Nur im Falle eines – scheinbar existierenden – männlichen Habitus wird die Praxis des Predigens vor geschlechtergemischten Gruppen für möglich gehalten („*ich hab auch das Gefühl einfach damit ein Mann eine Frau in dieser Position ernst nimmt muss diese Frau sehr männlich wirken*"). Dadurch dokumentiert sich nicht nur eine Hierarchisierung der Geschlechter, in der die Frau in dieser Struktur untergeordnet wird; es zeigt sich gleichzeitig eine Eindeutigkeit und klare Definierbarkeit der konstruierten Geschlechter *Mann-Frau*, die hier zugrunde gelegt werden. Die Männlichkeits- und Weiblichkeitsbilder, die die Studentin zeichnet, werden im Zuge dessen erneut religiös untermauert („*das ist gerade das Schöne im Islam der Islam versucht die Frau so weiblich und so zart wie sie ist in ihrer Art und Weise zu schützen*"). Die „*Art und Weise*" rekurriert dabei auf eine Annahme von starren und a priori gegebenen Geschlechtereigenschaften, die in der „Natur der Frau" verankert sind. Die

Grundform der geschlechterspezifischen „Art und Weise" scheint starr zu sein; gleichzeitig aber auch veränderbar, denn die Formulierung „*damit ihre Weiblichkeit erhalten bleibt und die Männlichkeit des Mannes*" impliziert eine Befürchtung des Verlustes bestimmter konstruierter geschlechterspezifischer Eigenschaften. Diese Veränderbarkeit dokumentiert sich auch in der Beschreibung „*dadurch dass wir jetzt momentan sehr viele maskuline Frauen haben gerade in der türkischen Gesellschaft sehe ich persönlich wie Männer verweiblichen*". Darin zeigt sich die Konstruktion eines kausalen Zusammenhangs, in dem die „*maskuline Frau*" als Ursache für die „*verweiblichten Männer*" markiert wird. Darin spiegeln sich erneut bestimmte stereotype und geschlechterspezifische Merkmale wider, die die Studentin als eindeutig, charakteristisch und unverhandelbar rahmt. In der Beschreibung des notwendigen Bewusstseins über das eigene Geschlecht und die diesbezügliche Verantwortung der Frauen in Ehe („*Professor [...] der uns gerade darauf hinweist ihr habt mittlerweile viel mehr Verantwortung in der Ehe dadurch dass unsere Männer sich nicht mehr ihrer Männlichkeit bewusst sind*") lässt sich die Orientierung an den Organisationsstrukturen rekonstruieren. Denn darin spiegelt sich die Zuschreibung der aktiven Rolle der Frau als Behüterin und Erzieherin, auch in Angelegenheiten, die – in dieser Konstruktionslogik der Geschlechter – Männer betreffen. Demnach scheint die Erwartung der Verantwortungsübernahme für das Bewusstsein der zugeschriebenen Geschlechterzugehörigkeit(en) und die damit verbundenen Habitualisierungen einseitig zu erfolgen. Die Sequenz weist noch keine thematische Konklusion auf. Die Studentin fährt fort:

TRKAF01: Also ich hab damit ehrlich gesagt nicht wirklich ein Problem (.) ich also ich bin auch jemand der offen auf Diskussionen mit Männern eingeht ich sehe mich selber sogar eher als eine maskuline Person die damit keine Probleme hat // eh:: (.) aber ich sehe einige die das nicht vertragen

KAR: Ja

TRKAF01: Allein schon (.) ich eh: zum Beispiel heute Abend habe ich wieder ein: ehm ein Stammtisch // ehm ehm tatsächlich nennen wir es auch Stammtisch // eh:: bei dem viele Professoren oder Akademiker da anwesend sind weiblich wie

9.3 Orientierung an Organisationsstrukturen

männlich // und wir diskutieren auf Englisch verschiedenste Themen // ehm für mich wunderschön also ich kann endlich ehm drauflosreden meine Meinung äußern die Meinung von anderen (.) zu den Dingen ehm hören die ich da äußere für mich mega angenehm ehm und ich nehme regelmäßig (auch) Freundinnen mit und ich sehe von vielen wie sie dann einfach wie des ihnen zu viel ist wie sie damit nicht umgehen können (.) die können weder dort also sie wollen nicht ihre Meinung äußern (.) weil ihnen der Umgangston der Männer zu ehm harsch ist (.) also ich ich kenne @einfach zu viele Frauen@ die damit nicht wirklich umgehen wollen // die sich dem nicht mal aussetzen möchten // und ehm diese Frauen möchte dann quasi schützen weil da kann da ist nichts falsch wenn sie sich dem nicht aussetzen möchten dann ist das ihre

KAR: Ja

TRKAF01: ∟ Art und Weise // und dann hat diese Form einen bestimmten Sinn und (.) ich finde die Frauen sollte man eben auch nicht in ne schwierige Situation bringen indem man sowas zum Beispiel verpflichtend macht sollte man sie nicht aufhalten // solange sie natürlich ehm unsere Religion hat ja bestimmte Grenzen im eh:: Umgang von Mann und Frau // sie sollte natürlich diese nicht übertreten meiner Meinung nach wenn man in ner Moschee ist sollte man sich dann doch (.) schon auch an die Grenzen der Religion halten // finde ich // es hat schon nen Sinn wieso manche Sachen so organisiert werden
(TRKAF01-1, 579-639)

In dem wiederholten Verweis auf die stereotype Geschlechtervorstellung („*ich sehe mich selber sogar eher als eine maskuline Person die damit keine Probleme hat*") wird Maskulin-Sein erneut mit einem problemlosen Umgang in der „*Diskussion mit Männern*" definiert. Mit dem Verweis auf das Erfahrungswissen („*aber ich sehe einige die das nicht vertragen*") wird die Problematik der Praxis argumentativ verstärkt. Für diese Verstärkung der Positionierung zieht die Studentin ein Beispiel aus einem „*Stammtisch*" heran. Anhand der Markierung solcher Organisationen als „*wunderschön*" oder der Kommunikation mit anderen zu bestimmten Themen als „*angenehm*" wird eine Ausnahmesituation geschildert, die mit der genannten „maskulinen Art" der Studentin in Zusammenhang gebracht wird. Es lässt sich rekonstruieren, dass der „*harsche Umgangston der Männer*", aus dem das Zurückziehen(-Wollen) der Freundinnen resultiere, geschlechterspezifisch markiert wird. Ihre Orientierung an den Organisationsstrukturen bearbeitet die Studentin so im Modus der Beibehaltung; sie bestätigt dies auch verstärkt in der Bewertung, dass „*diese Form einen bestimmten Sinn*" habe. Daran anschließend wiederholt sie die Beschreibung des Ermöglichens im Falle des Wunsches der Frau und schränkt es mit den Grenzen der Religion ein („*solange sie natürlich ehm unsere Religion hat ja bestimmte Grenzen im eh:: Umgang von Mann und Frau*"). Die Ausführung, dass man sich auch in der „*Moschee* [...] *an die Grenzen der Religion halten*" sollte, verweist darauf, dass es durch die Religion vorgegebene geschlechterspezifische Normenvorstellungen zu geben scheint, die die Geschlechterbeziehungen und Handlungspraktiken regeln. Die Konklusion in dieser Sequenz („*es hat schon nen Sinn wieso manche Sachen so organisiert werden*") verweist auf die Annahme und Beibehaltung der geschlechterbezogenen Organisationsstrukturen an der Fakultät.

Eine Homologie zeigt sich auch im Interview mit Imamin DEAF06. Sie spricht im Laufe des Interviews über ihre Berufserfahrungen in der Türkei und in Deutschland und geht in diesem Zusammenhang auf die Organisationen DITIB und Diyanet ein. Dabei wird in der Orientierung an den Organisationsstrukturen das eigene Erfahrungswissen für ihre Beibehaltung und positive Bewertung herangezogen:

```
DEAF06: Die Menschen mit denen wir es in unserem Beruf zu tun
haben sind in der Regel Menschen die eine religiöse Bildung
erhalten haben (.) daher sind es Menschen die Frauen gegenüber
respektvoll sind // also ich habe von meinen Arbeitskollegen
mit denen ich zusammengearbeitet habe noch nie ein schräges
Verhalten gesehen // also alle sind sehr vornehm höflich
respektvoll (.) die wissen einen gewissen Abstand einzuhalten
// die das Gegenüber (.) nicht mit einer Einstellung sie ist
eine Frau sie wird es nicht wissen betrachten // es sind
Menschen die sagen sie ist meine Arbeitskollegin sie ist mit
mir gleichwertig // zum Beispiel arbeite ich zur Zeit als
```

9.3 Orientierung an Organisationsstrukturen

Predigerin (.) Prediger sind eine Stufe höher als als die Korankurs Hoca // ehm in unserer Türkei (.) ehm wir gehen zu den Gesprächsrunden Predigten es gibt männliche Prediger und weibliche Predigerinnen wir gehen zu den Frauen für die Gesprächsrunden und sie gehen zu den Männern für die Gesprächsrunden (.) also zwischen uns gibt es keine Gegensätze // zum Beispiel ist eines unserer Vorstandsmitglieder des Diyanet sogar eine Frau // also in der Türkei (.) wir hatten hier beispielsweise eine Mufti Vertreterin Frau-X sie ist ein sehr fleißiger Mensch (.) sie ist zur Zeit in Ankara die Vorsitzende der Abteilung religiöse Dienste des Diyanet also Frauen die arbeiten werden die Möglichkeiten und die Befugnisse die sie verdienen gegeben

KAR: *Verstehe*

DEAF06: ⌊ *Also so wie es gesagt wird gibt es im Diyanet keine Diskriminierung // auch als ich nach Deutschland kam gab es keine schrägen Situationen die ich gespürt habe (.) unsere Arbeitsbereiche sind von denen der männlichen Hoca unterschiedlich ihre Arbeitsbereiche sind unterschiedlich (.) aber sie haben uns jederzeit mit Respekt behandelt (.) mit ihren Frauen hatte ich gute Beziehungen (.) die Hoca dort waren jünger als ich (.) sie haben mir als Schwester Respekt entgegengebracht (.) also was meine Arbeitskollegen oder meinen Beruf oder Schwierigkeiten beim Arbeiten angeht habe ich nicht erlebt elhamdülillah*
(DEAF06, 697–736)[49]

---

[49] Original:
DEAF06: Bizim mesleğimizde (.) muhatap olduğumuz insanlar genellikle dini eğitim almış insanlardır (.) dolayısıyla bayanlara karşı saygılı insanlardır // yani ben birlikte çalıştığım (.) eh meslektaşlarımdan (.) eh aykırı bir tavır görmedim hiç // yani hepsi kibar beyefendi saygılı (.) belirli bir mesafeyi muhafaza etmeyi bilen // karşıdakine (.) bu kadın bilmez gibi bi

Sichtbar wird bereits zu Beginn die Beschreibung aus der Position einer Wir-Gruppe heraus („*die Menschen mit denen wir es in unserem Beruf zu tun haben*", tr. „*bizim mesleğimizde (.) muhatap olduğumuz insanlar*"). Dadurch wird auf das kollektive Wissen der Berufsgruppe Bezug genommen. Es lässt sich rekonstruieren, dass aus der religiösen Bildungsaneignung der respektvolle Umgang mit Frauen geschlossen wird („*sind in der Regel Menschen die eine religiöse Bildung erhalten haben (.) daher sind es Menschen die Frauen gegenüber respektvoll sind*", tr. „*genellikle dini eğitim almış insanlardır (.) dolayısıyla bayanlara karşı saygılı insanlardır*"); diese Wenn-Dann-Verkettung dokumentiert sich insbesondere in der Formulierung „*daher*" (tr. „*dolayısıyla*"). Ohne dass die Interviewerin in einer Frage mögliche Diskriminierungs- oder Ungleichheitserfahrungen der Imamin thematisiert, scheint es in der Beschreibung ihres Erfahrungswissens („*also ich habe von meinen Arbeitskollegen mit denen ich zusammengearbeitet noch nie ein schräges Verhalten gesehen*", tr. „*yani ben birlikte çalıştığım (.) eh meslektaşlarımdan (.) eh aykırı bir tavır görmedim hiç*") eine diesbezügliche Annahme zu geben; die Imamin scheint eine solche Annahme der Interviewerin vorauszusetzen. Diese Präsumtion zeichnet sich auch im weiteren Verlauf der Sequenz nach („*alle sind sehr vornehm höflich respektvoll (.) die wissen einen gewissen Abstand einzuhalten*", tr. „*yani hepsi kibar beyefendi saygılı (.) belirli bir mesafeyi muhafaza etmeyi bilen*"). In dieser Verallgemeinerung der männlichen Arbeitskollegen und ihres Umgangs wird der beschützende Modus rekonstruierbar, was sich dahingehend deuten lässt, dass die Imamin zugeschriebene Diskriminierungs- und Ungleichheitserfahrungen, abzulehnen scheint. Darüber hinaus dokumentiert sich in der Formulierung „*die wissen einen gewissen Abstand einzuhalten*", vor

---

zihniyetle bakmıyan // bu benim meslektaşım oda benimle eş değerdir diye bakan insanlar // ben şuan mesela vaize olarak çalışıyorum vaizler (.) kuran kurs hocalarının bir üstüdür // bizim (.)eh şeyde Türkiye'mizde (.) eh sohbetlere vaazlara gidiyoruz erkek vaizler var bayan vaizeler var biz hanımlara sohbetlere gidiyoruz onlar erkeklere sohbetlere gidiyorlar (.) aramızda bi şey yok yani bi aykırılık bi zıtlık yok // şuan dada (.) mesela Diyanet İşleri Başkan Yardımcılarımızdan birisi dahi bayan // yani Türkiye'de (.) bizim mesela müftü yardımcımız vardı burda X-Hanım çok çalışkan bi insandır (.) o şuanda Din hizmetleri daire başkanı oldu Ankara'ya yani çalışan bayanlarda hakkettikleri (.) imkanlar ve yetkiler veriliyor
KAR: Anlıyorum
DEAF06: └ Yani öyle denildiği gibi bir ayırım Diyanet içerisinde yok // Almanya'ya geldiğim zamanda ben bi (.) aykırı durum hissetmedim (.) bizim erkek hocalarla çalışma alanımız farklı onların çalışma alanı farklı (.) ama her zaman saygıyla davrandılar yani (.) eşleriyle iyi ilişkilerim oldu ordaki hoca efendiler (.) benden daha gençtiler (.) abla olarak saygı gösterdiler (.) eh yani meslektaşlarım noktasında veya mesleğimde (.) çalışırken sıkıntı yaşamak noktasında bi şey yaşamadım elhamdüllilah

9.3 Orientierung an Organisationsstrukturen

allem vor dem Hintergrund des im türkischen Original zum Vorschein kommenden Begriffs „schützen" (tr. „*muhafaza etmek*"), die Sensibilität mit Blick auf den Abstand zwischen Andersgeschlechtlichen. Daher lässt sich in ihrer positiven Rahmung die Orientierung an den Organisationsstrukturen rekonstruieren, die im Modus der Beibehaltung bearbeitet wird.

Des Weiteren zeigt sich in der Skizzierung der Struktur der Rollen bzw. Positionen religiöser Autoritäten („*Prediger sind eine Stufe höher als als die Korankurs Hoca ehm in unserer Türkei...*", tr. „*vaizler (.) kuran kurs hocalarının bir üstüdür bizim (.) eh şeyde Türkiye'mizde*") die persönliche Verbundenheit; darin zeigen sich zwei mögliche Lesarten: Erstens kann „*in unserer Türkei*" (tr. „*Türkiye'mizde*") auf eine Markierung der Interviewerin von Seiten der Interviewten rekurrieren, andererseits kann diese Wir-Konstruktion auf die zuvor angesprochene Berufsgruppe deuten. Beide Lesarten lassen jedoch die Verbundenheit und Positionierung der Imamin, von der aus die Struktur beschrieben wird, rekonstruieren. Mit diesem Blick wird auch die Geschlechterstruktur innerhalb des Berufsfeldes und der Berufsausübung skizziert („*es gibt männliche Prediger und weibliche Predigerinnen wir gehen zu den Frauen für die Gesprächsrunden und sie gehen zu den Männern für die Gesprächsrunden*", tr. „*erkek vaizler var bayan vaizeler var biz hanımlara sohbetlere gidiyoruz onlar erkeklere sohbetlere gidiyorlar*"). Darin dokumentiert sich die Bedeutung des Geschlechts und der geschlechterspezifischen und -segregierten Zielgruppe. Die Bewertung und Einordnung dieser Struktur („*also zwischen uns gibt es keine Gegensätze*", tr. „*aramızda bi şey yok yani bi aykırılık bi zıtlık yok*") zeigt erneut ihre Orientierung an Organisationsstrukturen im Modus der Beibehaltung. Die Beschreibung deutet wiederum auf die fremde Annahme über mögliche Ungleichheitsstrukturen; die mit dem Anführen eines Praxisbeispiels widerlegt wird („*zum Beispiel ist eines unserer Vorstandsmitglieder des Diyanet sogar eine Frau also in der Türkei*", tr. „*şuan dada (.) mesela Diyanet İşleri Başkan Yardımcılarımızdan birisi dahi bayan yani Türkiye'de*"). Die persönliche Verbundenheit mit dem Religionspräsidium lässt sich in der Formulierung „*unserer Vorstandsmitglieder*" (tr. „*Başkan Yardımcılarımızdan*") rekonstruieren. „*Sogar*" (tr. „*dahi*") verweist – mit Blick auf die Größe des Vorstandes[50] – trotz der somit vorhandenen Geschlechter-Dysbalance und Unterrepräsentanz weiblicher Vorstandsmitglieder auf eine Zufriedenheit und auf den Modus der Beibehaltung.

Die positive Bewertung dieser Geschlechterstruktur zeigt sich auch in der weiteren Exemplifizierung („*Mufti Vertreterin Frau-X [...] sie ist zur Zeit in Ankara*

---

[50] Siehe Abschnitt 4.3.3 und die Beschreibungen der Geschlechterstruktur des Präsidiums.

die Vorsitzende der Abteilung religiöse Dienste des Diyanet", tr. *„X-Hanım [...] o şuanda Din hizmetleri daire başkanı oldu Ankara'ya"*).

> **Kontextwissen:**
> „*Muftis* (islamische Rechtsgelehrte) werden in der Türkei über das Präsidium in Bezirke und Städte abgeordnet. Sie sind für die religiösen Angelegenheiten ihrer Bezirke und der dort lebenden Muslim*innen zuständig und haben somit das Recht, islamische Rechtsgutachten (*fetva*) zu verfassen." (Karakoç, 2020c, S. 260)

Das zuvor Implizite und die Rekonstruktion der Vorannahme der Imamin mit Blick auf die Fremdzuschreibung von Ungleichheits- und Diskriminierungsverhältnissen wird nun explizi(er)t („*also Frauen die arbeiten werden die Möglichkeiten und die Befugnisse die sie verdienen gegeben*", tr. „*yani çalışan bayanlarda hakkettikleri (.) imkanlar ve yetkiler veriliyor*"). Die Zuschreibung einer solchen Annahme dokumentiert sich auch auf der Ebene des *Wie* des Gesagten, indem die Imamin während des Einschubes der Interviewerin („*verstehe*", tr. „*anlıyorum*") überlappend weiterspricht und dieser Annahme eindeutig widerspricht („*also so wie es gesagt wird gibt es im Diyanet keine Diskriminierung*", tr. „*yani öyle denildiği gibi bir ayırım Diyanet içerisinde yok*"). Somit manifestiert sich der Bezug der Imamin auf einen diesbezüglichen Diskurs, der zu bestehen scheint und für die Beschreibungen und Widerlegungen der Imamin leitend war, ohne dass die Interviewerin nach einer solchen Erfahrung oder Wahrnehmung gefragt hat. Die Geschlechterstruktur, die neben der Türkei auch in dem Berufsfeld in Deutschland besteht („*unsere Arbeitsbereiche sind von denen der männlichen Hoca unterschiedlich ihre Arbeitsbereiche sind unterschiedlich*", tr. „*bizim erkek hocalarla çalışma alanımız farklı onların çalışma alanı farklı*"), wird ebenfalls im Modus der positiven Bewertung und Beibehaltung bearbeitet.

Diese Homologie zeigt sich in der komparativen Analyse auch im Laufe des Interviews mit TRAAF04. Das Thema wurde zuvor durch die Interviewerin eingeworfen („KAR: [...] *die Möglichkeit beispielsweise dass Männer auch die Predigten von Frauen hören* [...]" (TRAAF04, 1580–1581)); allerdings wurde die Frage nicht ganz ausgeführt und durch die auftauchende Sprecherinnenüberlappung und die daran anschließende thematische Umorientierung wurde der Fokus auf etwas anderes gelegt. Nach diesem Einschub geht die Studentin plötzlich auf das durch die Interviewerin Angesprochene ein:

9.3 Orientierung an Organisationsstrukturen

TRAAF04: Also die Sache mit den geschlechtergemischten Sitzungen und Predigt ne (.) also ob die Männer die Möglichkeit bekommen sollten (.) also ja schon (.) sie sollten den Zugang haben wenn sie das (.) ehm Bedürfnis oder das Verlangen danach haben // aber ehm (.) als Pflicht sehe ich das ehrlich gesagt nicht (.) weil ehm (.) ich denk auch nicht dass irgendjemand so das // große Bedürfnis danach (.) haben wird (.) zum Beispiel ehm (.) also nochmal den Zugang sollte die Gemeinde schon haben (.) damit die wenigstens wissen ah okey weiblicherseits herrschen solche Probleme (.) oder meine Frau (.) meine Kinder (.) die auch in diese Gemeinde gehören (.) ehm werden durch diese Person beeinflusst (.) wer ist das denn (9) ne also (.) diesen Zugang zu Personen auch selber erschaffen hey ich bin transparent also ihr könnt mich immer ken- jederzeit // kennenlernen (.) meine ehm Einsichten jederzeit nachfragen (.) Ansichten (2) also ich find (.) die <u>Möglichkeit</u> sollte man gewähren (.) aber inwiefern das unbedingt <u>nötich</u> is (.) dazu habe ich ehrlich gesagt keine (.) spezielle ehm (.) Meinung wenn man zum Beispiel ehm (.) spezialisiert auf ein bestimmtes Thema is // als weibliche Religionsbeauftragte (.) in dem Thema wo der Imam zum Beispiel eher nicht so (.) fit is // da finde ich auf jeden Fall also ehm in Form von Seminarreihen oder in Form von ehm (.) so kurzen Schulungen // finde ich das sehr sehr sinnvoll (.) aber ehm (.) wenns im Endeffekt (.) darauf hinausgeht dass die <u>weibliche</u> Religionsbeauftragte (.) eigentlich genau das Gleiche wie der männliche Religionsbeauftragte der Imam (.) sagt (.) inhaltlich (.) und ehm die männlichen Gemeindemitglieder kein Problem mit der ehm (.) mit der Ausdrucksweise des Imams haben (.) find ich das nicht unbedingt nötich dass die sich jetzt ehm mit den Frauen (2)

eine ehm weibliche Religionsbeauftragte anhören (.) wenn das // ehm ungefähr inhaltlich (.) gleich abgedeckt ist und kein ehm Problem (.) mit dem Imam ehm (.) besteht dann finde ich das // nicht unbedingt so relevant aber (.) ehm die Möglichkeit sollte man immer geben (.) wobei man auf- passen muss was denn die // weiblichen ehm Gemeindemitglieder dazu sagen // weil generell (.) fühlen sich Frauen einfach unter Frauen wohler // und ich find man muss das auch nicht unbedingt brechen diese ehm (.) Ansicht (.) ich find das ehm logisch also m- mir gehts ja // genau so (.) wenn ich einfach ehm (.) nur mit Frauen bin dann ist man (.) ehm lockerer (.) und ich find gerade in Themen in Bezug // // auf religiöse Themen (.) in Bezug auf Fragen die einem (.) im Kopf herumschweben sollte man (.) e:h so eine Atmosphäre schaffen dass jeder (.) ehm (.) sehr locker seine Frage stellen kann // und ich glaub das ist mit der Geschlechtertrennung (.) eher erreicht
(TRAAF04, 1661-1736)

Zunächst erinnert die Studentin an das bereits angesprochene Thema (*„also die Sache mit den geschlechtergemischten Sitzungen und Predigt ne"*). Darin dokumentiert sich die Deutung des zuvor (nicht ausführlich) Angesprochenen. Gleichzeitig verweist dies auf die Annahme der Studentin dahingehend, welche Aspekte die Interviewerin in den Vordergrund rücken möchte. Nach der Wiedergabe des Angesprochenen (*„also ob die Männer die Möglichkeit bekommen sollten"*) wird dies zunächst in einem bestätigenden Modus aufgegriffen (*„also ja schon"*). Darin dokumentiert sich gleichzeitig die darauffolgende Einschränkung (*„sie sollten den Zugang haben wenn sie das (.) ehm Bedürfnis oder das Verlangen danach haben"*). In dieser Einschränkung wird die vorherrschende Geschlechtersegregation und -struktur – die bereits in der Thematisierung der Interviewerin angedeutet wurde – hier in gleicher Weise ratifiziert. Mit einem zusätzlichen Blick auf die daran anschließende Formulierung (*„aber ehm (.) als Pflicht sehe ich das ehrlich gesagt nicht"*) wird erkennbar, dass diese mögliche Struktur nicht mit einem Wunsch der Normalisierung und Etablierung bearbeitet wird; und auch die zuvor angeführte Einschränkung wird nun als unrealistisch markiert (*„ich denk auch nicht dass irgendjemand so das große Bedürfnis danach (.) haben wird"*).

Selbst in dieser Einschränkung wird implizit die geschlechtersegregierte Struktur beibehalten (*„Zugang sollte die Gemeinde schon haben (.) damit die wenigstens*

9.3 Orientierung an Organisationsstrukturen 381

wissen ah okey weiblicherseits herrschen solche Probleme (.) oder meine Frau (.) meine Kinder (.) die auch in diese Gemeinde gehören (.) ehm werden durch diese Person beeinflusst"). Dem liegt somit trotz des Eröffnens der Möglichkeit die Orientierung an der segregierten Struktur zugrunde, die per se nicht hinterfragt wird. Dadurch lässt sich die Orientierung an Organisationsstrukturen im Modus der Beibehaltung rekonstruieren.

Die geschlechtersegregierte Struktur in der Wissensvermittlung bzw. der Predigt scheint für die Studentin nicht einen komplett geschlossenen Raum, abseits der restlichen Gemeindemitglieder, zu bedeuten (*„diesen Zugang zu Personen auch selber erschaffen hey ich bin transparent also ihr könnt mich immer kenjederzeit kennenlernen"*). Dass es sich in der Positionierung auch nicht um eine bedingungslose und uneingeschränkte Praxis der Geschlechtersegregation handelt, dokumentiert sich auch in der daran anschließenden Ausnahmebeschreibung (*„wenn man zum Beispiel [...] spezialisiert auf ein bestimmtes Thema is als weibliche Religionsbeauftragte (.) in dem Thema wo der Imam zum Beispiel eher nicht so (.) fit is"*). Andernfalls (*„[wenn] die weibliche Religionsbeauftragte (.) eigentlich genau das gleiche wie der männliche Religionsbeauftragte der Imam (.) sagt"*) wird diese nicht etablierte Praxis als nicht *„nötich"* empfunden.

Mit einer Begründung der Wirkung der Geschlechterstruktur (*„weil generell (.) fühlen sich Frauen einfach unter Frauen wohler"*) konstruiert die Studentin ein kollektives Wissen über das Empfinden der *„Frauen"*. Auf der Ebene des *Wie* des Gesagten zeigt sich die Normalität und Allgemeingültigkeit, die dieser Konstruktion beigemessen wird. Mit Blick darauf rekurriert die daran anschließende Beschreibung (*„ich find man muss das auch nicht unbedingt brechen"*) somit auf die Orientierung an Organisationsstrukturen, die im Modus der Beibehaltung bearbeitet wird. Mit einem Bezug auf das eigene Erfahrungswissen wird die eigene Ausführung argumentativ verstärkt (*„mir gehts ja genau so (.) wenn ich einfach ehm (.) nur mit Frauen bin dann ist man (.) ehm lockerer"*). Diese Argumentation zeigt nicht nur die Selbstpositionierung als *„Frau"*; sichtbar wird zudem die konstruierte Atmosphäre bzw. Barriere, in der die Geschlechterzugehörigkeit(en) eine leitende Rolle spielen. Implizit deutet die Studentin somit auf eine Bewertung bzw. ein Empfinden des Zusammenseins mit *„Männern"*, die bzw. das – im Gegensatz dazu – nicht so *„locker"* zu sein scheint. Auch die in diesem Zusammenhang angeführte Detaillierung (*„eine Atmosphäre schaffen dass jeder [...] sehr locker seine Frage stellen kann"*) deutet nicht nur auf ihre Idealvorstellung mit Blick auf eine „geeignete Atmosphäre" in der Moschee – die Studentin rekurriert erneut auf die (oben angedeutete) Barriere, die mit der Anwesenheit von

Andersgeschlechtlichen entstehe. Somit wird die Orientierung an Organisationsstrukturen („*ich glaub das ist mit der Geschlechtertrennung (.) eher erreicht*") im Modus der Beibehaltung bearbeitet.

Im Interview mit TRKAF01 lässt sich dieser Modus ebenfalls nachzeichnen. In folgender exmanenten Nachfrage geht KAR auf den (von der Interviewten) bereits thematisierten Aspekt ein. Die „*geschlechtergetrennten Seminare an der Fakultät*" werden als Besonderheit markiert:

KAR: Du hast die geschlechtergetrennten Seminare an der Fakultät angesprochen

TRKAF01: Ehm mit dem Studenten

KAR: ⌊ Ja genau (.) magst du da etwas näher drauf eingehen

TRKAF01: Eh:::m ja aus persönlicher Erfahrung also es hat auf jeden Fall seine Vor- und Nachteile // (2) sagen wir mal so eine Geschlechtertrennung wäre im Prinzip ehm nicht mal ganz so sinnlos ehm es ist ehm sinnvoll aus der Hinsicht dass ehm vor allem eh:: ja wir hatten ja mal am Anfang ich habs ja noch miterlebt als wir die gemischten Klassen haben (.) hatten (.) ehm da war: das Problem weder die Mädchen noch die Männer haben so wirklich ihre Meinung äußern wollen (.) das war halt dieses Ständige (.) ah:: was denken die Mädchen über mich ah:: was denken die Jungs über mich und dann wurde eigentlich viel mehr darüber nachgedacht (.) als wirklich über den Unterricht quasi nachzudenken (.) hi- seit wir getrennt sind sehe ich die Mädchen sehr aktiv eh: aber was ich von meinen Lehrern mitbekomme sind halt die Männer @sehr sehr inaktiv@ geworden also für die ehm männlichen Studenten ist es eigentlich der größere Nachteil von dem was mir meine Professoren und Lehrer erzählen // ehm zum Beispiel der eine @hat ein Foto@ von seinem Unterricht gemacht wo man einfach gesehen hat dass alle Jungs schla::fen komplett aber wenn man sich die gemischten Klassen anschaut passiert das eigentlich so gut wie nie weil sie sich einfach zu sehr schä:men würden dass die Mädchen das

9.3 Orientierung an Organisationsstrukturen

```
sehen // also für die Frauen eher von Vorteil würde ich sagen
für die Männer @nich unbedingt@

KAR: Oka::y

TRKAF01: Aber wie gesagt es hat Vor- und Nachteile (.) von
daher ist es okay so
(TRKAF01, 705-741)
```

„Eh:::m" verweist auf den Versuch der Gedankensortierung, die durch das erneute Anführen des Themas erforderlich zu sein scheint. Die Studentin geht auf das Thema mit einem Bezug auf das eigene Erfahrungswissen ein (*„aus persönlicher Erfahrung"*) und wägt ihre Erfahrungen in der Bewertung der geschlechtergetrennten Seminare ab (*„also es hat auf jeden Fall seine Vor- und Nachteile"*). Darin dokumentiert sich – insbesondere durch die Konstellation *„also [...] auf jeden Fall"* –, dass das daran Anschließende etwas Resümierendes und zugleich Eindeutiges markiert. Somit scheint das (Erfahrungs-)Wissen über die Vor- und Nachteile der geschlechtergetrennten Seminare vorhanden zu sein.

In der Beschreibung *„eine Geschlechtertrennung wäre im Prinzip ehm nicht mal ganz so sinnlos"* präsupponiert die Studentin, dass die Interviewerin eine Geschlechtertrennung in dieser Form als etwas „Sinnloses" rahmt, was die Studentin anhand ihres Erfahrungswissens nun zu widerlegen versucht. Dies zeigt sich vor allem in der Erwähnung der Erfahrung zu Beginn des Studiums (*„am Anfang ich habs ja noch miterlebt als wir die gemischten Klassen [...] hatten"*). Die geschlechtergemischten Seminare werden mit einem beobachteten „Problem" beschrieben (*„da war: das Problem weder die Mädchen noch die Männer haben so wirklich ihre Meinung äußern wollen"*), wodurch implizit eine Barriere konstruiert wird, für die die Anwesenheit von Andersgeschlechtlichen ausschlaggebend zu sein scheint. *„Dieses Ständige (.) ah:: was denken die Mädchen über mich ah:: was denken die Jungs über mich"* verweist nicht nur auf der kommunikativen Ebene (*„was denken die [...]"*) auf eine vorhandene Fremderwartung und die damit verbundene Blockade; auch auf der Ebene des *Wie* des Gesagten zeigt sich – beispielsweise durch die langgezogene Formulierung *„ah::"* – dieser Verweis. Somit wird das, was die Andersgeschlechtlichen von einem selbst denken, als kommunikations- und handlungsleitend (*„dann wurde eigentlich viel mehr darüber nachgedacht"*) gerahmt.

Im Gegensatz dazu wird die Erfahrung mit der Geschlechtertrennung positiv markiert (*„seit wir getrennt sind sehe ich die Mädchen sehr aktiv"*). Nach der

Beschreibung darüber, dass sich die Geschlechtertrennung mit Blick auf die Lernatmosphäre der „*Männer*" negativ auswirke („*die Männer @sehr sehr inaktiv@ geworden*"), tritt in der daran anschließenden Schilderung erneut die Bedeutung der Fremderwartung hervor („*weil sie sich einfach zu sehr schä:men würden dass die Mädchen das sehen*"). Die gesamte Sequenz deutet durch die Beschreibung der aktuell vorhandenen Geschlechterstrukturen und das abwägende Beurteilen der Geschlechtertrennung auf die Orientierung an Organisationsstrukturen. Dass diese Orientierung im Modus der Beibehaltung bearbeitet wird, lässt sich implizit in dieser gesamten Sequenz nachzeichnen; explizit wird dies in der letzten Formulierung („*von daher ist es okay so*"). Somit benennt die Studentin keinen Bedarf einer Veränderung mit Blick auf die Geschlechterstruktur.

Diese Homologie lässt sich auch im Interview mit TRAAF06 nachzeichnen. Die Studentin aus Konya geht in folgender Sequenz auf die Notwendigkeit ein, „*Männer zu unterrichten*". Diese Beschreibung schließt an eine Erzählung an, in der die Probleme in der Gesellschaft thematisiert werden, die mit den Geschlechterverhältnissen und den damit verbundenen Ungleichheitsstrukturen in Zusammenhang stehen. In der daran anschließenden Sequenz werden weitere Probleme skizziert und Lösungsansätze genannt:

TRAAF06: Es gibt ein Ungleichgewicht (.) männliche Hoca müssen die Männer einfach aufklären (.) wir müssen die Männer unterrichten einfach (.) die Männer müssen einfach wissen aber wirklich wissen dass Frauen auch einen hohen Stellenwert haben (.) wirklich die müssen wirklich ehm *auch mit einem Gewissen diese Erziehung erhalten also dass man einer Frau zuhören sollte* (.) ehm *sie respektieren sollte oder ihre Meinungen zu respektieren das müssen sie lernen* (.) *und ich finde hier müssen nur die Männer erzogen werden* (2) was // können wir sonst tun damit wir unsere Probleme lösen *also* klar ehm können wir als weibliche Hoca charaktermäßig starke Frauen erziehen (.) die werden es aber trotzdem schwer haben (.) *daher müssen die Männer auch erzogen werden* (.) und also eigentlich müssen sie das von Frauen lernen (.) aber // *das wird wieder nichts*

9.3 Orientierung an Organisationsstrukturen

verstehst du *sie werden wieder die Person gegenüber nicht ernst nehmen* (.) ich kenn das von unserer Koranlehrerin (.) sie meinte *wenn einer gerade ein Problem damit hat dass ich unterrichte dass ich eine Frau bin und unterrichte kann den Unterricht verlassen* (.) dann sind einige rausgegangen (.) *hey und stelle dir den Rest vor* (.) es waren nich viele aber schon einige und ehm (.) die anderen sind wahrscheinlich bloß wegen der Note und so nicht rausgegangen *also eigentlich würden die auch rausgehen und was kann der Grund sein dass die nachdem sich die Theologie gemischt hat sie keine weiblichen Hoca gewählt haben* (.) wenn die jetzt ständig die Männer auswählen *bedeutet das ja dass sie auch ein Problem mit der weiblichen Hoca hatten (.) denke ich (.) eigentlich muss das gleich sein //* aus diesem Grund eh (.) *sie nehmen die Frauen* einfach *nicht* ernst (.) die nehmen sie nicht ernst und damit sich das ändert müssen die Männer diesbezüglich von den <u>männlichen</u> Hoca unterrichtet werden
(TRAAF06-2, 706-735)[51]

---

[51] Original:
TRAAF06: Bi dengesizlik var (.) männliche hoca müssen die Männer einfach aufklären (.) wir müssen die Männer unterrichten einfach (.) die Männer müssen einfach wissen aber wirklich wissen dass Frauen auch einen hohen Stellenwert haben (.) wirklich die müssen wirklich ehm vicdanen de bu eğitimi almaları gerekiyor yani bi kadını dinlemeyi (.) ehm saygı duymayı veya onun Meinunglarını respektieren etmeği öğrenmeleri gerekiyor (.) ve bence burda sadece erkekler yetiştirilmesi gerekiyor (2) was // können wir sonst tun damit wir unsere Probleme lösen yani klar ehm wir können charaktermäßig starke Frauen erziehen (.) die werden es aber trotzdem schwer haben (.) o yüzden erkeklerde (.) erziehen edilmesi gerekiyor (.) und also eigentlich müssen sie das von Frauen lernen (.) ama // yine olmicak verstehst du yine karşıdaki kişi ernst nehmen etmicekler (.) ich kenn das von unserer Koranlehrerin (.) sie meinte şu anda benim burda ders vermemden rahatsız olan kadın olduğum için ders vermemden rahatsız olan birisi varsa dersten çıkabilir (.) dann sind einige rausgegangen (.) ay gerisini sen düşün yani (.) es waren nich viele aber schon einige und ehm (.) die anderen sind wahrscheinlich bloß wegen der Note und so nicht rausgegangen yani bıraksan bence onlarda çıkardı ki nitekim bugün eh ilahiyatın karışmasıyla kadın hocayı seçmemelerin // sebebi ne olabilir (.) wenn die jetzt ständig die Männer auswählen demek ki onlarında bi sıkıntısı vardı kadın hocadan (yana) (.) diye düşünüyorum // aslında aynı olması lazım (.) dolayısıyla eh (.) kadınları ernst nehmen etmiyorlar einfach (.) die nehmen sie nicht ernst ve bunun değişmesi için erkeklerin <u>erkek</u> hocadan bu konuyla alakalı eğitim alması gerkiyor

Die Studentin verweist zu Beginn der Sequenz („*es gibt ein Ungleichgewicht*", tr. „*bi dengesizlik var*") auf eine Kritik, die es für den weiteren Verlauf der Sequenz genauer zu untersuchen gilt. Die daran anschließenden Ausführungen lassen sich als mögliche Lösungsstrategien lesen, um dieses Ungleichgewicht in eine Balance zu bringen. Die Beschreibung der Notwendigkeit des „*Erziehens der Männer*" deutet implizit auf die Konstruktion einer Differenzkategorie (Frauen-Männer), in der Männer als die zu Erziehenden gelten – im Gegensatz zu Frauen, die folglich keiner Erziehung bedürfen. Darin dokumentiert sich gleichzeitig die Konstruktion einer Geschlechter-Dysbalance. „*Einfach aufklären*" und „*unterrichten einfach*" rekurriert auf eine Lösungsstrategie, die hier in Erwägung gezogen wird. Zudem dokumentiert sich auf der Ebene des *Wie* des Gesagten die Unstrittigkeit des angeführten Lösungsansatzes, die sich insbesondere durch Anführungen wie „*einfach*" verstärkt rekonstruieren lässt. Das Aufklären und das Erziehen der Männer scheinen somit die effektiv(st)en Methoden zu sein, um die zuvor erwähnten Ungleichheitsstrukturen zu verändern. Diese Ungleichheitsstrukturen werden damit in Verbindung gebracht, dass kein ausreichendes Wissen darüber besteht, dass „*Frauen auch einen hohen Stellenwert haben*". „*Auch*" rekurriert hierbei auf eine scheinbar vorhandene Einsicht bezüglich des „*Stellenwertes*" der „*Männer*", die für die „*Frauen*" als noch nicht vorhanden markiert wird. Dass „*Männer Männer erziehen*" und „*weibliche Hoca charaktermäßig starke Frauen erziehen*" deutet darauf, dass die Interviewte sich trotz Verbesserungswünschen weiterhin an den Geschlechterstrukturen orientiert, die sie im Modus der Beibehaltung bearbeitet. Denn die geschlechtersegregierten Bildungsräume sollen weiterhin bestehen bleiben.

Mit der Formulierung „*eigentlich müssen sie das von Frauen lernen*" wird implizit auf die vorhandenen Strukturen verwiesen, die diese Art des Unterrichts (mit einer Frau als Lehrende für eine geschlechtergemischte oder männerdominierte Lernergruppe) in der Realisierung ausschließt; „*eigentlich*" drückt dies aus. Zudem lässt sich rekonstruieren, dass dadurch die Geschlechterzugehörigkeit sowohl der Lernenden als auch der Lehrenden für geschlechterrelevante Themen als bedeutsam markiert wird. In dieser Beschreibung wird gleichzeitig auf die damit verbundene Problematik verwiesen („*sie werden wieder die Person gegenüber nicht ernst nehmen*", im Original „*yine karşıdaki kişi ernst nehmen etmicekler*"). Argumentativ untermauert wird diese Beschreibung durch das Anführen eines Beispiels aus der Praxis, in der die Geschlechterzuschreibung für die Auswahl des Seminars leitend zu sein scheint („*dass ich eine Frau bin und unterrichte*", oder „*keine weiblichen Hoca gewählt haben*"). Die Bedeutung der Geschlechterzugehörigkeit für Seminar- und Universitätskontexte,

9.3 Orientierung an Organisationsstrukturen

ihre Rahmung als Problem und die damit verbundene Idealvorstellung werden angesprochen („*eigentlich muss das gleich sein*", tr. „*aslında aynı olması lazım*"). In der Formulierung dieser Vorstellung zeichnet sich die Beibehaltung der Geschlechtertrennung in der Lehre ab („*damit sich das ändert müssen die Männer diesbezüglich von den männlichen Hoca unterrichtet werden*", tr. „*bunun değişmesi için erkekler erkek hocadan bu konuyla alakalı eğitim alması gerkiyor*"). In Form einer Implikation wird die Veränderung nur mit dem „Unterrichtet-Werden" der Männer durch den „*männlichen Hoca*" für möglich gehalten. In der Betonung („*männliche Hoca*") manifestiert sich die zuvor rekonstruierte Bedeutung der Geschlechterzugehörigkeit. Damit wird aber eben auch die Orientierung an Organisationsstrukturen (hinsichtlich der geschlechtersegregierten und -spezifischen Unterrichtsstrukturen) im Modus der Beibehaltung bearbeitet.

In der komparativen Analyse zeigte sich die Homologie der Orientierung an Organisationsstrukturen im Modus der Beibehaltung zuletzt in folgender Sequenz. Die Ankaraner Studentin TRAAF02 beschreibt ihre Erfahrung als „Sprecherin" vor einer geschlechtergemischten Gruppe, geht aber gleichzeitig auf die Bedeutung der Strukturen ein:

```
TRAAF02: Vor einer gemischten Gruppe zu sprechen (.) das ist
eigentlich nichts was ich bis jetzt nicht gemacht habe also
in Deutschland in der Moschee hab ich schon (.) Programme
geführt (.) ich war auch ehm (2) Sprecherin (2) also mir fällt
das nicht schwer also ich (.) kann zum Beispiel vor einer
gemischten Gruppe reden // aber wenn es um: (.) ehm
Informationen geht halt über (.) Gebet (Hier im Original auf
Türkisch: „İbadet") und über sowas // der Imam (.) kennt sich
halt besser aus (.) als Mann halt (.) also die können sich ja
besser aus- austauschen (.) und die Frauen kö:n- können eben
(.) einfacher (.) Fragen (.) der Imamin // stellen // also
(.) @ja@ ich find das fällt leichter (.) weil ich kenn // das
ja auch aus meinem Alltag (.) einiges kann man eben nicht
fragen
(TRAAF02, 1-11)
```

Die thematische Homologie zeigt sich insofern, als die Bedeutung derselben Geschlechterzugehörigkeit für eine „bessere", „angenehmere" bzw. „effektivere" Lernumgebung auch in dieser Sequenz markiert wird. Wenn auch die eigene

Erfahrung als Sprecherin vor einer gemischten Gruppe vorhanden ist („*vor einer gemischten Gruppe zu sprechen* [...] *in Deutschland in der Moschee hab ich schon (.) Programme geführt (.) ich war auch ehm (2) Sprecherin*"), dokumentiert sich darin implizit die Bedeutung, die den Geschlechterzugehörigkeiten beigemessen wird; denn „*mir fällt das nicht schwer*" und „*vor einer gemischten Gruppe reden [können]*" deutet einerseits durch das *Können* im Kontext einer „gemischten" Gruppe auf eine Bedeutung der Gruppe, die sich *aufgrund* des Gemischt-Seins – bzw. Geschlechtergemischt-Seins – kennzeichnet. Implizit dokumentiert sich darin das möglicherweise bestehende Problem für Andere – wodurch die Beschreibung des eigenen „*Könnens*" an Bedeutung gewinnt. Eingeschränkt wird das eigene Können für Themenfelder, die im Bereich des „*Gebets*" (tr. „*Ibadet*") liegen. Dass sich „*der Imam* [...] *halt besser aus[kennt]*" wird auf seine Geschlechterzuschreibung zurückgeführt („*als Mann halt*"). Auch hier emergiert die Bedeutung des Geschlechts. Die daran anschließende Detaillierung der Studentin („*also die können sich ja besser* [...] *austauschen*") wird in einer Offensichtlichkeit und als etwas Selbsterklärendes beschrieben. Gleichzeitig wird dadurch die geschlechtersegregierte Struktur begründet („[...] *und die Frauen kö:n- können eben einfacher Fragen der Imamin stellen*"). Die Männer, die so „*ja besser*" und die Frauen, die so „*eben einfacher*" kommunizieren können, verweisen auf der Ebene des *Wie* des Gesagten erneut auf diese bereits angedeutete Offensichtlichkeit. Auch durch das Anführen der eigenen Erfahrungen mit dieser Geschlechtersegregation („*ich kenn das ja auch aus meinem Alltag einiges kann man eben nicht fragen*") wird diese Struktur befürwortet. Dadurch lässt sich nicht nur der Modus der Beibehaltung rekonstruieren; zusätzlich wird somit eine Umgebung konstruiert, die mit der Anwesenheit Andersgeschlechtlicher eine Einschränkung erfährt. Die in diesem Fall vorhandene „Barriere", die somit in einer geschlechtergemischten Gruppe vorhanden ist, scheint sich durch die Geschlechtersegregation zu lösen.

9.3.2 ... im Modus der Reproduktion traditioneller Geschlechterrollen

In folgender Sequenz aus dem Interview mit TRKAF01 greift die Interviewerin durch eine immanente Nachfrage einen bereits angesprochenen Aspekt auf:

9.3 Orientierung an Organisationsstrukturen

KAR: Hmm (2) du sagtest dass die Männer die Gelegenheit nutzen sollen an die Bücher ranzugehen ehm

TRKAF01: ⌊ ja dadurch haben sie zwar keine Möglichkeit Nachfragen zu stellen aber (3) hmm (3) sollte das jeder Mann können und sollte des jede Fr- sollte sich jede Frau dem aussetzen wir wissen (.) ja wie manche Männer diskutieren können und Frauen sind nun mal emotional // ich seh die Frau an sich so ((holt tief Luft ein)) wie erklär ich das jetzt @(.)@ ohne (.) eh- (5) ich bin persönlich der Meinung und das sehe ich momentan auch in vielen anderen meiner Mitstudentinnen // dass (.) man (.) Frau:: und Mann:: // wirklich als Frau und Mann behandeln sollte

KAR: Okay

TRKAF01: Also wirklich zum Beispiel dem Mann auch wirklich seine Verantwortung die er zu tragen hat auferlegen und der Frau die Bereiche in denen sie ehm (.) wirklich gut aufgehoben ist // auch eröffnen und bereitstellen sollte das heißt (.) für mich ist Gleichberechtigung // nicht beide genau gleich zu behandeln sondern beide ihrer Natur und ihres dem was sie möchten entsprechend zu behandeln // wenn eine Frau tatsächlich sehr ge- gelehrt ist sehr gebildet ist von Geburt an eine maskuline Art hat und sagt ich vertrage das ich kann diskutieren mit Männern (.) dann sollte man ihr diesen Raum bieten // das stimmt schon dem dem bin ich nicht ehm // da bin ich nicht dagegen (.) ich bin nur dagegen das zu standardisie:ren sag ich mal // das ehm wirklich in jeder Moschee das passiert zum Beispiel dann haben wir vie- viel zu oft auch den Fall nicht jeder Mann ist fähig mit Frauen zu diskutieren

(TRKAF01, 497-544)

Die Interviewerin, die in der immanenten Nachfrage das zuvor Thematisierte aufgreift („*du sagtest dass die Männer die Gelegenheit nutzen sollen an die Bücher ranzugehen*"), wird von der Interviewten unterbrochen. In dieser Überlappung dokumentiert sich die Nicht-Abgeschlossenheit des Themas für die Interviewte und die Notwendigkeit des Fortführens, die mit Blick auf das Angesprochene assoziiert wird („˪ *ja dadurch*"). Darin dokumentiert sich die Annahme der Interviewten, zu wissen, worauf die Interviewerin mit ihrer eingeschobenen Frage hinauswill. Dies zeigt sich in der darauffolgenden Detaillierung („*dadurch haben sie zwar keine Möglichkeit Nachfragen zu stellen*"). Somit lässt sich rekonstruieren, dass die Organisationsstruktur der Predigt mit Blick auf die Praktikabilität und Wirksamkeit in Frage gestellt wird; die „*Nachfrage*" wird hier als mögliche Grenze dargestellt, die in schriftlichen Formaten der Wissensvermittlung gegeben wäre. In dieser Thematisierung der Grenze dokumentiert sich eine vorherige Auseinandersetzung bzw. das Bewusstsein der Eingeschränktheit solcher Formate und die Annahme, dass die Interviewerin eine (oder diese) mögliche Grenze des schriftlichen Formats andeuten möchte. Die von selbst angedeutete Grenze wird widerlegt bzw. in Frage gestellt („*aber...*"). In der damit verbundenen Denkpause („*(3) hmm (3)*") dokumentiert sich eine gedankliche Sortierungsphase. Die Studentin stellt die Notwendigkeit des Nachfragens in Frage („*sollte das jeder Mann können und [...] sollte sich jede Frau dem aussetzen*"). Sichtbar wird hier die zugrunde gelegte Implikation, dass aus der Nachfrage der Männer eine negative Folge für die Frauen resultiert. Die Formulierung „*wir wissen (.) ja wie manche Männer diskutieren können*" lässt einerseits die Kollektivierung der Männer und ihrer Praxis des Diskutierens und andererseits die Annahme des Wissens der Interviewerin darüber rekonstruieren („*wir wissen ja*"). Somit scheint eine solche Praxis des Diskutierens bekannt zu sein. Die Studentin bezieht sich auf eine stereotype Geschlechtervorstellung („*Frauen sind nun mal emotional*") und verweist auf die Verwurzelung und Nicht-Verhandelbarkeit dieser (vermeintlichen) Eigenschaft des Emotional-Seins. Im Zuge dessen setzt sie an, die Frau aus der eigenen Perspektive zu definieren („*ich seh die Frau an sich so*"). Darin dokumentiert sich der Versuch der Verbalisierung bestimmter Spezifika; dieser Versuch manifestiert sich auch in dem tiefen Luftholen und auf der kommunikativen Ebene in der darauffolgenden Formulierung („*wie erklär ich das jetzt*"). Sowohl in dem Lachen („*@(.)@*") als auch in der Beschreibung „*ohne eh-*" dokumentiert sich die Mühe der Studentin, die Formulierung gezielt zu treffen, ohne falsch verstanden zu werden. Gleichzeitig spiegelt sich in diesem Versuch die Herausforderung für die Studentin wider, die sie durch eine persönliche Bezugnahme zu bewältigen scheint („*ich bin persönlich der Meinung*"). Verstärkt wird die eigene Perspektive allerdings mit Beispielen aus der eigenen Erfahrungspraxis („*das sehe ich momentan auch in vielen anderen meiner Mitstudentinnen*"). Dadurch lässt sich rekonstruieren, dass die thematische (bzw. gedankliche) Auseinandersetzung die Studentin auch in ihrem Universitätsalltag begleitet.

9.3 Orientierung an Organisationsstrukturen

„*Dass (.) man (.) Frau:: und Mann:: wirklich als Frau und Mann behandeln sollte*" verweist auf eine stereotype Vorstellung mit Blick auf die Geschlechterrollen. Auf der Ebene des *Wie* des Gesagten zeigt sich in den langgezogenen Wörtern „*Frau::*" und „*Mann::*" die Markierung der Starrheit und Eindeutigkeit von Eigenschaften der konstruierten binären Geschlechter. Demnach scheint Geschlecht für die Studentin nicht nur eine individuelle Angelegenheit zu sein; andere Menschen scheinen für die Bewusstseinsbildung eine Mitverantwortung zu tragen. Geschlechterbewusstsein wird demnach in der Idealvorstellung der Studentin sozial (mit)getragen. Zugleich deutet das „*behandeln*" auf a priori voneinander abgrenzbare Handlungspraktiken und Interaktionen, die sich in ihrer Geschlechterspezifik unterscheiden, wodurch das Behandeln von Frauen und das Behandeln von Männern in der Art und Weise divergent sind. Während dies an dieser Stelle noch implizit bleibt, wird es auf der kommunikativen Ebene der darauf folgenden Formulierung manifest („*dem Mann auch wirklich seine Verantwortung die er zu tragen hat auferlegen und der Frau die Bereiche in denen sie ehm (.) wirklich gut aufgehoben ist auch eröffnen und bereitstellen*"). Implizit deutet *auferlegen* und *bereitstellen* auf die Notwendigkeit(en) und das nicht Vorhandene oder zu Verändernde. Dadurch lässt sich zum einen rekonstruieren, dass geschlechterspezifische Bereiche konstruiert werden; zum anderen wird dadurch die Frau erneut als das schwächere und der Mann als das stärkere Wesen konstruiert. Letzteres zeigt sich insbesondere darin, dass der Mann als Verantwortungstragender und die Frau als diejenige beschrieben wird, die ein „*Bereitstellen*" und „*Eröffnen*" durch Andere benötigt. Die „*Bereiche*", in denen die Frau „*gut aufgehoben ist*", scheinen beschränkt zu sein, wodurch die Geschlechterzugehörigkeit bzw. -zuschreibung mit Begrenztheiten in Zusammenhang gebracht werden.

Die Divergenz dieser Annäherungen an die Geschlechter lässt sich nicht nur auf der atheoretischen Ebene rekonstruieren; auch daran anschließend manifestiert sich diese Divergenz auf der kommunikativen Ebene („*für mich ist Gleichberechtigung nicht beide genau gleich zu behandeln sondern beide ihrer Natur und ihres dem was sie möchten entsprechend zu behandeln*"). Darin dokumentiert sich die Konstruktion der „*Natur*" der Geschlechter, die kollektiv und unterschiedlich zu sein scheinen; zusätzlich dokumentiert sich die Äquivalenzsetzung zwischen diesen in der Natur angelegten Eigenschaften und den – scheinbar existierenden geschlechterspezifischen – Bedürfnissen und Wünschen. Die „*Natur*" der Geschlechter wird im Sinne einer von Geburt an vorhandenen Anlage formuliert; dadurch scheint die „*maskuline Art*" einer Frau, die sie „*von Geburt an [...] hat*", eine Ausnahme für die Orientierung in der Handlungspraxis darzustellen. In dieser Beschreibung wird nicht zuletzt die Konstruktion eines männlichen und weiblichen bzw. „*maskulinen*" und „*femininen*" Habitus rekonstruierbar; darin spiegelt sich erneut die angenommene Abgrenzbarkeit dieser Konstrukte wider. „*Maskulin-Sein*" wird mit der Fähigkeit des „*Diskutieren-Könnens*" gleichgesetzt. An dieser Stelle der Sequenz zeigt sich durch die interviewübergreifende komparative Analyse die Homologie; die Konstruktion der Ausnahme („*wenn eine Frau tatsächlich* […] *sehr gebildet ist dann sollte man ihr diesen Raum bieten*") wird geschlechterspezifisch gerahmt. Während der Handlungspraxis der Imame oder „*Männer*" keine bestimmten Voraussetzungen zugrunde gelegt werden, zeigen sich mehrfach die (explizit) den „*Frauen*" zugeschriebenen Bedingungen. Das Gebildet-Sein ist beispielsweise eine solche typische Bedingung bzw. Ausnahme.

Das Bevorzugen der Ausnahme statt einer Regel („*ich bin nur dagegen das zu standardisie:ren*") verweist auf die Orientierung der Studentin an den Organisationsstrukturen:

TRKAF01: Und wenn wir theoretisch die Frauen gut genug erziehen und genug bilden werden sie sowieso Söhne erziehen die ehm den entsprechenden Respekt vor Frauen haben (.) momentan haben wir das Problem vor allem wenn wir uns die Familien anschauen wenn wir eine Mutter haben die ungebildet ist haben wir automatisch auch Kinder die nicht wissen wie sich ehm zu verhalten haben vor allem die Söhne nicht wissen wie (sie) sich gegenüber Männern ehm Frauen zu verhalten haben // ehm ich bezweifle dass das unbedingt so:: eine große Hilfe wäre ich glaube eher das würde die Frauen (.) noch mehr belasten // ich hab also das ist so meine Sorge dass es mehr dazu führen wird dass wir Frauen noch mehr ehm im Mittelpunkt stehen // noch mehr positive wie auch negative Aufmerksamkeit kriegen und mit noch mehr Stress und noch mehr Verantwortung zu kämpfen haben // und wie gesagt ich wenn das eine Frau sich selber auferlegen möchte // klar natürlich da kann man nichts dagegen sagen ganz im Gegenteil das ist eigentlich schön //

9.3 Orientierung an Organisationsstrukturen

```
aber das ehm (.) in Form einer Pflicht zum Beispiel jede
Moschee sollte eine weibliche Religionsbeauftragte haben die
sich auch um die Männer kümmert (.) das fände ich zu viel
Belastung // für die Frauen (.) ich weiß nicht vielleicht ists
in unserer Gesellschaft in einigen Jahren so weit dass man
das durchziehen könnte // momentan sehe ich das als (3)
Nachteil für die Frauen nicht mal unbedingt für die Männer
für die Männer wird es wahrscheinlich nicht viel ehm negative
Auswirkungen haben aber für die Frauen
                                          (TRKAF01, 545-578)
```

Es lässt sich erneut die stereotype Geschlechtervorstellung rekonstruieren, indem der „Frau" die Rolle der Erzieherin auferlegt wird (*„wenn wir theoretisch die Frauen gut genug erziehen und genug bilden werden sie sowieso Söhne erziehen die ehm den entsprechenden Respekt vor Frauen haben"*). Vor diesem Hintergrund wird die Notwendigkeit der – in der Ausgangsfrage (Zeile 436–444) angedeuteten – Wissensvermittlung von Frauen an Männer abgelehnt und an der Geschlechterstruktur festgehalten. Ferner wird die Verlagerung des Erziehungsauftrags an die Frau für ausreichend gehalten und dadurch ihre Rolle als Mutter und Erzieherin verstärkt. Diese Form der Wissensvermittlung und Erziehung über die Mutter an das Kind wird in der daran anschließenden Problematisierung rekonstruierbar (*„momentan haben wir das Problem vor allem wenn wir uns die Familien anschauen wenn wir eine Mutter haben die ungebildet ist haben wir automatisch auch Kinder die nicht wissen wie sich ehm zu verhalten haben"*). Darin spiegelt sich erneut die Normalitätskonstruktion und die Selbstverständlichkeit, die der direkten Wissensvermittlung zwischen Mutter und Kind zugrunde gelegt wird. Die Erziehungsfunktion der Frau wird somit – zunächst implizit – auf einen privaten Bereich verlagert; sie wird in der Funktion als Lernende hervorgehoben und nur in einem geschützten Bereich (der Familie) als Lehrende bzw. Erzieherin dargestellt. Darin dokumentiert sich gleichzeitig die Befürwortung einer Geschlechterstruktur, die in bestimmten Bereichen eine Geschlechtersegregation beibehält und die Bedeutung des Zurückziehens der Frau in bestimmten Kontexten markiert. Diese zunächst implizit erscheinende Deutung manifestiert sich in der daran anschließenden Formulierung (*„das würde die Frauen (.) noch mehr belasten [...] dass [...] Frauen noch mehr ehm im Mittelpunkt stehen"*). Der „*Mittelpunkt*" rekurriert dabei auf Frauen, die sich im „*Zentrum*" der Betrachtung beispielsweise in Führungspositionen befinden oder als Autoritätsperson agieren. Damit verbunden wird das Sichtbar- und Gehört-Werden, in dem kein geschützter Raum mehr zu bestehen scheint. Die möglicherweise entstehende Belastung der

Frau deutet dabei erneut auf die Konstruktion der Frau als schwaches Wesen – trotz der als möglich gesehenen Varietäten der Reaktionen („*noch mehr positive wie auch negative Aufmerksamkeit*") wird auf eine daraus resultierende Überforderung verwiesen. In diesem Zusammenhang beschreibt die Studentin, dass die Frau (nicht nur) aufgrund der negativen Reaktionen, sondern auch durch die Verantwortungszuschreibung eine Überforderung erleben wird („*mit noch mehr Stress und noch mehr Verantwortung zu kämpfen haben*"). Auf der Ebene des *Wie* des Gesagten dokumentiert sich diese Markierung der Herausforderung; das Herausfordernde wird in dem Ausdruck „*kämpfen*" erkennbar.

Die Studentin schränkt ihre Beschreibungen ein, indem sie im Falle des Wunsches einer Frau die Praxis nicht kategorisch ablehnt („*wenn das eine Frau sich selber auferlegen möchte klar natürlich da kann man nichts dagegen sagen*"); gleichzeitig verweist dies auf die Ablehnung einer Normalisierung bzw. Etablierung dieser Geschlechterstruktur. Letzteres wird daran anschließend expliziert („*aber das ehm (.) in Form einer Pflicht zum Beispiel jede Moschee sollte eine weibliche Religionsbeauftragte haben die sich auch um die Männer kümmert das fände ich zu viel Belastung*").

Die thematische Homologie zeigt sich in dem Interview mit Studentin TRAAF05 aus Ankara und lässt die homologe Orientierung nachzeichnen. TRAAF05 spricht im Zuge des Interviews über die Arbeit der weiblichen Religionsbediensteten in Moscheegemeinden und beschreibt die Bedeutung der Erziehung von Frauen. Folgende Sequenz schließt an diese Erzählung an:

```
TRAAF05: Ehm es ist wichtig dass Frauen Frauen unterrichten
(.) ehm ich finde (.) eh::m also d- dieses
Verantwortungsbewusstsein // muss sein (.) die Verantwortung
der Frauen in unserem Feld ist größer (.) für mich (.) weil
(.) es is ja // allgemein in der Erziehung so dass die Mutter
eine @wichtigere@ Rolle spielt (.) nein Vater und Mutter sind
genauso wichtig aber die Mutter (.) ehm prägt ja das Kind
sozusagen wie es da- wie es dem Kind später gehen soll (.) so
in // der // Erziehung (2) deshalb hat finde ich die Frauen
in unserem Feld eine haben die Frauen eine größere Rolle finde
ich eine größere Verantwortung // weil es geht da auch um die
Beziehung mit ehm mit dem (.) mit ehm Gott und den Menschen
```

9.3 Orientierung an Organisationsstrukturen

```
(.) und da möchte man eigentlich so ne ehm (.)
sozusagen eine Beziehung aufbaun und wenn es da
Fragen gibt die beantworten (.) als Theologin und
als Frau finde ich haben wir eine größere
Verantwortung (.) weil allgemein (.) wie gesagt (.)
finde ich die Frau eine ehm (.) größere größere //
Verantwortung trägt (.) als Erzieherin (.) daher
ist das gut dass das so aufgeteilt ist
(TRAAF05, 1-15)
```

„Dass Frauen Frauen unterrichten" deutet zu Beginn dieser Sequenz bereits auf ihre Orientierung an den Strukturen. Ihre daran anschließende Beschreibung rahmt sie mit einer persönlichen Bezugnahme (*„ich finde"*). Auf der Ebene des *Wie* des Gesagten dokumentiert sich beispielsweise in dem länger gezogenen „eh::m" eine Überlegung und gedankliche Sortierung des zu Sagenden. *„Die Frauen in unserem Feld"* verweist auf die berufliche Gruppe der *„Imaminnen"*. Darin dokumentiert sich die Positionierung der Studentin in diese Berufsgruppe. Mit der Thematisierung der Verantwortung und des erforderlichen Bewusstseins darüber rekurriert die Studentin auf zwei verschiedene Ebenen, die hier eröffnet werden: Einerseits wird auf einen Soll-Zustand verwiesen, der auf die Wahrnehmung der Frauen (bzw. Imaminnen) bezogen ist (*„dieses Verantwortungsbewusstsein muss sein"*). Andererseits wird durch die Formulierung *„die Verantwortung der Frauen in unserem Feld ist größer"* etwas konstruiert, das auf das Wissen über das breite (Berufs-)Feld verweist. Darin manifestiert sich auch der implizit herangezogene Bezugshorizont; die *„Männer"* scheinen demgegenüber weniger Verantwortung zu haben als die Frauen. Begründet („weil...") wird diese *„größere Verantwortung"* – auch in diesem Fall – mit stereotypen Vorstellungen der Geschlechter (*„es is ja allgemein in der Erziehung so dass die Mutter eine @wichtigere@ Rolle spielt"*). Vor dem Hintergrund der binären Konstruktion von Geschlechtern und der traditionellen Familienvorstellung bestehend aus *„Mutter"* und *„Vater"* dokumentiert sich darin implizit der Vergleich der *„Mutter"* mit dem *„Vater"*. Somit scheint der *„Vater"* in der Erziehung der Kinder – im Vergleich zur Mutter – eine geringere Rolle zu spielen. Auch hier zeigen sich die Geschlechterstereotype als leitend. Das Lachen während der Ausführung „@wichtigere@" rekurriert dabei auf eine Annahme einer möglichen Gegenreaktion auf diese Aussage; so wird daran anschließend die Aussage relativiert (*„nein Vater und Mutter sind genauso wichtig"*) und präzisiert (*„aber die Mutter*

(.) ehm prägt ja das Kind sozusagen wie es da- wie es dem Kind später gehen soll"). Auch in dieser Detaillierung über die „Mutter" als primär Verantwortliche für die Wesensbildung und „Prägung" des Kindes greift die Studentin erneut Geschlechterstereotype auf, um die bestehende Struktur zu bekräftigen.

Im Laufe der Beschreibung der Erziehung als wesentliches Verantwortungsmerkmal der Frau wird der religiöse Aspekt eingeschoben („*es geht da auch um die Beziehung mit ehm mit dem (.) mit ehm Gott und den Menschen*"), bezogen auf den die weiblichen Religionsbediensteten „*eine* [scheinbar engere] *Beziehung aufbau*[e]*n*" können, indem Fragen aus der Perspektive einer *weiblichen Expertin* beantwortet werden („*wenn es da Fragen gibt die beantworten (.) als Theologin und als Frau*"). Darin dokumentiert sich die Bedeutung des Geschlechts in Verbindung mit dem Expertenstatus. Diese Verbindung scheint somit eine andere zu sein als die Verknüpfung des sozial konstruierten „*männlichen Geschlechts*" mit dem Experte-Sein (respektive Imam-Sein). Die Bedeutung dieser Verantwortungszuschreibung manifestiert sich auf der Ebene des *Wie* des Gesagten – und zwar in der doppelten Anführung „*größere größere Verantwortung*" und der Betonung auf „*trägt*". Gleichzeitig dokumentiert sich in der Betonung die (Ge-)Wichtigkeit des Erziehungsaspekts, die in der Verantwortung der Frau – „*als Erzieherin*" – liege. Mit diesen Ausführungen resümiert die Studentin ihre Beschreibung („daher ist das gut dass das so aufgeteilt ist") und verweist durch die gesamte Sequenz auf ihre Orientierung an Organisationsstrukturen, die sie im Modus der Reproduktion traditioneller Geschlechterrollen bearbeitet.

9.3.3 ... im Modus der Relativierung von Entwicklungen

Zudem zeigt das empirische Material die Orientierung an Organisationsstrukturen, die die Interviewten im Modus der Relativierung von Entwicklungen bearbeiten. Dieser Modus zeigt sich beispielsweise im Interview mit DEAF03. Die Sequenz entsteht im Zuge der Beschreibung der kritischen Diskurse um die scheinbar geringe Besucherinnenzahl in Moscheen und die Unterrepräsentanz von Frauen. Die Imamin positioniert sich diesen Diskursen gegenüber kritisch:

9.3 Orientierung an Organisationsstrukturen

DEAF03: *Zum Beispiel (.) ist es eine Kunst dass die Anzahl der Gemeindebesucherinnen zunimmt oder dass man dafür sorgt dass sie zunimmt // ich glaube nicht (.) also ich habe solche Sorgen nicht (.) zum Beispiel sagen wir mal im Jahre 2000 gingen zehn Personen in die Moschee und 2030 gingen hundert Personen hin // ist das eine Entwicklung (.) ist es die Anzahl die so wichtig ist // was ist es was ist Entwicklung zunächst müssten wir das klarstellen (.) ich denke da nicht mit dem Fokus auf die Zahlen // ehm (.) und wenn wir über die Sache mit der Religiosität sprechen sollten*
(DEAF03, 564–570)[52]

Bereits in diesem thematischen Einstieg wird die kritische Auseinandersetzung mit dem Begriff der „Entwicklung" und der Fremdzuschreibung rekonstruierbar, dass es notwendig sei, die Anzahl von Frauen in Moscheen zu erhöhen („*ist es eine Kunst*", tr. „*marifet mi*" oder „*was ist Entwicklung zunächst müssten wir das klarstellen*", tr. „*nedir yani gelişim nedir önce aslında bunu bi (.) ortaya koyabilmek lazım*"). Die türkische Bezeichnung „marifet mi" (dt. sinngemäß übersetzt: „ist es eine Kunst", allerdings mit einer hinterfragenden Betonung) verweist hier auf eine ironische und kritische Rahmung der Verschiebungen der Geschlechterstrukturen in Moscheen. Sie führt weiter aus:

DEAF03: *Zum Beispiel zu Zeiten meiner Mutter (.) Frauen die in Moscheen gegangen sind (.) also die Anzahl der Frauen die mit Moscheen in Verbindung standen war fast null weil // die türkische Gesellschaft ist ein bisschen (.) also die Männer stehen im Zentrum (.) auch die Gebetsstätte ist ein Ort in*

---

[52] Original:
DEAF03: Mesela (.) camideki (.) kadın cemaat sayısını artması veya arttırmak // mesela marifet mi // hiç sanmıyorum (.) hani benim böyle dertlerim yok ya hani mesela (.) camiye (.) atıyorum (.) 2000 senesinde on kişi giderdi de (.) 2030 senesinde yüz kişi giderdi misal // bu bir gelişim midir (.) sayımıdır mühim olan // nedir yani gelişim nedir önce aslında bunu bi (.) ortaya koyabilmek lazım (.) eh sayı odaklı falan kesinlikle düşünmüyorum // eh (.) dindarlık mevzusunu konuşacak olursak da

dem Männer im Zentrum stehen und (.) ich finde das gesund ich
finde das auf keinen Fall ungesund // ehm (2) in Zeiten meiner
Mutter war die Anzahl von Frauen die was mit Moscheen zu tun
hatten gering // heute 2000 ehm 17 kannst du in der Türkei in
Moscheen sehr viele Frauen sehen // und zeigt das nun die
Zunahme der Religiosität // aus diesem Grund also der Anstieg
der Anzahl (.) also dass es mehr Menschen geworden sind die
in Moscheen rein und raus gehen (2) bedeutet nicht gleich
Fortschritt oder bedeutet nicht dass die türkische
Gesellschaft dadurch religiöser oder konservativer wird (.)
denn zur Zeit meiner Mutter (.) jeder hat gefastet // oder
auch wenn sie nicht gefastet haben hat niemand die Läden
geöffnet (.) aber gehe heute nach Istanbul (.) du wirst nicht
merken dass Ramadan ist // und zweitens wirst du in diesen
Restaurants (.) sehr viele Menschen die dort sitzen (.)
bedeckte Frauen sehen (.) im Monat Ramadan // aber
gleichzeitig ist die Anzahl der Frauen die in die Moscheen
gehen gestiegen was ist jetzt damit (.) also sind wir dadurch
jetzt religiöser geworden (.) nee also wir haben in unseren
Moscheen die Anzahl erhöht (3) also (.) nur mit Wissen und
Bildung (.) wird die Religion dadurch nicht irgendwie stärker
(.) daher kann das die Situation so bleiben (.) ich habe keine
Sorge die Anzahl der Frauen in Moscheen anzuheben
(DEAF03, 570-588)[53]

---

[53] Original:
DEAF03: Mesela benim annemler falan zamanında (.) camiye giden (.) yani camiyle iletişim halinde olan ilişki halinde olan kadın sayısı nerdeyse sıfırmıştır çünkü // Türkiye toplumu birazda (.) erkeğin merkezde olduğu yani (.) ibadethanede erkeğin merkezde olduğu bir yer ki (.) bunu da sağlıklı buluyorum kesinlikle sağlıksız bulmuyorum // ehm (2) annemler döneminde camiyle ilişki halinde olan kadın sayısı azdı // bugünse 2000 eh 17 Türkiye'sinde camide çok fazla kadın görebilirsin // peki bu dindarlıktaki artışı mı gösterir // yani o nedenle hani sayının çoğalması (.) camiye giren çıkanın daha çoğalmış olması falan (2) gelişmişlik // yada (.) Türk toplumunun daha dindar ve muhafazakar olduğu anlamını sonucunu doğurmuyor (.) çünkü benim annemin döneminde (.) herkes oruç tutardı // veya tutmuyorsa da kimse dükkanını açmazdı (.) ama bugün İstanbul'a git ra- İstanbul'a git Anadolu'nun öteki yerlerini saymıyorum (.) ramazan ayı olduğunu anlayamazsın // ve ikincisi o restoranlarda (.) çok fazla oturan (.) kapalı kadın görürsün (.) ramazan ayında // ama ayni

9.3 Orientierung an Organisationsstrukturen

Die Imamin bezieht sich auf die Vergangenheit („*zu Zeiten meiner Mutter*", tr. „*annemler* [...] *zamanında*") und beschreibt die damals übliche Absenz von Frauen in Moscheen („*Frauen die in Moscheen gegangen sind (.) also die Anzahl der Frauen die mit Moscheen in Verbindung standen war fast null*", tr. „*camiye giden (.) yani camiyle iletişim halinde olan ilişki halinde olan kadın sayısı nerdeyse sıfırmıştır*"). Begründet wird diese Absenz („*weil*", tr. „*çünkü*") mit dem im-Mittelpunkt-Sein der Männer, das sich sowohl in der Gesellschaft („*die türkische Gesellschaft ist ein bisschen (.) also die Männer stehen im Zentrum*", tr. „*Türkiye toplumu birazda erkeğin merkezde olduğu*") als auch speziell in der Moschee widerzuspiegeln scheint („*auch die Gebetsstätte ist ein Ort in dem Männer im Zentrum stehen*", tr. „*yani ibadethanede erkeğin merkezde olduğu bir yer*"). Darin dokumentiert sich die Konstruktion der Gesellschaft und der Gebetsstätte „Moschee" als männerdominierte Umgebung(en), die somit das Unsichtbar-Sein der Frau in diesen öffentlichen Räumen impliziert/evoziert. Diese Männerdominanz wird explizit der „*türkischen Gesellschaft*" zugeschrieben – wodurch sich das (Erfahrungs-)Wissen der Imamin dokumentieren lässt. Diese Dominanz wird mit einer positiven Bewertung bearbeitet („*ich finde das gesund ich finde das auf keinen Fall ungesund*", tr. „*bunu da sağlıklı buluyorum kesinlikle sağlıksız bulmuyorum*"). Dieser Geschlechterstruktur in der Vergangenheit wird somit eine positive Wirkung auf den Menschen beigemessen.

Argumentativ untermauert wird diese Positionierung mit der Verdeutlichung des Anstiegs der Anzahl von Frauen in Moscheen („*zu Zeiten meiner Mutter war die Anzahl von Frauen* [...] *gering heute* [...] *kannst du* [...] *sehr viele Frauen sehen*", tr. „*annemler döneminde* [...] *kadın sayısı azdı bugünse* [...] *çok fazla kadın görebilirsin*"), der nicht mit einem Anstieg der Religiosität gleichzusetzen sei („*zeigt das nun die Zunahme der Religiosität*", tr. „*peki bu dindarlıktaki artışı mı gösterir*"). Somit bearbeitet die Imamin ihre Orientierung an Organisationsstrukturen im Modus der Relativierung von Entwicklungen. Dass der zahlenmäßige Anstieg des Moscheebesuchs nicht in Zusammenhang mit der „*Religiosität*" der Menschen stünde, wird in dem darauffolgenden Beispiel erneut aufgegriffen. Das Essen in Restaurants (insbesondere „*bedeckter Frauen*"; tr. „*kapalı kadın*") im „*Monat Ramadan*" verdeutliche, dass mehr Frauen in Moscheen nicht automatisch eine Zunahme der Religiosität bedeuten. Darin dokumentiert sich die normative Vorstellung von Religionsausübung und die damit in Zusammenhang gebrachte Infragestellung der Wirkung des Moscheebesuches auf die Religiosität der Menschen. Auch am Ende dieser Sequenz („*daher kann die Situation so bleiben (.) ich habe keine Sorge die Anzahl der Frauen in Moscheen anzuheben*", tr. „*bundan*

---

zamanda camiye giden kadın sayısı da arttı noldu şimdi (.) yani çok mu dindarlaştık (.) yoo yani camilerimizde sayı artırdık (3) yani (.) sadece bilgi ve (.) ilim mer- bilgi merkezli (.) bi şekilde (.) din güçlenmiyor (.) bundan dolayı durum böyle kalabilir (.) camilerde kadınların sayısını arttırma gibi bi derdim yok *dolayı durum böyle kalabilir (.) camilerde kadınların sayısını arttırma gibi bi derdim yok*") zeigt sich diese Relativierung der Entwicklung, die für die Imamin in diesem Kontext weniger bedeutsam zu sein scheint. DEAF03 fährt kurz darauf fort:

DEAF03: Also wenn Frauen in Moscheen gehen (.) ist es etwas
was uns religiöser macht hier zum Beispiel heute Frauen (.)
lassen Sie uns beispielsweise über die Türkei sprechen //
warum besuchen sie öfter die Moschee (.) aus dem Grund (.)
ehm in der Türkei (.) die Anzahl der Frauen die studieren und
arbeiten (.) ist gestiegen // wie zur Zeit meiner Mutter die
Menschen (nur) den Grundschulabschluss hatten // ihre Töchter
sind Universitätsabsolventinnen // dadurch sind wir mehr auf
den Straßen wir sind nicht zu Hause (.) wir sind /ja/ eher
draußen (.) und weil wir mehr draußen sind haben wir mehr den
Bedarf draußen zu beten // weil wir mehr draußen sind sind
wir mehr in der Moschee /ja/ also weil das soziale Leben also
die Anzahl der Frauen die arbeiten gestiegen ist (.) die
Anzahl der Frauen die studieren gestiegen ist eigentlich //
nicht weil auf einmal plötzlich ein Bedarf bestand (.) und
hop Frauen in die Moschee (.) also wie viele Frauen die in
ihren Wohnungen sitzen (.) sagen ach ich bete mal dieses Gebet
in der Moschee (.) @macht sie nicht muss sie auch nicht machen
@ weil die Frauen müssen nicht unbedingt in der Moschee beten
(.) und so ist es auch gut
(DEAF03, 600-616)[54]

---

[54] Original:
DEAF03: O dönemde kadınların gitmemiş olmasını (.) sağlıksız bulmuyorum yani (.) problem değil
KAR: Okay neden peki bunu biraz açar mısınız
DEAF03: Yani kadınların camiye çok gitmesi bizi çok dindarlaştıran bir şey mi şuan kadınlar mesela Türkiye için yine konuşalım // niye camiye daha çok gidiyor şundan sebep daha çok gidiyor (.) çünkü (.) eh Türkiye'de (.) okuyan kadın ve çalışan kadın oranı (.) arttı / / bi annemlerin çağında insanlar ilk okul mezunuyken // onların kızları bizler üniversite mezunuyuz // haliyle biz daha çok sokaktayız evimizde değiliz daha çok /Evet/ sokaktayız (.) daha çok sokakta olduğumuz için dışarda namaz kılmaya daha çok ihtiyaç duyuyoruz / / daha çok eh sokakta olduğumuz için biz daha çok camideyiz /Evet/ yani sosyal yaşamın

9.3 Orientierung an Organisationsstrukturen

Mit dem Bezug auf die Türkei wird erneut ein Beispiel skizziert. Obwohl zuvor auf einen kritischen Diskurs zur Unterrepräsentanz von Frauen Bezug genommen wurde, wird in dieser Sequenz ein Anstieg der Anzahl dargestellt („*zum Beispiel heute Frauen* [...] *warum besuchen sie öfter die Moschee*", tr. „*şuan kadınlar mesela* [...] *niye camiye daha çok gidiyor*"). Dieser Anstieg wird auf die (mittlerweile) breitere Präsenz von Frauen auf dem Arbeitsmarkt und den höheren Bildungsstand zurückgeführt („*aus dem Grund* [...] *die Anzahl der Frauen die studieren und arbeiten (.) ist gestiegen*", tr. „*çünkü* [...] *okuyan kadın ve çalışan kadın oranı (.) arttı*"). Folglich dokumentiert sich darin, dass die stärkere Sichtbarkeit von Frauen in Moscheen auf ihre (breitere) Präsenz in öffentlichen Räumen zurückgeführt wird. Dies manifestiert sich auf der kommunikativen Ebene („*dadurch sind wir mehr auf den Straßen wir sind nicht zu Hause (.) wir sind eher draußen*", tr. „*haliyle biz daha çok sokaktayız evimizde değiliz daha çok sokaktayız*"). Die Imamin führt diese Sichtbarkeit auf strukturelle und gesellschaftliche Phänomene zurück und weist eine primär intrinsische Motivation bzw. den „*Bedarf*" aus der Perspektive der Frauen ab („*nicht weil auf einmal plötzlich ein Bedarf bestand (.) und hop Frauen in die Moschee*", tr. „*yoksa böyle bir ihtiyaç doğdu da hadi hayde kadınlar camiye değil*"). Auch hier zeigt sich somit der Modus der Relativierung. Einerseits konstruiert die Imamin ein Wissen über die Bedarfe der Frauen, die (in diesem Fall) eindeutig und kollektiv zu sein scheinen; andererseits wird die Anhebung der Anzahl in ihrem Wert und ihrer Bedeutsamkeit relativiert. Die Formulierung „*also wie viele Frauen die in ihren Wohnungen sitzen (.) sagen ach ich bete mal dieses Gebet in der Moschee*" (tr. „*yani kaç tane kadın evinde otururken (.) ya şu namazı da gidim camide kılım yapıyor ki*") dokumentiert auf der Ebene des *Wie* des Gesagten eine (für die Interviewte) bereits beantwortete Frage, die sich als *rhetorische* Frage lesen lässt. Gleichzeitig wird durch diese Frage impliziert, dass es eine kollektive Sicht der Frauen mit Blick auf das Beten in der Moschee gebe; während weiter oben die Notwendigkeit des Moscheebesuches mit dem öffentlichen Leben in Zusammenhang gebracht wurde, zeigt sich hier die Verortung der Frauen in Verbindung mit der Nicht-Notwendigkeit im häuslichen Kontext. Somit wird die Begründung des Moscheebesuches aufgrund des Aufenthaltes in der Öffentlichkeit verabsolutiert. Diese Nicht-Notwendigkeit des Betens in Moscheen während des Aufenthaltes in der „*Wohnung*" wird darüber hinaus geschlechterspezifisch markiert; sie scheint für die „Männer" nicht zu gelten.

---

yani çalışan kadın sayısı arttığı için (.) okuyan kadın sayısı arttığı için camilerdeki kadın sayısı arttı aslında // yoksa böyle bir ihtiyaç doğdu da hadi hayde kadınlar camiye değil (.) yani kaç tane kadın evinde otururken (.) ya şu namazı da gidim camide kılım yapıyor ki (.) @yapmıyor yapması da gerekmiyor@ çünkü kadınların ille de cemaate namaz kılsın diye bi zorunlulukları yok yani (.) böyle'de iyi zaten

Indem die Imamin diese Frage beantwortet, rekurriert sie zum einen auf das kollektive (Nicht-)Handeln („@*macht sie nicht@*", tr. „@*yapmıyor@*") und zum anderen auf eine normative Vorstellung („@*muss sie auch nicht machen@*", tr. „@*yapması da gerekmiyor@*"), in der diese Nicht-Notwendigkeit gedacht wird. Diese normative Vorstellung manifestiert sich auch in der daran anschließenden Begründung („*weil die Frauen müssen nicht unbedingt in der Moschee beten*", tr. „*çünkü kadınların ille de cemaate namaz kılsın diye bi zorunlulukları yok yani*"). Somit wird deutlich, dass sich die Imamin auch in dieser Begründung für die Unbedeutsamkeit des Anstiegs der Anzahl von Frauen in Moscheen an den Geschlechterstrukturen orientiert und die Entwicklungen im Modus der Relativierung bearbeitet.

9.3.4 ... im Modus der kritischen Balancierung

Der Modus der kritischen Balancierung lässt sich in den Erzählungen, Beschreibungen und Argumentationen in verschiedenen Interviews nachzeichnen – so beispielsweise im Interview mit DEAF06: Gegen Ende des Interviews bezieht sich die Imamin auf die zuvor von der Interviewerin gestellte Frage, wie sie sich die zukünftigen Moscheen vorstellt („*wie stellen Sie sich die zukünftige Moschee vor*"). Diese Sequenz ist ein Teil der Antwort auf diese Frage:

```
DEAF06: Im Vorstand müssen auf jeden Fall Frauen sein (.) um
die Sorgen die Probleme der Frauen zu erklären (.) um diese
zu lösen müssen im Vorstand unbedingt Frauen sein (.) so wird
das nichts (.) es muss gleichermaßen sein (.) letztendlich
unterstützen Frauen die Moscheen sehr (.) Frauen bereiten
Kuchen und Börek vor und verkaufen (.) was weiß ich sie bringen
organisieren Tage Freitage oder andere Tage (.) zum Beispiel
wird gibt es eine Gesprächsrunde (.) der Kuran wird gelesen
(.) Cay und Kuchen wird serviert (.) also Frauen machen den
Ort zu einem sozialen Ort
KAR: Ja
```

9.3 Orientierung an Organisationsstrukturen

DEAF06: *Also sie sorgen für die Gelegenheit damit zwischenmenschliche Beziehungen entstehen (.) die unterstützen solche Dienste der Männer (.) eine Bewegung ohne Frauen ist so wie eine bereits zu Beginn verlorene Bewegung (.) im Türkischen gibt es ein sehr schönes Sprichwort (.) Frauen gebären nicht nur Kinder (.) sie gebären eine Gesellschaft*

KAR: *Ja*

DEAF06: ⌊ *Also eine Frau muss bei einer Organisation auf jeden Fall teilhaben wenn sie nicht dabei ist ist es unvollständig*

(DEAF06-2, 73-89)[55]

Ohne dass zuvor die Interviewerin in der Frage den Geschlechterbezug herstellt, setzt die interviewte Imamin selbst die Relevanz des Geschlechts für die Beschreibung der gewünschten Moschee in der Zukunft. Dabei wird die Bedeutung und die Notwendigkeit der Präsenz von *Frauen* im Vorstand markiert („*im Vorstand müssen auf jeden Fall Frauen sein*", tr. „*yönetimde kesinlikle kadınlar olmalı*"). Zudem verweist diese (und die mehrfache) Markierung der Notwendigkeit der Präsenz implizit auf das Fehlen ausreichender Präsenz von „Frauen". Dadurch zeigt sich bereits zu Beginn der Sequenz die Orientierung

---

[55] Original:
DEAF06: Yönetimde kesinlikle kadınlar olmalı (.) kadınların dertlerini sorunlarını anlatabilmek için (.) onları çözebilmek için yönetimde mutlaka kadınlar olmalı zaten (.) bu şekilde olmaz (.) aynı olması lazım (.) sonuçta kadınlar camilere çok destek veriyorlar (.) kadınlar pasta börek hazırlar satar (.) ne bilim getirir günler düzenler cuma günleri başka günler (.) mesela işte sohbet olur (.) Kuranı Kerim okunur (.) çay pasta ikram edilir (.) yani orayı sosyal bir ortam haline de getirirler kadınlar
KAR: Evet
DEAF06: Hani insanlar arası güzel ilişkiler kurulmasına fırsat sağlarlar (.) erkeklerin bu tür hizmetlerine destek verirler (.) zaten kadının olmadığı bir hareket (.) baştan kayıp edilmiş bir harekettir (.) Türkçede çok güzel bir atasözü var (.) kadınların sadece çocuk doğurmazlar (.) toplumu doğururlar diye
KAR: Evet
DEAF06: ⌊ Yani kadın eli mutlaka bi faaliyete değmeli // değmediği zaman eksik olur

an Organisationsstrukturen, die die Imamin im Modus der kritischen Balancierung bearbeitet. Dies manifestiert sich ebenso in der Bearbeitung der Frage, die sich auf die Zukunft und die Wunschvorstellung bezieht. In diesem Zusammenhang benennt die Imamin die Funktion von Frauen im Vorstand, die sich durch das Problemlösen und das „Erklären" ihrer Sorgen („*um die Sorgen die Probleme der Frauen zu erklären (.) um diese zu lösen*", tr. „*kadınların dertlerini sorunlarını anlatabilmek için (.) onları çözebilmek için*") zu charakterisieren scheint. Sichtbar wird die Konstruktion einer Funktion im Sinne eines Sprachrohrs und einer Brücke, die in dem Vorstand als notwendig beschrieben wird. Mit Blick darauf konstruiert die Imamin die Funktion der Frauen im Vorstand, um das Ungehörte hörbar, das Unsichtbare sichtbar zu machen und die Bedarfe an die notwendige Instanz (den Vorstand) weiterzutragen. Der implizit zur Geltung kommende Wunsch der Veränderung der Strukturen rekurriert auf die Orientierung an Organisationsstrukturen und ihren Modus der Kritik.

Die Idealvorstellung, die sie im Kontrast mit dem Status Quo skizziert („*so wird das nichts (.) es muss gleichermaßen sein*", tr. „*bu şekilde olmaz (.) aynı olması lazım*"), lässt den Modus der kritischen Balancierung rekonstruieren. Die Bedeutung der Präsenz von Frauen im Vorstand untermauert sie mit ihrer Unterstützung („*Frauen unterstützen Moscheen sehr*", tr. „*kadınlar camilere çok destek veriyorlar*"), den bereits vorhandenen Aktivitäten und dem Engagement von Frauen in Moscheen („*Frauen bereiten Kuchen und Börek vor und verkaufen [...] Cay und Kuchen wird serviert*", tr. „*kadınlar pasta börek hazırlar satar [...] çay pasta ikram edilir*"). Einerseits lässt sich aus dieser Begründung rekonstruieren, dass bestimmte Aufgabenübernahmen (wie beispielsweise das Servieren von Tee und Kuchen oder das Vorbereiten von Kuchen und Börek) durch die Frauen nicht hinterfragt und als bestätigendes und verstärkendes Argument für die Präsenz im Vorstand herangezogen werden. Auch hier werden dadurch bestimmte stereotype Geschlechtervorstellungen reproduziert. Diese Vorstellung spiegelt sich auch in dem angeführten türkischen Sprichwort wider („*im Türkischen gibt es ein sehr schönes Sprichwort (.) Frauen gebären nicht nur Kinder (.) sie gebären eine Gesellschaft*", tr. „*Türkçede çok güzel bir atasözü var (.) kadınların sadece çocuk doğurmazlar (.) toplumu doğururlar diye*"). Mit einer positiven Bewertung („*sehr schönes Sprichwort*") wird neben der biologischen Rolle der Frau als Gebärerin gleichzeitig der damit verbundene Geschlechtsunterschied markiert. In der Metapher des „*Gesellschaft-Gebärens*" emergiert somit die der Frau zugeschriebene Rolle als Erzieherin.

9.3 Orientierung an Organisationsstrukturen

Die Imamin, die die Legitimation für die Präsenz von Frauen im Vorstand auf der Grundlage der vorhandenen Tätigkeit und Unterstützung formuliert („*Frauen machen den Ort zu einem sozialen Ort also sie sorgen für die Gelegenheit damit zwischenmenschliche Beziehungen entstehen (.) die unterstützen solche Dienste der Männer*", tr. „*orayı sosyal bir ortam haline de getirirler kadınlar hani insanlar arası güzel ilişkiler kurulmasına fırsat sağlarlar (.) erkeklerin bu tür hizmetlerine destek verirler*"), konstruiert dadurch eine geschlechterspezifische Kompetenz. Diese Konstruktion zeigt sich auch in der daran anschließenden Formulierung („*also eine Frau muss bei einer Organisation auf jeden Fall teilhaben wenn sie nicht dabei ist ist es unvollständig*", tr. „*yani kadın eli mutlaka bi faaliyete değmeli değmediği zaman eksik olur*"). Die im Original in türkischer Sprache verwedete Formulierung „*kadın eli [...] değmeli*" lässt sich wortwörtlich übersetzen als „*die Hand einer Frau muss [...] berühren*" – auch in diesem metaphorischen Ausdruck spiegelt sich diese Konstruktion geschlechterspezifischer Kompetenzen wider. Dadurch wird impliziert, dass Männer diese Kompetenzbereiche per se nicht abdecken können.

Die Homologie lässt sich auch im Interview mit DEAF02 nachzeichnen. Dort zeigt sich eine Kritik der Dysbalance und der Wunsch, die Anzahl weiblicher Religionsbediensteter zu erhöhen. Auch in diesem Modus der kritischen Balancierung zeigt sich die Wirkmächtigkeit von Geschlechterstereotypen:

```
DEAF02: Die Hauptfunktion der Moscheen ist die Erziehung ehm
und die Erziehung durch die Frau in der Familie ist sehr
wichtig (.) ehm im Endeffekt hat die Frau in der Familie die
Funktion einer Lehrerin ehm und es ist wichtig dass sich die
Frau in jeglicher Hinsicht gebildet hat und vor allem in
religiöser Hinsicht gebildet hat (.) und das bedeutet
natürlich dass die Familie dadurch in gewisser Weise gebildet
wird (2) ehm also (.) unseren Menschen wurde das lange Zeit
vorenthalten (.) ehm was die Bildung der Kinder angeht oder
die Bildung der Frauen angeht (.) natürlich (.) bieten die
männlichen Beauftragten diesbezüglich Dienste an (.) ehm aber
ehm (.) es ist nicht dasselbe wenn eine Frau den Dienst ablegt
und ein männlicher Bediensteter den Dienst ablegt
KAR: Ja
```

DEAF02: *Ehm die Annäherung an einen Gleichgeschlechtlichen ist ganz anders (.) ehm es wird effektiver sein (.) das denken wir (2) aus diesem Grund habe ich in der Regel im Ausland in den Bezirken in denen ich war diese Lücke gesehen und ich sehe das wirklich als einen großen Aspekt für die Aufklärung in dem Glauben der Menschen* (DEAF02, 138-155)[56]

Die Konstruktion einer Analogie zwischen der (Haupt-)Funktion der Moschee und der Rolle der Frau wird für die Argumentation ausschlaggebend. Wird die Formulierung „*ehm im Endeffekt hat die Frau*" (tr. „*eh yani ne- kadın neticede*") auf der Ebene des *Wie* des Gesagten betrachtet, dokumentiert sich eine Selbstverständlichkeit und Allgemeingültigkeit, die dieser Rollenzuschreibung beigemessen wird. So scheint diese Konstruktion für die Imamin nicht verhandelbar zu sein. Gleichzeitig zeigt sich darin die Annahme der Imamin über eine geteilte Norm zwischen ihr und der Interviewerin. Während der „*Frau*" innerhalb der Familie die Rolle als „*Lehrerin*" zugewiesen wird, scheint die Rollenzuschreibung nicht für den „*Mann*" zu gelten. Diese Rolle der Frau macht es so „*wichtig dass sich die Frau in jeglicher Hinsicht*" (tr. „*kadının her açıdan kendisini eğitmiş olması*") bildet. Somit wird die „Frau" als Lehrerin eines breiten Fächerkanons mit einer besonderen Bedeutung der Religion („*vor allem in religiöser Hinsicht*", tr. „*özellikle de dini açıdan*") beschrieben. Die stereotype Aufgabenzuschreibung der Lehrerin bzw. Erzieherin erhält dadurch ein besonderes Ausmaß;

---

[56] Original:
DEAF02: Camilerin tabii ki temel fonksiyonu eğitim eh ve kadının eğitimi ailede çok önemli (.) eh yani ne- kadın neticede ailede bir öğretmen fonksiyonunu görüyor görevini görüyor eh kadının her açıdan kendisini eğitmiş olması özellikle de dini açıdan kendini eğitmiş olması önemli (.) eh buda tabii ki ailenin eğitilmesi demek bi noktada (2) eh dolayısıyla (.) uzunca bir süre bizim insanımız bundan mahrum kalmış (.) eh yani çocuklarını (.) eğitme noktasında işte bayanların eğitilmesi noktasında tabii ki erkek görevlilerde bu konuda (.) hizmet veriyor (.) eh ama eh (.) hani bire bir bi bayanın hizmet vermesi ile bir erkek görevlinin hizmet vermesi (.) aynı değil
KAR: Evet
DEAF02: Eh kendi hem cinsine (.) yaklaşımı daha farklı olur (.) eh daha verimli olur (.) düşüncesindeyiz (2) bu açında açıdan ben genel olarak eh yurt dışında yani gördüğüm bölgelerde gittiğim yerlerde eh bu eksikliği gördüm ve buda eh hakikaten insanların (.) eh inandıkları din eh konusunda bilinçlenmesi noktasında eh en büyük eh etkenlerden birisi olarak görüyorum ben bunu

9.3 Orientierung an Organisationsstrukturen

denn darin manifestiert sich gleichzeitig die Erwartungshaltung, die die Frau zu einer *Allwissenden* und – für einen breiten Bereich – *Verantwortlichen* konstruiert. Sie scheint nicht für bestimmte Personen (bspw. Kinder) verantwortlich zu sein – sie wird die Wissensträgerin und Allverantwortliche der ganzen Familie (*„das bedeutet natürlich dass die Familie dadurch in gewisser Weise gebildet wird"*, tr. *„eh buda tabii ki ailenin eğitilmesi demek bi noktada"*). Darin dokumentiert sich erneut die dieser Geschlechterstruktur beigemessene Normalität und die Selbstverständlichkeit des Resultats, die insbesondere in der Formulierung *„das bedeutet"* (tr. *„eh buda"*) oder *„natürlich"* (tr. *„tabii ki"*) zum Vorschein kommt. Mit dieser Argumentationsgrundlage wird „der Dienst" von weiblichen Religionsbediensteten für Frauen in Moscheen begründet. Die angedeutete Dysbalance in der vorherrschenden Geschlechterstruktur bearbeitet die Imamin folglich im Modus der kritischen Balancierung. In der Beschreibung *„natürlich bieten die männlichen Beauftragten diesbezüglich Dienste an"* (tr. *„tabii ki erkek görevlilerde bu konuda (.) hizmet veriyor"*) wird zunächst das Vorhandensein von Erziehungsangeboten für Frauen markiert, die Wirksamkeit und Effektivität allerdings im Falle von weiblichen Religionsbediensteten betont (*„die Annäherung an einen Gleichgeschlechtlichen ist ganz anders [...] es wird effektiver sein"*, tr. *„kendi hem cinsine (.) yaklaşımı daha farklı olur [...] daha verimli olur"*). Darin dokumentiert sich die Konstruktion eines geschlechterspezifischen Umgangs, die die Divergenz auf die gleichgeschlechtliche Zielgruppe zurückführt; somit scheint der andere bzw. „effektivere" Umgang von weiblichen Religionsbeauftragten in der Zusammenarbeit mit den weiblichen Gemeindebesucherinnen auf dieselbe konstruierte, markierte Geschlechterzugehörigkeit zurückgeführt zu werden. Zudem wird in dieser Markierung der Bedeutung des Geschlechts implizit auf die Legitimation geschlechtersegregierter und -spezifischer Räume rekurriert. Gleichzeitig lässt sich rekonstruieren, dass die Imamin diese Argumentation aus einer konstruierten kollektiven Gruppe heraus anführt (*„das denken wir"*, tr. *„düşüncesindeyiz"*); darin dokumentiert sich das geteilte Wissen der Imaminnen mit Blick auf die Handlungslegitimation geschlechterspezifischer und -segregierter *„Aufklärung in dem Glauben der Menschen"*.

Ein weiteres Mal zeigt sich diese thematische Homologie und die damit verbundene kollektive Orientierung in einem Interview mit TRKA03, einer Studentin aus Konya:

TRKA03: *In den Moscheen gibt es ja diesen (.) ehm Vorstand Vorstandsmitglied etcetera da sollten auch Frauen dabei sein aktiv sein (.) es ist nicht typisch Männer Aufgabe (.) sondern da sollten Frauen auch wirklich aktiv sein denn zum Beispiel Erziehung (.) das hat direkt was mit der Frau zu tun (.) also wie sehr kann der Mann was davon verstehen ehm das ist nochmal ne andere Frage ob die alle ehm (.) dafür richtig gut ausgebildet sind (.) dieser Vorstand ob da wirklich alle bildungssensibel sind oder nicht ob sie allgemein Beziehungen zu Kindern haben oder nicht das sind andere Sachen aber Frauen sollten auch im Vorstand sein (.) in den ganzen Moscheevereinen Kulturvereinen oder wie man das auch nennen mag*
(TRKA03, 1369–1378)[57]

In der nun angeführten bzw. eingeschobenen Argumentation für die Präsenz von Frauen in Vorständen verweist die Studentin auf eine stereotype Vorstellung von Geschlecht („*Erziehung (.) das hat direkt was mit der Frau zu tun (.) also wie sehr kann der Mann was davon verstehen*", tr. „*Erziehung (.) kadınla birebir ilgili bi şey (.) hani erkek ne kadar anlayabilir*"). Erziehung wird mit einer Eindeutigkeit und Selbstverständlichkeit als eine absolute Angelegenheit von Frauen beschrieben und gleichzeitig in diesem Modus von „Männern" abgewiesen. Wird die Abweisung genauer betrachtet, lässt sich deuten, dass Erziehungsangelegenheiten außerhalb der Kompetenzbereiche der Männer zu liegen scheint; „*wie sehr*" (tr. „*ne kadar*") verweist auf die möglichen und damit zusammenhängenden Grenzen, die hier gezogen bzw. konstruiert werden. Damit zeigt sich die Kritik der Studentin, die sie an die vorherrschende Geschlechterdysbalance richtet, welche sie im Modus der kritischen Balancierung bearbeitet.

---

[57] Original:
TRKA03: Bu camilerde şeyler oluyor ya hani (.) ehm Vorstand Vorstandsmitglied etcetera da sollten auch Frauen dabei sein aktiv sein (.) es ist nicht typisch Männer Aufgabe (.) sondern da sollten Frauen wirklich aktiv sein çünkü zum Bei(spiel) Erziehung (.) kadınla birebir ilgili bi şey (.) hani erkek ne kadar anlayabilir eh şimdi ayrı bi sorunda ob die alle ehm (.) dafür richtig gut ausgebildet sind (.) o Vorstand olanların hepsi gerçekten ilmi (.) hassasiyetleri var mı yok mu veya genel olarak çocuklarla (.) bi ilişkileri var mı yok mu das sind andere Sachen ama (.) kadınlar sollten auch im Vorstand sein (.) in den ganzen Moscheevereinen Kulturvereinen oder wie man das auch nennen mag

9.3 Orientierung an Organisationsstrukturen

Die türkische Imamin DEAF01, die zur Zeit des Interviews seit drei Jahren in Deutschland tätig ist, beschreibt im Laufe des Interviews ihre Berufserfahrungen und ihre – in diesem Zusammenhang stehenden – Beobachtungen und erfahrenen Herausforderungen. Im Zuge dieser Erzählung verweist sie zunächst auf impliziter und später auf einer immer mehr explizit werdenden Ebene auf einen Vergleich des Handlungsfeldes der Imaminnen und Imame. Folgende Erzählung schließt an diese Stelle an:

DEAF01: *Ehm ich denke dass es hier sehr wenige religionsbeauftragte Frauen gibt und ehm dass wir was die Zahlen angeht nicht ausreichen // also jede Moschee braucht nicht nur eine sondern mehr als eine weibliche Hoca*

KAR: *Ja*

DEAF01: *Geschweige denn dass wir in einer Situation sind in der wir leider noch nicht mal eine gewährleisten konnten (.) aber die Situation ist bei unseren männlichen Hoca anders*

KAR: *Verstehe*

(DEAF01, 144–146)[58]

DEAF01 thematisiert und konstruiert in dieser Sequenz eine quantitative Geschlechter-Dysbalance. In der Beschreibung „*ich denke dass es hier sehr wenige religionsbeauftragte Frauen gibt und ehm dass wir was die Zahlen angeht nicht ausreichen*" (tr. "*burda bayan din görevlilerin çok az olduğunu ve eh çok sayı- sayısal anlamda çok yetersiz olduğumuzu düşünüyorum*") dokumentiert sich das Wissen der Imamin einerseits über die statistische Verteilung der entsandten Imam*innen allgemein, andererseits scheint es ein Wissen über die Verteilung nach Geschlechterzugehörigkeit – Imaminnen im Gegensatz zu Imamen – zu geben; dies bleibt an dieser Stelle zunächst implizit. Jedoch verweist die Sequenz bereits zu Beginn auf die Orientierung der Imamin an den Organisationsstrukturen, die sie im Modus der kritischen Balancierung bearbeitet.

---

[58] Original:
DEAF01: Eh burda bayan din görevlilerin çok az olduğunu ve eh çok sayı- sayısal anlamda çok yetersiz olduğumuzu düşünüyorum // yani her caminin bir değil bir den fazla eh bayan hocaya ihtiyacı var
KAR: Evet
DEAF01: Ki biz daha birinciyi bile sağlayamamış durumdayız maalesef (.) ama erkek hocalarımızda durum farklı
KAR: Anlıyorum

Die Beschreibung des vorhandenen Bedarfs an weiblichen Religionsbediensteten lässt diese Orientierung rekonstruieren. Dass dieser Bedarf der *Moschee* zugeschrieben wird, verweist auf dessen Institutionalisierung und die Betrachtung der Moschee als Ganzes. Darin dokumentiert sich, dass die Imamin den Bedarf über eine konstruierte Gruppe (Jugendliche, Frauen oder Ältere) hinaus auf die Institution Moschee als Ganzes bezieht. In dieser Darstellung wird der Modus der Balancierung rekonstruierbar.

Die zunächst auf impliziter Ebene rekonstruierte Orientierung lässt sich auch im weiteren Verlauf nachzeichnen, insbesondere wenn die Imamin die aktuelle Situation mit einer Unzufriedenheit beschreibt („*geschweige denn dass wir in einer Situation sind in der wir leider noch nicht mal eine gewährleisten konnten*", tr. „*ki biz daha birinciyi bile sağlayamamış durumdayız maalesef*"). Die Betonung auf der Anzahl („*eine*") und die oben angeführte Darstellung mit Blick auf die quantitative Dysbalance verweisen somit auf den Wunsch und den Modus der kritischen Balancierung. Auf diese Dysbalance wird explizit verwiesen („*aber die Situation ist bei unseren männlichen Hoca anders*", tr. „*ama erkek hocalarımızda durum farklı*"); dadurch werden die „*männlichen Hoca*" zum einen als Kollektiv beschrieben, zum anderen bezieht sich die Imamin mit persönlicher Bezugnahme („*unsere männlichen Hoca*") auf dieses konstruierte Kollektiv. Durch das „*aber*" wird das zu dieser Situation Gegensätzliche beschrieben und anschließend konkretisiert („*die Situation ist bei unseren männlichen Hoca anders*", tr. „*ama erkek hocalarımızda durum farklı*"). Somit dokumentiert sich in der Sequenz sowohl auf der Ebene des immanenten Sinns (des *Was* des Gesagten) als auch auf der Ebene des Dokumentsinns (des *Wie* des Gesagten) die Orientierung der Imamin an den Organisationsstrukturen, die sie im Modus der kritischen Balancierung bearbeitet.

Diese Orientierung im Modus der Balancierung lässt sich weiterhin in dem Erzählfluss von DEAF01 nachzeichnen:

DEAF01: *Zum Beispiel fragt man ja immer wenn Sie wieder auf die Welt kommen würden was würden Sie sein wollen (.) ich bevorzuge es wieder Theologin zu sein also ich würde gerne einen Dienst mit Bezug auf religiöse Erziehung ausüben wollen (.) oder ((schluckt))ehm also wenn Sie nun fragen würden ob ich es je bereut habe (.) die Probleme die man hier erleben*

9.3 Orientierung an Organisationsstrukturen

kann habe ich alle einzeln mein ganzes Leben erlebt zum Beispiel in der Türkei (.) ehm habe ich die meisten Probleme erlebt die im Feld der religiösen Erziehung als Frau gemacht werden ich habe sie hier erlebt (.) auch in der Türkei (.) zum Beispiel ich bin Hoca seit fünfzehn Jahren ehm die ersten fünf Jahre dieser fünfzehn Jahre hatte ich unter sehr schweren Bedingungen meinen Dienst geleistet (.) also

KAR:

L in der Türkei

DEAF01: ohne ja ohne ein Gehalt zu bekommen habe ich gearbeitet fünf Jahre lang // ehm also ohne dass ich irgendeinen offiziellen Status hatte habe ich gearbeitet obwohl ich Universitätsabsolventin bin // als ich zunächst hierher kam zum Beispiel ehm das erlebe ich immer noch (.)ehm so richtig ehm ein perfektes Deutsch kann es vielleicht nicht werden aber DITIB oder halt Diyanet hat mich ohne einen Deutschkurs hierher geschickt

KAR: Ja

DEAF01: Das ist ein sehr großer ehm wie soll ich sagen das führt zu einem Motivationsmangel // also das strengt an und du bist gezwungen den Menschen hier ungewollt zur Last zu werden // also das ist eine unvermeidbare Situation (.) jemand muss sich um dich gezwungenermaßen kümmern

KAR: Ja

DEAF01: Und das ist selbstverständlich sowohl finanziell als auch mental wie soll ich sagen also etwas das einem Menschen die Situation erschwert

KAR: Verstehe

DEAF01: *Beispielsweise die Bemühungen die den männlichen Hoca
gezeigt wird wird uns nicht gezeigt also während der
Entsendung aus der Türkei (.) ehm vielleicht wird das nicht
als Bedürfnis angesehen aber dieses Bedürfnis spüre ich noch
mehr während ich hier lebe dass es eben nicht ausreichend ist
nur Türkisch zu können denn (.) ehm ((klopft mit den Fingern
auf den Tisch)) also mit meinen religiösen Kenntnissen oder
das was ich gelernt habe oder meiner erlebten Erfahrung- mit
den Erfahrungen zusammen (.) wenn dann noch zusätzlich die
sprachliche Ebene gewesen wäre ich denke dann hätte ich auch
einen anderen Dienstbereich oder Diensterfolg (.) würde es
nicht so wie bei den männlichen Hoca gehen*
(DEAF01, 160-176)[59]

Die Sequenz eröffnet mit einer Exemplifikation (*"zum Beispiel"*, tr. *"mesela"*). Das angeführte Beispiel bezieht sich auf die Beantwortung einer Frage, die eine gängige und bekannte zu sein scheint (*"fragt man ja immer"*, tr. *"hep sorarlar ya işte"*). Den Beruf beschreibt die Imamin als etwas Identitätsstiftendes (*"was*

---

[59] Original:
DEAF01: Mesela hep sorarlar ya işte tekrar dünyaya gelseniz ne olmak isterdiniz falan diye (.) ben yine ilahiyatçı olmayı tercih ederim yani din eğitimi ile ilgili eh hizmet vermeyi isterim (.) yada ((yutkunuyor)) eh hani hiç pişman oldunuz mu aslında diye sorarsanız burda yaşanabilecek bütün problemlerin her birini ben hayatim boyunca yaşadım mesela Türkiye'de (.) eh yaşanmış din eğitimi alanında bayan olarak yaşanılan problemlerin de çoğunu ben yaşadım burdada yaşadım (.) Türkiye 'dede (.) mesela ben on beş yıllık hocayım eh on beş yılın ilk beş yılını mesela çok zorlu şartlarda eh hizmet vermiştim (.) yani
KAR:
└Türkiye'de
DEAF01: hiç evet hiç maaş almadan çalıştım mesela beş yıl boyunca // eh yani resmi olarak hiç bir boyutum olmadan çalıştım mesela üniversite mezunu olmama rağmen // burda da ilk geldiğimde mesela eh onu hala yaşıyorum yani şöyle (.) eh etraflıca bi eh hani mükemmel bi Almanca olmayabilir ama bi Almanca eh eğitimi vermeden gönderdi mesela Ditib yada işte Diyanet beni
KAR: Evet
DEAF01: Bu çok büyük bi eh nasıl diyim insana yani motivasyon eksikliği getiriyor // yani durumu zorluyor ve burdaki insanlara hiç istemediğin şekilde yük olmak zorunda kalıyosun // yani bu kaçınılmaz bi durum (.) birisi seninle ilgilenmek zorunda kalıyo
KAR: Evet
DEAF01: Bu da tabii ki maddi manevi olarak bi eh ne diyim yani insanı zorlayan bi durum

9.3 Orientierung an Organisationsstrukturen

würden Sie werden wollen", tr. *„ne olmak isterdiniz"*); insbesondere das *Werden* (tr. *„olmak"*) rekurriert darauf, dass der Beruf in ein Verhältnis mit der Identität gesetzt wird. Die Eigenbeschreibung des *Theologin-Sein* wird mit dem Handlungsfeld der *„religiösen Erziehung"* verknüpft. Nach dieser Rahmung dokumentiert sich in dem Schlucken und der darauffolgenden Aussage (*„also wenn Sie mich jetzt fragen würden ob ich es je bereut habe"*) die thematische Lenkung auf eine möglicherweise tiefergreifende Erfahrung. Diese Annahme bestätigt sich explizit in der daran anschließenden Erfahrungsschilderung mit Blick auf die *„erlebten Probleme"*. Die Verortung der Probleme erfolgt einerseits (im geographischen Sinne) raumbezogen; sie werden sowohl auf die Türkei als auch auf Deutschland zurückgeführt (*„habe sie hier erlebt (.) auch in der Türkei"*). Andererseits dokumentiert sich in der Beschreibung der *„meisten Probleme [...] die im Feld der religiösen Erziehung als Frau gemacht werden"* die Konstruktion eines beruflichen Feldes der *„religiösen Erziehung"* und der scheinbar damit verbundenen und als – für Frauen* – typisch, ritualisiert und gängig beschriebenen Probleme. Darin zeigt sich ebenso (und implizit) das Wissen der Imamin über dieses (konstruierte) Feld und die Erfahrungen der Anderen. Die Zuweisung dieser Probleme an eine bestimmte Geschlechterzugehörigkeit verweist gleichzeitig auf die Nicht-Betroffenheit und Nicht-Erfahrbarkeit dieser Probleme im Falle des anderen Geschlechts. Somit lässt sich rekonstruieren, dass die Imamin die frauenspezifischen Probleme als solche markiert und Männer* außen vor lässt. Somit lässt sich nach der thematischen Rahmung und Detaillierung die Problematisierung und die Orientierung an Organisationsstrukturen im Modus der Kritik rekonstruieren.

Die persönliche Bezugnahme auf diese Probleme lässt sich nicht zuletzt auf der Ebene des immanenten Sinngehalts rekonstruieren (*„die Probleme die man hier erleben kann habe ich alle einzeln mein ganzes Leben erlebt"* und *„habe ich die meisten Probleme erlebt"*); diese Bezugnahme zeigt sich bereits mit der Einleitung der Frage zuvor (*„ehm also wenn Sie nun fragen würden ob ich es je*

KAR: Anlıyorum
DEAF01: Mesela erkek hocalara gösterilen bu ihtimam maalesef bize <u>gösterilmiyo</u> yani Türkiye'den gönderilirken (.) eh belki bi ihtiyaç olarak bile görülmüyo ama bu ihtiyacı burda yaşarken çok daha iyi <u>hissediyorum</u> sadece Türkçe bilmenin yeterli olmadığını çünkü (.) eh ((parmak uçlarıyla masaya vuruyor)) yani benim bu dini birikimimle diyim yada ehm hani öğrendiğim (.) eh yaşadığım tecrübe- tecrübelerle beraber (.) bunun bide dil boyutu olmuş olsaydı benimde çok daha farklı bi eh hizmet alanım olacağını yada hizmet başarım olacağını eh düşünüyorum yani (.) erkek hocalardaki gibi olsaydı olmaz mıydı

bereut habe"). In der Erzählung, dass sie in den ersten Jahren ihres Dienstes *„unter sehr schweren Bedingungen"* gearbeitet habe, greift die Exemplifizierung der erfahrenen und erlebten Probleme: Die Imamin koppelt ihr Gehalt mit dem *„offiziellen Status"*; dass sie als *„Universitätsabsolventin" „fünf Jahre lang"* gearbeitet und dabei kein Gehalt bekommen hat, scheint für sie das Paradoxe zu sein. In dieser Darstellung zeigt sich somit die kritische Haltung der Imamin und die Problematisierung des zuvor erlebten Zustandes. Die zeitliche Verortung der Problematisierung in die Vergangenheit erweckt zunächst den Anschein einer Abgeschlossenheit (z. B. *„die Probleme die man hier erleben kann habe ich alle einzeln mein ganzes Leben erlebt"* (tr. *„burda yaşanabilecek bütün problemlerin her birini ben hayatim boyunca yaşadım"*) oder *„habe ich die meisten Probleme erlebt"* (tr. *„problemlerin de çoğunu ben yaşadım"*)), bricht sich jedoch in der Formulierung *„das erlebe ich immer noch"* (tr. *onu hala yaşıyorum*). Im Kontext der weiterhin vorhandenen Probleme führt die Imamin nun das Beispiel des fehlenden ausreichenden Deutschkurses vor der Entsendung an (*„Diyanet hat mich ohne einen Deutschkurs hierher geschickt"*). Dass dieser Zustand zu einem *„Motivationsmangel"* (tr. *„motivasyon eksikliği"*) führt und die *„Situation erschwert"* (tr. *„durumu zorluyor"*), verweist erneut auf den Modus der Kritik. Eine entscheidende Rolle in der Orientierung an Organisationsstrukturen scheint das Gezwungen-Sein zu spielen, das sich in den Äußerungen wie *„bist gezwungen"* (tr. *„zorunda kalıyosun"*), *„eine unvermeidbare Situation"* (tr. *„kaçınılmaz bi durum"*) und auch *„jemand muss sich um dich gezwungenermaßen kümmern"* (tr. *„birisi seninle ilgilenmek zorunda kalıyo"*) manifestiert.

Somit dokumentieren sich in der Beschreibung die (erlebten oder erfahrenen) Herausforderungen in der Alltagspraxis; auf der Ebene des immanenten Sinns werden diese auf das Fehlen des Sprachkurses zurückgeführt. Diese Herausforderungen scheinen sich auf verschiedene Bereiche des Lebens auszuwirken und durch das „Angewiesen-Sein" auf Andere Einschränkungen in der Alltagspraxis hervorzurufen. Durch die Rekonstruktion des weiteren Verlaufs der Sequenz wird das zunächst implizit Gedeutete explizit (und auf der immanenten Ebene rekonstruierbar): In der Beschreibung, dass *„die Bemühungen die den männlichen Hoca gezeigt wird"* den *„Frauen"* *„leider"* nicht gezeigt werde (tr. *„erkek hocalara gösterilen bu ihtimam maalesef bize gösterilmiyor"*), dokumentiert sich das Wissen der Imamin über die unterschiedlichen Angebote. Durch einen Einschub wird eine mögliche Begründung angeführt (*„vielleicht wird das nicht als Bedürfnis angesehen"*, tr. *„belki bi ihtiyaç olarak bile görülmüyo"*), die mit der eigenen emotionalen Betroffenheit widerlegt wird (*„aber dieses Bedürfnis spüre*

9.3 Orientierung an Organisationsstrukturen

ich", tr. „*ama bu ihtiyacı* [...] *hissediyorum*"). Darin dokumentieren sich ebenso die Erfahrung und das Wissen der Imamin über die Umstände. Es scheint eine Instanz oder ein Kollektiv zu geben, die bzw. das die Bedürfnisse der Männer und Frauen (in getrennter Weise) zu wissen und einzuordnen vermag und eine Entscheidungshoheit darüber hat. Somit wird der Zustand (der Entsendung ohne vorherigen Sprachkurs) als etwas Geschlechterspezifisches markiert. An dieser Stelle stellt sich die Frage, inwiefern die oben beschriebene Instanz oder das Kollektiv in Zusammenhang mit dem von der Imamin in der Sequenz genannten Entsender *Diyanet* steht. Dies wird jedoch nicht genauer ausgeführt.

Dass es sich dabei um die Orientierung an einer *Kritik* handelt, wird nicht zuletzt auf der Ebene des immanenten Sinngehalts rekonstruierbar; dies wird durch die Betrachtung des ‚*Wie*' des Gesagten (auf der Ebene des Dokumentsinns im Sinne der dokumentarischen Auswertung) sichtbar: In der Betonung während der Beschreibung „*die Bemühungen die den männlichen Hoca gezeigt wird wird uns nicht gezeigt*" dokumentiert sich die Erwartung(-shaltung) der Imamin, die auf einen anderen Zustand im Gegensatz zu dem ihrerseits Skizzierten verweist. Das Klopfen mit den Fingern auf den Tisch während der Aussage „*also mit meinen religiösen Kenntnissen oder was ich gelernt habe*" deutet ebenso auf die Erwartungshaltung; andererseits dokumentiert sich darin der Modus der *Kritik*. In dieser Situation spiegelt sich auch der Modus der Balancierung wider: Der Wunsch nach einem Zustand wie bei den „*männlichen Hoca*" verweist auf den Wunsch der Angleichung (beispielsweise „*würde es nicht so wie bei den männlichen Hoca gehen*" (tr. „*erkek hocalardaki gibi olsaydı olmaz mıydı*"), denn darin sieht sie eine positive Wirkung („*ich denke dann hätte ich auch einen anderen Dienstbereich oder Diensterfolg*" (tr. „*benimde çok daha farklı bi eh hizmet alanım olacağını yada hizmet başarım olacağını eh düşünüyorum*").

Kurz darauf stellt die Interviewerin eine Zwischenfrage, deren Beantwortung die zuvor rekonstruierte Orientierung an Organisationsstrukturen im Modus der kritischen Balancierung bestätigt:

```
KAR:  Okay Sie haben gesagt den Männern werden zum Beispiel
was die Sprache angeht für Erleichterungen gesorgt verstehe
ich das richtig
```

DEAF01:   L   Ja
ihnen ihnen ehm werden vier Monate lange Kurse geboten // aber
die Frauen werden hierhergeschickt ohne dass ihnen Kurs
erteilt wird (.) ich denke dass das gleich sein sollte

KAR: Verstehe

(DEAF01, 195-201)[60]

Die Nachfrage der Interviewerin hinsichtlich der Entsendung der „Männer" mit einem vorherigen Sprachkurs wird durch die Interviewte ratifiziert. In der Ratifizierung dokumentiert sich erneut die Geschlechterdifferenzierung und -markierung des beschriebenen Zustandes; in dem „aber" (tr. „*ama*") manifestiert sich die Konträr-Setzung. Aus einer verstärkt persönlichen Stellungnahme heraus (*„ich denke"*, tr. *„düşünüyorum"*) wird der *Modus der Balancierung* eingenommen, in dem der Wunsch nach gleicher Handhabung bzw. Angleichung (*„dass das gleich sein sollte"*, tr. *„aynı olması gerekir"*) geäußert wird.

Im weiteren Verlauf des Interviews wendet sich DEAF01 von dem Thema „Sprachkurs" ab:

DEAF01: Ach und das gibt es noch (.) das ist unsere Wunde der
Gesellschaft wir versuchen das erst seit Neuem zu überwinden
(.) unsere Frauen ehm in jedem Feld aber schaue nicht nur im
religiösen Feld

KAR: Hmm ja

DEAF01: In jedem Bereich haben wir sie immer an zweiter Stelle
gehalten das gibt es leider also das ist offensichtlich //

---

[60] Original:
KAR: Peki erkeklere mesela dil konusunda erkeklere daha kolaylık sağlandı dediniz doğru mu anlıyorum
DEAF01: L
Evet onlara onlara ehm dört aylık dil kursları veriliyo // ama bayanlara kurs verilmeden buraya gönderiliyo (.) aynı olması gerekir diye düşünüyorum
KAR: Anlıyorum

9.3 Orientierung an Organisationsstrukturen 417

```
wir haben in diesem Feld ehm also unsere Organisation hat das
sehr gut hingekriegt also unsere Gesellschaft // zum Beispiel
in unserer Organisation ist die Anzahl der weiblichen Hoca in
den letzten sechs sieben Jahren auf das Zweifache gestiegen
vielleicht sogar mehr
KAR:    Ja
DEAF01: Also dass unsere Organisation und also unsere
Gesellschaft diese Unterstützung gibt stärkt die Gesellschaft
natürlich (.) warum weil die Hälfte unserer Gesellschaft
Frauen sind
KAR:    Ja
DEAF01: ⌊ Vielleicht ist das ein sehr großer Dienst aber
selbst das ist nicht ausreichend // also es gibt viel zu tun
(.) weil wir immer viele Mängel aufweisen bleibt aus diesem
Grund das was gemacht wird unzureichend
DEAF01 (547-560)[61]
```

DEAF01 rahmt die in der Sequenz folgende Erzählung als „*unsere Wunde der Gesellschaft*" (tr. „*toplumsal bi yaramız*"). Darin dokumentiert sich die In-Verhältnis-Setzung der Imamin – gleichzeitig scheint das Folgende etwas Geteiltes zu sein, denn es ist „*unsere Wunde*", die im Zusammenhang eines Kollektivs beschrieben wird. Neben dem Geteilten dokumentiert sich außerdem das

---

[61] Original:
DEAF01: Ha bide şu var (.) bizim ee toplumsal bi yaramız bu biz bunu yeni yeni aşmaya çalışıyoruz (.) kadınlarımızı ee her alanda ama sadece din alanında değil bak
KAR: Hmm evet
DEAF01: Her alanda hep ikinci planda tutmuşuz maalesef bu var bu bi aşikâr yani // biz bu alanda ehm bizim teşkilatımız bunu çok güzel eh becerdi yani bizim toplum // mesela bizim teşkilatımızda bayan hoca sayısı son eh altı yedi senede iki katına çıktı (.) belki daha fazla
KAR: Evet
DEAF01: Yani bu desteği vermiş olması bizim teşkilatımızın toplumumuzu da tabii ki eh ayağa kaldırıyor (.) niye çünkü toplumun yarısı kadın
KAR: Evet
DEAF01: ⌊ Belki bu yapılan çok büyük bi hizmet ama bu bile yetersiz // yapılabilecek çok şey var yani (.) çünkü hep eh eksiklerimiz çok olduğu için bu yapılanlar da o yüzden yetersiz kalıyo

geteilte *Wissen*, das es in diesem Kontext zu geben scheint. In dieser Bezugnahme und Rahmung wird weiterhin der Versuch der Überwindung genannt (*„wir versuchen das [...] zu überwinden"*, tr. *„biz bunu [...] aşmaya çalışıyoruz"*); die Überwindung dessen, was als Auslösendes oder die Ursache der Wunde benannt wird. Es lässt sich rekonstruieren, dass die Imamin diese Überwindung als noch nicht abgeschlossen und im Prozess befindlich konstruiert (*„erst seit Neuem"*, kann auch übersetzt werden als *„so langsam erst"*, tr. *„yeni yeni"*). In dieser Prä-Rahmung dokumentiert sich zunächst die Orientierung der Imamin an einer Problematisierung, die bis zu dieser Stelle allerdings implizit bleibt.

Anschließend folgt die thematische Annäherung (*„unsere Frauen"*, tr. *„kadınlarımızı"*). Die Wunde der Gesellschaft scheint in Zusammenhang mit „Frauen" zu stehen. Weiterhin lässt sich rekonstruieren, dass die Imamin nach der Rahmung und der thematischen Annäherung, vor der Detaillierung der „Wunde der Gesellschaft", die Notwendigkeit des Einschubs sieht, in dem sie diese Ursache der Wunde von einer Zuschreibung an das „religiöse Feld" löst und verallgemeinert (*„in jedem Feld aber schau nicht nur im religiösen Feld [...] in jedem Bereich haben wir sie"*, tr. *„her alanda ama sadece din alanında değil bak [...] her alanda"*). In dem Einschub zeigt sich die Annahme der Imamin, dass die Interviewerin möglicherweise die Beschreibung automatisch (und nur) in den Kontext des religiösen Feldes verorten könnte. Es folgt die Spezifizierung und Exemplifikation der *Wunde der Gesellschaft*; die Problematisierung bezieht sich auf die bestehende Dysbalance und darauf, dass „Frauen [...] an zweiter Stelle gehalten" werden. Darin zeigt sich die *Orientierung an Geschlechterstrukturen im Modus der kritischen Balancierung*. Im Zuge dessen wird auf die Hierarchisierung bzw. Unterordnung verwiesen (*„zweiter Stelle"*, denn dadurch wird gleichzeitig implizit das Andere konstruiert, das im Gegensatz zu den Frauen an erster Stelle zu stehen scheint); diese wird problematisiert (*„leider"*, tr. *„maalesef"*) und die Existenz des beschriebenen Phänomens wird als offensichtlich bezeichnet (*„also das gibt es [...] das ist offensichtlich"*, tr. *„bu var bu bi aşikâr yani"*). In dieser Veroffensichtlichung dokumentiert sich erneut die oben genannte Konstruktion des kollektiven Wissens.

Die Imamin schreibt der Organisation bzw. der Gesellschaft die positive Wirkung bzw. Unterstützung im Kontext des als problematisch beschriebenen Phänomens zu (*„wir haben in diesem Feld ehm also unsere Organisation hat das sehr gut hingekriegt also unsere Gesellschaft"*, tr. *„biz bu alanda ehm bizim teşkilatımız bunu çok güzel eh becerdi yani bizim toplum"*); darin dokumentiert sich einerseits erneut die Konstruktion eines Kollektivs (*„unsere Organisation [...] also unsere Gesellschaft"*, tr. *„bizim teşkilatımız [...] yani bizim toplum"*), andererseits dokumentiert sich in dem „*also*" (*„yani"*) die Äquivalentsetzung der Organisation und der Gesellschaft.

9.3 Orientierung an Organisationsstrukturen

Ferner wird in der Sequenz darauf hingedeutet, dass die Orientierung an Organisationsstrukturen im Modus der kritischen Balancierung in Zusammenhang mit der Anzahl steht. Dieser wird insbesondere an den Stellen rekonstruierbar, an denen die Imamin die Anhebung der Zahlen der „weiblichen Hoca" im Sinne einer Überwindung des zuvor Problematisierten – der Dysbalance – und eines Fortschritts beschreibt (*„die Anzahl der weiblichen Hoca in den letzten sechs sieben Jahren auf das Zweifache gestiegen vielleicht sogar mehr"*, tr. *„bayan hoca sayısı son eh altı yedi senede iki katına çıktı (.) belki daha fazla"*); daraus folgt, dass die Imamin ihre Orientierung im Modus der Balancierung bearbeitet. Dieser Modus der Balancierung zeichnet sich weiterhin ab, während die Imamin über die Wirkung der *„Unterstützung"* (tr. *„destek"*) der Organisation bzw. der Gesellschaft spricht: An die Beschreibung, dass durch die Anhebung der Anzahl „weiblicher Hoca" die Gesellschaft „gestärkt"[62] wird, schließt die Begründung an, die sich erneut auf die Anzahl der „Frauen" bezieht (*„warum weil die Hälfte unserer Gesellschaft Frauen sind"*, tr. *„niye çünkü toplumuzun yarısı kadın"*). Der Modus der kritischen Balancierung wird auch gegen Ende der Sequenz manifest, indem die Entwicklungen als *„nicht ausreichend"* und die *„Mängel [als] immer viel"* beschrieben werden. In dem *„also es gibt viel zu tun"* dokumentiert sich der Wunsch nach einer höheren Anzahl weiblicher Hoca und somit der Modus der Balancierung. Dieser lässt sich auch im weiteren Verlauf nachzeichnen:

DEAF01: *Vor allem als Frau sind wir in einem noch noch schlimmeren Zustand // also ehm (2) gibt es erfreuliche Entwicklungen ja die gibt es aber die sind so unzureichend (.) mehr als die Hälfte unserer Gesellschaft besteht aus Frauen und die Bedürfnisse der Frauen also wenn das Zentrum in diesem Zustand ist dann heben sich die Probleme eines Mannes ehm automatisch auf (.) aber wir brauchen etwas was das sieht (.) wie soll ich sagen wir brauchen Menschen die*

---

[62] Die Imamin spricht von „*toplumumuzu da tabii ki eh ayağa kaldırıyor*", dies wurde hier als „stärkt die Gesellschaft natürlich" übersetzt. „*Toplumu ayağa kaldırmak*" kann wortwörtlich als „Gesellschaft auf die Beine stellen" und sinngemäß (bzw. im Kontext der Sequenz) als für die Gesellschaft „antreibend", „förderlich" und „stärkend" übersetzt werden.

einen Horizont eine Mentalität Einigkeit Zusammengehörigkeit und ein Ziel hervorbringen (.) und dafür müssen die jungen Menschen so schnell wie möglich (.) gebildete junge Menschen so schnell wie möglich in unser (.) ehm religiöses Feld eingreifen (2) ehm das Zentrum der Religion ist hier da es die Moschee ist müssen junge Menschen so schnell wie möglich in die Moscheen ((hustet)) eingreifen // das muss damit sich das ausbalanciert die Balance gefunden wird // also sowohl als Frau als auch als Mann also beide denke beidseitig // ((atmet tief ein und aus)) aber sie wollen es heute auch nicht sehr in die Hände der jungen Menschen geben (.) diese Dinosaurier die ich gemeint habe mit ihrer Grundauffassung // als ob sie die Moschee wegnehmen von dem Platz herausreißen würden also // sie wollen es nicht aus ihren Händen loslassen (.) also (.) @(.)@ e:h @wir müssen noch einen weiten Weg gehen@ @(.)@
(DEAF01, 774-784)[63]

In der Problematisierung des „Zustandes der Frauen", die die Imamin verstärkt und betont wiedergibt („*in einem noch noch schlimmeren Zustand*", tr. „*çok çok daha vahim bi durumdayız*"), zeigt sich erneut die Kritik. Zudem wird entlang einer als männlich-weiblich oder Mann-Frau konstruierten Differenzkategorie implizit der Vergleich gezogen. In dem „*vor allem als Frau*" (tr. „*bayan olarak*") dokumentiert sich daher, dass der Zustand, der die Frauen betrifft, die Männer

---

[63] Original:
DEAF01: Hele bir bayan olarak çok çok daha vahim bi durumdayız // yani eh (2) sevindirici gelişmeler var mı evet var ama o kadar yetersiz ki (.) toplumumuzun yarısından çoğu kadın ve kadının ihtiyaçları yani merkez o hal olduğunda (.) zaten erkeğin problemleri de otomatikman ortadan kalkıyor (.) ama bunu görebilecek bi şey lazım (.) eh ne deyim bize ufuk (.) zihniyet birlik beraberlik hedef bunu koyacak insanlar lazım (.) işte bunun için de gençlerin bir an evvel (.) eğitimli gençlerin bir an evvel bizim (.) eh dini alanımıza el atması gerekiyor (2) eh dinin merkezi burda cami olduğuna göre camilere bir an evvel ((öksürüyor)) el atması gerekiyor // gerekiyor ki dengelensin dengesini bulsun // yani hem kadın hem erkek olarak yani ikisi iki taraflı düşün // ((derin nefes alıp veriyor)) ama bugün eh gençlerin eline de çok vermek istemiyorlar da yani (.) o dinozor dediğim zihniyetleriyle // sanki alıp götürecek camiyi yerinden sökecek yani // ellerinden de bırakmak istemiyorlar (.) yani (.) @(.)@ e:h @ yiyeceğimiz çok fırın ekmek var daha @ @(.)@

9.3 Orientierung an Organisationsstrukturen

nicht zu betreffen scheint. Sichtbar wird in diesem Zusammenhang die Positionierung und Bezugnahme der Imamin als Frau, denn sie spricht von einem Kollektiv der Frauen, dem sie sich zuordnet („*vor allem als Frau sind wir*" (tr. „*bir bayan olarak [...] durumdayız*"). Der Modus der Kritik wird auch hier immanent sichtbar („*mehr als die Hälfte unserer Gesellschaft besteht aus Frauen*", tr. „*toplumumuzun yarısından çoğu kadın*"). Die Bedürfnisse (auch übersetzbar als *Bedarfe*, tr. „*ihtiyaç*") der Frauen werden mit dem Begriff „Zentrum" gleichgesetzt. Darin dokumentiert sich, dass deren Erfüllung für die Imamin nicht nur für sie persönlich, sondern für die gesamte Gesellschaft grundlegend zu sein scheint. Denn in diesem Zusammenhang wird zudem rekonstruierbar, dass mit der Erfüllung der „*Bedürfnisse*" der Frauen eine Aufhebung der „*Probleme eines Mannes*" (tr. „*erkeğin problemleri*") resultiert. Darin zeigt sich die Konstruktion von „*männerspezifischen Problemen*". Sichtbar wird dabei die Verkettung von Implikationen: Die Bedarfe oder Bedürfnisse der Frauen sind im Zentrum und dadurch, dass sie im Zentrum stehen, wird deren Erfüllung auch gleichzeitig die Probleme der Männer lösen. Interessanterweise wird hier nicht expliziert, inwiefern die Bedürfnisse der Frauen und die Probleme der Männer in Zusammenhang stehen. Allerdings wird im Zuge dieser Beschreibung (insbesondere mit der Einleitung durch die Konstruktion einer Idealvorstellung) der Modus der Balancierung rekonstruierbar (eingeleitet durch „*aber wir brauchen etwas was das sieht*", tr. „*ama bunu görebilecek bi şey lazım*"); denn durch die Vorstellung der Veränderung wird ein idealer Zustand konstruiert. In dieser Idealvorstellung scheinen „*Menschen die einen Horizont eine Mentalität Einigkeit Zusammengehörigkeit und ein Ziel hervorbringen*" (tr. „*bize ufuk (.) zihniyet birlik beraberlik hedef bunu koyacak insanlar lazım*") leitend zu sein. In diesem Zusammenhang kann rekonstruiert werden, dass die Imamin das Potenzial für die Verwirklichung dieser Idealvorstellung den jungen und gebildeten Menschen zuschreibt („*dafür müssen die jungen Menschen so schnell wie möglich (.) gebildete junge Menschen so schnell wie möglich*", tr. „*bunun için de gençlerin bir an evvel (.) eğitimli gençlerin bir an evvel*").

Die Bedeutung konstituiert sich in der mehrfachen Anführung „*so schnell wie möglich*" (tr. „*bir an evvel*") und in dem als notwendig beschriebenen *Eingriff* („eingreifen", tr. „*el atması*"). „*Das muss damit*" (tr. „*gerekiyor ki*") verweist auf die Begründung(-slogik) dieser Notwendigkeit(en). Mit der Beschreibung „*damit sich das ausbalanciert die Balance gefunden wird*" (tr. „*dengelensin dengesini bulsun*") lässt sich rekonstruieren, dass die Orientierung an Strukturen im Modus der Balancierung bearbeitet wird. Das lässt sich nicht zuletzt aus der immanenten Ebene ableiten; die weiteren Formulierungen deuten auf der Ebene des *Wie* des Gesagten auf diesen Modus: „*Sowohl als Frau als auch als Mann*" (tr.

„hem kadın hem erkek olarak"), „beide" (tr. „ikisi"), „beidseitig" (tr. „iki taraflı") verweist auf den Wunsch der Balancierung, um der beschriebenen Dysbalance entgegenzuwirken.

Nachdem die Imamin tief ein- und ausgeatmet hat, wird die zuvor konstruierte Idealvorstellung auf ihre Problematik hin beschrieben und deren Verwirklichung eingeschränkt („*aber sie wollen es heute auch nicht sehr in die Hände der jungen Menschen geben*", tr. „*ama bugün eh gençlerin eline de çok vermek istemiyorlar da yani*"). In der Präzisierung derjenigen, die die Intervention der jungen Menschen nicht wollen würden („*diese Dinosaurier die ich gemeint habe mit ihrer Grundauffassung*[64]", tr. „*o dinozor dediğim zihniyetleriyle*") zeigt sich erneut ihre kritische Haltung. „*Die ich gemeint habe*" (tr. „*dediğim*") deutet dabei auf die vorherige Thematisierung und Nennung der Bezeichnung „*Dinosaurier*". In dieser Metapher zeigt sich die Kritik der autoritativen und dominanten Haltung (tr. „*zihniyet*") und (Re-) Aktionen der Vorstandsmitglieder. Für DEAF01 scheint diese Dysbalance entscheidend zu sein, sodass sie auch im weiteren Verlauf des Interviews auf den Modus der kritischen Balancierung verweist:

KAR: Gibt es etwas was Sie hinzufügen möchten

DEAF01: Also mein letzter Satz soll das hier sein (.) wenn wir religiöse Erziehung (2) sagen (.) ehm so wie jeder Bereich des Lebens religiöse Erziehung ist (.) ist es genauso wichtig <u>weibliche</u> Religionspädagoginnen e:h zu sein (.) also (.) ehm (.) ich sage es mal so würde es ohne w- weibliche Religionspädagoginnen klappen (.) eigentlich würde es klappen aber es wäre so halb (.) also bis jetzt gab es hier wirklich keine w- weibliche Religionspädagoginnen das ist noch sehr neu also dieses Grundgerüst ist ist hier neu (.) es ist eine Zeitspanne von sechs sieben Jahren davor waren es eins zwei vielleicht gab es keine so gut wie keine in manchen Bundesländern gab es gar keine (.) also es ist ein Ergebnis der letzten fünf sechs Jahre also dass so viele Frauen als

---

[64] „*Zihniyet*" kann auch übersetzt werden als Haltung oder Mentalität. Im Kontext der Rekonstruktion weichen alle Übersetzungen insofern nicht davon ab, als sie auf die Orientierung an der Kritik verweisen.

9.3 Orientierung an Organisationsstrukturen

Religionspädagogen hierher kommen und (.) so eine Entwicklung (.) ich meine selbst das ist sehr sehr sehr sehr unzureichend

KAR: Hmm:

DEAF01: Aber im Sinne von wo auch immer wir Schaden abwenden ist es von Vorteil // also besser als dass es es gar nicht gibt (.) besser als gar nichts

KAR: Ja

DEAF01: Ehm und (.) ich glaube daran dass noch schönere Dinge passieren wenn wir mehr werden // mit Gottes Willen inshaAllah (.) wie soll ich ehm ich denke dass unsere Gesellschaft das ehm(2) sowohl braucht als auch bereit dafür ist (.) und dass sie das auch unterstützen werden also die weiblichen Religionsbediensteten (.) hmm:: hier zum Beispiel meine Freunde (.) die die hierher gekommen sind und auch bei mir (.) also die mich unterstützt haben Gott sei mit ihnen zufrieden (.) ich hatte sehr tolle Menschen die während all meinen Bedürfnissen bei mir waren (.) ehm sie arbeiten zwar nicht formal als Religionsbedienstete aber im eigentlichen Sinne (.) gibt es viele Menschen die selber als Religionsbedienstete arbeiten // also sie haben sich selber gebildet (.) dieses sich Widmen (.) und *eigentlich* eine Gesellschaft die sich auf *ihnen* aufgebaut hat (.) und das (.) wird nicht viel gesehen (.) ein unsichtbares (.) wie das U-Untere eines Eisberges

KAR: Hmm:

DEAF01: ∟ Und wir haben solche Frauen also Gott sei Dank dass es sie gibt

KAR: Ja

DEAF01: *Also Gott sei Dank (.) Allah soll ihre Anzahl erhöhen (.) ihnen helfen (.) so Gott will wird unsere Einheit und unser Zusammensein:: so bald wie möglich sichergestellt (.) damit wir noch schönere Sachen machen*
DEAF01 (848-864)[65]

Die letzte Frage der Interviewerin „*gibt es etwas was Sie hinzufügen möchten*" (tr. „*peki eklemek istediğiniz bir şey var mı*") wird von der Interviewten aufgegriffen ("*also mein letzter Satz soll das hier sein*", tr. „*yani son cümlem şu olsun*"). Darin dokumentiert sich, dass das Folgende im Sinne eines Resümees oder des noch zu Ergänzenden bearbeitet wird. Die Rahmung des zuletzt zu Sagenden erfolgt über die Konstruktion eines Bereiches der religiösen Erziehung; dieser Bereich scheint universal und ohne Grenzen zu sein und sich auf alle Bereiche des Lebens zu erstrecken („*so wie jeder Bereich des Lebens religiöse Erziehung*

---

[65] Original:
KAR: Peki eklemek istediğiniz bir şey var mı
DEAF01: Yani son cümlem şu olsun din eğitimi (2) dediğimiz zaman, (.) ehm nasıl ki hayatin her alanı din eğitimiyse (.) bir <u>bayan</u> din eğitimcisi e:h olmakta o kadar önemli (.) yani (.) eh (.) şöyle söyleyim bi bayan din eğitimcisi olamadan olur mu (.) aslında olur da işte böyle yarım olur (.) yani şimdiye kadar mesela yoktu gerçekten burda b- bayan din eğitimcileri çok daha yeni yeni o // temeller yani burda (.) altı yedi yıllık bi eh süreçti önceden bir tane iki taneydi belki yoktu yok denecek kadar azdı bazı eyaletlerde hiç yoktu (.) hani bu son beş altı yılın eseri yani bu kadar çok din eh eğitimcisinin bayan olarak buraya gelmesi ve (.) böyle bi hareketlilik (.) ki bu çok çok çok çok yetersiz
KAR: Hmm:
DEAF01: Ama eh zararın neresinden dönersek kardır hesabi // hiç olmamaktan iyidir yani (.) hiç yoktan iyidir
KAR: Evet
DEAF01: Eh ve (.) çoğaldığımız zaman çok daha güzel şeyler olacağına da inanıyorum // Allah'in izniyle inşallah (.) toplumumuzda buna çok ehm (2) eh ne diyim hem ihtiyacı olduğunu hem de hazır olduğunu düşünüyorum (.) hem destek vereceğini inanıyorum yani bayan din görevlilerini (.) hmm:: burda mesela benim arkadaşlarımdan (.) gelenlerin de öyle benim de öyle (.) yani allah razı olsun bana çok destek çıkan (.) hani her ihtiyacımda yanımda olan çok (.) güzel insanlar oldu yani (.) ehm resmi olarak din görevlisi olarak çalışmıyor ama gerçek manada (.) kendileri de bi din görevlisi olarak çalışan insanlar çok var // hani o kendini yetiştirmiş (.) o kendini adamışlık (.) ve <u>aslında</u> <u>onların</u> üzerinde kurulu bu toplum (.) yani ve o (.) çok görülmüyor (.) görülmeyen bi (.) hani buz dağının a- aşağısı gibi
KAR: Hmm:
DEAF01: ˪ Ve öyle kadınlarımız var yani çok şükür ki iyi ki varlar
KAR: Evet
DEAF01: Yani elhamdülillah (.) allah onların sayılarını artırsın (.) yardımcıları olsun (.) birlik beraberliğimiz:: inşallah bir an evvel sağlanır da (.) ehm daha güzel şeyler yaparız

9.3 Orientierung an Organisationsstrukturen 425

ist", tr. *„ehm nasıl ki hayatin her alanı din eğitimiyse"*). In dieser Rahmung erfolgt die Verknüpfung, die durch das „genauso wie [...] so ist es" (tr. *„nasıl ki [...] o kadar"*) einen messenden und vergleichenden Charakter zeichnet. Die Aussage, dass „jeder Bereich des Lebens religiöse Erziehung ist", wird als Begründung für die Präsenz – im genaueren Sinne sogar *Existenz* – weiblicher Religionspädagoginnen herangezogen („*ist es genauso wichtig weibliche Religionspädagoginnen e:h zu sein*", tr. *„bir bayan din eğitimcisi e:h olmakta o kadar önemli"*). In der Betonung auf „weiblich" manifestiert sich die Bedeutung der Geschlechterzugehörigkeit. DEAF01 bewegt sich in ihrer Beschreibung erneut auf der quantitativen Betrachtung der Geschlechterrepräsentanz („*ohne weibliche Religionspädagoginnen*", tr. *„bayan din eğitimcisi olamadan"*); dies dokumentiert sich ebenso in dem „*so halb*" (tr. *„böyle yarım olur"*). Weibliche Religionspädagoginnen werden im Sinne einer Vervollständigung beschrieben, die diese Dysbalance ausgleichen; somit wird auf den Modus der kritischen Balancierung verwiesen, in dem die Imamin die Orientierung an Organisationsstrukturen bearbeitet.

An die Skizzierung der quantitativen Zunahme weiblicher Religionspädagoginnen in den „*letzten fünf sechs Jahre[n]*" (tr. *„son beş altı yılın..."*) schließt die Bewertung dieser Entwicklung an (tr. *„hareketlilik"*, lässt sich auch übersetzen als *Lebhaftigkeit*). Diese Beschreibung deutet implizit auf die Nicht-Abgeschlossenheit und Unvollständigkeit der Entwicklung. Dies wird im Anschluss daran expliziert („*selbst das ist sehr sehr sehr sehr unzureichend*", tr. *„ki bu çok çok çok çok yetersiz"*). In der mehrfachen Anführung des *„sehr"* (tr. *„çok"*) dokumentiert sich verstärkt die Kritik.

Die Imamin zeichnet eine hoffnungsvolle Zukunftsperspektive („*ich glaube daran dass noch schönere Dinge passieren*", tr. *„çok daha güzel şeyler olacağına da inanıyorum"*), die mit dem Anstieg der Zahlen in Verbindung gebracht werden („*wenn wir mehr werden*", tr. *„çoğaldığımız zaman"*). Die quantitative (Aus-)Balancierung wird als ein gesellschaftlicher Bedarf („*ich denke dass unsere Gesellschaft das [...] sowohl braucht*", tr. *„toplumumuzunda buna çok [...] hem ihtiyacı olduğunu [...] düşünüyorum"*) betrachtet. Folglich sind die Präsenz und der Dienst weiblicher Religionsbediensteter an eine gesellschaftliche Relevanz gekoppelt. Das Bereit-Sein der Gesellschaft verweist einerseits auf einen Entwicklungsprozess; andererseits dokumentiert sich darin die Problematik, die im Zusammenhang mit der bisher unzureichenden Anzahl zu stehen scheint.

Im Sinne einer Exemplifikation der vorherigen Beschreibung wird die Bedeutung weiblicher Bediensteter auf formeller oder informeller Ebene („*sie arbeiten zwar nicht formal als Religionsbedienstete aber im eigentlichen Sinne (.) gibt es viele Menschen die selber als Religionsbedienstete arbeiten*", tr. *„resmi olarak din görevlisi olarak çalışmıyor ama gerçek manada (.) kendileri de bi din görevlisi* *olarak çalışan insanlar çok var"*) markiert. In dieser Markierung orientiert sich die Imamin erneut an der Bedeutung der Balancierung der Anzahl weiblicher Bediensteter. Die Bekräftigung des starken Engagements der „weiblichen Religionsbediensteten" (*"dieses sich Widmen"*, tr. *"o kendini adamışlık"*) wird durch die Beschreibung *"eigentlich eine Gesellschaft die sich auf ihnen aufgebaut hat"* (tr. *"aslında onların üzerinde kurulu bu toplum"*) argumentativ untermauert. Darin dokumentiert sich die gesellschaftliche Bedeutung und Relevanz, die den Handlungen und dem Engagement der weiblichen Religionsbediensteten zugeschrieben wird. Diese Bedeutungskonstruktion zeigt sich ebenso im metaphorischen Vergleich *"wie das U- Untere eines Eisberges"* (tr. *"hani buz dağının a- aşağısı gibi"*), der auf die Stärke, Wichtigkeit und das Fundament rekurriert; denn das Untere eines Eisberges scheint das Obere zu tragen. Mit Blick auf die Beschreibung wird dadurch die vorherige Ausführung über das Tragen der Gesellschaft durch weibliche Religionsbedienstete nun metaphorisch exemplifiziert. Während diese Metapher die Stärke und Bedeutung markiert, manifestiert sich darin ebenfalls die Ebene der Unsichtbarkeit des unteren Teils des Eisberges bzw. des Engagements der weiblichen Religionsbediensteten (*"das (.) wird nicht viel gesehen (.) ein unsichtbares"*, tr. *"o (.) çok görülmüyor (.) görülmeyen bi"*). In der Beschreibung der Unsichtbarkeit wird implizit eine Gruppe konstruiert (eine, die sich von den weiblichen Religionsbediensteten unterscheidet und abgrenzt), die im Gegensatz dazu *sichtbar* zu sein scheint. Diese implizit als sichtbar konstruierte Gruppe scheint gleichzeitig den Ruf zu genießen, die Gesellschaft aufzubauen, dem sich die Imamin kritisch gegenüberzustellen scheint. Dies lässt sich nicht zuletzt aus der Betonung des *eigentlich eine Gesellschaft die sich auf ihnen aufgebaut hat"* (tr. *"aslında onların üzerinde kurulu bu toplum"*) rekonstruieren. Ob sich das konstruierte Andere nur auf die männlichen Religionsbediensteten oder auf „Männer" allgemein bezieht, lässt sich nicht genauer rekonstruieren; allerdings kann festgehalten werden, dass sich diese Dysbalance (von Sichtbarkeit und Unsichtbarkeit, quantitativer Präsenz und Absenz) auf das Geschlecht bezieht, da die Imamin auch in anderen Sequenzen immanent von der Geschlechterkonstruktion und -differenzierung Mann-Frau ausgeht. In dieser Orientierung verweist die Imamin auf den Modus der Balancierung, der in der Beschreibung des Wunsches mit Blick auf die quantitative Zunahme weiblicher Religionsbediensteter immanent wird (*"Allah soll ihre Anzahl erhöhen"*, tr. *"allah onların sayılarını artırsın"*). Durch diese Balancierung erhofft sich die Imamin eine „Einheit" (tr. *"birlik"*) und ein „Zusammensein" (tr. *"beraberlik"*), die ihr scheinbar aufgrund der vorhandenen Geschlechter-Dysbalance fehlen und erst durch die Balancierung möglich werden. Dadurch erhofft sie sich eine positive Auswirkung auf die Handlungsfelder (*"damit wir noch schönere Sachen machen"*, tr. *"daha güzel*

9.3 Orientierung an Organisationsstrukturen 427

şeyler yaparız"). Somit lässt sich auch in dieser Sequenz die Orientierung an Organisationsstrukturen im Modus der kritischen Balancierung rekonstruieren.

Im Interview mit TRKA03 (Studentin an der theologischen Fakultät in Konya) zeigt sich auf der kommunikativen Ebene eine ähnliche Auseinandersetzung mit der Bedeutung der quantitativen Präsenz von Frauen in Moscheen und in den Vorständen. Darin zeigt sich auch die kollektive Orientierung und der homologe Modus:

TRKA03: *In letzter Zeit ist etwas passiert was bislang nicht passiert ist und das ist dass die stellvertretende Vorsitzende des Diyanet eine Frau ist(.)* die erste Frau in der Geschichte in der türkischen Geschichte dass eine Frau (.) ehm im Vorstand ist (.) *also etwas verändert sich* (.) *und ich denke dass diese Veränderung nicht nur auf den höheren Ebenen der Institutionen sondern auch in den unteren Ebenen spürbar werden sollte* und ich denk nicht nur (.) als ehm *also* (.) *der Dienst oder Dings* (.) Religionsbeauftragte *aber* (.) *ich denke an mehr* (.) das sollte sowieso sein (.) *in den Moscheen gibt es ja diesen* (.) ehm Vorstand Vorstandsmitglied etcetera da sollten auch Frauen dabei sein aktiv sein (.) es ist nicht typisch Männer Aufgabe (.) sondern da sollten Frauen auch wirklich aktiv sein

(TRKA03, 1363-1372)[66]

Die Studentin markiert in dieser Sequenz das folgende Ereignis als Novum („*in letzter Zeit ist etwas passiert was bislang nicht passiert ist*", tr. „*bu zamana kadar olmayan bi şey oldu şu son dönemde*"). Somit wird dem Geschlecht der stellvertretenden Vorsitzenden des Präsidiums Diyanet eine Bedeutung beigemessen

---

[66] Original:
TRKA03: Bu zamana kadar olmayan bi şey oldu şu son dönemde oda Diyanet İşleri Başkan yardımcısı bi kadın olması das ist (.) die erste Frau in der Geschichte in der türkischen Geschichte das eine Frau (.) eh im Vorstand ist (.) yani bi şeyler değişiyor yani (.) eh bu değişim sadece (.) üst kurumlarda değilde (.) alt kademelerdede hissedilmesi gerektiğini düşünüyorum (.) und ich denk nicht nur (.) als eh şimdi (.) görevin veya şeyin (.) Religionsbeauftragte ama (.) ben dahada fazlasını düşünüyorum (.) das sollte sowieso sein (.) bu camilerde şeyler oluyor ya hani (.) ehm Vorstand Vorstandsmitglied etcetera da sollten auch Frauen dabei sein aktiv sein (.) es ist nicht typisch Männer Aufgabe (.) sondern da sollten Frauen auch wirklich aktiv sein

(*„dass die stellvertretende Vorsitzende des Diyanet eine Frau ist"*, tr. *„Diyanet İşleri Başkan yardımcısı bi kadın olması"*). Die erneute Markierung des Novums (*„die erste Frau in der Geschichte in der türkischen Geschichte dass eine Frau (.) ehm im Vorstand ist"*), wird aus einem historischen Rückblick heraus beschrieben. Darin dokumentiert sich das Wissen über die bisherige Geschlechterrepräsentanz im Vorstand des Präsidiums. Imaginär wird ein Startpunkt einer(s) Veränderung(-sprozesses) konstruiert (*„also etwas verändert sich"*, tr. *„yani bi şeyler değişiyor"*). Mit der Beschreibung der Veränderung, die nicht nur *„auf den höheren Ebenen der Institutionen sondern auch in den unteren Ebenen"* (tr. *„bu değişim sadece (.) üst kurumlarda değilde (.) alt kadamelerdede"*) stattfinden müsse, verweist die Studentin auf ihren Wunsch nach einer höheren Anzahl von Frauen im Vorstand. Daraus lässt sich der Modus der kritischen Balancierung rekonstruieren. Der beschriebene quantitative Zuwachs zeichnet sich dadurch aus, dass er *„spürbar wird"* (tr. *„hissedilmesi gerektiğini"*). Darin dokumentiert sich, dass neben dem Wunsch nach der Balancierung der Anzahl die Handlungspraxis der Frauen im Vorstand Wirkung zeigen und wahrgenommen werden soll.

Mit Blick darauf deutet die Studentin auf eine breiter angelegte Vorstellung, die nicht nur auf die Präsenz von religionsbeauftragten Frauen beschränkt bleibt, sondern auch die Ebene des Vorstands und der Vorstandsmitglieder in Moscheen betrifft (*„nicht nur [...] Religionsbeauftragte [...] ich denke an mehr [...] in den Moscheen gibt es ja diesen (.) ehm Vorstand Vorstandsmitglied etcetera da sollten auch Frauen dabei sein aktiv sein"*). Dem liegt die Konstruktion einer Selbstverständlichkeit zugrunde (*„das sollte sowieso sein"*). Dass sie *auch* aktiv sein sollten deutet auf der Ebene des Dokumentsinns auf den Modus der Balancierung. Die breiter angelegten Ebenen der Präsenz (*„Religionsbeauftragte [...] Vorstand Vorstandsmitglied etcetera"*) beziehen sich auf der anderen Seite neben der reinen Präsenz auf das *„Aktiv-Sein"* (*„da sollten auch Frauen dabei aktiv sein"*). Beide Ebenen – die Handlungspraxis und Präsenz – werden als selbstverständlich gerahmt (*„das sollte sowieso sein"*). Die Feststellung *„es ist nicht typisch Männer Aufgabe"* lässt sich als argumentative Untermauerung der Wunschäußerung rekonstruieren. Der Abschluss dieser Sequenz rahmt und verweist explizit auf den Modus der Balancierung (*„da sollten Frauen auch wirklich aktiv sein"*); denn „auch" bezieht sich implizit auf diejenigen, die im Gegensatz zu den Frauen bereits aktiv sind.

9.3 Orientierung an Organisationsstrukturen

Die komparative Analyse deutet auf die Orientierung an Organisationsstrukturen im Modus der kritischen Balancierung auch im Interview mit DEAF02. In der folgenden Sequenz bezieht sich die Imamin auf die Frage der Interviewerin, wie sie sich „die zukünftige Moschee" vorstellt:

DEAF02: Zunächst einmal sollte es überall wo es Moscheen gibt (.) weibliche Bedienstete geben // wenn wir über die Situation sprechen in der wir uns gerade befinden dann würde ich mir das wünschen // zum Beispiel war das eines der Probleme die ich hier erlebt habe (.) in diesem Bezirk (.) also es gibt Moscheen die an unsere Organisation gebunden sind // und da gibt es männliche Bedienstete (.) und diese männlichen Bediensteten stehen ständig in Kontakt miteinander // also (.) ehm sie beraten sich gegenseitig sie sprechen sich aus sie teilen ihre Probleme sie können sich ganz einfach unterstützen sie können Lösungen erarbeiten (.) wir als weibliche Hoca (.) ehm egal wo sie hingehen egal in welchem Bundesland sie in Deutschland sind und in welchem Bezirk sie sind (.) wir sind ein wenig alleine // was das Geschlecht angeht klar stehen wir mit den männlichen im Dialog wir haben Kon-Kontakt zu ihnen // aber (.) als weibliche Bedienstete sind wir etwas allein gelassen und selbstverständlich führt das zu einer Ansammlung die erlebten Probleme häufen sich (.) das was du erlebst (.) ehm schöne oder negative Dinge es ist etwas anderes das mit deiner Familie zu teilen (.) oder mit Menschen die denselben Dienst ausüben die in denselben Rahmenbedingungen leben zu teilen ist ganz anders

KAR: Klar

DEAF02: Das beeinflusst einen positiv was die Motivation und die seelische Verfassung angeht // ganz einfach als wir zu unseren Versammlungen gegangen sind (.) oder wenn wir mit den weiblichen Hoca zu besonderen Organisationen gegangen sind und zusammenkamen (.) auch wenn das gar nichts mit dem Dienst zu tun hatte (.) ich habe gefühlt dass mich die Unterhaltung unglaublich entlastet hat // das größte Problem ist das (.)

bei ihnen gibt es die Solidarität und Unterstützung (.) ich
würde wollen dass die nächsten vor allem einige (.) Freunde
mehr (2) ehm es wurden Stellen besetzt ehm während wir drei
vier Personen waren ist die Anzahl im Bundesland angestiegen
(.) ich habe das meinen Freunden gesagt wie schön ist das ihr
werdet immer mehr ehm ihr könnt euch gegenseitig unterstützen
(.) für euch wird das besser (.) ehm das hätte ich gewollt //
so wie es in jeder Moschee einen (.) männlichen Bediensteten
gibt würde ich wollen dass es auch eine weibliche Bedienstete
gibt // ehm und genauso (.) hätte ich nicht in jedem Bereich
Dienst leisten wollen sondern nur in bestimmten Bereichen denn
es strengt einen sehr an sie müssen wie ein Tintenfisch sein
(DEAF02, 375-400)[67]

---

[67] Original:
DEAF02: Bir kere her şeyden önce eh cami olan (.) her yerde bir bayan görevlinin olması // hani bulunduğumuz ortam için bunu konuşuyorsak bunu arzu ederdim // mesela burada yaşadığım sıkıntılardan bi tanesi de (.) eh buydu bulunduğumuz bölgede (.) hani eh teşkilatımıza bağlı camiler var // ve orada erkek görevliler (.) var ve o erkek görevliler sürekli birbirleriyle kontak halindeler // yani (.) eh birbiriyle danışıyorlar dertleşiyorlar sıkıntılarını paylaşıyorlar birbirlerine çok kolay yardımcı destek olabiliyorlar çözüm üretebiliyorlar (.) biz bayan hocalar olarak (.) eh nereye giderseniz gidin Almanya'nın hangi eyaleti hani bölgesi olursa olsun (.) biraz yalnız kalıyoruz // hem cins olarak tabii ki erkek hocalarda bi diyaloğumuz konto- kontağımız var // ama (.) bayan görevliler olarak biraz yalnız kalıyoruz tabii ki buda bi birikime sebep oluyor yaşadığın sıkıntılar birikiyor (.) yaşadıklarını (.) eh güzel yada (.) olumsuz şeyler ailenle paylaşman farklı (.) seninle aynı görevi yapan aynı şartları yaşayan birisiyle bi biriyle bunları paylaşman çok farklı
KAR: Tabii ki
DEAF02: İnsanı daha bi eh moral motivasyon açısından // daha olumlu yönde etkiliyor ben en basitinden toplantılara gittiğimizde (.) yada özel organizasyonlara gittiğimizde bir araya geldiğimizde (.) hanım hocalarla (.) hiç eh yani görevle alakalı bir şey olmasa bile sohbetin müthiş derecede (.) beni deşarj ettiğini hissediyordum mesela // en büyük sıkıntılardan birisi bu (.) onlarda bir dayanışma var destek var (.) ben isterim ki bizden sonraki hatta bi kaç (.) arkadaş daha ekstra (2) eh kadro açılmış eh biz üç dört kişiyken eyalette sayı artmış (.) ben mesela arkadaşlara bunu söyledim ne kadar güzel dedim siz kalabalıklaşıyorsunuz eh daha birbirinizden destek alırsınız (.) sizin için daha iyi olur (.) eh bunu isterdim // her camide nasıl ki bi (.) erkek görevli var bayan görevli olmasını da isterdim // eh ve yine aynı şekilde (.) her alanda değil belirli bir alanda hizmet vermek isterdim çok yoruyor insanı çünkü ahtapot gibi olmanız gerekli

9.3 Orientierung an Organisationsstrukturen

Die Bezugnahme auf die Fragestellung der Interviewerin geschieht im Sinne einer Aufzählung, die erst beim Grundlegenden („*zunächst einmal*", tr. „*bi kere her şeyden önce*") zu beginnen scheint. In diesem Modus nennt DEAF02 die Präsenz weiblicher Bediensteter in Moscheen („*überall wo es Moscheen gibt*", tr. „*cami olan (.) her yerde*") – darin dokumentiert sich neben der Bedeutungskonstruktion der Verweis auf die Unterrepräsentanz weiblicher Religionsbediensteter. Auf das Letztere wird in der anschließenden Ausführung ebenfalls rekurriert („*wenn wir über die Situation in der wir uns gerade befinden sprechen*", tr. „*hani bulunduğumuz ortam için bunu konuşuyorsak*"); somit wird die Unterrepräsentanz als Status Quo beschrieben. Mit persönlicher Bezugnahme wird diese Beschreibung exemplifiziert („*zum Beispiel war das eines der Probleme die ich hier erlebt habe*", tr. „*mesela burada yaşadığım sıkıntılardan bi tanesi*"); diese Exemplifizierung bezieht sich auf die – im Unterschied zu den weiblichen Bediensteten – Vernetzung („*diese männlichen Bediensteten stehen ständig in Kontakt miteinander*", tr. „*erkek görevliler sürekli birbirleriyle kontak halindeler*") sowie die gegenseitige Unterstützung („*sie können sich ganz einfach unterstützen*", tr. „*birbirlerine çok kolay yardımcı destek olabiliyorlar*") und Beratung („*sie beraten sich gegenseitig*", tr. „*birbiriyle danışıyorlar*") der männlichen Bediensteten. Die gegenseitige Unterstützung und Beratung scheint einen therapeutischen Charakter zu haben („*sie sprechen sich aus sie teilen ihre Probleme*", tr. „*dertleşiyorlar sıkıntılarını paylaşıyorlar*"), der durch die Imamin mit Blick auf die Beziehung der weiblichen Bediensteten zueinander als fehlend beschrieben wird. In der daran anschließenden Explikation („*wir bleiben etwas alleine was das gleiche Geschlecht angeht*", tr. „*biraz yalnız kalıyoruz hem cins olarak*") konstituiert sich die Kritik an der Geschlechter-Dysbalance. DEAF02 beschreibt dies als allgemeinen Zustand und losgelöst von einer örtlichen Einschränkung („*egal wo sie hingehen egal in welchem Bundesland sie in Deutschland sind und in welchem Bezirk*", tr. „*nereye giderseniz gidin Almanya'nın hangi eyaleti hani bölgesi olursa olsun*"). In dieser Generalisierung zeigt sich der Versuch, eine mögliche Ausnahmekonstruktion zu vermeiden. Dies dokumentiert sich auch in der Beschreibung der Imamin, die sie aus der Perspektive eines Kollektivs („*weibliche Hoca*") vornimmt; darin zeigt sich der Generalisierungs- und Gültigkeitsanspruch. Die emotionale In-Verhältnis-Setzung und die Problematisierung des beschriebenen Zustandes verweisen auf die erfahrene und empfundene Belastung („*selbstverständlich führt das zu einer Ansammlung die erlebten Probleme häufen sich (.) das was du erlebst*", tr. „*tabii ki buda bi birikime sebep oluyor yaşadığın sıkıntılar birikiyor (.) yaşadıklarını*"). In dieser bisherigen Orientierung zeigt sich auch der Wunsch nach der quantitativen Zunahme der weiblichen Religionsbediensteten, die mit einer unterstützenden und entlastenden Wirkung in Zusammenhang gebracht wird; denn für die Imamin scheint der

Austausch mit den „männlichen Hoca" nicht ausreichend und dasselbe zu sein („*klar stehen wir mit den männlichen im Dialog wir haben Kon-Kontakt zu ihnen aber (.) als weibliche Bedienstete sind wir etwas allein gelassen*", tr. „*tabii ki erkek hocalarda bi diyaloğumuz konto- kontağımız var ama (.) bayan görevliler olarak biraz yanlız kalıyoruz*"). Somit verweist sie auf den Modus der Kritik in ihrer Orientierung an Organisationsstrukturen.

An diese Schilderung schließt die Beschreibung einer Szene an, die im Sinne einer Konkretisierung und Verdeutlichung des Vorherigen angeführt wird. DEAF02 geht dabei auf die entlastende Wirkung der Gespräche („*ich habe gefühlt dass mich die Unterhaltung unglaublich entlastet hat*", tr. „*sohbetin müthiş derecede (.) beni deşarj ettiğini hissediyordum*") mit weiblichen Hoca ein („*wenn wir mit den weiblichen Hoca zu besonderen Organisationen gegangen sind und zusammenkamen*", tr. „*özel organizasyonlara gittiğimizde bir araya geldiğimizde (.) hanım hocalarla*"); darin zeigt sich erneut der Bedarf der Imamin nach Austausch mit anderen weiblichen Religionsbediensteten. Dass es sich dabei um den allgemeinen Austausch und den Kontakt – auch losgelöst von beruflichen Anliegen – handelt, manifestiert sich in der Anführung „*auch wenn das gar nichts mit dem Dienst zu tun hatte*" (tr. „*görevle alakalı bir şey olmasa bile*"). In diesem Zusammenhang wird erneut die Differenzlinie zwischen den weiblichen und männlichen Hoca markiert. Dass diese Problematisierung mit der Anhebung der Anzahl weiblicher Religionsbediensteter lösbar zu sein scheint, dokumentiert sich in der Aussage „*wie schön ist das ihr werdet immer mehr ehm ihr könnt euch gegenseitig unterstützen*" (tr. „*ne kadar güzel dedim siz kalabalıklaşıyorsunuz eh daha birbirinizden destek alırsınız*"). Somit scheint die Lösung in der Balancierung der Dysbalance zu liegen. Während in der ganzen Sequenz sowohl implizit als auch explizit auf den Modus der Balancierung verwiesen wird, dokumentiert sich gegen Ende der Sequenz dieser Modus in der Aussage „*so wie es in jeder Moschee einen (.) männlichen Bediensteten gibt würde ich wollen dass es auch eine weibliche Bedienstete gibt*" (tr. „*her camide nasıl ki bi (.) erkek görevli var bayan görevli olmasını da isterdim*"). Die Satzstruktur „*so wie* [oder: genauso wie] […] *würde ich auch wollen*" (tr. „*nasıl ki* […] *olmasını da isterdim*") deutet auf die vergleichende Dimension und den Modus der Balancierung, die entlang der konstruierten Differenzlinie männliche-weibliche Hoca verhandelt wird. Auch im Anschluss konstruiert DEAF02 die Situation der männlichen Hoca als Bezugsrahmen, denn „*genauso*" (tr. „*yine aynı şekilde*") wird der Wunsch mit Blick auf die Ausrichtung des Handlungsfeldes der weiblichen Hoca geäußert. Die Handlungsfelder der männlichen Hoca scheinen *anders* oder stricto sensu *beschränkter* zu

9.3 Orientierung an Organisationsstrukturen

sein („*hätte ich nicht in jedem Bereich Dienst leisten wollen sondern nur in bestimmten Bereichen*", tr. „*her alanda değil belirli bir alanda hizmet vermek isterdim*"). Somit wird die Geschlechter-Dysbalance, an der sich die Imamin kritisch orientiert, nicht nur auf die quantitative Ebene bezogen – die Dysbalance scheint sich ebenfalls in der Ausrichtung und der Breite der Handlungsfelder zu zeigen. Diese Dysbalance problematisiert die Imamin und verdeutlicht dies metaphorisch am Beispiel des Tintenfisches („*denn es strengt einen sehr an sie müssen wie ein Tintenfisch sein*", tr. „*çok yoruyor insanı çünkü ahtapot gibi olmanız gerekli*"); somit scheint sich die Dysbalance eben auch vor dem Hintergrund des breit(er) angelegten Handlungs- und Tätigkeitsfeldes der weiblichen Hoca zu zeigen. Summa summarum lässt sich aus dieser Sequenz die Orientierung an Organisationsstrukturen im Modus der kritischen Balancierung rekonstruieren. Auf denselben Modus rekurriert DEAF02 ebenso in folgender Sequenz:

DEAF02: Man könnte den weiblichen Religionsbediensteten in Deutschland die Last folgendermaßen nehmen ehm ich weiß zwar nicht in welcher Zeit hier ein System wie in der Türkei aufgebaut werden kann aber (.) von einer Person zu erwarten alles zu tun (.) ehm das ist nicht richtig // ehrlich gesagt ist das so was wir gerade machen // also wir erwarten von einer Person alles (.) also wir sind ehm Predigerinnen (.) wir sind Psychologinnen (.) gleichzeitig sind wir Lehrerinnen und so weiter und so weiter // man kann nicht erwarten dass eine Person alles macht also zu allererst muss das gelöst werden und dafür braucht man ein System und Fachkräfte // dass das unter diesen Voraussetzungen in kurzer Zeit gelingt sieht ehrlich gesagt nicht sehr hoffnungsvoll aus // ehm aber so langsam inşallah natürlich wenn es Freundinnen gibt die das anfordern und da die meisten die Schwierigkeiten kennen (.) also sie wagen sich nicht oder sie wagen sich nicht weil sie ihr Familiensystem nicht durcheinander bringen möchten (.) ehm die grundlegende Lösung ist es wenn die Anzahl zunimmt (.) also eigentlich müsste es so sein wie bei den männlichen

Hoca (.) weil ehm beispielsweise (.) in Stadt-X (in Deutschland) ist eine Freundin gekommen // ehm meine Last ist weniger geworden // oder wenn irgendwo anders eine Freundin dazukommen würde (.) wird die Last noch weniger // also zunächst ist es natürlich die Fachkraft die größte Sache die die Last nehmen wird
(DEAF02, 530-556)[68]

Nach der zuvor beschriebenen Geschlechter-Dysbalance und der damit verbundenen Herausforderung für weibliche Religionsbeauftragte wird hier nun nach möglichen Lösungen gesucht („*man könnte den weiblichen Religionsbediensteten in Deutschland die Last folgendermaßen nehmen*", tr. „*Almanya ' daki bayan din görevlisinin yükünü azaltma şöyle olabilir*"). In diesem Aufriss dokumentiert sich weiterhin die Orientierung der Imamin an Strukturen. Der Versuch, die „Last zu nehmen", und die kritische Rahmung der einseitigen Erwartung („*von einer Person zu erwarten alles zu tun [...] das ist nicht richtig*", tr. „*bir kişiden her işi yapmasını beklemek (.) eh bu doğru değil*") machen dann ihren Wunsch nach einem Ausgleich und ihren Modus der Balancierung deutlich. Mit der Beschreibung der diversen Rollen in der Berufsausübung („*wir sind ehm Predigerinnen (.) wir sind Psychologinnen (.) gleichzeitig sind wir Lehrerinnen und so weiter und so weiter*", tr. „*hem işte vaizeyiz (.) biz hem eh psikoloğuz (.) hem öğretmeniz vesaire vesaire*") macht die Imamin deutlich, dass sie die vorhandene Dysbalance kritisch rahmt. Die beschriebene Erwartung scheint belastend zu sein. Die Problematisierung zeigt sich nicht zuletzt in der Formulierung „*zu allererst muss das gelöst werden*" (tr. „*ilk etapta bunun çözüme kavuşturulması lazım*"). Die Bedarfsanforderung an

---

[68] Original:
DEAF02: Almanya ' daki bayan din görevlisinin yükünü azaltma şöyle olabilir eh Türkiye'deki gibi bi sistemle ne kadar burda ne kadar sürede oluşturabilir bilmiyorum ama (.) bir kişiden her işi yapmasını beklemek (.) eh bu doğru değil // şuanda biz bunu yapıyoruz açıkçası // yani bir kişiden her şeyi bekliyoruz (.) yani biz eh hem işte vaizeyiz (.) biz hem eh psikoloğuz (.) hem öğretmeniz vesaire vesaire // bir kişiden her işi yapmasını bekleyemez yani ilk etapta bunun çözüme kavuşturulması lazım bunun içinde bir sistem gerekli ve eleman gerekli // şu anki şartlarda bunun yakın vadede olması (.) çokta ümitvâr gözükmüyor açıkçası // eh ama git gide eh inşallah tabii ki talep eden bayan arkadaşlar olursa çoğu da zorluğunu bildiği için (.) hani göze alamıyor yada ailesi aile şeyini (.) eh sistemini bozmak istemediği için göze alamıyor (.) eh sayı artarsa bu en temel çözüm (.) yani aslında erkek hocalardaki gibi olması gerekiyor (.) çünkü eh mesela atıyorum (.) Şehir-X ' e bir arkadaş geldi // eh benim yüküm hafifledi // atıyorum başka bir yere daha bi arkadaş gelse (.) daha yük hafiflicek // yani başta eleman tabii ki bizim yükümüzün hafifletilmesinde en büyük şey bu.

9.3 Orientierung an Organisationsstrukturen

weiblichen Religionsbediensteten („*wenn es Freundinnen gibt die das anfordern*",
tr. „*tabii ki talep eden bayan arkadaşlar olursa*") wird als Ausgangsvoraussetzung
für die Anhebung der Anzahl markiert. Daran schließt eine Beschreibung der
Schwierigkeiten mit Blick auf die Rahmenbedingungen für weibliche Religionsbedienstete an („*da die meisten die Schwierigkeiten kennen (.) also sie wagen sich
nicht oder sie wagen sich nicht weil sie ihr Familiensystem nicht durcheinander bringen möchten*", tr. „*çoğu da zorluğunu bildiği için [...] göze alamıyor [...] aile [...]
sistemini bozmak istemediği için göze alamıyor*"), die zunächst als geschlechterspezifisch markiert wird. Darin dokumentiert sich (nicht nur) der Verweis auf die
Herausforderungen für Frauen* mit Blick auf die (transnationale) Arbeitsmigration. Somit wird implizit eine Geschlechter-Dysbalance markiert, an der sich die
Imamin kritisch orientiert und als Lösung des „Problems" die Balancierung der
Anzahl beschreibt. Dies lässt sich auch auf der kommunikativen Ebene rekonstruieren („*die grundlegende Lösung ist es wenn die Anzahl zunimmt*", tr. „*sayı
artarsa bu en temel çözüm*"). Dass sich die Imamin dabei implizit (vergleichend)
an den männlichen Hoca orientiert, dokumentiert sich in der daran anschließenden
Beschreibung („*also eigentlich müsste es so sein wie bei den männlichen Hoca*", tr.
„*yani aslında erkek hocalardaki gibi olması gerekiyor*"). Die Annahme, dass mit
der Anhebung der Anzahl eine Abnahme der Last für die Imamin bzw. die weiblichen Religionsbediensteten resultiert, verweist gegen Ende der Sequenz erneut
auf den Modus der Balancierung.

Im Laufe des Interviews mit TRAAF4 (Studentin aus Ankara) wird die Rolle
der Imamin in der Moschee und ihr Verhältnis zu männlichen Gemeindemitgliedern thematisiert. Die folgende Sequenz schließt daran an:

```
TRAAF04: Was auch sehr wichtig ist (.) weil gerade diese ehm
(2) ehm allgemein (.) in der (.) ehm islamischen Kultur //
ehm wenn man auch jetzt insbesondere Hadis und Tefsir (.)
betrachtet // es gibt keine weibliche Sicht (.) auf die
Deutung (.) der Verse (.) auf e:hm die (.) Erarbeitung der
(.) Hadise des Propheten (.) // was auch ehm (2) stimmt weil
eine Sache ist immer nur dann gut jetzt da- weiß ich vom
letzten Jahr (.) weil wir Veranla- Veranstaltungen geplant
haben // wirklich wenn beide Geschlechter vertreten sind weil
es ist wirklich so ich weiß jetzt nicht ob das jetzt an (.)
den // Genen liegt oder (.) am Erbgut oder was auch immer aber
(.) Frauen haben einfach eine ganz andere An- eh: Ansicht auf
```

Sachen (.) Männer eine ganz andere (.) und die Sache wird erst dann perfekt (.) wenn ehm beide (.) ihre Meinung dazu äußern und wenn man das ehn nach beiden ehm also versucht beiden ehm ehm Geschlechtern recht zu machen dann wird die Sache wirklich perfekt // und ja im Thema Religion soll- ist es das wichtigste Thema eigentlich // wenn der Imam und (.) die ehm (.) weibliche Religionsbeauftragte zusammen (.) sogar Seminare führen // wär das sogar noch noch besser also so müsste das ja eigentlich sein (.) in Form von Seminaren find ich das sehr sehr angebracht jetzt auch nachdem (5) weiß nich ich glaub weil wir das einfach bis jetzt noch nie hatten kann ich das nicht begründen

KAR: ╚ Und in Form von Predigten

TRAAF04: Also ich ich wär bereit das also ich fänd das schön wenn man das mal probieren würde ob das (.) ehm wirklich fruchtet ob das // was bringt (.) ob sich dann alles also ob sich dann einige Sachen bessern würden aber ich glaub für die Gemeinde ist das wär das ein (.) sehr sehr radikaler Schritt (.) den also auf _einmal_ so: kann man das nicht machen das kann man (.) wirklich in Form von einem Seminar erst mal so (.) einführen wobei auch wahrscheinlich nur (.) ganz wenige kommen würden (.) dann könnte man das in Form von einer Seminarreihe vielleicht ne _bisschen_ verstärken (.) könnte man öfter (.) Veranstaltungen planen wo man indirekt zusammen arbeiten muss auch mit den Gemeindemitgliedern (.) dann könnte man zum Beispiel (.) ehm in den Predigten indirekt ehm versuchen (.) diese Sichtweise // irgendwie _einzuflößen_ in die Gedanken (.) sei es bei den Frauen sei es bei Männern (2) dann könnte man mal // vielleicht _zusammen_ (.) mit dem Imam ein weil ehm meistens haben die Menschen ja schon eine bestimmte Meinung zu dem Imam wenn sie ehm (.) ihn für gut halten (.) dann akzeptieren sie auch die meisten Sachen (.) die er macht (.)

9.3 Orientierung an Organisationsstrukturen

```
und wenn er // dann (.) sozusagen dazu bereit ist mit der
weiblichen Religionsbeauftragten zusammen zu arbeiten (.)
dann kann man indirekt da- (.) dafür sorgen dass sie auch eine
bestimmte Autorität dann gewinnt von den män- männlichen
Gemeindemitgliedern (.) dann könnte man das vielleicht (.)
einige Zeit lang so (.) eh: (2) vollziehen (.) und danach
vielleicht (.) langsam // dass sich der Imam @Schritt für
Schritt in den Hintergrund bewegt@ und man dann irgendwann
alleine dort steht // ja das das wär n Versuch wert aber das
wäre eine also es würde sehr viel Zeit beanspruchen (.) und
auch s- dann

KAR:                   └Oke (2) @(hmm)@ (4) hmm

TRAAF04: muss wirklich der Imam auch ((klopft auf den Tisch))
ganz ganz ehm klar im Kopf sein also wirklich (.) ehm n Denker
sein also sonst typisch wie wir das // bis jetzt kennen
KAR: @(.)@

TRAAF04: Leider sehr schwer // sehr schwer
(TRAAF04, 1765-1854)
```

TRAAF04 rahmt die anschließende Erzählung als etwas „*was auch sehr wichtich ist*". Mit der Konstruktion einer „*islamischen Kultur*" und eines allgemein damit zusammenhängenden Phänomens („*allgemein (.) in der (.) ehm islamischen Kultur*") werden Hadis und Tefsir in diese Konstruktion subsumiert. Mit der Beschreibung, dass es „*keine weibliche Sicht (.) auf die Deutung der Verse (.) auf e:h die (.) Erarbeitung der (.) Hadise des Propheten*" gibt, zeigt sich die Orientierung der Studentin an einer Dysbalance, die an dieser Stelle des Interviews noch nicht auf den Modus der Bearbeitung verweist. Sichtbar wird jedoch, dass diese Dysbalance allgemeingültig beschrieben wird („*es gibt keine*"); dies verstärkt sich ebenfalls in der Ratifizierung des selbst Beschriebenen („*was auch ehm (2) stimmt*"). Die Geschlechter-Dysbalance scheint insbesondere in der *Deutung* der Verse zu bestehen – dass es sich dabei nicht um die Kommentierung oder Lesung handelt, sondern um die *Deutung*, rekurriert auf die Hoheit in der Auslegung religiöser Schriften, die (in der Schilderung der Studentin) den Frauen entzogen werde. In der Anführung „*da- weiß ich vom letzten*

Jahr" dokumentiert sich einerseits die folgende beispielhafte Erzählung – andererseits spiegelt sich hier der Versuch, die eigene Stellungnahme bzw. Position anhand eines selbst erfahrenen Beispiels zu untermauern. Dass sich die Studentin an dieser Geschlechter-Dysbalance *kritisch* orientiert, zeigt sich nicht zuletzt in ihrem Modus der Bearbeitung des Beschriebenen – dem *Modus der Balancierung*. Dieser Modus dokumentiert sich in der positiven Bewertung, *„wenn beide Geschlechter vertreten sind"*. Erst mit dieser Balancierung der Dysbalance werde die „Sache perfekt". Die Orientierung an Organisationsstrukturen im Modus der kritischen Balancierung wird so erneut deutlich.

Die Studentin beschreibt die Szene, in der *„der Imam und [...] die [...] weibliche Religionsbeauftragte zusammen [...] Seminare führen"* in einer positiven Bewertung (*„noch noch besser"*) und einer Konstruktion von Normativität (*„so müsste das ja eigentlich sein"*). Das Seminar wird dabei als „angebrachte Form" beschrieben. Die Frage der Interviewerin zur Predigt als möglicher Form wird mit persönlicher Bezugnahme aufgegriffen (*„also ich ich wär bereit"*). In der Äußerung der Bereitschaft aus einer dezidiert persönlichen Perspektive wird gleichzeitig auf eine mögliche Problematik der kollektiven Sicht mit Blick auf die Beantwortung dieser Frage verwiesen – dies bleibt zunächst implizit und wird erst später explizit. Die Beschreibung *„ich fänd das schön wenn man das mal probieren würde ob das (.) ehm wirklich fruchtet"* verweist darauf, dass diese Form (scheinbar) noch nicht praktisch ausgeübt wurde. Auch in der vorherigen Beschreibung *„weiß nich ich glaub weil wir das einfach bis jetzt noch nie hatten"* und *„so müsste das ja eigentlich sein"* dokumentiert sich, dass auch das Format des Seminars mit der gemeinsamen Leitung eines Imam und einer weiblichen Religionsbeauftragten – zumindest für die Studentin – nicht bekannt scheint.

Mit positivem Bezug auf die Predigt als gemeinsames Format für weibliche Religionsbedienstete und Imame (*„ich fänd das schön"*) wird die Frage nach ihrer Wirksamkeit formuliert (*„ob das (.) ehm wirklich fruchtet ob das was bringt (.) ob sich dann alles also ob sich dann einige Sachen bessern würden"*). Darin kommt die Konstruktion der Verbesserungswürdigkeit zum Tragen – es scheint Aspekte zu geben, die verbesserungswürdig sind und ein bestimmtes Veränderungspotential aufweisen. Doch das Format wird von der Studentin als ein *„radikaler Schritt"* für *„die Gemeinde"* beschrieben. Dies verweist auf die damit verbundene Problematik, die für die Gemeinde als Kollektiv gelte. Mit dem *„radikalen Schritt"* steht die plötzliche Veränderung der gewohnten Formate (die nicht expliziert werden) in Verbindung (*„also auf einmal so:"*). In der daran anschließenden Darstellung wird eine Szene bzw. Vorgehensweise konzipiert, die einen *„radikalen Schritt"* und eine Veränderung, die *„auf einmal so"* stattfindet, vermeiden würde.

9.3 Orientierung an Organisationsstrukturen

In der Darlegung, dass *"in Form von einem Seminar erst mal"* weibliche Bedienstete und Imame gemeinsam leiten, scheint eine abgeschwächte(re) Form der Radikalität des Schrittes angenommen zu werden, die im Falle einer *Predigt* gegeben wäre. Selbst die Form des Seminars für die gemeinsame Arbeit der weiblichen Religionsbediensteten und des Imam wird als möglicherweise problematisch eingeordnet (*"wobei auch wahrscheinlich nur (.) ganz wenige kommen würden"*). In diesem Zusammenhang beschreibt die Studentin die Möglichkeit einer Annäherung an diese Formate, die sich langsam und etappenweise gestaltet. In der Beschreibung des Einflusses des Imam (*"wenn sie [die Gemeinde] ehm (.) ihn [den Imam] für gut halten (.) dann akzeptieren sie auch die meisten Sachen (.) die er macht"*) und der Möglichkeit, *"diese Sichtweise [...] irgendwie einzuflößen"*, dokumentiert sich dieser etappenweise und langsam angelegte Veränderungsprozess.

Aus dieser Skizzierung lässt sich rekonstruieren, dass der Imam als jemand konstruiert wird, der einerseits über das Potenzial verfügt, diese vorherrschende Dysbalance zu (re-)balancieren – andererseits wird dadurch die Geschlechter-Dysbalance *re*produziert; denn im Sinne einer Wenn-dann-Verkettung wird *nur dem Imam* die Fähigkeit zugeschrieben *"dafür zu sorgen dass [die weiblichen Religionsbeauftragten] auch eine bestimmte Autorität [gewinnen]"*. In diesem Kontext scheint das Problem der Akzeptanz weiblicher Autorität die männlichen Gemeindemitglieder zu betreffen (*"von den männlichen Gemeindemitgliedern"*). Erneut durch die Betonung eines langsamen Veränderungsprozesses (*"einige Zeit lang so [...] dann vielleicht (.) langsam"*) schildert die Studentin die Möglichkeit, durch den performativen Akt des Imam selber in den Hintergrund zu rücken (*"dass sich der Imam @Schritt für Schritt in den Hintergrund bewegt@"*). Damit geht gleichzeitig einher, durch diesen Akt die weibliche Religionsbedienstete in den Vordergrund zu stellen. In dieser wechselseitigen Bewegung des Sichtbar-Werdens und In-den-Hintergrund-Tretens wird der Modus der Balancierung rekonstruierbar.

Daneben dokumentiert sich beispielsweise in dem Lachen während der Aussage *"@Schritt für Schritt in den Hintergrund rücken@"* die Problematik und Herausforderung des Aktes. Der letzte Schritt, dass die weibliche Religionsbedienstete *"dann irgendwann alleine dort steht"*, wird im Sinne eines zu erreichenden Ziels beschrieben. Diese Prozessbeschreibung und -konstruktion erinnert an eine Entwicklung, in der das Kind von den Eltern an der Hand geführt wird, bis es letztendlich laufen lernt und *"irgendwann alleine steht"*. Mit Blick darauf verweist die Beschreibung der Studentin auf einen Modus der prozesshaften und langsamen Balancierung. Auch in dem Abschluss der von der Forscherin gesetzten Sequenz wird die Herausforderung expliziert, indem die Studentin in einem bewertenden Modus („*leider sehr schwer sehr schwer*") die aktuelle Situation als einen allgemeingültigen Status Quo beschreibt („*sonst typisch wie wir das bis jetzt kennen*"). Die letzte Sequenz, die in der komparativen Analyse auf diesen Modus verwies, ist aus dem Interview mit einer Studentin an der theologischen Fakultät in Konya. TRKAF02 beschreibt kurz davor, welche Probleme und möglichen Herausforderungen sie in ihrer zukünftigen Tätigkeit als Imamin in einer Moschee sieht. An diese Erzählung schließt folgende Sequenz an:

TRKAF02: In den Moscheen ist es ja irgendwo so zum Beispiel die Frauen müssen ja erst mal die Männer fragen also ehm Dings mein ich *yönetim*(tr. „yönetim" = dt. Verwaltung, Leitung, Führung, Vorstand) // zum Beispiel // es gibt ja zum Beispiel bei den Männern ein einen der wie nennt man das *başkan*(tr. „başkan" = dt. Vorsitzende/r) auf deutsch *neydi*(tr. „neydi" = dt. „was war das (nochmal)") ee: ach Vorsitzender und bei Frauen // aber die Frauen müssen ja erst die Männer immer fragen also wir haben solche Pläne wie ist das sollen wir das machen // *vesaire vesaire*(tr. „vesaire" = dt. „etc.") also eigentlich ist es so also u:nd und die wenn es denen nicht passt dann erlauben die das ja nicht also die sagen zum Beispiel wir haben nich genug Geld dafür oder das und das und das // vielleicht würde ich damit nicht klarkommen // dass man immer so Dings machen muss dann kann man ja nie seinen eigenen Plan machen also ich merk das weil hier merk ich das nämlich weil die Frauen die hier arbeiten müssen erst die Männer fragen also weil die ja einen höheren die Männer haben ja einen höheren eh::

K: Hmm wo merkst du das

TRKAF02: Hmm na bei Diyanet

K: Achso okay

TRKAF02: Genau // und deswegen würde ich vielleicht nicht damit klarkommen // oder ich würd vielleicht nicht damit

9.3 Orientierung an Organisationsstrukturen

```
klarkommen etwas würd ich nicht hmm: man fängt eigentlich
immer klein an aber das ist eine bisschen persönliche Sache
also wenn das bei Frauen auch so wär (.) okay man fängt ja
immer klein an aber wenn ich zum Beispiel da hingeh und etwas
machen will und dann die Menschen fragen muss oder was sagen
muss hmm wenn das gleich wär ja aber ansonsten fällt mir das
schwer
(TRKAF02, 379-401)
```

Wird der Anfang der Sequenz auf das *Wie des Gesagten* hin betrachtet, so lässt sich rekonstruieren, dass die Studentin eine Allgemeingültigkeit („*in den Moscheen ist es ja irgendwo so*") konstruiert. Im Sinne einer Norm wird beschrieben, dass „*Frauen* [...] *erst mal die Männer fragen* [müssen]"; darin dokumentiert sich eine Hierarchisierung der konstruierten Geschlechter Mann-Frau. Wird die Aussage „Frauen müssen ja erst mal die Männer fragen" näher betrachtet, so lässt sich dokumentieren, dass darin ein geteiltes Wissen darüber vorausgesetzt wird. Dies konstituiert sich insbesondere in dem „müssen ja". Das Gezwungen-Sein („*müssen*") und die einseitige Richtung, dass Frauen Männer fragen und nicht umgekehrt, rekurriert auf die Geschlechter-Dysbalance. In diesem Zusammenhang werden die Männer, auf die die Studentin deuten möchte, spezifiziert („*ehm Dings mein ich yönetim*", „yönetim" lässt sich als *Vorstand* übersetzen); der Vorstand scheint männlich zu sein. Die Studentin exemplifiziert ihre Aussage („zum Beispiel"): Es gebe zwar einen Vorsitzenden (von der Studentin übersetzt als başkan) „*bei den Männern*" und auch „*bei* [den] *Frauen*" – allerdings verweist sie in diesem Zusammenhang erneut auf eine Hierarchisierung. Es scheint eine hierarchische Struktur auf zwei Ebenen zu geben (die Frauen haben eine Vorsitzende, die Männer haben einen Vorsitzenden); diese beiden Ebenen scheinen in sich nochmals hierarchisch strukturiert zu sein, denn „*die Frauen müssen ja erst die Männer immer fragen also wir haben solche Pläne wie ist das sollen wir das machen*". Somit werden die Männer und der Vorsitzende der Männer als höchste Entscheidungsträger konstruiert („*wenn es denen nicht passt dann erlauben die das ja nicht*"). Auch weiterhin dokumentiert sich mehrfach in dem „*ja*" während der Beschreibungen, dass es sich um ein bekanntes Phänomen (und möglicherweise geteiltes Wissen der Interviewerin und Interviewten) handelt. Die zweimalige persönliche Bezugnahme „*vielleicht würde ich damit nicht klarkommen*" verweist auf den Modus der Kritik. In der Begründung der Dysbalance

(*„weil"*) wird den Männern der Begriff „höher" zugeschrieben, ohne dass das Höhere genau benannt wird (*„weil die ja einen höheren die Männer haben ja einen höheren"*). Darin dokumentiert sich die eröffnete Vergleichsebene; das nicht spezifizierte „Höhere" zeichnet sich durch den Vergleich zu den Frauen aus. Auf die Frage der Interviewerin *„wo merkst du das"* wird mit einer Offensichtlichkeit (*„na"*) Bezug genommen. Während zunächst die Moschee der Bezugsrahmen für die beschriebene Dysbalance war, wird nun das Religionspräsidium *„Diyanet"* angeführt. Dass in der Beantwortung nicht auf eine Situation, sondern einen Ort bzw. eine Institution Bezug genommen wird, kann in der Art und Weise der Fragestellung begründet sein; denn die Beschränkung auf einen Ort wird in dem *„wo"* der Fragestellung antizipiert.

Nach dieser Rahmung und Schilderung, aus der die Orientierung an Organisationsstrukturen emergierte, dokumentiert sich der Modus der kritischen Balancierung verstärkt im letzten Abschnitt der Sequenz: In den Einschüben wie *„man fängt eigentlich immer klein an"* zeigt sich der Balancierungsversuch. Doch aus einer persönlichen Perspektive (*„das ist eine bisschen persönliche Sache"*) werden die Rahmenbedingungen beschrieben, mit der die beschriebenen Herausforderungen aufgehoben würden. *„Wenn das bei Frauen auch so wär"* verweist auf diese gewünschten Rahmenbedingungen und den Modus der Balancierung. In dem „auch" dokumentiert sich der Vergleich zu den Männern; dies zeigt sich ebenso in der Beschreibung *„wenn das gleich wär"*. Vor diesem Hintergrund wird rekonstruierbar, dass die Studentin in ihrer Orientierung an den Strukturen nur im Falle einer Balancierung der Situation die Arbeit in der Moschee für möglich hält. *„Ansonsten fällt* [ihr] *das schwer"*.

9.3.5 ... im Modus der Kritik und Hervorhebung des Menschseins

Neben den bereits beschriebenen Modi ist auch eine kritische Haltung zu den Organisationsstrukturen zu beobachten, die gegenüber der geschlechtlichen Zuordnung das Menschsein hervorhebt. Dieser Modus zeigt sich im Zuge des Interviews mit TRAAF03 (UIP-Studentin aus Ankara). Die Bedeutung von Predigten in Moscheen wird vorher thematisiert; der Bezug wird hier erneut hergestellt:

9.3 Orientierung an Organisationsstrukturen 443

KAR: Apropos Predigt (.) du hast vorhin die Predigten von Frauen angesprochen

TRAAF03: Ehm also ich finde es schon schade weil wir immer noch (.) ehm vor allem in den türkischen Gemeinden sehen wir das ja immer wieder dass (.) die Männer etwas (.) ehm zurückhaltender sind dass es einfach (.) immer wieder ein tabu ist auch hier an der Uni ist es halt immer wieder bei einigen Schülern immer ein Problem (.) wenn ehm wenn gesagt wird komm die Mädchen lesen mal jetzt Kuran oder die Mädchen tragen mal was vor und dann ist es natürlich bei den etwas schwierig (.) bei den (.) ehm (.) Männern in den Gemeinden ist es ebenso ebenfalls so aber (.) ich finde es ist schade ich denke man sollte schon wirklich ehm (.) man sollte schon abbauen können ehm es geht hier um das Wissen es geht nicht um ein Geschlecht dort es geht um mein Wissen und wenn ich ein Wissen habe dann muss ich es auch vermitteln und ehm deshalb ist es wichtig dass (.) auch M- auch die Männer den Frauen zuhören können wenn diese Frau wirklich einem ein Wissen hat spielt es doch keine Rolle (.) weil wir können ja (.) zu Zeit des Propheten schauen die Frau des Propheten hat ebenfalls (.) ehm Vorträge sozusagen gegeben und deshalb ist es wichtig dass (.) wir einfach ehm diese Blockade einfach @irgendwann mal@ (.) hoffentlich ehm abbauen können (aber)

KAR: Hmm

TRAAF03: ⌊Ich denke es ist schwierig es ist nicht so einfach

KAR: Hmm

TRAAF03: Ehm das abzubauen
(TRAAF03, 459-489)

Die Nachfrage der Interviewerin (*„du hast vorhin die Predigten von Frauen angesprochen"*) wird durch TRAAF03 aufgegriffen und im Modus der persönlichen Bezugnahme (*„ich finde"*) bearbeitet. Die in der Frage explizit formulierte

Annahme mit Blick auf die Norm, dass „Frauen nur vor Frauen" predigen, wird durch die Interviewte ratifiziert. Darin dokumentiert sich die geteilte Norm und das geteilte Wissen zwischen Interviewerin und Interviewter. In der Frage dokumentiert sich außerdem die Orientierung der Interviewerin neben dem Aspekt der Erreichbarkeit im Sinne einer Dienstleistung (*für* jemanden predigen), zusätzlich die Ebene der Sichtbarkeit („predigen nicht *vor* Männern"). Die Bewertung „*ich finde es schon schade*" und die darin verborgene Unzufriedenheit wird durch die Begründung („*weil*") an die bestehende Dauerhaftigkeit („*immer noch*") des Zustandes gekoppelt. Diese Ausführung lässt bereits zu Beginn der Sequenz auf die Orientierung an Geschlechter-Strukturen und den Modus der Kritik deuten. Dieses zunächst Implizite wird im Laufe der Sequenz explizit/manifest: Die „*türkischen Gemeinden*" und die theologische Fakultät („*hier an der Uni*") werden als Orte konkretisiert, an denen die vorhandene Praxis der Dysbalance verortet wird; diese dysbalancierte Praxis wird in der Beschreibung durch die Regelhaftigkeit („*immer wieder*") verstärkt („*vor allem*"). Dabei wird die Verantwortung für die beschriebene Dysbalance den „*Männern*" zugeschrieben, für die das Ausüben bestimmter Handlungspraxen durch Frauen, wie das Vorlesen des Koran oder das Vortragen, „tabuisiert" und „problembehaftet" zu sein scheint. Durch die Beschreibung „*wir [sehen] das ja immer wieder dass (.) die Männer etwas (.) ehm zurückhaltender sind*" setzt die Interviewte einerseits einen gemeinsamen konjunktiven Erfahrungsraum („*wir*") voraus, andererseits werden die „Männer" als Kollektiv darstellt. Darin dokumentiert sich erneut die durch die Interviewte konstruierte Regelhaftigkeit und Bekanntheit/Offensichtlichkeit des beschriebenen Zustandes. Der Versuch, diese etablierte Erscheinung zu durchbrechen („*wenn gesagt wird komm die Mädchen lesen mal*"), wird durch den Zustand der Dysbalance eingeholt, der in seiner Regelhaftigkeit als offensichtlich bzw. selbstverständlich („*natürlich bei den etwas schwierig*") beschrieben wird. Die Darstellung der Tabuisierung und Problematisierung durch die Männer rekurriert im Kontext von Mündlichkeit und Sichtbarkeit auf die religiöse Ebene („*die Mädchen lesen mal jetzt Kuran*"); aber gleichwohl auch auf eine Ebene, die nicht nur im religiösen Kontext zu stehen scheint („*die Mädchen tragen mal was vor*"). In diesem Verlauf wird ein Soll-Zustand angeführt („*ich denke man sollte schon*" und „*man sollte schon abbauen können*"), der auf die Relevanzsetzung und Priorisierung des Wissens im Kontext der Predigt deutet und mit einer Distanzierung von einer Geschlechtervorstellung verbunden wird („*es geht hier um das Wissen es geht nicht um ein Geschlecht*"). Darin dokumentiert sich *der Modus der Hervorhebung des Menschseins*.

9.3 Orientierung an Organisationsstrukturen

Dass „*auch die Männer den Frauen zuhören können [sollten]*" lässt erneut die angenommene und implizierte Dysbalance des Umgangs der Geschlechter rekonstruieren; denn die Frauen scheinen (den predigenden Männern oder Frauen) zuhören zu können, „*deshalb ist es wichtig dass (.) auch M- auch die Männer den Frauen zuhören*". In der erneuten Hervorhebung und Priorisierung des Wissens vor dem Geschlecht, das im Falle des Vorhandenseins des Wissens „*keine Rolle*" spiele, dokumentiert sich wiederum der *Modus der Hervorhebung des Menschseins* und die damit einhergehende Distanzierung der Studentin (in diesem Kontext) von einer Geschlechterzugehörigkeit.

Die Handlungspraxis bzw. -orientierung der „Männer" wird zuletzt als „Blockade" beschrieben, die mit einer Hoffnung auf Veränderung („*hoffentlich*") kommentiert wird. Während das Lachen („*@irgendwann mal@*") auf ihre eigenen Zweifel an einer Veränderung des Zustandes bzw. dem „Abbau der Blockade" rekurriert, bestätigt sich diese Annahme in der expliziten Formulierung zum Schluss der Sequenz („*ich denke es ist schwierig es ist nicht so einfach ehm das abzubauen*").

Die Orientierung an Organisationsstrukturen im Modus der Hervorhebung des Menschseins zeigt sich ebenfalls im Interview mit TRAAF04 (Studentin in Ankara). Im Laufe des Interviews spricht sie über ihre Erfahrungen zu Beginn des Studiums an der theologischen Fakultät in Ankara und beschreibt Aspekte, die ihr auffällig erschienen. Die Sequenz schließt an diese Erzählung an:

```
TRAAF04: dass dann hier so (.) dieses ehm (.) das hat mich
erstmal sehr schockiert und fand ich auch sehr lustich (.)
damals ehm (3) ehm ich sag ma so (2) Ankara ist immer noch
(.) ehm besser als die anderen Fakultäten (.) aber selbst hier
(.) was mir aufgefallen ist es ist also es gibt(.) die Trennung
(.) also dass man ehm (.) ehm gegenüber einem Mann anders
auftritt als gegenüber einer Frau oka:y manchmal kann ich das
verstehen (.) aber istn Druck vor allem für die Frauen (3)
hier nimmt man sich nich als ehm so als Menschen wahr sondern
(.) hier guck man ist das grad ne Frau vor mir oder ein Mann
obwohl das eigentlich nicht so sein sollte (.) *letztendlich
sind wir Menschen* (Hier im Original auf Türkisch: „*sonuçta
insanız yani*")
(TRAAF04, 1087-1099)
```

Zu Beginn der Sequenz lässt sich bereits das Verwundert-Sein der Studentin dokumentieren („*das dann hier so*" oder „*als ob*") – dies wird unmittelbar danach manifest („*das hat mich erstmal sehr schockiert und fand ich auch sehr lustich*"). Diese Verwunderung wird auf die an der Fakultät vorhandene Geschlechtertrennung zurückgeführt. Die Wirkmächtigkeit der Praxis der Geschlechtertrennung scheint zunächst auf eine bestimmte konstruierte Geschlechterzugehörigkeit hin formuliert zu werden („*also dass man ehm (.) ehm gegenüber einem Mann anders auftritt als gegenüber einer Frau*"); dies bleibt an letzter Stelle jedoch hypothetisch. Ob diese Verhaltensweise des „*anderen Auftritts*" verallgemeinernd auf beide konstruierten Geschlechter (Mann-Frau) bezogen wird, führt die Studentin zunächst nicht aus. Doch es scheint eine geschlechterspezifische Verhaltensweise beschrieben zu werden, die sich vor allem auf das andere Geschlecht bezieht. Erst im Anschluss daran expliziert die Studentin die Dysbalance der Geschlechter im Rahmen dieser Praxis der Geschlechtertrennung, denn diese „*istn Druck vor allem für die Frauen*". Darin dokumentiert sich der kritische Modus, der sich bis zum Schluss der Sequenz durchzieht. „*Vor allem*" schließt nicht aus, dass diese Praxis gleichwohl einen Druck auf die „Männer" ausübt; dennoch rekurriert diese Aussage auf die – ihrerseits beschriebene und – vorhandene Dysbalance, die zu existieren scheint. Der Modus der Kritik und der Hervorhebung des Menschseins zeigt sich in der Beschreibung eines Soll-Zustandes („*obwohl das eigentlich nicht so sein sollte (.) letztendlich sind wir Menschen*"). Diese *Orientierung* wird nicht nur auf der immanenten Ebene (des *Was* des Gesagten) sichtbar; auch auf der Ebene des Dokumentsinns (des *Wie* des Gesagten) wird der Wunsch nach einer Distanzierung von bestimmten Geschlechtermarkierungen rekonstruierbar: Dieser dokumentiert sich insbesondere in der Art und Weise der letzten Beschreibung – genauer mit Blick auf das Original der Aussage „*sonuçta insanız yani*". Die Betonung auf „*insanız*" („*wir sind Menschen*") mit Verwendung des Wortes „*yani*" (ungefähr im Sinne von „also", „hey" „ich meine") verweist verstärkt auf die Orientierung an Organisationsstrukturen im Modus der Hervorhebung des Menschseins.

TRAAF04 hat diesen oben angeführten Aspekt bereits im früheren Verlauf des Interviews aufgegriffen. Auch hier verweist sie auf die Orientierung an Organisationsstrukturen, die sie im Modus der Hervorhebung des Menschseins bearbeitet:

9.3 Orientierung an Organisationsstrukturen

```
TRAAF04: Ich find ehm ne Gemeinschaft die besteht ja nicht
nur aus Männern oder nicht nur aus Frauen wir sind ja alle
zusammen eine Gemeinschaft und das ist doch eigentlich das
Wichtige (.) der Rest is doch egal
(TRAAF04, 498-500)
```

Während in dieser Beschreibung Männer und Frauen als Kategorien beibehalten werden, die in eine konstruierte Gemeinschaft subsumiert werden, bleibt die Differenz zunächst stehen („*ne Gemeinschaft besteht ja nicht nur aus Männern oder nicht nur aus Frauen*"). Auch wenn sie „*alle zusammen eine Gemeinschaft sind*", dokumentiert sich darin weiterhin die zunächst angenommene Differenzierung der Geschlechter; sie sind alle „zusammen" eine Gemeinschaft. Doch die Bedeutung der Geschlechterzugehörigkeit wird daran anschließend relativiert (*„das ist doch eigentlich das Wichtige (.) der Rest is doch egal"*). Somit greift TRAAF04 erneut den *Modus der Hervorhebung des Menschseins* auf, mit dem sie ihre Orientierung bearbeitet.

Dieser Modus der Hervorhebung des Menschseins lässt sich auch in folgender Sequenz nachzeichnen. Sie schließt an die Erzählung an, in der die Studentin aus Konya über die Besonderheiten der dortigen theologischen Fakultät spricht. In folgender Sequenz beschreibt sie ihre Beobachtung aus einer Unterrichtssituation:

```
TRKA03: Ich kenne einen Hoca (.) eh ((steht auf)) (.) also so
(.) wir Frauen sind hier ((zeigt nach rechts)) die Männer sind
dort ((zeigt nach links)) und der Hoca dort ((zeigt nach
vorne)) (.) liebe Freunde ((geht dorthin wo der Lehrer steht,
dreht sich mit dem Körper zu den Studenten und spricht in
diese Richtung)) (.) eh wir werden jetzt dieses Thema
bearbeiten er hat sich in keiner Weise zu uns gewendet hey
ich hab so einen Hoca gesehen ich hab mir gedacht da- d- was
macht der denn da (.) danach habe ich gesagt Hocam (.) wir
sind auch hier (.) und zum größten Teil waren es Frauen //
also (.) so eine Haltung solche Hoca hatten wir zum Beispiel
an unserer Fakultät
KAR: Verstehe
TRKA03: Verstehst du
```

KAR: *Ja*

TRKA03: *Und das ging mir sehr nahe* (.) *ich sage mal ganz ehrlich er hat mich als Sexobjekt gesehen und nicht als Mensch ich bin ein Mensch* (.) *also ja ich bin eine Frau das ist ne andere Sache aber ich bin ein Mensch nimm mich als Mensch wahr und nicht als Sexobjekt oder was anderes* (.) *und das ist auch bezogen auf auf Deutschland* (.) *ich bin nicht kategorisiere mich nicht in* (.) *Moslem Muslima Kopftuch etcetera ich bin ein Mensch* (.) *das ist mir wichtig* (.) *und ich nimm die Menschen auch so wahr* (.) *und hier hat das für mich eine andere Bedeutung angenommen*
(TRKA03,1125-144)[69]

Die Bedeutung des Hoca für die Erzählung dokumentiert sich bereits zu Beginn der Sequenz; er wird in der Erzählung in den Fokus der Betrachtung gerückt („*ich kenne einen Hoca*", tr. „*bi hoca biliyorum ben*"). Mit einer Inszenierung wird die Klassensituation dargestellt. Die Studentin nutzt den Raum und ihre Gestik, um die Positionen der jeweils Beteiligten zu verdeutlichen („((steht auf)) [...] *wir Frauen sind hier* ((zeigt nach rechts)) *die Männer sind dort* ((zeigt nach links)) *und der Hoca dort* ((zeigt nach vorne))"). Darin dokumentiert sich die Darstellung einer geschlechtersegregierten Sitzordnung, die in diesem Kontext relevant zu sein scheint. Daran anschließend nimmt die Studentin die Rolle des Lehrers ein („*liebe*

---

[69] Original:
TRKA03: Bi hoca biliyorum ben (.) eh ((steht auf)) (.) şöyle (.) biz bayanlar şurdayız ((zeigt nach rechts)) erkekler orda ((zeigt nach links)) ve hoca şöyle ((zeigt nach vorne)) (.) arkadaşlar ((geht dort hin wo der Lehrer steht, dreht sich mit dem Körper zu den Studenten und spricht in diese Richtung)) (.) eh biz şuan bu dersi görcez hiç bi şekilde bize dönmedi böyle bi hoca gördüm ya da- d- was macht der denn da dedim (.) hocam ondan sonra diyorum hocam (.) bizde varız burda (.) ve çoğunluklada kadındı bayandı // hani (.) böyle bi zihniyetten böyle hocalar oluşuyor bizim fakültede oldu mesela
KAR: Anladım
TRKA03: Verstehst du
KAR: Evet
TRKA03: Ve eh bu bana dokundu beni (.) şöyle açık söylim seks obje olarak gördü beni bi insan olarak görmedi ben ein Mensch (.) hani bayanım evet o ayrı bi mesele aber ich bin ein Mensch nimm mich als Mensch wahr und nicht als Sexobjekt oder was anderes (.) und das ist auch bezogen auf auf Deutschland (.) ich bin nicht kategorisiere mich nicht in (.) Moslem Muslima Kopftuch etcetera ich bin ein Mensch (.) das ist mir wichtig (.) und ich nimm die Menschen auch so wahr (.) ve bu benim için burda çok farklı bi anlam eh kazandırdı

9.3 Orientierung an Organisationsstrukturen

Freunde ((geht dorthin wo der Lehrer steht, dreht sich mit dem Körper zu den Studenten und spricht in diese Richtung))")". *„Liebe Freunde"* (tr. *„arkadaşlar"*) als Anrede

Indem sich die Studentin in die Richtung dreht, in der zuvor die Studenten positioniert wurden, die verknüpft wird mit der demonstrativen Anrede *„liebe Freunde"* und der Beschreibung *„wir werden jetzt dieses Thema bearbeiten"* (tr. *„biz şuan bu dersi görcez"*) lässt sich rekonstruieren, dass die ausschließliche Adressierung der *Studenten* durch den Hoca problematisiert wird. Dies dokumentiert sich an dieser Stelle der theatralischen Verdeutlichung auf der konjunktiven Ebene, auf der Ebene des *Wie* des Gesagten und Gezeigten – in der daran anschließenden Formulierung wird dies auch auf der kommunikativen Ebene rekonstruierbar (*„er hat sich in keiner Weise zu uns gewendet"*, tr. *„hiç bi şekilde bize dönmedi"*). Die Klarheit und das Erstaunen, die dieser Situation beigemessen werden, dokumentieren sich einerseits auf der kommunikativen Ebene (*„keine Weise"* und *„ich hab mir gedacht da-d- was macht der denn da"*); sichtbar wird dieses Erstaunen auch mit Blick auf die konjunktive Ebene in dem stotternden Sprechen (*„da-d-"*).

Die Studentin, die diesem Nicht-Beachten der Studentinnen durch den Hoca kritisch gegenübersteht, zeichnet somit eine Geschlechter-Dysbalance nach, die sich durch die Adressierung der Studenten und das gleichzeitige Nicht-Beachten der Studentinnen charakterisiert. In dieser Kritik mit Blick auf den Umgang des Hocas (*„danach habe ich gesagt* hocam (.) *wir sind auch hier"*) verweist sie auf eine selbstermächtigende Widerstandsform, die zusätzlich mit einer quantitativ bedeutsamen Repräsentanz der Frauen (*„und zum größten Teil waren es Frauen"*, tr. *„ve çoğunlukda kadındı bayandı"*) argumentativ untermauert wird.

TRKA03 rekurriert auf eine emotionale Betroffenheit (*„das ging mir sehr nahe"*, tr. *„bu bana dokundu"*[70]) und dokumentiert den Versuch eines Resümees, das sie für sich aus diesem Ereignis zu ziehen scheint (*„ich sage mal ganz ehrlich er hat mich als Sexobjekt gesehen und nicht als Mensch"*, tr. *„şöyle açık söylim seks obje olarak gördü beni bi insan olarak görmedi"*). *„Ich sage mal ganz ehrlich"* verweist gleichzeitig darauf, dass das im Anschluss daran Gesagte als etwas nicht einfach zu Formulierendes gilt – als etwas, das normalerweise auf bestimmte Sagbarkeitsgrenzen stößt. Die Geschlechterzugehörigkeit, die den Studentinnen zugeschrieben wird, wird als Grund für das Nicht-Beachten der Studentinnen durch den Hoca gerahmt. Folglich sieht die Studentin darin die Reduzierung auf

---

[70] Die Aussage *„bu bana dokundu"* lässt sich auch übersetzen als *„das hat mich sehr getroffen"*. Beide Übersetzungen unterstreichen die emotionale Betroffenheit, die dieser Situation beigemessen wird.

das Geschlecht („*er hat mich als Sexobjekt gesehen und nicht als Mensch*"), in dem nicht das „Mensch-Sein" im Vordergrund steht. Somit lässt sich der Modus der Hervorhebung des Menschseins rekonstruieren („*ich bin ein Mensch nimm mich als Mensch wahr und nicht als Sexobjekt*"). Ohne eine Distanzierung von einer bestimmten Geschlechterzugehörigkeit („*also ja ich bin eine Frau das ist ne andere Sache* aber", tr. „*hani bayanım evet o ayrı bi mesele aber*") wird die Bedeutung des Menschseins hervorgehoben. Dieser Modus der Hervorhebung des Menschseins dokumentiert sich auch in der daran anschließenden Beschreibung, die unabhängig von dem zuvor angesprochenen Ereignis eingeschoben wird („*auch bezogen auf auf Deutschland [...] kategorisiere mich nicht in Moslem Muslima Kopftuch etcetera ich bin ein Mensch*").

9.3.6 ... im Modus der Selbstermächtigung

In der folgenden Sequenz aus dem Interview mit DEAF05 steigt sie mit einer Erzählung ein:

DEAF05: Ich erzähle Ihnen mal mein Erlebnis an der theologischen Fakultät // ehm unser tefsir Hoca erzählte uns Dings (.) das Thema ist dass Frauen Düfte auftragen (.) wir sind hier ((zeigt mit der Hand nach rechts)) und die Männer sind auf der anderen Seite er erzählt so Richtung Männer (.) ich habe gesagt (2) hey ich bin eine lockere Person in meiner Studentenzeit habe ich deswegen große Probleme gehabt

KAR: ⌊ Also er schaut die Frauen gar nicht an

DEAF05: Nein er guckt nicht // ((meldet sich, indem der Finger gehoben wird)) ich habe mich gemeldet (.) ich habe gesagt Hoca das Thema worüber Sie sprechen betrifft voll und ganz uns (.) und Sie erklären das indem Sie sich zu unseren männlichen Freunden drehen (.) wieso das hab ich gemeint // hey meinte er als ob wir bislang mit Frauen zu tun hatten aus Gewohnheit

9.3 Orientierung an Organisationsstrukturen 451

(.) er meinte außerdem wisst ihr das schon er meinte sie haben Mütter und Schwestern daher erklären wir es ihnen (.) ntz ((schnalzt, hebt die rechte Hand und dreht gleichzeitig den Kopf)) (.) also das ist ein traditionelles Religionsverständnis (.) wer wird in der Hölle brennen an den Haaren aufgehängt also die Frauen deren Haare offen sind (.) hey haben diese Jungs gar keine Schuld (.) indem genau so eine religiöse Erziehung mit der Frau im Zentrum immer und immer und immer vermittelt wird (.) hören wir halt immer Nachrichten über Vergewaltigungen vergewaltigt irgendwie mal eine Frau einen Mann (.) es gibt immer die Übergriffe von den Männern immer von den Männern (.) sowas würde ich verändern wollen (DEAF05, 1428-1449)[71]

DEAF05 geht nun auf eine Erlebnisschilderung ein. Dieses Erlebnis wird an der „theologischen Fakultät" verortet. Die Einleitung, der *„tefsir Hoca erzählte uns"* (tr. *„tefsir hocamız şeyi anlatıyor bize"*), verweist auf eine Unterrichtssituation, die sich im Sinne einer Lehrsituation mit dem tefsir Hoca als Lehrendem und DEAF05 als Teil der Klasse (als eine aus der konstruierten Gruppe des *„uns"*) nachzeichnen lässt. Das Thema wird kontextualisiert; es handelt sich darum, „dass Frauen Düfte auftragen" (tr. *„konu kadınların koku sürmesi"*). Darin dokumentiert

---

[71] Original:
DEAF05: İlahiyatta bi yaşanmışlığımı anlatayım size //eh bi tefsir hocamız şeyi anlatıyor bize (.) konu kadınların koku sürmesi (.) biz bu taraftayız ((zeigt mit der Hand nach rechts)) erkeklerde öbür tarafta şöyle anlatıyor erkeklere doğru (.) ben dedim (2) ya rahat birisiyim (.) dir öğrenciliğimde de baya bu konuda sıkıntı çektim
KAR:⎣ Yani kadınlara hiç bakmıyor
DEAF05: Hayır bakmıyor // ((meldet sich in dem der Finger gehoben wird)) kaldırdım parmağımı (.) hocam dedim bu anlattığınız konu tamamen bizi ilgilendiriyor (.) ve siz erkek arkadaşlarımıza dönerek anlatıyorsunuz (.) ne alaka dedim // yav dedi biz dedi sanki şimdiye kadar dedi işte bayanlarla muhatap mı olduk dedi alışkanlıktan dedi (.) hemde onları siz zaten biliyonuz dedi onların anası bacısı var dedi ondan dolayı onlara anlatıyoruz dedi (.) ntz ((schnalzt, hebt die rechte Hand und dreht gleichzeitig den Kopf)) (.) yani bu geleneksel bir din anlayışı (.) cehennemde kimler yanacak saçlarından asılacak işte saçları açık kadınlar (.) ya bu oğlanların hiç mi suçu yok (.) böyle (.) kadın merkezli din eğitimi verile verile verile (.) hep tecavüz haberleri duyuyoruz hiç bir kadın erkeğe tecavüz ediyor mu (.) yani hep erkeklerin saldırganlığı var hep erkeklerin (.) böyle şeyleri işte değiştirmek isterim

sich, dass es sich um die *Frauen* handelt, die die Düfte auftragen. Mit gestischen Bewegungen wird die Klassensituation abgebildet. Es lässt sich rekonstruieren, dass es eine bestimmte Sitzordnung für Männer und für Frauen gab (*„wir sind hier* ((zeigt mit der Hand nach rechts)) *und die Männer sind auf der anderen Seite"*, tr. *„biz bu taraftayız* ((zeigt mit der Hand nach rechts)) *erkeklerde öbür tarafta"*). Die Geschlechtertrennung in der Sitzordnung konstituiert sich in dem Ausdruck *„auf der anderen Seite"* (tr. *„öbür tarafta"*). Die Bedeutung der geschlechtergetrennten Sitzordnung zeigt sich im weiteren Verlauf der Erzählung, in der DEAF05 die Klassensituation konkretisiert (*„er erzählt so Richtung Männer"*, tr. *„şöyle anlatıyor erkeklere doğru"*). Darin dokumentiert sich, dass der Hoca das Thema des Duft-Auftragens durch Frauen erzählt bzw. erklärt, während er sich dabei an die dort befindlichen Männer richtet (das türkische Wort „anlatmak" kann in diesem Zusammenhang als erzählen und erklären übersetzt werden).

Nach dieser Rahmung geht die Imamin auf ihre Äußerung ein (*„ich habe gesagt"*, tr. *„ben dedim"*). An die 2 Sekunden lange Pause anschließend wird durch einen Einschub eine Eigenbeschreibung vorgenommen, die für die weitere Erzählung relevant zu sein scheint (*„hey ich bin eine lockere Person in meiner Studentenzeit habe ich deswegen große Probleme gehabt"*, tr. *„ya rahat birisiyim (.) dir öğrenciliğimde de baya bu konuda sıkıntı çektim"*). Darin dokumentiert sich, dass das von ihr Gesagte mit ihrer Offenheit in Zusammenhang steht. Andererseits verweist dies auf den Modus der Selbstermächtigung, da die Imamin ihrer Erfahrung nach Probleme erlebt habe, die auf der Offenheit ihrer Aussagen beruhen. Allerdings bleibt dieser Modus zunächst implizit.

Die Intervention der Interviewerin mit der Frage, in der auf das zuvor Gesagte Bezug genommen wird (*„also er schaut die Frauen gar nicht an"*, tr. *„yani kadınlara hiç bakmıyor"*), wird von der Imamin ratifiziert (*„nein er guckt nicht"*, tr. *„hayır bakmıyor"*). In dem nun folgenden Akt spricht die Imamin über die an den Hoca gerichtete kritische Frage, die sich auf die Art und Weise des Erzählens des Hoca bezieht. Die imitierte Szene wird mit *„ich habe gesagt Hoca"* (tr. *„hocam dedim"*) eingeleitet. Darin dokumentiert sich die direkte Ansprache und Zuwendung der Imamin an den Hoca. In der kritischen Ansprache (*„das Thema worüber Sie sprechen betrifft voll und ganz uns"*, tr. *„bu anlattığınız konu tamamen bizi ilgilendiriyor"*) dokumentiert sich die Erwartung der Imamin, dass sich der Hoca an die Frauen richten würde, wenn er über dieses Thema spricht. Wird nun neben dem *Was* des Gesagten auf das *Wie* des Gesagten fokussiert, zeigt sich der Modus der Selbstermächtigung in der Betonung auf *„uns"* (*„bizi"*). In diesem Modus wird (und dies eigentlich seit Beginn der Sequenz) in der Beschreibung die Trennung der Geschlechter beibehalten. Die Imamin orientiert sich entlang der geschlechtlichen Differenzierung und räumlichen Separierung an

9.3 Orientierung an Organisationsstrukturen

dieser Geschlechter-Dysbalance kritisch. In dieser Orientierung ordnet sie sich dem Kollektiv („wir") der Frauen zu, allerdings wird im Modus der Selbstermächtigung und des Empowerments eine Erwartungshaltung entgegengebracht, die sich auf das Mit-einbezogen-werden-Wollen bezieht und dem Ausschluss der zugehörigen Gruppe kritisch gegenübersteht („*und Sie erklären das indem Sie sich zu unseren männlichen Freunden drehen*", tr. „*ve siz erkek arkadaşlarımıza dönerek anlatıyorsunuz*"). Sichtbar wird in dieser Orientierung die Dynamik zwischen der Nähe und der Distanz der Imamin zur konstruierten Gruppe der Männer; einerseits sind es die Anderen, andererseits sind es „die Freunde" (respektive „unsere männlichen Freunde"), die dadurch eine gewisse Nähe einnehmen. Die persönliche Ansprache an den Hoca schließt die Imamin ab mit der Frage „*wieso das hab ich gemeint*" (tr. „*ne alaka dedim*"). Darin spiegelt sich neben dem kritischen Modus eine Erwartungshaltung wider, die an den Hoca mit Blick auf eine Klarstellung gerichtet wird; Letzteres rekurriert eben auf den Modus der Selbstermächtigung, insbesondere vor dem Hintergrund eines hierarchisierten Lehrer*in-Schüler*in-Verhältnisses.

In der Bezugnahme des Hocas („*als ob wir bislang mit Frauen zu tun hatten*", tr. „*biz dedi sanki şimdiye kadar dedi işte bayanlarla muhatap mı olduk*") wird auf einen habitualisierten geschlechtergetrennten Umgang verwiesen. In der Beschreibung dokumentiert sich ein Kollektiv des „*wir*", die mit den Frauen nicht zu tun hatten. „*Muhatap olmak*" (wurde hier übersetzt als „*zu tun haben*") kann auch als „jemanden als Ansprech- bzw. Gesprächspartner (wahr-)nehmen" übersetzt werden. Letztere Übersetzung verweist neben der Geschlechtertrennung auf einen Umgang („nehmen") und die Wahrnehmung („wahrnehmen") auf Augenhöhe. Dass es sich dabei um eine habitualisierte Form handelt, dokumentiert sich weiterhin in der Aussage „*aus Gewohnheit*" (tr. „*alışkanlıktan*"); dies ist gleichzeitig ein Verweis auf das damit zusammenhängende Betriebswissen des Hoca. Die angeführte Argumentation für diesen Umgang wird auf der Grundlage einer Ungleichheit des Wissens geführt („*außerdem wisst ihr das schon*", tr. „*hemde onları siz zaten biliyonuz*"). Das Wissen, das die Frauen mit Blick auf das Thema des „Düfte-Auftragens von Frauen" haben, hätten die Männer nicht. Darin wird unterstellt, dass alle Frauen das gleiche Wissen diesbezüglich haben. Daran anschließend wird die Relevanz des Wissenserwerbs der Männer mit Blick auf ein „frauenrelevantes Thema" darauf zurückgeführt, dass diese Männer „Mütter und Schwestern" hätten („*er meinte sie haben Mütter und Schwestern daher erklären wir es ihnen*", tr. „*dedi onların anası bacısı var dedi ondan dolayı onlara anlatıyoruz dedi*"). Darin dokumentiert sich die Relevanz des Wissenserwerbs für familiäre

Zusammenhänge. Dass dieses Thema innerfamiliär eine Rolle spielt und, trotz der Frauenrelevanz, die Männer diesbezüglich informiert werden müssen, verweist auf die Frage, welche Handlungsbedeutsamkeit das Wissen hat. In der durch den Hoca vorgenommenen Rahmung, die nicht als gesellschafts-, sondern als familienrelevant konstruiert wird, konstituiert sich erneut die Geschlechtertrennung insbesondere in den Räumen Familie und außerhalb der Familie. Diese Beschreibung der Szene schließt die Imamin mit einem Schnalzen („*ntz*") ab, das durch ein Handheben und ein leichtes Kopfdrehen begleitet wird. Darin dokumentiert sich, dass die Imamin diese Argumentation des Hoca nicht einordnen kann. Auch wenn nicht expliziert wird, welchen Aspekten widersprochen wird, kann dennoch der Modus der Kritik rekonstruiert werden. Daran anschließend bewertet die Imamin die Szene als *„traditionelles Religionsverständnis"* (*„also das ist ein traditionelles Religionsverständnis"*, tr. *„yani bu geleneksel bir din anlayışı"*); darin zeigt sich, dass die Imamin dem „traditionellen Religionsverständnis" kritisch gegenübersteht. Die weiteren Anführungen scheinen weitere Beispiele dafür zu sein (*„wer wird in der Hölle brennen an den Haaren aufgehängt also die Frauen deren Haare offen sind"*, tr. *„cehennemde kimler yanacak saçlarından asılacak işte saçları açık kadınlar"*). In dem idiomatischen Ausdruck „*Frauen deren Haare offen sind"* (tr. *„saçları açık kadınlar"*) wird implizit zwischen „offenen" und „nicht-offenen" Frauen differenziert. Zudem scheint die Imamin in diesem Beispiel *der Kausalität* (also „Frauen deren Haare offen sind" werden „in der Hölle brennen") und der ihr zugrundeliegenden *normativen Vorstellung* kritisch gegenüberzustehen.

Der Modus der Kritik zeigt sich auch im weiteren Verlauf: Auf der Ebene des *Wie* des Gesagten dokumentiert sich, dass mit dem „*hey*" („*ya*") und der Betonung ein Widerspruch zu dem zuvor Geschilderten erfolgt. Die Imamin weist die „Schuldzuschreibung" an Frauen ab (*„haben diese Jungs gar keine Schuld"*, tr. *„bu oğlanların hiç mi suçu yok"*) und verweist somit auf die Geschlechter-Dysbalance. Diese Dysbalance scheint sich in verschiedenen Bereichen des Lebens widerzuspiegeln – sie scheint Teil der „religiösen Erziehung" zu sein (*„indem genau so eine religiöse Erziehung mit der Frau im Zentrum immer und immer und immer vermittelt wird"*, tr. *„böyle (.) kadın merkezli din eğitimi verile verile verile"*). In der Beschreibung „Frau im Zentrum" dokumentiert sich die Erwartungshaltung, die an „Frauen" gerichtet wird, und die einseitige Verantwortungszuschreibung. Dass es sich dabei um eine habitualisierte, regelmäßige und eine zeitlich in die (längere) Vergangenheit zurückgreifende Dimension handelt, manifestiert sich in der mehrfachen Ausführung *„wird und wird und wird"* (tr. *„verile verile verile"*, kann im Deutschen auch gelesen werden als *„wird und wird und immer wieder*

9.3 Orientierung an Organisationsstrukturen

wird"). Die Imamin macht diese Dysbalance in der religiösen Erziehung verantwortlich für Vergewaltigungen von Frauen (*„hören wir halt immer Nachrichten über Vergewaltigungen"*, tr. *„hep tecavüz haberleri duyuyoruz"*). In dem *„immer"* (tr. *„hep"*) dokumentiert sich die Regelmäßigkeit der Vergewaltigungen, die als öffentlich und bekannt beschrieben wird (*„hören wir [...] Nachrichten"*, *„tecavüz haberleri duyuyoruz"*). Durch die Explikation, dass es keine Vergewaltigungen von Männern durch Frauen gebe (*„vergewaltigt irgendwie mal eine Frau einen Mann"*, tr. *„hiç bir kadın erkeğe tecavüz ediyor mu"*) lässt sich die Orientierung an Geschlechterstrukturen im Modus der Kritik rekonstruieren. Diese rhetorische Frage beantwortet die Imamin unmittelbar: *„es gibt immer die Übergriffe von den Männern immer von den Männern"* (tr. *„yani hep erkeklerin saldırganlığı var hep erkeklerin"*). Die Regelmäßigkeit (*„immer"*, tr. *„hep"*) scheint auch hier eine wichtige Rolle zu spielen. Die Orientierung wird hier im Modus der Selbstermächtigung bearbeitet. In diesem Modus wird der Wunsch einer Veränderung beschrieben (*„sowas würde ich verändern wollen"*, tr. *„böyle şeyleri işte değiştirmek isterim"*).

Während DEAF05 die Orientierung im Modus der Selbstermächtigung bearbeitet, zeigte sich die homologe Orientierung im homologen Modus im Laufe des Interviews mit DEAF01 als Resultat der komparativen Analyse. DEAF01 beschreibt im Laufe der Sequenz aus ihrer Perspektive und Erfahrung heraus „den Zustand der Moschee" (tr. *„camilerin durumu"*). Im Zuge dessen werden im Sinne einer Aufzählung Aspekte ohne Geschlechterbezug, aber auch geschlechterbezogene Themen aufgegriffen; Letzteres zeigt sich in folgender Sequenz:

```
DEAF01: Die Anzahl der Frauen (.) also erst jetzt so langsam
hat es angefangen dass Frauen in den Vorstand gehen (.) selbst
das haben wir noch nicht geschafft (.) also die die es für
den Schein gibt gibt es für den Schein (2) so im wahrsten
Sinne gibt es sie nicht das müssen wir erst mal festhalten
ehm erst wenn es im wahrsten Sinne sein wird bedeutet das dass
sich die Sache geklärt hat

KAR: Worauf ist das zurückzuführen (.) hmm (2) hmm (15)

DEAF01: @((Gestikuliert, als ob sie einen Schlüssel in der
Hand hat, und zeigt auf die Interviewerin und sich))@
```

KAR: *Schlüssel*

DEAF01: *Hmm*:: @(3)@ *der Schlüssel ist in der Hand der Frauen*

KAR: ˪@(3)@

DEAF01: *Aber weil die Männer wie in allen Bereichen auch hier @(.)@ uns dieses Feld nicht überlassen wollen werden (.) wir werden ehm (.) also (2) @(.)@ mit   Zwang*

KAR: ˪@(.)@

DEAF01: *das machen so @scheint es mir@ @(3)@*

KAR: ˪@(3)@

DEAF01: @(.) *oder so sagt man ja*@

KAR: ˪*Ja*

DEAF01:   ˪@*ja so halt*@

KAR: @(2)@

DEAF01: ˪ *Also sie sind nicht sehr gewillt wenn ich ehrlich @sagen soll@ ehm es scheint nicht danach dass unsere Männer diese Mentalität schnell durchbrechen*

KAR: *Hmm*(6) *ich verstehe*

DEAF01: *Also ehm (2) eigentlich sind es Männer die davon profitieren werden (.) aber bei diesem Thema (.) warum weiß ich einfach nicht (2) gibt es dieses Geschlechter Ding bei <u>uns</u> also das gibt in unserer Gesellschaft (.) also das ist traditionell so (.) das konnte noch nicht durchbrochen werden (3) egal wie sehr wir im Westen leben das hat der Westen auch (.) ehm viele Freunde die ich hier kennengelernt habe haben das gesagt eine Freundin ehm ((rührt den Tee um)) das war das was gesa::gt wurde (.) ehm wenn auf einer Arbeit (.) ein*

9.3 Orientierung an Organisationsstrukturen

Arbeitsplatz an dem sie arbeiten (.) wenn sie eine Frau sind ehm werden sie nicht wie ein Mann nach oben steigen können also das gibt es auch hier in Deutschland also das gibt es auch in der deutschen Mentalität // die Geschlechter-Diskriminierung gibt es eigentlich überall // nicht nur in der Türkei also es gibt <u>ohnehin</u> nichts was vom Islam verursacht wird der Islam ist <u>voll und ganz</u> dagegen (.) also gegen die Geschlechterdiskriminierung (.) also als Menschen schauen wir menschenbezogen auf alle Probleme (.) aber das ist falsch:: zum Beispiel ist das weltweit(.) dass das ein weltweites Problem ist ehm (.) ich dachte es wäre ein religiöses (.) ehm wir haben in der Türkei einen unteren Nachbarn ist eine Schwester die ich sehr mag (.) sie sind Assyrer ehm // sie würden auch aufgrund von Erbangelegenheiten nicht mit ihren Geschwistern reden dies das (.) ntz ((schnalzt) ich meinte hey ich dachte all diese Probleme haben nur wir (.) sie sind ja keine Muslime schau selbst in meinem Kopf schiebe ich die Schuld dem Islam zu obwohl wir ein religiöses Umfeld sind (.) obwohl die Fehler die wir machen haben nicht im Geringsten mit dem Islam zu tun (.) das sind menschliche Probleme (.) man schaut zum Beispiel heute in den indischen Gesellschaften in den Religionen im fernen Osten (.) die Frau ist nichts (.) also der Mann der Frau stirbt sie begraben die Frau lebendig mit ihrem Mann zusammen (.) solche Stämme gibt es zum Beispiel immer noch das bedeutet der Fehler ist auf menschlicher Ebene die Religion erhöht den Menschen (.) ehm damals habe ich verstanden was für eine schöne und wundervolle Religion der Islam ist // und wir werden inschallah unsere Mängel beseitigen (.) also wir werden uns Tag für Tag weiterbilden

KAR: *Inschallah* @(2)@

DEAF01: ⌊@(2)@ *also wir werden unsere Probleme so Gott will lösen und dafür werde ich als weibliche Hoca alles tun* (DEAF01,803-834)[72]

Mit einem direkten Bezug auf die quantitative Ebene („*die Anzahl der Frauen*", tr. „*kadınların sayısını*") wird einerseits eine Entwicklung mit Blick auf die Präsenz von Frauen im Vorstand angesprochen („*also erst jetzt so langsam hat es angefangen dass Frauen in den Vorstand gehen*", tr. „*yani yeni yeni yönetime kadınlar girmeye başladı*"); andererseits dokumentiert sich in der Beschreibung „*erst jetzt so langsam hat es angefangen*" (tr. „*yeni yeni [...] girmeye başladı*") eine Nicht-Abgeschlossenheit des – als „langsam" beschriebenen – Prozesses. Im Anschluss daran emergiert die Unzufriedenheit mit Blick auf den langsam fortschreitenden Prozess („*selbst das haben wir noch nicht geschafft*", tr. „*onu bile daha başaramadık*"). „Selbst das" (tr. „*onu bile*") rekurriert dabei auf die Konstruktion eines (eigentlich) mindestens zu Erreichenden, die vor dem Hintergrund eines Kollektivs („*wir*", abgeleitet aus „*başaramadık*", „*wir haben es nicht geschafft*" tr. „*biz*") formuliert wird. Somit rahmt die Imamin diese Beschreibung als Notwendigkeit für das konstruierte Kollektiv. Bereits zu Beginn der Sequenz lässt sich die Orientierung der Imamin an Geschlechterstrukturen im Modus der Kritik rekonstruieren.

---

[72] Original:
DEAF01: Kadınların sayısını daha (.) yani yeni yeni yönetime kadınlar girmeye başladı (.) onu bile daha başaramadık (.) yani göstermelik olarak var olanlar göstermelik olarak var (2) şöyle tam manasıyla yoklar bunu bi kere yazalım yani kafamıza eh bu tam manasıyla olduğu zaman zaten bu iş çözülmüş demektir
KAR: Nerden kaynaklanıyor (.) hmm (.) hmm (2) hmm (15)
DEAF01: @ ((Gestikuliert, als ob sie einen Schlüssel in der Hand hat, und zeigt auf die Interviewerin und sich)) @
KAR: Anahtar
DEAF01: Hmm:: @(3)@ anahtar kadınların elinde
KAR: ⌊@(3)@
DEAF01: Ama erkekler de hiç bir eh yerde olduğu gibi burda da @(.)@ bu alanı bize bırakmak istemeyecekleri için (.) biz biraz ehm (.) hani (2) @(.)@ zorla
KAR: ⌊@(.)@
DEAF01: Yapacağız gibi @geliyor bu@ @(3)@
KAR: ⌊@(3)@
DEAF01: @mi deniliyor ya@
KAR: ⌊Evet
DEAF01:   ⌊@yani onun gibi@

9.3 Orientierung an Organisationsstrukturen 459

Diese Geschlechter-Dysbalance verstärke sich durch die Nicht-Funktion der präsenten Frauen im Vorstand, denn die im Vorstand Vertretenen gebe es für den „Schein" („*die die es für den Schein gibt gibt es für den Schein (2) so im wahrsten Sinne gibt es sie nicht*", tr. „*göstermelik olarak var olanlar göstermelik olarak var (2) şöyle tam manasıyla yoklar*"). Darin dokumentiert sich, dass die Präsenz im Vorstand für eine äußere Wahrnehmung und Repräsentanz vorhanden ist, aber keiner Funktionsausübung als Vorstandsmitglied äquivalent ist. „*Im wahrsten Sinne*" („*gerçek anlamda*") verweist somit auf die tatsächliche Funktionsausübung. Dieser Realisierung wird eine Problemlösung zugeschrieben („*wenn es im wahrsten Sinne sein wird bedeutet das dass sich die Sache geklärt hat*", tr. „*tam manasıyla olduğu zaman zaten bu iş çözülmüş demektir*"), während „die Sache" nicht präzisiert wird. Die Sache referiert somit auf ein Problem. Daraus lässt sich allerdings rekonstruieren, dass die Interviewte das Wissen der Interviewerin über das bestehende Problem annimmt. Es scheint sich also um ein bekanntes Problem zu

KAR: @(2)@
DEAF01: ⌊Hani çok gönüllü değiller doğrusunu @söylemem gerekirse@ bizim (.) eh erkelerimiz bu zihniyet çabuk kırılacağı benzemiyor
KAR: Hmm (6) anlıyorum
DEAF01: Yani ehm (2) aslında en çok faydayı görecek olan erkekler (.) bu konuda (.) ama (.) neden bilmiyorum işte (2) bi cinsiyet meselesi var yani bizde toplumumuzda var (.) yani geleneksel olarak bu (.) aşılamadı daha (3) ne kadar batıda yaşasak bile batının kendinde de var ama bu (.) eh burda tanıştığım pek çok arkadaş dedi bir arkadaş da eh ((çay bardağı karıştırıyor)) s::öyleninen oydu (.) eh bi iş yerinde (.) çalıştığınız yerinde (.) kadınsanız eh bi erkek kadar (.) eh (.) yukarıya çıkamazsınız demişti yani bu burda Almanya'da da var yani alman zihniyetinde de bu var // kadın erkek ayrımcılığı aslında her yerde var // sadece Türklerde değil hani İslamiyet'ten kaynaklanan bir şey zaten yok İslamiyet tamamen buna karşı (.) yani cinsiyet ayrımcılığına (.) hani insan olarak insan bazlı bakıyor bütün problemlere (.) ama yanlış:: bu bu da evrenselmiş mesela (.) bu yanlışın evrensel olduğunu eh burda (.) eh bizim şey hani dini olarak zannediyordum ben (.) eh komşumuz var ehm (.) Türkiye'de alt komşumuz çok sevdiğim bi (.) eh ablam (.) şeyler Süryaniler eh //(2) dedim onlarda da eh işte bu miras meselelerinden işte kardeşleriyle konuşmuyormuş işte şundan bundan böyle (.) ntz ((schnalzt)) ay dedim bu problemlerin hepsi sadece bizde olur zannederdim dedim (.) şimdi onlar Müslüman değil ya bak benim bile kafamda hep suçu İslamiyet'e atma var biz ne kadar dindar bir çevre olduğumuz halde (.) halbuki İslamiyet'le zerre kadar alakası yok yaptığımız yanlışların (.) insanî yanışlar bunlar (.) bakıyorsun mesela bugün Hint toplumlarındaki o uzak doğudaki dinlerde (.) kadın hiç (.) yani kadının kocası ölüyor kocasıyla gömüyorlar yaşayan kadını (.) mesela böyle kabileler var hala yaşayan demek ki (.) hata (.) eh insanî boyutta yani insanı din aslında yüceltiyormuş (.) eh o zaman anladım yani İslamiyet'in ne kadar güzel ve muhteşem bi din olduğunu // bizde inşallah bu eksikliklerimizden sıyrılacağız (.) yani gün gün kendimizi yetiştirecez
KAR: İnşallah @(2)@
DEAF01: ⌊@(2)@ yani problemlerimizi aşacağız yani Allah'ın izinliyle ve bunun için ben bir bayan hoca olarak elimden geleni yapacağım

handeln, das mit der – „*im wahrsten Sinne*"– Existenz der Frauen im Vorstand behoben werden könne. DEAF01 beschreibt ihre Ausführung im Sinne einer Tatsache und unterstreicht die Notwendigkeit des Realisierens und des Einsehens dieser Situation („*das müssen wir erst mal festhalten*", tr. „*bunu bi kere yazalım yani kafamıza*"[73]).

Die Frage der Interviewerin „worauf ist das zurückzuführen" (tr. „*nerden kaynaklanıyor*") wird durch eine Pause (2 Sekunden und 15 Sekunden) begleitet. In dieser Pause dokumentiert sich eine gedanklich intensive Auseinandersetzung mit dem zuvor Beschriebenen. Daran anschließend gestikuliert DEAF01, als ob sie einen Schlüssel in der Hand halten würde, und zeigt dabei mit kreisender Handbewegung auf die Interviewerin und sich selbst. Die Deutung der Gestik im Modus des Fragens („Schlüssel") wird durch die Interviewte ratifiziert („Hmm::"). Das anschließende Lachen (@(3)@) der Interviewten und Interviewerin verweist auf ein geteiltes Wissen und möglicherweise auf ein – in diesem Zusammenhang – bestehendes Spannungsfeld.

Die Beschreibung, dass der „*Schlüssel* [...] *in der Hand der Frauen*" ist (tr. „*anahtar kadınların elinde*") lässt rekonstruieren, dass die Imamin das Ergreifen der Initiative durch die Frauen als Lösung konzipiert.

Einerseits zeigt sich, dass die Imamin nicht auf die Frage der Interviewerin bezüglich des Ursprungs des Problems eingeht, sondern gedanklich den Weg der Lösung konzipiert, um die problematisch empfundene Situation – und die Geschlechter-Dysbalance – zu verändern. Andererseits dokumentiert sich in dieser Antwort ein Machtverhältnis, das die *Frauen* als Handlungs- und Entscheidungsfähige (als diejenigen, die den Schlüssel in der Hand halten) beschreibt. Diese Zuschreibung und die Gestik verweisen auf den Modus der Selbstermächtigung. Diese implizite Zuschreibung wird im Anschluss daran eingeschränkt. Das Hindernis für die Handlungsfähigkeit der Frauen wird auf den habitualisierten Umgang des Kollektivs der Männer zurückgeführt („*aber weil die Männer wie in allen Bereichen auch hier* @(.)@ *uns dieses Feld nicht überlassen wollen werden*", tr. „*ama erkekler de hiç bir eh yerde olduğu gibi burda da* [...] *bu alanı bize bırakmak istemeyecekleri için*"); dieser Umgang scheint sich in verschiedenen Kontexten und einem übergreifenden Bereich („*in allen Bereichen*", tr. „*her alanda*") zu zeigen. Somit lässt sich rekonstruieren, dass mit einer geschlechtlichen Differenzierung in jeweiliger Kollektivität (Mann-Frau) ein habitualisierter Umgang zugeschrieben wird; es sind die Frauen, die das Potential haben und die

---

[73] Wortwörtlich übersetzt bedeutet „*bunu bi kere yazalım yani kafamıza*" soviel wie „*schreiben wir das erst einmal in ‚unseren Kopf'*" und meint sinngemäß „*lasst uns das erst einmal einprägen bzw. festhalten*".

9.3 Orientierung an Organisationsstrukturen

Initiative ergreifen (könnten), und die Männer, die dieses Potenzial bzw. die Initiative verhindern. Darin spiegelt sich erneut die Geschlechter-Dysbalance wider, an der sich die Imamin kritisch orientiert.

Die Imamin beschreibt im Modus der Selbstermächtigung, dass dieses Hindernis aufgehoben wird, indem die Frauen die Initiative ergreifen („*wir werden ehm (.) also (2) @(.)@ mit Zwang das machen*", tr. „*biz biraz ehm (.) hani (2) @(.)@ zorla yapacağız gibi*"); in dem „*Zwang*" dokumentiert sich die – aus der Perspektive der Imamin („*so scheint es mir*", tr. „*gibi geliyor bu*") – bevorstehende Herausforderung. Auf immanenter Ebene lässt sich diese Herausforderung rekonstruieren: Dass die Männer „*nicht sehr gewillt sind*" (tr. „*çok gönüllü değiller*") verweist auf eine vorherige diesbezügliche Auseinandersetzung mit den Männern. Diese Beschreibung scheint für DEAF01 an eine Sagbarkeitsgrenze zu stoßen, die sie hier scheinbar durchbricht („*wenn ich ehrlich @sagen soll@*", tr. „*doğrusunu @söylemem gerekirse@*"). Dies dokumentiert sich auch in dem Lachen. Diesen habitualisierten Umgang beschreibt die Imamin als „Mentalität"; darin dokumentiert sich ein Verwurzelt-Sein des Umgangs und der Verfestigung, das die Herausforderung des „Durchbrechens" verstärkt („*es scheint nicht danach dass unsere Männer diese Mentalität schnell durchbrechen*", tr. „*erkelerimiz bu zihniyet çabuk kırılacağı benzemiyor*"). Implizit verweist diese Beschreibung ebenso auf eine (eher lange) zurückgreifende Vergangenheit dieses Umgangs. In dieser Orientierung wird erneut das Nähe-Distanz-Verhältnis sichtbar, denn es sind „unsere Männer", die diese Mentalität schwer durchbrechen werden.

Nach der Ratifizierung der Interviewerin (hinsichtlich der Verständlichkeit) des von der Interviewten Gesagten („*hmm (6) ich verstehe*", tr. „*hmm (6) anlıyorum*") beginnt DEAF01 das zuvor Erzählte zu detaillieren („*also ehm (2) eigentlich*", tr. „*yani ehm (2) aslında*"). Der Effekt der Initiative der Frauen scheint sich – über einen frauenbeschränkten Bereich hinaus – auch auf den Bereich der Männer auszuwirken („*eigentlich sind es Männer die davon profitieren werden*", tr. „*aslında en çok faydayı görecek olan erkekler*"). Ohne den Grund zu wissen („*warum weiß ich einfach nicht*", tr. „*neden bilmiyorum işte*") wird die Geschlechter-Dysbalance expliziert. Mit einem Verweis auf das eigene Kollektiv („*gibt es dieses Geschlechter Ding bei uns*", tr. „*bi cinsiyet meselesi var yani bizde*") wird diese Geschlechter-Dysbalance zunächst auf eine Gesellschaft bezogen, der sie sich als zugehörig beschreibt („*das gibt in unserer Gesellschaft*", tr. „*toplumumuzda var*"). Dadurch wird die Geschlechter-Dysbalance als etwas Gesellschaftsrelevantes markiert. Das zuvor rekonstruierte In-die-Vergangenheit-Greifen des Phänomens wird hier nun explizit – es handelt sich um etwas, das „*traditionell so ist*" (tr. „*yani geleneksel olarak bu*"). In dem Traditionell-Sein dokumentiert sich erneut die (gesellschaftliche) Verwurzelung der Geschlechter-Dysbalance. In dem „*das konnte noch nicht durchbrochen werden*" (tr. „*aşılamadı daha*") konstituiert sich gleichzeitig das Potenzial mit Blick auf die Möglichkeit des Durchbrechens. Im Zuge dieser Erzählung verortet die Imamin das Problem der Geschlechter-Dysbalance beispielhaft in den Westen und eröffnet dadurch einen Vergleichshorizont („*egal wie sehr wir im Westen leben das hat der Westen auch*", tr. „*ne kadar batıda yaşasak bile batının kendinde de var*"). Dieser Vergleich dokumentiert sich in dem „*auch*". Dieses Andere – zum Westen zunächst konträr Stehende – wird zu Beginn nicht expliziert. Dem Westen scheint diese Geschlechter-Dysbalance zunächst nicht zugeschrieben zu werden; worauf hier implizit eine Widerlegung dieser Annahme folgt. Diese Geschlechter-Dysbalance im Westen wird argumentativ untermauert durch die Wiedergabe eines – von Dritten bestätigten – Erfahrungsberichtes („*viele Freunde die ich hier kennengelernt habe haben das gesagt eine Freundin [...] das war das was gesa::gt wurde*", tr. „*burda tanıştığım pek çok arkadaş dedi bir arkadaş da [...] s::öyleninen oydu*"). Die Geschlechter-Dysbalance am Arbeitsplatz wird mit einer Normativität und Eindeutigkeit beschrieben („*ein Arbeitsplatz an dem sie arbeiten (.) wenn sie eine Frau sind ehm werden sie nicht wie ein Mann nach oben steigen können*", tr. „*çalıştığınız iş yerinde (.) kadınsanız eh bi erkek kadar (.) eh (.) yukarıya çıkamazsınız*"); darin scheint das konstruierte Geschlecht eine entscheidende Rolle für den beruflichen Aufstieg zu spielen. Mit dieser Beschreibung verortet die Imamin die vorhandene Geschlechter-Dysbalance (auch) in den deutschen Kontext („*das gibt es auch hier in Deutschland also das gibt es auch in der deutschen Mentalität*", tr. „*burda Almanya'da da var yani alman zihniyetinde de bu var*"). Neben einer geographischen Verortung („*in Deutschland*", tr. „*Almanya ' da*") erfolgt eine Verortung, die sich auf die innere Haltung bezieht („*in der deutschen Mentalität*", tr. „*alman zihniyetinde*"). Ähnlich wie die zuvor angeführte Beschreibung der „Mentalität der Männer" und der „Gesellschaft" dokumentiert sich auch hier die in die Vergangenheit zurückreichende Dimension und (gesellschaftliche) Verwurzelung. Mit einer anschließenden Markierung, dass es sich im Kontext der Geschlechter-Dysbalance um ein weltweites Problem handelt („Geschlechter-Diskriminierung gibt es eigentlich überall", tr. „*kadın erkek ayrımcılığı aslında her yerde var*"), erfolgt die Präzisierung des – im Vergleich zum Westen bzw. zu Deutschland angeführten – „Anderen". Die Türkei scheint als impliziter Vergleich mitzuschwingen – dieser wird nun expliziert („*nicht nur in der Türkei*", tr. „*sadece Türklerde değil*"). Im Modus der impliziten Ablehnung wird die Annahme, dass die Geschlechter-Dysbalance auf „den Islam" zurückzuführen sei, widerlegt („*es gibt ohnehin nichts was vom Islam verursacht wird der Islam ist*

9.3 Orientierung an Organisationsstrukturen 463

voll und ganz dagegen (.) also gegen die Geschlechterdiskriminierung", tr. *"hani İslamiyet'ten kaynaklanan bir şey zaten yok İslamiyet tamamen buna karşı yani cinsiyet ayrımcılığına"*). Folglich scheint es einen Diskurs darüber zu geben, wodurch die Imamin die Notwendigkeit der Ablehnung darlegt. Daneben lässt sich in der zuletzt angeführten Aussage rekonstruieren, dass die Imamin „den Islam" als etwas Eindeutiges und Normatives konstruiert. Das konstruierte Wissen darüber und die Überzeugung spiegeln sich in den Betonungen auf *"ohnehin"* (tr. *"zaten"*) und *"voll und ganz"* (tr. *"tamamen"*) wider. Mit einer kritischen Perspektive auf die Zuschreibung des Problems an eine Religion wird die Feststellung betont, dass es sich um ein weltweites Problem handelt („zum Beispiel ist das weltweit(.) dass das ein weltweites Problem ist ehm (.) ich dachte es wäre ein religiöses", tr. *"evrenselmiş mesela (.) bu yanlışın evrensel olduğunu"*). Diese Beschreibung exemplifiziert DEAF01 im Sinne einer Argumentation, indem sie das Bespiel der Nachbarin in der Türkei anführt, die als Assyrerin charakterisiert wird („*in der Türkei einen unteren Nachbar ist eine Schwester die ich sehr mag (.) sie sind Assyrer*", tr. *"Türkiye'de alt komşumuz çok sevdiğim bi (.) eh ablam (.) şeyler Süryaniler"*). Mit der Schilderung, dass *"Erbschaftsprobleme"* auch in dieser nicht-muslimischen Gruppe vorhanden sind, dokumentiert sich der Versuch, die oben angeführte Beschreibung zu bestätigen, dass es sich im Kontext der Geschlechter-Dysbalance um Probleme handelt, die weltweit und ohne religiöse Gründe vorhanden sind. Mit einem subjektiven Bezug auf die Bearbeitung und Einordnung dieser Situation wird die Problematik geschildert, diese Probleme automatisch der Religion „Islam" zuzuschreiben („*in meinem Kopf schiebe ich die Schuld dem Islam zu obwohl wir ein religiöses Umfeld sind*", tr. *"bak benim bile kafamda hep suçu İslamiyet'e atma var biz ne kadar dindar bir çevre olduğumuz halde"*). Darin spiegelt sich implizit das Bestehen und die Verinnerlichung der Diskurse und die Orientierung daran wider. Während zunächst die Ablehnung der Zuschreibung der Probleme an *eine Religion* rekonstruiert werden konnte, lässt sich nun im Laufe des letzten angeführten Beispiels mit Blick auf die *"indischen Gesellschaften"* (tr. *"hint toplumlarındaki"*) und die *"Religionen im fernen Osten"* (tr. *"uzak doğudaki dinlerde"*) dokumentieren, dass die Problematiken in anderen Religionen als Gegenhorizont zum Islam angeführt werden. Der Vergleich dient zur Darlegung, wie *"schön"* und *"wundervoll"* der Islam ist. Das Lösen der weiteren (weltweiten) Probleme wird mit einer hoffnungsvollen Perspektive beschrieben („*und wir werden inschallah unsere Mängel beseitigen (.) also wir werden uns Tag für Tag weiterbilden*", tr. *"bizde inşallah bu eksikliklerimizden sıyırılacağız (.) yani gün gün kendimizi yetiştirecez"*). Aus welcher kollektiven Zugehörigkeit heraus sie die hoffnungsvolle Perspektive skizziert und ob mit „wir" diejenigen, die dem Islam zugehören, oder alle Menschen eingeschlossen werden, da es sich um ein „weltweites Problem" handelt, wird nicht expliziert. Allerdings liegt die erste Lesart nahe, denn unmittelbar vor dieser Ausführung spricht die Imamin darüber, wie „wundervoll" und „schön" der Islam ist. Dadurch lässt sich die darauffolgende Aussage als Aufhebung der Mängel lesen, mit der (implizit) neben dem „*wundervollen Islam*" eine absolute Perfektion angestrebt wird.

Der letzte Teil der Sequenz („*dafür werde ich als weibliche Hoca alles tun*", tr. „*bunun için ben bir bayan hoca olarak elimden geleni yapacağım*") verweist erneut auf den Modus der Selbstermächtigung. Darin dokumentiert sich erneut die Bereitschaft, die Initiative zu ergreifen. Der Modus der Selbstermächtigung wird dadurch verstärkt, dass die Imamin diese Formulierung aus einer Ich-Perspektive äußert („*werde ich als weibliche Hoca*", tr. „*ben bir bayan hoca olarak*"). Wenn ganz im Sinne der dokumentarischen Methode die Ebene des *Wie* des Gesagten betrachtet wird, so spiegelt sich dieser Modus auch in der Betonung auf „*ich*" (tr. „*ben*") wider. Dadurch lässt sich aus dieser Sequenz die Orientierung an Organisationsstrukturen im Modus der Selbstermächtigung rekonstruieren.

In der komparativen Analyse zeigte sich dieser Modus auch im Laufe des Interviews mit der Studentin aus Ankara. TRAAF06 beschreibt hier die Entwicklung(en) und Veränderung(en), die sie mit Blick auf die Geschlechterverhältnisse an der theologischen Fakultät beobachten konnte. In folgender Sequenz geht die Interviewte auf die Frage der Interviewerin ein, die als immanente Frage angeführt wird und das bereits Thematisierte aufgreift:

KAR: Ehm du hast beschrieben dass sich das Verhältnis zwischen ehm Student und Studentin in der Klasse ver- verbessert hat also dass sie zunächst nicht gesprochen haben und du ehm die Entwicklung beobachten konntest (.) kannst du: das etwas etwas näher beschreiben wie

TRAAF06: ᴸHmm oke das war glaub so: ehm (.) die Jungs sind eigentlich offen aber (.) wenn sie hierher kommen dann haben sie eben wahrscheinlich das Gefühl

9.3 Orientierung an Organisationsstrukturen 465

sie müssen sich ändern oder anders geben // und ich denke es spielt auch ne Rolle was die Oberklassen sagen dazu quasi redet nicht @mit den Mädchen@ bla bla bla solche Sachen // und ehm aber mei- wie wie lang kann man sich verstellen (.) man kann sich nicht ziemlich lang verstellen und ich wollte mich nich verstellen also hab ich die Jungs immer angesprochen wenn ich was wissen wollte ich hab das alles mit Absicht gemacht ehm ich hab mich mit dene gestritten (.) einmal (.) da kommen sie alle zwei Wochen später oke und d- Semester hat begonnen wir haben unsere ehm Unterrichts- ehm Zeiten ausgewählt (.) und hier ist das so (.) in der zweiten Woche (.) kann man ehm sich zusätzlich Unterricht ehm aussuchen oder alles wieder ändern (.) und ehm (.) das war der letzte Tag (.) wo man sein den Stundenplan ändern kann (.) also kommen die erstens zu spät (.) und dann sagen sie ja:: ehm wir müssen den Stundenplan ändern und dabei spielt es keine Rolle ob ihr von den ehm (.) höheren Semestern ehm Fächer ausgesucht habt und ich hatte eins ausgesucht (.) und ein Junge hatte das auch ausgesucht // und alle Mädchen waren eigentlich dagegen den Stundenplan wieder umzuändern und ich natürlich auch weil ich ja ehm dementsprechend ehm (.) Unterricht von oben genommen habe // (.) ich kam in die Klasse das woll- das wollten über darüber wollten wir sprechen (.) <u>keiner</u> hat was gesagt von den Mädchen und ich war <u>so sauer</u> (.) und der Junge der auch Unterricht von oben hatte hat was gesagt er meinte ja wenns nicht geht dann geh ich halt nich in den Unterricht und ich so (.) ehm tut mir Leid aber ich sehe kein Grund weswegen ich jetzt mein Unterricht von oben (.) ehm für euch opfern soll ihr seid ja zu spät gekommen das ist eure Schuld // die Mädchen sagen <u>nichts</u> die Jungs reden @(.)@ ja und dann haben wir uns gestritten (.) und ehm alle Mädchen (also wirklich) voll geschockt und alle Jungs @auch@ (.) und ehm (.) ja ich hab einfa- (.) ja und dann ist es so weiter gegangen und ich hab dann gemerkt ehm so ehm wenn ich

```
mit denen rede reden sie mit mir und dann haben sie angefangen
(.) einfach mit mir zu reden // und so hat sich das dann
entwickelt

KAR: Okay

TRAAF06: Ja // und heute kann ich mit allen (.) aus meiner
Klasse reden aber die anderen Mädchen nicht
(TRAAF06, 203-222)
```

In einer immanenten Nachfrage greift die Interviewerin das zuvor durch die Interviewte Angesprochene auf. In der Fragestellung benennt die Interviewerin *„das Verhältnis zwischen* [...] *Student und Studentin"* und bedient sich der geschlechtlichen Differenzierung, an der sich die Studentin zuvor in ihrer Schilderung orientierte. Dass dieses Verhältnis im Rahmen einer *„Entwicklung"* beobachtet werden konnte, verweist a priori auf eine Geschlechter-Dysbalance oder Problematik, die es zu geben scheint. Damit scheint das Nicht-Sprechen (*„dass sie zunächst nicht gesprochen haben"*) in Zusammenhang zu stehen. Die Aufforderung der Interviewerin, diese Schilderungen zu präzisieren (*„kannst du: das etwas etwas näher beschreiben"*), wird mit einer überlappenden Bestätigung eingeleitet (*„⌊hmm oke"*). In dieser schnell eingreifenden Überlappung dokumentiert sich eine starke Bereitschaft der Ausführung. *„Glaub so:"* rekurriert dabei auf den Einstieg der Nacherzählung bzw. -stellung einer Szene. Vor der Beschreibung der Entwicklung folgt zunächst eine (Prä-)Rahmung, in der Hintergrundinformationen gegeben werden (*„die Jungs sind eigentlich offen aber"*). In dieser Anführung dokumentiert sich, dass die folgende Erzählung die *„Jungs"* mit dem „Nicht-Offen-Sein" charakterisieren könnte. Dies detailliert TRAAF06 im Zuge der Erzählung.

In einer Begründungslogik für das Nicht-Offen-Sein der „Jungs" wird einerseits die mit der Ankunft eingeleitete Verhaltensveränderung (*„wenn sie hierher kommen dann haben sie eben wahrscheinlich das Gefühl sie müssen sich ändern oder anders geben"*) und andererseits der Einfluss der *„Oberklassen"* auf die „Jungs" (*„ich denke es spielt auch ne Rolle was die Oberklassen sagen dazu quasi redet nicht @mit den Mädchen@ bla bla bla solche Sachen"*) angeführt. In beiden Begründungen wird die theologische Fakultät als ein Ort konstruiert, an dem ein (erwartetes) Verhalten und ein entsprechender Habitus zu existieren scheinen. Diese erwartete Verhaltensform scheint implizit und subkutan vorhanden zu sein; dies dokumentiert sich in der bereits *mit der Anreise* eintretenden Einstellung der „Jungs", sich verändern zu müssen. In der Beschreibung des „Sich-Anders-Gebens" dokumentiert sich eine andere Ebene der Verhaltensveränderung. Während in dem

9.3 Orientierung an Organisationsstrukturen

Sich-Verändern-Müssen eine habituelle Veränderung angesprochen wird, die mit einer Veränderung der inneren Einstellung einhergehen (kann), verweist das Sich-Anders-Geben auf eine ungewollte und innerlich nicht überzeugte Veränderung, die nur auf eine veränderte Wahrnehmung von außen zielt. Somit spricht die Studentin beide Ebenen – die überzeugte und die nicht überzeugte Art – der Veränderung an.

Während das von den „Oberklassen" Gesagte – im Sinne eines hierarchischen Verhältnisses – übergeordnet zu sein scheint, zeigt sich in dieser Beschreibung der Einfluss mit Blick auf das Geschlechterverhältnis. Die Erzählung „*redet nicht @mit den Mädchen@*" rekurriert dabei auf die Geschlechtertrennung, die durch die Verhinderung der Kommunikation gewährleistet werden soll. Daneben scheint es im Kontext der Geschlechterverhältnisse andere Verhaltensformen zu geben, die von den „Oberklassen" angesprochen werden („*bla bla bla solche Sachen*"). Mit Blick auf die Ebene des *Wie* des Gesagten lässt sich in dem „*bla bla bla*" eine kritisch bewertende Beschreibung der Studentin rekonstruieren; darin zeigt sich eine Distanz und ein Nicht-Verständnis für diese Art von Weitertradierungen der Oberklasse an die Jungs. Die Beschreibung „solche Sachen" verstärkt die Rekonstruktion, dass es über das Nicht-Reden mit Mädchen hinaus andere geschlechterrelevante und erwartete Verhaltensweisen gibt. Die Studentin deutet darauf hin, dass diese Verhaltensveränderung – die primär eine „Verstellung" zu sein scheint – langfristig nicht realisierbar sei („*wie lang kann man sich verstellen (.) man kann sich nicht ziemlich lang verstellen*"). Darin dokumentiert sich, dass die von Dritten auferlegte Erwartung mit Blick auf die Verhaltensänderung keine mit den Subjekten selbst konforme Veränderung und verinnerlichte Haltung auslöse. Mit einem Bewusstsein darüber distanziert sich die Studentin dieser Erwartung und Veränderung gegenüber („*ich wollte mich nich verstellen*") und spricht ihre aktive Handlung gegen die Erwartungshaltung von Dritten an („*also hab ich die Jungs immer angesprochen*"). Das Bewusstsein zeigt sich auch im Laufe der Erzählung dieser aktiven Handlung in dem Hinweis, dass die Studentin „alles mit Absicht gemacht" habe. Darin dokumentiert sich folglich der *Modus der Selbstermächtigung*. Dieser Modus zeigt sich verstärkt in der Erzählung, dass sie sich mit „Jungs" gestritten habe („*ich hab mich mit dene gestritten*"). Wird der Blick nun wieder – im Sinne der dokumentarischen Methode – auf das *Wie* des Gesagten gerichtet, zeigt sich, dass der Modus der Selbstermächtigung in der Steigerung der Handlung (von dem Ansprechen bis zum Streiten) erscheint, die die Studentin alleine und nicht von einer Gruppe aus vollzieht. Entgegen externer Erwartungshaltungen wird das *Selbst* ermächtigt.

Die Studentin leitet zur Exemplifizierung des Streites mit den Jungs die Erzählung ein („*einmal*"). Die Erzählung wird zunächst gerahmt und kontextualisiert:

mit Beginn des Semesters („*Semester hat begonnen*") und dem Erstellen des Stundenplans („*wir haben unsere ehm Unterrichts- ehm Zeiten ausgewählt*"). Das Geschehen im Rahmen der Organisation des Unterrichtsplans wird zeitlich als „*letzte[r] Tag wo man sein den Stundenplan ändern kann*" verortet. Diese Verortung scheint eine wichtige Rolle für die folgende Erzählung zu spielen. Aus der darauffolgenden Rahmung lässt sich rekonstruieren, dass eine kollektive Entscheidung für die Erstellung des Stundenplans relevant zu sein scheint; denn in der daran anschließenden Erzählung wird die Veränderung des Stundenplans verhandelt („*wir müssen den Stundenplan ändern*"). In der Art und Weise, *wie* die Studentin die Erzählung („*dann sagen sie ja:: ehm wir müssen den Stundenplan ändern*") wiedergibt, dokumentiert sich insbesondere in dem langgezogenen „ja::" der Übergang zu etwas als unverständlich und nicht vertretbar Markiertem. Dies verweist erneut auf den Modus der Kritik. Mit der Beschreibung, dass es keine Rolle spielt, aus den höheren Semestern Fächer auszusuchen („*spielt es keine Rolle ob ihr von den ehm (.) höheren Semestern ehm Fächer ausgesucht habt*"), erfolgt eine Überleitung („*ich hatte eins ausgesucht*"), die auf ihre persönliche Bezugnahme und starke Betroffenheit deuten lässt. Aus der Darlegung der Positionierung(en) der „*Mädchen*" in der Klasse („*und alle Mädchen waren eigentlich dagegen den Stundenplan wieder umzuändern*") lässt sich dokumentieren, dass es etwas zu geben scheint, das die Mädchen und die Studentin in dieser Szene voneinander unterscheidet. Dies konstituiert sich in dem „eigentlich". Das Verhandeln über die Veränderung des Stundenplans scheint sich durch die Problematik einer (möglichen) Kollision der Unterrichtsstunden zu charakterisieren – betroffen scheint dabei (auch) die Studentin mit ihren ausgewählten Fächern aus den höheren Semestern zu sein („*ich natürlich auch weil ich ja ehm dementsprechend ehm (.) Unterricht von oben genommen habe*"). Die Rahmung und Kontextualisierung des Geschehnisses schließt die Studentin mit der Beschreibung „*ich kam in die Klasse das woll- das wollten über darüber wollten wir sprechen*". Daraus lässt sich rekonstruieren, dass die Veränderung des Stundenplans von dem Verhandeln in der Klasse abhängt.

Mit dem Einstieg in die Handlung geht die Studentin sofort darauf ein, dass keines der Mädchen etwas gesagt habe („*keiner hat was gesagt von den Mädchen*"). Auch vor dem Hintergrund der Betonung auf „*keiner*" dokumentiert sich die Bedeutsamkeit des zu Sagenden. Der ebenfalls von der Wahl des Unterrichts aus den höheren Semestern betroffene Junge, der – im Unterschied zu den „Mädchen" – „was gesagt" hatte („*der Junge der auch Unterricht von oben hatte hat was gesagt*") verweist auf die Orientierung an Organisationsstrukturen ihrer Fakultät, die sie im Modus der Kritik aufgreift. Die emotionale Wirkung des Vorfalls („*ich war so sauer*") manifestiert sich sowohl auf der immanenten Ebene (das *Was* des Gesagten) als auch auf der konjunktiven Ebene (durch das *Wie* des Gesagten).

9.3 Orientierung an Organisationsstrukturen

Letzteres zeigt sich insbesondere in den Betonungen auf „*so sauer*". Die divergente Lösungsstrategie des „Jungen" („*er meinte ja wenns nicht geht dann geh ich halt nich in den Unterricht*") und der Studentin („*und ich so (.) ehm tut mir Leid aber ich sehe kein Grund weswegen ich jetzt mein Unterricht von oben (.) ehm für euch opfern soll*") deutet auf einen bevorstehenden Konflikt bzw. auf das zunächst schwierige Lösen des Konfliktes. Während die Strategie des Jungen auf einen Modus der Anpassung verweist, wird in dem Bestehen der Studentin auf ihrer Unterrichtswahl – jenseits derjenigen, die sich für die Veränderung ausgesprochen haben – ein Modus der Selbstermächtigung sichtbar. In der Anführung des „Opferns" dokumentiert sich der starke Wille der Studentin, den Unterricht aus den höheren Semestern in Anspruch zu nehmen – begründet wird die eigene Positionierung mit der Schuldzuweisung des Zu-spät-Kommens („*ihr seid ja zu spät gekommen das ist eure Schuld*"). Diese Zuweisung dokumentierte sich auch zu Beginn der Sequenz: „*da kommen sie alle zwei Wochen später*". Dieser Orientierung und dem Modus der Selbstermächtigung scheint die subjektiv begründete Rechtmäßigkeit zugrunde zu liegen. Der Modus der Kritik lässt sich insbesondere aus der Aussage rekonstruieren, die auf die divergente Verhaltensweise in dieser konflikthaften Situation rekurriert („*die Mädchen sagen nichts die Jungs reden @(.)@*"). Das Erstaunen in der Nacherzählung dieser Szene dokumentiert sich in dem Lachen. In dieser Dichotomie der *nichts sagenden Mädchen* und der *redenden Jungs* manifestiert sich ihre Kritik der Geschlechter-Dysbalance, die die Studentin im Modus der Selbstermächtigung – auch in der fortlaufenden Erzählung – zu brechen versucht: Dieser Bruch scheint so tiefgreifend zu sein, dass in dem Streit („*ja und dann haben wir uns gestritten*") die Gruppe der Mädchen und die Gruppe der Jungs „*geschockt*" gewesen sein sollen („*und ehm alle Mädchen (also wirklich) voll geschockt und alle Jungs @auch@*"). Das Schockiert-Sein verweist gleichzeitig auf eine andere Gewohnheit, die hier in einem Spannungsverhältnis steht. Die Studentin beschreibt, dass sich mit diesem Bruch eine andere Verhaltens- und Umgangsform zwischen ihr und „den Jungs" einpendelte („*dann ist es so weiter gegangen und ich hab dann gemerkt [...] wenn ich mit denen rede reden sie mit mir und dann haben sie angefangen [...] einfach mit mir zu reden [...] und so hat sich das dann entwickelt*"). In dieser Schilderung der Entwicklung dokumentiert sich, dass die Initiative der Studentin einen wesentlichen Aspekt für die Entwicklung des Verhältnisses zwischen ihr und den Studenten der Klasse darstellt. Resümierend beschreibt sie den aktuellen Stand („*und heute kann ich mit allen (.) aus meiner Klasse reden aber die anderen Mädchen nicht*"). In dieser Beschreibung des Status-Quo vergleicht die Studentin ihr Verhältnis zu den Studenten mit dem Verhältnis der anderen „Mädchen" zu den Studenten. „*Ich kann*" verweist in diesem Zuge auf ein Potenzial, das im Sinne eines Endproduktes der Entwicklung dargelegt wird. Zudem verweist „*ich kann*" auf den Modus der Selbstermächtigung. TRAAF06 zeigt in dieser Sequenz somit ihre Orientierung an Organisationsstrukturen, die sie im Modus der Selbstermächtigung bearbeitet. Die folgende Sequenz ist ein Teil aus dem Interview mit TRAAF01 (einer Studentin an der theologischen Fakultät in Ankara). TRAAF01 zieht gegen Ende des Interviews eine historische Parallele, in dem sie heutige beobachtbare Herangehensweisen in der religiösen Erziehung in Moscheen mit den Herangehensweisen des Propheten Muhammad vergleicht. Dann entfernt sie sich von diesem Vergleich und spricht allgemeiner über ihre Überzeugungen mit Blick auf die pädagogische Praxis als Lehrende. Die Sequenz schließt an diese Erzählung an:

TRAAF01: Zum Beispiel man sagt ja immer noch über Männer und Frauen der darf das die darf das nicht und so (.) vor allem wenn ich unterrichte (.) ich kann den Leuten nicht sagen das was sie hören wollen (.) ich muss ihnen das sagen (.) was ich glaube was richtig ist (.) natürlich ist es da wichtig wie man es sagt (.) man sollte niemanden verletzen (.) man sollte nicht herablassend sein (.) man solle behutsam immer voran gehen aber (.) letztendlich kann ich nicht einfach etwas (.) bestätigen nur weil sie es von mir verlangen // das kann ich nicht machen

KAR: Ja

TRAAF01: Das heißt wenn jemand mir sagt ja aber dass Frauen arbeiten das ist ja nicht so toll oder (.) stimmt doch oder (.) dieses oder da kann ich nicht einfach ja sagen nur weil sie das hören will // ja (.) das das möchte ich auch nicht (.) und ich glaube aber (.) wenn (.) viele von uns das machen und standhaft bleiben und <u>selbst</u> nachdenken (.) dass sich das irgendwann ändern kann solche wirklich sinnlosen Geschlechtersachen (.) also das hoffe (.) ich sag ich mal (.) also ich werde das so machen und nicht anders
(TRAAF01, 3358-3373)

Die Studentin setzt in ihrer Exemplifizierung den Geschlechterbezug. Das angeführte Beispiel („*zum Beispiel*") wird als etwas beschrieben, das bekannt zu sein

9.3 Orientierung an Organisationsstrukturen

scheint (*„man sagt ja"*). Dadurch, dass *„man"* nicht präzisiert wird, scheint es etwas Übergreifendes zu sein. Daher lässt sich rekonstruieren, dass das mit Blick auf die *„Männer und Frauen"* Gesagte etwas Bekanntes und gesellschaftlich Verankertes ist. In dieser Beschreibung rekurriert die Studentin durch die Anführung *„immer noch"* darauf, dass das Beispiel auf die Vergangenheit zurückgreift und nicht abgeschlossen ist. Darin dokumentiert sich implizit der Wunsch nach einer Überwindung des Phänomens. *„Der darf das die darf das nicht und so"* präzisiert folglich das anzuführende Beispiel; daraus lässt sich rekonstruieren, dass den Männern das Dürfen und den Frauen das Nicht-Dürfen zugeschrieben wird. Darin konstruiert die Studentin eine Geschlechter-Dysbalance, an der sie sich kritisch orientiert. In diesen Zuschreibungen verweist das Dürfen auf eine durch (einen) unbenannte(n) Dritte(n) gesetzte Grenze bzw. eine erteilte Befugnis. Demnach scheint es eine in diesem Kontext kontrollierende bzw. bestimmende Instanz zu geben, die eine Entscheidungshoheit über das Dürfen und Nicht-Dürfen besitzt.

Aus der Perspektive einer Unterrichtenden in Moscheen wird die weitere Beschreibung vorgenommen. Dass es sich um den Kontext in Moscheen handelt, lässt sich daraus ableiten, dass die Studentin zuvor über die Herangehensweisen der Lehrenden in Moscheen gesprochen hat. Im Laufe des Interviews positionierte sich die Studentin mehrfach als angehende Lehrende in Moscheen. Somit lassen sich die daran anschließende Ausführungen auf den Kontext der Moschee beziehen und *„die Leute"* als diejenigen beschreiben, die in der Moschee durch die Lehrende angesprochen bzw. erreicht werden. In der Aussage *„ich kann den Leuten nicht sagen das was sie hören wollen"* wird auf mögliche zu erwartende (Normen- und Werte-)Kollisionen rekurriert. Die Studentin konstruiert implizit eine Erwartungshaltung der *„Leute"*, die sich auf eine erwartete Bestätigung des bereits Angenommenen durch die Lehrende bezieht. Im Zuge dessen beschreibt die Studentin ihre bevorzugte pädagogische Orientierung (*„ich muss ihnen das sagen (.) was ich glaube was richtig ist"*), die eine selbst zugeschriebene Verpflichtung dokumentiert. Sie imaginiert die Szene, in der die Verpflichtung, *„das Richtige"* zu sagen, konträr zu dem zu stehen scheint, was *„die Leute"* von der Lehrenden erwarten werden. In dieser Überzeugung über die zukünftige pädagogische Handhabung und Orientierung wird dennoch der Wahrheitsanspruch eingeschränkt (*„was ich glaube"*).

Dass in dieser imaginierten Szene eine konflikthafte Situation evoziert wird, dokumentiert sich des Weiteren in der Konstruktion eines vorsichtigen und sensiblen Umgangs mit der Erwartungshaltung *„der Leute"* (*„natürlich ist es da wichtig wie man es sagt (.) man sollte niemanden verletzen (.) man sollte nicht herablassend sein (.) man solle behutsam immer voran gehen"*). Somit wird die Erwartungshaltung der *„Leute"* mit stark verinnerlichten und für sie wichtigen Inhalten gerahmt, die bei möglichen Erwartungskollisionen zu „Verletzungen" führen könnte. In dieser Beschreibung des – für die Studentin – selbstverständlichen Umgangs („*natürlich*") dokumentiert sich folglich die erwartete (bevorstehende) Spannung. Trotz dieser erwarteten Konfliktsituation verweist TRAAF01 auf die Überzeugung und die Bedeutung der Handlungsorientierung („*letztendlich kann ich nicht einfach etwas (.) bestätigen nur weil sie es von mir verlangen das kann ich nicht machen*"). In dieser Konstruktion des Verhältnisses scheinen „*die Leute*" von den Lehrenden etwas konkretes zu fordern – dies dokumentiert sich insbesondere in der Formulierung „*weil sie es von mir verlangen*". Doch dieser Erwartungshaltung begegnet die Studentin im Modus der Selbstermächtigung, in dem sie ihrer Überzeugung Vorrang gibt.

Nach dem Einschub geht die Studentin erneut auf das Beispiel ein; es erfolgt eine Spezifizierung („*das heißt*"). Das oben eingeleitete Beispiel („*über Männer und Frauen der darf das die darf das nicht und so*") wird nun genauer exemplifiziert. Vor dem Hintergrund dieser konstruierten Szene führt TRAAF01 eine mögliche Frage an, die von „*den Leuten*" gestellt werden könnte („*wenn jemand mir sagt ja aber dass Frauen arbeiten das ist ja nicht so toll oder*"). In dieser Fragestellung dokumentiert sich eine Bewertung eines geschlechterbezogenen Aspektes – genauer gesagt, des „*Arbeitens von Frauen*". Somit wird – auch vor dem Hintergrund der eingangs beschriebenen Geschlechter-Dysbalance – auf das Dürfen und Nicht-Dürfen rekurriert. In dem „*oder*" dokumentiert sich die Erwartung einer Bestätigung der Fragestellung. Die Studentin formuliert die erwartete Fragestellung so, dass in ihr bereits die Richtung der Antwort festgelegt ist. Diese erwartete Bestätigung „*der Leute*" lässt sich verstärkt aus der Beschreibung „*oder (.) stimmt doch oder (.) dieses oder*" rekonstruieren. Im Zuge dieser Verdeutlichung deutet die Studentin auf einen ähnlichen Modus („dieses oder"), den sie in unterschiedlichen Szenen zu erwarten scheint. In der mehrfachen Anführung „*oder (.) stimmt doch oder (.) dieses oder*" wird – mit Blick auf das Wie des Gesagten – die kritische Orientierung an diesem erwarteten Modus „*der Leute*" sichtbar. In einer Überzeugung darüber, was die Studentin *nicht* machen möchte („*da kann ich nicht einfach ja sagen nur weil sie das hören will ja (.) das das möchte ich auch nicht*"), wird entgegen der Erwartungshaltung der Modus der Selbstermächtigung rekonstruierbar.

Auch im weiteren Verlauf manifestiert sich dieser Modus: „*Standhaft bleiben*" und „*selbst nachdenken*" wird als Lösung für das Problem solcher „*Geschlechtersachen*" beschrieben. Neben einer Markierung der Bedeutung des Ergreifens *individueller* und *selbst geleiteter* Entscheidungsfähigkeit und -befugnis dokumentiert sich in der Beschreibung „*standhaft bleiben*" ein Verweis auf die Notwendigkeit der konsequenten Haltung vor möglichen Kollisionen und

9.3 Orientierung an Organisationsstrukturen

im Rahmen möglicher Konfliktsituationen. Mit Blick auf das *Wie des Gesagten* zeigt sich in der Betonung auf „*selbst*" der Modus der Selbstermächtigung. Rekurriert wird dabei zugleich auf die Bedeutung der Individualität und des Sich-Verlassens auf die bzw. der Förderung der kognitiven Fähigkeit(en) („selbst nachdenken"). Gleichzeitig resultiert aus dieser Deutung die Distanzierung von kollektiv angenommenen Normen.

Die Handlungsorientierung wird bezogen auf das Kollektiv als Lösung beschrieben („*wenn (.) viele von uns das machen [...] dass sich das irgendwann ändern kann*"). Mit Blick auf die Positionierung als Lehrende lässt sich daher rekonstruieren, dass das „wir" auf ein Kollektiv der Lehrenden in Moscheen zielt. In diesem Kontext werden im Modus der Bewertung diese (und ähnliche) Geschlechterthematiken banalisiert („*solche wirklich sinnlosen Geschlechtersachen*"). Darin dokumentiert sich erneut der Modus der Kritik. Nicht zuletzt wird in der Beschreibung „*also ich werde das so machen und nicht anders*" das Initiative-Ergreifen mit einem Bewusstsein über die bestehende Erwartungshaltung und die damit verbundenen (möglicherweise entstehenden) Kollisionen rekonstruierbar. Dadurch wird hier – und in der gesamten Sequenz – der Modus der Selbstermächtigung rekonstruierbar. Auch im weiteren Verlauf des Interviews lässt sich dieser Modus als Bearbeitung derselben Orientierung nachzeichnen:

```
TRAAF01: Ich möchte (.) so eine Brücke sein // ich möchte der
einen Seite (.) der muslimischen Seite (.) ehm (.) wieder
ihren Verstand zurückgeben sage ich jetzt mal so metaphorisch
(.) das heißt sie wieder an anzuregen // ihren Verstand zu
verwenden und selbstständig zu sein // und ihnen einbläun (.)
dass Glaube und Vernunft sich nicht widersprechen (.) und dass
Wissenschaft das Kostbarste ist was man überhaupt haben kann
und dass die Leute das zu schätzen wissen sollen // ja (.)
und sich nicht auf (.) Sachen wie Geschlechtertrennung Frauen
sollen nicht rausgehen arbeiten und solche schwachsinnigen
Sachen konzentrieren sollen (.) sondern auf ihren Verstand //
ich hoffe dass eines Tages der Tag kommt (.) wo sich die

Menschen dann fragen werden (.) wieso haben wir uns je die
Frage gestellt // ob eine Frau das und das darf was für eine
blöde Frage ist das denn bitte //
(TRAAF01, 3433-3455)
```

Die am Anfang angeführte Beschreibung des Wunsches (*"ich möchte eine Brücke sein"*) lässt erneut auf die eingenommene Perspektive als Lehrende in Moscheegemeinden deuten. Auch unabhängig von dieser Deutung lässt sich rekonstruieren, dass die Studentin hier ebenso eine Akteurin-Perspektive einnimmt. Darin dokumentiert sich die Handlungsbereitschaft und der Wille, etwas zu verändern. „*Ich möchte*" rekurriert auf den zuvor aufgezeigten Modus der Selbstermächtigung, in dem die eigene Positionierung stark gemacht wird. Eine Brücke sein zu wollen verweist auf zwei Pole, die – nicht immer, aber in gewissen Kontexten – auf zwei Dimensionen, Facetten oder konstruierte Gruppen rekurrieren. In diesem Kontext spezifiziert die Studentin das eine Ende der Brücke (*"der muslimischen Seite"*). Die andere Seite wird nicht explizit, wobei nach der Satzlogik neben der *"einen Seite"* die *"andere Seite"* eine *"nicht-muslimische"* zu sein scheint.

Die Studentin positioniert sich als Handlungsleitende im Prozess des „Zurückgebens des Verstandes" (*"der muslimischen Seite wieder ihren Verstand zurück geben"*); darin dokumentiert sich die Kritik, die an die „muslimische Seite" gerichtet wird und das Nicht-Nutzen des Verstandes betrifft. „Wieder zurückgeben" verweist dabei auf das, was in der Vergangenheit vorhanden gewesen sei, indem nun die Notwendigkeit des *wieder* Zurückgebens markiert wird. Während die Studentin diese Aussage als „metaphorisch" beschreibt, geht sie auf die genauere Bedeutung (*"das heißt"*) ein. Erneut aus der Perspektive einer Lehrenden und Handelnden wird durch die Beschreibung, die *"muslimische Seite [...] an[zu]regen ihren Verstand zu verwenden"*, der Wunsch rekonstruierbar, einen Lernprozess zu (beg-)leiten. Die Markierung der Bedeutung, *"selbstständig zu sein"*, rekurriert wieder auf ihren Modus der Selbstermächtigung. Implizit konstruiert die Studentin diesen (Lern-)Prozess als etwas Langwieriges, in dem eine Kontinuität erforderlich wird (*"ihnen einbläun"*). Auf der Ebene des immanenten Sinngehalts wird rekonstruierbar, dass dieser beabsichtigte Lernprozess (unter anderem) darauf zielt, aufzuzeigen, dass „Glaube und Vernunft" nicht im „Widerspruch" stehen, und die Bedeutung der Wissenschaft zu vermitteln (*"dass Wissenschaft das Kostbarste ist was man überhaupt haben kann"*). Dahingehend wird auf der Ebene des Dokumentsinns (auf der Ebene des *Wie* des Gesagten) rekonstruierbar, dass die Studentin auf das bisherige Fehlen dieser Einstellung(en) rekurriert. Somit werden diese Aspekte, die als Ziel formuliert werden, als Defizite markiert. Dies dokumentiert sich ebenfalls in der Betonung auf (*"nicht"*). Somit scheint es die Annahme zu geben, dass sich Glaube und Vernunft widersprechen. Das Verhältnis zur *Wissenschaft* scheint ebenfalls problematisch zu sein.

Nach dieser Rahmung wird die Orientierung an Strukturen im Modus der Kritik manifest (*"und sich nicht auf (.) Sachen wie Geschlechtertrennung Frauen*

9.3 Orientierung an Organisationsstrukturen

sollen nicht rausgehen arbeiten und solche schwachsinnigen Sachen konzentrieren sollen"). Die Bewertung „schwachsinnig" verweist dabei auf eine Banalisierung der Auseinandersetzung mit solchen Themen. Im Modus der Kritik bewertet sie die Beschäftigung mit geschlechterrelevanten Themen, in der das disparate Verhältnis zwischen „Männern" und „Frauen" zur Geltung käme. In dem imaginierten Soll-Zustand „konzentrieren [sich die Menschen stattdessen auf] ihren Verstand". Darin zeigt sich wieder die Markierung des *Individuellen* und *Subjektiven* fernab von jeglichem Auferlegen normativer Vorstellungen durch Dritte. Dadurch lässt sich der Modus der Selbstermächtigung rekonstruieren. Im Sinne einer Zukunftsperspektive (*„ich hoffe dass eines Tages der Tag kommt"*) wird die Hoffnung eines kritischen Rückblicks der „*Menschen*" formuliert. Dieser kritische Rückblick scheint sich durch die *Banalisierung der* und *Distanzierung von* Auseinandersetzung(en) mit Fragestellungen zu charakterisieren, die eine Geschlechter-Dysbalance evozieren. Somit zeigte auch diese Sequenz (als Resultat der komparativen Analyse) die Orientierung an Organisationsstrukturen, die auch hier im Modus der Selbstermächtigung bearbeitet wird.

Folgende Sequenz aus dem Interview mit TRKA03 (Studentin aus Konya) weist ebenso eine Homologie auf:

TRKA03: Ich habe in meinem ganzen Leben noch keine weibliche Hoca gesehen (.) also direkt aus Diyanet (.) ich habe noch keine weibliche Hoca gesehen die aus der Türkei kam männliche Hoca habe ich gesehen aber weibliche Hoca habe ich leider <u>noch nie</u> gesehen ich habe hier Hocas gesehen // ich habe ein Beispiel gebraucht (.) zum Beispiel die jetzige stellvertretende Vorsitzende des Diyanet Huriye Martı sie war meine Hadis Hoca sie ist die erste weibliche Hoca die ich kennengelernt habe (.) für mich hat Huriye Martı eine ganz besondere Bedeutung (.) und (.) ihre Persönlichkeit manchmal sage ich TRKA03 wie möchtest du in zwanzig Jahren sein (.) Huriye Martı hab ich gesagt ich hab ich ich seh zum ersten Mal ne Frau (.) und das war für mich ein Wow *okay* die Leute die ehm (.) ehm *also* ehm (.) *es gibt doch* ehm *die Dings tun* (.) mit ihrem eigenen Willen und Bedürfnis kommen *also die* die mit der Absicht kommen um zu helfen (.) die mit einer Absicht kommen um etwas zu verändern da hab ich mir gedacht so will ich auch werden

(TRKA03, 667-677)[74]

Mit Bezug auf ihre bisherigen Beobachtungen beschreibt TRKA03, dass sie *"noch keine weibliche Hoca gesehen"* (tr. *"ben hayatımda hiç bi tane bi bayan hoca görmedim"*) habe. Dabei wird *"weibliche Hoca"* (tr. *"bayan hoca"*) präzisiert: Es handelt sich um *"weibliche Hoca"*, die durch das Religionspräsidium Diyanet aus der Türkei nach Deutschland entsandt werden (*"direkt aus Diyanet [...] aus der Türkei kam"*, tr. *"birebir yani Diyanetten (.) Türkiyeden gelen"*). Mit einem Verweis darauf, dass sie im Gegensatz dazu *"männliche Hoca"* (*"erkek hoca"*) gesehen habe (*"männliche Hoca habe ich gesehen aber weibliche Hoca habe ich leider noch nie gesehen"*, tr. *"erkek hoca gördüm ama bayan hoca maalesef hiç görmedim"*), rekurriert sie auf eine kritische Bewertung, die sich insbesondere in dem *"leider"* (tr. *"maalesef"*) dokumentiert. Somit wird eine Vergleichsebene eröffnet – die sich implizit durch die Nicht-Präsenz *"weiblicher Hoca"* und die Präsenz *"männlicher Hoca"* charakterisiert. Mit Blick auf diese eröffnete Vergleichsebene und ihre darin enthaltene Bewertung lässt sich die Orientierung der Studentin an Organisationsstrukturen im Modus der Kritik rekonstruieren. In dieser Beschreibung wird eine zweite Vergleichsebene angeführt: Mit der Beschreibung *"ich habe hier Hocas gesehen"* (tr. *"ben burda hocaları gördüm"*) wird ein impliziter Vergleich ihrer Erfahrungen bzw. Beobachtungen in den Räumen Türkei-Deutschland gezogen. Das *"hier"* rekurriert dabei auf den Raum *"Türkei"*.

Nach der Schilderung des absolut nicht Beobachtbaren (dessen Absolutheit sich beispielsweise in den Anführungen und Betonungen *"noch nie"* (tr. *"hiç"*) manifestiert) wird der Bedarf eines Beispiels geäußert (*"ich habe ein Beispiel gebraucht"*, tr. *"bana bi örnek bi hoca lazımdı"*). Darin dokumentiert sich implizit die angenommene Realitätsferne der Existenz *"weiblicher Hoca"*, die sich nur anhand eines Vorzeigebeispiels zu brechen scheint. In diesem Zusammenhang wird *"Huriye Martı"* als erstes beobachtbares Beispiel angeführt (*"die jetzige stellvertretende Vorsitzende des Diyanet Huriye Martı sie war meine Hadis Hoca*

---

[74] Original:
TRKA03: Ben hayatımda hiç bi tane bi bayan hoca görmedim (.) g- birebir yani Diyanetten (.) Türkiyeden gelen bi bayan hoca hiç görmedim erkek hoca gördüm ama bayan hoca maalesef hiç görmedim ben burda hocaları gördüm // bana bi örnek bi hoca lazımdı (.) mesela şuanda Diyanet İşleri Başkan Yardımcısı Huriye Martı benim Hadis hocam ilk tanımış oldum bayan hoca o (.) benim için Huriye Martı çok farklı bi anlamı var (.) ve (.) onun kişiliği kimi diyorumki TRKA03 yirmi yıl sonra nasıl olmak istersin (.) Huriye Martı dedim (.) ich hab ich ich seh zum ersten Mal ne Frau (.) und das war für mich ein Wow tamam die Leute die ehm (.) eh hani bu ehm (.) hani şey yapanlar varya (.) kendi istek ve arzularıyla gelenler hani yardım etme amacıyla gelenler (.) bir şeyi değiştirme amacıyla gelenler da hab ich mir gedacht so will ich auch werden

sie ist die erste weibliche Hoca die ich kennengelernt habe", tr. *„şuanda Diyanet İşleri Başkan Yardımcısı Huriye Martı benim Hadis hocam ilk tanımış oldum bayan hoca o"*). In Form einer sich selbst gestellten Frage (*„manchmal sage ich TRKA03 wie möchtest du in zwanzig Jahren sein"*, tr. *„diyorumki TRKA03 yirmi yıl sonra nasıl olmak istersin"*) verweist TRKA03 auf eine persönliche Bezugnahme, die mehr als den Beruf eine persönliche und identitätsbezogene Ebene betrifft. Dies dokumentiert sich beispielsweise in dem *„sein"* (tr. *„olmak"*). Diese Rekonstruktion spiegelt sich auch in der Beschreibung wider, in der *„ihre Persönlichkeit"* (tr. *„onun kişiliği"*) positiv bewertet wird. Im Zuge dessen konstruiert die Studentin *Huriye Martı* als ihr Vorbild. Doch für diese Konstruktion eines Vorbildes scheint neben der Bedeutung der Persönlichkeit ebenfalls die *Existenz* einer weiblichen Hoca bedeutsam zu sein (*„ich seh zum ersten Mal ne Frau (.) und das war für mich ein Wow"*).

Im Sinne einer Argumentation für die Konstruktion des Vorbildes ordnet die Studentin *Huriye Martı* einer Gruppe von „Leuten" zu, *„die [...] mit ihrem eigenen Willen und Bedürfnis kommen also die die mit der Absicht kommen um zu helfen (.) die mit einer Absicht kommen um etwas zu verändern"* (tr. *„şey yapanlar varya (.) kendi istek ve arzularıyla gelenler hani yardım etme amacıyla gelenler (.) bir şeyi değiştirme amacıyla gelenler"*). Somit scheinen für die Studentin die intrinsische Motivation (*„mit ihrem eigenen Willen und Bedürfnis kommen"*, tr. *„kendi istek ve arzularıyla gelenler"*) und der Veränderungswunsch (*„um etwas zu verändern"*, tr. *„bir şeyi değiştirme amacıyla"*) eine wichtige Rolle zu spielen. Mit diesem Aufblicken konzipiert die Studentin eine Zukunftsperspektive, die auf ihren Modus der Selbstermächtigung verweist (*„da hab ich mir gedacht so will ich auch werden"*).

9.4 Orientierung an geschlechterbezogenen Fremderwartungen

Geschlechterbezogene Fremderwartungen waren in den Beschreibungen, Erzählungen und Argumentationen der Imaminnen und Studentinnen leitend, sodass sich auch diese Orientierung herauskristallisierte. Die geschlechterbezogenen Fremderwartungen verweisen hier auf eine Erwartung Dritter, die sich auf die Handlungspraxis Anderer bezieht und die sich aus bestimmten normativen Vorstellungen zu Geschlecht, Geschlechtlichkeit und Geschlechterverhältnissen heraus begründen. Diese Orientierung, die sich als handlungsstrukturierend und -leitend erweist, bearbeiten die Interviewten in drei verschiedenen Modi (siehe Abbildung 9.5).

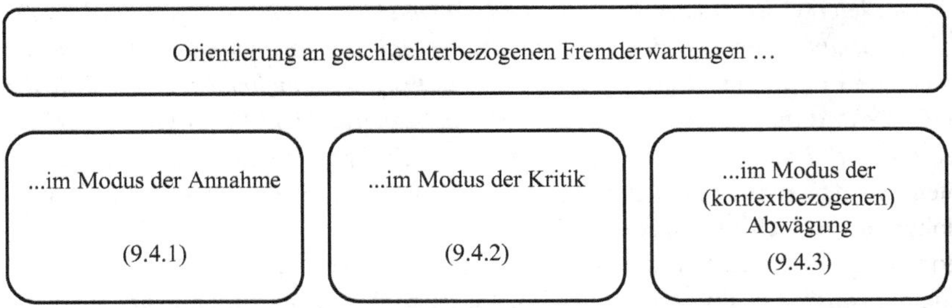

```
┌─────────────────────────────────────────────────────────┐
│      Orientierung an geschlechterbezogenen Fremderwartungen …      │
└─────────────────────────────────────────────────────────┘
```

…im Modus der Annahme	…im Modus der Kritik	…im Modus der (kontextbezogenen) Abwägung
(9.4.1)	(9.4.2)	(9.4.3)

Abb. 9.5 Orientierung an geschlechterbezogenen Fremderwartungen und Modi der Bearbeitung im Überblick

9.4.1 … im Modus der Annahme

Wie in den bisherigen Rekonstruktionen der Sequenzen aus dem Interview mit TRKAF02 nachgezeichnet werden konnte, thematisierte die Studentin aus Konya an verschiedenen Stellen die Besonderheit der Geschlechterverhältnisse an der theologischen Fakultät in Konya. In diesem Kontext konnten unterschiedliche Orientierungen und entsprechende Modi rekonstruiert werden. Im Laufe des Interviews thematisiert sie erneut die Geschlechterbeziehungen an der theologischen Fakultät und verweist dieses Mal auf ihre Orientierung an geschlechterbezogenen Fremderwartungen, die in folgender Sequenz zutage tritt:

9.4 Orientierung an geschlechterbezogenen Fremderwartungen

TRKAF02: Eigentlich hätte ich früher gesagt wir müssen bisschen locker bleiben (.) ja also *man braucht nicht so sehr verklemmt zu sein* (Hier im Original auf Türkisch: *„bu kadar kasmaya gerek yok"*) // die fre- ehm fressen ja dich nich auf aber jetzt bin ich verlobt jetzt is ganz anders weil ich sag zu denen du kannst ja bisschen lockerer sein was weiß ich was aber dann erklärt mein Verlobter mir der sagt so *Nachlässigkeit bringt weitere Nachlässigkeit* (Hier im Original auf Türksich: *„taviz tavizi getirir"*) was weiß ich wenn das so ist dann ist das dann erklärt er mir seine also die Psyche von den Jungs // dann kann ich das alles nachvollziehen // dann ändert sich deswegen kann ich das jetzt verstehen (.) warum er nicht will dass ich dann ehm so mache (.) also der meint ehm *muss nicht sein* (Hier im Original auf Türkisch: *„gerek yok"*) einfach verstehst du // muss ich an zum Beispiel wenn ich das et- zum Beispiel ich will das essen ja und wenn ich da ist ein Junge und da ist ein Mädchen oder was weiß ich ei- wenn ich das schon den Jungen fragen kann dann brauch ich nich das dieses Mädchen zu fragen verstehst du *also sobald man nicht in einer sehr schwierigen Situation ist und nicht gezwungen ist wieso* (Hier im Original auf Türkisch: *„yani zor cok zor durumda olmadan mecbur olmadan niye hani"*) warum soll ich mit m- Mädchen reden verstehst du (.) *wenn mans macht und macht und macht und macht der Mensch gewöhnt sich dran Nachlässigkeit bringt halt weitere Nachlässigkeit* (Hier im Original auf Türkisch: *„yapa yapa yapa yapa insan alışır taviz tavizi getirir işte"*) einfach (.) also wie Dings zum Beispiel ehm *nach Notizen fragen* (Hier im Original auf Türkisch: *„not sorma"*) okay im Unterricht // ehm Noten fragen zum Beispiel ein Junge kommt zu mir und sagt krieg ich diese Noten ehm ich mein Notizen krieg ich diese Notizen von dir der sagt vielleicht einmalig oke ich fragt kurz dann geb ichs ihm ich sag oke ja dann sagt er nochmal dann kommt er nochmal irgendwann zu mir dann fragt er und das geht immer so weiter und nach ner Weile *die sind ja jetzt so* (Hier im Original auf Türkisch: „*şimdi bunlar böyle*") die reden ja dann entsteht ein[e] *Bindung* (Hier im Original auf Türkisch: „*bağ*") zwischen denen ja // und dann irgendwann mal kommt der Junge und sagt krieg ich die Notizen ich sag so ja und zum Beispiel frägt er auch und wie gehts dir // immer so weiter und so weiter dann komm führt das vielleicht zu Nummern nehmen was weiß ich was was weiß ich // und da wir ehm islamische Theologie studiern das darf man ja nicht vergessen was wir studieren machen die das

KAR: Okay

TRKAF02: Also daher versteh ich das (.) also unsere Dozenten zum Beispiel die ehm das stört den gar nicht also ich glaub das juckt den nich also die sind grad mit diesem Zusa- Zustand zufrieden // aber manche auch nich es gibt viele zum Beispiel ehm im Unterricht mal hat ein Junge ein d- ein Prof war des hat gemeint zum Beispiel ein Junge sagt zu dir selamün aleyküm oke das is kein Heiratsantrag @(.)@ du musst nicht gleich denken oh mein Gott ein Junge hat mich *gegrüßt* (Hier im Original auf Türkisch: „*selam verdi*") antworte doch einfach ganz normal ja guck selam das wars aber bei uns @(.)@ als ob das gleich

K: @(.)@

TRKAF02: @Oah der hat mir selam gesagt@ das hat der Prof zu uns gesagt also kannst du ruhig und das ist ein Prof der schon so radikal bisschen oke der sagt so ihr Mädchen denkt gleich der sagt selamün aleyküm die sagt oah der hat mir Heiratsantrag gestellt das heißt das nicht sagt doch ganz normal aleyküm selam und geh weiter verstehst du

9.4 Orientierung an geschlechterbezogenen Fremderwartungen

```
KAR:    Ja

TRKAF02: Das ist so manche also es gibt verschiedene manche
für Profs ist das wichtig manche für manche sagt der
übertreibt aber es sind ist nun mal so kann man nichts ändern
ist halt so @(.)@ also wie gesagt für mich ist okay weil ich
versteh das mittlerweile
(TRKAF02, 1110-1190)
```

Die Studentin rekurriert bereits zu Beginn der Sequenz auf eine Veränderung ihrer Positionierung mit Blick auf die Geschlechterverhältnisse (*„eigentlich hätte ich früher gesagt wir müssen bisschen locker bleiben* [...] *man braucht nicht so sehr verklemmt zu sein"*); insbesondere in der Formulierung *„eigentlich"* dokumentiert sich, dass im weiteren Verlauf eine divergente Positionierung folgen wird.

Diese Veränderung scheint mit der Verlobung bzw. mit dem Verlobten in Verbindung zu stehen (*„aber jetzt bin ich verlobt jetzt is ganz anders* [...] *aber dann erklärt mein Verlobter"*). Es folgen zwei Argumentationsstränge, für die der Verlobte leitend ist (*„der sagt so"*): Die *erste Argumentation* bewegt sich auf der Ebene des Schützen-Wollens bestimmter Werte- und Normenvorstellungen, die sich in der Formulierung *„Nachlässigkeit bringt weitere Nachlässigkeit"* (tr. *„taviz tavizi getirir"*) dokumentiert. Die *zweite Argumentation* bewegt sich auf der Ebene der Fremderwartung, die sich in den Formulierungen *„dann erklärt er mir seine also die Psyche von den Jungs"* oder *„also der meint ehm muss nicht sein*[75]*"* widerspiegelt. Es scheint eine kollektive „Psyche" der Männer zu geben, die auf eine geteilte „Haltung" beziehungsweise „Denkweise" rekurriert und etwas Verwurzeltes und nicht Veränderbares zu sein scheint.

Auch vor dem Hintergrund der daran anknüpfenden Formulierung (*„warum er nicht will dass ich dann ehm so mache"*) dokumentiert sich somit die Skizzierung einer geschlechterbezogenen Fremderwartung, an der sich die Studentin orientiert und die mit einer Anpassung der Handlungspraxis bearbeitet wird. Somit lässt sich in dieser Orientierung an einer geschlechterbezogenen Fremderwartung der Modus der Annahme rekonstruieren (*„dann kann ich das alles nachvollziehen dann ändert sich deswegen kann ich das jetzt verstehen"*).

---

[75] Hier im Original auf Türkisch: *„gerek yok"*

Im Laufe der Sequenz wird das (der Erwartungshaltung) Zugrundeliegende rekonstruierbar: So scheint der Wunsch zu bestehen, die Geschlechtertrennung einzuhalten und auf die Kommunikation mit andersgeschlechtlichen Studierenden (wenn möglich) zu verzichten („*da ist ein Junge und da ist ein Mädchen* [...] *wenn ich das schon den Jungen fragen kann dann brauch ich nich das dieses Mädchen zu fragen*"). Darin dokumentiert sich die Bedeutsamkeit des Geschlechts für die Kommunikation und Interaktion in alltäglichen Situationen. Ein Gespräch mit Andersgeschlechtlichen scheint somit nur in „*schwierigen Situationen*" (tr. „*yani zor cok zor durumda olmadan*"), in denen man „*gezwungen ist*" (tr. „*mecbur olmadan*"), notwendig zu sein. Dass es sich in diesem Versuch der Geschlechtertrennung um etwas handelt, das *geschützt* werden muss, dokumentiert sich nicht zuletzt in der Formulierung „*Nachlässigkeit bringt halt weitere Nachlässigkeit*" (tr. „*taviz tavizi getirir*"). Implizit liegt dieser – im Türkischen eher im religiösen Setting gebräuchlichen – Redewendung das Schützen-Wollen bestimmter Werte- und Normenvorstellungen zugrunde. Mit dieser Perspektive deutet die Redewendung darauf hin, dass aus Vernachlässigungen bestimmter (religiöser) Handlungspraktiken weitere Vernachlässigungen resultieren, die es zu verhindern gilt. Somit wird das zu Schützende in diesem Kontext als etwas Raumübergreifendes und Allgemeingültiges konstruiert.

Mit dem angeführten Beispiel aus dem Unterricht („*nach Notizen fragen* [...] *im Unterricht...*") wird auf eine Gefahr hinsichtlich einer Zunahme der Kommunikation bzw. Interaktion zwischen Andersgeschlechtlichen gedeutet, die mit öfterer Wiederholung zu einer „Bindung" zwischen den andersgeschlechtlichen Studierenden führen könne („das geht immer so weiter und nach ner Weile *die sind ja jetzt so* die reden ja dann entsteht ein[e] *Bindung* zwischen denen"). Somit lässt sich rekonstruieren, dass vor dem Hintergrund der Angst vor einer Annäherung der Studentinnen und Studenten die Bedeutung der Geschlechtersegregation und der Verzicht auf die Interaktion begründet werden. Dieser geschlechterbezogenen Fremderwartung scheint somit eine präventive Maßnahme zugrunde zu liegen, die durch die verständnisvolle Beschreibung der Studentin auf den Modus der Annahme deutet. Argumentativ untermauert wird diese Fremderwartung durch das Studium der „islamischen Theologie", die dadurch als Wissensquelle für die normative Vorstellung im Hinblick auf die Geschlechterbeziehung herangezogen wird („*und da wir ehm islamische Theologie studiern das darf man ja nicht vergessen was wir studieren machen dies das*"). Somit wird implizit der Geschlechtersegregation und dem Verzicht auf die Kommunikation (an dieser Stelle der Sequenz) eine religiöse Begründung zugrunde gelegt.

9.4 Orientierung an geschlechterbezogenen Fremderwartungen

Neben dieser Konstruktion einer Norm dokumentiert sich in der Beschreibung der Auseinandersetzungen im universitären Kontext einerseits die thematische Relevanz der Geschlechterbeziehungen; andererseits zeigt sich die Inkonsistenz der Bewertung und normativen Vorstellung (beispielsweise der Lehrenden an der theologischen Fakultät) (*„also unsere Dozenten [...] die sind grad mit diesem [...] Zustand zufrieden aber manche auch nich"*). Die daran anschließende Exemplifizierung (*„ein Prof war [...] hat gemeint [...] ein Junge sagt zu dir selamün aleyküm oke das is kein Heiratsantrag..."*) verweist einerseits auf die Besonderheit und die Außergewöhnlichkeit der Kommunikation zwischen Studentinnen und Studenten; andererseits kommt auch hier eine bestimmte Vorstellung mit Blick auf das *Wie* des Geschlechterverhältnisses zur Geltung (*„antworte doch einfach ganz normal ja guck selam das wars [...] sagt doch ganz normal aleykum selam und geh weiter"*).

Kontextwissen:
„Als der eigentliche islamische Gruß gilt das [...] übliche arabische „as-salāmu ʿalaykum" (der Friede sei mit euch), worauf die Antwort „ʿalaykum as-salām" (mit Euch sei der Friede) zu geben ist." (Khoury et al., 2001, S. 321 f.) Die Interviewte verwendet in der Sequenz die türkische Aussprache bzw. sprachliche Anpassung (*„selamünaleyküm"* und *„aleykümselam"*).

Die Beschreibung der Studentin *„aber bei uns @(.)@ als ob das gleich @oah der hat mir selam gesagt"* verweist erneut auf diese Außergewöhnlichkeit der Kommunikation und die darin rekonstruierbare imaginäre Geschlechtersegregation. Nicht nur auf der kommunikativen Ebene wird dies rekonstruierbar – das Lachen der Studentin während der Aussage verweist auf der Ebene des *Wie* des Gesagten auch darauf. Zudem zeigt sich das geteilte Wissen über diese Außergewöhnlichkeit zwischen Interviewerin und Interviewter in dem Lachen der Interviewerin vor der Ausführung *„oah der hat mir"* der Interviewten.

Sowohl durch den Bezug auf die Erläuterungen des Verlobten als auch auf die unterschiedlichen Bewertungen der Dozenten an der Fakultät (trotz unterschiedlicher Vorstellungen mit Blick auf die Geschlechterverhältnisse) lässt sich rekonstruieren, dass diesen Beschreibungen bestimmte geschlechterbezogene Fremderwartungen zugrunde liegen, an denen sich die Studentin orientiert. Durch die gesamte Sequenz – und verstärkt in dem letzten Teil (*„aber es sind ist nun mal so kann man nichts ändern ist halt so @(.)@ also wie gesagt für mich ist okay* *weil ich versteh das mittlerweile* ") – lässt sich rekonstruieren, dass die Studentin diese Orientierung im Modus der Annahme bearbeitet. Dieser Modus lässt sich auch in einer weiteren Sequenz aus demselben Interview nachzeichnen. Dabei handelt es sich um eine immanente Nachfrage:

KAR: Eine Frage ehm die mir noch einfällt

TRKAF02: Hmm

KAR: Du hast gesagt okay ich habe am Anfang die Gesichtsbedeckung getragen

TRKAF02: Ja

KAR: Aber ehm wenn du mich jetzt fragen würdest wenn ich es bis heute nicht

TRKAF02: Ja

KAR: Gemacht hätte würde ich es jetzt auch nicht machen

TRKAF02: Ja genau ja genau ja

KAR: Kannst du das ein wenig ausführen
(TRKAF02, 1455-1468)

Die Interviewerin greift einen bereits durch die Interviewte thematisierten Aspekt auf (*„du hast gesagt"*). Eine Detaillierung des angesprochenen Aspekts (*„du hast gesagt okay ich habe am Anfang die Gesichtsbedeckung getragen aber ehm wenn du mich jetzt fragen würdest wenn ich es bis heute nicht gemacht hätte würde ich es jetzt auch nicht machen"*) scheint für die Interviewerin interessant zu sein. Nachdem die zusammenfassende Beschreibung (des bereits Gesagten) durch die Interviewte ratifiziert wird (*„ja genau ja genau ja"*), fragt die Interviewerin nach einer Detaillierung dieser Äußerung (*„kannst du das ein wenig ausführen"*). Nicht nur hier dokumentiert sich, dass dieser Thematik eine bestimmte Geschlechterrelevanz beigemessen wird. Daran anschließend geht die Interviewte in eine Detaillierung über:

9.4 Orientierung an geschlechterbezogenen Fremderwartungen 485

TRKAF02: Guck ma ich hab das getragen weil damit ich mich wohlfühlen kann und ich hatte auch ein so einen Grund ich war eine Person die sich schminkt ja also wenn ich schminkt *meine* (Hier im Original: *„schminkt dediğim"*) Wimperntusche *dies das* (Hier auf Türkisch: *„zart zurt"*) oke also wenich ich hab damals auch wenich gemacht jetzt hab ich nur Wimperntusche aber ich kann da einfach nicht aufhören ich weiß auch nicht wieso // he und ich wollt einfach da hab ich gesagt ich trag das da fallen meine Augen auf dann schäm ich mich das zu machen also *vielleicht würde ich dann meine Augen nicht schminken* (Hier auf Türkisch: *„gözümü boyamayı belki yapmam o zaman hani"*) (.) dann hab ich gesagt viel- damit ich damit aufhöre mach ich ma mein Gesicht zu dann stechen meine Augen heraus dann kann ich das nicht machen (.) weil die würden dann ja gucken

KAR: Achso:

TRKAF02: Verstehst du

KAR: Okay

TRKAF02: He (.) *also dann würde ich mich vielleicht schämen // ich habs getragen und am Anfang nicht gemacht* (Hier auf Türkisch: *„o zaman hani belki çekinirim hani // taktım tamam yapmadım en başta"*) jetzt mach ich wieder Wimperntusche also ich brauch ja nicht zu lügen // und da haben die schon so hmm gesagt oder geguckt weiß du ehm aber jetzt ist es so eine andere Sache es ist a guck du bist richtig *locker* (Hier auf Türkisch: *„rahat"*) oke du dein Selbstbewusstsein (Hier auf Türkisch: *„özgüven"*) wird besser ich hab so ein Selbstbewusstsein an mir bekommen ich war scho- ehm schon so eine Person die son bisschen *selbstbewusst* (Hier auf Türkisch: *„özgüvenli"*) ist aber nur nachdem ich das gemacht getragen habe wurd ich noch selbstbewusster weil dich ja keiner sieht

du bist einfach *locker* (Hier auf Türkisch: *„rahat"*) was weiß
ich (.) ich wurde *selbstbewusster* (Hier auf Türkisch: *„daha
özgüvenli oldum"*) // ja aber jetzt denk ich mir brauchen wir
nich aber (.) musste nich sein (.) aber die Umgebung @(.)@
das kommt doch behindert du du trägst so zwei Jahre lang
keiner weiß wer du bist und jetzt kommst du und lässt dich
ohne // is schon bisschen so *gesellschaftlicher Druck* (Hier
auf Türkisch: *„toplum baskısı"*) // aber mich störts nich ich
leb schon damit also also nich oah *es ist nicht so dass ich
es überhaupt nicht will* (Hier auf Türkisch: *„hiç istemiyorum
değil"*) aber manchma hat man halt Schwierigkeiten zum Beispiel
ich bin eine Person ich bin eine Brillenträgerin aber wegen
dem musste ich Kontaktlinsen tragen weil ich kann ja nicht
darauf Brille das sieht nicht schön aus // ich habs probiert
deswegen muss ich immer Kontaktlinsen tragen und ich darf
eigentlich keine Kontaktlinsen tragen weil ich zu trockene
Augen hab und deswegen ah ich hasse das immer ja meine Augen
ich muss immer so blinzeln weißt du // oder wenn ich essen
gehe ich kann ja damit essen aber nach ner Weile regt das dich
einfach auf *ich rege mich für einen Moment auf und sage dann
muss das sein aber ich bereue es nicht* (Hier auf Türkisch:
*„sinirleniveriyom bi anlık o yüzden diyom ne gerek var aber
pişman değilim yani"*) (.) ich mach das jetzt einfach
(TRKAF02, 1467-1535)

„*Guck ma*" verweist darauf, dass das Folgende als Erklärung gerahmt wird. Mit einer Begründung für die Gesichtsbedeckung („*ich hab das getragen weil*") wird auf die emotionale Ebene rekurrierend („*damit ich mich wohlfühlen kann*") ein zusätzlicher Grund für das Tragen eingeleitet („*ich hatte auch ein so einen Grund…*"). Mit Blick darauf lässt sich rekonstruieren, dass das Tragen einer Gesichtsbedeckung einem Motiv unterliegt, das *einerseits* der Interviewten bewusst und *andererseits* erklärbar zu sein scheint.

Im Zuge dessen wird das Sich-Schminken thematisiert, das damit in Zusammenhang steht („*ich war eine Person die sich schminkt ja*"). Es dokumentiert sich, dass das Schminken als etwas markiert wird, das es eigentlich zu verhindern gilt

9.4 Orientierung an geschlechterbezogenen Fremderwartungen

(*„aber ich kann da einfach nicht aufhören ich weiß auch nicht wieso"*). Die Entscheidung für die Gesichtsbedeckung scheint für die Studentin durchdacht zu sein und im Sinne einer präventiven Maßnahme betrachtet zu werden. Dies spiegelt sich in der Beschreibung wider, in der die Studentin die mögliche Wirkung der Gesichtsbedeckung skizziert (*„ich trag das da fallen meine Augen auf dann schäm ich mich das zu machen also vielleicht würde ich dann meine Augen nicht schminken dann hab ich gesagt [...] damit ich damit aufhöre mach ich ma mein Gesicht zu dann stechen meine Augen heraus"*). Darin dokumentiert sich, dass die Gesichtsbedeckung als Hilfsmittel herangezogen wird, um das, was nicht in ihrer Hand liegt (*„ich kann da einfach nicht aufhören"*), zu kontrollieren. Mit der Gesichtsbedeckung (in der die Augenpartie freigelassen wird) richte sich der Fokus auf die Augen (*„dann stechen meine Augen heraus"*). Bereits an dieser Stelle dokumentiert sich implizit, dass die Fremdwahrnehmung eine Rolle spielt. Explizit lässt sich dies an der daran anschließenden Formulierung rekonstruieren (*„dann kann ich das nicht machen (.) weil die würden dann ja gucken"*). Darin dokumentiert sich die Eingeschränktheit (*„ich kann das nicht machen"*), die von der Fremdwahrnehmung bzw. konstruierten Fremderwartung geleitet zu sein scheint; denn das Schminken und die Auffälligkeit der Augen wird vor dem Hintergrund derjenigen, „die gucken", als schwierig oder problematisch markiert. Somit verweist die Studentin an dieser Stelle der Sequenz bereits auf ihre Orientierung an einer geschlechterbezogenen Fremderwartung.

Zunächst scheint die Wirkung der Gesichtsbedeckung auf die eigene Person fokussiert zu werden (*„also dann würde ich mich vielleicht schämen"*, tr. *„o zaman hani belki çekinirim hani"*); allerdings dokumentiert sich darin gleichzeitig die Bedeutung der *„Anderen"*, vor denen es sich zu schämen gilt. Dem liegt implizit eine bestimmte Fremderwartung zugrunde, an der sich die Studentin orientiert und die sie im Modus der Annahme bearbeitet. Dass dem Schminken eine Fehlerhaftigkeit zugeschrieben wird dokumentiert sich nicht zuletzt in der Formulierung (*„jetzt mach ich wieder Wimperntusche also ich brauch ja nicht zu lügen"*). Doch in der Beschreibung der Entwicklungen und Handhabungen mit dem Schminken scheint erneut die Fremdwahrnehmung und -beurteilung für die Studentin eine wichtige Rolle zu spielen (*„und da haben die schon so hmm gesagt oder geguckt"*). „*Hmm gesagt*" rekurriert dabei auf eine negative Bewertung vor dem Hintergrund einer normativen Vorstellung darüber, wie mit der Schminke umgegangen werden soll. Somit emergiert in dieser Formulierung die Orientierung der Studentin an einer geschlechterbezogenen Fremderwartung. Anschließend greift die Studentin erneut die positive Wirkung der Gesichtsbedeckung auf (*„guck du bist richtig locker"* und *„wurd ich noch selbstbewusster"*), begründet dies allerdings erneut mit dem Bezug auf die *„Anderen"* und ihre Wahrnehmung(en) (*„weil dich ja* *keiner sieht"*). Die Fremderwartung und -wahrnehmung scheint somit handlungsleitend zu sein. Trotz einer Veränderung der Perspektive (*„ja aber jetzt denk ich mir brauchen wir nich"*) – die in der Eingangsfrage der Sequenz durch die Interviewerin angedeutet wurde und erst an dieser Stelle des Interviews aufgegriffen wird – wird mit dem daran anknüpfenden *„aber"* die Bedeutung der *„Umgebung"* erneut sichtbar. In dem Lachen der Studentin (*„@(.)@"*) dokumentiert sich das Bewusstsein über die mehrfach angeführte Bedeutung der *„Anderen"*; darüber hinaus wird dadurch präsupponiert, dass sich die Interviewerin nun nach der mehrfachen Anführung auch dessen bewusst wird.

Explizit lässt sich diese Orientierung an einer Fremderwartung rekonstruieren, während die Studentin die Schwierigkeit erläutert, nach zwei Jahren Gesichtsbedeckung und dem damit verbundenen Unbekannt-Sein (*„du trägst so zwei Jahre lang keiner weiß wer du bist"*) ohne Gesichtsbedeckung sichtbar zu sein (*„und jetzt kommst du und lässt dich ohne"*). Nicht nur auf der Ebene des Wie des Gesagten, sondern auch auf der kommunikativen Ebene lässt sich diese Orientierung an der Fremderwartung rekonstruieren (*„is schon bisschen so gesellschaftlicher Druck"*). Daran anschließend wird die Bearbeitung dieses *„gesellschaftlichen Drucks"* bzw. der Fremderwartung angedeutet (*„aber mich störts nich ich leb schon damit"*). Darin dokumentiert sich der Modus der Annahme, in dem die Orientierung an einer geschlechterbezogenen Fremderwartung bearbeitet wird. Dass die Fremderwartung eine Bedeutung für die Handlungsorientierung aufweist, dokumentiert sich ebenso in den angeführten Beispielen mit Blick auf die mit der Gesichtsbedeckung zusammenhängenden Alltagsschwierigkeiten (zum einen das Tragen einer Brille und zum anderen das Essen mit einer Gesichtsbedeckung). Auch wenn in solchen Situationen das Tragen einer Gesichtsbedeckung in Frage gestellt wird (*„sage dann muss das sein"*), scheint das weitere Tragen bevorzugt zu werden (*„aber ich bereue es nicht (.) ich mach das jetzt einfach"*). Somit wird die Orientierung an einer geschlechterbezogenen Fremderwartung im Modus der Annahme bearbeitet.

In der komparativen Analyse zeigte sich die Homologie im Interview mit TRKAF01. Die Studentin aus Konya beschrieb kurz ihre Wahrnehmungen mit Blick auf die Unterschiede in der Kommunikation zwischen Studentinnen und Studenten auf der Grundlage ihres Erfahrungswissens aus Deutschland. In diesem Zusammenhang konnte die Orientierung an räumlicher Differenzerfahrung im Modus der kontrastierenden Gegenüberstellung rekonstruiert werden. In folgender Sequenz führt die Studentin ein Beispiel an, um die Besonderheit der Geschlechterverhältnisse an der theologischen Fakultät in Konya zu verdeutlichen:

9.4 Orientierung an geschlechterbezogenen Fremderwartungen

TRKAF01: An der Fakultät war das als ich für mich dann gemerkt hab okay es ist <u>wirklich</u> unerwünscht ehm ein Junge ehm wie alt war der denn er war sogar jünger als ich einer an der Uni kam zu mir und hat mich nach seinem Prüfungsraum gefragt weil er ihn nicht finden konnte ob ich ihm nicht helfen könne (.) ehm woraufhin ich so: schlimme Blicke geerntet hab weil ich ihm gezeigt hab wo er hin muss (.) dass ich gemerkt hab okay es ist wirklich unerwünscht hier (.) selbst wenn ich jemandem helfe der jünger ist als ich und wirklich hilflos wird das nicht sehr gern gesehen // also es fängt mit Blicken an // und hört dann auch verbal auf dass dann gesagt wird okay nein hier ist die Linie du da:rfst nicht (.) also ehm er kam zu mir hat mich gefragt // ich hab ihn darauf hingewiesen woraufhin ich dann von einer älteren Studentin am Arm gepackt wurde und gefragt wurde was ich denn da mache (2) // das war dann einfach so und woraufhin ich eben erklärt hab hey @er hat sein Prüfungsraum nicht gefunden@ er wusste nicht wen er fragen soll ich war die erstbeste Person die er gesehen hat // ehm woraufhin sie mir halt erzählte dass das an der Uni nicht in Ordnung wäre (.) dann hab ich gemerkt okay das geht hier halt nicht (.) dann muss ich halt drauf achten
(TRKAF01-1, 215-240)

Die Studentin verortet das anzuführende Beispiel an der *„Fakultät"*. Die Formulierung *„als ich für mich dann gemerkt hab okay"* markiert dieses Beispiel als ein Realisierungsmoment. *„Es ist wirklich unerwünscht"* deutet auf der kommunikativen Ebene darauf, dass das Anschließende mit einer Fremderwartung in Zusammenhang steht, die eine konkrete Handlungspraxis (möglicherweise) vor dem Hintergrund bestimmter Normen- und Wertevorstellungen bewertet. Somit lässt sich bereits zu Beginn der Sequenz rekonstruieren, dass sich die Studentin im Rahmen dieser Erzählung an einer Fremderwartung orientiert. Auf der Ebene des *Wie* des Gesagten lässt sich wiederum durch die Betonung („*<u>wirklich</u> unerwünscht*") diese Bekräftigung des Erfahrungswissens rekonstruieren.

Nach dieser Rahmung konkretisiert die Studentin das Beispiel und gibt das jüngere Alter des *„Jungen"* als anscheinend für den Kontext relevante Information wieder (*„er war sogar jünger"* oder auch im weiteren Verlauf *„selbst wenn ich* *jemandem helfe der jünger ist"*). Dem Geschlecht bzw. dem Andersgeschlechtlich-Sein wird hier für die gegenseitige Interaktion und die Kommunikation eine Relevanz beigemessen. Gleichzeitig konstruiert die Studentin durch das *„Jünger-Sein"* in Verbindung mit der Andersgeschlechtlichkeit (in diesem Fall des *„Jungen"*) eine normalerweise geltende Ausnahmesituation, die hier nicht vorhanden zu sein scheint. Auch die Begründung mit der Dringlichkeit des Zustandes (*„und wirklich hilflos"*) scheint nicht im Rahmen der Fremderwartung zu stehen. Somit wird auch an dieser Stelle durch das Wie des Gesagten – insbesondere durch das Heranziehen einer Begründung bzw. Rechtfertigung für die Handlung – die Orientierung an der geschlechterbezogenen Fremderwartung rekonstruierbar, die hier leitend zu sein scheint. Das bis dahin vorhandene Erfahrungswissen kollidiert somit mit der Fremderwartung (*„woraufhin ich so: schlimme Blicke geerntet hab weil ich ihm gezeigt hab wo er hin muss"*). Auf der kommunikativen Ebene lässt sich rekonstruieren, dass die *„schlimmen Blicke"* Anderer auf die Interaktion zurückgeführt werden (dies wird durch das *„woraufhin"* und somit in einem unmittelbaren Anknüpfen an die Handlung selbst rekonstruierbar); die konjunktive Ebene verweist mit Blick auf das Wie des Gesagten (beispielsweise durch das langgezogene *„so:"*) auf die Intensität der Wahrnehmung dieser Fremderwartung. In der Orientierung an dieser geschlechterbezogenen Fremderwartung innerhalb dieser Beschreibung wird eine informelle und geteilte Norm (*„wird das nicht sehr gern gesehen"*) konstruiert; genauer emergiert in der Formulierung *„nicht […] gern"* der informelle Charakter.

Es scheint eine normative Vorstellung mit Blick auf die Interaktion mit Andersgeschlechtlichen zu geben, die durch bzw. von den „Anderen" als „kontrollierender Instanz" beobachtet (*„es fängt mit Blicken an"*) und aufgrund derer in die Handlungspraxis kommunikativ interveniert wird (*„und hört dann auch verbal auf dass dann gesagt wird okay nein hier ist die Linie du da:rfst nicht"*). Darin dokumentiert sich die Konstruktion einer Eindeutigkeit dieser imaginär gezogenen Grenzen. Diese Konstruktion zeigt sich einerseits auf der kommunikativen Ebene (*„hier ist die Linie"*); andererseits lässt sie sich auch auf der konjunktiven Ebene rekonstruieren, indem beispielsweise die langgezogene Formulierung *„da:rfst"* auf diese Zuweisung und die Eindeutigkeit dieser Grenzziehung deutet. Gleichzeitig zeigt sich auch für den weiteren Verlauf der Erzählung die Orientierung an einer geschlechterbezogenen Fremderwartung. Die Wiederholung und Konkretisierung des Vorfalls (*„er kam zu mir hat mich gefragt ich hab ihn darauf hingewiesen"*) verweist auf die der Intervention zugeschriebene Absurdität bzw. Nicht-Erklärbarkeit. Erneut wird die Formulierung *„woraufhin"* angeführt, womit die Interventionen unmittelbar mit den Handlungen und der Situation in Verbindung gebracht werden. Der körperliche Eingriff in das Geschehen (*„woraufhin*

9.4 Orientierung an geschlechterbezogenen Fremderwartungen

ich dann von einer älteren Studentin am Arm gepackt wurde") und die Frage (*„und gefragt wurde was ich denn da mache"*) verdeutlichen die Bewertung der Interaktion mit einem Andersgeschlechtlichen, die per se nicht in das Normenmuster passt.

Die zuvor angedeutete Absurdität, die dieser Intervention beigemessen wurde, lässt sich nun verstärkt rekonstruieren; *„hey"* und das Lachen in der Formulierung *„@er hat sein Prüfungsraum nicht gefunden@"* dokumentieren dies auf der Ebene des *Wie* des Gesagten. In der Erklärung der Situation (*„ich eben erklärt hab"* und *„er wusste nicht wen er fragen soll ich war die erstbeste Person die er gesehen hat"*) manifestiert sich eine Rechtfertigungshaltung und das Suchen nach Argumenten für die Interaktion. Gleichzeitig dokumentiert sich darin eine Distanzierung von der Relevanzsetzung des Geschlechts, die sich in der „Person" dokumentiert. Somit scheint für die Studentin in der Interaktion nicht das Geschlecht relevant zu sein, sondern – unabhängig davon – die Notwendigkeit einer Hilfestellung die Handlung selbst zu rechtfertigen. Die Universität scheint eine „Ordnung" für die Interaktionen zwischen den Geschlechtern zu haben, die eindeutig scheint und einer Kontrolle unterzogen wird (*„woraufhin sie mir halt erzählte dass das an der Uni nicht in Ordnung wäre"*). Diese Ordnung scheint zudem kollektiv zu sein und über diese gesetzten „Grenzen" hinaus keine Handlung(spraktik)en zu gestatten. In dieser Orientierung an geschlechterbezogenen Fremderwartungen wird die Bearbeitung – der Modus der Anpassung – rekonstruierbar, indem der Blick auf die Formulierung der Sequenz gerichtet wird (*„dann hab ich gemerkt okay das geht hier halt nicht (.) dann muss ich halt drauf achten"*). Der Modus der Anpassung deutet sich insofern an, als sich zum einen die Akzeptanz dieser Fremderwartung zeigt; „okay" und „halt" sind Indikatoren dafür. Zum anderen rekurriert die Studentin im Modus der Annahme auf das bewusste Beachten und Anpassen ihrer Handlungspraktiken. Der Modus der Annahme verstärkt sich insbesondere dadurch, dass trotz fehlender Überzeugung für die Normenvorstellung im Kontext der Interaktion zwischen Andersgeschlechtlichen und der zuvor rekonstruierten Absurdität, die dieser Intervention beigemessen wird, das Übertragen auf die eigene Praxis unhinterfragt angenommen wird.

Diese Homologie der Orientierung an einer geschlechterbezogenen Fremderwartung, die im Modus der Annahme bearbeitet wird, zeigt sich ebenfalls in der folgenden Sequenz mit TRKA03. Die Studentin aus Konya beschreibt in dieser Sequenz den Status Quo mit Blick auf die Anzahl der Studentinnen, die Theologie studieren:

TRKA03: Es sind mehr Studentinnen als Studenten (.) die Theologie studiern

KAR: Wie erklärst du dir das

TRKA03: Ehm *es gibt sowas was ich sagen kann* (.) *also mein Vater* (.) *ausgehend von der Vorstellung meines Vaters (.) meine Tochter du wirst Theologie studieren* (.) *also das ist das Bequemste* (.) *studiere Theologie die bequemste Universität ist die Theologie warum* Papa (.) *du wirst da nur mit Frauen ganze Zeit in Kontakt kommen nicht mit Männern sagte er so zu mir* (.) *du kannst in die Moschee gehen du kannst dein Kind mitnehmen dein Kind kann dort in einer Ecke spielen und du hast es mit Frauen zu tun* (.) *okay du hast es auch mit Männern zu tun aber* (.) *mehr Frauen als Männer ich wollt eigentlich am Anfang ganz am Anfang ehm Maschinenbau studieren* // ehm (.) *da bin ich nur mit Männern und das wollt mein Papa irgendwie nicht so ganz und dann ehm das ist glaube ich das Typische* (.) Theologie *also in den Moscheen* (.) *vor Allah und du machst ja was im Namen Allahs* (.) etwas Religiöses (.) und ehm (.) *also es gibt eine Sensibilität* (.) *zum Beispiel* // *dass Männer mit Frauen reden oder allgemein ein Blick* (.) *also in diesem Feld* musst du schon aufpassen *also im Feld der Theologie* (.) *du sagst zu einem Mann* (.) Bruder (.) *er sagt* Schwester *also es gibt eine Förmlichkeit also* (.) ehm man hört ja immer wieder Arbeitsstellen *diese ehm (.) was sagt man dazu* (.) Sexualübergriffe etcetera so was kannst du glaube ich (.)

9.4 Orientierung an geschlechterbezogenen Fremderwartungen 493

> vielleicht gibt es das oder nicht weiß ich nicht aber (.)
> vermutlich passiert das hier am geringsten (.) also die sind
> ja in der Theologie zum Beispiel sehr vorsichtig und sensibel
> was die Beziehungen zwischen Männern und Frauen angeht // also
> im Feld der Theologie (.) wird sehr darauf geachtet (.) also
> das meint mein Vater damit
>
> (TRKA03, 923-950)[76]

Auf die Frage der Interviewerin nach einer Erklärung für das Überwiegen der Anzahl der Studentinnen im Gegensatz zu den Studenten, die von TRKA03 thematisch eingeworfen wird, geht die Studentin mit einem Beispiel ein, das sie selbst und ihre Entscheidungsfindung für das Theologiestudium betrifft. Im Zuge dessen lässt sich rekonstruieren, dass für die Entscheidungsfindung der Vater eine wichtige Rolle spielt. In der Wiedergabe des von dem Vater Gesagten („*meine Tochter du wirst Theologie studieren (.) also das ist das Bequemste (.) studiere Theologie die bequemste Universität ist die Theologie*") zeigt sich nur das durch den Vater Vorbestimmte. Somit wird hier erstmals rekonstruierbar, dass dieser Entscheidungsfindung eine Fremderwartung zugrundeliegt, an der sich die Studentin orientiert.

In der daran anschließenden Begründung des Vaters für das Studium der Theologie wird „Bequemheit" – die durch das Studium und den Ort gegeben

---

[76] Original:
TRKA03: Es sind mehr Studentinnen als Studenten (.) die Theologie studiern
KAR: Wie erklärst du dir das
TRKA03: Ehm şöyle bi şey var şunu söylim ben (.) hani Babam (.) Babamın düşüncesinden yola çıkarak kızım (.) hani sen İlahiyat okicaksın (.) en en rahatı o (.) İlahiyat oku en rahat olcak Üniversite konum İlahiyattır neden Papa (.) du wirst da nur mit Frauen ganze Zeit in Kontakt kommen nicht mit Männern diyordu bana böyle (.) du kannst camiye gidersin çocuğunu alırsın çocuğun orda kenarda oynar sen kadınlarla muhatap oluyorsun (.) tamam adamlarlada muhatap oluyorsun ama (.) mehr Frauen als Männer ich wollt eigentlich am Anfang ganz am Anfang ehm Maschinenbau studieren // eh (.) da bin ich nur mit Männern und das wollt mein Papa irgendwie nicht so ganz und dann ehm das ist glaube ich das Typische (.) Theologie camilerde hani (.) Allah huzuruna ve Allah adı altında bi şey yapıyorsun ya (.) etwas Religiöses (.) und ehm (.) hani hassasiyet var (.) mesela // erkelerin kadınlarla konuşması genel olarak bi bakış (.) veya hani (.) o alanda musst du schon aufpassen bu İlahiyat alanında hani (.) bi erkeğe (.) kardeş diyorsun (.) o bacı diyor hani bi resmiyet var bi hani (.) eh man hört ja immer wieder Arbeitsstellen işte diese ehm (.) ne deniyor ona (.) Sexualübergriffe etcetera so was kannst du glaube ich (.) belki vardır yoktur bilmiyorum ama (.) hani en azınlık heralde bu çevrede olur (.) hani çok titiz hassas ya kadın erkek ilişkisi mesela / / İlahiyat alanında (.) hani daha çok dikkat ediliyor (.) hani Babam bunları kast ediyo.

sei („*die bequemste Universität ist die Theologie*", tr. „*en rahat olcak Üniversite konum İlahiyattır*") – mit dem Kontakt zu Frauen und dem geringeren Kontakt zu Männern in Verbindung gebracht („*du wirst da nur mit Frauen ganze Zeit in Kontakt kommen nicht mit Männern*"). Darin dokumentiert sich die Konstruktion der Geschlechtersegregation und der segregierten Räume durch die Einschränkung der Interaktion (im Rahmen des Theologiestudiums) auf „Gleichgeschlechtliche". Das „*Bequeme*" scheint sich nicht nur auf die Geschlechterstrukturen und -verhältnisse an der Universität, sondern auch auf die zukünftige Berufsausübung als weibliche Hoca zu beziehen („*du kannst in die Moschee gehen du kannst dein Kind mitnehmen dein Kind kann dort in einer Ecke spielen und du hast es mit Frauen zu tun*", tr. „*camiye gidersin çocuğunu alırsın çocuğun orda kenarda oynar sen kadınlarla muhatap oluyorsun*"). Die geschlechtersegregierten Räume werden präsupponiert; gleichzeitig zeigt sich hier die stereotype Vorstellung, die mit einer Rollenzuweisung verbunden ist (die Mutter als primäre Erziehungsverantwortliche für das Kind). Somit lässt sich die Orientierung an geschlechterbezogenen Fremderwartungen rekonstruieren, die die Studentin im Modus der Annahme bearbeitet.

In der Beschreibung des eigentlichen Wunsches, Maschinenbau zu studieren („*ich wollt eigentlich […] Maschinenbau studieren*"), wird ein männerspezifischer Studiengang konstruiert („*da bin ich nur mit Männern*"). Daran anschließend wird der eigene Wunsch aufgrund der Erwartung des Vaters nicht verfolgt („*das wollt mein Papa irgendwie nicht so ganz*"); somit lässt sich auch im weiteren Verlauf der Sequenz die Orientierung an geschlechterbezogenen Fremderwartungen rekonstruieren, die die Studentin im Modus der Annahme bearbeitet.

Die (Geschlechter-)Strukturen im Rahmen des Theologiestudiums, des „*Feldes der Theologie*" (tr. „*İlahiyat camiasında*") und der Moschee werden zusammengefasst und genauer sogar äquivalent gesetzt („*Theologie also in den Moscheen*", im Original „*Theologie camilerde hani*"). Es dokumentiert sich, dass der „sensible" Umgang mit Andersgeschlechtlichen religiös begründet wird („*vor Allah und du machst ja was im Namen Allahs (.) etwas Religiöses*", im Original „*Allah huzuruna ve Allah adı altında bi şey yapıyorsun ya (.) etwas Religiöses*") – und die Handlungspraxis und -orientierung innerhalb der Theologie bzw. des „Feldes der Theologie" und der Moschee ist ein Abbild dessen.

Die „*Sensibilität*" (tr. „*hassasiyet*") mit Blick auf das Geschlechterverhältnis, die (in diesem Fall) auf religiöse Normenvorstellungen zurückgeführt wird, scheint sich durch einen *vorsichtigen* Umgang auszuzeichnen („*musst du schon aufpassen*"). Die Bezeichnung einer andersgeschlechtlichen Person als „*Bruder*" (tr. „*kardeş*") bzw. „*Schwester*" (tr. „*bacı*") wird als ein Mittel für diesen

9.4 Orientierung an geschlechterbezogenen Fremderwartungen

„*vorsichtigen*" Umgang beschrieben. Darin dokumentiert sich, dass die Kommunikationsform mit dieser Anrede die Relevanz der Geschlechterzugehörigkeit bzw. -zuschreibung und die Bedeutung der „sexuellen" Distanz markiert. Vor dem Hintergrund der Bezeichnung „*Schwester*" und „*Bruder*" und der Intention eines „vorsichtigen" Umgangs lässt sich deuten, dass durch diese Begriffe einerseits eine gewisse Nähe geschaffen, andererseits eine sexuelle Beziehung ausgeschlossen wird. Somit bewegt sich diese Grenzmarkierung in einem Verhältnis zwischen virtueller Nähe und Distanz.

Diese Interaktionsform und Anrede, die als „*Förmlichkeit*" (tr. „*resmiyet*") verstanden wird, scheint für diese Vorsicht bezeichnend zu sein. Entsprechend vermutet die Studentin, dass „*Sexualübergriffe*" am „*geringsten*" in der „*Theologie*" „*passieren*". Somit rekurriert TRKA03 auf die Gefahren, die mit einem „unvorsichtigen" Umgang einhergehen könnten. Dadurch legitimiert die Studentin diese vorsichtige Interaktionsform und den geringen Austausch mit Andersgeschlechtlichen an der Universität bzw. in dem Feld der Theologie. Mit der letzten Formulierung der Sequenz („*also das meint mein Vater damit*", tr. „*hani Babam bunları kast ediyo*") rahmt die Studentin diese Ausführungen als Erklärung für die Begründung des Vaters für das Studium der Theologie. Dadurch lässt sich erneut rekonstruieren, dass – neben der Bedeutung der Geschlechtersegregation und -verhältnisse für die Berufsfindung – die geschlechterbezogene Fremderwartung leitend ist. Folglich zeichnet die Sequenz nach, dass TRKA03 die Orientierung an geschlechterbezogenen Fremderwartungen im Modus der Annahme bearbeitet.

9.4.2 ... im Modus der Kritik

Für das folgende Interview wurde die türkische Imamin in der Moscheegemeinde besucht, in der sie (zur Zeit der Interviewführung) seit über einem Jahr als Imamin tätig ist. Das Interview wurde im Unterrichtsraum für Frauen und Mädchen geführt. Im Laufe des Interviews wird das Thema der Predigt von Imaminnen für Männer thematisiert.

```
KAR: Haben Sie je (.) warum können wir religionsbeauftragte
     Frauen nicht Männer durch unsere Predigt erreichen

DEAF05:                                    └ Ja würde ich wollen

KAR: Würden Sie wollen

DEAF05:        └ Würde ich wirklich wollen
```

(DEAF05, 1376-1380)[77]

Die eingangs aufgeworfene Frage der Interviewerin verweist auf die Nicht-Erreichbarkeit der Männer durch die Imaminnen. Frauen als die ebenfalls zu erreichende Gruppe finden hier keine Erwähnung, denn es ist die konkrete Frage nach der Erreichbarkeit der Männer durch die Predigt und nicht der Erreichbarkeit der Gemeindebesucher*innen als Gesamtheit. Die Frage zeigt darüber hinaus eine Spezifizierung der Frauen als „religionsbeauftragte Frauen", während die Gruppe der Männer nicht spezifiziert wird. Es wird eine „Absolutheit" der Männer als Gruppe konstruiert, die absolut nicht erreichbar zu sein scheint. Gleichzeitig deutet die Wortwahl „können" in der Fragestellung der Interviewerin auf eine Begrenzung bzw. Einschränkung im Handlungsfeld des Predigens durch die Imamin. Konkret formuliert verweist die Frage auf die Unmöglichkeitsbedingungen des Erreichens der Männer durch die Predigt. Darin dokumentiert sich die Annahme, dass die Predigt die Funktion der Erreichbarkeit erfüllen soll. Verstärkt wird diese Annahme dadurch, dass die Predigt als Format für das Erreichen der Männer genutzt wird und keine anderen religiösen und/oder pädagogischen Handlungsfelder (wie bspw. das Gebet oder der Koranunterricht) erwähnt werden. Dadurch wird die Lesart verstärkt, dass die Erreichbarkeit durch das gesprochene Wort durch die Predigt gewährleistet werden kann.

Weiterhin ist in der Fragestellung der Interviewerin interessant, dass von einem Kollektiv der religionsbeauftragten Frauen ausgegangen wird („*wir als religionsbeauftragte Frauen*", tr. „*biz bayan din görevlileride*"), denn sie adressiert

---

[77] Original:
```
KAR: Siz peki hiç (.) biz bayan din görevlileride neden erkeklere hitap edemiyoruz
DEAF05:                                                          └ Evet isterdim
KAR: İsterdiniz
DEAF05:    └Gerçekten isterdim
```

9.4 Orientierung an geschlechterbezogenen Fremderwartungen

die Frage zwar an die Interviewte, fragt sie aber nach der Erfahrung bzw. der Meinung der religionsbeauftragten Frauen. Obwohl sich die Frage der Interviewerin auf eine temporäre Gebundenheit bzw. eine Situation bezieht („*haben sie je*", tr. „*siz peki hiç*"), unterbricht DEAF05 die Frage und reagiert mit einer allgemeinen Positionierung und Wunschäußerung („*ja würde ich wollen*", tr. „*isterdim*"), ohne auf eine konkrete Situation einzugehen oder eine zu benennen. Denn das „je" in der Fragestellung verweist auf zeitliche oder kontextbezogene Geschehnisse, die hier jedoch im Modus der Allgemeinheit beantwortet wird. Durch die Unterbrechung der Frage durch die Interviewte und die sofortige Validierung wird einerseits die persönliche Positionierung – von dem „wir als religionsbeauftragte Frauen" Distanz nehmend – hergestellt, andererseits wird die Nicht-Erreichbarkeit der Männer durch die Predigt der Imaminnen als geteilte Norm ratifiziert. Die zweimal hintereinander angeführte Unterbrechung und Wiederholung der Aussage im Konjunktiv („*ja würde ich wollen*", tr. „*evet isterdim*"), deutet auf die Schwierigkeit(en) der Realisierung hin. Zudem verweist der erste und zweite Einschub der Interviewten auf eine bereits vorhandene Auseinandersetzung mit dieser Thematik. Nach der Wiederholung und Validierung von DEAF05 („*würde ich wirklich wollen*", tr. „*gerçekten isterdim*") und der zusätzlichen Betonung auf wirklich (tr. „*gerçekten*") wird die Beschreibung fortgeführt:

```
DEAF05: Warum (.) ehm bis jetzt ach das ist eine wirklich sehr
gute Frage das ist mein wunder Punkt (.) bislang wurden alle
religiösen Bücher von Männern geschrieben (.) die Propheten
sind Männer(.) Hocas sind Männer (.) in der Moschee erzählt
der Hoca (.) von den Aufgaben der Frauen ihren Männern
gegenüber(.) nicht von den Männern ihren Frauen gegenüber (.)
sondern von den Aufgaben der Frauen ihren Männern gegenüber
(.) der Mann wappnet sich und kommt nach Hause und sagt du
machst dies nicht du machst das nicht (.) aber wie müsste es
eigentlich sein /Ja/ die Aufgaben der Männer ihren Frauen
gegenüber (.) wir religionsbeauftragte Frauen erziehen unsere
Frauen so (.) wir haben unseren Männern gegenüber diese und
diese Verantwortungen aber auch diese und diese Rechte //
```

diese und diese Rechte zu haben bedeutet nicht dass wir den
Männern gegenüber aufsässig sind (.) für immer (.)
müssen wir Menschen sein die die Balance wollen und wir müssen
lösungsorientiert sein soweit es geht (.) damit zu Hause eine
harmonievolle Atmosphäre herrscht (.) wir teilen unser Wissen
mit unseren Frauen // so wie es unsere Frauen machen sollten
// aber unsere Männer hacken wenn möglich auf den Frauen rum
// sie predigen über die Bedeckung der Frauen (.) oder
predigen über ihre Verhaltensweisen(.)darüber möchte ich
reden (.) he:y brauchen diese Männer keine Bedeckung haben
diese Männer überhaupt kein Bedürfnis ihre ahlak zu schützen
ständig schützt eure Töchter macht dies mit euren Töchtern
(.)hey die Frau (.) ehm ich habe ein Volkslied gehört als ich
auf dem Weg war (.) wie schön siehst du aus in einer Burka
aus Seide (.) in dem Volkslied aus Adana (.) die Frau ist in
einer Burka aus Seide die Fr- Fr- also die Frau ist in einer
Burka selbst darüber haben sie ein Volkslied geschrieben wie
sehr willst du die Frau noch bedecken // also indem ihr die
Frau schützt die Frau versteckt werden sie nicht die Männer
beschützen können (.) sie müssen Männern die Bedeckung der
Augen vermitteln (.) also (.) wenn ich Männer ansprechen würde
(.)ich möchte sie in dieser Hinsicht verbessern // denn wenn
jeder seinen Mund aufmacht (.) je:der jeder jeder (.) mit
gutem und mit schlechtem Charakter versucht seine
Religiosität/Frömmigkeit durch Kritisieren der Frauen zu /hmm
evet/ messen (.) ich finde dass in dieser Hinsicht Frauen
gegenüber Respektlosigkeit gezeigt wird // so mh ich finde
ihnen wird Unrecht getan // jeder wird Rechenschaft bei Allah
ablegen /ja/ sie können es erklären (.) die Bedeckung (.)
außerdem handelt es sich um Männer // sie sind die letzten
Menschen denen sie die Bedeckung erläutern (2) also das würde

9.4 Orientierung an geschlechterbezogenen Fremderwartungen 499

ich verändern wollen (.) alleine wird das nichts ja (.) aber andernfalls wird sich dieses System in dem wir uns befinden nicht ändern (.) wenn jeder mit anpackt wird das was (DEAF05, 1381-1426)[78]

Durch das „*warum*" (tr. „*niye*") setzt DEAF05 ihren Erzählanker an. Sie scheint auf die Beschreibung bzw. Argumentation ihrer Wunschäußerung übergehen zu wollen – unterbricht diese aber mit einer Aussage („*ach*"), bewertet die Frage („*ist eine wirklich sehr gute Frage*", tr. „*bak çok güzel bi soru bu gerçekten*") und stellt eine Verbindung zur Thematik her (denn es ist ihr „*wunder Punkt*", tr. „*bamtelim*"). Darin dokumentiert sich ein emotionaler Bezug zu der gestellten Frage. Obwohl die Frage religionsbeauftragte Frauen als Kollektiv thematisiert, wird hier eine starke Positionierung als Handelnde deutlich, die *ihre* Verletzlichkeiten anspricht und nicht auf die Verletzlichkeiten (bzw. den wunden Punkt) in

---

[78] Original:
DEAF05: Niye (.) eh şimdiye kadar d- bak çok güzel bi soru bu gerçekten bu benim de bam telim (.) şimdiye kadar bütün din kitaplarını erkekler yazmış (.) Peygamberler erkeklerden (.) hocalar erkekler (.) camide hoca (.) kadının (.) kocasına karşı görevlilerini anlatıyor (.) kocanın karıya karşı değil (.) kadının kocasına karşı görevlerini anlatıyor (.) adam gardını alıyor eve geliyor sen aslında şöyle yapmıyorsun böyle yapmıyorsun (.) oysaki olması gerek ney /evet/ erkeğin karısına olan görevini (.) biz bayan din görevlileri bayanlarımızı böyle yetiştiriyoruz (.) erkeklerimize karşı şöyle şöyle sorumluluklarımız var ama şu şu haklarımızda var // Bu bu haklarımızın olması erkeklere karşı posta koymamızı gerektirmez (.) her zaman için (.) eh denge insanı olmamız gerekir çözümcü insan olmak gerekir ya mümkün olduğunca (.) evde kozmoz bir ortam oluşması için (.) bildiklerimizi paylaşıyoruz biz bayanlarla // bayanların yapması gerektiği şekilde // ama erkeklerimiz mümkün olduğunca (.) bayanlardan vuruyor // bayanların tesettürüyle vaaz veriyorlar bayanların (.) hareketleriyle vaaz veriyorlar (.) <u>bunlar</u> <u>hakkında</u> konuşmak istiyorum (.) <u>ya:</u> bu erkeklerin hiç mi (.) tesettüre ihtiyacı yok (.) hiç mi bu- erkeklerin (.) ahlakını korumaya ihtiyacı yok (.) durmadan kızlarınızı koruyun kızlarınızı şapın (.) ya kadın (.) bi eh geçen bi türkü dinledim ya yoldan gelirken (.) ipek çarşaf içinde ne güzel görünürsün adanalı türküsünde (.) kadın ipek çarşaf içindeki ka- ka- eh şeye kadın çarşafın içinde buna bile türkü yazılmış sen bu kadını daha ne kadar örtüceksin // yani kadını koruyarak kadını saklayarak siz erkekleri koruyamazsınız (.) erklerin (.) göz tesettürünü kazandırmak zorundasınız (.) yani (.) erklere hitap etsem (.) bu yönde onları çok fazla (.) eh onarmak istiyorum // çünki hepsi ağzını açınca (.) <u>he:rkes</u> herkes herkes (.) ahlakı düzgünü olanda düzgün olmayanda kadınlar üzerinde dindarlığını şapmaya ölçmeye çalışıyor eleştiri /hmm evet/ yapmaya çalışıyor (.) bu konuda kadınlara gerçekten çok saygısızlık edildiğini düşünüyorum // çok böyle mh haksızlık edildiğini düşünüyorum (.) herkes hesabını Allaha vericek /evet/ anlatırsınız (.) tesettürünüzü kaldı ki karşınızdaki <u>erkek</u> /hmm/ tesettürü anlatacağınız en son insanlar (2) işte bunları değiştirmek isterim (.) tek başına olmaz evet (.) ama diğer türlü değişmez bulunduğumuz bu sistem eh (.) herkes bir işin ucundan tutarsa olur

der Religion oder innerhalb der Berufsgruppe religionsbeauftragter Frauen eingeht. Darin dokumentiert sich die individuelle Perspektive auf die gestellte Frage und die Distanzierung gegenüber der angesprochenen kollektiven Sicht. Die Argumentation beginnt die Imamin mit der Annahme und Beschreibung der männlichen Dominanz im religiösen Setting, denn „*bislang wurden alle religiösen Bücher von Männern geschrieben* (.) *die Propheten sind Männer* (.) *Hocas sind Männer*" (tr. „*şimdiye kadar bütün din kitaplarını erkekler yazmış (.) Peygamberler erkeklerden (.) hocalar erkekler*"). Mit Blick auf die Strukturlogik der Aufzählung (religiöse Bücher von Männern geschrieben und die männlichen Propheten) kann beschrieben werden, dass „*Hoca*" als der männlich-Sichtbare oder männlich-Führende definiert bzw. konstruiert wird. Aus diesem Grund liegt die Lesart nahe, dass sich in der gesamten Aufzählung die Kritik an männlicher Dominanz mit Blick auf Sichtbarkeit, Führung und Deutungshoheit verstehen lässt. In den Bezeichnungen „*bis jetzt*" und „*bislang*" (beides im tr. „*şimdiye kadar*") zeigt sich der Rückblick und gleichzeitig das Transformationspotenzial. Anschließend wird am Beispiel des Handelns des Hoca („*in der Moschee erzählt der Hoca*", tr. „*camide hoca [...] anlatıyor*") die Kritik konkretisiert: Die einseitige Betrachtung des Hoca und die darin verborgene Erwartungshaltung mit Blick auf die „*Aufgaben der Frauen ihren Männern gegenüber*" (tr. „*kadının (.) kocasına karşı görevlilerini*") wird problematisiert und durch die gegensätzliche Anführung „*nicht von den Männern ihren Frauen gegenüber*" (tr. „*kocanın karıya karşı değil*") sowie die Wiederholung („*sondern die Aufgaben der Frauen ihren Männern gegenüber*", tr. „*kadının kocasına karşı görevlerini anlatıyor*") wird die Kritik der Einseitigkeit verstärkt. Die daraus resultierende Wirkung sei das „*Wappnen*" der Männer durch die Predigt, die nach Hause kommen und ihren Ehefrauen die nicht erfüllten Aufgaben entgegenhalten. Das „sich Wappnen" deutet auf ein bereits bestehendes Konfliktfeld. Die Imamin, die die Männer als diejenigen beschreibt, die „nach Hause kommen" (tr. „*eve geliyor*") und nicht „nach Hause gehen" (tr. „*eve gidiyor*"), setzt sich zu dieser Sache ins Verhältnis. An dieser Stelle spricht sie erstmals neben ihrer Rolle als Imamin aus der Rolle der (Ehe)Frau heraus. Interessant scheint hierbei die möglicherweise bestehende Verbindung zum „*wunden Punkt*".

Die Beschreibung der Imamin entfacht die Frage nach der Wirkmächtigkeit der Predigt und der thematisierten Pflichten und Aufgaben bis in das Privatleben hinein. Darin dokumentiert sich der Einfluss der Predigt auf das Privatleben und die Macht derer, die diese Predigten halten. Die Darstellung der Männer, die argumentativ ausgerüstet sind und für ihre Argumentationen eine religiöse Legitimation durch den Hoca in der Moschee im Sinne eines Werkzeugs in der Hand

9.4 Orientierung an geschlechterbezogenen Fremderwartungen

halten und nach Hause „kommen", verweist auf den Versuch der Aufrechterhaltung der Geschlechterordnung. Die Ordnung scheint nicht nur eine religiöse, sondern gleichzeitig eine gesellschaftliche Ordnung zu sein, die über die Religion und den Hoca machtvoll nach unten getragen wird. In diesem Kontext wird sowohl die Entgrenzung des religiösen und privaten Raums als auch der Zusammenhang beider Räume durch die Einflussnahme des religiösen Raums in das Private sichtbar.

Die Imamin versucht durch die Beschreibung einer subjektiven Normativität (*„aber wie müsste es eigentlich sein"*, tr. *„oysaki olması gerek ney"*) der aktuellen dysbalancierten Praxis kritisch entgegenzuwirken. Die Predigt der religiösbeauftragten Frauen wird als Musterbeispiel angeführt, denn sie würden sowohl über die Aufgaben als auch über die Rechte der Frauen predigen. Darin verbirgt sich der Versuch einer Balanceherstellung. Deutlich wird ebenfalls, dass sie an dieser Stelle aus dem Kollektiv der religiösbeauftragten Frauen heraus spricht. Darin dokumentiert sich die Verschiedenheit der Predigt der religiösbeauftragten Frauen und der Imame. Die Predigt der Frauen scheint eine andere Logik zu haben und nicht dieselbe wie die der Männer zu sein – sie ist nicht das Gemeinsame. Somit wird eine Differenzkategorie eröffnet, die auf der Grundlage der Unterschiede der Predigten und ihrer jeweiligen Handhabungen beruht.

In dieser Beschreibung wird die Verantwortungsübernahme für die Frauen der Gemeinde sichtbar, denn es sind „unsere Frauen", die die religiösbeauftragten Frauen erziehen. Die Gegenüberstellung in der Sequenz des Erziehens der Frauen durch die religiösbeauftragten Frauen und des Wappnens der Männer durch die Hoca wird das jeweilige (Macht)Verhältnis in der Kommunikation der religiösbeauftragten Männer und Frauen mit den jeweiligen Gruppen sichtbar. Es scheint, als ob durch das Erziehen der Frauen die beschriebene Leerstelle in der praktizierten Religion durch Männer gefüllt werden soll. Die Dysbalance charakterisiert sich insbesondere durch die beidseitige Perspektive (*„wir religiösbeauftragte Frauen erziehen unsere Frauen so (.) wir haben unseren Männern gegenüber diese und diese Verantwortungen aber auch diese und diese Rechte"*) der religiösbeauftragten Frauen, die im Falle der Männer bzw. der männlichen Hoca nicht gegeben sei. Ausdrücklich wird festgestellt, dass durch dieses beidseitige Wissen, das die Frauen (durch die Erziehung der religiösbeauftragten Frauen) erlangen, nicht gleichzeitig das „aufsässig Sein" (tr. *„posta koymak"*) den Männern gegenüber resultiere (*„bedeutet nicht dass wir den Männern gegenüber aufsässig sind"*, tr. *„erkelere karşı posta koymamızı gerektirmez"*). Es scheint die Angst zu geben, dass dieses Wissen der Frauen über ihre Rechte zum Aufsässig-Sein führe. An einer Vorstellung der Harmonie und der Balance orientiert (*„müssen wir Menschen sein die die Balance wollen [...] damit zu Hause eine harmonievolle Atmosphäre* *herrscht"*, tr. *„denge insanı olmamız gerekir [...] evde kozmoz bir ortam oluşması için"*) beschreibt die Imamin ihre Idealvorstellung. An die Beschreibung der ausbalancierten und beidseitigen Bearbeitung und Thematisierung durch die religionsbeauftragten Frauen schließt die Kritik mit Blick auf den Umgang der Männer an. Die Männer werden hier als *„unsere Männer"* (tr. *„erkeklerimiz"*) und somit im Kollektiv und mit persönlicher In-Verhältnis-Setzung angesprochen. Auch wenn es sich hier um die Männer handelt, deren Herangehensweise kritisiert wird, scheint es ein kollektives Verständnis und eine Zugehörigkeitskonstruktion zu geben. Die Darlegung, dass *„Männer [...] wenn möglich auf den Frauen rum[hacken]"* (tr. *„erkeklerimiz mümkün olduğunca (.) bayanlardan vuruyor"*[79]) dokumentiert die Kritik an dem Umgang „der Männer", indem die Frauen im Sinne einer „Angriffsfläche" beschrieben werden und dieser Umgang einer Kontinuität bzw. Regelmäßigkeit zu unterliegen scheint.

Die Thematisierung mit Blick auf die Erwartungen zum äußeren Erscheinungsbild und das Verhalten der Frauen (*„sie predigen über die Bedeckung der Frauen (.) oder predigen über ihre Verhaltensweisen"*, tr. *„bayanların tesettürüyle vaaz veriyorlar bayanların (.) hareketleriyle vaaz veriyorlar"*) lässt weiterhin ihre Orientierung an der Fremderwartung rekonstruieren, die sie im Modus der Kritik bearbeitet. Der Wille, genau *„darüber"* zu sprechen (*„darüber möchte ich reden"*, tr. *„bunlar hakkında konuşmak istiyorum"*) deutet in diesem Zusammenhang auf den Veränderungswunsch und verweist verstärkt auf den Modus der Kritik. In der Betonung auf *„darüber"* (*„bunlar hakkında"*) zeigt sich (auf der Ebene des *Wie* des Gesagten) außerdem die Konstruktion einer Thematik, über die es eigentlich zu reden gilt.

Mit einem betonten Einschub *„he:y"* (tr. *„ya:"*) formuliert die Imamin rhetorische Fragen (*„brauchen diese Männer keine Bedeckung haben diese Männer überhaupt kein Bedürfnis ihre ahlak zu schützen"*, tr. *„bu erkeklerin hiç mi (.) tesettüre ihtiyacı yok (.) hiç mi bu erkeklerin (.) ahlakını korumaya ihtiyacı yok"*) und verweist dabei auf eine kritische Bearbeitung der Fremderwartung.

---

[79] Diese Formulierung *„erkeklerimiz mümkün olduğunca bayanlardan vuruyor"* könnte auch als *„die Männer gehen wenn möglich gegen die Frauen vor"* übersetzt werden.

9.4 Orientierung an geschlechterbezogenen Fremderwartungen

> **Kontextwissen:**
> *Ahlak* wird als Moral übersetzt (Heinzmann, 2013, S. 769). Im Kontext der Sequenz lässt sich der Begriff „*ahlak*" auch als „*Anstand*" übersetzen.

Die zuvor kritisch angemerkte Erwartungshaltung der Männer mit Bezug auf das äußere Erscheinungsbild und die Verhaltensweise der Frauen dokumentiert sich hier in den Fragestellungen, die sich als rhetorische Fragen lesen lassen. Für die Imamin scheint diese Frage beantwortet zu sein. Die Orientierung an der Fremderwartung zeichnet sich auch im Weiteren nach („*ständig schützt eure Töchter macht dies mit euren Töchtern*" (tr. „*durmadan kızlarınızı koruyun kızlarınızı şapın*")). „*Ständig*" (tr. „*durmadan*") rekurriert dabei auf eine Kritik der Regelmäßigkeit. Daneben dokumentiert sich in dieser Aussage neben der Erwartungshaltung die Kritik einer Belastung und des Drucks, der von Seiten der Männer an die Frauen gerichtet wird. In dieser Beschreibung bleiben einerseits die religiösen Gebote für die Imamin unhinterfragt, andererseits wird nicht sichtbar, wovor die Töchter geschützt werden (sollen).

Am Beispiel des Volksliedes (tr. „*türkü*") wird die angesprochene Problematik verdeutlicht: Der als Liedtext beschriebene Abschnitt „*wie schön siehst du aus in einer Burka aus Seide*" (tr. „*ipek çarşaf içinde ne güzel görünürsün*") wird mit Blick auf das Vorhandensein eines solchen Liedtextes im Modus der Kritik dargelegt; denn die Beschreibung, dass „*selbst darüber [...] ein Volkslied geschrieben*" wird (tr. „*buna bile türkü yazılmış*") dokumentiert, dass die Thematisierung der Bedeckung „*selbst*" in einem Volkslied *einerseits* und die Thematisierung der Frau *im Zusammenhang* mit der Bedeckung *andererseits* kritisch gesehen wird. Mit Blick darauf lässt sich rekonstruieren, dass sich die Imamin vor dem Hintergrund einer „Überthematisierung" der Bedeckung an der Geschlechter-Dysbalance kritisch orientiert. Die Orientierung manifestiert sich auch in der daran anschließenden Frage „*wie sehr willst du die Frau noch bedecken*" (tr. „*sen bu kadını daha ne kadar örtüceksin*"). Vor dem Hintergrund der *Burka*, die als Bedeckungsform angesprochen wird, rekurriert das „*wie sehr noch*" („*daha ne kadar*") einerseits auf die Kritik der Thematisierung der Bedeckung. Anderseits wird die Bedeckungs*form* (die mit der Burka eine starke Ausprägung bzw. ein starkes Ausmaß darzustellen scheint) kritisiert. Die Frage wird aus der Perspektive des nicht personalisierten „*du*" (tr. „*sen*") und somit aus der Perspektive des Anderen geschildert – darin dokumentiert sich neben der Thematisierung der kritische Verweis auf die *fremdgesteuerte* Thematisierung und das Agieren im Sinne eines Eingriffs in die Welt und das äußere Erscheinungsbild der Frau.

Im Zuge dessen negiert die Imamin ein scheinbar verbreitetes Phänomen („*also indem ihr die Frau schützt die Frau versteckt werden sie nicht die Männer beschützen können*", tr. „*yani kadını koruyarak kadını saklayarak siz erkekleri koruyamazsınız*"). Implizit wird in dieser Negierung der Mann als schwach konstruiert, der auf das Verstecken der Frauen angewiesen ist, um sich selber schützen zu können. Auch wenn die Gefahr und der Grund für die Notwendigkeit des Schützens nicht expliziert wird, scheint die Gefahr für die Männer von den Frauen auszugehen. In dieser Orientierung an der Fremderwartung im Modus der Kritik beschreibt die Imamin einen Soll-Zustand („*sie müssen Männern die Bedeckung der Augen vermitteln*", tr. „*erklerin (.) göz tesettürünü kazandırmak zorundasınız*"). Sie deutet so auf eine Notwendigkeit der Verschiebung der Verantwortung und der einseitigen geschlechterbezogenen Erwartungshaltung.

Die Imamin orientiert sich kritisch an der Kritik, die regelmäßig an die Frauen gerichtetet zu werden scheint („*denn wenn jeder seinen Mund aufmacht (.) je:der jeder jeder [...] versucht seine Religiosität durch kritisieren der Frauen zu [...] messen*", tr. „*çünki hepsi ağzını açınca (.) he:rkes herkes herkes (.) [...] kadınlar üzerinde dindarlığını şapmaya ölçmeye çalışıyor eleştiri /hmm evet/ yapmaya çalışıyor*"). Diese Verbreitung und Regelmäßigkeit dokumentiert sich in der Betonung und der mehrfachen Anführung „*(.) je:der jeder jeder*" (tr. „*he:rkes herkes herkes*"). Diese Fremderwartung, an der sie sich in ihrer Beschreibung orientiert, ist so für den Veränderungswunsch leitend.

Der Modus der Kritik wird auch im weiteren Verlauf immanent erkennbar; *Frauen* werden als diejenigen beschrieben, denen „Respektlosigkeit" gezeigt und „Unrecht getan" wird („*ich finde dass in dieser Hinsicht Frauen gegenüber Respektlosigkeit gezeigt wird so mh ich finde ihnen wird Unrecht getan*", tr. „*bu konuda kadınlara gerçekten çok saygısızlık edildiğini düşünüyorum çok böyle mh haksızlık edildiğini düşünüyorum*"). In Laufe der Sequenz bearbeitet die Imamin diese Orientierung im Vertrauen in den Glauben und Gott („*jeder wird Rechenschaft bei Allah ablegen*", tr. „*herkes hesabını Allaha vericek*"). Männern das Thema der „Bedeckung zu erläutern" wird abgelehnt, da dieses Thema ein Frauen-Thema sei („*außerdem handelt es sich um Männer sie sind die letzten Menschen denen sie die Bedeckung erläutern*", tr. „*kaldı ki karşınızdaki erkek /hmm/ tesettürü anlatacağınız en son insanlar*"). Die Imamin zieht so eine Grenze und markiert das Bestehen „frauenspezifischer" Themen.

In dem Wunsch, die beschriebene Situation verändern zu wollen („*also das würde ich verändern wollen*", tr. „*işte bunları değiştirmek isterim*"), wird auf die Schwierigkeit des alleinigen Änderungsversuches („*alleine wird das nichts ja*", tr. „*tek başına olmaz evet*") verwiesen. Trotz dieser Schwierigkeit wird die Bedeutung des Initiative-Ergreifens markiert („*aber andernfalls wird sich dieses System in dem wir uns befinden nicht ändern*", tr. „*ama diğer türlü değişmez bulunduğumuz sistem*"). Eine Veränderung wird im Falle einer Zusammenarbeit und Initiative

9.4 Orientierung an geschlechterbezogenen Fremderwartungen

(*„wenn jeder mit anpackt wird das was"*, tr. *„herkes bir işin ucundan tutarsa olur"*) für möglich gehalten.

Auch verweist TRAAF06 im Laufe des Interviews an verschiedenen Stellen auf die Orientierung an einer geschlechterbezogenen Fremderwartung, die sie im Modus der Kritik bearbeitet. Dieser Modus lässt sich beispielsweise in folgender Sequenz nachzeichnen. Die Sequenz ist ein Ausschnitt aus der Erzählung, in der die Studentin aus Ankara über die Entwicklungen der Geschlechterverhältnisse an der theologischen Fakultät spricht. Daran anschließend führt sie ein Beispiel zur Illustration an:

```
TRAAF06: Zum Beispiel wir haben uns mal wirklich vor der
ganzen Fakultät blamiert (.) bezüglich des Koranunterrichts
(.) wir ehm saßen im Koranunterricht (.) und dann kam ein
Junge hat uns so ein Zettel gegeben (.) wo draufsteht ehm die
Stimme der Frau ehm darf also die Männer dürfen das nicht
hören // und dass ehm Koranrezitieren eben haram ist // neben
den Männern und ich dachte ich spinne (.) und aber da war eben
dieser Zwang (.) und ehm die Mädchen haben sich ehm geschämt
vor den Männern Koran zu lesen (.) die haben sich // geschämt
also waren sie ehm auf der Seite der Jungs (.) und wir waren
im Unterricht und die Lehrerin das war eine Frau hat gesagt
liest und die haben nicht gelesen (2) @((leichtes verneinendes
Schütteln des Kopfes))@ und dann fing der Streit an @(.)@ ehm
Mädchen gegen die Dozentin die Jungs gegen die Dozentin und
wir haben uns wirklich der ganzen Fakultät blamiert dann sind
so: viele Dozenten gekommen und haben gesagt ehm draußen wenn
ihr einkaufen geht redet ihr mit Frauen und mit Männern (.)
in öffentlichen Verkehrsmitteln setzt ihr euch neben die
Frauen aber hier hier tut ihr so als wärd ihr die besten
Muslime (.) ihr dürft nicht lesen ihr dürft nicht reden und
ehm (.) die haben uns voll fertig gemacht @(.)@ und das war
so eine Blamage und im Endeffekt ehm ist es dann so geblieben
ne Zeit lang // ehm die die wo nicht lesen wollten haben nicht
gelesen (.) die die wo lesen wollten haben gelesen aber die
waren dann die schlechten Mädchen // und ich war eine von denen
```

(.) und die Jungs die das nicht hören wollten dieses Haram
ehm haben immer die Klasse verlassen wenn die Mädchen
angefangen haben zu lesen

KAR: Oka:y

(TRAAF06-1, 518-556)

Die Studentin rahmt zu Beginn der Sequenz das anzuführende Beispiel mit einer Konstruktion einer kollektiven Gruppe der Klasse („*wir*") und der Sichtbarkeit des Ereignisses „*vor der ganzen Fakultät*". Darin dokumentiert sich die dem folgenden Erlebnis beigemessene Bedeutsamkeit. „*Blamiert*" deutet in diesem Kontext auf ihre Bewertung der gesamten Situation, die mit der Sichtbarkeit des Ereignisses in Zusammenhang zu stehen scheint. Der „*Koranunterricht*" wird als Thema markiert („*bezüglich des Koranunterrichts*") und gleichzeitig darin räumlich verortet („*wir ehm saßen im Koranunterricht*"). „*Dann kam ein Junge hat uns so ein Zettel gegeben*" deutet implizit auf eine Differenzierung des Jungen und der anscheinend weiblichen Gruppe („*wir*"). Diese Vermutung bestätigt sich in der daran anschließenden Formulierung („*wo draufsteht ehm die Stimme der Frau ehm darf also die Männer dürfen das nicht hören und dass ehm Koranrezitieren eben haram ist neben den Männern*").

Einerseits wird eine religiöse Normenvorstellung in Form einer Mahnung kommuniziert; andererseits zeigt sich darin eine geschlechterbezogene Fremderwartung, der eine bestimmte Vorstellung mit Blick auf die Handlungsorientierung und -praxis der „*Frauen [...] neben den Männern*" zugrunde gelegt wird. Die Studentin scheint diese geschlechterbezogene Fremderwartung im Modus der Kritik zu bearbeiten („*ich dachte ich spinne*"). Diese Fremderwartung scheint zunächst auf keine Gegenreaktion („*aber da war eben dieser Zwang*") zu stoßen; vielmehr dokumentiert sich eine Anpassung und Annahme („*ehm die Mädchen haben sich ehm geschämt vor den Männern Koran zu lesen*"). Für die Studentin resultiert aus dieser Annahme der Fremderwartung eine Angliederung an die konstruierte (Gegen-)Gruppe der „*Jungs*" („*also waren sie ehm auf der Seite der Jungs*"). Nicht zuletzt lässt sich an dieser Stelle rekonstruieren, dass die Studentin sich in dieser Formulierung als keiner Gruppe zugehörig beschreibt; denn es sind nicht „*wir*", die nun „*auf der Seite der Jungs*" sind, sondern „*sie*". Somit scheint die Studentin der Gruppe, der sie sich zu Beginn der Sequenz zugehörig gefühlt hat, an dieser Stelle distanzierend gegenüberzustehen. In dieser Positionierung wird im Folgenden die Klassensituation weitergeführt:

Der Aufforderung der Lehrerin („*wir waren im Unterricht und die Lehrerin das war eine Frau hat gesagt liest*") – deren Geschlecht für das Ereignis relevant zu

9.4 Orientierung an geschlechterbezogenen Fremderwartungen

sein scheint – widersetzen sich die Studentinnen (*"und die haben nicht gelesen"*). Darin dokumentiert sich die Wirkung der Fremderwartung für die Gruppe der Studentinnen – der die Studentin immer noch distanzierend gegenübersteht. In der daran anschließenden Pause (2) dokumentiert sich ihr Erstaunen. Auf der Ebene des *Wie* des Gesagten dokumentiert sich insbesondere im dem lachenden leichten und verneinenden Schütteln des Kopfes der Modus der Kritik, in dem die Studentin die Orientierung an dieser geschlechterbezogenen Fremderwartung bearbeitet.

Die thematische Auseinandersetzung (*"dann fing der Streit an @(.)@ ehm Mädchen gegen die Dozentin die Jungs gegen die Dozentin"*) scheint eine Relevanz für die gesamte Fakultät und die Dozenten zu haben (*"wir haben uns wirklich der ganzen Fakultät blamiert dann sind so: viele Dozenten gekommen"*). Sowohl auf der kommunikativen Ebene (*"der ganzen Fakultät blamiert"*) als auch mit Blick auf die Ebene des *Wie* des Gesagten – beispielsweise durch die Betonung oder das langgezogene (*"so:"*) – dokumentiert sich die Bedeutung und Dramatik des Ereignisses für die Studentin. Die „*Blamage*" scheint insbesondere dadurch bedingt zu sein, dass die Äußerungen der „*Dozenten*" die Paradoxie und Inkonsistenz der Handlungsorientierung der Studierenden aufzeigen (*"draußen wenn ihr einkaufen geht redet ihr mit Frauen und mit Männern..."*). In der Beschreibung der eigenen Handlungspraxis und Bearbeitung dieses Ereignisses (*"die die wo lesen wollten haben gelesen aber die waren dann die schlechten Mädchen und ich war eine von denen"*) dokumentiert sich trotz der scheinbar weiterhin vorhanden Fremderwartung der Modus der Kritik. Somit lässt sich aus dieser Sequenz rekonstruieren, dass die Studentin die Orientierung an der geschlechterbezogenen Fremderwartung im Modus der Kritik bearbeitet. Dies lässt sich auch in einer weiteren Erzählung nachzeichnen, in der ein weiteres Beispiel aus der Fakultät – ebenfalls aus einer Unterrichtssituation – angeführt wird:

```
TRAAF06: Es ist halt auch so ehm (.) wir hatten mal ehm
Religionspsychologie (.) Unterricht (.) und ehm die Lehrerin
meinte dann (.) ehm ich möchte von jedem einen Nachteil und
einen Vorteil von sich wissen // und ehm (2) ich glaube ka-
fast keiner hat da die Wahrheit gesagt (.) und ehm da war ein
Junge der hat die Wahrheit gesagt er hat gesagt er ist ehm
ein Pessimist und ich habe so ich hab so ich hab so ein großes
Mitgefühl weißt du und ich so oh nein wieso sagt er sowas er
```

```
is auch etwas jünger und dann hab ich gesagt ich fand sein
Koranlesen sehr gut (.) aber das is nich so (.) ehm also
einfach so ehm ein einfaches Lesen ohne Intonation oder so und
das gefällt mir ehm besser also dieses Einfache lesen und dann
hab ich gesagt ehm wieso ist er so // pessimistisch ich finde
ehm er ha- er hat gute Eigenschaften zum Beispiel das und das
(.) und ehm und dann musstest du sehen wie alle mich angeschaut
haben @(.)@ (2) ehm nicht falsch verstanden wahrscheinlich
aber so wieso redet die so wieso wieso sagt die dem Jungen
sowas das ist zum Beispiel übertrieben
(TRAAF06-1, 617-639)
```

Der Auftrag der Lehrerin („*einen Nachteil und einen Vorteil* [der Studierenden]") weist mit Blick auf die gesamte Sequenz und die darauffolgende Beschreibung darauf hin, dass die „*Nachteile*" und „*Vorteile*" auf Stärken und Schwächen der Studierenden rekurrieren, die hier von der Lehrerin angedeutet werden. Die Beschreibung, dass „*keiner [...] die Wahrheit gesagt*" hat und (nur) ein „*Junge*" eine scheinbar sehr „*pessimistische*" bzw. negative Eigenbeurteilung angeführt hat, dokumentiert, dass in diesem Kontext das Geschlecht des Studenten („*Junge*") für diese Erzählung eine Rolle spielt. Mit dem Einschub „*ich hab so ein großes Mitgefühl weißt du*" wird die eigene darauffolgende Reaktion („*dann hab ich gesagt ich fand sein Koranlesen sehr gut*") argumentativ untermauert. An dieser Stelle zeigt sich bereits die Bedeutung der Fremdwahrnehmung, die markiert wird. Das weitere positive Feedback der Studentin („*dann hab ich gesagt [...] er hat gute Eigenschaften zum Beispiel das und das*") scheint bestimmte Erwartungskollisionen hervorgerufen zu haben („*dann musstest du sehen wie alle mich angeschaut haben*"), die auf nonverbaler Ebene kommuniziert wurden. Mit dem Ausschluss, dass das Gesagte von Seiten der Studierenden falsch verstanden wurde („*nicht falsch verstanden wahrscheinlich*"), verweist ihre vordergründige Deutung dieser Reaktion der Studierenden („*wieso redet die so wieso wieso sagt die dem Jungen sowas*") auf die Orientierung an einer geschlechterbezogenen Fremderwartung. Dass die Studentin diese Orientierung im Modus der Kritik bearbeitet, zeigt sich auf der Ebene des *Wie* des Gesagten, indem sie diese Deutung betont wiedergibt; dieser Betonung scheint ein bestimmtes Unverständnis zugrunde zu liegen. Gleichzeitig lässt das Ende der Sequenz, in dem

9.4 Orientierung an geschlechterbezogenen Fremderwartungen 509

diese Deutung bewertet wird („*das ist zum Beispiel übertrieben*"), diesen Modus rekonstruieren.

Die Studentin inszeniert im Zuge des Interviews zur Verdeutlichung weitere Klassensituationen und verweist auf ihre Orientierung an einer geschlechterbezogenen Fremderwartung und den Modus der Kritik:

TRAAF06: Bei uns zum Beispiel wenn einer der UIP-Männer gesprächig *ist ehm zum Beispiel wenn er sagen würde* <u>KAR</u> *ich konnte keine Notizen machen ich habe gesehen dass du gut Notizen gemacht hast es sieht so aus könntest du das vielleicht mit mir teilen so normal ne* // dann würde es sofort heißen boah *erstens dieses Kind hat dich angeschaut (.)* der hat dich angeschaut zweitens *hätte er auch die Jungs fragen können warum fragt er dich* (2) die haben einfach ständig so Hintergrundgedanken // wo du dir denkst seid ihr Menschen oder was seid ihr @(.)@ // *also es gibt das und es gibt das wenn der eine sehr* offen *und direkt ist also zum Beispiel die Person die ich dir* vorhin *für das* Interview *genannt habe* // *zum Beispiel sein* Ruf *ist sehr schlecht* (.) ehm *in den Augen der Mädchen der ist angeblich so ein ungenierter Mann* ist der aber nicht *er ist ein sehr braver Mensch* nur weil er so gesprächig ist nur weil er so (.) Fragen stellen kann (.) und sich einfach offen äußern kann *hat der sofort einen schlechten Stempel* // *bei mir zum Beispiel als ich mich mit den Männern gestritten* habe wegen Stundenplan haben die zu mir unsittliches Mädchen gesagt (.) das war nicht normal (.) heute sind sie natürlich nich mehr so *also sie reden* so am Anfang aber ich find das hart *also ich bin deine Schwester im Glauben* egal was passiert wir haben uns dort gestritten der Streit ist dort zu Ende wenn ich morgen komme werde ich dich deswegen doch nicht mehr beschuldigen und warum redest du dann hinter *mir und sagst dass ich unsittlich bin* (2) *also nur weil man nicht so ist wie die es für richtig halten* (.) Schwachsinn *oder* @(.)@

(TRAAF06-2, 848–876)[80]

Zur Verdeutlichung bezieht TRAAF06 die Interviewerin („*KAR*") in eine inszenierte Situation mit ein („*zum Beispiel wenn er sagen würde* KAR *ich konnte keine Notizen machen ich habe gesehen dass du gut Notizen gemacht hast es sieht so aus könntest du das vielleicht mit mir teilen*", tr. „*mesela desin ki ya atıyorum* KAR *eh ben not tutamadım sen baktım iyi not tutmuş- tuttun gibi gözüküyor acaba paylaşır mısın dese*"). Während die Szene als gewöhnlich und üblich markiert wird („*so normal ne*"), zeigt sich gleichzeitig, dass eine „einfache" bzw. „normale" Alltagskommunikation mit dem „Gesprächig-Sein" des Mannes gleichgesetzt wird („*wenn einer der UIP-Männer gesprächig ist*", im Original: „*mesela bizde ehm UIP erkeklerinden birisi gesprächig olsun*"). Darin dokumentiert sich einerseits die der Situation beigemessene Normalität mit einer dennoch zusätzlichen Besonderheit (des „Gesprächig-Seins", die eben auch „*normal*" zu sein scheint. Die Studentin geht in diesem Fall von Reaktionen der „Anderen" aus („*dann würde es sofort heißen boah*"). Darin dokumentiert sich die Besonderheit und die Anormalität der Kommunikation, die für die Studentin eigentlich normal zu schein scheint. Die der Szene beigemessene Normalität der Studentin und Anormalität der „Anderen" scheint somit eine Kollision zu erfahren; und diese Kollision bezieht sich nicht nur auf die Ebene der Kommunikation und Interaktion, sondern bereits auf

---

[80] Original:
TRAAF06: Bizde de hani eh mesela bizde ehm UIP erkeklerinden birisi gesprächig olsun ehm mesela desin ki ya atıyorum KAR eh ben not tutamadım sen baktım iyi not tutmuş- tuttun gibi gözüküyor acaba paylaşır mısın dese so normal ne // dann würde es sofort heißen boah bir sana bakmış bu çocuk (.) der hat dich angeschaut zweitens erkeklere de sorabilirdi niye sana soruyo (2) die haben einfach ständich so Hintergrundgedanken // wo du dir denkst seid ihr Menschen oder was seid ihr @(.)@ // yani öyle de var böyle de var birisi çok böyle (.) offense ki mesela sana vorhin Interview için dediğim kişi // mesela onun Rufu çok kötü (.) eh kızların gözünde der ist so ein cıvık cıvık erkek güya ist er aber nicht çok akıllı bi insan nur weil er so gesprächig ist nur weil er so (.) Fragen stellen kann (.) und sich einfach offen äußern kann hemen böyle kötü bi damgası var yani // ki bende mesela erkeklerle tartıştığımda wegen Stundenplan edepsiz kız dediler bana ya (.) das war nicht normal (.) heute sind sie natürlich nich mehr so yani konuşuyorlar so am Anfang aber ich find das hart yani ben senin din kardeşinim her ne olursa olsun orda tartıştık o tartışma orda bitti yarın ben geldiğimde seni bunun için daha suçlamıcam ki o zaman sen neden benim arkamdan gidip gidip edepsiz olduğumu söylüyorsun ki (2) also nur weil man nicht so ist wie die es für richtig halten (.) saçma dimi @(.)@

9.4 Orientierung an geschlechterbezogenen Fremderwartungen

die Ebene des „Angeschaut-Werdens" („*erstens dieses Kind hat dich angeschaut (.) der hat dich angeschaut*"). Somit scheint es nicht nur eine geschlechterbezogene Erwartungshaltung mit Blick auf die Geschlechtersegregation in der Kommunikation zu geben; die Erwartungshaltung scheint bereits bei der Wahrnehmung und non-verbalen Interaktion zu beginnen. Dass selbst im Kontext einer alltäglichen Thematik (nach den Notizen fragen) das Geschlecht eine Rolle spielt, dokumentiert sich nicht zuletzt in der daran anschließenden Aussage („zweitens *hätte er auch die Jungs fragen können warum fragt er dich*"). Somit lässt sich rekonstruieren, dass die Erwartungshaltung, die hier erneut zum Tragen kommt, eine a priori vorgenommene Selektierung des/r Kommunikations- bzw. Ansprechpartners/in qua Geschlecht beinhaltet. „*Warum fragt der dich*" rekurriert dabei auf Ebenen, die über die Intention der verbalen Kommunikation hinausgreifen; dies manifestiert sich auch in der daran anknüpfenden Formulierung „*die haben einfach ständich so Hintergedanken*". Während sich die Studentin nun in der Beschreibung an einer geschlechterbezogenen Erwartungshaltung orientiert, lässt sich der Modus, innerhalb dessen die Orientierung bearbeitet wird, rekonstruieren: „*Ständich so*" und „*wo du dir denkst seid ihr Menschen oder was seid ihr*" verweist auf die distanzierende Haltung und die kritische Bewertung dieser Erwartungshaltung und dokumentiert somit den Modus der Kritik. Im Zuge des Interviews wird die den Beschreibungen zugrunde liegende normative Vorstellung rekonstruierbar. So deutet der „*sehr schlechte Ruf*" eines Studenten „*nur weil er so gesprächig ist nur weil er so (.) Fragen stellen kann und sich einfach offen äußern kann*" darauf, dass es eine konkrete Vorstellung mit Blick auf die Geschlechterverhältnisse zu geben scheint, die durch einen „kontrollierenden Dritten" bewertet wird. Richtet sich der Blick auf das *Wie* des Gesagten, lässt sich durch die Art und Weise der Beschreibung (beispielsweise „*angeblich*") der Modus der Kritik rekonstruieren, in dem diese geschlechterbezogene Fremderwartung bearbeitet wird. Darauf deuten auch die Formulierungen „*Fragen stellen kann*" oder „*sich offen äußern kann*", die durch das „*können*" auf eine positive Markierung verweisen. Dass diese Person „*sofort einen schlechten Stempel*" (tr. „*hemen böyle kötü bi damgası var*") erhält, rekurriert auf die Nicht-Befürwortung und den Modus der Kritik. Auch in dem darauffolgenden Beispiel („*als ich mich mit den Männern gestritten habe* wegen Stundenplan *haben die zu mir unsittliches Mädchen gesagt*", tr. „*erkeklerle tartıştığımda wegen Stundenplan edepsiz kız dediler bana ya*"). Während hier auch wie in dem vorherigen Beispiel auf eine normative Vorstellung über die Geschlechterverhältnisse rekurriert wird, zeigt sich auf der Ebene des *Wie* des Gesagten das Erstaunen, das sich beispielsweise in dem an die letzte Formulierung anschließenden „*ya*" und dem Lachen manifestiert. Somit wird sowohl auf der immanenten Ebene als auch auf der kommunikativen Ebene („*das war nicht normal*", „*Schwachsinn oder*") auf die Orientierung an geschlechterbezogenen Fremderwartungen im Modus der Kritik verwiesen.

In der komparativen Analyse zeigt sich die Homologie auch in dem Interview mit TRAAF04. Die Studentin aus Ankara spricht im Laufe des Interviews über die Entwicklungen der Geschlechterbeziehungen an der Fakultät. In folgender Sequenz handelt es sich um einen Ausschnitt aus dieser Erzählung:

```
TRAAF04: Die Gruppe aus Stadt X die fünf Personen die kamen
in unsere Klasse neu // zu fünft also bestehend aus vier
Mädchen und einem Jungen // die waren für uns auch ehm son
Orientierungspol (.) weil die // haben zum Beispiel ihre
Sachen zusammen geklärt ihre organita- organisatorischen
Sachen (2) darf man Namen nennen

KAR: Ja wird anonymisiert

TRAAF04:           ⌊Okay zum Beispiel X-abi ist ja sehr
offen // der hat auch also (.) sag ich mal den Jungs (.) echt
gezeigt (.) wie man das machen kann weil er auch (.) ehm viel
älter ist als // ehm die Meisten (.) und dadurch dass wir
immer gesehen haben oke (.) die vier Mädels sind voll normal
und X-abi die unter- unterhalten sich (.) die organisieren
zusammen (.) die (.) haben zusammen das gleiche Problem und
(.) deswegen setzen die sich auch an ehm einen Tisch (.) und
da wir ehm schon normalisiert waren (.) hat das nochmal son
Vorbild für uns glaub ich dargestellt //
```
(TRAAF04, 1377-1410)

Die Bedeutung der Gruppe aus Stadt X (eine Stadt in der Türkei) scheint sich durch die vorhandene Zusammenarbeit und Interaktion zwischen Studentinnen und Studenten auszuzeichnen („*die haben zum Beispiel ihre Sachen zusammen geklärt ihre [...] organisatorischen Sachen*"). In der Beschreibung, dass diese Zusammenarbeit und u. a. der *ältere* Student aus der Gruppe aus Stadt X ein Vorbild darstellen, dokumentiert sich einerseits durch die Beobachtungen und Wahrnehmungen der Geschlechterbeziehungen („*immer gesehen haben [...] die [...] unterhalten sich (.) die organisieren zusammen (.) die (.) haben zusammen das gleiche Problem und (.) deswegen setzen die sich auch an ehm einen Tisch*") die Relevanz des Geschlechteraspekts in dem universitären Alltag – andererseits

9.4 Orientierung an geschlechterbezogenen Fremderwartungen

dokumentiert sich die Bedeutung des Alters, die im Zusammenhang mit dem Vorbild-Sein geschildert wird („*weil er auch* [...] *viel älter ist als* [...] *die Meisten*", „*hat das nochmal son Vorbild für uns glaub ich dargestellt*").

TRAAF04: Es kam dann irgendwann dazu dass man dann echt ehm (.) alle zusammen (.) ganz viel organisieren können (.) jetzt sind wir an dem (.) Punkt // zum Beispiel letztes Jahr (.) gabs keine Abschluss- (.) Feier (.) für UIP (.) weil die Jungs strikt ((klopft auf den Tisch)) dagegen waren sich mit Mädchen irgendwo sehen zu lassen (.) die wollten nicht mit denen zusammen auf eine Bühne wollten kein Programm mit denen (.) die wollten nicht dass die Anderen das sehen (.) so krass war das (.) und wir aber bei uns das is so dass wir alles selber organisieren (.) dass wir uns jede Woche (.) alle zusammen hinsetzen koordiniert Gruppen gibt (.) bestehend immer aus (.) Mädchen und Jungs (.) also wir arbeiten so (.) also so arbeiten wir (.) und das ist halt ehm der extreme Vergleich wirklich letztes Jahr (.) und dieses Jahr da sind Welten (.) und dafür wurden unsere Jungs auch oftmals ehm in deren Wohnheimen zum Beispiel (.) ehm ermahnt (.) das weiß ich weil die sich so benehmen weil die (.) in deren Meinung ein falsches Vorbild für die Jüngeren darstellen (.) obwohl wir alle daran glauben dass wir das beste Vorbild sind und versuchen auch unterschwellich ehm die Leute (.) @(.)@ unserer Meinung

KAR: ⌊@(2)@ oke

TRAAF04: anzupassen aber da gibts viel Gegenstrom (.) und die sind da leider bisschen stärker (.) was man auch daran erkennt (.) man redet ja mit vielen die auch ehm nen Semester (.) drunter sind wo einige sagen zum Beispiel (.) ehm es gibt Jungs die sich in Kontakt ehm die in Kontakt mit uns treten (.) wenn die irgendwie Hilfe brauchen oder so (.) dann sind die ganz anders (.) als wenn Klassenkameraden daneben sind

(.) oder als wir ehm (2) der Druck ist sehr sehr hoch (.) also wie gesagt ich (.) dadurch dass ich ehm also durch meinen Charakter und (.) dadurch dass wir auch auf dem Mädchenseite sind weil da ist es nicht so krass (.) kriege ich tatsächlich nich so direkt mit aber ich hör dass das alles jetzt was ich jetzt gehört und (.) von anderen erzählt bekommen habe aber insbesondere // auf der Jungenseite ist das viel viel krasser // die werden direkt so (.) suchst du hier eine Frau (.) und selbst wenn (.) also (.) man muss sich ja nicht dafür rechtfertigen (.) und Paare entstehen (.) das ist das Komische (.) gerade die (.) die angeblich nichts mit der ehm Gegenseite // zu tun haben (.) sondern entschieden auf einmal Pärchen (.) des is unerklärlich

KAR: @(2)@ oke

TRAAF04: @Genau@

(TRAAF04, 1411-1473)

Die Beschreibung der Geschlechterverhältnisse (*„es kam dann irgendwann dazu dass man dann echt ehm (.) alle zusammen (.) ganz viel organisieren können"*) dokumentiert einen Entwicklungsprozess und die positive Bewertung der Studentin. In dem implizierten Entwicklungsprozess wird die Interaktion zwischen den Studentinnen und den Studenten als das zu Erreichende dargestellt (*„jetzt sind wir an dem (.) Punkt"*). Zur Exemplifizierung wird der höhere Jahrgang vergleichend herangezogen (*„zum Beispiel letztes Jahr (.) gabs keine Abschluss- (.) Feier (.) für UIP (.) weil die Jungs strikt ((klopft auf den Tisch)) dagegen waren sich mit Mädchen irgendwo sehen zu lassen (.) die wollten nicht mit denen zusammen auf eine Bühne wollten kein Programm mit denen"*). Auf der Ebene des *Wie* des Gesagten – beispielsweise durch das Klopfen auf den Tisch – dokumentiert sich die kritische Bearbeitung der Erzählung. Das Gesehen-Werden der *„Jungs"* mit den *„Mädchen"* rekurriert einerseits auf die darin implizit zur Geltung kommende geschlechterbezogene Fremderwartung – dieses zunächst Implizite wird letztendlich auf der kommunikativen Ebene manifest (*„die wollten nicht dass die Anderen das sehen"*). Somit lässt sich rekonstruieren, dass es eine bestimmte normative Vorstellung mit Blick auf die Segregation in der Geschlechterbeziehung zu geben und dass das Sehen der „Anderen" mit dieser geschlechterbezogenen Fremderwartung in Verbindung zu stehen scheint. Dass diese Orientierung an einer

9.4 Orientierung an geschlechterbezogenen Fremderwartungen

geschlechterbezogenen Fremderwartung im Modus der Kritik bearbeitet wird, dokumentiert sich in der daran anschließenden Bewertung dieser Schilderung („*so krass war das*").

In dem Vergleich der Situation des älteren Jahrgangs mit dem eigenen Jahrgang und der vorhandenen Interaktion („*bei uns das is so dass* [...] *dass wir uns jede Woche* (.) *alle zusammen hinsetzen* [...] *bestehend immer aus* (.) *Mädchen und Jungs* [...] *und das ist halt ehm der extreme Vergleich wirklich letztes Jahr* (.) *und dieses Jahr da sind Welten*") zeigt sich die Kontrastierung, die auf eine andere normative Vorstellung mit Blick auf die Geschlechterbeziehungen rekurriert. Diese vorhandenen Gegensätze scheinen auch in Kontexten außerhalb der Universität relevant zu sein („*dafür wurden unsere Jungs auch oftmals ehm in deren Wohnheimen zum Beispiel* (.) *ehm ermahnt*"). Sichtbar wird erneut die Fremderwartung mit Bezug auf die Handlung(spraktik)en in der Interaktion mit Andersgeschlechtlichen.

Erneut markiert die Studentin die Bedeutung der „Älteren", die für die Jüngeren durch ihre Handlungspraktiken und -orientierungen ein „*Vorbild*" seien. Dies scheint trotz der unterschiedlichen geschlechterbezogenen Erwartungshaltungen eine geteilte Norm zu sein („*obwohl wir alle daran glauben dass wir das beste Vorbild sind*"). Es lässt sich – unabhängig davon, wie die Erwartungshaltungen inhaltlich gefüllt sind – rekonstruieren, dass geschlechterbezogene Fremderwartungen und -wahrnehmungen für den Alltag an der Fakultät und auch darüber hinaus eine wichtige Rolle spielen. Dass diese unterschiedlichen Erwartungen kollidieren, dokumentiert sich in der Formulierung „*da gibts viel Gegenstrom* (.) *und die sind da leider bisschen stärker*". In der Beschreibung „*dann sind die ganz anders* (.) *als wenn Klassenkameraden daneben sind*" spiegelt sich das Handlungsleitende der vorhandenen Fremderwartung wider. Diese Fremderwartung rahmt die Studentin als „*Druck* [, der] *sehr sehr hoch*" ist, der zudem bis in private Beziehungsverhältnisse an der Fakultät greift („*die werden direkt so* (.) *suchst du hier eine Frau* (.) *und selbst wenn* (.) *also* (.) *man muss sich ja nicht dafür rechtfertigen*"). In der Formulierung „*selbst wenn*" manifestiert sich die kritische Bearbeitung dieser geschlechterbezogenen Fremderwartung und somit der Modus der Kritik.

Auch wenn die Studentin in ihren Beschreibungen durch die Befürwortung einer bestimmten Form der Geschlechterverhältnisse auf eine normative Vorstellung dazu rekurriert und gleichzeitig auf eine Erwartungshaltung bezüglich des Wie der Geschlechterbeziehungen verweist, lässt sich dennoch die Orientierung an einer geschlechterbezogenen Fremderwartung rekonstruieren, die sie im Modus der Kritik bearbeitet.

Die thematische Homologie mit der homologen Orientierung und dem Modus der Kritik lässt sich auch in dem Interview mit TRAAF01 nachzeichnen. Die Sequenz schließt an die Erzählung an, in der die Studentin über die

Geschlechterbeziehungen (an der Fakultät) und den Versuch der Segregation spricht:

TRAAF01: Ehm ein Freund hat erzählt dass (.) ehm in dem Studentenheim (.) ehm (.) ein (.) ehemaliger Student (.) ehm (.) die sehr beeinflusst hat (.) also der ehm (.) der soll (.) die irgendwie dazu gedrängt haben (.) redet auf gar keinen Fall mit Mädchen und so und so // und da und die sind ja alle gekommen noch von der Schule und neu (.) und (.) dass die eigentlich (.) äußerlich unter Druck gesetzt wurden ein bisschen // von ehemaligen Absolventen also älter sind das heißt jemand hat (.) denen versucht seine Ideologie irgendwie aufzudrängen // ehm (.) ein Freund hat erzählt dass das so war // also im ersten Jahr (.) dass der das gesagt hat // und dass (.) dann die die anders gedacht haben (.) ausgeschlossen wurden (.) also sprich da war irgendwie so ne Clique in der Studentenwohnheim (.) die irgendwie so versucht hat denen das so einzublenden und die (.) die das nicht machen wollten die wurden ausgeschlossen (.) und unsere Klasse war dann so reif dass die dann gesagt hab so ich- ehm (.) weil am wir haben hier (.) unser Bildungsstatus ist ja noch gleich wie im ersten Jahr weil wir lernen ja nur die Sprache noch // keine Theologie // und dann als wir so dieses theologische Wissen und dann die Bildung immer mehr wurde (.) wurde glaube ich wurden die Jungs dann glaube ich in deren Studentenwohnheim etwas unabhängiger und haben dann gesagt so stopp // jetzt ihr seid älter okay wir respektieren euch aber jetzt ihr müsst nicht unbedingt Recht haben (.) ich glaub da war sowas (.) weil (.) guck mal die Ansässigen hier sind so locker // wir kommen (.) <u>aus Europa</u> // <u>bitte</u> wir haben seit

KAR: ⌊ Ja

9.4 Orientierung an geschlechterbezogenen Fremderwartungen 517

TRAAF01: Seit unserer Kindheit (.) was mit dem anderen
Geschlecht zu tun // ich mein wo ist das Problem ja // also
da war glaube ich nur son (.) Ideologiestreit aber das hat
sich dann wie gesagt gelegt
(TRAAF01, 1436-1478)

Auch in dieser Sequenz kommt die Bedeutung des Einflusses („*Freund hat erzählt dass* [...] *in dem Studentenheim* [...] *ein* (.) *ehemaliger Student* [...] *die sehr beeinflusst hat*") und der Fremderwartung mit Blick auf die Geschlechterverhältnisse zur Geltung („*redet auf gar keinen Fall mit Mädchen und so und so*"). Während sich auch in dieser letzten Formulierung die normative Vorstellung über die Kommunikation zwischen Studentinnen und Studenten rekonstruieren lässt, zeigt sich auf der Ebene des *Wie* des Gesagten – durch die Formulierung „*so und so*" – eine thematische Auseinandersetzung, die über diese Kommunikation hinaus weitere Bereiche der Interaktion tangiert. „So und so" lässt sich folglich als „*und solche ähnlichen Themen*" lesen, die die Geschlechterbeziehungen betreffen.

Auch in diesem Interview zeigt sich die Bedeutung des Älter-Seins, die im Kontext des „Einflusses" formuliert wird („*ehemaligen Absolventen also älter sind*"), und die Rahmung des Einflusses als „Druck" („*äußerlich unter Druck gesetzt wurden*"). Vor diesem Hintergrund lässt sich auch hier die implizit zur Geltung kommende Fremderwartung rekonstruieren, an der sich die Studentin im Laufe der Sequenz orientiert. Die Vorstellung der Älteren über die „geeignete" Form der Geschlechterbeziehung wird unter ihre „Ideologie" subsumiert. Der Begriff Ideologie verweist in diesem Zusammenhang auf eine verwurzelte Geschlechtervorstellung, die auf der Grundlage bestimmter Normen- und Wertevorstellungen gedacht wird. Wird in der Beschreibung des Einflusses der Blick auf das *Wie* gerichtet, zeigt sich insbesondere in den Formulierungen „*Druck*", „*aufgedrängt*", „*einblenden*" und „*die wurden ausgeschlossen*" die negative Bewertung dieser geschlechterbezogenen Fremderwartung und der Modus der Kritik.

Sich von dieser Fremderwartung losgelöst zu haben führt die Studentin einerseits auf die „*Reife*" der Studierenden und andererseits auf die „Bildung" und das Theologiestudium („*dieses theologische Wissen und dann die Bildung immer mehr wurde*") zurück. „*Etwas unabhängiger und haben dann gesagt so Stopp*" verweist auf den Distanzierungsprozess und das Loslösen von der Idee der Älteren als Vorbilder („*ihr seid älter okay wir respektieren euch aber jetzt ihr müsst nicht unbedingt Recht haben*").

Dass die Studentin diese Fremderwartung nicht einordnen kann, wird neben dem theologischen Wissen auf zwei unterschiedliche Inkonsistenzen zurückgeführt: Eine Inkonsistenz besteht darin, dass „*die Ansässigen* [...] *so locker*" sind. Mit Blick darauf scheint das „nicht-locker-Sein" der UIP-Studierenden an der Fakultät widersprüchlich zu sein. Die Markierung des Widerspruchs dokumentiert sich auch in der daran anschließenden Formulierung „*wir kommen (.) aus Europa bitte wir haben seit seit unserer Kindheit (.) was mit dem anderen Geschlecht zu tun*". Dadurch charakterisiert TRAAF01 den Widerspruch durch die Heterologie des Erfahrungswissens (und der Handlungspraxis) der UIP-Studierenden aus (bzw. in) Europa mit der zu beobachtenden Praxis der Geschlechtertrennung an der theologischen Fakultät. Die Studentin, die diese Praxis und die damit verbundenen Fremderwartungen in ihrer Widersprüchlichkeit, Inkonsistenz und der Unverständlichkeit („*ich mein wo ist das Problem*") markiert, verweist somit auf die Orientierung an geschlechterbezogenen Fremderwartung, die im Modus der Kritik bearbeitet wird.

Dieser Modus zeigt sich auch bei TRAAF03. Die Studentin aus Ankara spricht im Zuge des Interviews über die Entwicklung der Geschlechterverhältnisse an der Fakultät. Somit zeigt sich auch hier die thematische Homologie und die ihr zugrunde liegende homologe Orientierung:

TRAAF03: Am Anfang war das natürlich problematisch (.) ehm wir hatten // @etwas Probleme@ mit den (.) ehm netten Herrschaften am Anfang ehm (.) es war natürlich ungewohnt weil man kam ja von der Schule in Deutschland und dann (.) ehm kam man hier kam man hier an die Uni und ehm es gab Menschen die überhaupt nicht mal Hallo gesagt haben (dich) nicht mal angeguckt haben und nicht wollten dass wir mit den Jungs sprechen richtig absurd aber nach ner Zeit wurd man natürlich auch so bisschen (.) ehm ja man hat dann auch nicht Hallo gesagt und dann hat wurd da bisschen eingeengt von den aber unsere Klasse (.) hat das mit der Zeit wirklich ehm geschafft deshalb wirklich abzubauen // wir haben leider immer noch welche die so denken und die wirklich Probleme haben (.) die Mädchen können nicht frei (.) nicht mal das Fenster aufmachen weil die einfach Angst vor diesem (.) nicht Angst aber sie

9.4 Orientierung an geschlechterbezogenen Fremderwartungen   519

schämen sich einfach vor diesen Jungen (.) weil die halt so ne Autorität ausstrahlen die einfach so bisschen (.) ehm nicht so gut ist aber (.) diese Schüler werden wiederum von (.) einigen (.) ja etwas konservativen Lehrern beeinflusst also (.) ich hab gehört // zum Beispiel einigen wurde gesagt jetzt außerhalb des DITIB pro- Programms also Diyanet Programms // ehm ich weiß nicht wer diese Lehrer sind aber es gibt wohl Lehrer die (.) diesen Schülern gesagt haben oder diesen Männern gesagt haben ehm passt auf redet nicht mit diesen Mädchen (.) Mädchen ehm versucht so zu bleiben wie ihr seid versuch- versucht nicht zu gucken und so weiter das wurd diesen Jungen (.) am Anfang schon gesagt (.) und ehm deshalb waren die glaube ich am Anfang bisschen komisch zu uns aber mit der (.) Zeit hat sich das in unserer Klasse auf jeden Fall (.) ehm verbessert aber // in anderen Klassen gibts immer noch Probleme das muss man natürlich sagen
(TRAAF03, 195-226)

TRAAF03 beschreibt ähnlich wie die Studentinnen TRAAF01 und TRAAF04 die Entwicklung bzw. Veränderung der Geschlechterverhältnisse an der Fakultät. Diese Veränderung deutet sich in der Formulierung „*am Anfang war das natürlich problematisch*" an. Darin dokumentiert sich die Offensichtlichkeit, die der (damals) vorhandenen Problematik beigemessen wird. Die Vergangenheitsform („*wir hatten @etwas Probleme@*") rekurriert auf die Abgeschlossenheit. Die Verknüpfung des Lachens und der Formulierung „*mit den netten Herrschaften*" zeigt auf der Ebene des *Wie* des Gesagten eine Aushandlung zwischen ironischer Verharmlosung und kritischer Markierung. In der daran anschließenden Formulierung („*und nicht wollten dass wir mit den Jungs sprechen*") dokumentiert sich die Erwartungshaltung, die an die kollektive Gruppe der „weiblichen Studentinnen" gerichtet wird. Diese Fremderwartung bearbeitet die Studentin im Modus der Kritik und lehnt sie ab („*richtig absurd*"). Die Handlungspraxis der „*Mädchen*" wird im Zusammenhang mit der Einflussnahme der „*Jungs*" beschrieben. Es dokumentiert sich eine Überordnung der „*Jungs*" durch die Hierarchisierung der Geschlechter („*vor diesen Jungen (.) weil die halt so ne Autorität ausstrahlen*"), die mit einem Zurückdrängen der „Mädchen" einhergeht („*die Mädchen können nicht frei (.) nicht mal das Fenster aufmachen weil die einfach Angst vor diesem*

(.) nicht Angst aber sie schämen sich einfach vor diesen Jungen"). Somit scheint die geschlechterbezogene Erwartung für die „Mädchen" handlungsleitend zu sein. Dem steht die Studentin kritisch gegenüber. Dies zeigt sich beispielsweise in den Formulierungen „*leider*", „*die Mädchen können nicht frei*" oder „*nicht so gut ist*". Die Studentin begründet diese geschlechterbezogene Fremderwartung mit dem möglichen Einfluss bestimmter Lehrer „*außerhalb des DITIB* [...] *Programms* [bzw.] *Diyanet Programms*". Darin dokumentiert sich die thematische Auseinandersetzung außerhalb der Fakultät und im Kontext geschlechterbezogener Aspekte und Handlungspraktiken. Neben dieser rekonstruierbaren thematischen Relevanz außerhalb der Fakultät dokumentiert sich gleichzeitig die Auseinandersetzung damit innerhalb der Fakultät und in der Kommunikation der Studierenden untereinander („*ich hab gehört zum Beispiel einigen wurde gesagt*"). Der Einfluss der geschlechterbezogenen Fremderwartung, die beispielsweise den Lehrern zugeschrieben wird („*Lehrer die (.) diesen Schülern gesagt haben* [...] *passt auf redet nicht mit diesen Mädchen* [...] *versucht so zu bleiben wie ihr seid* [...] *versucht nicht zu gucken*"), scheint sich verändert zu haben („*deshalb waren die glaube ich am Anfang bisschen komisch zu uns aber mit der (.) Zeit hat sich das in unserer Klasse auf jeden Fall (.) ehm verbessert*"). In dieser positiven Bewertung dieser Veränderung und der Benennung solcher Handlungspraktiken als „Problem" („*in anderen Klassen gibts immer noch Probleme*") dokumentiert sich der Modus der Kritik, in dem die Orientierung an dieser geschlechterbezogenen Fremderwartung bearbeitet wird. Kurz nach dieser Sequenz führt TRAAF03 fort und verweist noch einmal auf dieselbe Orientierung und denselben Modus:

```
TRAAF03:  Frauen und Männer (.) müssen hier lernen einfach
menschlich miteinander zu leben (.) ehm und das haben wir
gelernt das sage ich aber für unsere Klasse jetzt (.) ehm aber
in den anderen Klassen gibt es leider Mädchen die immer noch
nicht in der Klasse nach vorne gehen können (.) und ehm ein
Seminar halten können (.) zum Beispiel meine Zimmerfreundin
ist eine Klasse unter uns // ehm das Mädchen möchte immer noch
kein Seminar Referat zum Beispiel halten (.) weil es gibt halt
```

9.4 Orientierung an geschlechterbezogenen Fremderwartungen 521

immer diese Angst o sie schämt sich vor diesen andern Typen halt schrecklich weil die sonst was denken würden // und ehm das finde ich halt nicht so gut

(TRAAF03, 245-255)[81]

Die Studentin beschreibt resümierend ihre Vorstellung mit Blick auf die Geschlechterverhältnisse an der Fakultät („*Frauen und Männer (.) müssen hier lernen einfach menschlich miteinander zu leben*", tr. „*Kadın ve erkek (.) tamamen insani bi şekilde (.) birlikte* [...] *yaşamaya öğrenmesi gerekiyor burda*"). Der zuvor rekonstruierte Aspekt des Auftretens und Sichtbar-Seins deutet sich hier erneut an („*gibt es leider Mädchen die immer noch nicht in der Klasse nach vorne gehen können (.) und ehm ein Seminar halten können*"). Dies wird hier erneut im Zusammenhang mit den Fremderwartungen der „Typen" und der Annahme dieser Erwartungen durch die Handlungsanpassung der „Mädchen" beschrieben („*immer diese Angst o sie schämt sich vor diesen andern Typen halt schrecklich weil die sonst was denken würden*", tr. „*çünkü hep o korku var yani...*"). Erneut positioniert sich die Studentin dieser Erwartungshaltung gegenüber kritisch („*das finde ich halt nicht so gut*"). Dadurch verweist TRAAF03 in den letzten zwei Sequenzen auf ihre Orientierung an geschlechterbezogenen Fremderwartungen, die sie im Modus der Kritik bearbeitet.

9.4.3 ... im Modus der (kontextbezogenen) Abwägung

Der Modus der kontextbezogenen Abwägung lässt sich beispielsweise im Interview mit TRAAF04 nachzeichnen. Die Studentin spricht im Laufe des Interviews über die Besonderheit der Fakultät mit Blick auf die Geschlechterbeziehungen und die damit zusammenhängende Entwicklung. Im Zuge des Erzählens bewegt sich die Betrachtung der Studentin auf außeruniversitäre Räume; thematisiert wird die Geschlechterstruktur bzw. -segregation im Kontext von Seminaren, die durch das Religionspräsidium organisiert werden. Die Sequenz ist ein Ausschnitt davon:

---

[81] Original:
TRAAF03: Kadın ve erkek (.) tamamen insani bi şekilde (.) birlikte yaşama- yaşamaya öğrenmesi gerekiyor burda (.) eh bunuda öğrendik biz kendi sınıfımızın açısısından diyorum bunu ama (.) eh diğer sınıflarda maalesef halen bi sınıf önüne çıkıp (.) bi eh seminer bile vermeye utanan kızlarımız var (.) benim oda arkadaşım misal bizim alt sınıfta // eh kız halen hiç bi şekilde s- yani seminer Referat mesela vermeyi istemiyor (.) çünkü hep o korku var yani o sie schämt sich vor diesen andern Typen halt schrecklich // und ehm das finde ich halt nicht so gut

TRAAF04: Wir UIP sind ja alle Schüler (.) ehm von Diyanet wir werden ja alle von denen unterstützt // da im *Wohnheim* (Im Original auf türkisch: „*yurt*") gibts zum Beispiel Seminare (.) die für jeden (.) wichtig sind (.) die Seminare werden eigentlich für alle Schüler organisiert (.) aber dauernd werden die getrennt (.) also Mädchen und Jungs // und dann sagen die dass wir das so annehmen sollen (.) aber da möchte man dass genau der gleiche (.) Prof oder genau der gleiche Hoca oder was (.) was auch immer sein Spezialgebiet ist (.) einmal für die Mädchen auftaucht (.) und einmal für die Jungs auftaucht (.) okay so Themen wie *fıkıh* kann ich das zum Beispiel verstehen (.) da haben wir sogar selber extra verlangt (.) dass wir eine weibliche Hoca haben (.) dass getrennt ist (.) weil da gehts um (.) *fıkıh* (.) da kann man dann ehm weil wir alle Frauen sind kann man dann auf ehm (.) Themen die Frauen insbesondere interessieren (.) detaillierter drauf eingehen (.) ohne irgendwie ehm (.) ja (.) drauf aufzupassen welche // Begriffe man benutzt und ja ansonsten kann es dann ja heißen ehm was hat die da gefragt weißt du (.) das kann ich verstehen (.) aber bei // so ganz normalen anderen Seminaren dann wurde das wird das immer und immer getrennt (.) aber wie gesagt es kommt halt drauf an (TRAAF04, 1474–1502)

Die Studentin konstruiert eine Wir-Gemeinschaft der Studierenden des internationalen Theologiestudiums und spricht aus diesem Kollektiv heraus („*wir UIP sind ja ...*"). Die kollektive Gruppe wird markiert als „*Schüler* [...] *von Diyanet*". Darin dokumentiert sich die Bedeutung des Präsidiums für die folgende Erzählung. Es deutet sich an, dass der Bezug zum Präsidium mit Blick auf das Stipendium und die für die Studierenden des internationalen Theologiestudiums zur Verfügung gestellten Wohngemeinschaften hergestellt wird („*von Diyanet wir werden ja alle von denen unterstützt*"). Zusätzlich dokumentiert sich darin trotz organisatorischer Trennung der Universität und des Präsidiums die Positionierung der Studierenden als Schüler*innen des Diyanet, die mit dem Schaffen von Rahmenbedingungen für das Studium in Zusammenhang

9.4 Orientierung an geschlechterbezogenen Fremderwartungen

steht. Somit wird eine bestimmte Verbundenheit geschaffen. Es lässt sich rekonstruieren, dass die Studentin der Geschlechtertrennung in den Seminaren „*im Wohnheim*" eine bestimmte Bedeutung beimisst; die Seminare sind an sich nicht nur „*wichtig*", sie scheinen sich durch diese Geschlechtertrennung zu charakterisieren („*aber dauernd werden die getrennt (.) also Mädchen und Jungs*"). Während dadurch eine Kontinuität konstruiert wird, dokumentiert sich auf der Ebene des *Wie* des Gesagten die kritische Einstellung der Studentin. „*Und dann sagen die*" verweist hier auf jene Anderen, die in diesem Kontext anscheinend eine bedeutende Rolle einnehmen. Diese Anderen scheinen eine bestimmte Entscheidungsfunktion innezuhaben und die Studierenden dazu anzuregen, diese Praxis der Geschlechtertrennung hin- bzw. anzunehmen („*und dann sagen die dass wir das so annehmen sollen*"). Dadurch lässt sich rekonstruieren, dass es sich hierbei um die geschlechterbezogene Fremderwartung handelt, an der sich die Studentin orientiert.

Sie zweifelt den Sinn und die Praktikabilität einer solchen Praxis an („*da möchte man dass genau der gleiche (.) Prof [...] einmal für die Mädchen auftaucht (.) und einmal für die Jungs auftaucht*"). Daran anschließend wird die Kritik der Praktikabilität einer solchen Geschlechtertrennung für Themenschwerpunkte im Bereich der islamischen Rechtswissenschaft („*fıkıh*") („*okay so Themen wie fıkıh kann ich das zum Beispiel verstehen*") eingeschränkt.

> **Kontextwissen:**
> „*Fıkıh*" aus dem Türkischen und „*fiqh*" im Arabischen lässt sich übersetzen als „islamisches Recht" (Khoury et al., 2001, S. 99) oder „islamische Rechtswissenschaft" bzw. „islamische Jurisprudenz" (Heinzmann, 2013, S. 794).

Die Verortung der Kritik der Geschlechtertrennung auf bestimmte Bereiche und die Befürwortung für andere Bereiche deutet auf den Modus der kontextbezogenen Abwägung, in dem diese Orientierung an geschlechterbezogenen Fremderwartungen bearbeitet wird. Begründet wird diese Ausnahme mit dem Wunsch der Studentinnen („*da haben wir sogar selber extra verlangt (.) dass wir eine weibliche Hoca haben (.) dass getrennt ist*"). Darin dokumentiert sich die Konstruktion eines geschützten Bereichs, der durch eine „*weibliche Hoca*" scheinbar zusätzlich gewährleistet wird. Zurückgeführt wird diese Ausnahme zudem auf den Inhalt des im Rahmen der „Islamischen Rechtswissenschaft" zu Behandelnden („*weil da gehts um (.) fıkıh*"). Die für die Frauen als „*interessant*" markierten „*Themen*" scheinen in geschlechtergemischten Gruppen nicht gleichermaßen bearbeitet bzw. behandelt werden zu können („*kann man dann auf*

ehm (.) Themen die Frauen insbesondere interessieren (.) detaillierter drauf eingehen (.) ohne irgendwie [...] drauf aufzupassen welche Begriffe man benutzt").
Darin dokumentiert sich die implizite Normenvorstellung in der Kommunikation mit Andersgeschlechtlichen und die Konstruktion einer imaginären Grenze, die von dieser Vorstellung geleitet wird. An dieser Stelle der Sequenz lässt sich erneut die Orientierung an der geschlechterbezogenen Fremderwartung rekonstruieren, denn die Studentin beschreibt die im Falle einer geschlechtergemischten Gruppenkonstellation vorhandene Erwartungshaltung (*„ja ansonsten kann es dann ja heißen ehm was hat die da gefragt"*). Gleichzeitig werden dadurch Sagbarkeitsgrenzen konstruiert, die für die Wahrnehmung in einer solchen Gruppenkonstellation vorhanden wären. Diese Sagbarkeitsgrenzen scheinen sich in geschlechtersegregierten Räumen aufzuheben. Zudem lässt sich deuten, dass durch das Verhältnis von (Un-)Sagbarkeiten im Zusammenhang mit Geschlechterzuschreibungen Schamgefühle impliziert werden. Dieses Abwägen der Räume für die Befürwortung der Geschlechtersegregation vor dem Hintergrund der Erwartungshaltungen (*„das kann ich verstehen [...] aber bei so ganz normalen anderen Seminaren [...] aber wie gesagt es kommt halt drauf an"*) verweist somit auf die Orientierung an geschlechterbezogenen Fremderwartungen, die im Modus der kontextbezogenen Abwägung bearbeitet wird.

In der komparativen Analyse zeigte sich die Homologie auch in dem Interview mit TRKAF02. Die Studentin aus Konya thematisiert zuvor die Veränderung ihrer Kleidung, die mit dem Bildungsaufenthalt an der dortigen theologischen Fakultät einherging. In folgender Sequenz geht sie erneut auf das Thema der Kleidung ein und spricht über ihre Erfahrungen mit dem Rektor der Fakultät:

TRKAF02: Der Rektor hier an der Fakultät kommt zu mir und wenn der Unterricht bei uns macht der Dekan ger der gibt hier auch Unterricht // immer immer muss er *sticheln* (Hier im Original auf Türkisch: *„laf sokmak"*) immer wenn ich dabei bin ich kenn ihn auch persönlich ja

KAR: Ja

TRKAF02: Also von meinem Vater aus kenn ich ihn und als er zum ersten Mal als er zum ersten Mal mich so mit Burka sah

9.4 Orientierung an geschlechterbezogenen Fremderwartungen

der war Schock ja der will sowas nich der mag das nich wenn Frauen Burka anziehen der wollte mich davon abhalten was weiß ich was aber es hat mich nich ehm *der Mann grüßt mich nicht mal* (Hier im Original auf Türkisch: *"çünkü selam bile vermiyo adam bana"*) ehm Dings der sagt immer immer wenn ich im Unterricht sitze dann sagt er *das ist nicht* (Hier im Original auf Türkisch: *"muti değil"*) muti immer *das ist nicht* muti (.) muti ("Muti" ist ein türkischer Begriff und wird hier von der Studentin als "mittig sein" übersetzt.) heißt ja mittig sein // also nich viel nich zu wenig einfach Mitte und für ihn ist das zu viel // he deswegen sagt er jeden Unterricht irgendwie ich weiß nich auch wenn er sagt irgendein anderes Thema ist der findet da immer also der sagt immer *das ist nicht* muti verstehst du

KAR: Hmm *ja* (Hier im Original auf Türkisch: *"evet"*)

TRKAF02: *Immer wenn ich da bin* (Hier im Original auf Türkisch: *"hep ben olunca"*) und das ist echt so dann denk ich mir guck das ist an der Uni lass doch die Menschen guck ma wenn die mir sagen würden du darfst das nicht es ist verboten dann würd ichs verstehen ja also wenn der mir vom *Bildungsministerium* (Hier im Original auf Türkisch: *"milli eğitim bakanlığından"*) Zettel bringt wo steht das darf man nicht oke oke dann mach ichs nicht oke für mich ist kein Problem weil ich tu nich sagen oah ich muss wenn du mich fragst ich würds nicht mehr machen aber es war ich habs ma gemacht ich werds nicht beenden ja // *also ich habs jetzt gemacht ich werde es auch weiterhin machen aber* wenn *der Mann* (Hier im Original auf Türkisch: *"hani bir kere taktım devam takarım yani ama adam"*) wenn er mir vom *Bildungsministerium* ein Zettel bringt wo steht das darfst du nicht dann mach ichs nich // aber es gibt nich so ein Verbot dann lass mich doch einfach machen wir sind doch

hier an einer Uni hier gibt es doch nich du musst das anziehen
du musst das tragen oder nicht und das regt mich auch auf (.)
das mag ich nicht (.) ansonsten kommts drauf an
(TRKAF02, 1356-1395)

TRKAF02 verortet die Erzählung an der theologischen Fakultät (konkreter sogar im „Unterricht") und markiert in diesem Zusammenhang die Rolle des „Rektors" bzw. des „Dekans". „Immer immer muss er stichelnʺ (im Original „immer immer muss er laf sokmak") deutet dabei auf die Konstruktion einer Regel und eines spezifischen Verhältnisses zwischen TRKAF02 und dem Rektor. Dieses besondere Verhältnis dokumentiert sich auch in der daran anschließenden Beschreibung auf kommunikativer Ebene („ich kenn ihn auch persönlich ja [...] also von meinem Vater aus kenn ich ihn"). Diese vorherige Bekanntschaft scheint eine Rolle für die Wahrnehmung des Rektors zu spielen („als er zum ersten Mal mich so mit Burka sah der war Schock"). Während dadurch das Burka-Tragen als besonders markiert wird, dokumentiert sich darin der Verweis auf eine geschlechterbezogene Fremderwartung („ja der will sowas nich der mag das nich wenn Frauen Burka anziehen"). Diese Fremderwartung bezieht sich nicht allein auf die subjektive Bewertung bzw. das persönliche Empfinden des Rektors; es geht darüber hinaus um die Intervention in die Handlungspraxis der Studentin („der wollte mich davon abhalten"). Dieser Interventionsversuch des Rektors misslingt in den Augen der Studentin („aber es hat mich nich"); allerdings scheint das Thema die Studentin über eine längere Zeit zu verfolgen und eine Regelmäßigkeit angenommen zu haben („der sagt immer immer wenn ich im Unterricht sitze dann sagt er [...]"). Die Bewertung des Rektors in dem Sinne, dass das Burka-Tragen nichts ist, was „mittig" (im Original auf Türkisch „muti") ist, rekurriert auf eine bestehende normative Vorstellung über das Maß an Bedeckung und die Bewertung unterschiedlicher Bedeckungsformen als „zu viel" und „zu wenig". Die Studentin scheint sich an diesen mehrfachen (und regelmäßigen) Interventionen zu stören („immer wenn ich da bin und das ist echt so dann denk ich mir guck das ist an der Uni lass doch die Menschen"). In der Formulierung „lass doch die Menschen" dokumentiert sich zunächst der Wunsch nach Selbstbestimmung und Freiheit.

Einleitend mit der Formulierung „guck ma" wird dieser Wunsch eingeschränkt. Die Studentin konstruiert formale Regelungen („wenn die mir sagen würden du darfst das nicht es ist verboten") und Vorgaben („wenn der mir vom Bildungsministerium Zettel bringt wo steht das darf man nicht") als Ausnahmesituation, der es sich anzupassen gilt und in deren Fall der Intervention in die Bedeckungsform Verständnis entgegengebracht würde („dann würd ichs verstehen ja [...] oke oke dann mach ichs nicht oke für mich ist kein Problem"). Sichtbar wird also die

9.4 Orientierung an geschlechterbezogenen Fremderwartungen

Orientierung an geschlechterbezogenen Fremderwartungen, die hier qua Bezugsperson bzw. -institution differenziert beurteilt wird. Somit wird die Orientierung an geschlechterbezogenen Fremderwartungen im Modus der kontextbezogenen Abwägung bearbeitet.

Obwohl die Studentin auf keine Fixiert- und Starrheit in ihrer Handlungspraxis des Burka-Tragens verweist („*weil ich tu nich sagen oah ich muss wenn du mich fragst ich würds nicht mehr machen aber* […]"), wird die geschlechterbezogene Fremderwartung im Falle einer Vorschrift angenommen („*wenn er mir vom Bildungsministerium ein Zettel bringt wo steht das darfst du nicht dann mach ichs nich*"), nicht jedoch im Falle einer persönlichen Beurteilung eines Dritten („*aber es gibt nich so ein Verbot dann lass mich doch einfach machen*"). Mit einem emotionalen Bezug auf diese Thematik („*das regt mich auch auf (.) das mag ich nicht*") wird erneut auf den Modus der kontextbezogenen Abwägung rekurriert, der sich auch in der letzten Formulierung der Sequenz („*ansonsten kommts drauf an*") dokumentiert.

Teil V
Zusammenfassende Betrachtungen

Zusammenfassung und Abstraktion der empirischen Befunde 10

Die vorliegende Studie verfolgt die Forschungsfrage, welche kollektiven Orientierungen und Modi der Bearbeitung Imaminnen und Studentinnen im Kontext von DITIB-Gemeinden in ihren Geschlechterkonstruktionen aufweisen. Die Datenerhebung umfasst 14 narrativ-leitfadengestützte Interviews (sechs Imaminnen in Hessen und acht Studentinnen an den theologischen Fakultäten in Ankara und in Konya). Mit der dokumentarischen Auswertungsmethode konnten die kollektiven Orientierungen und Modi der Bearbeitung anhand einer komparativen Analyse herausgearbeitet werden. Im folgenden Teil werden die empirischen Befunde zusammenfassend beschrieben (10.1.). Anschließend erfolgt eine Abstraktion der Ergebnisse: Auf der ersten Abstraktionsebene werden die konjunktiven Erfahrungsräume, die sich in den kollektiven Orientierungen zeigen, dargestellt (10.2.). Die zweite Abstraktionsebene stellt dar, inwiefern die konjunktiven Erfahrungsräume als transnationale konjunktive Erfahrungsräume gefasst werden können (10.3.). Der dritte Abstraktionsschritt zeigt auf, wie ein transnationaler Bildungsraum der Imaminnen und Studentinnen entsteht und wie dieser als ihr Möglichkeitsraum gesehen werden kann (10.4.). Der letzte Abstraktionsschritt bearbeitet schließlich die Frage, wie sich folglich das Doing Gender mit Blick auf die Ergebnisse im transnationalen Bildungsraum gestaltet und wie auf dieser Grundlage Gender als interdependente Kategorie gefasst werden kann (10.5.).

10.1 Zusammenfassende Darstellung der kollektiven Orientierungen und Modi der Bearbeitung

Im Sinne der dokumentarischen Interpretation wurde es möglich, aus den Geschlechterkonstruktionen der Interviewten heraus ihr atheoretisches und konjunktives Wissen zu rekonstruieren. Insbesondere narrative Erzählungen haben dieses Wissen hervorgebracht (Nohl, 2017, S. 22). Es konnte nachgezeichnet werden, welche leitenden Aspekte sich in den Geschlechterkonstruktionen der Imaminnen verbergen, vor allem, woran sie sich in der Konstruktion orientieren und in welchen Modi sie diese Orientierungen bearbeiten. Diese Orientierungen und Modi verweisen gleichzeitig darauf, was für ihre Praktiken handlungsleitend und strukturierend ist. Sie sind zugleich das Resultat der sinngenetischen Typenbildung.[1] Eine soziogenetische Typenbildung konnte – wie im Methodenkapitel dargestellt – nicht gefunden werden. Türkische bereits tätige Imaminnen und deutsch-türkische angehende Imaminnen lassen sich nicht in bestimmte Orientierungen einordnen bzw. aus bestimmten Orientierungen ausschließen. Milieuspezifische, gemeinde- oder fakultätsspezifische Merkmale sind nicht zu finden. Die Orientierungen und Modi lassen sich wie folgt zusammenfassen (siehe Tabelle 10.1).

Tab. 10.1 Ergebnisse im Überblick

Kollektive Orientierungen und Modi der Bearbeitung in den Geschlechterkonstruktionen			
1. Orientierung an räumlicher Differenzerfahrung	**2. Orientierung an religiösen Glaubensinhalten**	**3. Orientierung an Organisationsstrukturen**	**4. Orientierung an geschlechterbezogenen Fremderwartungen**
…im Modus der (situationsbezogenen) Adaption	…im Modus der Hingabe	…im Modus der Beibehaltung	…im Modus der Annahme
…im Modus der (habituellen) Transformation	…im Modus der Verifizierung	…im Modus der Reproduktion traditioneller Geschlechterrollen	…im Modus der Kritik
…im Modus der kontrastierenden Gegenüberstellung	…im Modus der Ablehnung	…im Modus der Relativierung von Entwicklungen	…im Modus der (kontextbezogenen) Abwägung
	…im Modus der Falsifizierung	…im Modus der kritischen Balancierung	
	…im Modus der Einschränkung	…im Modus der Kritik und Hervorhebung des Menschseins	
	…im Modus des Hinterfragens	…im Modus der Selbstermächtigung	

---

[1] Näheres zur Typenbildung im Methodenkapitel (Teil III) dieser Studie.

10.1 Zusammenfassende Darstellung der kollektiven ...

1. **Orientierung an räumlicher Differenzerfahrung**
Die Interviews legen die räumliche Differenzerfahrung in den Geschlechterkonstruktionen als leitende und strukturierende Orientierung offen, und zwar unabhängig davon, ob die Fragestellungen der Interviewerin geographisch-räumliche oder architektonisch-räumliche Aspekte adressieren. Der Rückgriff auf das Erfahrungswissen, das die Interviewten in unterschiedlichen physikalischen Räumen platzieren (beispielsweise Türkei-Deutschland, Gemeinde in Stadt A und B, theologische Fakultät in Stadt A und B), zeigt die Wirkmächtigkeit dieser Art von Differenzerfahrung für die Geschlechterkonstruktionen. In solchen Erzählungen, Beschreibungen und Argumentationen werden fortlaufend Differenzen markiert, indem die Interviewten ihre Praktiken aus unterschiedlichen Räumen zueinander ins Verhältnis setzen. Sie ziehen Erfahrungen aus *anderen* Räumen heran, um ihre Wahrnehmungen und Handlungspraktiken in den „*neuen*" bzw. „*hiesigen*" Räumen beschreibbar zu machen. Die Differenzerfahrungen werden oft durch einen Ortswechsel – migrationsbedingt oder aufgrund des Wechsels einer Moschee oder Fakultät – ausgelöst: Für türkische Imaminnen, die in unterschiedlichen Moscheen in Hessen tätig sind, sind die Erfahrungen aus der Türkei auch für ihre Berufspraxis in Deutschland leitend. Um ihre hiesigen Erfahrungen detaillieren zu können, ziehen sie ihre Erfahrungen aus anderen Räumen heran und setzen sie ins Verhältnis. Sobald die Interviewten in ihren Geschlechterkonstruktionen von den wahrgenommenen Unterschieden der theologischen Fakultäten oder Moscheen erzählen und diese Beschreibungen anhand von Ereignissen exemplifizieren, konstruieren sie räumliche Differenzen. Vor dem Hintergrund solcher Differenzerfahrungen ordnen sie bestimmte Phänomene und Alltagspraktiken ein. Dass diese räumlichen Differenzerfahrungen ihre Alltagspraktiken leiten und strukturieren, zeigt sich insbesondere in den rekonstruierten Modi der Bearbeitung:

- Der *Modus der ortsbezogenen Adaptation* zeigt sich in den Erzählungen, in denen die Interviewten die räumlichen Differenzerfahrungen in Form von orts- oder kontextbezogenen Anpassungen ihrer Handlungspraktiken bearbeiten. In diesem Modus markieren sie die Bedeutung der (gesellschaftlichen und gemeinde- oder fakultätsinternen) Rahmenbedingungen und Strukturen oder kulturellen Sensibilitäten, denen es sich der Produktivität und Praktikabilität halber anzupassen gilt. Um Irritationen und Spannungen zu vermeiden, werden so zum Beispiel Kleidungsstile oder geschlechterbezogene Praktiken und Umgangsformen im (Berufs-) Alltag angepasst. Gewohnte geschlechtergetrennte oder -gemischte Praktiken stoßen durch die räumliche Differenzerfahrung auf Irritationen, allerdings verfolgen sie für andere Bildungsziele das Gewohnte nicht und passen sich den Gegebenheiten des Ankunftsortes an. In diesem Zusammenhang lässt sich gleichzeitig rekonstruieren, dass sie mit einem erneuten Ortswechsel die ursprünglich gewohnte Praxis wieder beibehalten möchten, wodurch sie in diesem Modus vor allem auf eine Anpassung im Sinne einer zeitlichen Begrenzung rekurrieren, die sie auf örtliche Besonderheiten zurückführen.

- Im *Modus der Transformation* verweisen die Interviewten hingegen auf eine Veränderung ihrer Handlungspraktiken in Form von Habitualisierungen. Die räumlichen Differenzerfahrungen bearbeiten sie in diesem Fall nicht mehr in Form einer zeitlich oder örtlich begrenzten Anpassung. Vielmehr deuten sie auf einen Wandel, der durch die räumliche Differenzerfahrung ausgelöst wird. Die Interviewten schreiben vor allem ihrer Migration und den damit verbundenen Erfahrungen eine Bedeutung für die Veränderung ihrer Handlungspraktiken zu. Demnach führen die Erfahrungen im „neuen" Raum zu einer Verinnerlichung veränderter Handlungspraktiken. Insbesondere zeigt sich die (handlungs-)leitende Dimension von Strukturen und Rahmenbedingungen des Ankunftsortes (Nationalstaat, Moschee oder Fakultät), die sich durch den vergleichenden Blick auf unterschiedliche Räume herauskristallisiert. Der Modus der Transformation zeigt sich beispielsweise in den Interviews mit deutsch-türkischen Studentinnen, die ihre Bildungsmigration (für das Studium in der Türkei) und die Auswirkungen auf ihre Perspektiven und Deutungen von Geschlecht und geschlechterbezogener Praxis beschreiben. Die Veränderungen werden zu Transformationen, da sie als etwas Fortlaufendes, Verinnerlichtes, Habitualisiertes; als etwas Verhaltenseigenes und zur Gewohnheit Gewordenes markiert werden. Zum Zeitpunkt des Interviews wird die neue Handlungspraxis als das „Richtige" beschrieben, die es auch bei einem erneuten Ortwechsel beizubehalten gilt. Somit schildern sie ihre Veränderungen im Modus der Transformation nicht als etwas Temporäres und örtlich Gebundenes.

- Der *Modus der kontrastierenden Gegenüberstellung* zeichnet sich durch das Konträrsetzen der Erfahrungen und die räumliche Grenzziehung aus. Das Bewusstsein über die Unterschiede und die damit verbundenen Herausforderungen zeigt sich hier als das (Handlungs-)Strukturierende. Das Erfahrungswissen über die Geschlechterverhältnisse und -strukturen in den unterschiedlichen Räumen wird wie in den anderen Modi der Bearbeitung nicht nur verglichen, sondern so kontrastiert, dass die Divergenzen bedeutsam werden. In diesem Modus beschreiben die Interviewten ihre persönlichen Entwicklungsprozesse und führen sie auf die räumlichen

Differenzerfahrungen zurück, die keine Ähnlichkeiten oder Schnittstellen aufweisen. Diese Differenzen bzw. Kontraste führen zu einer klaren Einordnung des Neuen, die ihre Gedanken und Handlungen sortiert. Die Interviewten stellen dar, dass ohne diese Klarheit über die Kontraste ein (Berufs-)Alltag in dem Ankunftsland erschwert wäre. In solchen Erzählungen, die den Modus der kontrastierenden Gegenüberstellung rekonstruieren lassen, zeichnen die Interviewten spezifischerweise einen Orientierungsprozess in ihrer Berufs- bzw. Bildungsmigration nach.

2. **Orientierung an religiösen Glaubensinhalten**
Kommen geschlechterbezogene Aspekte zur Geltung, so zeigt sich in den Erzählungen die Wirkmächtigkeit der Kategorie Religion für die Handlungspraxis und -orientierung der Interviewten. Religiöse Glaubensinhalte umfassen hier Inhalte und Glaubenssätze, die die Interviewten aus als islamisch benannten Quellen (wie dem Koran, Hadithsammlungen oder anderen Lehrbüchern) heranziehen. Die in den Erzählungen herangezogenen religiösen Glaubensinhalte beinhalten zum Teil direkte Bezüge auf Geschlecht(ervorstellungen); es werden allerdings auch solche aufgegriffen, die zunächst auf der inhaltlichen Ebene keine Geschlechterthematisierung aufweisen. Solche Glaubensinhalte und Narrative nutzen die Interviewten, um ihre Überlegungen und Deutungen von Geschlechtervorstellungen zu festigen und religiös zu untermauern. Räume und Diskurse, die somit zunächst nicht „religiös" markiert sind oder im Zusammenhang mit Religion zu stehen scheinen, werden durch ihre Orientierung an religiösen Glaubensinhalten zu religiösen Räumen gemacht. Die unterschiedlichen Modi der Bearbeitung zeigen differenziert, wie die Interviewten die Orientierung an religiösen Glaubensinhalten bearbeiten:

- Im *Modus der Verifizierung* orientieren sich die Interviewten an religiösen Glaubensinhalten, um ihre Erzählungen und Handlungspraktiken zu bekräftigen bzw. bestätigen. Religiöse Glaubensinhalte werden so zu einer argumentativen Grundlage für die eigenen Handlungspraktiken und religiösen Positionierungen. Dieser Modus zeigt sich nicht nur in den Interviews mit Imaminnen, die über „die Rechte der Frau im Islam" sprechen oder religiöse Handlungsfelder wie das Predigen thematisieren, in denen Religion dem Thema zugrunde liegt. Die Kategorie Religion ist auch dann wirkmächtig, wenn zunächst über religionsunabhängige Aspekte gesprochen wird: Die Interviewten konstruieren Geschlecht durch die Thematisierungen wie „die Verantwortung des Mannes", ziehen für ihre Geschlechtervorstellungen religiöse Glaubensinhalte heran und verifizieren so ihre Überlegungen.

- Im *Modus der Hingabe* orientieren sich die Interviewten an religiösen Glaubensinhalten und hinterfragen so bestimmte Handlungspraktiken und Geschlechterstrukturen nicht. Mit dem Verweis auf religiöse Glaubensinhalte lehnen sie eine hinterfragende Herangehensweise ab. Dies zeigt sich beispielsweise dann, wenn die Interviewten bestimmte Strukturen ihrer Moscheen oder Fakultäten annehmen und dies auf der Grundlage religiöser Glaubenssätze tun. Die Konstruktionen von Geschlecht und Geschlechterverhältnissen sind in diesem Modus geleitet von den entsprechenden Glaubensinhalten, die für die Interviewten nicht verhandelbar sind.

- Der *Modus der Ablehnung* stellt sich in der komparativen Analyse insbesondere in den Interviewsequenzen heraus, in denen Veränderungsvorschläge mit Blick auf die Handlungsfelder von Imaminnen ausgehandelt werden. Mit dem Aufgreifen religiöser Glaubensinhalte werden Diskurse beispielsweise über die Verschiebung von geschlechtergetrennten hin zu geschlechtergemischten Praktiken in Moscheen abgelehnt. Dieser Modus zeigt sich beispielsweise in Reaktionen auf die Möglichkeit, das Handlungsfeld des Predigens der Imaminnen zu verschieben und anstatt der Beschränkung auf eine geschlechtergetrennte Zuhörer*innenschaft auf eine geschlechtergemischte Gruppe auszuweiten. Indem die Interviewten solche Diskurse über geforderte Veränderungen in Moscheen aufgreifen, orientieren sie sich in ihren Positionierungen und Erzählungen an religiösen Glaubensinhalten, grenzen sich im Modus der Ablehnung von Veränderungsbestrebungen ab, plädieren dadurch für das Beibehalten der bisherigen Geschlechterpraktiken und reproduzieren so bestehende Geschlechterbilder.

- Im *Modus der Falsifizierung* werden hingegen nicht die Veränderungs*bestrebungen*, sondern die *bestehenden* Strukturen und normativen Vorstellungen als „falsch" und „nicht gültig" eingestuft. In den Erzählungen greifen die Interviewten institutionell verankerte Geschlechterstrukturen, kulturell etablierte Geschlechterrollen oder religiös markierte Geschlechterbilder auf und erklären sie in der Orientierung an religiösen Glaubensinhalten als „falsch". Sie gehen dabei auf bestimmte Kleidervorschriften oder gesellschaftliche Erwartungshaltungen ein, die sich an „Frauen" richten, und erklären in Anlehnung an religiöse Glaubensinhalte die Nicht-Gültigkeit solcher Deutungen. Sie greifen in diesem Modus der Falsifizierung aber auch gesellschaftliche Deutungen von Geschlechterpraktiken auf, die beispielsweise geschlechtergetrennte Praktiken in Moscheen als einengend einstufen. Zusätzlich zeigt sich in diesem Modus der Falsifizierung, dass auch geschlechterbezogene religiöse Narrative mit dem Verweis auf andere religiöse Glaubensinhalte ausgehandelt und auf deren Basis als nicht gültig erklärt werden können.

- Der *Modus des Einschränkens* zeigt sich in den Erzählungen, die weder einen klaren ablehnenden noch einen befürwortenden Modus rekonstruieren lassen. Indem diese Grenzziehung nicht sichtbar ist und religiöse Praktiken oder Glaubenssätze für bestimmte Kontexte *gültig* und für andere wiederum *ungültig* gemacht und hierfür religiöse Glaubensinhalte herangezogen werden, zeigt sich die Orientierung an religiösen Glaubensinhalten *im Modus des Einschränkens*. Bestimmte Veränderungen hinsichtlich der Geschlechterpraktiken in Moscheen zu vollziehen, stufen die Interviewten für bestimmte Kontexte als geeignet und für andere wiederum als nicht geeignet ein. Gemessen wird die Realisierbarkeit an gesellschaftlichen und gemeindeinternen Rahmenbedingungen. Für die Darstellung der Konformität einer solchen kontext- und situationsabhängigen Herangehensweise mit dem religiösen Glauben orientieren sie sich erneut an religiösen Glaubensinhalten und bearbeiten sie im Modus des Einschränkens.
- Die komparative Analyse zeichnet zusätzlich den *Modus des Hinterfragens* nach. Dieser grenzt sich von den anderen Modi der Bearbeitung ab, da bestimmte Praktiken und Deutungen nicht angenommen oder abgelehnt werden, sondern in einem Modus des Hinterfragens unbeantwortet bleiben. Die Interviewten plädieren hier für eine Überprüfung der religiösen Glaubensinhalte. In diesem Modus stehen insbesondere religiöse Narrative im Vordergrund, die ein klares Frauenbild konstruieren und von den Interviewten nicht eindeutig befürwortet oder abgelehnt werden. Eine Sequenz, die zunächst als Modus der Ablehnung erscheint, entwickelt sich bis zur thematischen Konklusion mit einer Unsicherheit der Deutung zu einem Modus des Hinterfragens.

3. Orientierung an Organisationsstrukturen

Als weitere kollektive Orientierung resultiert aus der komparativen Analyse die Orientierung an Organisationsstrukturen; die Strukturen des Religionspräsidiums, der theologischen Fakultäten und der Moscheen, die die Interviewten heranziehen, werden hier zu wichtigen Ankerpunkten in den Geschlechterkonstruktionen. Die relevanten Bezugspunkte in dieser kollektiven Orientierung sind nicht nur die Makrostrukturen der Organisationen (beispielsweise das Entsendeverfahren, vorgeschriebene Tätigkeitsfelder, Inhalte in der religiösen Vermittlung oder Normen mit Blick auf das Geschlechterarrangement in den Organisationsräumen) – auch auf der Mesoebene, als Schnittstelle der Makroebene *und* Mikroebene der Subjekte, zeigt sich, wie die Frauen die herangezogenen Strukturen verhandeln und einordnen. Die Weise, in der ihre

Moschee mit ihren Tätigkeitsfeldern organisiert ist oder etwa wie die Handlungsfelder zwischen Imamen und Imaminnen geregelt sind, wie das Religionspräsidium das Entsendungsverfahren koordiniert und die Bediensteten auf den Dienst vorbereitet oder wie die Seminare an den theologischen Fakultäten als Geschlechterräume strukturiert sind, zählen zu den Beispielen, in denen die Interviewten in der Orientierung an Geschlechterstrukturen ihre Geschlechterkonstruktionen vollziehen. Die Rekonstruktionen zeigen auf, inwiefern die Organisationsstrukturen die (geschlechterbezogenen) Handlungen der Frauen und ihr Denken leiten bzw. strukturieren. In dieser Orientierung konnten sechs Modi der Bearbeitung nachgezeichnet werden:

- Im *Modus der Beibehaltung* befürworten die Interviewten die Geschlechterstrukturen ihrer Moschee, der theologischen Fakultät oder des Religionspräsidiums. Die damit zusammenhängenden Geschlechterrollen rahmen sie positiv. In dieser Orientierung plädieren sie für das weitere Bestehen der Praktiken und Strukturen dieser Räume. Beispielhaft ist hierfür die Praxis der Predigt als Handlungsfeld der Imaminnen, für die die Interviewten die fortlaufende Beibehaltung der Geschlechtertrennung gutheißen. In diesem Kontext befürworten Imaminnen die geschlechtergetrennten Organisationen von Seminaren vonseiten des Präsidiums. Indem die Interviewten an den geschlechtergetrennten Praktiken festhalten, beschreiben sie die Produktivität des Lernens, die durch eine solche getrennte Praxis eher erreicht werden könne. Sie konstruieren damit Geschlechterräume bzw. Frauen- und Männerräume als einen geschützten Raum. Die Interviewten beschreiben in diesem Kontext eine Sphäre des Sagbaren, die durch den geschützten Frauenraum gegeben sei. Selbst in der Kritik an der Herangehensweise an bestimmte geschlechterbezogene Inhalte in den Männerräumen durchbrechen die Imaminnen nicht die Geschlechtertrennung und halten an dieser fest.

- Während in allen Orientierungen und Modi Geschlechterstereotype greifen, verweist der *Modus der Reproduktion traditioneller Geschlechterrollen* verstärkt auf konkrete traditionelle Rollenzuschreibungen: Mit einer positiven Rahmung der Organisationsstrukturen formulieren die Interviewten klare Vorstellungen darüber, wie „Mannsein" und „Frausein" zu verstehen und welche Rollen ihnen zuzuschreiben sind. Eine zentrale These lautet: Während der Mann sich der Verantwortung der Familie gegenüber bewusst sein muss, wirkt die Frau als Lehrende, die für die Erziehung der Kinder zuständig ist. Die Frau wird in diesem Zusammenhang als nicht belastbares Wesen beschrieben, das der Mann zu schützen habe. In den Erzählungen lässt sich rekonstruieren, dass die Geschlechterrollen durch die bestehenden

10.1 Zusammenfassende Darstellung der kollektiven ...

Geschlechterstrukturen geschützt sind. Diese sind nämlich so organisiert, dass die Rollen darin Platz finden. Folglich bearbeiten sie die Orientierung an den Geschlechterstrukturen im Modus der Reproduktion traditioneller Geschlechterrollen.

- Im *Modus der Relativierung von Entwicklungen* orientieren sich die Interviewten an den Organisationsstrukturen ihrer Moscheegemeinden oder des Präsidiums, hinterfragen aber auch die tatsächliche Wirkung der Entwicklungen. Jegliche Veränderungen von Geschlechterrepräsentationen, die gesellschaftlich primär positiv gerahmt würden, greifen sie auf, stellen sie infrage und schwächen ihre Bedeutung *im Modus der Relativierung* ab. Dabei hinterfragen sie, inwiefern solche Veränderungsformen einen positiven Beitrag für die Religiosität der Menschen bzw. für die Gemeinde leisten. Solche Erzählungen beziehen sich nicht nur auf die gemeindeinterne Repräsentation von Frauen, sondern auch auf den Berufsalltag. Es lässt sich festhalten, dass solche Entwicklungen weder uneingeschränkt abgelehnt noch befürwortet werden. Der Modus der Relativierung von Entwicklungen schwächt die zugeschriebene Bedeutsamkeit von Veränderungen lediglich ab.
- Während die ersten zwei rekonstruierten Modi (Modus der Beibehaltung und Modus der Reproduktion traditioneller Geschlechterrollen) einen positiven Bezug zu den Organisationsstrukturen herstellen und letzterer Modus (Modus der Relativierung von Entwicklungen) keine Veränderungswünsche beinhaltet, deutet der *Modus der kritischen Balancierung* auf eine Kritik der Geschlechterdysbalance, die sich in den Organisationsräumen zeige. Durch das Aufgreifen der Geschlechterstrukturen der Institutionen und der gesellschaftlichen Sichtbarkeit und Rolle von Frauen markieren die Interviewten ein Ungleichgewicht, das zwischen den (binär codierten) Geschlechtern bestehe. Mit ihren Erzählungen und skizzierten Idealvorstellungen deuten sie auf die Notwendigkeit des Ausbalancierens für eine Gleichberechtigung der Geschlechter. Der Modus der kritischen Balancierung zeigt sich in den Erzählungen über die Bedeutung der Präsenz von Imaminnen oder die Repräsentanz von Frauen im Vorstand der Moscheegemeinde oder des Religionspräsidiums. Mit Blick auf das Religionspräsidium kritisierten die Interviewten neben dem Ungleichverhältnis der Entsendung von weiblichen und männlichen Bediensteten auch die Geschlechterdysbalance in der Vorbereitungsphase für den Auslandsdienst der Religionsbeauftragten. Ihre Orientierung an den Geschlechterstrukturen bearbeiten sie so im Modus der kritischen Balancierung.

- Im *Modus der Kritik und der Hervorhebung des Menschseins* stellen die Interviewten ebenfalls einen kritischen Bezug zu den Geschlechterstrukturen der Organisationen her. Dabei distanzieren sie sich von der Bedeutung einer Geschlechterdifferenzierung und betonen das *Menschsein* jenseits bestimmter Geschlechterzugehörigkeiten als das Relevante. In bestimmten Erzählungen verweisen sie auf die Notwendigkeit der Dethematisierung von Geschlechterzugehörigkeiten. So werden mit dem Rückgriff auf religionsgeschichtliche Ereignisse exemplarische Geschlechterverhältnisse skizziert, in denen Geschlecht keine Rolle gespielt zu haben scheint. Die Erwartungen von geschlechterbezogenen Habitusformen lehnen die Interviewten in diesem Modus kritisch ab.
- In der Orientierung an Geschlechterstrukturen im *Modus der Selbstermächtigung* blicken die Interviewten erneut kritisch auf die vorhandenen institutionellen Strukturen, markieren eine Geschlechterdysbalance und wirken dieser selbstempowernd bzw. -ermächtigend entgegen. Hier werden bestimmte persönliche Handlungsstrategien formuliert, die mit Veränderungswünschen einhergehen. Dieser Modus zeigt sich beispielsweise in Beschreibungen über eine Geschlechterdysbalance, die die Studierenden an den theologischen Fakultäten erfahren. Ihre Erzählungen zeichnen sich dadurch aus, dass sie sich in bestimmten Situationen in den Organisationsräumen sprachlich zur Wehr setzen und Strategien entwickeln, um ein Zeichen zu setzen. Beispielhaft sind hier Beschreibungen von Studentinnen hinsichtlich des positiven Einflusses der entwickelten Handlungsstrategien auf das Geschlechterverhältnis in den Seminaren an den Fakultäten. Auf der anderen Seite beschreiben Imaminnen „Geschlechterungerechtigkeiten", die sie in ihren Moscheen beobachten. Auch hier werden in der Orientierung an den Geschlechterstrukturen Handlungsstrategien und die Verbesserungsnotwendigkeit formuliert, um Ungleichheit zu beseitigen. Darüber hinaus zeigen die Rekonstruktionen eine Machtübernahme über die Deutungshoheit von religiösen Glaubensinhalten und Praktiken.

4. **Orientierung an geschlechterbezogenen Fremderwartungen**
Als weitere kollektive Orientierung in den Geschlechterkonstruktionen stellte sich die Orientierung an geschlechterbezogenen Fremderwartungen heraus, die eine (handlungs-)leitende und strukturierende Bedeutung offenlegt. Die Erwartungen beziehen sich auf bestimmte Handlungsformen und Erscheinungsbilder und werden von „Anderen" (beispielsweise Mitstudierenden an der Fakultät oder Moscheemitgliedern) aufgrund der ihnen zugeschriebenen

10.1 Zusammenfassende Darstellung der kollektiven ...

Geschlechterzugehörigkeit (in diesem Fall das „Frausein") an sie herangetragen. Verlangt werden somit Anpassungen von Praktiken, die den Geschlechtervorstellungen und Rollenbildern Anderer entsprechen. Ihre Orientierung an geschlechterbezogenen Fremderwartungen bearbeiten die Interviewten in drei unterschiedlichen Modi:

- Im *Modus der Annahme* nehmen sie die Fremderwartungen an und befürworten sie. Dabei formulieren sie ihr Verständnis für die Fremderwartungen und übertragen sie in ihre Handlungen und Praktiken. Obgleich sie zunächst eine Irritation durch die Erwartungen formulieren, zeigt sich in der Entwicklung der Erzählungen eine immer mehr zunehmende Bedeutung des Verständnisses und der Übernahme. Die Fremderwartungen werden handlungsleitend, indem beispielsweise bestimmte geschlechterbezogene Umgangsformen übernommen werden: So beschreiben die Studentinnen an den theologischen Fakultäten eine Wahrnehmung von disparaten Umgangsformen mit Andersgeschlechtlichen, die in ihren Erlebnissen an den Fakultäten durch Andere an sie herangetragen werden. Die Studentinnen äußern zunächst die irritierende Wirkung solcher Erwartungen, äußern jedoch im Laufe der Erzählungen ihr Verständnis und passen ihre Kommunikationsformen an, um Unruhe zu verhindern. Der Modus der Annahme zeigt sich auch in Erzählungen zu der Veränderung der Kleidungsstile, die sie auf die Fremderwartungen zurückführen. Die biographischen Erzählungen zeigen beispielsweise auf der kommunikativen Ebene Ausführungen über die Entscheidungsfindung, das Fach Theologie in der Türkei zu studieren, und verweisen mit Blick auf die Bedeutung von Anderen (beispielsweise Familienangehörigen) und der geschlechterbezogenen Argumentationen (Islamische Theologie als geschützter und religiöser Raum für Frauen) auf die Orientierung an geschlechterbezogenen Fremderwartungen, die sie im Modus der Anpassung bearbeiten.

- Im *Modus der Kritik* bearbeiten die Interviewten die geschlechterbezogenen Fremderwartung in einer ablehnenden Form. Die Fremderwartungen werden hier nicht angenommen und negativ gerahmt. Imaminnen sprechen beispielsweise über ihre Handlungsfelder und gehen auf Verbesserungsvorschläge ein. Während solche Erzählungen auf der kommunikativen Ebene rekonstruiert werden konnten, dokumentierte sich auf der konjunktiven Ebene die Bedeutung von geschlechterbezogenen Fremderwartungen, an denen sie sich orientieren und die sie im Modus der Kritik bearbeiten. In diesem Modus kritisieren sie die einseitige Erwartungshaltung, die „die Männer" ihrer Moscheegemeinde an „die Frauen" herantragen. Eine Imamin sieht darin beispielsweise ein allgemeines Problem und beschreibt die Notwendigkeit, dass an Frauen nicht aufgrund ihrer (zugeschriebenen) Geschlechterzugehörigkeit klare Vorstellungen mit Blick auf bestimmte Handlungspraktiken gerichtet werden. Der Modus der Kritik zeigt sich auch in Erzählungen von Studentinnen, die die Erwartungen der Studenten mit Blick auf die Einhaltung einer geschlechtergetrennten Praxis kritisch markieren.

- Im *Modus der (kontextbezogenen) Abwägung* ordnen die Interviewten die geschlechterbezogenen Fremderwartungen unterschiedlich ein: Für bestimmte Kontexte wird ein Verständnis hinsichtlich der Einhaltung bestimmter Praktiken gezeigt, während dieselbe Erwartung für andere Kontexte abgelehnt und negativ gerahmt wird. So erfolgt die Einordnung der Fremderwartung in divergenter Form in Abhängigkeit von Situation und Raum. Die Interviewten formulieren beispielsweise ihr Verständnis für die geschlechtergetrennte Praxis in bestimmten Seminarkontexten, in denen „geschlechtersensible" Inhalte bearbeitet werden – gleichzeitig beschreiben sie, dass diese Praxis in anderen Seminaren nicht notwendig ist. Dieser Modus der kontextbezogenen Abwägung zeigt sich auch in Erzählungen über die Fremderwartung, die Kleidungsstile anzupassen. In diesem Kontext markieren die Interviewten die Bedeutung des Adressanten, der eine bestimmte Praxis einfordert: Während sie offizielle Regelungen annehmen, stehen sie inoffiziellen Erwartungen kritisch gegenüber.

Wirkmächtigkeit der binären Geschlechtercodierung und Geschlechterstereotype

In allen Orientierungen und Modi der Bearbeitung sind binäre Geschlechtercodierungen und Geschlechterstereotype wirkmächtig. Sie lassen sich als kollektive implizite Wissensbestände der Interviewpartnerinnen rekonstruieren. Die Geschlechterkonstruktionen in einem binären System (Mann und Frau) zeigen sich als das nicht Hinterfragte und als selbstverständlich Angenommene. Auf dieser Grundlage ziehen die Interviewten geschlechterstereotype Vorstellungen heran und beschreiben so ihre Geschlechtervorstellungen und Rollenverständnisse. „Mann- und Frausein" scheint etwas Statisches und eindeutig Beschreibbares zu sein. Sie nutzen die klaren Geschlechtervorstellungen, um Handlungs- und Alltagspraktiken zu beschreiben und zu legitimieren: Dies zeigt sich nicht zuletzt in der Thematisierung von geschlechtergetrennten und -gemischten Praktiken und Räumen und den Geschlechterstrukturen der Organisationen. Sowohl in der Legitimation als auch in der Kritik ziehen sie Geschlechterstereotype heran. Diese wirken daher in einem bedeutenden Ausmaß handlungsleitend und

-strukturierend. Während andere Forschungen nahelegen, dass geschlechtergetrennte Praktiken Geschlechterstereotype verstärken (Faulstich-Wieland, 2013), liefern diese Ergebnisse neue Impulse für die Untersuchung des Zusammenhangs zwischen geschlechtergetrennten bzw. -gemischten Praktiken und der Reproduktion von Geschlechterstereotypen.

10.2 Erste Abstraktionsebene: Konjunktive Erfahrungsräume

Kollektive Orientierungen verweisen auf die darin eingeschriebenen *konjunktiven Erfahrungsräume* und das implizite und atheoretische Wissen (Bohnsack, 2014, S. 63). Während die einzelnen Interviews in den Geschlechterkonstruktionen auf individuelle Erfahrungsräume rekurrieren, stellen diese sich in der komparativen Analyse als kollektive bzw. konjunktive Erfahrungsräume heraus. Wenngleich bereits die (zugeschriebene bzw. selbstbeschriebene) Geschlechterzugehörigkeit der Interviewpartnerinnen einen konjunktiven Erfahrungsraum bildet, lassen die Ergebnisse der Studie weitere Erfahrungsräume festhalten, die sich in ihren Geschlechterkonstruktionen zeigen. Dadurch lässt sich zugleich die Frage beantworten, welches geteilte implizite Wissen für die Konstruktionen und Konstitutionen von Geschlecht relevant wird. Die konjunktiven Erfahrungsräume, die in den Rekonstruktionen gefunden werden konnten, spiegeln sich – wie Bohnsack beschreibt – auf den Ebenen der Gesellschaft, der Organisation und der Interaktionen wider (Bohnsack, 2017, S. 140).

Räumliche Differenzerfahrung **als konjunktiver Erfahrungsraum**
Das explizite Wissen, das die Interviews auf der kommunikativen Ebene zeigen, deutet in der Orientierung an räumlicher Differenzerfahrung auf die Bedeutung des „Hier" und „Dort", die Grenzziehungen und die Kontrastierungen ihrer Erfahrungen, die die Interviewten in unterschiedliche Räume platzieren. Während ihnen in diesem ersten Schritt zunächst die Differenzen bewusst zu sein scheinen und die damit einhergehenden räumlichen Grenzziehungen dominant wirken, zeigt sich auf der konjunktiven Ebene (auf der Ebene des Wie des Gesagten) weitaus mehr, und zwar das, was den Interviewten im Sinne Mannheims nicht sofort zugänglich ist: Ausgelöst von ihren Migrationserfahrungen und dem Ortswechsel im Rahmen ihrer Berufstätigkeit oder beruflichen Qualifikation durchbrechen sie in ihren Geschlechterkonstruktionen die einseitigen räumlichen Verortungen. Auf der konjunktiven Ebene konnte herausgearbeitet werden, inwiefern die Erfahrungen aus einem physikalischen Raum in einen anderen Raum

hineingreifen. Das implizite Wissen darüber zeigt sich als handlungsleitend und -strukturierend und wirkt in ihre (pädagogischen) Handlungsfelder und -praktiken hinein. Die Geschlechterkonstruktionen werden somit auf der Grundlage impliziter Wissensbestände vollzogen, die auf die räumlichen Differenzerfahrungen zurückzuführen sind. Daher wird die räumliche Differenzerfahrung zu einem konjunktiven Erfahrungsraum der Interviewten.

Religion **als konjunktiver Erfahrungsraum**
Die Sozialisation der Interviewpartnerinnen als „Musliminnen", ihre religiöse Erziehung und Bildung, das Theologiestudium an den theologischen Fakultäten in der Türkei als gemeinsamer sozialer Raum und das (zukünftige) Berufsfeld „Moschee" als Ort der religiösen Erziehung und Bildung lassen bereits Religion in einer mehrdimensionalen Form als konjunktiven Erfahrungsraum der Interviewten beschreiben. Die „kollektiven Erfahrungsaufschichtungen" (Nohl, 2017, S. 25) in religiösen Räumen entstehen somit bereits in den Biographien der Studentinnen und Imaminnen. Daneben eröffnet sich aber Religion als konjunktiver Erfahrungsraum einerseits in der Rekonstruktion der kollektiven Orientierung an religiösen Glaubensinhalten und andererseits in den darüber hinaus rekonstruierten impliziten religiösen Wissensbeständen. Sie greifen in den Geschlechterthematisierungen über die ganzen Interviews hinweg religiöse Aussprüche oder Narrative auf, stützen sich auf religiöse Glaubensinhalte und markieren die Bedeutung von Religion für die geschlechterbezogenen Handlungspraktiken. Unabhängig davon, ob sie die herangezogenen Glaubensinhalte kritisieren oder befürwortend wiedergeben, lässt sich festhalten, dass die Interviewten durch die Rekonstruktion bzw. Dekonstruktion von Glaubensinhalten Geschlechtervorstellungen verfestigen. Es geht also weniger um die religiösen Glaubens*inhalte*, sondern darum, dass sie gemeinschaftlich Religion konstruieren, die sich in diesem konjunktiven Erfahrungsraum entfaltet. Dieser konjunktive Erfahrungsraum zeigt sich in ihren biographischen Erzählungen sowie den Erzählungen zum Berufsfeld aus ihrer Rolle als Imaminnen heraus. In den Geschlechterkonstruktionen spielen somit implizite religiöse Wissensbestände eine übergeordnete Rolle, die für sie auch als Subjekte jenseits ihrer beruflichen Positionierung leitend sind.

Organisation **als konjunktiver Erfahrungsraum**
Das Religionspräsidium Diyanet, die DITIB-Gemeinden in Deutschland und die theologischen Fakultäten in der Türkei werden zu geteilten sozialen Räumen der Interviewpartnerinnen. Dass diese Organisationen bzw. Institutionen einen

10.2 Erste Abstraktionsebene: Konjunktive Erfahrungsräume

konjunktiven Erfahrungsraum bilden, zeigt sich – neben dem bereits Bekannten[2] – in den Rekonstruktionen. Zum einen legt die kollektive Orientierung an Geschlechterstrukturen die leitende Bedeutung der genannten Organisationen für die Geschlechterkonstruktionen und die Handlungspraktiken offen. Zum anderen zeigen sich Organisationen als konjunktive Erfahrungsräume auch in den darüber hinaus rekonstruierten Orientierungen und Modi. Die impliziten Wissensbestände zu organisationalen (Geschlechter-)Strukturen und Rahmenbedingungen verbinden die Interviewpartnerinnen, ohne dass sie es explizit machen müssen. Wissensbestände über die Geschlechterstrukturen, die inneren Abläufe, die Fremderwartungen und Anforderungen, die an die Religionsbeauftragten gestellt werden, Machbares und Sagbares im Rahmen ihrer Berufstätigkeiten bilden solche organisationsspezifischen konjunktiven Erfahrungsräume. Zudem kommt es zu einer Überlagerung von konjunktiven Erfahrungsräumen wie Geschlechterzugehörigkeit und Organisation, die somit das Spezifische des hier untersuchten Kontextes bildet: Indem die Imaminnen auf die Diskrepanzen in dem Entsendungsverfahren und den Handlungsfeldern der Imame und Imaminnen verweisen, deuten sie auf die Bedeutung der Überlagerungen von konjunktiven Erfahrungsräumen. In einer Organisation sind somit unterschiedliche *Organisationsmilieus* zu finden (Nohl, 2007, S. 70). Inwiefern sich Organisationsmilieus bilden und sich voneinander unterscheiden, wäre empirisch durch eine komparative Analyse zu verfolgen. Es lässt sich jedoch herausstellen, dass für geteilte Räume Überlagerungen von konjunktiven Erfahrungsräumen bedeutsam werden.

Geschlechterbezogene Fremderwartungen als konjunktiver Erfahrungsraum

Die kollektive Orientierung an geschlechterbezogenen Fremderwartungen lässt die darin eingeschriebenen konjunktiven Wissensbestände sichtbar werden. Indem sie auf die Fremderwartungen deuten, die sich auf bestimmte geschlechterbezogene Handlungspraktiken oder -orientierungen beziehen, kristallisiert sich das gemeinsame implizite Wissen darüber heraus. Somit lässt sich festhalten, dass die geschlechterbezogenen Fremderwartungen einen konjunktiven Erfahrungsraum bilden, in dem die Geschlechterkonstruktionen vollzogen werden. Zugleich eröffnen sich die nach Bohnsack (2017, S. 140) beschriebenen Ebenen konjunktiver Erfahrungsräume (hier Gesellschaft und Organisation): Die geschlechterbezogenen Fremderwartungen, die die Interviewten implizit in die Organisationen (DITIB, Diyanet oder theologische Fakultäten) einordnen, verweisen auf die

---

[2] In der Darstellung des Forschungsstandes (Teil II) wurde skizziert, in welchen Beziehungen die Interviewpartnerinnen zu den Fakultäten, den DITIB-Gemeinden und dem Religionspräsidium Diyanet stehen.

Ebene der Organisation des konjunktiven Erfahrungsraums. Sobald die geschlechterbezogenen Fremderwartungen relevant werden, die von Subjekten außerhalb der Organisationen an die Handlungsfelder der Interviewten herangetragen werden, wird die Verzahnung der Ebenen Gesellschaft und Organisation deutlich. In der handlungsleitenden Bedeutung von solchen Fremderwartungen, die von den Interviewten nicht immer expliziert werden, sondern sich auf der konjunktiven Ebene rekonstruieren lassen, zeigt sich die Gemeinsamkeit.

10.3 Zweite Abstraktionsebene: Transnationale konjunktive Erfahrungsräume

Die herausgearbeiteten konjunktiven Erfahrungsräume, die in den kollektiven Orientierungen eingeschrieben sind, verweisen auf eine weitere Besonderheit: Die Erfahrungsräume stellen sich in spezifischer Weise als *transnationale* konjunktive Erfahrungsräume heraus. Der Blick auf die zuvor herausgearbeiteten konjunktiven Erfahrungsräume lässt ihre transnationalen Dimensionen erkennen:

- Die räumliche Differenzerfahrung wird zu einem transnationalen konjunktiven Erfahrungsraum, da sich in ihm die grenzüberschreitende Wirkmächtigkeit von Erfahrungswissen manifestiert. Während sich in den Rekonstruktionen zunächst die Grenzziehungen durchzusetzen scheinen, zeigt sich bei genauerem Blick und insbesondere durch das Herausarbeiten der Modi der Bearbeitungen, inwiefern durch die grenzüberschreitenden Wirkungen transnationale soziale Räume aufgespannt werden. Ob die Subjekte bestimmte erlernte Normen, Werte oder Lernprozesse über Nationalstaaten hinweg mitnehmen, ihre Praktiken entsprechend anpassen oder habituelle Veränderungen beschreiben, zeigt auf allen Ebenen die Wirkung des konstruierten transnationalen sozialen Raums auf die Handlungspraktiken. Dies ist nicht nur darauf zurückzuführen, dass die räumlichen Differenzerfahrungen im Zusammenhang mit den transnationalen Bildungsorganisationen (DITIB und Diyanet)[3] stehen oder durch sie ausgelöst werden, sondern zeigt sich auch in Erzählungen, die unabhängig von den Organisationen beschrieben werden.
- Religion wird zu einem transnationalen konjunktiven Erfahrungsraum, da sich dieser Erfahrungsraum durch die Betrachtungen von religiösen Alltagspraktiken in einem Ländervergleich oder die nationalstaatsübergreifenden

---

[3] In Teil II der Studie wurden DITIB und Diyanet als transnationale Bildungsorganisationen beschrieben.

Bedeutungszuschreibungen religiöser Glaubensinhalte auszeichnet. Letzteres verweist auf die Transnationalisierung von Religion und religiösem Wissen. Zum einen entstehen und entfalten sich implizite Wissensbestände zu Religion im Rahmen der transnationalen Bildungsorganisationen (DITIB, Diyanet und theologische Fakultäten), zum anderen legen sie auch unabhängig davon die grenzüberschreitende und transnational wirksame Bedeutung von Religion offen.

- Der konjunktive Erfahrungsraum „Organisation" wird in zweierlei Hinsicht transnational: Die transnationalen Bildungsorganisationen agieren auf einer transnationalen Ebene. Vor diesem Hintergrund ist der konjunktive Erfahrungsraum der Interviewten in einen transnationalen Kontext eingebettet. Neben den transnationalen Makrostrukturen der Organisationen zeigt sich ihre transnationale Wirkmächtigkeit auch auf der Mikroebene. Die Interviewten verfügen über implizite Wissensbestände, die sie in den Organisationen erwerben, einsetzen oder verhandeln und denen sie im Rahmen ihrer Ausbildung und Berufsausübung eine Bedeutsamkeit zuschreiben. Die (Geschlechter-)Strukturen der Organisationen und das implizite Wissen darüber wirken sich auf die Handlungsfähigkeit der Imaminnen und Studentinnen auch jenseits der Organisationsräume aus: Beispielhaft ist hierfür, dass die impliziten Wissensbestände der Imaminnen, die im Zusammenhang mit den theologischen Fakultäten in der Türkei oder dem Religionspräsidium Diyanet stehen, auch in den Moscheen in Deutschland ihre Wirkung zeigen. Das in den Organisationsräumen angeeignete und verhandelte Wissen greift somit grenzüberschreitend und transnational auf die Geschlechterkonstruktionen der Frauen.
- Die geschlechterbezogenen Fremderwartungen bilden sich ebenfalls als transnationaler konjunktiver Erfahrungsraum der Interviewten heraus. Die Interviewten rahmen solche Erwartungen implizit als ein globales Phänomen. Zudem führen sie die geschlechterbezogenen Fremderwartungen im Rahmen ihrer Berufstätigkeit oder ihres Studiums auf Rahmenbedingungen, Strukturen oder Erlebnisse zurück, die sie in anderen Nationalstaaten verorten. Mit Blick darauf zeigt sich in dieser handlungsleitenden Dimension geschlechterbezogener Fremderwartungen die grenzüberschreitende Wirkmächtigkeit. Die Fremderwartungen scheinen also nicht für bestimmte physikalische Räume (bzw. Containerräume) zu gelten; sie durchbrechen jegliche Grenzen und greifen in die Handlungspraktiken jenseits nationalstaatlicher Grenzen hinein. Somit leiten die diesbezüglichen impliziten Wissensbestände die Geschlechterkonstruktionen der Interviewten in einem transnationalen Kontext.

10.4 Dritte Abstraktionsebene: Transnationaler Bildungsraum als Möglichkeitsraum

Die transnationale Dimension der konjunktiven Erfahrungsräume deutet nun in einem weiteren Abstraktionsschritt auf den sich aufspannenden *transnationalen Bildungsraum*, der sich durch einen allübergreifenden Blick auf die kollektiven Orientierungen und transnationalen konjunktiven Erfahrungsräume zeigt. Durch grenzüberschreitende Verweise in den bzw. Gestaltungen der Geschlechterkonstruktionen, die die Erfahrungsräume charakterisieren, entsteht ein transnationaler Bildungsraum der Imaminnen und Studentinnen. Dieser Raum spannt sich jenseits eines „nationalen Containerraums" und „nationalstaatlich organisierter Wirklichkeitsbereiche" (Adick, 2005, S. 244) auf. Indem die erziehungswissenschaftlich-theoretischen Überlegungen zu transnationalen Bildungsräumen (Adick, 2005, 2008, 2012; Fürstenau, 2004, 2016; Gogolin & Pries, 2004; A. Küppers et al., 2016 und ausführlichere Beschreibungen in Teil I) herangezogen werden und vor dem Hintergrund der Ergebnisse dieser Studie lässt sich nun die Konstruktion eines solchen transnationalen Bildungsraums auf der Mikro-, Makro- und Mesoebene beschreiben. Die Mikroebene fokussiert auf die Subjekte und ihre transnationalen Lebenswelten, die Makroebene nimmt die für die Studie relevanten Organisationsstrukturen in den Blick, während sich die Mesoebene als Schnittstelle/Wechselwirkung/Zwischenebene dieser beiden Ebenen verstehen lässt. Im Genauen bedeutet dies:

1. Die Imaminnen und Studentinnen spannen durch ihre grenzüberschreitende Mobilität im Rahmen ihrer Bildungs- bzw. Berufsmigration transnationale Bildungsräume auf und lassen auf der *Mikroebene* ihre transnationalen Bildungsbiographien untersuchen. Auf dieser Ebene spiegelt sich die Transnationalisierung des Bildungsraums „von unten" wider (Bauschke-Urban, 2010). In ihren alltäglichen Lebenswelten eröffnen die Interviewpartnerinnen durch ihre Biographien transnationale soziale Räume, wodurch Bildungsprozesse angestoßen werden (Adick, 2008, S. 177; Fürstenau, 2004, 2015; Lutz, 2004). In den kollektiven Orientierungen und transnationalen konjunktiven Erfahrungsräumen zeigen sich die Konstruktionen eines transnationalen Bildungsraums, der somit bereits in ihren Biographien zu suchen ist (Apitzsch, 2003, S. 69).
2. Die transnationalen Bildungsorganisationen (DITIB, das Religionspräsidium Diyanet und die theologischen Fakultäten) verweisen mit einem analytischen Blick auf die *Makroebene* transnationaler Bildungsräume auf ihre

10.4 Dritte Abstraktionsebene: Transnationaler ...

grenzüberschreitenden Handlungsfelder.[4] Durch grenzüberschreitendes Handeln durchbrechen sie den „Containerraum" und eröffnen so transnationale Bildungsräume. An dieser Stelle zeigt sich die Transnationalisierung des eröffneten Bildungsraums „von oben" (Bauschke-Urban, 2010). Über nationalstaatliche Grenzen hinweg werden Entsendungsverfahren etabliert, Religionsbedienstete entsandt, Studierende aus anderen Ländern angeworben und darüber hinaus sogar interne transnationale Strukturen hergestellt, die sie zu Konstrukteuren transnationaler Bildungsräume werden lassen (Bauschke-Urban, 2006, S. 124; Pries, 2010b, S. 108). Diese theoretische Perspektive auf die Organisationen und ihre Handlungsfelder (Teil II) sowie die empirischen Befunde geben Einblicke, wie in der bzw. durch die Organisation Wissen transnationalisiert wird (Engel, 2018, S. 56).

3. Während auf der Mikroebene transnationaler Bildungsräume die Biographien der Individuen und auf der Makroebene die Organisationen und ihre Strukturen im Fokus der Betrachtung stehen, ermöglichen die empirischen Befunde eine Analyse der *Mesoebene*. Letztere wird als Zwischenebene verstanden, indem „transnational sozialisierte Individuen in Bildungsinstitutionen" (Bauschke-Urban, 2006, S. 125) und die Konstitution von transnationalen Bildungsräumen betrachtet werden. Die Transnationalisierung der Religion „von oben" (Adick, 2005, S. 262) durch die transnationalen Organisationen und ihre Strukturen ist in diesem Fall verwoben mit der Transnationalisierung der Religion „von unten" (Fürstenau, 2004, S. 34) im Sinne ihrer kollektiven Nutzung und Entfaltung durch die Subjekte selbst. Die Mesoebene gibt Einblicke in „innerinstitutionelle Transformationsprozesse", an denen Imaminnen und Studentinnen als transnationale Akteure teilhaben. Indem sich die Imaminnen und Studentinnen in diesen transnationalen Bildungsorganisationen bewegen und die Organisationsräume (im physikalischen und relationalen Sinne) für die Berufsausübung und die Qualifikation relevant werden, sind sie in solche transnationalen Bildungsräume eingebunden. Die Bedeutsamkeit der Makrostrukturen der Organisationen zeigt sich in der Auswirkung auf die geschlechterrelevanten Positionierungen der Imaminnen und Studentinnen. Das bedeutet, dass nicht nur die transnationalen Bildungsorganisationen mit ihren Makrostrukturen einen transnationalen Bildungsraum eröffnen, sondern Imaminnen und Studentinnen auf der Mikroebene durch ihre Querverweise und grenzüberschreitenden Be- und Verarbeitungen an der Entstehung transnationaler Bildungsräume beteiligt sind. Die Geschlechterkonstruktionen entstehen so auf der Mesoebene des transnationalen Bildungsraums, die sich

---

[4] Die transnationalen Handlungsfelder der Organisationen wurden in Teil II beschrieben.

in der Wechselwirkung zwischen transnationaler Biographie der Interviewten und den transnationalen Makrostrukturen der Organisationen gestaltet.

Der transnationale Bildungsraum der Imaminnen und Studentinnen konstituiert sich so in einem „wechselseitigen Beeinflussungsverhältnis" (Pries, 2010b, S. 108) und in der Verwobenheit der Makro-, Meso- und Mikroebene (Somalingam, 2017, S. 271). In diesem transnationalen Bildungsraum entfalten die Befragten ihren modus operandi im Sinne der „Herstellung von Wissen" (Asbrand & Martens, 2018, S. 15). Doch wozu genau wird dieser gemeinsame transnationale Bildungsraum der Interviewten? Er wird zu ihrem *Möglichkeitsraum*, in dem sie verschiedene „Entfaltungsmöglichkeiten" (Hummrich, 2011, S. 10) und „Gestaltungspotentiale" (Hummrich, Hebenstreit, & Hinrichsen, 2017, S. 284) wahrnehmen. Diese Optionen und Potentiale verweisen zugleich auf die „Möglichkeiten der Positionierung bzw. Verortung von Subjekten, mit denen Nähen zu bestimmten Milieus [bzw. Organisationen und ihren Strukturen] behauptet und Abgrenzungen zu anderen hervorgebracht werden" (Hummrich et al., 2017, S. 282; Erg. d. Verf.). Der Möglichkeitsraum deutet hier allerdings nicht auf Handlungsoptionen im Sinne des Machbaren im Rahmen ihrer Berufstätigkeit; die rekonstruierten Orientierungen und Modi der Bearbeitung lassen solche Rückschlüsse nicht zu. Das Machbare wäre vor dem Hintergrund der organisationalen Rahmenbedingungen zu überprüfen. Der Möglichkeitsraum wird aber verstanden als ein *von Seiten der Imaminnen und Studentinnen* aufgespannter Raum mit den möglichen Gestaltungen von Geschlechtervorstellungen, der eine Bandbreite von der Reproduktion und Verfestigung von (stereotypen) Vorstellungen bis hin zu den Potentialen der Verschiebung und Dekonstruktion von Strukturen und normativen Vorstellungen aufweist. Mit Blick darauf lassen sich die herausgearbeiteten Modi der Bearbeitung als empirisch belegbare Gestaltungsoptionen und -potentiale im Doing Gender festhalten, die sich im transnationalen Bildungsraum (als ihr Möglichkeitsraum) entfalten und zur Konstitution von Geschlecht beitragen: Mit dem Rückgriff auf hergestellte Kategorien (Religion und Migration) oder Bezugspunkte (Organisationen und Fremderwartungen) vollziehen die Interviewten das Doing Gender in ihrem Möglichkeitsraum mit einer örtlich und zeitlich begrenzten Anpassung, einer habituellen Transformation oder einer bewussten Gegenüberstellung ohne Veränderungen der Praktiken. Zugleich zeigen sich unter Berücksichtigung von Religion die Verifizierung, Hingabe, Annahme, Falsifizierung, Einschränkung und das Hinterfragen als weitere Formen der Gestaltung. In dem Möglichkeitsraum entfalten sich die Optionen, organisationale Strukturen und Verhältnisse beizubehalten, entstehende

Entwicklungen zu relativieren, mit Blick auf die Strukturen Geschlechterstereotype zu reproduzieren, aber auch die Potentiale, Geschlechterdysbalancen auszubalancieren, Geschlecht zu dethematisieren und das Menschsein hervorzuheben, oder mit Selbstermächtigungsstrategien den beschriebenen Dysbalancen entgegenzutreten. Die Fremderwartungen, die das Doing Gender der Interviewten leiten, gestalten sie mit einer Annahme, der Kritik oder einer (kontextbezogenen) Abwägung ihrer Geschlechtervorstellungen. Die verschiedenen Gestaltungsoptionen und -potentiale deuten nicht nur auf die Herstellungsweise von Geschlecht, sondern im weiteren Sinne auch auf die Entwicklungschancen, die sich im transnationalen Bildungsraum als Möglichkeitsraum auftun.

10.5 Vierte Abstraktionsebene: Doing Gender im transnationalen Bildungsraum und Gender als interdependente Kategorie

Die letzte Abstraktionsebene zielt nun auf die Fokussierung des Doing Gender im transnationalen Bildungsraum als Möglichkeitsraum der Imaminnen und Studentinnen. Neben der strukturierenden und leitenden Bedeutung der Organisationen und Fremderwartungen, die das Doing Gender konstitutiv mitbestimmten, zeigt sich zudem, dass die Interviewten im Doing Gender zugleich andere Kategorien herstellen. Die gleichzeitigen Konstruktionen sozialer Kategorien zeigen auch hier empirisch, dass das Doing Gender nicht als etwas Eindimensionales und Statisches (Budde, 2005, S. 47; Klinger, 2014, S. 70; Lutz, 2001, S. 220 f.) gefasst werden kann, sondern mit anderen sozialen Herstellungsprozessen einhergeht. Vor diesem Hintergrund belegen die empirischen Einblicke aus einer ethnomethodologischen Perspektive die soziale Konstruiertheit der Kategorien Migration und Religion, die hier für das Doing Gender ihre Relevanzen zeigen. Dass die Imaminnen und Studentinnen im Doing Gender durch alltägliche Inszenierungen und Interaktionen räumliche Differenz- und Migrationserfahrungen oder religiöse Glaubensinhalte heranziehen, belegt, dass Gender von Religion und Migration nicht entkoppelt gedacht werden kann. Mit Blick auf die theoretischen Überlegungen des *Doing Gender* (Teil I der Studie) lässt sich nun analysieren, ob es nicht zugleich ein *Doing Religion* oder *Doing Migration* hervorruft. Zentral ist hierfür die Frage, in welchen Beziehungen diese sozial hergestellten Kategorien zueinander stehen: Sind sie miteinander verzahnt, verwoben, in einer Wechselwirkung, überkreuzen oder überschneiden sie sich? Ist das Doing Gender im Fokus der Betrachtung und wird nach weiteren Herstellungsprozessen gesucht, die *in* dem Doing Gender gefunden werden können? Oder sind es eher Wechselwirkungen, sodass sowohl das Doing Gender while Doing Religion als auch das Doing Religion while Doing Gender nachweisbar ist? Die Kategorien mit Termini wie „while" oder „by" zu verbinden, wird den Ergebnissen der Studie nicht gerecht. Denn im Rahmen der empirischen Befunde zeigt sich, dass das Doing Gender im aufgespannten transnationalen Bildungsraum nicht isoliert von räumlichen Differenzerfahrungen, Religion, Organisation und Fremderwartungen gedacht werden kann: Sobald die Interviewten Religion konstruieren, kommen räumliche Differenzerfahrungen und Organisationsstrukturen zur Geltung; und dort, wo geschlechterbezogene Fremderwartungen thematisiert werden, zeigen sich Organisation und religiöse Glaubensinhalte als relevante Kategorien. Die institutionell hervorgebrachten Geschlechtervorstellungen können in den Interviews nicht jenseits der Migrationserfahrungen und der religiösen Vorstellungen analysiert werden. Daher lassen sich die Kategorien nicht trennen und – vor allem nicht – als in sich geschlossene Systeme mit einer homogenen Gestaltung verstehen. Somit ist Gender mehr als nur eine Kategorie, in der nicht von einem „genuinen Kern" (Walgenbach, 2012, S. 61) auszugehen ist. Eine Verbindung der hergestellten Kategorien durch Interdependenzen oder Überschneidungen würde einen solchen Kern und eine Geschlossenheit voraussetzen (Walgenbach, 2012, S. 23). Für die Untersuchung des Doing Gender im transnationalen Bildungsraum mit der Berücksichtigung seiner „inneren Architektur" und heterogenen Gestaltung erweist sich die theoretische Überlegung von Walgenbach als anschlussfähig. Sie schlägt vor,

> „[…] statt von Interdependenzen zwischen Kategorien von interdependenten Kategorien auszugehen […]. Für die Kategorie Gender bedeutet das, diese als in sich heterogen strukturiert zu sehen. Damit hat Gender keinen ‚genuinen Kern' mehr, der sich durch den Einfluss anderer Kategorien verändert, vielmehr wird Gender selbst als interdependente Kategorie gefasst." (Walgenbach, 2012, S. 61)

Gender oder auch andere untersuchte Kategorien als *interdependente Kategorien* (Walgenbach, 2012) zu verstehen, führt dazu, dass keine Kategorie für eine bestimmte Analyse zentral gesetzt und dadurch andere relevante Kategorien vernachlässigt werden (Walgenbach, 2012). Vielmehr geht es um die innere Beschaffenheit und Struktur, in der das Doing Gender vollzogen wird. Die Gestaltung der nicht geschlossenen und heterogenen inneren Architekturen der Kategorien charakterisiert sich je nach Forschungskontext und dem zu untersuchenden Gegenstand; die Frage, wie sich nun Gender formiert, kann nur kontextspezifisch beantwortet werden (Walgenbach, 2012, S. 62 f.). Das bedeutet, dass das Doing Gender in diesem Forschungskontext nicht ohne die Aspekte räumliche Differenzerfahrung, Migration, Religion, Organisation und Fremderwartungen gedacht werden kann und Gender sich auf diese Weise formiert.

11 Anstöße für die Erziehungswissenschaft und Islamische Religionspädagogik

Die Studie verspricht vielfältige Impulse für weitere wissenschaftliche Untersuchungen in der Erziehungswissenschaft und Islamischen Religionspädagogik. Die Anstöße, die sich auf der Grundlage der Ergebnisse geben lassen, bewegen sich auf zwei unterschiedlichen Ebenen: Auf der theoretischen Ebene (TE 1–5) lassen sich Impulse für weitere theoretische Auseinandersetzungen generieren, die vor dem Hintergrund der empirischen Befunde beschrieben werden können. Daneben skizziert die kontextuelle Ebene (KE 1–5) die Notwendigkeit weiterer inhaltlicher Auseinandersetzung (siehe Abbildung 11.1).

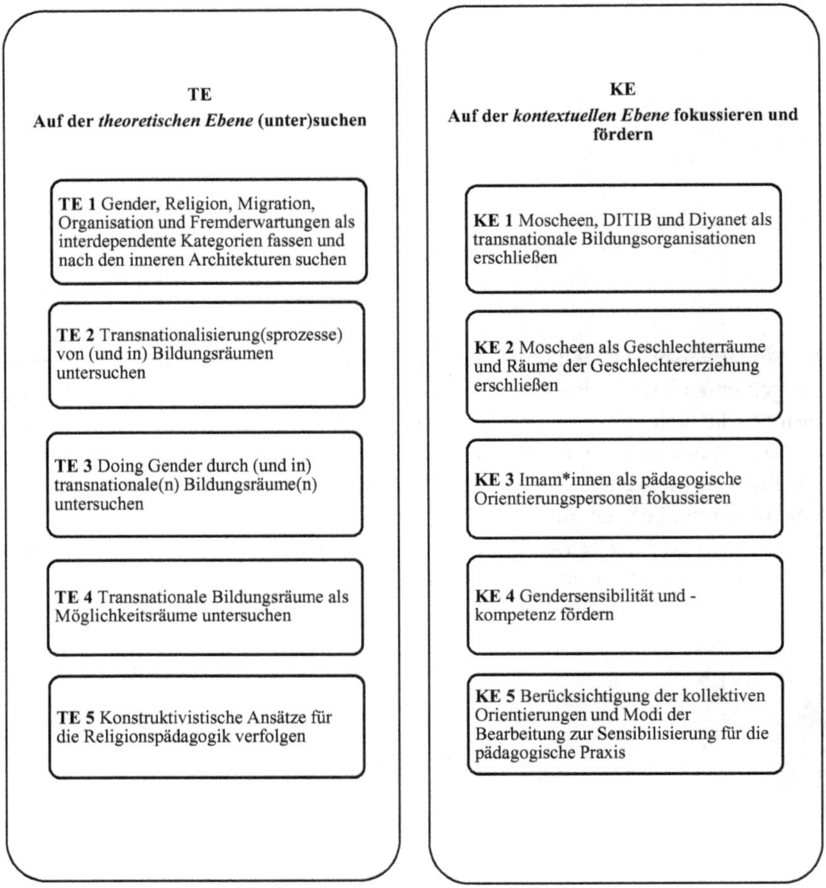

TE
Auf der *theoretischen Ebene* (unter)suchen

TE 1 Gender, Religion, Migration, Organisation und Fremderwartungen als interdependente Kategorien fassen und nach den inneren Architekturen suchen

TE 2 Transnationalisierung(sprozesse) von (und in) Bildungsräumen untersuchen

TE 3 Doing Gender durch (und in) transnationale(n) Bildungsräume(n) untersuchen

TE 4 Transnationale Bildungsräume als Möglichkeitsräume untersuchen

TE 5 Konstruktivistische Ansätze für die Religionspädagogik verfolgen

KE
Auf der *kontextuellen Ebene* fokussieren und fördern

KE 1 Moscheen, DITIB und Diyanet als transnationale Bildungsorganisationen erschließen

KE 2 Moscheen als Geschlechterräume und Räume der Geschlechtererziehung erschließen

KE 3 Imam*innen als pädagogische Orientierungspersonen fokussieren

KE 4 Gendersensibilität und -kompetenz fördern

KE 5 Berücksichtigung der kollektiven Orientierungen und Modi der Bearbeitung zur Sensibilisierung für die pädagogische Praxis

Abb. 11.1 Anstöße für die Erziehungswissenschaft und Islamische Religionspädagogik auf der theoretischen (TE) und kontextuellen Ebene (KE)

TE 1: Gender, Religion und Migration als interdependente Kategorien fassen und nach den inneren Architekturen suchen

Die Ergebnisse und Abstraktionen zeigen, wie sich Gender als soziale Herstellungsleistung vollzieht. Dabei konnte dargestellt werden, inwiefern Gender als interdependente Kategorie gefasst werden kann. Die kontextabhängige Gestaltung von Gender (als eine solche Kategorie) verweist nicht nur darauf, dass nach ihrer inneren Architektur im jeweiligen Forschungskontext gesucht werden muss, sondern auch dass die anderen hergestellten Kategorien ebenfalls als interdependente Kategorien zu verstehen sind. In den rekonstruierten kollektiven Orientierungen zeigen die Erzählungen die handlungsleitende Dimension der Kategorien Religion und Migration, die mit diversen – manchmal heterologen – Bezügen und Erfahrungen hergestellt werden und in unterschiedlichen konjunktiven Erfahrungsräumen entstehen. In der Konstitution von Gender als interdependente Kategorie zeigen sich somit einerseits die nicht homogene innere Struktur und das Ausbleiben eines genuinen Kerns und andererseits die Bedeutung der – in der inneren Architektur enthaltenen – herausgearbeiteten interdependenten Kategorien. Somit entsteht neben der Frage der inneren Architektur von Gender gleichwohl die Frage nach den *inneren Architekturen*[1] der interdependenten Kategorien, die sich im Doing Gender aufspannen. Da sich diese Studie zunächst auf die Konstruktion und Konstitution von Gender fokussiert, kann dieser nächste Schritt nicht geleistet werden. Allerdings wäre es im Rahmen weiterer wissenschaftlicher Forschungen herauszuarbeiten, wie sich beispielsweise Religion als interdependente Kategorie fassen lässt und welche interdependenten Kategorien dann in ihren Konstitutionen sichtbar werden. Auch wenn eine solche Analyse einer Verschiebung der Analyserichtung und Forschungsfrage bedarf, können somit auch jenseits des Doing Gender Aufschlüsse über mögliche Verwobenheiten interdependenter Kategorien gegeben und Komplexitäten mit der Darstellung innerer heterogener Strukturen aufgeschlüsselt werden. Um es an einem Beispiel zu präzisieren: Die Quintessenz der Rahmung und Analyse von Religion als interdependente Kategorie und folglich das Loslösen von dem Gedanken eines (der Kategorie inhärenten) „genuinen Kerns" würde nicht nur zu einer Hervorhebung der Diversität von Religion (in diesem Fall des Islam) führen, sondern auch innere Verwobenheiten annehmen, wodurch sich Religion nicht von anderen hergestellten Kategorien trennen lässt. Damit ist nur nicht die religiöse Diversität gemeint, sondern die *in sich* diversen und von anderen interdependenten Kategorien nicht losgelöst zu denkenden Merkmale. Die Analysen würden nicht mehr von Überschneidungen der Kategorien Religion, Gender und Migration ausgehen, in denen Religion als geschlossenes und von den anderen Kategorien getrennt gedachtes System verstanden wird, sondern sie würde in sich bereits als interdependent gerahmt. Eine solche Herangehensweise würde insbesondere bestehende religionspädagogische und -didaktische Diskurse verschieben: Denn dort wo Religion

---

[1] An dieser Stelle wird bewusst die Pluralform verwendet, da die Kontextabhängigkeit und der Forschungszusammenhang, in dem sich das Gender unterschiedlich formiert, auf jeweils unterschiedliche innere Architekturen verweisen kann.

als in sich interdependent verstanden wird und solche didaktischen Lernprozese angesteuert werden, scheint nicht mehr die Frage nach dem Kern der Religion in den Vordergrund gerückt zu werden, sondern die Konstruktionen – mit den (handlungs-)leitenden Aspekten, den diversen Lebenswelten und den konjunktiven Erfahrungsräumen –, die für die Konstitution von Religion leitend sind. Für den islamischen Religionsunterricht an Schulen (IRU) oder den Religionsunterricht in Moscheegemeinden (RUM) kann die Überführung eines solchen theoretischen Ansatzes in didaktisch-pädagogische Konzepte zur Entwicklung der Kompetenzen bezüglich Diversität sowie kritisch-reflektierter Umgang mit Religion und ihren Quellen eingespeist werden. Ähnlich verhält es sich mit den anderen dargestellten Kategorien: Einen solchen theoretischen Blick auf Migration zu werfen, kann den kritischen und differenzierten Umgang mit den Begriffen sowie die Dekonstruktionsleistung gesellschaftlich relevanter Aspekte anregen und den Horizont erweitern, in dem die Komplexität bestimmter Sachverhalte erkannt werden kann.

TE 2: Transnationalisierung(sprozesse) von (und in) Bildungsräumen untersuchen

Wenn von der Erweiterung des Horizonts die Rede ist, so betrifft dies auch die Betrachtung der Konstruktionen transnationaler Bildungsräume. Bisherige erziehungswissenschaftliche Auseinandersetzungen mit transnationalen Bildungsräumen haben bereits dazu geführt, Bildung und Erziehung jenseits eines Containerraums zu analysieren und die grenzüberschreitenden Wirkungen von transnationalen Lebenswelten in solchen Bildungsprozessen in den Blick zu nehmen (siehe Ausführungen in Abschnitt 3.2). Ein weiterer Anstoß für die erziehungswissenschaftliche Forschung besteht darin, diesen Blick weiter zu schärfen und ihn neben der Berücksichtigung von transnationalen Lebenswelten in Schulen und Transnationalisierungsprozessen von Institutionen auf solche Kontexte im Rahmen von transnationalen Bildungsorganisationen auszuweiten. Der von Adick (2012) beschriebene Mangel an Forschung auf der Mesoebene transnationaler Bildungsräume bleibt weiterhin wenig erforscht. Unter anderem an dieser Stelle leistet diese Studie einen wichtigen Beitrag.

Auch wenn die Berücksichtigung von transnationalen Lebenswelten in der islamischen Religionspädagogik – wenn auch nicht umfänglich, aber dennoch – vorhanden zu sein scheint (Singendonk, 2016), fehlt die Aufmerksamkeit für transnationale *Bildungsräume* und ihre Bedeutung für das Zusammenspiel von Lern- und Lehrprozessen. Mit Blick darauf scheinen im Gegensatz dazu die Diskurse zur „Etablierung eines Islams in Deutschland" eher kontraproduktiv; ein Containerraumverständnis wird zugespitzt und Religion sowie religiöse Praxis werden erneut jenseits transnationaler Wirklichkeits- und Bildungsräume betrachtet. Daher richtet sich der Impuls für weitere islamisch-religionspädagogische Untersuchungen darauf, Transnationalisierungsprozesse in den Blick zu nehmen und solche Dimensionen in den didaktischen Konzepten des IRU und RUM einzupflegen.

TE 3: Doing Gender durch (und in) transnationale(n) Bildungsräume(n) untersuchen
Der Anstoß, interdependente Kategorien (TE 1) und Transnationalisierungsprozesse bzw. transnationale Bildungsräume (TE 2) zu untersuchen, verweist auf eine Horizonterweiterung in einer doppelten Weise. Die Symbiose beider Anstöße führt zu einem Neuen; und zwar das Doing Gender – mit einem Verständnis von Gender als interdependente Kategorie – in transnationalen Bildungsräumen zu untersuchen. Dies betrifft zum einen, das Doing Gender durch (und in) transnationale(n) Bildungsorganisationen und die Wirkung von Organisationsstrukturen, ihren internen Abläufen, Handlungsfeldern und Selbstverständnissen auf die Geschlechterkonstruktionen zu untersuchen. Zum anderen bedarf es einer ergänzenden Betrachtung darüber, inwiefern *durch das* Doing Gender zugleich transnationale (Bildungs-)Räume aufgespannt werden.

TE 4: Transnationale Bildungsräume als Möglichkeitsräume untersuchen
Das Doing Gender im transnationalen Bildungsraum zeigte in dieser Studie, inwiefern sich durch die Orientierungen und Modi der Bearbeitung ein Möglichkeitsraum mit unterschiedlichen Gestaltungsoptionen und -potentialen aufspannt. Folglich wurde hier der transnationale Bildungsraum als Möglichkeitsraum gefasst. Beide Räume – also den transnationalen Bildungsraum und den Möglichkeitsraum – gemeinsam unter die Lupe zu nehmen, nach ihren Entstehungszusammenhängen zu suchen oder sogar den transnationalen Bildungsraum *als* Möglichkeitsraum zu fassen, verspricht vielfältige Impulse. Zum einen lassen sich mögliche Potenziale und Grenzen untersuchen, die in solchen Räumen für die Subjekte entstehen. Zudem lässt sich dadurch ebenso die Frage verfolgen, auf *welche* Ressourcen und *in welcher Form* die Subjekte auf sie zurückgreifen. Vor diesem Hintergrund kann nach den Potenzialen, die sich durch den transnationalen Bildungsraum entfalten, in den Gestaltungsoptionen des Möglichkeitsraums gesucht werden. Auf dieser Suche lassen sich so möglicherweise auch Grenzen aufzeigen, die im transnationalen Bildungsraum sichtbar werden.

TE 5: Konstruktivistische Ansätze für die Religionspädagogik verfolgen
Für einen kritischen und differenzierten Umgang mit Religion und religiösen Glaubensinhalten ist in der Religionspädagogik nach konstruktivistischen Ansätzen zu suchen. Sobald solche Ansätze im Rahmen der Ausbildung von Imam*innen und Islamischen Religionslehrkräften integriert werden und sich auch in den Lern- und Lehrmaterialien widerspiegeln, kann die Sensibilisierung für Differenz und Kritikfähigkeit gefördert werden. Hierfür ist es vor allem erforderlich, die Fähigkeit zu entwickeln, als selbstverständlich angenommene religiöse Glaubensinhalte und Narrative zu hinterfragen. Dass Subjekte bestimmte Kategorien sozial herstellen, also *konstruieren*, dass sie sich durch eine distanzierende Betrachtung *rekonstruieren* und durch das Hinterfragen und Neudurchdenken *dekonstruieren* lassen, kann Türen öffnen für die Kompetenzerweiterung hinsichtlich des Perspektivwechsels, der Kritikfähigkeit und der Fähigkeit, bestimmte Narrative ‚auf links zu ziehen'. Eine solche Analyseperspektive wird im weiteren Sinne – auch jenseits von Geschlechterfragen – für jegliche religiös, sozial und politisch relevanten Aspekte weiterführend sein. Empirische Einblicke und die Arbeit am empirischen Material können hier einer Annäherung an konstruktivistische Überlegungen dienen (Wittek, Rabe, & Ritter, 2021). Aus diesem Grund ist es wichtig, dass in der Lehre und Ausbildung von Imam*innen und auch Religionslehrkräften mit den Überlegungen zum Konstruktivismus auch empirisches Arbeiten ermöglicht wird. Die Studierenden dieser Fachrichtungen erhalten so in zweifacher Weise die Möglichkeit, eine (wissenschaftlich gerahmte) Distanz zu normativen Inhalten zu gewinnen. An dieser Stelle kann die Religionspädagogik – an der Schnittstelle von Erziehungswissenschaft und Islamischer Theologie – von den empirischen Arbeiten der Erziehungswissenschaft profitieren und nach neuen Wegen suchen, theologisch relevante Spannungsfelder zu bearbeiten. Das Heranziehen konstruktivistischer Perspektiven, die Betrachtung von Religion als sozial hergestellte Kategorie und ihre Rahmung als interdependente Kategorie, die keinen inneren Kern aufweist, wird ohne Zweifel theologische Herausforderungen mit sich bringen. Aus diesem Grund ist es unerlässlich, dass die genannten Ansätze von Wissenschaftler*innen in der Islamischen Theologie mit einer theologischen Fundierung begleitet werden.

KE 1: Moscheen, DITIB und Diyanet als transnationale Bildungsorganisationen erschließen
Die Erziehungswissenschaft hat Moscheen und ihre Bildungsräume kaum zum Gegenstand ihrer Forschungen gemacht. Die Berücksichtigung solcher Räume stellt nicht nur eine große Notwendigkeit dar, da sie als Orte non-formaler

und informeller Bildung und zur Erziehung für Muslim*innen fungieren, sondern auch weil in diesen Räumen zugleich Normativität verhandelt wird, die in die Alltagspraktiken und Lebenswelten der Muslim*innen hineinwirkt. Für die Erforschung dieser Räume mit einer pädagogischen bzw. erziehungs- und bildungswissenschaftlichen Perspektive ist es weiterführend, die Bedeutung von transnationalen sozialen Räumen für das Selbstverständnis und die alltägliche Orientierung der Subjekte herauszuarbeiten. Denn die Auswirkungen transnationaler Räume auf die Lebenswelten oder – auch umgekehrt – die Bedeutung der transnationalen Lebenswelten für Bildungsprozesse und die Konstitution transnationaler Bildungsräume zeigen in erziehungswissenschaftlichen Auseinandersetzungen ihre Tragfähigkeit, um den Horizont zu erweitern (Hinrichsen & Paz Matute, 2018). Eine solche Annäherung bedarf einer Rahmung von Moscheen (und in diesem Fall DITIB und Diyanet) als transnationale Bildungsorganisationen, indem nicht nur transnationale Organisationsstrukturen und Bildungsangebote, sondern auch interne Transnationalisierungsprozesse auf der Mikroebene der Subjekte in den Blick genommen werden. Diese Analyserichtung ermöglicht es, Bildungsprozesse jenseits von politischen Dimensionen sowie Spannungsfelder und Potenziale, die in den und durch die Räume(n) entstehen, zu erforschen. Eine transnationale Perspektive dient zur Horizonterweiterung, die sich so durch Untersuchungen zu Moscheen als „Migrantenorganisationen" oder „Koranschulen" nicht erreichen lässt.[2] Auch in Bemühungen einer Perspektiverweiterung, in der die Diversität in solchen Räumen und die Generationenverschiebung in den Vordergrund gerückt werden, zeigt sich, dass selbst dort grenzüberschreitende Wirkungen nicht wahrgenommen und durch die Verortungen und Bezugshorizonte erneut „Containerräume" hergestellt werden. Diese gezeichnete Figur zeigt sich nicht zuletzt in den diskursiven Grenzziehungen, in denen Moscheen als interne und geschlossene Räume der Außenwelt entgegengesetzt werden. Dahingegen wird es eine transnationale Perspektive ermöglichen, die Zwischenebene dieser Räume in den Vordergrund zu rücken und die bildungsrelevanten Dynamiken nicht in den räumlichen Grenzziehungen zu suchen.

Vor diesem Hintergrund versteht sich diese Studie als Novum, indem sie in allen Teilen die mögliche Rahmung von DITIB-Gemeinden und dem Religionspräsidium Diyanet als transnationale Bildungsakteure aufzeigt: Die theoretischen Darstellungen transnationaler Bildungsräume und -organisationen (Teil I) sowie die Sichtung des Forschungsstandes mit einer solchen theoretischen Brille

---

[2] Moscheen als „Migrantenorganisationen" zu fassen, suggeriert eine Daseinsberechtigung aufgrund ihrer Funktion als solche. Dasselbe gilt für ihre Rahmung als „Koranschulen". Beide Rahmungen engen den sich aufspannenden Bildungsraum auf bestimmte Aspekte ein und lassen in einem übergeordneten Sinne Moscheen nicht als Bildungsräume verstehen.

(Teil II) konnten die Konstruktionen von transnationalen Bildungsräumen durch die grenzüberschreitenden Handlungsfelder der Organisationen auf der Makroebene darstellen. Im Methodenteil (Teil III) zeigen sich die transnationalen Bezüge durch die Berücksichtigung der Entsendungsverfahren und des Einbezugs türkisch-deutscher angehender Imaminnen, die an den theologischen Fakultäten in der Türkei studieren. In der Reflexion des Forschungsprozesses wird die grenzüberschreitende Wirkmächtigkeit sichtbar, die in den empirischen Rekonstruktionen (Teil IV) durch die kollektiven Orientierungen und konjunktiven Erfahrungsräume empirisch belegt werden konnte. Die Rekonstruktionen eröffnen somit Einblicke in die Mikroebene transnationaler Bildungsräume, die durch die Subjekte eröffnet werden. Die Mesoebene als Ebene zwischen den organisationalen Strukturen und Rahmenbedingungen (Makroebene) und den Lebenswelten und Biographien der Interviewten (Mikroebene) lässt sich mit Blick auf die empirischen Rekonstruktionen ableiten (Teil V). Wenn sich diese Studie als Novum in der Erziehungswissenschaft versteht, indem diese Organisationen als Konstrukteure transnationaler Bildungsräume sichtbar gemacht werden, bedarf es sowohl in den Erziehungswissenschaften als auch in der Islamischen Religionspädagogik weiterer Forschungen, die die Mikro-, Meso- und Makroebene transnationaler Bildungsräume in transnationalen Bildungsorganisationen in den Blick nehmen, und zwar unabhängig davon, ob Geschlecht(erverhältnisse) im Fokus der Betrachtung stehen.

KE 2: Moscheen als Geschlechterräume und Räume der Geschlechtererziehung erschließen

Zudem ist es erforderlich, weiterhin die Konstruktionen von Geschlechterräumen in Moscheen zu untersuchen. Damit ist neben den Konstruktionen von Frauen- und Männerräumen sowie geschlechtergemischten Räumen (also im physikalischen Sinne) ebenso das Aufspannen solcher Räume durch Diskurse, Praktiken und Handlungen (im relationalen Sinne) gemeint. Auf beiden Ebenen wird bzw. werden Geschlecht(ervorstellungen) konstruiert, legitimiert und konstituiert. Das Doing Gender in Moscheen kann auf folgenden Ebenen weitergehend untersucht werden:

- Die *Moscheestrukturen* verfestigen Geschlechtervorstellungen und -arrangements, indem sie sie in einem religiös-spirituellen Raum rahmen und durch religiöse Glaubensinhalte und Narrative legitimieren. Für die Herstellungsprozesse von Geschlecht(erverhältnissen) ist es daher unumgänglich, sowohl die Strukturen der Moscheen als auch jener Organisationen, die einen direkten Einfluss auf die Handlungsfelder der untersuchten Moscheen ausüben, zu berücksichtigen. Die Herstellungsweise lässt sich in den Strukturen analysieren, die durch die Schwerpunktsetzungen in den Handlungsfeldern und den Beschreibungen ihrer Selbstverständnisse sichtbar werden. Daneben können mit der Untersuchung von Praktiken in Vorständen (beispielsweise Frauenvorstände oder geschlechtergemischte Vorstände, in denen Frauen eine bestimmte Repräsentationsfunktion innehaben) Geschlechterdiskurse, damit verbundene Spannungsfelder, Dysbalancen und Herausforderungen rekonstruiert werden, die Aufschlüsse über die Konstruktionen von Geschlechterbildern geben.

- Die physikalischen *Geschlechterräume* der Moscheen – und zwar unabhängig davon, ob sie binär codiert sind oder nicht – schaffen geschützte Räume (Karakoç, 2017) und eröffnen Potenziale für interne Entwicklungen sowie Neuverhandlungen von normativen Geschlechtervorstellungen: Durch Veranstaltungen mit explizit geschlechterbezogenen Themensetzungen, aber auch durch die Bildungsangebote in informeller und non-formaler Rahmung sind Möglichkeiten gegeben, Geschlechtervorstellungen zu (de)konstruieren. Somit erscheint es wichtig, nicht nur auf geschlechtergemischte Räume zu blicken, sondern auch solche Lern- und Bildungsprozesse zu erforschen, die in geschlechtergetrennten Räumen stattfinden. Den Analyseblick auf das Doing Gender in Moscheen zu richten, erfordert in zukünftigen wissenschaftlichen Forschungen daher die Berücksichtigung von diversen Gestaltungen ihrer Geschlechterräume und Angebote.

- Die empirischen Rekonstruktionen dieser Studie zeichnen an verschiedenen Stellen die Bedeutung der *pädagogischen Handlungsfelder* für die Bildungs- und Lernprozesse der Teilnehmenden nach. Durch die Schwerpunktsetzungen in pädagogischen Handlungsfeldern konstruieren und reproduzieren Moscheen stereotype Geschlechtervorstellungen, auf der anderen Seite schaffen sie Räume für Dekonstruktionen bisheriger Praktiken und Verschiebungen von Geschlechterdiskursen. Durch die bisherigen Forschungen zu Moscheen und ihren Lernräumen (Teil II) ebenso wie durch den empirischen Teil (Teil IV) zeigt sich, dass der *Religionsunterricht in Moscheegemeinden* (RUM) und die *Predigten* in der Leitung der Imam*innen als Räume fungieren, die neben den zahlreichen informellen und non-formalen Angeboten dezidert geschlechterbezogene Aspekte aufgreifen und somit als Orte der Geschlechtererziehung fungieren. Die Räume, die sowohl die Reproduktion normativer (und stereotyper) Vorstellungen als auch ihre Dekonstruktion möglich machen, bedürfen empirischer Untersuchungen.

KE 3: Imam*innen als pädagogische Orientierungspersonen fokussieren
Die Moscheestrukturen, die physikalischen oder sich aufspannenden diskursiven Geschlechterräume, diverse pädagogische Handlungsfelder sowie die in diesen Räumen vollzogenen Praktiken ermöglichen Einblicke in die Herstellung von Geschlecht. Zugleich sind es pädagogische Orientierungspersonen, die eine leitende Funktion einnehmen. Bisherige Untersuchungen beschreiben Imame als Führungspersonen in Moscheen,[3] allerdings möchte ich mit einer kritischen Würdigung dieser Studien folgende Desiderate festhalten:

- Die Studien, die einen religionspädagogischen Blick auf Moscheeräume zu werfen scheinen (beispielsweise E. Aslan, Erşan Akkılıç, & Kolb, 2015; Ceylan, 2006, 2008, 2009, 2010a, 2010b, 2010c, 2011, 2014, 2019, 2021), zeigen, dass die Autor*innen den Untersuchungen integrationspolitische oder soziologische Fragestellungen zugrunde legen. Für eine (religions-)pädagogische Analyse ist es allerdings unerlässlich, zunächst Moscheen und ihre Lehrenden vor dem Hintergrund der sich aufspannenden Erziehungs- und Bildungsräume zu analysieren und die Analyserichtung der Studien entsprechend anzupassen. Erziehungswissenschaftliche und religionspädagogische Forschungen können an dieser Stelle nur dann Aufschlüsse über die Bildungsräume in Moscheen geben, wenn sie mit einer bildungs- und erziehungstheoretischen Brille auf den Forschungsgegenstand blicken. Integrationspolitische Antworten lassen sich dann ableiten – allerdings erfordert eine religionspädagogische und erziehungswissenschaftliche Betrachtung zunächst eine solche Rahmung der Studien.
- Die bisherigen (u. a. auch obengenannte) Studien haben eines gemeinsam: Sie bilden nach einer empirischen Feldforschung und Datenerhebung Typen, indem sie einzelne befragte Imame und nicht die in den Interviews enthaltenen Themenkomplexe als Fälle betrachten. Die Typenbildungen im Sinne von Kategorisierungen der Imame (Ceylan, 2010a) lassen sich vor diesem Hintergrund verstehen. Bestimmte Imame werden beispielsweise dem Typ der „intellektuell-offensiv" Orientierten, andere wiederum dem „neosalafistischen" Typ zugeordnet. Dies hat schlussendlich zur Folge, dass unterschiedliche kontextabhängige Positionierungen eines Imams, die Bedeutung seiner biographischen Bezüge und die Zusammenhänge mit organisationalen Strukturen und Migrationserfahrungen unsichtbar bleiben. Imam X scheint in einer solchen Forschungsarbeit in jeglicher Hinsicht als „intellektueller" bzw. „salafistischer" Imam aufzutreten, wodurch Themenverflechtungen und

---

[3] Der damit zusammenhängende Forschungsstand wurde in Teil II der Studie skizziert.

kontextabhängige Positionierungen ausgeblendet werden. Damit zusammenhängend weisen die Studien eine weitere Gemeinsamkeit auf: Sie bearbeiten die Forschungsfragen mit methodischen Analyseverfahren, die die Was-Ebene des Gesagten fokussieren. Die Wie-Ebene, also wie bestimmte Aspekte hergestellt und bearbeitet werden – also die konjunktive Ebene – scheint keine Beachtung zu finden. Genau an dieser Stelle geben hermeneutische Analyseverfahren und auch die dokumentarische Methode Aufschlüsse. Sie lassen neben der Analyse des kommunikativen Wissens (auf der Was-Ebene des Gesagten) Einblicke auf das konjunktive Wissen (die Wie-Ebene bestimmter Herstellungsprozesse) zu. Daher wird dafür plädiert, künftig durch empirische Studien im Zusammenhang mit Moscheen und ihren Teilnehmenden neben der kommunikativen Ebene auch die konjunktive Ebene zu berücksichtigen und den Blick auf die Komplexität der erforschten Aspekte zu richten.

- Um es an weiterer Stelle feministisch-theoretisch und zugleich ethnomethodologisch auszudrücken: Die Subjekte und Strukturen in den Moscheeräumen (dazu gehören auch die Forschenden) machen alle Beteiligten zu Mittäter*innen in der Geschlechterkonstruktion. Nicht nur in den Thematisierungen ist nach der Geschlechterkonstitution zu suchen; die Dethematisierungen bestimmter Phänomene – und konkreter das Ausblenden von Subjekten, die sich als Frauen positionieren –, macht die Verantwortlichen zu Konstrukteuren einer Geschlechterdysbalance. Sowohl das Ungleichheitsverhältnis in der Entsendung und der Beschäftigung von Imaminnen als auch ihre fehlende Berücksichtigung in wissenschaftlichen Auseinandersetzungen verfestigen diese Dysbalance. Wenngleich die Chancen und Herausforderungen im Empowerment von Frauen in Moscheen in Forschungsprojekten aufgegriffen werden,[4] fehlt in erziehungswissenschaftlicher Betrachtung die Fokussierung auf leitende Orientierungspersonen, die eine pädagogisch relevante Rolle einnehmen. Daher wird an dieser Stelle der Anstoß gegeben, in der Erforschung von Moscheeräumen weiterhin Imaminnen zu untersuchen.

---

[4] Empowerment- und Selbstermächtigungsprozesse im Kontext von Migrant*innenorganisationen konnten durch Studien (z. B. Hradská, 2022) oder in Projekten wie Fem4Dem (durchgeführt am Fachbereich Erziehungswissenschaften der Goethe-Universität in Kooperation mit der Universität Osnabrück) untersucht werden. Im Fem4Dem-Projekt konnten zwar Moscheebesucherinnen und -akteurinnen mit Blick auf die Chancen und Herausforderungen für die gesellschaftliche Teilhabe und ihr Empowerment analysiert werden (Karakoç, i.E.-a), allerdings fehlt auch hier der Fokus auf weibliche Führungspersonen.

KE 4: Gendersensibilität und -kompetenz forcieren

Die Fokussierung auf Gender verlangt nicht nur die Analyse der Räume, in denen oder durch die Geschlechtervorstellungen und -verhältnisse konstruiert werden; in einem nächsten Schritt ist für den Transfer der empirischen Befunde und der Theorieentwicklungen in die Praxis das Forcieren von Gendersensibilität und -kompetenz in der Ausbildung von Imam*innen, aber auch Islamischen Religionslehrkräften notwendig. Das bedeutet, dass sowohl im Rahmen des Islamischen Theologiestudiums oder anderer Ausbildungsformate durch die Verbände als auch im Rahmen des Lehramtsstudiums für das Fach Islamische Religion Gender zum Thema gemacht und die Bedeutung für die Lebenswelten muslimischer Kinder und Heranwachsender dargestellt werden muss. Nur wenn die Gendersensibilität und -kompetenz zunächst bei Lehrkräften und Imam*innen vorhanden ist, können die Praxis und die Lernenden davon profitieren. Hierfür ist die wissenschaftliche Erarbeitung von gendersensiblen Konzepten und ihre Einbettung in der Qualifikation von Imam*innen und Lehrkräften erforderlich. An dieser Stelle wird es die Aufgabe der Wissenschaft – und insbesondere der Islamischen Religionspädagogik – sein, Gendersensibilität und -kompetenz mit Blick auf den Islam zu fördern. Daneben wird der Anstoß gegeben, dass sich solche Konzepte auch in den Lehrplänen bzw. Curricula für die Moscheen und den Islamischen Religionsunterricht an Schulen widerspiegeln. Auch hier wird die wissenschaftliche Begleitung mit theoretischen Fundierungen und empirischen Überprüfungen notwendig. In Ergänzung dazu wird es für die Förderung von Gendersensibilität und -kompetenz in Zukunft unerlässlich sein, solche Ziele auch in Lern- und Lehrmaterialien zu überführen.

KE 5: Berücksichtigung der kollektiven Orientierungen und Modi der Bearbeitung zur Sensibilisierung für die pädagogische Praxis

Für eine gendersensible pädagogische Praxis können die Orientierungen und herausgearbeiteten Modi der Bearbeitung als theoretische Grundlage herangezogen werden, um die (handlungs-)leitenden und strukturierenden Kategorien sowie die vielfältigen Gestaltungsoptionen vor Augen zu führen. Sie können sodann Anstöße für die didaktischen und methodischen Erarbeitungen für den Unterricht liefern. Die rekonstruierten Modi der Bearbeitung können in erweiterter Perspektive dazu dienen, sich über mögliche Spannungsfelder in der pädagogischen Praxis bewusst zu werden. Wie ziehen Subjekte Religion und religiöse Glaubensinhalte heran und bearbeiten diese? In welchen Erfahrungsräumen und vor dem Hintergrund welcher Kategorien werden Geschlechterstereotype verfestigt? Die empirische Weiterverfolgung solcher Fragen kann dazu führen, nach Möglichkeiten für die Sensibilisierung von Lehrkräften an Schulen und Imam*innen in

Moscheen zu suchen. Es wird die Aufgabe der erziehungswissenschaftlichen und religionspädagogischen Forschung sein, solche empirischen Befunde zu berücksichtigen, wenn sie didaktische und methodische Konzepte für die pädagogische Praxis erarbeiten. Die herausgearbeiteten Modi der Bearbeitung geben aber auch Aufschlüsse über mögliche Potenziale und Selbstermächtigungsstrategien, die es weiterhin auszuarbeiten gilt. Vor allem die Modi der Bearbeitung, die sich in der Orientierung an Organisationsstrukturen zeigen, verweisen auf die Potenziale, Geschlechtervorstellungen, die sich durch die organisationalen Strukturen verfestigen, von Seiten der Teilhabenden zu dekonstruieren; und eine Dekonstruktionsleistung kann für ein Bewusstsein der Strukturen und folglich ihre Verschiebungen nützlich sein.

12 Konsequenzen für die pädagogische Praxis – ein Bewusstsein über die eigene Mittäterschaft

Die Konsequenzen, die sich vor dem Hintergrund der empirischen Befunde für die pädagogische Praxis beschreiben lassen, betreffen in erster Linie die geschlechterbezogenen Praktiken der Organisationen DITIB und Diyanet; sie können aber auch für andere ähnlich organisierte Bildungsorganisationen und Moscheegemeinden herangezogen werden. Eine gendersensible Praxis erfordert eine Neujustierung bestimmter Strukturen, die eine Bewusstwerdung auf verschiedenen Ebenen voraussetzt: Zunächst ist ein Bewusstsein über die eigene Einflussnahme auf der Makro-, Meso- und Mikroebene erforderlich. Die Organisationsstrukturen, ihre Selbstverständnisse mit Blick auf Religion, Gesellschaft und das Soziale, die Schwerpunkte ihrer Handlungsfelder wie beispielsweise durch die Festlegung von Predigtinhalten, geben den in diesen Räumen Teilhabenden eine Orientierung und wirken in ihr Handeln und Denken hinein. Nicht zuletzt, aber vor allem aus dieser Perspektive, zeichnet sich ab, dass die herangezogenen Organisationen (DITIB und Diyanet) als transnational wirkmächtige Bildungsakteure fungieren. Unabhängig davon, ob die befragten Imaminnen die Strukturen der Organisationen und ihre Orientierungsgebungen kritisch rahmend oder befürwortend aufgreifen: Die transnationale Wirkung ist empirisch belegt. Ein Bewusstsein darüber kann dazu beitragen, bestimmte Abläufe (beispielsweise in der Entsendung von Religionsbediensteten) und Schwerpunktsetzungen in den Handlungsfeldern neu zu gestalten. In diesem Zusammenhang ist es wichtig, dass sich die relevanten Akteur*innen im Religionspräsidium und in den Moscheen nicht nur die Frage stellen, weshalb ihre Entsendungssysteme eine männliche Dominanz aufweisen, sondern auch welche Geschlechterbilder sie dadurch konstruieren. Auch wenn sie hierfür theologische Argumentationslinien heranziehen (beispielsweise die erforderliche männliche Gebetsleitung, die sich vonseiten der

Imaminnen nicht erfüllen ließe), entsteht damit zusammenhängend die viel grundlegendere Frage, welche Handlungsfelder und Bildungsziele sie priorisieren. Mit Blick darauf ist es die Aufgabe des Religionspräsidiums, der Moscheen, aber auch der theologischen Fakultäten, die Frage zu bearbeiten, welche theologischen Antworten sie auf Genderfragen geben können, um folglich für die pädagogische Praxis anschlussfähig zu sein, indem sie die Diversität der Lebenswelten und ihre alltäglichen Fragen berücksichtigen. Das bedeutet, dass die Lehrenden sowohl in ihrer Ausbildung als auch in ihrer pädagogischen Praxis, auch durch angepasste Lehr- und Lernmaterialien, Gender thematisieren und folglich Möglichkeiten zu einem gendersensiblen Umgang finden müssen. Die Studie belegt in vielerlei Hinsicht, dass eine Gemeindeentwicklung mit Blick auf eine gendersensible Praxis nicht allein durch eine Imamausbildung in Deutschland gewährleistet ist, denn Geschlechterstereotype sind transnational wirksam. Jedoch könnte als erster Schritt für eine gendersensible Praxis die Berücksichtigung von Begriffen wie „Frau", „Mann", aber auch „Imamin" in ihrer Bedeutungsvielfältigkeit dienen.

Ein Bewusstsein über die eigene Mittäterschaft in der Geschlechterkonstruktion erfordert nicht nur die Wahrnehmung der eigenen Räume als Orte der Geschlechtererziehung, in denen dezidiert geschlechterbezogene Inhalte thematisiert und solche Fragen bearbeitet werden, sondern auch das Wissen um die Formen der impliziten und unterschwelligen Vermittlungen von Geschlechterbildern, die sich durch Stereotype verfestigen, aber auch Dekonstruktionen ermöglichen können. Eine Sensibilität für die Entstehungsformen von Geschlechterstereotypen und die Verflechtungen von sozial hergestellten Kategorien wird neue Wege für eine genderreflektierte und (religions-)pädagogisch-professionelle Praxis eröffnen. Ein Bewusstsein über die eigene Mittäterschaft in der Herstellung von Gender und über die Verflechtung von Migration, Religion, Organisation und Fremderwartungen ist vor allem für die Moscheen – um deren pädagogische Praxis es hier letztendlich geht – relevant; und genau

„dafür sind die Moscheen da. Was wir jetzt brauchen, das sind Imam:innen, die das verstehen und ihr Schiff in diese Richtung steuern wollen" (H. H. Behr, 2022, S. 101).

Literaturverzeichnis

Abdel-Rahman, Annett (2011). Die Partizipation von Frauen in Vorständen der Moscheegemeinden – eine Bestandsaufnahme. In Michael Borchard & Rauf Ceylan (Hrsg.), Imame und Frauen in Moscheen im Integrationsprozess. Gemeindepädagogische Perspektiven (S. 95–104). Göttingen: V&R.

Abid, Lise J. (2011). Frauen als Integrationsmultiplikatorinnen in Moscheegemeinden. In Michael Borchard & Rauf Ceylan (Hrsg.), Imame und Frauen in Moscheen im Integrationsprozess. Gemeindepädagogische Perspektiven (S. 105–122). Göttingen: V&R.

Acar Çınar, Hatice (2018). Din Görevlilerinde Mesleki Memnuniyet Algısı: Sivas Örneği. Hitit Üniversitesi İlahiyat Fakültesi Dergisi, 17(33), 63–82.

Adick, Christel (2005). Transnationalisierung als Herausforderung für die International und Interkulturell Vergleichende Erziehungswissenschaft. Tertium comparationis, 11(2), 243–269.

Adick, Christel (2008). Transnationale Bildungsorganisationen in transnationalen Bildungsräumen: Begriffsdefinitionen und Vorschlag für eine Typologie. Tertium comparationis, 14(2), 168–197.

Adick, Christel (2012). Transnationale Bildungsorganisationen: Global Players in einer Global Governance Architektur? Tertium comparationis, 18(1), 82–107.

Ådna, Gerd Marie (2022). Community development in Muslim communities. Examples from the south-western part of Norway. In Betül Karakoç & Harry Harun Behr (Hrsg.), Moschee 2.0 – Internationale und transdisziplinäre Perspektiven (S. 105–120). Münster: Waxmann.

Akca, Ayşe Almıla (2022). Verstehen und Reflektieren versus Memorieren und Rezitieren – Eine ethnographische Analyse zu verschiedenen Praxen der Religiosität in Moscheen in Deutschland. In Betül Karakoç & Harry Harun Behr (Hrsg.), Moschee 2.0 – Internationale und transdisziplinäre Perspektiven (S. 11–28). Münster: Waxmann.

Akca, Ayşe Almıla (2020). Moscheeleben in Deutschland. Eine Ethnographie zu Islamischem Wissen, Tradition und religiöser Autorität. Bielefeld: transcript.

AKIF (2020). Ahmet Keleşoğlu İlahiyat Fakültesi. URL: https://www.erbakan.edu.tr/ilahiyat/sayfa/2758 (letzter Zugriff: 07.08.2024)

Akın, Ahmet (2006). Osmanlıda Din Görevlisinin Konumu Üzerine Değerlendirmeler (Bursa Örneği). KSÜ İlahiyat Fakültesi Dergisi, 8, 65–104.

Akın, Ahmet (2016). Tarihi Süreç İçinde Cami ve Fonksiyonları Üzerine Bir Deneme. Hitit Üniversitesi İlahiyat Fakültesi Dergisi, 1(15), 177–209.
Akın, Mahmut H., Aydemir, Mehmet Ali & Nacak, İbrahim (2013). Konya'nın muhafazakârlık algısı üzerine uygulamalı bir çalışma. Muhafazakar Düşünce Dergisi, 9(36), 145–167.
Akman, Zekeriya (2012). Hz. Peygamber Döneminde Savaşlarda Kadın. Fırat Üniversitesi İlahiyat Fakültesi Dergisi, 17(2), 255–267.
Aktaş, Cihan (1997). Kadının Toplumsallaşması ve Fitne. Journal of Islamic Research, 10(4), 241–248.
Aktay, Yasin (2012). Diyanet İşleri Başkanlığı Çalışanlarının Sorunları Ve Beklentileri Araştırması. Diyanet – Sen Akademisi Yayınları, 85(2).
Akyüz, Niyazi, Gürsoy, Şahin & Çapçıoğlu, İhsan (2006). Din İşlerinde Özgün Türk Deneyimi: Diyanet'in Kurumsal Kimliği ve Güncel Değerlendirmeler. Dini Araştırmalar, 9(25), 31–42.
Al-Rebholz, Anıl (2013). Das Ringen um die Zivilgesellschaft in der Türkei. Intellektuelle Diskurse, oppositionelle Gruppen und Soziale Bewegungen seit 1980. Bielefeld: transcript.
Allenbach, Birgit & Müller, Monika (2017). Doing gender in religiösen Organisationen von Zugewanderten in der Schweiz: Inkorporation und Politik der Zugehörigkeit. In Kornelia Sammet, Friederike Benthaus-Apel & Christel Gärtner (Hrsg.), Religion und Geschlechterordnungen (S. 273–292). Wiesbaden: Springer VS.
Altıkulaç, Tayyar (2016). Zorlukları Aşarken. 1. Cilt. İstanbul: Türkiye Diyanet Vakfı Yayınları.
Altiner, Avni (2010). Wie kann das Referendariat künftiger Imame in Moscheen zielgerecht organisiert werden? In Bülent Uçar (Hrsg.), Imamausbildung in Deutschland. Islamische Theologie im europäischen Kontext (S. 393–400). Göttingen: V&R Unipress.
Amirpur, Katajun (2013). Den Islam neu denken. Der Dschihad für Demokratie, Freiheit und Frauenrechte. München: C. H. Beck.
Amirpur, Katajun (Hrsg.) (2020). MuslimInnen auf neuen Wegen. Interdisziplinäre Gender Perspektiven auf Diversität. Baden-Baden: Ergon Verlag.
AMJ (2012). Einführung. URL: https://ahmadiyya.de/ahmadiyya/einfuehrung/ (letzter Zugriff: 07.08.2024)
Ammann, Ludwig (2004). Privatsphäre und Öffentlichkeit in der muslimischen Zivilisation. In Nilüfer Göle & Ludwig Ammann (Hrsg.), Islam in Sicht. Der Auftritt von Muslimen im öffentlichen Raum (1. Auflage, S. 69–120). Bielefeld: Transcript.
Andersen, Uwe & Woyke, Wichard (Hrsg.) (1995). Handwörterbuch Internationale Organisationen (2. Auflage). Wiesbaden: Springer.
Apitzsch, Ursula (2003). Migrationsbiographien als Orte transnationaler Räume. In Ursula Apitzsch & Mechtild M. Jansen (Hrsg.), Migration, Biographie und Geschlechterverhältnisse (S. 65–80). Münster: Westfälisches Dampfboot.
Arıcı, İsmail (2018). Din Görevlilerine Göre Camiler ve Din Görevlileri Haftası. Atatürk Üniversitesi Sosyal Bilimleri Enstitüsü Dergisi, 22, 729–743.
Arnold, Rolf & Lermen, Markus (2010). Konstruktivismus und Erwachsenenbildung. In Christine Zeuner (Hrsg.), Enzyklopädie Erziehungswissenschaft Online. Weinheim und München: Juventa.

Literaturverzeichnis

Arslan, Z. Şeyma (2012). Training of Imams and Teachers for Islamic Education in Turkey. In Ednan Aslan & Zsófia Windisch (Hrsg.), The Training of Imams and Teachers for Islamic Education in Europe (S. 291–310). Frankfurt am Main: Peter Lang.

Asbrand, Barbara & Martens, Matthias (2018). Dokumentarische Unterrichtsforschung. Wiesbaden: Springer.

Asbrand, Barbara, Pfaff, Nicolle & Bohnsack, Ralf (2013). Rekonstruktive Längsschnittforschung in ausgewählten Gegenstandsfeldern der Bildungsforschung. Zeitschrift für Qualitative Forschung, 14(1), 3–12.

Aşıkoğlu, Nevzat Yaşar (1993). Almanya'da temel eğitimdeki Türk çocukların din eğitimi. Ankara: Diyanet Vakfı Yayınları.

Aslan, Ednan (2012). Zwischen Moschee und Gesellschaft: Imame in Österreich. Frankfurt a. M.: Lang.

Aslan, Ednan, Erşan Akkılıç, Evrim & Hämmerle, Maximilian (2018). Islamistische Radikalisierung. Biographische Verläufe im Kontext der religiösen Sozialisation und des radikalen Milieu. Wiesbaden: Springer VS.

Aslan, Ednan, Erşan Akkılıç, Evrim & Kolb, Jonas (2015). Imame und Integration. Wiesbaden: Springer.

Aslan, Ednan, Kolb, Jonas & Yildiz, Erol (2017). Muslimische Diversität. Ein Kompass zur religiösen Alltagspraxis in Österreich. Wiesbaden: Springer.

Aslan, Ednan & Lux, Christina (Hrsg.) (2013). Islamische Theologie in Österreich. Institutionalisierung der Ausbildung von Imamen, SeelsorgerInnen und TheologInnen. Frankfurt am Main: Lang.

Aslan, Ednan, Modler El-Abdaoui, Magdalena & Charkasi, Dana (2015). Islamische Seelsorge. Eine empirische Studie am Beispiel von Österreich. Wiesbaden: Springer VS.

Aslan, İbrahim (2013). Scharia. In Richard Heinzmann (Hrsg.), Lexikon des Dialogs. Grundbegriffe aus Christentum und Islam. Band 2 (S. 611–612). Freiburg im Breisgau: Herder.

Aslan, Serdar (2018). Die Schiiten (Eine alphabetische Bibliographie der deutschsprachigen Literatur). Islam Akademie. URL: https://islam-akademie.de/index.php/theologie-und-philosophie/507-die-schiiten-bibliographie?fbclid=IwAR1K133gKbmYLfPyevk03_yyW4iPdf1LghgMAdyVDUu-LyFbVLR1NTzdGi4 (letzter Zugriff: 07.08.2024)

Ataç, Ilker, Odman, Asli E. & Tuncer, Gökhan (2000). Zwischen „Grüner Gefahr" und „Ziviler Befreiung". Zur aktuellen Diskussion über das Verhältnis zwischen Politik und Religion in der Türkei seit 1980. Journal für Entwicklungspolitik 16(1), 75–92.

AÜİF (2020). Ankara Üniversitesi İlahiyat Fakültesi. URL: http://www.divinity.ankara.edu.tr/ (letzter Zugriff: 07.08.2024)

Aydemir, Suna G. (2019). Rückzug und Rückkehr des Religiösen. Religionspolitik(en) der modernen Türkei (1839–2002). Wiesbaden: Springer.

Aydın, Yaşar (2013). Zur Bedeutung von gesellschaftlichen Veränderungen und transnationalen Orientierungen bei Mobilitätsentscheidungen: Abwanderung türkeistämmiger Hochqualifizierter aus Deutschland nach Istanbul. In Barbara Pusch (Hrsg.), Transnationale Migration am Beispiel Deutschland und Türkei (S. 378). Wiesbaden: Springer VS.

Aygün, Adem (2013). Religiöse Sozialisation und Entwicklung bei islamischen Jugendlichen in Deutschland und in der Türkei. Empirische Analysen und religionspädagogische Herausforderungen. Münster: Waxmann.

Ayhan, Halis (2014). Türkiye'de Din Eğitimi (3. Auflage). İstanbul: dem.

Aysel, Asligül (2018). Vom „Gastarbeiter" zum „Deutschtürken"? Studien zum Wandel türkischer Lebenswelten in Duisburg (Vol. 10). Baden-Baden: Ergon.

Aysel, Asligül (2022). Strukturelle und dynamische Prozesse um islamische Bildungsangebote in Schule und Universität am Beispiel von Deutschland. In Ednan Aslan (Hrsg.), Handbuch Islamische Religionspädagogik. Teil 1 (S. 449–478). Göttingen: V&R.

Baar, Robert, Budde, Jürgen, Kampshoff, Marita & Messerschmidt, Astrid (2019). Von der Frauen- und Geschlechterforschung in der Erziehungswissenschaft zur erziehungswissenschaftlichen Geschlechterforschung. In Robert Baar, Jutta Hartmann & Marita Kampshoff (Hrsg.), Geschlechterreflektierte Professionalisierung – Geschlecht und Professionalität in pädagogischen Berufen (S. 11–14). Opladen: Barbara Budrich.

Baar, Robert, Hartmann, Jutta & Kampshoff, Marita (Hrsg.) (2019). Geschlechterreflektierte Professionalisierung – Geschlecht und Professionalität in pädagogischen Berufen. Opladen: Barbara Budrich.

Babka, Anna & Posselt, Gerald (2016). Gender und Dekonstruktion. Begriffe und kommentierte Grundlagentexte der Gender- und Queer-Theorie. Wien: facultas.

Badawia, Tarek, Erdem, Gülbahar & Abdallah, Mahmoud (Hrsg.) (2020). Grundlagen muslimischer Seelsorge. Die muslimische Seele begreifen und versorgen. Wiesbaden: Springer VS.

Ballnus, Jörg (2011). Klassische religiöse Erziehung oder kindgerechter Zugang in Moscheegemeinden. In Michael Borchard & Rauf Ceylan (Hrsg.), Imame und Frauen in Moscheen im Integrationsprozess. Gemeindepädagogische Perspektiven (S. 197–208). Göttingen: V&R unipress.

Baltacı, Ali (2018). Din Görevlilerinin İş Doyumu, İş Stresi, Tükenmişlik ve İşten Ayrılma Niyeti Arasındaki İlişkiler: Çok Örneklemli Bir Çalışma. Cumhuriyet İlahiyat Dergisi, 22(3), 1509–1536.

Bano, Masooda (2017). Female Islamic Education Movements. The Re-democratisation of Islamic Knowledge. Cambridge: Cambridge University Press.

Baraulina, Tatjana & Kreienbrink, Axel (2013). Transnationale Lebensführung von RemigrantInnen in der Türkei? RückkehrerInnen in Ankara und Antalya. In Barbara Pusch (Hrsg.), Transnationale Migration am Beispiel Deutschland und Türkei (S. 235-251). Wiesbaden: Springer VS.

Bardakoğlu, Ali (2008). Religion und Gesellschaft. Neue Perspektiven aus der Türkei. Köln: DITIB-ZSU.

Baumgärtner, Esther (2015). Lokalität und kulturelle Heterogenität. Selbstverortung und Identität in der multi-ethnischen Stadt. Bielefeld: transcript.

Bauriedl, Sybille (2008). Räume lesen lernen: Methoden zur Raumanalyse in der Diskursforschung. Historical Social Research, 33(1), 278–312.

Bauschke-Urban, Carola (2006). Wissenschaftlerinnen in transnationalen Bildungsräumen. Das Beispiel der ifu. Tertium comparationis, 12(2), 121–144.

Bauschke-Urban, Carola (2010). Im Transit. Transnationalisierungsprozesse in der Wissenschaft. Wiesbaden: VS Verlag für Sozialwissenschaften.

Baykal, Rukiye (2012). Die Situation türkischer Imame und ihre Sicht des interreligiösen Dialogs. In Ednan Aslan (Hrsg.), Zwischen Moschee und Gesellschaft. Imame in Österreich (S. 59–72). Frankfurt: Peter Lang.

Literaturverzeichnis

Bayrak, Mehmet (2022). Die multiperspektivische Analyse von Migrationsmoscheen. In Ömer Alkin, Mehmet Bayrak & Rauf Ceylan (Hrsg.), Moscheen in Bewegung. Interdisziplinäre Perspektiven auf muslimische Kultstätten der Migration (S. 75–112). Berlin: De Gruyter.

Bayraktar, Mehmet Faruk (2006). Suffa'da yapılan eğitim-öğretim ve günümüze yansımaları. In Mehmet Faruk Bayraktar (Hrsg.), Yetişkin dönemi eğitimi ve problemleri (S. 43–51). Istanbul: Ensar Neşriyat.

Beck, Ulrich (2007). Was ist Globalisierung. Frankfurt: Suhrkamp.

Behnke, Cornelia & Meuser, Michael (1999). Geschlechterforschung und qualitative Methoden. Opladen: Leske+Budrich.

Behr, Hamida Sarah (2018). Koranauslegung und Rechtsprechung zu Frauen. Positionen von Abou El Fadl und Abi Zaid im deutschen Kontext. Münster: Waxmann.

Behr, Harry Harun (2014). Grundzüge des islamischen Betens. In Daniel Krochmalnik, Katja Boehme, Harry Harun Behr & Bernd Schröder (Hrsg.), Das Gebet im Religionsunterricht in interreligiöser Perspektive (S. 79–88). Berlin: Frank&Timme.

Behr, Harry Harun (2022). Moscheen sind wie Schiffe – Ein Kursbuch für die islamische Gemeindearbeit. In Betül Karakoç & Harry Harun Behr (Hrsg.), Moschee 2.0 – Internationale und transdiziplinäre Perspektiven (S. 81–104). Münster: Waxmann.

Behr, Harry Harun & Kulaçatan, Meltem (2022). DITIB Jugendstudie 2021. Weinheim: Beltz Juventa.

Behse-Bartels, Grit & Brand, Heike (Hrsg.). (2009). Subjektivität in der qualitativen Forschung. Der Forschungsprozess als Reflexionsgegenstand. Opladen: Barbara Budrich.

Beilschmidt, Theresa (2015). Gelebter Islam. Eine empirische Studie zu DITIB-Moscheegemeinden in Deutschland. Bielefeld: transcript.

Beinhauer-Köhler, Bärbel (2008). Muslimische Frauen in Moscheen- zwischen Tradition und Innovation. Forschung Frankfurt, 26(1), 52–56.

Beinhauer-Köhler, Bärbel & Leggewie, Claus (2009). Moscheen in Deutschland. Religiöse Heimat und gesellschaftliche Herausforderung. München: Verlag C.H. Beck.

Beloe, Elizabeth (2014). „Having the knife and the Yam": zum Umgang mit Geheimnissen in einer Community-basierten Forschung bei kamerunischen Migrant*innen in Berlin. In Hella von Unger, Petra Narimani & Rosaline M´Bayo (Hrsg.), Forschungsethik in der qualitativen Forschung. Reflexivität, Perspektiven, Positionen (S. 133–148). Wiesbaden: Springer.

Bender, Désirée, Hollstein, Tina, Huber, Lena & Schweppe, Cornelia (2015). Auf den Spuren transnationaler Lebenswelten. Ein wissenschaftliches Lesebuch. Erzählungen – Analysen – Dialoge. Bielefeld: transcript.

Benner, Dietrich (2015). Erziehung und Bildung! Zur Konzeptualisierung eines erziehenden Unterrichts, der bildet. Zeitschrift für Pädagogik, 61(4), 481–496.

Bereswill, Mechthild (2003). Die Subjektivität von Forscherinnen und Forschern als methodologische Herausforderung. Ein Vergleich zwischen interaktionstheoretischen und psychoanalytischen Zugängen. Sozialer Sinn. Zeitschrift für hermeneutische Sozialforschung(3), 511–532.

Berger, Peter L. & Luckmann, Thomas (1977). Die gesellschaftliche Konstruktion der Wirklichkeit. Eine Theorie der Wissenssoziologie (5. Auflage). Frankfurt: Fischer-Taschenbuch-Verl.

Bernhard, Armin (2011). Allgemeine Pädagogik. Auf praxisphilosophischer Grundlage. Baltmannsweiler: Schneider Hohengehren.
Biermann, Ingrid (2015). Von Differenz zu Gleichheit. Bielefeld: transcript.
Bilden, Helga (2006). Konstituierung, Kontinuität und Wandel des Geschlechterverhältnisses. In Annette Treibel (Hrsg.), Einführung in soziologische Theorien der Gegenwart (7. Auflage, S. 281–310). Wiesbaden: VS Verlag für Sozialwissenschaften.
Bilen, Mehmet (2007). Din Görevlilerinin Hadis Bilgileri Üzerine. İslâmî İlimler Dergisi, 1(4), 81–104.
Blätte, Andreas (2014). Einwandererverbände in der Migrations- und Integrationspolitik 1998–2006. Zugang, Normen und Tausch. Wiesbaden: Springer.
Bobzin, Hartmut (2019). Der Koran (3. Auflage). München: C. H. Beck.
Bochinger, Christoph (2010). Imamausbildung in Deutschland? Gründe, Chancen und Probleme der Verankerung im deutschen Wissenschaftssystem. In Bülent Uçar (Hrsg.), Imamausbildung in Deutschland. Islamische Theologie im europäischen Kontext (S. 87–96). Göttingen: V&R Unipress.
Bohnsack, Ralf (1997). „Orientierungsmuster": Ein Grundbegriff qualitativer Sozialforschung. In Folker Schmidt (Hrsg.), Methodische Probleme der empirischen Erziehungswissenschaft (S. 49–62). Baltmannsweiler: Schneider.
Bohnsack, Ralf (2000). Rekonstruktive Sozialforschung. Einführung in Methodologie und Praxis qualitativer Forschung (4. Auflage). Opladen: Leske+Budrich.
Bohnsack, Ralf (2009). Dokumentarische Methode. In Renate Buber & Hartmut H. Holzmüller (Hrsg.), Qualitative Marktforschung. Konzepte – Methoden – Analysen (2. Auflage, S. 319–330). Wiesbaden: Gabler.
Bohnsack, Ralf (2010a). Dokumentarische Methode. In Ralf Bohnsack, Winfried Marotzki & Michael Meuser (Hrsg.), Hauptbegriffe Qualitativer Sozialforschung (3. Auflage, S. 40–44). Opladen: Verlag Barbara Budrich.
Bohnsack, Ralf (2010b). Dokumentarische Methode und Typenbildung – Bezüge zur Systemtheorie. In René John, Anna Henkel & Jana Rückert-John (Hrsg.), Die Methodologien des Systems. Wie kommt man zum Fall und wie dahinter? (S. 291–320). Wiesbaden: VS Verlag für Sozialwissenschaften.
Bohnsack, Ralf (2011a). Dokumentarische Methode. In Ralf Bohnsack, Winfried Marotzki & Michael Meuser (Hrsg.), Hauptbegriffe qualitativer Sozialforschung (3. Auflage, S. 40–44). Opladen: Barbara Budrich.
Bohnsack, Ralf (2011b). Qualitative Bild- und Videointerpretation. Die dokumentarische Methode (2. Auflage). Opladen & Farmington Hills: Barbara Budrich.
Bohnsack, Ralf (2012). Orientierungsschemata, Orientierungsrahmen und Habitus. Elementare Kategorien der Dokumentarischen Methode mit Beispielen aus der Bildungsmilieuforschung. In Karin Schittenhelm (Hrsg.), Qualitative Bildungs- und Arbeitsmarktforschung. Grundlagen, Perspektiven, Methoden (S. 119–154). Wiesbaden: Springer.
Bohnsack, Ralf (2013a). Die dokumentarische Methode in der Bild- und Fotointerpretation. In Ralf Bohnsack, Iris Nentwig-Gesemann & Arnd-Michael Nohl (Hrsg.), Die dokumentarische Methode und ihre Forschungspraxis. Grundlagen qualitativer Sozialforschung (3. Auflage, S. 75–98). Wiesbaden: Springer.
Bohnsack, Ralf (2013b). Typenbildung, Generalisierung und komparative Analyse. Grundprinzipien der dokumentarischen Methode. In Ralf Bohnsack, Iris Nentwig-Gesemann &

Arnd-Michael Nohl (Hrsg.), Die dokumentarische Methode und ihre Forschungspraxis. Grundlagen qualitativer Sozialforschung (3. Auflage, S. 241–270). Wiesbaden: Springer.

Bohnsack, Ralf (2014). Rekonstruktive Sozialforschung. Einführung in qualitative Methoden (9. Auflage). Opladen & Toronto: Barbara Budrich.

Bohnsack, Ralf (2017). Praxeologische Wissenssoziologie. Opladen & Toronto: Barbara Budrich.

Bohnsack, Ralf (2018). Soziogenetische Interpretation und soziogenetische Typenbildung. In Ralf Bohnsack, Friederike Hoffmann Hoffmann & Iris Nentwig-Gesemann (Hrsg.), Typenbildung und Dokumentarische Methode. Forschungspraxis und methodologische Grundlagen (S. 312–328). Opladen: Barbara Budrich.

Bohnsack, Ralf, Hoffmann, Nora Friederike & Nentwig-Gesemann, Iris (2018). Typenbildung und Dokumentarische Methode. In Ralf Bohnsack, Nora Friederike Hoffmann & Iris Nentwig-Gesemann (Hrsg.), Typenbildung und Dokumentarische Methode. Forschungspraxis und methodologische Grundlagen (S. 9–50). Opladen: Barbara Budrich.

Bohnsack, Ralf, Marotzki, Winfried & Meuser, Michael (2010). Hauptbegriffe Qualitativer Sozialforschung (3. Auflage). Opladen: Verlag Barbara Budrich.

Bohnsack, Ralf, Nentwig-Gesemann, Iris & Nohl, Arnd-Michael (2013). Einleitung: Die dokumentarische Methode und ihre Forschungspraxis. In Ralf Bohnsack, Iris Nentwig-Gesemann & Arnd-Michael Nohl (Hrsg.), Die dokumentarische Methode und ihre Forschungspraxis. Grundlagen qualitativer Sozialforschung (S. 9–32). Wiesbaden: Springer.

Bohnsack, Ralf & Nohl, Arnd-Michael (2010). Komparative Analyse und Typenbildung in der dokumentarischen Methode. In Gabriele Cappai, Shingo Shimada & Jürgen Straub (Hrsg.), Interpretative Sozialforschung und Kulturanalyse. Hermeneutik und die komparative Analyse kulturellen Handelns (S. 101–128). Bielefeld: transcript.

Bohnsack, Ralf & Nohl, Arnd-Michael (2013). Exemplarische Textinterpretation: Die Sequenzanalyse der dokumentarischen Methode. In Ralf Bohnsack, Iris Nentwig-Gesemann & Arnd-Michael Nohl (Hrsg.), Die dokumentarische Methode und ihre Forschungspraxis. Grundlagen qualitativer Sozialforschung (3. Auflage, S. 325–329). Wiesbaden: Springer.

Bokelmann, Hans (1970). Pädagogik: Erziehung, Erziehungswissenschaft. In Josef Speck & Gerhard Wehle (Hrsg.), Handbuch pädagogischer Grundbegriffe. Band II (S. 178–267). München: Kösel-Verlag.

Bönold, Fritjof (2005). Zur Lage der pädagogischen Frauen- und Geschlechterforschung: bildungstheoretische Diskussionen. In Rita Casale, Barbara Rendtorff, Sabine Andresen, Vera Moser & Annedore Prengel (Hrsg.), Jahrbuch der Frauen- und Geschlechterforschung in der Erziehungswissenschaft. Geschlechterforschung in der Kritik (S. 87–106). Opladen: Verlag Barbara Budrich.

Bonus, Stefanie & Vogt, Stefanie (2018). Nonformale Bildung in Freiwilligendiensten. Ergebnisse aus Praxisentwicklung und Praxisforschung in kritisch-emanzipatorischer Perspektive. Baden-Baden: Nomos.

Borchard, Michael & Ceylan, Rauf (Hrsg.) (2011). Imame und Frauen in Moscheen im Integrationsprozess. Gemeindepädagogische Perspektiven. Göttingen: V&R Unipress.

Bouamrane, Chikh (1988). İslam Tarihinde Eğitim Öğretim Kurumları. Ankara Üniversitesi İlahiyat Fakültesi Dergisi, 30(1), 279–285.

Brauch, Annegret, Guthmann, Andreas, Stepputat, Annette & Weber, Birgit (2013). Als Frauen und Männer geschaffen. Zur Rolle der Geschlechter im interreligiösen Dialog. Karlsruhe: Evangelische Landeskirche in Baden.
Breitenbach, Eva (2005). Vom Subjekt zur Kategorie. Veränderte Denkfiguren. In Rita Casale, Barbara Rendtorff, Sabine Andresen, Vera Moser & Annedore Prengel (Hrsg.), Jahrbuch der Frauen- und Geschlechterforschung in der Erziehungswissenschaft. Geschlechterforschung in der Kritik (S. 73–86). Opladen: Verlag Barbara Budrich.
Bronfenbrenner, Urie (1976). Ökologische Sozialisationsforschung. Stuttgart: Klett.
Budde, Jürgen (2005). Männlichkeit und gymnasialer Alltag. Doing Gender im heutigen Bildungssystem. Bielefeld: transcript.
Bušatlić, Ismet (2010). Zur Bedeutung der Ausbildung von Imamen in Europa. In Bülent Uçar (Hrsg.), Imamausbildung in Deutschland. Islamische Theologie im europäischen Kontext (S. 25–30). Göttingen: V&R Unipress.
Buyrukçu, Ramazan (1995). Din görevlisinin mesleğini temsil gücü. Ankara: Diyanet Vakfı yayınları.
Buyrukçu, Ramazan (1996). Din Görevlilerinin Problemleri ve Çözümü ile ilgili Görüş ve Teklifler. Süleyman Demirel Üniversitesi. İlahiyat Fakültesi Dergisi, 3, 75–113.
Buyrukçu, Ramazan (2006). Türkiye'de Din Görevlisi Yetiştirme ve Çözüm Önerileri. Süleyman Demirel Üniversitesi. İlahiyat Fakültesi Dergisi, 2, 99–126.
Çakın, Kâmil (2013). Hadith. In Richard Heinzmann (Hrsg.), Lexikon des Dialogs. Grundbegriffe aus Christentum und Islam. Band 1 (S. 308–310). Freiburg im Breisgau: Herder.
Calderini, Simonetta (2021). Women as Imams: Classical Islamic Sources and Modern Debates on Leading Prayer. London: Bloomsbury.
Çanakcı, Ahmet Ali (2015). Cami Cemaatinin Din Görevlilerine Bakışı: Balıkesir Örneği. Balıkesir İlahiyat Dergisi, 1(2), 253–282.
Cebeci, Suat (2015). Din Eğitimi Bilimi ve Türkiye'de Din Eğitimi (3. Auflage). Ankara: Akçağ.
Çelik, Abbas (2013). Din Eğitimi Tarihi. Istanbul: Arı Sanat Yayınevi.
Çelik, Özcan & Leidinger, Paul (2017). Zur Entwicklung und zu Grundsätzen eines Islamischen Religionsunterrichts (IRU) in NRW. In Paul Leidinger & Ulrich Hillebrand (Hrsg.), Deutsch-Türkische Beziehungen im Jahrhundert zwischen erstem Weltkrieg und Gegenwart (S. 163–182). Berlin: LIT.
Cengil, Muammer (2010). Din Görevlileri ve Kur'an Kursu Öğreticilerinin Tükenmişlik Düzeleri. Dinbilimleri Akademik Araştırma Dergisi, 10(3), 79–101.
Ceylan, Rauf (2006). Ethnische Kolonien. Entstehung, Funktion und Wandel am Beispiel türkischer Moscheen und Cafés. Wiesbaden: VS Verlag für Sozialwissenschaften.
Ceylan, Rauf (2008). Islamische Religionspädagogik in Moscheen und Schulen: ein sozialwissenschaftlicher Vergleich der Ausgangslage, Lehre und Ziele unter besonderer Berücksichtigung der Auswirkungen auf den Integrationsprozess der muslimischen Kinder und Jugendlichen in Deutschland. Hamburg: Kovac.
Ceylan, Rauf (2009). Außerschulischer Religionsunterricht – am Beispiel türkischer Moscheen in Deutschland. In Bülent Uçar & Yaşar Sarıkaya (Hrsg.), Entwicklung der modernen Islamischen Religionspädagogik in der Türkei im 20. Jahrhundert (S. 243–253). Hamburg: Kovač.
Ceylan, Rauf (2010a). Die Prediger des Islam. Imame – wer sie sind und was sie wirklich wollen. Freiburg im Breisgau: Herder.

Ceylan, Rauf (2010b). Imame in Deutschland. Religiöse Orientierungen und Erziehungsvorstellungen türkisch-muslimischer Autoritäten. In Thorsten Gerald Schneiders (Hrsg.), Islamverherrlichung. Wenn die Kritik zum Tabu wird (1. Auflage, S. 295–314). Wiesbaden: VS Verlag.

Ceylan, Rauf (2010c). Imamschulungen durch die Konrad-Adenauer-Stiftung in der Türkei: Inhalte, Erfahrungen und Perspektiven. In Bülent Uçar (Hrsg.), Imamausbildung in Deutschland. Islamische Theologie im europäischen Kontext (S. 351–358). Göttingen: V&R Unipress.

Ceylan, Rauf (2011). Landeskundliche Schulungen türkischer Imame durch die Konrad-Adenauer-Stiftung: ein positives Resümee. In Michael Borchard & Rauf Ceylan (Hrsg.), Imame und Frauen in Moscheen im Integrationsprozess. Gemeindepädagogische Perspektiven (S. 31–38). Göttingen: V&R unipress.

Ceylan, Rauf (2014). Cultural Time Lag. Moscheekatechese und islamischer Religionsunterricht im Kontext von Säkularisierung. Wiesbaden: Springer.

Ceylan, Rauf (2019). *Imamausbildung in Deutschland. Perspektiven aus Gemeinden und Theologie*. AIWG Expertisen. Berlin.

Ceylan, Rauf (2021). Imame in Deutschland. Wer sie sind, was sie tun und was sie wirklich wollen. München: Herder.

Ceylan, Rauf & Kiefer, Michael (2013). Salafismus. Fundamentalistische Strömungen und Radikalisierungsprävention. Wiesbaden: Springer VS.

Ceylan, Rauf & Kiefer, Michael (2016). Muslimische Wohlfahrtspflege in Deutschland. Eine historische und systematische Einführung. Wiesbaden: Springer.

Ceylan, Rauf & Kiefer, Michael (2018). Radikalisierungsprävention in der Praxis. Wiesbaden: Springer VS.

Chbib, Raida (2017). Organisation des Islams in Deutschland. Diversität, Dynamiken und Sozialformen im Religionsfeld der Muslime. Baden-Baden: Ergon.

Chbib, Raida (2021). Institutionalisierungsformen und -dynamiken des Islams in Deutschland als Produkt selektiver Sinngebungsprozesse mit Bezug auf Gesellschaft. In Judith Könemann & Michael Seewald (Hrsg.), Wandel als Thema religiöser Selbstdeutung (S. 228–256). Freiburg im Breisgau: Herder.

Chourabi, Hamza & El-Solami, Riem (1999). Frauenräume – Räume für Frauen? In Gerdien Jonker & Andreas Kapphan (Hrsg.), Moscheen und islamisches Leben in Berlin (S. 35–40). Berlin: Ausländerbeauftragte des Senats.

Connell, Raewyn (2013). Gender. Wiesbaden: Springer VS.

Corsten, Michael (2004). Quantitative und qualitative Methoden: Methodenpluralismus in den Kulturwissenschaften? In Friedrich Jaeger & Burkhard Liebsch (Hrsg.), Handbuch der Kulturwissenschaften. Paradigmen und Disziplinen (S. 175–192). Stuttgart: Metzler.

Coştu, Yakup & Ceyhan, M. Akif (2015). DİTİB'in Din eğitimi faaliyetleri üzerine bir değerlendirme. Hitit Üniversitesi Sosyal Bilimler Enstitüsü Dergisi, 8(1), 39–51.

de Wall, Heinrich (2010). Was sind die rechtlichen Vorgaben für eine Imamausbildung? In Bülent Uçar (Hrsg.), Imamausbildung in Deutschland. Islamische Theologie im europäischen Kontext (S. 59–68). Göttingen: V&R Unipress.

Decker, Doris (2012). Frauen als Trägerinnen religiösen Wissens. Konzeptionen von Frauenbildern in frühislamischen Überlieferungen bis zum 9. Jahrhundert. Stuttgart: Kohlhammer.

Decker, Doris (2021). Wandel weiblicher religiöser Autorität im Frühislam. Geschlechterkonzeptionen und religiöse Veränderungsprozesse in frühislamischer Histographie und Ahādīt-Sammlungen. Marburg Journal of Religion 23, 1–45.
Deinet, Ulrich & Derecik, Ahmet (2016). Die Bedeutung außerschulischer Lernorte für Kinder und Jugendliche. Eine raumtheoretische und aneignungsorientierte Betrachtungsweise. In Jan Erhorn & Jürgen Schwier (Hrsg.), Pädagogik außerschulischer Lernorte. Eine interdisziplinäre Annäherung (S. 15–28). Bielefeld: transcript.
Demir, Muhammed Hüseyin (2020). Din Görevlilerinin İletişim Yeterlilikleri. Kocaeli İlahiyat Dergisi, 4(2), 313–354.
Dere, Ali (2015). Erfahrungen mit dem Unterrichtsprogramm für deutsche Studenten der islamischen Theologie an türkischen Universitäten: Internationale Theologie. In Deutsche Botschaft Ankara (Hrsg.), Islam & Europa. Als Thema der deutsch-türkischen Zusammenarbeit. XII. Theologie an der Universität (S. 120–138). Ankara: Dönmez Offset.
Deutscher Bundestag (2019). Finanzierung von Moscheen bzw. „Moscheevereinen". URL: https://www.bundestag.de/resource/blob/561164/a2d2edb637da4a8386d9f70aa7ec99d3/wd-10-028-18-pdf-data.pdf (letzter Zugriff: 07.08.2024)
Diehm, Isabell & Messerschmidt, Astrid (Hrsg.) (2013). Das Geschlecht der Migration – Bildungsprozesse in Ungleichheitsverhältnissen. Opladen: Barbara Budrich.
DIK, Deutsche Islam Konferenz (2016). Zahl der Muslime in Deutschland. Hochrechnung für das Jahr 2015. URL: http://www.deutsche-islam-konferenz.de/DIK/DE/Magazin/Lebenswelten/ZahlMLD/zahl-mld-node.html (letzter Zugriff: 25.10.2019)
DIK, Deutsche Islam Konferenz (2019). Ergebnisse und Dokumente der DIK. URL: http://www.deutsche-islam-konferenz.de/DIK/DE/DIK/01_UeberDieDIK/02_Dokumente/dokumente-node.html (letzter Zugriff: 07.08.2024)
DIK, Deutsche Islam Konferenz (2020). Bestandserhebung zur Ausbildung religiösen Personals islamischer Gemeinden. URL: https://www.deutsche-islam-konferenz.de/SharedDocs/Anlagen/DE/Ergebnisse-Empfehlungen/workshop-ausbildung-religioesen-personal.pdf?__blob=publicationFile&v=2 (letzter Zugriff: 07.08.2024)
DITIB (2017). Camiye Gidiyorum 1. Temel Dini Bilgileri Serisi 1. Öğretici Kitabı. 7–9 yaş grubu. Köln: Ditibverlag.
DITIB (2018). Camiye Gidiyorum 1. Temel Dini Bilgileri Serisi 1. Öğrenci Ders Kitabı. 7–9 yaş grubu. (2. Auflage). Köln: Ditibverlag.
DITIB (2020a). Beerdigungshilfe (Bestattungshilfe). URL: http://www.ditib.de/default1.php?id=6&sid=14&lang=de (letzter Zugriff: 08.11.2020)
DITIB (2020b). Bund der muslimischen Frauen. URL: http://www.ditib.de/default1.php?id=6&sid=12&lang=de (letzter Zugriff: 08.11.2020)
DITIB (2020c). DITIB Hotline – Telefonische Familien und Sozialberatung. URL: http://www.ditib.de/default1.php?id=6&sid=57&lang=de (letzter Zugriff: 08.11.2020)
DITIB (2020d). DITIB Landesverbände. URL: http://ditib.de/default.php?id=12&lang=de (letzter Zugriff: 08.11.2020)
DITIB (2020e). Gründung und Struktur. URL: http://www.ditib.de/default1.php?id=5&sid=8&lang=de (letzter Zugriff: 08.11.2020)
DITIB (2020f). Hilfestellung und Sozialarbeit. URL: http://www.ditib.de/default1.php?id=6&sid=6&lang=de (letzter Zugriff: 08.11.2020)

DITIB (2020g). Islamische Seelsorge. URL: http://www.ditib.de/default1.php?id=6&sid=2&lang=de (letzter Zugriff: 08.11.2020)
DITIB (2020h). Jugendarbeit. URL: http://www.ditib.de/default1.php?id=6&sid=11&lang=de (letzter Zugriff: 08.11.2020)
DITIB (2020i). Kulturelle Tätigkeiten. URL: http://www.ditib.de/default1.php?id=6&sid=4&lang=de (letzter Zugriff: 08.11.2020)
DITIB (2020j). Laufende Projekte. URL: http://www.ditib.de/default1.php?id=6&sid=59&lang=de (letzter Zugriff: 08.11.2020)
DITIB (2020k). Religiöse Dienste. URL: http://www.ditib.de/default1.php?id=6&sid=1&lang=de (letzter Zugriff: 08.11.2020)
DITIB (2020l). Wallfahrt. URL: http://www.ditib.de/default1.php?id=6&sid=15&lang=de (letzter Zugriff: 08.11.2020)
DITIB (2020m). Wohlfahrtswesen. URL: http://www.ditib.de/default1.php?id=6&sid=13&lang=de (letzter Zugriff: 08.11.2020)
DITIB (2021). Tätigkeiten. URL: http://www.ditib.de/default.php?id=6&lang=de (letzter Zugriff: 08.11.2020)
DITIB Essen (2020). Unsere Imaminnen und Imame. URL: https://ditib-essen.com/unsere-imaminnen-und-imame/ (letzter Zugriff: 10.10.2023)
Diyanet (2012). Diyanet İşleri Başkanlığı Teşkilat Şeması. URL: https://www.diyanet.gov.tr/tr-TR/Kurumsal/TeskilatSemasi/4 (letzter Zugriff: 07.08.2024)
Diyanet (2014). Präsidium für Religionsangelegenheiten. Generaldirektorat für auswärtige Beziehungen. URL: https://diyanet.gov.tr/de-DE/Abteilungen/Detail//12/generaldirektorat-f%C3%BCr-ausw%C3%A4rtige-beziehungen (letzter Zugriff: 07.08.2024)
Diyanet (2020a). Din Hizmetleri Raporu 2020. URL: https://dinhizmetleri.diyanet.gov.tr/sayfa/384 (letzter Zugriff: 07.08.2024)
Diyanet (2020b). Diyanet İşleri Başkanlığı. İstatistikler. URL: https://stratejigelistirme.diyanet.gov.tr/sayfa/57/istatistikler (letzter Zugriff: 07.08.2024)
Diyanet (2020c). Präsidium für Religionsangelegenheiten. Homepage. URL: https://diyanet.gov.tr/de-DE/ (letzter Zugriff: 07.08.2024)
Doğusan, Zeynep & Arslan, Sena (2022). The Experience of "Women in Mosques" Campaign: The Role of Social Media to Get the Women's Voice Heard. In Betül Karakoç & Harry Harun Behr (Hrsg.), Moschee 2.0 – Internationale und transdisziplinäre Perspektiven (S. 231–250). Münster: Waxmann.
Dohmen, Günther (2001). Das informelle Lernen. Die internationale Erschließung einer bisher vernachlässigten Grundform menschlichen Lernens für das lebenslange Lernen aller. Bonn: Bundesministerium für Bildung und Forschung (BMBF).
Drechsler, Katja (2019). Muslim Gender Equality Work und geschlechtergerechte Hermeneutig als Impulse für eine Dialogische Theologie. In Carola Roloff, Katja Drechsler, Marius van Hoogstraten & Andreas Markowsky (Hrsg.), Interreligiöser Dialog, Gender und dialogische Theologie (S. 147–180). Münster: Waxmann.
Duscha, Annemarie (2019). Selbsthilfe von Migrantinnen in transnationalen Räumen. Eine brasilianische Migrantenorganisation in Deutschland. Wiesbaden: Springer.
Eckes, Thomas (2010). Geschlechterstereotype: Von Rollen, Identitäten und Vorurteilen. In Ruth Becker & Beate Kortendiek (Hrsg.), Handbuch Frauen- und Geschlechterforschung. Theorie, Methoden, Empirie (3. Auflage, S. 178–189). Wiesbaden: VS Verlag für Sozialwissenschaften.

Ege, Remziye & Uğurlu, Havva Sinem (2022). The Social Service Function of the Mosque in Intercultural Enviroments and the Role of the Religious Official as a Bridge. In Betül Karakoç & Harry Harun Behr (Hrsg.), Moschee 2.0 – Internationale und transdisziplinäre Perspektiven (S. 29–50). Münster: Waxmann.

Eisen, Ute E., Gerber, Christine & Standhartinger, Angela (Hrsg.) (2013). Doing Gender – Doing Religion. Fallstudien zur Intersektionalität im frühen Judentum, Christentum und Islam (1. Auflage). Tübingen: Mohr Siebeck.

El-Mafaalani, Aladin, Waleciak, Julian & Weitzel, Gerrit (2016). Methodische Grundlagen und Positionen der qualitativen Migrationsforschung. In Débora B. Maehler & Heinz Ulrich Brinkmann (Hrsg.), Methoden der Migrationsforschung. Ein interdisziplinärer Forschungsleitfaden (S. 61–96). Wiesbaden: Springer.

el-Menouar, Yasemin (2016). Muslimische Religiosität: Problem oder Ressource? In Rauf Ceylan & Peter Antes (Hrsg.), Muslime in Deutschland. Historische Bestandsaufnahme, aktuelle Entwicklungen und zukünftige Forschungsfragen (S. 225–264). Wiesbaden: Springer.

Elemenler, Dunya (2022). Moscheegemeinden und interreligiöser Dialog – Ein Beitrag zur Integrationsdebatte. In Betül Karakoç & Harry Harun Behr (Hrsg.), Moschee 2.0 – Internationale und transdisziplinäre Perspektiven (S. 141–154). Münster: Waxmann.

Engel, Nicolas (2018). Organisationen als Akteure der Transnationalisierung von Wissen. In Edith Glaser, Hans-Christoph Koller, Werner Thole & Salome Krumme (Hrsg.), Räume für Bildung – Räume der Bildung (S. 55–63). Leverkusen: Barbara Budrich.

Engelhardt, Jan Felix (2017). Islamische Theologie im deutschen Wissenschaftssystem. Ausdifferenzierung und Selbstkonzeption einer neuen Wissenschaftsdisziplin. Wiesbaden: Springer.

Erlinghagen, Marcel, Şaka, Belit & Steffentorweihen, Ina (2015). Führungspositionen im Ehrenamt – ein weiterer Bereich der Benachteiligung von Frauen? Duisburger Beiträge zur soziologischen Forschung, 3.

Ernst, Stefanie (2010). Prozessorientierte Methoden in der Arbeits- und Organisationsforschung. Eine Einführung. Wiesbaden: VS Verlag für Sozialwissenschaften.

Erpenbeck, Gabriele (2011). Imame in Deutschland und Niedersachsen: Ausblick, Chancen und Herausforderungen. In Michael Borchard & Rauf Ceylan (Hrsg.), Imame und Frauen in Moscheen im Integrationsprozess. Gemeindepädagogische Perspektiven (S. 65–72). Göttingen: V&R unipress.

Esen, Muammer (2013a). Imam. In Richard Heinzmann (Hrsg.), Lexikon des Dialogs. Grundbegriffe aus Christentum und Islam. Band 1 (S. 347–348). Freiburg im Breisgau: Herder.

Esen, Muammer (2013b). Sunniten. In Richard Heinzmann (Hrsg.), Lexikon des Dialogs. Grundbegriffe aus Christentum und Islam. Band 2 (S. 657–658). Freiburg im Breisgau: Herder.

Faist, Thomas (2000). Grenzen überschreiten. Das Konzept Transstaatliche Räume und seine Anwendung. In Thomas Faist (Hrsg.), Transstaatliche Räume. Politik, Wirtschaft und Kultur in und zwischen Deutschland und der Türkei (S. 9–56). Bielefeld: transcript.

Faist, Thomas & Bilecen, Başak (2020). Der transnationale Ansatz: Transnationalisierung, Transnationale Soziale Räume, Transnationalität. In Thomas Faist (Hrsg.), Soziologie der Migration. Eine systematische Einführung (S. 153–178). Berlin: De Gruyter.

Faulstich-Wieland, Hannelore (2013). Geschlechterdifferenzen als Produkt geschlechterdifferenzierenden Unterrichts. In Ulrike Stadler-Altmann (Hrsg.), Genderkompetenz in pädagogischer Interaktion (S. 12–28). Opladen: Barbara Budrich.

Fauser, Margit & Reisenauer, Eveline (2013). Hochqualifizierte TransmigrantInnen: Zum Wandel aktueller Bildungsbiographien im deutsch-türkischen Kontext. In Barbara Pusch (Hrsg.), Transnationale Migration am Beispiel Deutschland und Türkei (S. 378 S.). Wiesbaden: Springer VS.

Fazlic, Fadil (2010). Die Tradition der einheimischen Imamausbildung in einem europäischen multireligiösen Land am Beispiel Bosnien-Herzegowinas. In Bülent Uçar (Hrsg.), Imamausbildung in Deutschland. Islamische Theologie im europäischen Kontext (S. 159–170). Göttingen: V&R Unipress.

Fewkes, Jacqueline H. (2019). Locating Maldivian Women's Mosques in Global Discourses. Cham: Springer International Publishing.

Feyerabend, Wolfgang (2016). Berliner Hinter Höfe. Berlin: L&H Verlag.

Fischer-Rosenthal, Wolfram & Rosenthal, Gabriele (1997). Narrationsanalyse biographischer Selbstpräsentation. In Ronald Hitzler & Anne Honer (Hrsg.), Sozialwissenschaftliche Hermeneutik (S. 133–164). Opladen: Leske+Budrich.

Fiske, Susan T., Cuddy, Amy J. C., Glick, Peter & Xu, Jun (2002). A Model of (Often Mixed) Stereotype Content: Competence and Warmth Respectively Follow From Perceived Status and Competition. Journal for Personality and Social Psychology 82(6), 878–902.

Flick, Uwe (1991). Stationen des qualitativen Forschungsprozesses. In Uwe Flick, Ernst von Kardoff, Heiner Keupp, Lutz Rosenstiel & Wolff Stephan (Hrsg.), Handbuch qualitative Sozialforschung. Grundlagen, Konzepte, Methoden und Anwendungen (S. 147–173). München: Beltz – Psychologie Verl. Union.

Flick, Uwe (2019). Methodologie qualitativer Forschung. In Uwe Flick, Ernst von Kardoff & Ines Steinke (Hrsg.), Qualitative Sozialforschung (13. Auflage, S. 251–265). Hamburg: Rowohlt.

Flick, Uwe, von Kardorff, Ernst & Steinke, Ines (2017). Was ist qualitative Forschung? Einleitung und Überblick. In Uwe Flick, Ernst von Kardoff & Ines Steinke (Hrsg.), Qualitative Forschung. Ein Handbuch (12. Auflage, S. 13–29). Reinbek bei Hamburg: Rowohlt Taschenbuch Verlag.

Forster, Edgar & Rieger-Ladich, Markus (2004). Männerforschung und Erziehungswissenschaft. In Edith Glaser, Dorle Klika & Annedore Prengel (Hrsg.), Handbuch Gender und Erziehungswissenschaften (S. 271–285). Bad Heilbrunn: Klinkhardt.

Foucault, Michel (1981). Archäologie des Wissens (7. Auflage Auflage). Frankfurt am Main: Suhrkamp.

Foucault, Michel (1996). Der Mensch ist ein Erfahrungstier. Frankfurt am Main: Suhrkamp.

Freistein, Katja & Leininger, Julia (2015). Internationale Organisationen. In Wichard Woyke & Johannes Varwick (Hrsg.), Handwörterbuch Internationale Politik (13. Auflage, S. 197–209). Opladen: Barbara Budrich.

Fritzsche, Bettina (2013). Mediennutzung im Kontext kultureller Praktiken als Herausforderung an die qualitative Forschung. In Ralf Bohnsack, Iris Nentwig-Gesemann & Arnd-Michael Nohl (Hrsg.), Die dokumentarische Methode und ihre Forschungspraxis. Grundlagen qualitativer Sozialforschung (3. Auflage, S. 33–50). Wiesbaden: Springer.

Furat, Ayşe Zişan (2012). Yüksek Din Öğretimi ve Cinsiyet Oranlarının Değişimi. İstanbul Üniversitesi İlahiyat Fakültesi Dergisi(26), 173–196.

Fürstenau, Sara (2004). Transnationale (Aus-)Bildungs- und Zukunftsorientierungen. Zeitschrift für Erziehungswissenschaft, 7(1), 33–57.

Fürstenau, Sara (2015). Transmigration und transnationale Familien. Neue Perspektiven der Migrationsforschung als Herausforderung für die Schule. In Rudolf Leiprecht & Anja Steichbach (Hrsg.), Schule in der Migrationsgesellschaft. Ein Handbuch (S. 143–165). Schwalbach,Taunus: Debus Pädagogik.

Fürstenau, Sara (2016). Multilingualism and School Development in Transnational Educational Spaces. Insights from an Intervention Study at German Elementary Schools. In Almut Küppers, Barbara Pusch & Pınar Uyan Semerci (Hrsg.), Bildung in transnationalen Räumen. Education in Transnational Spaces (S. 71–90). Wiesbaden: Springer VS.

Furtak, Florian T. (2015). Internationale Organisationen. Staatliche und nichtstaatliche Organisationen in der Weltpolitik. Wiesbaden: Springer VS.

Garfinkel, Harold (1967). Studies in Ethnomethodology. Cambridge: Polity Press.

Gemici, Nurettin (2015). Uluslararası İlahiyat Projesi ve Diyanet İşleri Türk- İslam Birliği (DİTİB),nin Almanya'daki Din Hizmetlerine Katkısı. Değerler Eğitimi Dergisi, 13(30), 181–211.

Gentile, Gian-Claudio (2011). Die Gesprächsanalyse der dokumentarischen Methode als „Schlüssel" zu selbst-referenziellen Kommunikationssystemen? Theoretisch-methodologische Grundlagen und empirische Vignetten. Historical Social Research, 36(1), 42–65.

Gerhard, Ute (1990). Gleichheit ohne Angleichung. Frauen im Recht. München: Beck-Verlag.

Ghaly, Mohammed (2010). Imamausbildung in Europa: Im Fokus der niederländischen Erfahrungen. In Bülent Uçar (Hrsg.), Imamausbildung in Deutschland. Islamische Theologie im europäischen Kontext (S. 201–218). Göttingen: V&R Unipress.

Gildemeister, Regine (1988). Geschlechtsspezifische Sozialisation. Soziale Welt, 39(4), 486–503.

Gildemeister, Regine (2010). Doing Gender: Soziale Praktiken der Geschlechterunterscheidung. In Ruth Becker & Beate Kortendiek (Hrsg.), Handbuch Frauen- und Geschlechterforschung. Theorie, Methoden, Empirie (3. Auflage, S. 137–145). Wiesbaden: Springer VS.

Gildemeister, Regine (2021). Soziale Konstruktion von Geschlecht „Doing Gender". In Sylvia Marlene Wilz (Hrsg.), Geschlechterdifferenzen – Geschlechterdifferenzierung. Ein Überblick über gesellschaftliche Entwicklungen und theoretische Positionen (3. Auflage, S. 171–204). Wiesbaden: Springer VS.

Girmes, Renate (1999). Der pädagogische Raum. Ein Zwischenraum. In Eckart Libau, Gisela Miller-Kipp & Christoph Wulf (Hrsg.), Metamorphosen des Raums. Erziehungswissenschaftliche Forschungen zur Chronotopologie (S. 90–104). Weinheim: Deutscher Studien Verlag.

Glaser, Barney G. & Strauss, Anselm L. (1999). Discovery of Grounded Theory. New York: Routledge.

Goffman, Erving (1994). Interaktion und Geschlecht. Frankfurt: Campus Verlag.

Gogolin, Ingrid & Pries, Ludger (2004). Stichwort: Transmigration und Bildung. Zeitschrift für Erziehungswissenschaft, 7(1), 5–19.
Göhlich, Michael (1999). Pädagogischer Raum, inszenierter Raum. Phänomenologische Zugänge und historische Tendenzen. In Eckart Libau, Gisela Miller-Kipp & Christoph Wulf (Hrsg.), Metamorphosen des Raums. Erziehungswissenschaftliche Forschungen zur Chronotopologie (S. 167–179). Weinheim: Deutscher Studien Verlag.
Göhlich, Michael (2016). Raum als pädagogische Dimension. Theoretische und historische Perspektiven. In Constanze Berndt, Claudia Kalisch & Anja Krüger (Hrsg.), Räume bilden – pädagogische Perspektiven auf den Raum (S. 36–50). Bad Heilbrunn: Julius Klinkhardt.
Göle, Nilüfer (1993). Republik und Schleier. Die muslimische Frau in der modernen Türkei. Frankfurt: Babel Verlag.
Göle, Nilüfer (2003). Musulmanes et modernes. Voile et civilisation en Turquie Paris: La Découverte.
Goltz, Gabriel & Busch, Reinhard (2014). Ergebnisse und Wirkungsweise der Deutschen Islam Konferenz am Beispiel religionsrechtlicher Themen 2009 bis 2013 (17. Legislaturperiode). In Mathias Rohe, Havva Engin, Mouhanad Khorchide, Ömer Özsoy & Hansjörg Schmid (Hrsg.), Handbuch Christentum und Islam in Deutschland. Grundlagen, Erfahrungen und Perspektiven des Zusammenlebens (S. 1165–1181). Freiburg im Breisgau: Herder.
Gorzewski, Andreas (2015). Die Türkisch-Islamische Union im Wandel. Wiesbaden: Springer
Gottschalk, Aenne, Kersten, Susanne & Krämer, Felix (2018). Doing Space while Doing Gender: Eine Einleitung. In Aenne Gottschalk, Susanne Kersten & Felix Krämer (Hrsg.), Doing Space while Doing Gender. Vernetzung von Raum und Geschlecht in Forschung und Politik (S. 7–42). Bielefeld: transcript.
Gözaydın, İştar (2016). Diyanet. Türkiye Cumhuriyeti'nde Dinin Tanzimi (2. Auflage). İstanbul: iletişim.
Gözütok, Şakir (2002). İlk Dönem İslam Eğitim Tarihi. Ankara: Fecr Yayınları
Greene, Melanie J. (2014). On the Inside Looking In: Methodological Insights and Challenges in Conducting Qualitative Insider Research. The Qualitative Report, 15(29), 1–13.
Greschner, Deniz (2020). Muslimische Jugendarbeit: Handlungsfelder und Herausforderungen im Kontext von Sicherheitsdiskursen. Bundeszentrale für politische Bildung. URL: https://www.bpb.de/politik/extremismus/radikalisierungspraevention/316281/muslimische-jugendarbeit (letzter Zugriff: 07.08.2024)
Gündüz, Şinasi (2010). Die Ausbildung muslimischer Theologen in der säkularen Türkei. In Bülent Uçar (Hrsg.), Imamausbildung in Deutschland. Islamische Theologie im europäischen Kontext (S. 131–148). Göttingen: V&R Unipress.
Güven, Şahin (2004). Din Görevlilerinin Yeterlilikleri. İslâmî Araştırmalar Dergisi, 19(2), 402–408.
Hacıismailoğlu, Lütfiye (2017). Bayan Din Görevlilerin İmajı ve Mesleğini Temsil Gücü. Çorum Örneği. Hitit Üniversitesi. Sosyal Bilimler Enstitüsü. Felsefe ve Din Bilimleri Anabilim Dalı. URL: http://earsiv.hitit.edu.tr/xmlui/bitstream/handle/11491/4490/462355.pdf?sequence=1&isAllowed=y (letzter Zugriff: 07.08.2024)
Haddad, Laura (2017). Anerkennung und Widerstand. Lokale islamische Identitätspraxis in Hamburg. Bielefeld: transcript.

Haddenhorst, Michael & Friedrich, Thomas (2000). Berliner (Hinter-)Höfe : Kultur, Geschichte und Gegenwart. Berlin: Henschel.

Hagemann-White, Carol (1984). Sozialisation: Weiblich-männlich? Opladen: Leske+Budrich.

Halm, Dirk (2008). Der Islam als Diskursfeld. Bilder des Islams in Deutschland (2. Auflage). Wiesbaden: VS Verlag für Sozialwissenschaften.

Halm, Dirk, Sauer, Martina, Schmidt, Jana, & Stichs, Anja (2012). Islamisches Gemeindeleben in Deutschland. Im Auftrag der Deutschen Islamkonferenz 2012. URL: https://nbn-resolving.org/urn:nbn:de:0168-ssoar-67954-4 (letzter Zugriff: 07.08.2024)

Hamdan, Amani (2009). Reflexivity of Discomfort in Insider-Outsider Educational Research. McGill Journal of Education, 44(3), 377–404.

Hammer, Juliane (2012). American Muslim Women, Religious Authority, and Activism. More Than a Prayer. Austin: University of Texas Press.

Hannover, Bettina & Wolter, Ilka (2019). Geschlechtsstereotype: wie sie entstehen und sich auswirken. In Beate Kortendiek, Birgit Riegraf & Katja Sabisch (Hrsg.), Handbuch Interdisziplinäre Geschlechterforschung (S. 201–210). Wiesbaden: Springer VS.

Hassan, Mona (2012). Reshaping Religious Authority in Contemporary Turkey: State-Sponsored Female Preachers. In Masooda Bano & Hilary Kalmbach (Hrsg.), Women, leadership and mosques changes in contemporary Islamic authority (S. 85–104). Leiden: Brill.

Heimbach, Marfa (2001). Die Entwicklung der islamischen Gemeinschaft in Deutschland seit 1961. Berlin: Schwarz.

Heimbach, Marfa (2010). Das Projekt „Religionen im säkularen Staat" – Dialogseminare für PfarrerInnen, Imame und zivilgesellschaftliche Akteure. In Bülent Uçar (Hrsg.), Imamausbildung in Deutschland. Islamische Theologie im europäischen Kontext (S. 377–384). Göttingen: V&R Unipress.

Heine, Peter (2001). Imam. In Adel Theodor Khoury, Ludwig Hagemann & Peter Heine (Hrsg.), Lexikon des Islam. Geschichte – Ideen – Gestalten (Vol. 47, S. 378–381). Berlin: Directmedia.

Heinzmann, Richard (2013). Lexikon des Dialogs. Grundbegriffe aus Christentum und Islam. Freiburg im Breisgau: Herder.

Heiser, Patrick (2018). Meilensteine der qualitativen Sozialforschung. Eine Einführung entlang klassischer Studien. Wiesbaden: Springer.

Helfferich, Cornelia (2019). Leitfaden- und Experteninterviews. In Nina Baur & Jörg Blasius (Hrsg.), Handbuch Methoden der empirischen Sozialforschung (S. 669–686). Wiesbaden: Springer.

Henning, Max (1999). Der Koran. Kreuzlingen: Diederichs Gelbe Reihe.

Henning, Max (2010). Der Koran. Hamburg: Nikol.

Hermanns, Harry (2017). Interviewen als Tätigkeit. In Uwe Flick, Ernst von Kardoff & Ines Steinke (Hrsg.), Qualitative Forschung. Ein Handbuch (12. Auflage, S. 360–368). Reinbek bei Hamburg: Rowohlt Taschenbuch Verlag.

Hidalgo, Oliver, Zapf, Holger, Cavuldak, Ahmet & Hildmann, Phillip W. (2014). Einführung. In Ahmet Cavuldak, Oliver Hidalgo, Phillip W. Hildmann & Holger Zapf (Hrsg.), Demokratie und Islam. Theoretische und empirische Studien (S. 1–22). Wiesbaden: Springer VS.

Hinrichsen, Merle & Hummrich, Merle (2021). Die Interdependenz von Gender in der transnationalen Schule. Chancen sozialer Mobilität im Spannungsfeld von Teilhabe und Ausschluss. Gender, 13(3), 11–25.

Hinrichsen, Merle & Paz Matute, Paula (2018). ‚Den Horizont erweitern?' – Schulische Internationalisierung und die Konstruktion (trans-)nationaler Bildungsräume. Tertium comparationis, 24(2), 190–205.

Hinrichsen, Merle & Terstegen, Saskia (2021). Die Komplexität transnationaler Bildungswelten erfassen? Theoretische und methodologisch-methodische Überlegungen zur Analyse der (Re-)Produktion sozialer Ungleichheit in der Schule. Zeitschrift für Qualitative Forschung, 21(1), 71–84.

Hirschauer, Stefan (2001). Das Vergessen des Geschlechts. Zur Praxeologie einer Kategorie sozialer Ordnung. Kölner Zeitschrift für Soziologie und Sozialpsychologie, 41, 208–235.

Hitzler, Ronald (1991). Dummheit als Methode: eine dramatologische Textinterpretation. In Detlef Garz & Klaus Kraimer (Hrsg.), Qualitativ-empirische Sozialforschung. Konzepte, Methoden, Analysen (S. 295–318). Opladen: Westdt. Verl.

Hitzler, Ronald & Honer, Anne (1988). Der lebensweltliche Forschungsansatz. Neue Praxis, 18(6), 496–501.

Höblich, Davina (2010). Biografie, Schule und Geschlecht. Bildungschancen von SchülerInnen. Wiesbaden: VS Verlag für Sozialwissenschaften.

Hohage, Christoph (2013). Moschee-Konflikte. Wie überzeugungsbasierte Koalitionen lokale Integrationspolitik bestimmen. Wiesbaden: Springer.

Homfeldt, Hans Günther, Schweppe, Cornelia & Schröer, Wolfgang (2006). Transnationalität, soziale Unterstützung, agency. Norhausen: Traugott Bautz.

Höpp, Gerhard (1997). Muslime in der Mark. Als Kriegsgefangene und Internierte in Wünsdorf und Zossen. Berlin: Das Arabische Buch.

Hornberg, Sabine (2010). Schule im Prozess der Internationalisierung von Bildung. Münster: Waxmann.

Hradská, Iva (2022). Self-Empowerment und Professionalisierung in Migrantinnenselbstorganisationen. Eine biographieanalytische und differenzreflektierende Untersuchung. Wiesbaden: Springer VS.

Hummrich, Merle (2011). Jugend und Raum. Exklusive Zugehörigkeitsordnungen in Familie und Schule. Wiesbaden: Verlag für Sozialwissenschaften.

Hummrich, Merle (2018). Transnationalisierung, Transnationalität und der Vergleich von Schulkulturen. Tertium comparationis, 24(2), 171–189.

Hummrich, Merle, Hebenstreit, Astrid & Hinrichsen, Merle (2017). Möglichkeitsräume und Teilhabechancen in Bildungsprozessen. In Ingrid Miethe, Anja Tervooren & Norbert Ricken (Hrsg.), Bildung und Teilhabe. Zwischen Inklusionsforderung und Exklusionsdrohung (S. 279–304). Wiesbaden: Springer.

Hüttermann, Jörg (2011). Moscheekonflikte im Figurationsprozess der Einwanderungsgesellschaft: eine soziologische Analyse. In Marianne Krüger-Potratz & Werner Schiffauer (Hrsg.), Migrationsreport 2010. Fakten – Analysen – Perspektiven (S. 39–81). Frankfurt am Main: Campus Verlag.

IGMG (2017a). Ana Sınıfı Hazırlık Sınıfları Müfredatı. Köln: Plural Publications.

IGMG (2017b). Orta Öğretim Müfredatı. Köln: Plural Publications.

IGMG (2017c). Tatil Kursları Müfredatı. Köln: Plural Publications.

IGMG (2017d). Temel Eğitim Müfredatı. Köln: Plural Publications.

IGMG (2017e). Yetişkinler Eğitim Kursu Müfredatı. Köln: Plural Publications.
IKD (2020). Islamkolleg Deutschland. URL: https://www.islamkolleg.de/das-islamkolleg/ (letzter Zugriff: 07.08.2024)
Işıkdoğan, Davut & Korukçu, Adem (2015). Geçmişten Günümüze Eğitim Yeri Olarak Cami-Mescid. SBARD, 13(26), 125–141.
Jäckle, Monika (2009). Schule M(m)acht Geschlechter. Eine Auseinandersetzung mit Schule und Geschlechter unter diskurstheoretischer Perspektive. Wiesbaden: VS Verlag für Sozialwissenschaften.
Jacobs, Andreas & Lipowsky, Janosch (2019). Imame – made in Europe? Ausbildung und Beschäftigung von islamischen Geistlichen in Deutschland und Frankreich. URL: https://www.kas.de/it/analysen-und-argumente/detail/-/content/imame-made-in-europe (letzter Zugriff: 07.08.2024)
Jalalzai, Sajida (2021). Muslim Chaplaincy and Female Religious Authority in North America. In Justine Howe (Hrsg.), The Routledge Handbook of Islam and Gender (S. 209–221). New York: Routledge.
Jaschok, Maria (2011). Sources of Authority: Female Ahong and Qingzhen Nüsi (Women's Mosques) in China. In Masooda Bano & Hilary Kalmbach (Hrsg.), Women, leadership and mosques changes in contemporary Islamic authority (S. 37–58). Leiden: Brill.
Jaschok, Maria & Jingjun, Shui (2011). Women, Religion, and Space in China. Islamic Mosques & Daoist Temples, Catholic Convents & Chinese Virgins. New York: Routledge.
Jonker, Gerdien (1999). Moscheen und islamisches Leben in Berlin. Berlin: Ausländerbeauftragte des Senats.
Jonker, Gerdien (2002). Eine Wellenlänge zu Gott. Der „Verband der Islamischen Kulturzentren in Europa". Bielefeld: transcript.
Jouili, Jeanette S. & Amir-Moazami, Schirin (2006). Knowledge, Empowerment and Religious Authority Among Pious Muslim Women in France and Germany. The Muslim World, 96(4), 617–642.
Kaddor, Lamya (2020). Einleitung der Herausgeberin. In Lamya Kaddor (Hrsg.), Muslimisch und Liberal. Was einen zeitgemäßen Islam ausmacht (S. 11–18). München: Piper.
Kallmeyer, Werner & Schütze, Fritz (1977). Zur Konstitution von Kommunikationsschemata der Sachverhaltsdarstellung. In Dirk Wegner (Hrsg.), Gesprächsanalysen. Vorträge, gehalten anläßlich des 5. Kolloquiums des Instituts für Kommunikationsforschung und Phonetik (S. 159–274). Hamburg: Buske.
Kalmbach, Hilary (2012). Introduction: Islamic Authority and the Study of Female Religious Leaders. In Masooda Bano & Hilary Kalmbach (Hrsg.), Women, leadership and mosques changes in contemporary Islamic authority (S. 1–30). Leiden: Brill.
Kara, İsmail (2000). Din ile Devlet Arasında Sıkışmış Bir Kurum: Diyanet İşleri Başkanlığı. Marmara Üniversitesi İlahiyat Fakültesi Dergisi, 0(18), 29–55.
Karakaş, Ömer (2014). Cumhuriyet'in İlk Yıllarında Yönetimin Din Görevlilerinden Beklentileri ve Din Görevlilerinin İnkilâplar Karşısındaki Tutumu. Sosyal Bilimleri Dergisi, 12(3), 140–166.
Karakaşoğlu, Yasemin & Öztürk, Halit (2007). Erziehung und Aufwachsen junger Muslime in Deutschland. Islamisches Erziehungsideal und empirische Wirklichkeit in der Migrationsgesellschaft. In Hans-Jürgen von Wensierski & Claudia Lübcke (Hrsg.), Junge Muslime in Deutschland. Lebenslagen, Aufwachsprozesse und Jugendkulturen (S. 157–172). Opladen & Farmington Hills: Barbara Budrich.

Karakoç, Betül (2017). Eingeengt oder frei? Frauen in Gebetsräumen. FAMA. feministisch, politisch, theologisch, 33(3), 12–13.

Karakoç, Betül (2019). Der eine kann es – der andere nicht. Islam lehren zwischen Moschee und Schule. In Yaşar Sarıkaya, Dorothea Ermert & Esma Öger-Tunc (Hrsg.), Islamische Religionspädagogik. Didaktische Ansätze für die Praxis (S. 107–124). Münster Waxmann.

Karakoç, Betül (2020a). Changement de génération. Conflicts de normes et de valeurs dans les espaces d'apprentissage culturels et religieux. European Journal of Education Studies, 7(4), 70–78.

Karakoç, Betül (2020b). Das internationale Theologieprogramm zwischen theoretischer Überlegung und praktischer Wirksamkeit. In Ertuğrul Şahin & Katharina Völker (Hrsg.), Lebendiger Islam. Praxis- und Methoden-Reflexion der islamisch-theologischen Studien in Deutschland (S. 123–140). Frankfurt: Peter Lang.

Karakoç, Betül (2020c). Imamin, Migrantin, Wanderin. Weibliche Repräsentanz und Religion im transnationalen Raum Deutschland-Türkei. In Meltem Kulaçatan & Harry Harun Behr (Hrsg.), Migration, Religion, Gender und Bildung. Beiträge zu einem erweiterten Verständnis von Intersektionalität (S. 253–284). Bielefeld: transcript.

Karakoç, Betül (2022). Moschee als pädagogischer Raum. Ein erweiterter Blick auf die religiöse Bildung und Erziehung in Moscheegemeinden. In Ednan Aslan (Hrsg.), Handbuch Islamische Religionspädagogik. Teil 1 (S. 631–656). Göttingen: V&R unipress.

Karakoç, Betül (i.E.-a). Moscheen haben/brauchen Raum. Eine deskriptiv statistische Analyse zum zivilgesellschaftlichen Engagement von Frauen. In Harry Harun Behr, Michael Kiefer & Meltem Kulaçatan (Hrsg.), Fem4Dem Projektsammelband. Münster: Waxmann.

Karakoç, Betül (i.E.-b). Women, Authority and Mosques – DITIB and their female hoca. In Niels Valdemar Vinding (Hrsg.), Mosques, families and Islamic law. Copenhagen.

Karakurt, Deniz (2011). Türk Söylence Sözlüğü. Açıklamalı Ansiklopedik Mitoloji Sözlüğü. URL: https://www.denizkarakurt.com.tr/e-kitap (letzter Zugriff: 07.08.2024)

Karakurt, Deniz (2017). Aktarma Sözlüğü. Türk dillerinden Anadolu Türkçesi'ne. URL: https://www.denizkarakurt.com.tr/e-kitap (letzter Zugriff: 07.08.2024)

Karapinar, Fikret (2011). Die Beziehung zwischen Frauen und Moscheen in der Zeit des Propheten und in historischer Perspektive. In Michael Borchard & Rauf Ceylan (Hrsg.), Imame und Frauen in Moscheen im Integrationsprozess (S. 237–248). Göttingen: V&R Unipress.

Karasakal, Şaban (2014). Lider Olarak Din Görevlilerimiz. AİBÜ İlahiyat Fakültesi Dergisi, 2(4), 39–53.

Karić, Enes (2012). Higher Educational Institutions in the Balkans which Educate Imams and Religious Teachers (Overview from 1990-Present). In Ednan Aslan & Zsófia Windisch (Hrsg.), The Training of Imams and Teachers for Islamic Education in Europe (S. 71–90). Frankfurt am Main: Peter Lang.

Katz, Marion (2014). Women in the Mosque. A History of Legal Thought and Social Practice. New York: Columbia University Press.

Kausmann, Corinna, Vogel, Claudia, Hagen, Christine & Simonson, Julia (2017). Freiwilliges Engagement von Frauen und Männern. Genderspezifische Befunde zur Vereinbarkeit von freiwilligem Engagement, Elternschaft und Erwerbstätigkeit. Berlin: Bundesministerium für Familie, Senioren, Frauen und Jugend (BMFSFJ).

Kaya, Mevlüt & Nazıroğlu, Bayramali (2008). Din Görevlilerinin Mesleki Tutum ve Motivasyon Düzeylerini Etkileyen Bazı Faktörler. Ondokuz Mayıs Üniversitesi İlahiyat Fakültesi Dergisi, 26(26), 25–53.

Kaya, Yakup (2017). Geschichte der staatlichen religiösen Bildung in der Republik Türkei (1946–2002). Hamburg: Staats- und Universitätsbibliothek.

Kelle, Udo (2008). Die Integration qualitativer und quantitativer Methoden in der empirischen Sozialforschung. Theoretische Grundlagen und methodologische Konzepte (2. Auflage). Wiesbaden: VS Verlag für Sozialwissenschaften.

Kelle, Udo & Kluge, Susann (2010). Vom Einzelfall zum Typus: Fallvergleich und Fallkonstrastierung in der qualitativen Sozialforschung (2. Auflage). Wiesbaden: VS Verlag für Sozialwissenschaften.

Kerchner, Brigitte & Schneider, Silke (Hrsg.) (2006). Foucault: Diskursanalyse der Politik. Eine Einführung. Wiesbaden: VS Verlag für Sozialwissenschaften.

Kergel, David (2018). Qualitative Bildungsforschung. Ein integrativer Ansatz. Wiesbaden: Springer.

Kergel, David (2020). Erziehungskonstellationen analysieren und Bildungsräume gestalten. Ein Methodenbuch für die pädagogische Praxis. Wiesbaden: Springer VS.

Kerner, Ina (2007). Konstruktion und Dekonstruktion von Geschlecht. Perspektiven für einen neuen Feminismus. URL: https://www.fu-berlin.de/sites/gpo/pol_theorie/Zeitgenoessische_ansaetze/KernerKonstruktion_und_Dekonstruktion/kerner.pdf (letzter Zugriff: 07.08.2024)

Kessler, Johannes (2016). Theorie und Empirie der Globalisierung. Grundlagen eines konsistenten Globalisierungsmodells. Wiesbaden: Springer VS.

Keyifli, Şükrü (2017). Camilerde Din Eğitimi. In Mustafa Köylü & Nurullah Altaş (Hrsg.), Din Eğitimi (7. Auflage, S. 349–374). İstanbul: ensar.

Khoury, Adel Theodor (2007). Der Koran (4. Auflage). Gütersloh: Gütersloher Verlagshaus.

Khoury, Adel Theodor, Hagemann, Ludwig & Heine, Peter (2001). Lexikon des Islam. Geschichte – Ideen – Gestalten (Vol. 47). Berlin: Directmedia.

Kiefer, Michael (2005). Islamkunde in deutscher Sprache in Nordrhein-Westfalen. Kontext, Geschichte, Verlauf und Akzeptanz eines Schulversuchs. Münster: LIT.

Kılıç, A. Faruk & Ağçoban, Sıddık (2013). Kadın ve Çocuklara verilen Hizmetler açısından Camiler Diyanet İlmi Dergi, 49(4), 61–77.

Kıpçak, Nur (2022). The Production of Mosques in Turkey: Spatial Politics of the Presidency of Religious Affairs towards Women. In Betül Karakoç & Harry Harun Behr (Hrsg.), Moschee 2.0 – Internationale und transdisziplinäre Perspektiven (S. 213–230). Münster: Waxmann.

Kisi, Melahat (2017). „Feminisierung des Islam"? Theologinnen als neue religiöse Autoritäten. In Rauf Ceylan & Peter Antes (Hrsg.), Muslime in Deutschland. Historische Bestandsaufnahme, aktuelle Entwicklungen und zukünftige Forschungsfragen (S. 187–206). Wiesbaden: Springer.

Kite, Mary E. & Deaux, Kay (1987). Gender Belief Systems: Homosexuality and the Implicit Inversion Theory Psychology of Women Quarterly, 11, 83–96.

Kleemann, Frank, Krähnke, Uwe & Matuschek, Ingo (2013). Interpretative Sozialforschung. Eine Einführung in die Praxis des Interpretierens (2. Auflage). Wiesbaden: Springer.

Klinger, Sabine (2014). (De-)Thematisierung von Geschlecht: Rekonstruktionen bei Studierenden der Erziehungs- und Bildungswissenschaften. Opladen: Budrich UniPress.

Klückmann, Matthias (2013). Im Quartier zuhause – Zur emotionalen Ortsbezogenheit in einem multi-ethnischen Stadtteil. In Olaf Schnur, Philipp Zakrzewski & Matthias Drilling (Hrsg.), Migrationsort Quartier. Zwischen Segregation, Integration und Interkultur (S. 107–120). Wiesbaden: Springer.

Koç, Ahmet (2017). Kur'an kurslarında Din Eğitimi. In Mustafa Köylü & Nurullah Altaş (Hrsg.), Din Eğitimi (7. Auflage, S. 375–401). İstanbul: ensar.

König, René (1962). Das Interview. Formen, Technik, Auswertung. (3. Auflage). Köln, Berlin: Kiepenheuer & Witsch.

Korkmaz, Mehmet (2016). Kur'an Kurslarında Din Eğitimi. In Recai Doğan & Remziye Ege (Hrsg.), Din Eğitimi (4. Auflage, S. 330–356). Ankara: Grafiker.

Koştaş, Münir (1990). Ankara Üniversitesi İlahiyat Fakültesi. Ankara Üniversitesi İlahiyat Fakültesi Dergisi, 31(1), 1–27.

Köylü, Mustafa (1990). Din Görevlilerinde Bulunması Gereken Nitelikler. Ondokuz Mayıs Üniversitesi. İlahiyat Fakültesi Dergisi, 4, 135–154.

Köylü, Mustafa (1991). Din Görevlilerin Meslekî Problemleri. Ondokuz Mayıs Üniversitesi. İlahiyat Fakültesi Dergisi, 5, 181–212.

Köylü, Mustafa (2017). Medrese Öncesi Kurumlarda Eğitim. In Mustafa Köylü & Şakir Gözütok (Hrsg.), İslam Eğitimi Tarihi (S. 75–106). Istanbul: ensar.

Kraimer, Klaus (Hrsg.) (2000). Die Fallrekonstruktion. Sinnverstehen in der sozialwissenschaftlichen Forschung (1. Auflage). Frankfurt am Main: Suhrkamp.

Krekel, Julia (2018). Islamische Seelsorge in Haftanstalten. Akademie Aktuell, 2(65), 46–48.

Kulaçatan, Meltem (2013). Geschlechterdiskurse in den Medien. Türkisch-deutsche Presse in Europa. Wiesbaden: Springer.

Kulaçatan, Meltem, Behr, Harry Harun & Agai, Bekim (2017). Ursachen und Gegenstrategien. Islamistische Radikalisierung im Rhein-Main-Gebiet. Eine Expertise für den Mediendienst Integration. URL: https://mediendienst-integration.de/fileadmin/Dateien/Expertise_Islamistische_Radikalisierung_Rhein_Main_Gebiet.pdf (letzter Zugriff: 07.08.2024)

Küppers, Almut, Pusch, Barbara & Uyan Semerci, Pınar (Hrsg.) (2016). Bildung in transnationalen Räumen. Education in Transnational Spaces. Wiesbaden: Springer VS.

Küppers, Carolin (2012). Soziologische Dimensionen von Geschlecht. Aus Politik und Zeitgeschichte 62, 20–21.

Kuppinger, Petra (2012). Women, Leadership, and Participation in Mosques and Beyond: Notes from Stuttgart, Germany. In Masooda Bano & Hilary Kalmbach (Hrsg.), Women, Leadership, and Mosques Changes in Contemporary Islamic Authority (1. Auflage, S. 323–344). Leiden: Brill.

Kurt, Hasan (2012). Taklidi İmanın Tahkiki İmana Dönüşmesi. Gümüşhane Üniversitesi İlahiyat Fakültesi Dergisi, 1(2), 1–15.

Kurum, Emine (2016). Schriftkunde und Lehreinrichtungen in frühislamischer Zeit. In Yaşar Sarıkaya & Adem Aygün (Hrsg.), Islamische Religionspädagogik. Leitfaden aus Theorie, Empirie und Praxis (S. 39–60). Münster: Waxmann.

Küsters, Ivonne (2006). Narrative Interviews. Grundlagen und Anwendungen. Wiesbaden: VS Verlag für Sozialwissenschaften.

Kutlu, Sönmez (2013). Maturiditen. In Richard Heinzmann (Hrsg.), Lexikon des Dialogs. Grundbegriffe aus Christentum und Islam. Band 2 (S. 463–464). Freiburg im Breisgau: Herder.

Lamnek, Siegfried (2010). Qualitative Sozialforschung (5. Auflage). Weinheim, Basel: Beltz.

Latifoğlu, Fatma (2015). Yurt Dışında Görev Yapan Din Görevlilerinin Problemleri: Almanya Örneği. PESA International Journal of Social Studies, 1(2), 1–15.

Lauterbach, Burkhart R. & Lottermoser, Stephanie (2009). Fremdkörper Moschee? Zum Umgang mit islamischen Kulturimporten in westeuropäischen Großstädten. Würzburg: Könighausen & Neumann.

Le Renard, Amélie (2012). From Qur'ānic Circles to the Internet: Gender Segregation and the Rise of Female Preachers in Saudi Arabia. In Masooda Bano & Hilary Kalmbach (Hrsg.), Women, leadership and mosques changes in contemporary Islamic authority (S. 105–126). Leiden: Brill.

Leggewie, Claus, Jost, Angela & Rech, Stefan (2002). Der Weg zur Moschee. Eine Handreichung für die Praxis. Bad Homburg v. d. Höhe: Herbert-Quant-Stiftung.

Leirvik, Oddbjørn (2010). Die Ausbildung von Imamen und interreligiöse Bildung in Norwegen. In Bülent Uçar (Hrsg.), Imamausbildung in Deutschland. Islamische Theologie im europäischen Kontext (S. 149–158). Göttingen: V&R Unipress.

Lemmen, Thomas (2002). Islamische Vereine und Verbände in Deutschland. Bonn: Friedrich-Ebert-Stiftung.

Lemmen, Thomas (2017). Muslimische Organisationen in Deutschland. Entstehung, Entwicklungen und Herausforderungen. In Peter Antes & Rauf Ceylan (Hrsg.), Muslime in Deutschland (S. 309–324). Wiesbaden: Springer.

Ley, Julia (2021). Beten in der Abstellkammer: Frauen kämpfen um ihren Platz in deutschen Moscheen. Deutschlandfunk. URL: https://www.deutschlandfunk.de/beten-in-der-abstellkammer-frauen-kaempfen-um-ihren-platz-in-deutschen-moscheen-dlf-84906381-100.html (letzter Zugriff: 07.08.2024)

Liebeskind, Uta (2012). Komparative Verfahren und Grounded Theory. In Karin Schittenhelm (Hrsg.), Qualitative Bildungs- und Arbeitsmarktforschung. Grundlagen, Perspektiven, Methoden (S. 325–358). Wiesbaden: Springer.

Liebold, Renate & Trinczek, Rainer (2009). Experteninterview. In Stefan Kühl, Petra Strodtholz & Andreas Taffertshofer (Hrsg.), Handbuch Methoden der Organisationsforschung. Quantitative und Qualitative Methoden (S. 32–56). Wiesbaden: VS Verlag für Sozialwissenschaften.

Loch, Ulrike & Rosenthal, Gabriele (2002). Das narrative Interview. In Doris Schaeffer & Gabriele Müller-Mundt (Hrsg.), Qualitative Gesundheits- und Pflegeforschung (S. 221–232). Bern: Huber.

Löw, Martina (2001). Feministische Perspektiven auf „Differenz" in Erziehungs- und Bildungsprozessen. In Helma Lutz & Norbert Wenning (Hrsg.), Unterschiedlich verschieden. Differenz in der Erziehungswissenschaft (S. 111–124). Opladen: Leske + Budrich.

Löw, Martina (2013). Raumsoziologie (7. Auflage). Frankfurt am Main: Suhrkamp.

Löw, Martina (2016). Kommunikation über Raum. Methodologische Überlegungen zur Analyse der Konstitution von Räumen. In Gabriela B. Christmann (Hrsg.), Zur kommunikativen Konstruktion von Räumen. Theoretische Konzepte und empirische Analysen (S. 79–88). Wiesbaden: Springer VS.

Lutz, Helma (2001). Differenz als Rechenaufgabe: über die Relevanz der Kategorien Race, Class und Gender. In Helma Lutz & Norbert Wenning (Hrsg.), Unterschiedlich verschieden. Differenz in der Erziehungswissenschaft (S. 215–230). Opladen: Leske + Budrich.

Lutz, Helma (2004). Transnationale Biographien in globalisierten Gesellschaften. In Markus Ottersbach (Hrsg.), Migration in der metropolitanen Gesellschaft. Zwischen Ethnisierung und globaler Neuorientierung (S. 207–216). Münster: LIT.

Lutz, Helma (2017). Geschlechterverhältnisse und Migration. Einführung in den Stand der Diskussion. In Helma Lutz & Anna Amelina (Hrsg.), Gender, Migration, Transnationalisierung. Eine intersektionelle Einführung (S. 13–44). Bielefeld: transcript.

Lutz, Helma, & Amelina, Anna (2017). Gender, Migration, Transnationalisierung. Eine intersektionelle Einführung. Bielefeld: transcript.

Maier, Maja S. (2018). Qualitative Methoden in der Forschungspraxis: Dateninterpretation in Gruppen als Black Box. In Maja S. Maier, Catharina I. Keßler, Ulrike Deppe, Anca Leuthold-Wergin & Sabine Sandring (Hrsg.), Qualitative Bildungsforschung. Methodische und methodologische Herausforderungen in der Forschungspraxis (S. 29–50). Wiesbaden: Springer.

Maier, Maja S. (2019). Erziehungswissenschaftliche Geschlechterforschung? Ein Essay zu Verhältnisbestimmung und Forschungsprogrammatik. In Robert Baar, Jutta Hartmann & Marita Kampshoff (Hrsg.), Geschlechterreflektierte Professionalisierung – Geschlecht und Professionalität in pädagogischen Berufen (S. 15–29). Opladen: Barbara Budrich.

Maihofer, Andrea (1998). Gleichheit und/oder Differenz. Zum Verlauf einer Debatte. In Eva Kreisky & Birgit Sauer (Hrsg.), Geschlechterverhältnisse im Kontext politischer Transformation (S. 155–176). Opladen: Westdeutscher Verlag.

Mannheim, Karl (1952). Wissenssoziologie. In Karl Mannheim (Hrsg.), Ideologie und Utopie (3. Auflage, S. 227–267). Frankfurt am Main: suhrkamp.

Mannheim, Karl (1964). Beiträge zur Theorie der Weltanschauungsinterpretation. In Karl Mannheim & Kurt Heinrich Wollf (Hrsg.), Wissenssoziologie (S. 91–154). Neuwied: Luchterhand.

Mannheim, Karl (2009). Schriften zur Wirtschafts- und Kultursoziologie. Wiesbaden: VS Verlag für Sozialwissenschaften.

Maritato, Chiara (2017). „To make Mosques a Place for Women". Female Religious Engagement within the Turkish Presidency of Religious Affaires. In Meltem Ersoy & Esra Özyürek (Hrsg.), Contemporary Turkey at a Glance II. Turkey Transformed? Power, History, Culture (S. 39–52). Wiesbaden: Springer VS.

Maritato, Chiara (2020). Women, Religion, and the State in Contemporary Turkey. Cambridge: Cambridge University Press.

Mayring, Philipp (2016). Einführung in die qualitative Sozialforschung. Eine Anleitung zu qualitativem Denken (6. Auflage). Weinheim und Basel: Beltz.

Mazyek, Ayman A. (2010). Imamausbildung an staatlichen Universitäten. In Bülent Uçar (Hrsg.), Imamausbildung in Deutschland. Islamische Theologie im europäischen Kontext (S. 409–412). Göttingen: V&R Unipress.

Mead, George H. (2017). Geist, Identität und Gesellschaft aus Sicht des Sozialbehaviorismus (18. Auflage). Frankfurt: suhrkamp.

Mecheril, Paul (Hrsg.) (2014). Subjektbildung. Interdisziplinäre Analysen der Migrationsgesellschaft. Bielefeld: transcript.

Mecheril, Paul, Andresen, Sabine, Hurrelmann, Klaus, Palentien, Christian & Schröer, Wolfgang (2010). Migrationspädagogik. Weinheim und Basel: Beltz.

Mediendienst Integration (2018). Islamische Verbände in Deutschland. URL: https://medien dienst-integration.de/fileadmin/Dateien/informationspapier_islamverbaende.pdf (letzter Zugriff: 07.08.2024)

Mediendienst Integration (2019a). Handbuch Islam und Muslime. URL: https://mediendie nst-integration.de/fileadmin/Handbuch_Islam.pdf (letzter Zugriff: 07.08.2024)

Mediendienst Integration (2019b). Handbuch Islam und Muslime. Islamische Religionsgemeinschaften. URL: https://mediendienst-integration.de/fileadmin/Handbuch_Islam.pdf (letzter Zugriff: 07.08.2024)

Meinefeld, Werner (2019). Hypothesen und Vorwissen in der qualitativen Sozialforschung. In Uwe Flick, Ernst von Kardoff & Ines Steinke (Hrsg.), Qualitative Sozialforschung (13. Auflage, S. 265–275). Hamburg: Rowohlt.

Meriç, Ümit, Sözen, Edibe, Özsoy, Osman, Bulaç, Ali, Şen, Mustafa, Göksu, M. Teyfik & Demirdağ, Dilaver (2005). Türkiye'de Konya İmajı. Sosyal Doku Projesi Kent Araştırmaları-1. Istanbul: Konya Büyükşehir Belediyesi.

Meuser, Michael & Nagel, Ulrike (2009). Das Experteninterview – konzeptionelle Grundlagen und methodische Anlage. In Susanne Pickel, Gert Pickel, Hans-Joachim Lauth & Detlef Jahn (Hrsg.), Methoden der vergleichenden Politik- und Sozialwissenschaft. Neue Entwicklungen und Anwendungen (S. 465–479). Wiesbaden: VS Verlag für Sozialwissenschaften.

Meyer, Katrin & Schälin, Stefanie (2019). Macht – Ohnmacht: umstrittene Gegensätze in der Geschlechterforschung. In Beate Kortendiek, Birgit Riegraf & Katja Sabisch (Hrsg.), Handbuch Interdisziplinäre Geschlechterforschung (S. 135–143). Wiesbaden: Springer VS.

Micus-Loos, Christiane (2004). Gleichheit-Differenz-Konstruktion-Dekonstruktion. In Edith Glaser, Dorle Klika & Annedore Prengel (Hrsg.), Handbuch Gender und Erziehungswissenschaft (S. 112–126). Bad Heilbrunn: Julius Klinkhardt.

Misoch, Sabina (2017). Qualitative Interviews (2. Auflage). Berlin: De Gruyter.

Mohagheghi, Hamideh (2011). Aktive Beteiligung der Frauen am Gemeindeleben. In Michael Borchard & Rauf Ceylan (Hrsg.), Imame und Frauen in Moscheen im Integrationsprozess. Gemeindepädagogische Perspektiven (S. 271–273). Göttingen: V&R unipress.

Moser, Andrea (2010). Kampfzone Geschlechterwissen. Kritische Analysen populärwissenschaftlicher Konzepte von Männlichkeit und Weiblichkeit. Wiesbaden: VS Verlag für Sozialwissenschaften.

Mruck, Katja & Mey, Günter (1998). Selbstreflexivität und Subjektivität im Auswertungsprozeß biographischer Materialien. Zum Konzept einer „Projektwerkstatt qualitativen Arbeitens" zwischen Colloquium, Supervision und Interpretationsgemeinschaft. In Gerd Jüttemann & Hans Thomae (Hrsg.), Biographische Methoden in den Humanwissenschaften (S. 284–306). Weinheim: Beltz.

Muckel, Stefan (2016). Muslimische Religionsgemeinschaften als Körperschaften des öffentlichen Rechts. In Rauf Ceylan & Peter Antes (Hrsg.), Muslime in Deutschland. Historische Bestandsaufnahme, aktuelle Entwicklungen und zukünftige Forschungsfragen (S. 77–113). Wiesbaden: Springer.

Muckel, Stefan, & Hentzschel, Lukas (2018). Rechtliche Möglichkeiten und Grenzen öffentlicher Finanzierung muslimischen Lebens in Deutschland. In Dietmar Molthagen

(Hrsg.), Die Finanzierung muslimischer Organisationen in Deutschland (S. 6–27). Berlin: Friedrich-Ebert-Stiftung.

Munsch, Chantal & Herz, Kathrin (2022). Dimensionen von Vielheit: Neue Perspektiven auf Gemeindezentren „türkeistämmiger" Muslim:innen als relationale Räume. In Betül Karakoç & Harry Harun Behr (Hrsg.), Moschee 2.0 – Internationale und transdisziplinäre Perspektiven (S. 171–188). Münster: Waxmann.

Muratovic, Kevser (2012). Die Beziehung zwischen Imamen und Jugendlichen. In Ednan Aslan (Hrsg.), Zwischen Moschee und Gesellschaft. Imame in Österreich (S. 103–118). Frankfurt: Peter Lang.

Nas, Özlem (2011). Die Rolle der muslimischen Frauen in den Moscheegemeinden. Erfahrungswelten muslimischer Frauen in der Moschee als sozialer Raum. In Michael Borchard & Rauf Ceylan (Hrsg.), Imame und Frauen in Moscheen im Integrationsprozess. Gemeindepädagogische Perspektiven (S. 275–281). Göttingen: V&R.

Nas, Özlem (2022). Akteur:innen in Moscheen zwischen Spannungsfeldern und Zukunftsvisionen – Eine Perspektive aus Wissenschaft und Praxis. In Betül Karakoç & Harry Harun Behr (Hrsg.), Moschee 2.0 – Internationale und transdisziplinäre Perspektiven (S. 155–170). Münster: Waxmann.

Nentwig-Gesemann, Iris (2013). Die Typenbildung der dokumentarischen Methode. In Ralf Bohnsack, Iris Nentwig-Gesemann & Arnd-Michael Nohl (Hrsg.), Die dokumentarische Methode und ihre Forschungspraxis. Grundlagen qualitativer Sozialforschung (3. Auflage, S. 295–323). Wiesbaden: VS Verlag für Sozialwissenschaften.

Nentwig-Gesemann, Iris & Bohnsack, Ralf (2011). Typenbildung. In Ralf Bohnsack, Winfried Marotzki & Michael Meuser (Hrsg.), Hauptbegriffe qualitativer Sozialforschung (3. Auflage, S. 162–166). Opladen: Barbara Budrich.

Nohl, Arnd-Michael (2007). Kulturelle Vielfalt als Herausforderung für pädagogische Organisationen. Zeitschrift für Erziehungswissenschaft, 10(1), 61–74.

Nohl, Arnd-Michael (2013a). Komparative Analyse. Forschungspraxis und Methodologie dokumentarischer Interpretation. In Ralf Bohnsack, Iris Nentwig-Gesemann & Arnd-Michael Nohl (Hrsg.), Die dokumentarische Methode und ihre Forschungspraxis. Grundlagen qualitativer Sozialforschung. 3. Auflage, S. 271–294). Wiesbaden: Springer.

Nohl, Arnd-Michael (2013b). Relationale Typenbildung und Mehrebenenvergleich. Neue Wege der dokumentarischen Methode. Wiesbaden: Springer Fachmedien.

Nohl, Arnd-Michael (2017). Interview und dokumentarische Methode. Anleitungen für die Forschungspraxis (5. Auflage). Wiesbaden: VS Verlag für Sozialwissenschaften.

Nohl, Arnd-Michael (2020). Prozessanalytische und relationale Typenbildung in der rekonstruktiven Bildungs- und Lernforschung. In Jutta Ecarius & Burkhard Schäffer (Hrsg.), Typenbildung und Typengenerierung. Methoden und Methodologien qualitativer Bildungs- und Biographieforschung (2. Auflage, S. 49–64). Opladen: Barbara Budrich.

Nohl, Arnd-Michael, Schäffer, Burkhard & Przyborski, Aglaja (2013). Einleitung: Zur Entwicklung der dokumentarischen Methode durch Ralf Bohnsack. In Peter Loos, Arnd-Michael Nohl, Aglaja Przyborski & Burkhard Schäffer (Hrsg.), Dokumentarische Methode. Grundlagen – Entwicklungen – Anwendungen (S. 9–42). Opladen: Barbara Budrich.

Olgun, Ufuk (2015). Islamische Religionsgemeinschaften als politische Akteure in Deutschland. Eine Analyse zur politischen Strategiefähigkeit. Wiesbaden: Springer.

Oswald, Christian (2011). Über Humankapital und einige seiner Familienprobleme. In Rita Casale & Edgar Forster (Hrsg.), Ungleiche Geschlechtergerechtigkeit. Geschlechterpolitik und Theorien des Humankapitals (S. 35–60). Opladen: Barbara Budrich.
Özdil, Ali Özgür (2002). Wenn sich die Moscheen öffnen. Moscheepädagogik in Deutschland. Eine praktische Einführung in den Islam. Münster: Waxmann.
Özdil, Ali Özgür (2011a). Imame=Allrounder? In Michael Borchard & Rauf Ceylan (Hrsg.), Imame und Frauen in Moscheen im Integrationsprozess : gemeindepädagogische Perspektiven (S. 73–78). Göttingen: V&R Unipress.
Özdil, Ali Özgür (2011b). Islamische Theologie und Religionspädagogik in Europa. Stuttgart: Kohlhammer.
Ozil, Şeyda (2016). Türkisch-deutsche Beziehungen im Hochschulwesen am Beispiel der Germanistikabteilung der Istanbul-Universität. In Almut Küppers, Barbara Pusch & Pınar Uyan Semerci (Hrsg.), Bildung in transnationalen Räumen. Education in Transnational Spaces (S. 241–256). Wiesbaden: Springer VS.
Özsoy, Ömer (2015). Islamische Theologie als Wissenschaft. Funktionen, Methoden, Argumentationen. In Mohammad Gharaibeh, Esnaf Begic, Hansjörg Schmid & Christian Ströbele (Hrsg.), Zwischen Glaube und Wissenschaft. Theologie in Christentum und Islam (S. 56–68). Regensburg: Pustet.
Öztürk, Halit (2007). Wege zur Integration. Lebenswelten muslimischer Jugendlicher in Deutschland (1. Auflage). Bielefeld: transcript.
Palenga-Möllenbeck, Ewa (2018). „Unsichtbare ÜbersetzerInnen" in der Biographieforschung: Übersetzung als Methode. In Helma Lutz, Martina Schiebel & Elisabeth Tuider (Hrsg.), Handbuch Biographieforschung (2. Auflage, S. 673–684). Wiesbaden: Springer.
Paret, Rudi (2014). Der Koran (12. Auflage). Stuttgart: Kohlhammer.
Pérez Naranjo, Lena (2014). Forschungsbeziehungen im politisierten Kontext: eine Studie zu kubanischer Migration. In Hella von Unger, Petra Narimani & Rosaline M′Bayo (Hrsg.), Forschungsethik in der qualitativen Forschung. Reflexivität, Perspektiven, Positionen (S. 149–168). Wiesbaden: Springer.
Petersen, Jesper (2019). Media and the Female Imam. Religions, 10(159), 1–13.
Petersen, Jesper (2020). The making of the Mariam Mosque. Serendipities and structures in the production of female authority in Denmark. Lund: Lund University.
Pfau-Effinger, Birgit (1997). Zum theoretischen Rahmen für die Analyse internationaler Differenzen in der gesellschaftlichen Integration von Frauen. In Stefan Hradil (Hrsg.), Differenz und Integration. Die Zukunft moderner Gesellschaften. Frankfurt am Main: Campus-Verlag.
Pörksen, Bernhard (2015). Schlüsselwerke des Konstruktivismus. Eine Einführung. In Bernhard Pörksen (Hrsg.), Schlüsselwerke des Konstruktivismus (2. Auflage, S. 3–20). Wiesbaden: Springer Fachmedien.
Pries, Ludger (2000). „Transmigranten" als ein Typ von Arbeitswanderern in pluri-lokalen sozialen Räumen. In Ingrid Gogolin & Bernhard Nauck (Hrsg.), Migration, gesellschaftliche Differenzierung und Bildung. Resultate des Forschungsschwerpunkprogramms FABER (S. 415–438). Opladen: Leske + Budrich.
Pries, Ludger (2008). Die Transnationalisierung der sozialen Welt. Frankfurt: Suhrkamp.
Pries, Ludger (2010a). (Grenzüberschreitende) Migrantenorganisationen. In Ludger Pries & Zeynep Sezgin (Hrsg.), Jenseits von ‚Identität oder Integration'. Grenzen überspannende Migrantenorganisationen (S. 15–60). Wiesbaden: VS Verlag für Sozialwissenschaften.

Pries, Ludger (2010b). Transnationalisierung. Theorie und Empirie grenzüberschreitender Vergesellschaftung. Wiesbaden: VS Verlag.

Pries, Ludger (2011). Transnationalisierung der sozialen Welt als Herausforderung und Chance. In Christian Reutlinger, Nadia Baghdadi & Johannes Kniffki (Hrsg.), Die soziale Welt quer denken. Transnationalisierung und ihre Folgen für die Soziale Arbeit (S. 17–36). Leipzig: Frank & Timme.

Pries, Ludger (2013). Neue Dynamiken inter- und transnationaler Migration: Herausforderungen für Wissenschaft und Politik. In Barbara Pusch (Hrsg.), Transnationale Migration am Beispiel Deutschland und Türkei (S. 67–82). Wiesbaden: Springer VS.

Pries, Ludger (2016). Transnationale Räume und Migration in der Bevölkerungssoziologie. In Yasemin Niephaus, Michaela Kreyenfeld & Reinhold Sackmann (Hrsg.), Handbuch Bevölkerungssoziologie (S. 445–459). Wiesbaden: Springer.

Pries, Ludger (2018). Muster und Triebkräfte grenzüberschreitender Erwerbsmobilität – das Beispiel der Arbeitsmigration zwischen Mexiko und den USA. In Sigrid Quack, Ingo Schulz-Schaeffer, Karen Shire & Anja Weiß (Hrsg.), Transnationalisierung der Arbeit (S. 29–70). Wiesbaden: Springer.

Pries, Ludger & Sezgin, Zeynep (Hrsg.) (2010). Jenseits von ‚Identität oder Integration'. Grenzen überspannende Migrantenorganisationen. Wiesbaden: VS Verlag für Sozialwissenschaften.

Przyborski, Aglaja & Slunecko, Thomas (2013). Ikonizität – medientheoretisch gedacht und empirisch beleuchtet. In Peter Loos, Arnd-Michael Nohl, Aglaja Przyborski & Burkhard Schäffer (Hrsg.), Dokumentarische Methode. Grundlagen – Entwicklungen – Anwendungen (S. 189–212). Opladen: Barbara Budrich.

Pürlü, Erol (2010). Imamausbildung in Deutschland – Erfahrungen und Kompetenzen der islamischen Verbände am Beispiel des Verbands der Islamischen Kulturzentren (VIKZ). In Bülent Uçar (Hrsg.), Imamausbildung in Deutschland. Islamische Theologie im europäischen Kontext (S. 323–330). Göttingen: V&R Unipress.

Pusch, Barbara (2013). Transnationale Migration am Beispiel Deutschland und Türkei. Wiesbaden: Springer VS.

Pustički, Nikolina & Schmitt, Reinhold (2015). Zur Ko-Konstruktion einer amüsanten Unterbrechung während einer argumentativen Auseinandersetzung. In Ulrich Dausendschön-Gay, Elisabeth Gülich & Ulrich Krafft (Hrsg.), Ko-Konstruktionen in der Interaktion. Die gemeinsame Arbeit an Äußerungen und anderen sozialen Ereignissen (S. 183–208). Bielefeld: transcript.

Raithel, Jürgen, Dollinger, Bernd & Hörmann, Georg (2009). Einführung Pädagogik. Begriffe, Strömungen, Klassiker, Fachrichtungen (3. Auflage). Wiesbaden: VS Verlag für Sozialwissenschaften.

Rausch, Margaret J. (2012). Women Mosque Preachers and Spiritual Guides: Publicizing and Negotiating Women's Religious Authority in Morocco. In Masooda Bano & Hilary Kalmbach (Hrsg.), Women, leadership and mosques changes in contemporary Islamic authority (S. 59–84). Leiden: Brill.

Reich, Kersten (2010). Systemisch-konstruktivistische Pädagogik. Einführung in die Grundlagen einer interaktionistisch-konstruktivistischen Pädagogik (6. Auflage). Weinheim und Basel: Betlz.

Reichenbach, Roland (2011). Erziehung. In Jochen Kade, Werner Helsper, Christian Lüders, Birte Egloff, Frank Olaf Radtke & Werner Thole (Hrsg.), Pädagogisches Wissen. Erziehungswissenschaft in Grundbegriffen (S. 20–27). Stuttgart: Kohlhammer.

Reichertz, Jo (2015). Die Bedeutung der Subjektivität in der Forschung. Forum Qualitative Sozialforschung, 16(3).

Reichertz, Jo (2019). Empirische Sozialforschung und soziologische Theorie. In Nina Baur & Jörg Blasius (Hrsg.), Handbuch Methoden der empirischen Sozialforschung (S. 31–48). Wiesbaden: Springer Fachmedien.

Reinders, Heinz (2016). Qualitative Interviews mit Jugendlichen führen (3. Auflage). Berlin/Boston: De Gruyter.

Rendtorff, Barbara (2005). Strukturprobleme der Frauen- und Geschlechterforschung in der Erziehungswissenschaft. In Rita Casale, Barbara Rendrorff, Sabine Andresen, Vera Moser & Annedore Prengel (Hrsg.), Jahrbuch der Frauen- und Geschlechterforschung in der Erziehungswissenschaft. Geschlechterforschung in der Kritik (S. 19–40). Opladen: Verlag Barbara Budrich.

Rendtorff, Barbara & Moser, Vera (1999a). Geschlecht als Kategorie – soziale, strukturelle und historische Aspekte. In Barbara Rendtorff & Vera Moser (Hrsg.), Geschlecht und Geschlechterverhältnisse in der Erziehungswissenschaft. Eine Einführung (S. 11–68). Wiesbaden: Springer Fachmedien.

Rendtorff, Barbara & Moser, Vera (Hrsg.) (1999b). Geschlecht und Geschlechterverhältnisse in der Erziehungswissenschaft. Eine Einführung. Wiesbaden: Springer Fachmedien.

Reutlinger, Christian (2011). Transnationale Sozialräume: Zur (neuen) Bedeutung von Ort und Raum in der Sozialen Arbeit. In Christian Reutlinger, Nadia Baghdadi & Johannes Kniffki (Hrsg.), Die soziale Welt quer denken. Transnationalisierung und ihre Folgen für die Soziale Arbeit (S. 37–62). Leipzig: Frank & Timme.

Rhiemeier, Dorothée (1991). Eine Mehrheit – wie eine Minderheit behandelt: Frauen im Ehrenamt der Kirche. Bielefeld: Luther-Verlag.

Rohe, Mathias (2001). Der Islam – Alltagskonflikte und Lösungen (2. Auflage). Freiburg: Herder.

Rohe, Mathias (2014). Germany. In Jørgen Nielsen, Samim Akgönül, Ahmet Alibašić & Egdunas Racius (Hrsg.), Yearbook of Muslims in Europe (Vol. 6, S. 262–287). Leiden/Boston: Brill.

Rohe, Mathias (2016). Der Islam in Deutschland. Eine Bestandsaufnahme (Sonderausgabe). München: C.H. Beck.

Rohlfs, Carsten (2011). Bildungseinstellungen. Schule und formale Bildung aus der Perspektive von Schülerinnen und Schülern. Wiesbaden: VS Verlag für Sozialwissenschaften.

Rosenow, Kerstin (2010). Von der Konsolidierung zur Erneuerung – Eine organisationssoziologische Analyse der Türkisch-Islamischen Union der Anstalt für Religionen e.V. (DITIB). In Ludger Pries & Zeynep Sezgin (Hrsg.), Jenseits von ‚Identität oder Integration'. Grenzen überspannende Migrantenorganisationen (S. 169–200). Wiesbaden: VS Verlag für Sozialwissenschaften.

Rosenthal, Gabriele (2015). Interpretative Sozialforschung. Eine Einführung (5. Auflage). Weinheim und Basel: Beltz Juventa.

Rückamp, Veronika (2021). Alltag in der Moschee: Eine Feldforschung jenseits von Integrationsfragen. Bielefeld: transcript.

Rüttgers, Peter (2019). Islamische Religionsvermittlung – konkret. Beobachtungen zur religiösen Ideologie von DITIB in Selbstdarstellungen und Kinderbüchern. Berlin: LIT.

Sağlam, İsmail (2010). Fransa'daki Türklerin Din Görevlilerini Meslekî Yeterlik Açısından Değerlendirmeleri. Uludağ Üniversitesi İlahiyat Fakültesi Dergisi, 19(1), 275–299.

Sağlam, İsmail (2011). Cami Cemaatine Göre Fransa'daki türk Din Görevlilerinin İletişim Yeterlikleri. Uludağ Üniversitesi İlahiyat Fakültesi Dergisi, 9(21), 121–145.

Şahin, Reyhan (2014). Die Bedeutung des muslimischen Kopftuchs. Eine kleidungssemiotische Untersuchung Kopftuch tragender Musliminnen in der Bundesrepublik Deutschland. Berlin: LIT.

Şahinöz, Cemil (2018). Seelsorge im Islam. Theorie und Praxis in Deutschland. Wiesbaden: Springer VS.

Saidin, Khaliza & Yaacob, Aizan (2016). Insider Researchers: Challenges & Opportunities. Proceeding of ICECRS, 1(1), 849–854.

Sajak, Clauß Peter (2018). Sakralraumpädagogik. In Saskia Eisenhardt, Kathrin S. Kürzinger, Elisabeth Naurath & Uta Pohl-Patalong (Hrsg.), Religion unterrichten in Vielfalt. Konfessionell-religiös-weltanschaulich (S. 154–163). Göttingen: V&R.

Salzbrunn, Monika (2014). Vielfalt-Diversität. Bielefeld: transcript.

Sarıkaya, Yaşar (2010). Bedeutung von Koran- und sunna-Kenntnissen in der Imamausbildung. In Bülent Uçar (Hrsg.), Imamausbildung in Deutschland. Islamische Theologie im europäischen Kontext (S. 243–254). Göttingen: V&R unipress.

Schäfers, Burkhard (2013). Das Ende der Hinterhof-Moscheen. Deutschlandfunk Kultur. URL: https://www.deutschlandfunkkultur.de/das-ende-der-hinterhof-moscheen-100.html (letzter Zugriff: 07.08.2024)

Schäffer, Burkhard (2011). Gruppendiskussion. In Ralf Bohnsack, Winfried Marotzki & Michael Meuser (Hrsg.), Hauptbegriffe qualitativer Sozialforschung (3. Auflage, S. 75–80). Opladen: Barbara Budrich.

Schelten, Andreas (2020). Einführung in die Berufspädagogik (4. Auflage). Stuttgart: Franz Steiner.

Schiffauer, Werner (2015). Schule, Moschee, Elternhaus. Eine ethnologische Intervention (1. Auflage). Berlin: Suhrkamp.

Schmid, Hansjörg (2020). „I'm just an Imam, not Superman": Imams in Switzerland. Journal of Muslims in Europe, 9, 64–95.

Schmid, Hansjörg, Akca, Ayşe Almıla & Barwig, Klaus (2012). Gesellschaft gemeinsam gestalten. Islamische Vereinigungen als Partner in Baden-Württemberg (Digitale Auflage). Baden-Baden: Nomos.

Schmitt, Thomas (2003). Moscheen in Deutschland. Konflikte um ihre Errichtung und Nutzung. Flensburg: Deutsche Akademie für Landeskunde.

Schmitz, Betram & Seibert, Leif (2007). Die religiöse Organisation im Islam. In Ina Wunn (Hrsg.), Muslimische Gruppierungen in Deutschland (S. 13–25). Stuttgart: Kohlhammer.

Schorn, Ariane (2000). Das „themenzentrierte Interview". Ein Verfahren zur Entschlüsselung manifester und latenter Aspekte subjektiver Wirklichkeit. Forum Qualitative Sozialforschung, 1(2), 1–10.

Schreiber, Constantin (2017). Inside Islam. Was in Deutschlands Moscheen gepredigt wird. Berlin: Econ.

Schroeder, Joachim (2009). Transnationale Perspektiven auf Migration, Arbeit und Bildung. URL: https://www.ew.uni-hamburg.de/ueber-die-fakultaet/personen/schroeder-j/files/transnationale_perspektiven_korrekturen1.pdf (letzter Zugriff: 07.08.2024)

Schumann, Siegfried (2018). Quantitative und qualitative empirische Forschung. Ein Diskussionsbeitrag. Wiesbaden: Springer VS.

Schütz, Alfred (1971). Gesammelte Aufsätze. Das Problem der sozialen Wirklichkeit. Den Haag: Nijhoff.

Schütze, Fritz (1983). Biographieforschung und narratives Interview. Neue Praxis, 13(3), 283–293.

Schütze, Fritz, Meinefeld, Werner, Springer, Werner & Weymann, Ansgar (1973). Grundlagentheoretische Voraussetzungen methodisch kontrollierten Fremdverstehens. In Arbeitsgruppe Bielefelder Soziologen (Hrsg.), Alltagswissen, Interaktion und gesellschaftliche Wirklichkeit. Symbolischer Interaktionismus und Ethnomethodologie (S. 433–495). Reinbek bei Hamburg: Rowohlt.

Şen, Faruk & Aydın, Hayrettin (2002). Islam in Deutschland. München: Beck.

Seyhan, Ahmet Emin (2011). Din Hizmetlerinde Verimlilik ve Kalite Açısından Hizmet içi Eğitimin Rolü ve Önemi. Journal of Süleyman Demirel University Institute of Social Sciences, 2(14), 231–248.

Sienkiewicz, Joanna Jadwiga (2015). Informelle (trans-)nationale soziale Sicherung von Kasachstandeutschen in Deutschland. In Markus Kaiser & Michael Schönhuth (Hrsg.), Zuhause? Fremd? Migrations- und Beheimatungsstrategien zwischen Deutschland und Eurasien (S. 355–378). Bielefeld: transcript.

Şimşek, Akın (2022). Junge Muslim:innen im Spagat zwischen Erwachsenenvorstand, Jugendorganisation und Selbstentfaltung. Eine Binnenperspektive. In Betül Karakoç & Harry Harun Behr (Hrsg.), Moschee 2.0 – Internationale und transdisziplinäre Perspektiven (S. 69–80). Münster: Waxmann.

Şimsek, Emre (2019). Almanya'daki Müslüman Topluma Katkıları Bağlamında DİTİB'in Din Eğitimine Yönelik Faaliyetleri. Eskiyeni, 1(39), 259–282.

Şimşek, Eyup (2017). Camilerde Eğitim. In Mustafa Köylü & Şakir Gözütok (Hrsg.), İslam Eğitimi Tarihi (S. 107–134). Istanbul: ensar.

Singendonk, Roman (2016). Neues Kooperationsprojekt des Instituts für Islamische Theologie der Universität Osnabrück und des Museums für Islamische Kunst in Berlin zur Stärkung der Transkulturellen Bildung in Moscheegemeinden. HIKMA. Journal of Islamic Theology and Religious Education, 7(2), 195–204.

Sökefeld, Martin (2008a). Einleitung: Aleviten in Deutschland – von takiye zur alevitischen Bewegung. In Martin Sökefeld (Hrsg.), Aleviten in Deutschland. Identitätsprozesse einer Religionsgemeinschaft in der Diaspora (S. 7–36). Bielefeld: transcript.

Sökefeld, Martin (Hrsg.) (2008b). Aleviten in Deutschland. Identitätsprozesse einer Religionsgemeinschaft in der Diaspora. Bielefeld: transcript.

Somalingam, Thusinta (2017). Doing Diaspora. Ethnonationale Homogenisierung im transnationalen Bildungsraum der Tamil Diaspora. Wiesbaden: Springer VS.

Somel, Selçuk Akşin (2001). The Modernization of Public Education in the Ottoman Empire. 1839–1908. Islamization, Autocracy and Discipline. Köln: Brill.

Söylev, Ömer Faruk (2016a). Din Görevlilerinin Dini Danışma ve Rehberlik İlişkileri Üzerine Bir Araştırma. Journal of Balıkesir University Faculty of Theology 2(2), 205–246.

Söylev, Ömer Faruk (2016b). Din Hizmetilerinde İnovasyon ve Din Görevlilerinin Bireysel Yenilikçilik Özellikleri. Dokuz Eylül Üniversitesi İlahiyat Fakültesi Dergisi, 115–147.

Sözeri, Semiha, Altinyelken Kosar, Hülya & Volman, Monique (2019). Training imams in the Netherlands: the failure of a post-secular endeavour. British Journal of Religious Education, 41(4), 435–445. https://doi.org/10.1080/01416200.2018.1484697

Späth, Alexandra (2017). Zu Gast in Europas erster Frauenmoschee. Bayerischer Rundfunk 24.

Spetsmann-Kunkel, Martin & Frieters-Reermann, Norbert (Hrsg.) (2013). Soziale Arbeit in der Migrationsgesellschaft. Opladen: Verlag Barbara Budrich.

Spielhaus, Riem (2007). Musliminnen und ihr Engagement im Gemeindeleben. Kulturation. Online Journal für Kultur, Wissenschaft und Politik.

Spielhaus, Riem (2011). Wer ist hier Muslim? Die Entwicklung eines islamischen Bewusstseins in Deutschland zwischen Selbstidentifikation und Fremdzuschreibung. Würzburg: Ergon.

Spielhaus, Riem (2016). Islam in Deutschland. Journalisten Handbuch zum Thema Islam, Mediendienst Integration (S. 41–70). URL: https://ec.europa.eu/migrant-integration/librarydoc/journalisten-handbuch-zum-thema-islam (letzter Zugriff: 07.08.2024)

Spielhaus, Riem (2012). Making Islam Relevant: Female Authority and Representation of Islam in Germany. In Masooda Bano & Hilary Kalmbach (Hrsg.), Women, Leadership, and Mosques Changes in Contemporary Islamic Authority (1. Auflage, S. 437–456). Leiden: Brill.

Stahl, Silvester (2010). Ethnische Sportvereine zwischen Diaspora-Nationalismus und Transnationalität. In Ludger Pries & Zeynep Sezgin (Hrsg.), Jenseits von ‚Identität oder Integration'. Grenzen überspannende Migrantenorganisationen (S. 87–114). Wiesbaden: VS Verlag für Sozialwissenschaften.

Stahl, Silvester (2013). Türkische Sportvereine in Deutschland als Kristallisationspunkte transnationaler Netzwerke und Identitäten. In Barbara Pusch (Hrsg.), Transnationale Migration am Beispiel Deutschland und Türkei (S. 215–234). Wiesbaden: Springer.

Steffens, Melanie C. & Ebert, Irena D. (2016). Frauen – Männer – Karrieren. Eine sozialpsychologische Perspektive auf Frauen in männlich geprägten Arbeitskontexten. Wiesbaden: Springer.

Steinke, Ines (2019). Gütekriterien qualitativer Forschung. In Uwe Flick, Ernst von Kardorff & Ines Steinke (Hrsg.), Qualitative Forschung. Ein Handbuch (13. Auflage, S. 319–331). Hamburg: Rowohlt Taschenbuch Verlag.

Stichs, Anja (2016). Wie viele Muslime leben in Deutschland? Eine Hochrechnung über die Zahl der Muslime in Deutschland zum Stand 31. Dezember 2015. Im Auftrag der Deutschen Islam Konferenz. URL: https://www.bamf.de/SharedDocs/Anlagen/DE/Forschung/WorkingPapers/wp71-zahl-muslime-deutschland.html?nn=403984 (letzter Zugriff: 07.08.2024)

Stichs, Anja & Rotermund, Steffen (2017). Vorschulische Kinderbetreuung aus Sicht muslimischer Familien. Eine Untersuchung über die Inanspruchnahme und Bedürfnisse in Hinblick auf die Ausstattung. Im Auftrag der Deutschen Islam Konferenz. URL: https://nbn-resolving.org/urn:nbn:de:0168-ssoar-67639-3 (letzter Zugriff: 07.08.2024)

Stöckli, Lucia (2020). Moschee-Neubauten. Institutionalisierung, Bedeutung und Sichtbarkeit in England und der Schweiz. Bielefeld: transcript.

Strateji ve Bütçe Başkanlığı (2020). 2020 Yılı Merkez Yönetim Bütçe Kanun Teklifi ve Bağlı Cetveller. URL: http://www.sbb.gov.tr/wp-content/uploads/2019/10/2020_Y ili_Merkezi_Yonetim_Butce_Kanunu_Teklifi_ve_Bagli_Cetveller-1.pdf (letzter Zugriff: 07.08.2024)

Strauss, Anselm L. & Corbin, Juliet M. (1996). Grounded theory. Grundlagen qualitativer Sozialforschung. Weinheim: Beltz.

Sutter, Tilmann (2009). Interaktionistischer Konstruktivismus. Zur Systemtheorie der Sozialisation. Wiesbaden: VS Verlag.

Talhout, Lisa Joana (2019). Muslimische Frauen und Männer in Deutschland. Eine empirische Studie zu geschlechterspezifischen Diskriminierungserfahrungen. Wiesbaden: Springer.

Tan, Muzaffer (2013). Schiiten. In Richard Heinzmann (Hrsg.), Lexikon des Dialogs. Grundbegriffe aus Christentum und Islam. Band 2 (S. 617–618). Freiburg im Breisgau: Herder.

Taş, Kemaleddin (2002). Türk Halkın Gözüyle Diyanet. İstanbul: İz Yayıncılık.

Tatlılıoğlu, Durmuş (1996). Din Görevlilerin Toplumsal Yapı İçerisindeki Konumlarına Sosyolojik Bir Bakış Cumhuriyet Üniversitesi. İlahiyat Fakültesi Dergisi, 1, 221–230.

Teichler, Ulrich (2003). Europäisierung, Internationalisierung, Globalisierung – quo vadis, Hochschule? Die Hochschule: Journal für Wissenschaft und Bildung, 12(1), 19–30.

Topbaş, Selahattin & Selçuk, Bahir (2019). Hz. Peygamber'in Hz. Hatice ile Evliliğine Dair bir Hikâye: Tezeccücü'r-Resûl. Journal of Turkish Language and Literature, 5(4), 752–780.

Topuz, İlhan (2015a). Cami Din Görevlilerinin Yeterliliklerinin Manevi Danışmanlık Açısından Değerlendirilmesi Süleyman Demirel Üniversitesi İlahiyat Fakültesi Dergisi, 2(35), 27–56.

Topuz, İlhan (2015b). Danışmanlık Görevi Yürüten Din Görevlilerinin Meslekî Algılarına Yönelik Nitel bir Araştırma. Süleyman Demirel Üniversitesi İlahiyat Fakültesi Dergisi, 1(34), 75–93.

Tosun, Cemal (1992). Almanya'da Türk-İslam Kültür Merkezleri: Camiler. Journal of Islamic Research, 6(3), 173–180.

Tosun, Cemal (2010). Din ve Kimlik (5. Auflage). Ankara: Türkiye Diyanet Vakfı Yayınları.

Tosun, Cemal (2013). Religiöse Erziehungs- und Bildungseinrichtungen. In Richard Heinzmann (Hrsg.), Lexikon des Dialogs. Grundbegriffe aus Christentum und Islam. Band 1 (S. 168–170). Freiburg im Breisgau: Herder.

Tosun, Cemal (2022). Development Characteristics of Youth Period, Development Assignments and Youth Education in Mosques. In Betül Karakoç & Harry Harun Behr (Hrsg.), Moschee 2.0 – Internationale und transdisziplinäre Perspektiven (S. 51–68). Münster: Waxmann.

Türcan, Talip (2013a). Das religiös Erlaubte. In Richard Heinzmann (Hrsg.), Lexikon des Dialogs. Grundbegriffe aus Christentum und Islam (S. 594). Freiburg im Breisgau: Herder

Türcan, Talip (2013b). Das religiös Verbotene. In Richard Heinzmann (Hrsg.), Lexikon des Dialogs. Grundbegriffe aus Christentum und Islam (S. 593–594). Freiburg im Breisgau: Herder.

Türkiye Cumhuriyeti (1965). Diyanet İşleri Başkanlığı Kuruluş ve Görevleri Hakkında Kanun. URL: https://www.mevzuat.gov.tr/MevzuatMetin/1.5.633.pdf (letzter Zugriff: 07.08.2024)

Literaturverzeichnis

Türkyılmaz, Hilmi (2016). Konya'da Dini Hayat. URL: https://acikerisim.erbakan.edu.tr/items/36de71e3-4827-437c-9193-b3ab8809d9b7 (letzter Zugriff: 07.08.2024)

Tütüncü, Fatma (2010). The Women Preachers of the Secular State: The Politics of Preaching at the Intersection of Gender, Ethnicity and Sovereignty in Turkey. Middle Eastern Studies, 46(4), 595–614.

Tuzlu, Muhammet Ali (2017). Birlik ve Beraberliğin Sağlanmasında Mihrabin Genç Temsilcilerinin Rolü. 8. Uluslararası Din Görevlilerin Sempozyumu Tam Metin Bildirileri, 203–223.

Tworuschka, Monika & Tworuschka, Udo (1992). Kleines Lexikon Islam. Christen begegnen Muslimen (Vol. 43). Konstanz: Christliche Verlagsanstalt Konstanz.

Uçar, Bülent (2010). Einführungsrede „Imamausbildung in Deutschland. Islamische Theologie im europäischen Kontext". In Bülent Uçar (Hrsg.), Imamausbildung in Deutschland. Islamische Theologie im europäischen Kontext (S. 37–46). Göttingen: V&R Unipress.

Uçar, Bülent & Blasberg-Kuhnke, Martina (Hrsg.) (2013). Islamische Seelsorge zwischen Herkunft und Zukunft. Von der theologischen Grundlegung zur Praxis in Deutschland. Frankfurt: Peter Lang.

UIAZD Homepage. Union der Islamisch-Albanischen Zentren in Deutschland e.V. URL: https://www.uiazd.de/ (letzter Zugriff: 07.08.2024)

UİP (2020a). Internationales Theologiestudium. UIP. Broschüre. URL: https://disiliskiler.diyanet.gov.tr/Detay/379/2020-y%C4%B1l%C4%B1-uluslararas%C4%B1-ilahiyat-program%C4%B1-ba%C5%9Fvurular%C4%B1 (letzter Zugriff: 07.08.2024)

UİP (2020b). Uluslararası İlahiyat Programı. Tanıtım ve Başvuru Kılavuzu. URL: https://disiliskiler.diyanet.gov.tr/Documents/U%C4%B0P%20PROGRAM%202020%20ONAY.pdf (letzter Zugriff: 07.08.2024)

Valved, Tor, Kosakowska-Berezecka, Natasza, Besta, Tomasz & Martiny, Sarah E. (2021). Gender belief systems through the lens of culture – Differences in precarious manhood beliefs and reactions to masculinity threat in Poland and Norway. Psychology of Men & Masculinities, 22(2), 265–276.

Veil, Mechthild (2011). Familienpolitik in den Zwängen konservativer und neoliberaler Logiken: ein deutsch-französischer Vergleich. In Rita Casale & Edgar Forster (Hrsg.), Ungleiche Geschlechtergerechtigkeit. Geschlechterpolitik und Theorien des Humankapitals (S. 95–112). Opladen: Barbara Budrich.

Villa, Paula-Irene (2019). Sex – Gender: Ko-Konstitution statt Entgegensetzung. In Beate Kortendiek, Birgit Riegraf & Katja Sabisch (Hrsg.), Handbuch Interdisziplinäre Geschlechterforschung (S. 23–33). Wiesbaden: Springer.

Vladi, Firouz (2010). Ziele der Imamausbildung aus muslimischer Sicht. In Bülent Uçar (Hrsg.), Imamausbildung in Deutschland. Islamische Theologie im europäischen Kontext (S. 173–184). Göttingen: V&R Unipress.

Vogel, Claudia, Simonson, Julia, Ziegelmann, Jochen P. & Tesch-Römer, Clemens (2017). Freiwilliges Engagement von Frauen und Männern in Deutschland. In Julia Simonson, Claudia Vogel & Clemens Tesch-Römer (Hrsg.), Freiwilliges Engagement in Deutschland. Der Deutsche Freiwilligensurvey 2014 (S. 637–646). Wiesbaden: Springer VS.

Vogel, Peter (2019). Grundbegriffe der Erziehungs- und Bildungswissenschaft. Opladen: Barbara Budrich.

Vogt, Kari (2010). Religious Practice and Worldview of Muslim Women in Western Europe. In Zayn R. Kassam (Hrsg.), Women and Islam (S. 291–302). Santa Barbara: Praeger.

Volkert, Marieke, & Risch, Rebekka (2017). Altenpflege für Muslime. Informationsverhalten und Akzeptanz von Pflegearrangements. Im Auftrag der Deutschen Islam Konferenz. URL: https://nbn-resolving.org/urn:nbn:de:0168-ssoar-67662-6 (letzter Zugriff: 07.08.2024)

von Unger, Hella, Narimani, Petra & M´Bayo, Rosaline (2014). Forschungsethik in der qualitativen Forschung. Reflexivität, Perspektiven, Positionen. Wiesbaden: Springer VS.

Wagner, Joachim (2018). Die Macht der Moschee. Scheitert die Integration am Islam. Freiburg: Herder.

Walgenbach, Katharina (2012). Gender als interdependente Kategorie. Neue Perspektiven auf Intersektionalität, Diversität und Heterogenität. In Katharina Walgenbach, Gabriele Dietze, Lann Hornscheidt & Kerstin Palm (Hrsg.), Gender als interdependente Kategorie. Neue Perspektiven auf Intersektionalität, Diversität und Heterogenität (2. Auflage, S. 23–65). Opladen: Barbara Budrich.

Wartenpfuhl, Birgit (2000). Dekonstruktion von Geschlechtsidentität – Transversale Differenzen. Eine theoretisch-systematische Grundlegung. Opladen: Leske + Budrich.

WDR (2021). Imam-Ausbildung in Deutschland – Bülent Uçar. WDR 5 Neugier genügt – Redezeit. URL: https://www1.wdr.de/radio/wdr5/sendungen/neugier-genuegt/redezeit-buelent-ucar-100.html (letzter Zugriff: 22.06.2022)

Weller, Wivian (2005). Karl Mannheim und die dokumentarische Methode. Zeitschrift für qualitative Bildungs-, Beratungs- und Sozialforschung, 6(2), 295–312.

Wenz, Georg & Kamran, Talat (Hrsg.) (2012). Seelsorge und Islam in Deutschland. Herausforderungen, Entwicklungen und Chancen. Speyer: Verl.-Haus Speyer.

West, Candace & Zimmerman, Don H. (1987). Doing Gender. Gender and Society, 1(2), 125–151.

Wittek, Doris, Rabe, Thorid & Ritter, Michael (Hrsg.) (2021). Kasuistik in Forschung und Lehre. Erziehungswissenschaftliche und fachdidaktische Ordnungsversuche. Bad Heilbrunn: klinkhardt.

Witzel, Andreas (2000). Das problemzentrierte Interview. Forum Qualitative Sozialforschung, 1(1), 1–9.

Wunn, Ina (2007). Muslimische Gruppierungen in Deutschland. Ein Handbuch. Stuttgart: W. Kohlhammer.

Yardim, Nigar (2011). Islamische Lehre von Frauen für Frauen bei Erwachsenen am Beispiel der VIKZ-Gemeinden. In Michael Borchard & Rauf Ceylan (Hrsg.), Imame und Frauen in Moscheen im Integrationsprozess. Gemeindepädagogische Perspektiven (S. 283–288). Göttingen: V&R unipress.

Yaşar, Aysun (2012). Die DITIB zwischen der Türkei und Deutschland. Untersuchungen zur Türkisch-Islamischen Union der Anstalt für Religion e.V. Würzburg: Ergon.

Yaşar, Aysun (2013). Frauen und Frauenbild in der islamischen Theologie. In Martin Rothgangel, Ednan Aslan & Martin Jäggle (Hrsg.), Religion und Gemeinschaft. Die Frage der Integration aus christlicher und muslimischer Perspektive (S. 83–89). Göttingen: V & R Unipress.

Yaşar, Sarıkaya (2021). Hadith und Hadithdidaktik. Eine Einführung. Paderborn: Ferdinand Schöningh.

Yerkazan, Hasan (2017). Diyanet İşleri Başkanlığınca Yurt Dışında Görevlendirilen Din Görevlilerinin Hadîs Bilgi ve Kültürü Üzerine Bir Araştırma. Amasya Üniversitesi İlahiyat Fakültesi Dergisi, 1(9), 165–197.

Yıldız, Zafer (2016). Din Görevlisi Adaylarının İletişim Becerisi Algılarının Çeşitli Değişkenler Açısından İncelenmesi. Hitit Üniversitesi İlahiyat Fakültesi Dergisi, 15(29), 107-130.
Yılmaz, Emre (2018). Mesleki İlgi ve Yetkinlik Bağlamında Din Görevlilerinin Tükenmişlik Düzeyleri Üzerine Tanımlayıcı Bir Alan Çalışması. Avrasya Sosyal ve Ekonomi Araştırmaları Dergisi, 5(12), 883-897.
Yılmaz, Emre (2019). Din Görevlilerin Mesleki Doyum Düzeyleri Üzerine Bir Araştırma. Uluslararası Toplum Araştırmaları Dergisi, 10(17), 104-122.
Yılmaz, Hüseyin (2007). Hz. Peygamber Döneminden Günümüze Kadınlar ve Cami Eğitimi. Değerler Eğitimi Dergisi, 5(14), 107-130.
Yılmaz, Hüseyin (2016). Cami Eksenli Din Eğitimi. In Recai Doğan & Remziye Ege (Hrsg.), Din Eğitimi (4. Auflage, S. 303-325). Ankara: Grafiker.
Yüksel, Taner (2013). Herausforderungen für die Etablierung Islamischer Theologie. In Walter Homolka & Hans-Gert Pöttering (Hrsg.), Theologie(n) an der Universität. Akademische Herausforderung im säkularen Umfeld (S. 47-52). Berlin: De Gruyter.
Zengin, Zeki Salih (2016a). İslam Din Eğitiminin Tarihsel Gelişimi: İslam'da Eğitim ve Öğretim In Recai Doğan & Remziye Ege (Hrsg.), Din Eğitimi (4. Auflage, S. 19-40). Ankara: Grafiker.
Zengin, Zeki Salih (2016b). Osmanlılar'da II. Meşrutiyet Döneminde Yeni Açılan Medreseler ve Din Görevlisi Yetiştirme Çalışmaları. İslam Araştırmaları Dergisi, 1(36), 33-61.
Zengin, Zeki Salih (2017). Başlangıçtan Cumhuriyet Dönemine Din Eğitimi. In Mustafa Köylü & Nurullah Altaş (Hrsg.), Din Eğitimi (S. 23-47). Istanbul: Ensar.
Zerkeşi, Bedrüddin (2014). Hz. Aişe'nin Sahabeye Yönelttiği Eleştiriler (6. Auflage). Ankara: OTTO.
Zirfas, Jörg (2011). Bildung. In Jochen Kade, Werner Helsper, Christian Lüders, Birte Egloff, Frank Olaf Radtke & Werner Thole (Hrsg.), Pädagogisches Wissen. Erziehungswissenschaft in Grundbegriffen (S. 13-19). Stuttgart: Kohlhammer.